Klemens Löffler

Papstgeschichte von den Anfängen bis zur Gegenwart

Verlag
der
Wissenschaften

Klemens Löffler

Papstgeschichte von den Anfängen bis zur Gegenwart

ISBN/EAN: 9783957006073

Auflage: 1

Erscheinungsjahr: 2015

Erscheinungsort: Norderstedt, Deutschland

© Verlag der Wissenschaften in Vero Verlag GmbH & Co. KG. Alle Rechte beim Verlag und bei den jeweiligen Lizenzgebern.

Webseite: http://www.vdw-verlag.de

„DU BIST PETRUS, UND AUF DIESEN FELSEN WILL ICH MEINE KIRCHE BAUEN, UND DIE PFORTEN DER HÖLLE WERDEN SIE NICHT ÜBERWÄLTIGEN. DIR WILL ICH DIE SCHLÜSSEL DES HIMMELREICHES GEBEN. WAS IMMER DU AUF ERDEN BINDEN WIRST, WIRD IM HIMMEL GEBUNDEN SEIN, UND WAS DU AUF ERDEN LÖSEN WIRST, WIRD IM HIMMEL GELÖST SEIN."   MATTHÄUS 16, 18–19

PAPSTGESCHICHTE
VON DEN ANFÄNGEN BIS ZUR GEGENWART

VON

DR. FRANZ XAVER SEPPELT
UNIVERSITÄTSPROFESSOR IN BRESLAU

UND

PROF. DR. KLEMENS LÖFFLER
DIREKTOR DER UNIVERSITÄTSBIBLIOTHEK IN KÖLN

MIT 919 BILDERN

VERLAG JOSEF KÖSEL & FRIEDRICH PUSTET MÜNCHEN

IMPRIMATUR
Monachii, die 8. Maii 1933
M. Buchwieser
Vic. Gen.

VORWORT

Die Geschichte der Päpste ist zugleich die unendlich bewegte und reiche Geschichte des Christentums und damit der abendländischen Kultur.

Seit neunzehnhundert Jahren ist keinerlei welt- oder kirchengeschichtlicher Faktor von gleich überragender Bedeutung, von solch entscheidender Einflußnahme auf die Geschicke der Menschheit gewesen, wie das Papsttum. Wer kultur- und profangeschichtliche Zusammenhänge und Entwicklungen kennen, beurteilen und werten will, muß wenigstens in großen Zügen auch in der Geschichte des Papsttums Bescheid wissen.

Deshalb kommt besonders in unseren Tagen die Herausgabe einer Papstgeschichte in einem Band und in einer Darstellung, die von den Zeiten der Apostel ausgeht und mit dem gegenwärtig regierenden Papste abschließt, einem stark empfundenen Bedürfnis entgegen.

Die Herren Dr. F. X. Seppelt, Professor der Kirchengeschichte an der Universität Breslau, und Dr. Klemens Löffler, Direktor der Universitätsbibliothek in Köln, vereinigten sich zur Herausgabe eines solch groß angelegten Werkes, indem sie die Neuauflage der von ihnen früher für die ‚Sammlung Kösel' geschriebenen Einzelbändchen nach sorgfältigster Überarbeitung zu einem in sich geschlossenen Buche formten.

Wie ausgezeichnet es die beiden Gelehrten von jeher verstanden, in ihrer „Papstgeschichte" den gewaltigen Komplex von Tatsachen und Ideen, Vorgängen und Gestalten, Szenerien und Entwicklungen dem Verständnis der Leser nahezubringen, bekunden am eindringlichsten die immer wieder notwendigen neuen Auflagen. Es ist ihnen in der Tat die Gruppierung des gewaltigen Quellenmaterials so meisterhaft gelungen, daß man ihr Werk wie ein historisches Epos und in ständiger Spannung liest. Dabei empfindet es der Leser von Seite zu Seite mehr, daß sich die Darstellung auf dem gediegensten und gründlichsten wissenschaftlichen Fundamente aufbaut, daß hier nur die Ergebnisse streng wissenschaftlicher Forschung in einer klar geordneten Form und in allgemein verständlicher Sprache verarbeitet sind.

Diese Vorzüge der Stoffbehandlung und der Darstellung gestalten das jetzt in neuem Gewande vorliegende Werk Seppelt-Löffler zu einem wahrhaft willkommenen Ersatz für die nicht jedermann zugänglichen großen und vielbändigen Werke über die Geschichte der Päpste.

Die neueste Auflage des Buches wurde gerade zu der Zeit notwendig, als unser glorreich regierender Papst Pius XI. anläßlich der 1900jährigen Erinnerung an Christi Erlösungsopfer ein „Heiliges Jahr" ausschrieb.

Dieses Zusammentreffen löste im Verlag Kösel-Pustet den Wunsch aus, dem katholischen Volke seine seit Jahren bewährte Papstgeschichte dieses Mal in einem Festgewande zur Verfügung zu stellen und dafür besorgt zu sein, die wichtigsten historischen Ereignisse und Persönlichkeiten auch durch eine große Fülle in den Text eingestreuter Bilder und Bildtafeln recht anschaulich zu machen. Der Verlag gedachte, diese Papstgeschichte mit den von ihm beigestellten und beschrifteten Bildern als sein „**Jubiläumsgeschenk an das Heilige Jahr**" dem katholischen Volke darzubieten; die Bilder sollten dem Buche auch sinnfällig helfen, ein verläßlicher Führer durch die Geschichte der neunzehn Jahrhunderte seit dem Kreuzestode des Erlösers zu sein.

Zu unserer Freude erklärten sich die Herren Verfasser des Textes mit diesen Gedankengängen einverstanden, so daß der Verlag dem Buche über neunhundert Bilder beigeben durfte, durch deren Beschriftung das Erkennen des historischen Werdens und Geschehens nachdrücklich unterstützt werden soll.

Nun möge unsere „**Papstgeschichte von den Anfängen bis zur Gegenwart**" ihren Weg antreten zu allen denen, die sich ein fundiertes Urteil nicht nur über die Geschichte der katholischen Kirche, sondern auch über die vielgestaltigen weltgeschichtlichen Zusammenhänge bilden wollen, die mit jener auf das engste verbunden sind. Unser Buch soll unentbehrlich werden für jeden, der Angriffe auf das Papsttum abwehren und auf historische Fragen die richtige Antwort wissen will; den Lehrern und Führern des Volkes soll es eine unerschöpfliche **Fundgrube** für berufliche und volksbildende Arbeit sein.

München, 1. März 1933

Der Verlag Josef Kösel & Friedrich Pustet

INHALTSANGABE

Vorwort V
Inhaltsverzeichnis VII
Quellen- und Literaturnachweis IX

Erstes Buch: Geschichte der Päpste von den Anfängen bis zur französischen Revolution, von Professor Dr. Franz Xaver Seppelt

Von den Anfängen bis zu Leo I. 1
Von Leo dem Großen bis Gregor dem Großen 33
Gregor I., der Große 55
Vom Tode Gregors des Großen bis zum politischen Bruch mit dem byzantinischen Reich 60
Der Bund mit den Franken 72
Das Papsttum und die Karolinger 83
Nikolaus I. 101
In der Gewalt römischer Adelsgeschlechter 106
Von der Kaiserkrönung Ottos des Großen bis zum Pontifikat Gregors VII. ... 121
Gregor VII. 142
Die Beilegung des Investiturstreites 148
Das Papsttum im Zeitalter des heiligen Bernhard von Clairvaux 155
Im Kampf mit Friedrich Barbarossa 162
Innocenz III. 174
Das Papsttum und die letzten Staufer 180
Der Anschluß des Papsttums an Frankreich 189
Bonifaz VIII. 199
Im Exil von Avignon 206
Die Zeit des großen Schismas und der Reformkonzilien 227
Die Renaissancepäpste 246
Das Papsttum im Zeitalter der Reformation 268
Das Papsttum im Zeitalter der innerkirchlichen Reform und der Gegenreformation 280
Sixtus V. 296
Das Papsttum im Zeitalter des Dreißigjährigen Krieges 302
Der Niedergang der päpstlichen Machtstellung im Zeitalter des Absolutismus .. 316
Der Tiefstand des päpstlichen Ansehens im Jahrhundert der Aufklärung 332

Zweites Buch: Geschichte der Päpste von der französischen Revolution bis zur Gegenwart, von Professor Dr. Klemens Löffler

Kämpfe und Leiden Pius' VI. und Pius' VII.
  Pius VI. und die französische Revolution 349
  Pius VII. und Napoleon 357
Neuordnung des Kirchenstaates
  Pius' VII. und Consalvis Ausgang 374

Leo XII. und Pius VIII. 381
Gregor XVI. 386
Das Papsttum auf der Höhe seiner kirchlichen Macht unter
Papst Pius IX. 406
Das Ende des Kirchenstaates 418
Die kirchliche Regierung Pius' IX. 435
Das Papsttum als moralische Weltmacht
Das Werden und Wesen Joachim Peccis 449
Das Pontifikat Leos XIII. 458
Der Papst als Führer der religiösen Erneuerung
Pius X. 476
Die Zeit des großen Krieges
Benedikt XV. 499
Die Wiederherstellung uneingeschränkter Souveränität
Pius XI. 519
Verzeichnis sämtlicher Päpste 548

QUELLEN UND LITERATUR

Die folgenden Literaturangaben sollen nur auf einige wenige Werke hinweisen, die denen empfohlen werden können, die eingehendere Belehrung suchen. Die fachwissenschaftliche Literatur ist zusammengestellt in den Lehrbüchern der Kirchengeschichte, von denen genannt seien die von Funk-Bihlmeyer, 8. Aufl., 3 Teile, Paderborn 1926/33, von Knöpfler, 6. Aufl., Freiburg i. Br. 1920, und von Marx, 9. Aufl., Trier 1929, ferner in der Kirchengeschichte von J. P. Kirsch, 4 Bände, Freiburg i. Br. 1930 ff. [bisher liegen vor Band I und IV, 1, 2], und dem protestantischen Handbuch der Kirchengeschichte für Studierende, herausgegeben von Gustav Krüger, 4 Teile, 2. Aufl., Tübingen 1923/31, für die Päpste der ersten sechs Jahrhunderte in dem untengenannten Werke von F. X. Seppelt, Der Aufstieg des Papsttums, und schließlich in den Artikeln über die einzelnen Päpste in den Nachschlagewerken wie dem Kirchlichen Handlexikon, hrsg. von Buchberger, 2 Bände, München 1907/12, dem Kirchenlexikon, hrsg. von Wetzer und Welte, 12 Bände., 2. Aufl., Freiburg 1882/1901, dem Lexikon für Theologie und Kirche, hrsg. von M. Buchberger, Freiburg i. Br., 1930 ff [bisher erschienen Band I—IV], der Realenzyklopädie für prot. Theologie und Kirche, hrsg. von Hauck, 3. Aufl., 24 Bände, Leipzig 1896/1910, und dem protestantischen Handwörterbuch „Die Religion in Geschichte und Gegenwart", hrsg. von Gunkel und Zscharnack, 5 Bände, 2. Aufl., Tübingen 1927/31. — Mirbt Karl, Quellen und Geschichte des Papsttums und des römischen Katholizismus, 4. Aufl., Tübingen 1924.

Von Darstellungen der gesamten Papstgeschichte seien genannt das veraltete Werk von W. Wattenbach, Geschichte des römischen Papsttums, Berlin 1876, ferner von Döllinger, Das Papsttum, hrsg. von J. Friedrich, München 1892, eine Neubearbeitung der im Kampf gegen die Lehre von der päpstlichen Unfehlbarkeit anläßlich des Vatikanums entstandenen Schrift von Janus (= Döllinger), Der Papst und das Konzil, J. Wittig, Das Papsttum. Seine weltgeschichtliche Entwicklung und Bedeutung. Hamburg 1913, und G. Krüger, Das Papsttum, 2. Aufl. Tübingen 1932. — J. Bernhart, Der Vatikan als Thron der Welt, Leipzig 1930. F. Hayward, Histoire de Papes. Paris 1929. Erwähnt sei auch Döllingers Buch „Die Papstfabeln des Mittelalters" 2. Aufl. Stuttgart 1890. — Über die deutschen Päpste handelt C. Höfler, Die deutschen Päpste, 2 Abteilungen, Regensburg 1839, und K. Guggenberger, Die deutschen Päpste, Köln 1916.

Ausführliche Darstellungen von einzelnen Abschnitten der Papstgeschichte: P. Batiffol, Urkirche und Katholizismus, übersetzt von F. X. Seppelt, Kempten 1910. — H. Lietzmann, Petrus und Paulus in Rom. 2. Aufl., Bonn 1927. — J. Langen, Geschichte der römischen Kirche, 4 Bände. Bonn 1881 ff. (bis Innocenz III. reichend.) — E. Caspar, Geschichte des Papsttums von den Anfängen bis zur Höhe der Weltherrschaft. Erster Band: Römische Kirche und Imperium Romanum. Tübingen 1930. [Das ganze Werk wird vier Bände umfassen.] — F. X. Seppelt, Geschichte des

Papsttums. Eine Geschichte der Päpste von den Anfängen bis zum Tode Pius' X. (1914). Band I Der Aufstieg des Papsttums. Geschichte der Päpste von den Anfängen bis zu dem Regierungsantritt Gregors des Großen. Leipzig 1931 [Das ganze Werk wird sechs Bände umfassen]. — H. Grisar, Geschichte Roms und der Päpste im Mittelalter, Bd. I. Freiburg 1901. — F. Gregorovius, Geschichte der Stadt Rom im Mittelalter. 8 Bände, 5. Aufl. Stuttgart 1910 ff. — A. von Reumont, Geschichte der Stadt Rom. 3 Bände. Berlin 1867 ff. — R. Baxmann, Die Politik der Päpste von Gregor I. bis Gregor VII., 2 Teile. Elberfeld 1868/69. — J. Gay, Les papes du XIe siècle et la Chrétienté. Paris 1926. — R. Schwemer, Papsttum und Kaisertum. Stuttgart 1899. — J. Haller, Papsttum und Kirchenreform. Berlin 1903. — L. von Ranke, Die römischen Päpste in den letzten vier Jahrhunderten. 3 Bde., 11. Aufl. Leipzig 1907. — L. von Pastor, Geschichte der Päpste seit dem Ausgang des Mittelalters, 16 Bände, und zwar Band I, 1417—1458 (Martin V., Eugen IV., Nikolaus V., Kalixtus III,); Band II. 1458—1484 (Pius II., Paul II., Sixtus IV.); Band III, 1484—1512 (Innocenz VIII., Alexander VI., Pius III., Julius II.); Band IV, 1513—1534 (Leo X., Adrian VI., Klemens VII.); Band V, 1534—1549 (Paul III.); Band VI, 1550—1559 (Julius III., Marcellus II., Paul IV.); Band VII, 1559—1565 (Pius IV.); Band VIII. 1565—1572 (Pius V.); Band IX. 1572—1585 (Gregor XIII.); Band X, 1585—1591 (Sixtus V., Urban VII., Gregor XIV., Innocenz IX.); Band XI, 1592—1605 (Klemens VIII.); Band XII, 1605—1621 (Leo XI., Paul V.); Band XIII, 1621—1644 (Gregor XV., Urban VIII.); Band XIV, 1644—1700 (Innocenz X., Alexander VII., Klemens IX., Klemens X., Innocenz XI., Alexander VIII., Innocenz XII.); Band XV, 1700—1740 (Klemens XI., Innocenz XIII., Benedikt XIII., Klemens XII.); Band XVI, 1740—1799 (Benedikt XIV., Klemens XIII., Klemens XIV., Pius VI.); Freiburg 1901/33. — M. Brosch, Geschichte des Kirchenstaates, 2 Bände. Gotha 1880/82. — F. Gregorovius, Die Grabdenkmäler der Päpste, 3. Aufl., hrsg. von F. Schillmann. Leipzig 1911. — A. Fortescue, The early papacy to the synod of Chalcedon in 451, London 1921. — H. K. Mann, The Lives of the Popes in the middle Ages, 15 Bände, London 1902 ff. [reicht von Gregor dem Großen bis zum Tode Gregors X. (590—1276)]. — W. Barry, The papal monarchy from St. Gregory the Great to Boniface VIII. (590—1303), London 1902. — G. Mollat, Les Papes d'Avignon, 3e édition, Paris 1921.

1. Allgemeines zur Papstgeschichte seit der französischen Revolution Nielsen F., Geschichte des Papsttums im neunzehnten Jahrhundert. Deutsch von A. Michelsen, 2. Aufl., Teil 1. 2, Gotha 1880. — Ehrhard A., in der „Kultur der Gegenwart". T. 1, Abt. 4, 1., 2. Aufl. 1909, S. 298—430. — Hergenröther J., Der Kirchenstaat seit der französischen Revolution, Freiburg 1860. Cantù C., Storia degli Italiani. T. 1—6, Torino 1854 bis 1856. — Orsi P., L'Italia moderna, 6. ed., Roma 1928. — Brosch M., Geschichte des Kirchenstaates (in: Geschichte der europ. Staaten). Bd. 2, Gotha 1882. — Nürnberger A. J., Papsttum und Kirchenstaat, Bd. 1—3, Mainz 1898 bis 1900. — Spectator (d. i. Kraus F. X.), Kirchenpolitische Briefe, in: Beilage zur Allgemeinen Zeitung, besonders X bis XIV. (April bis August 1896.) — Kraus F. X., Cavour, Mainz 1902. — Sternfeld R., Die nationale Einigung Italiens im 19. Jahrhundert, Bonn 1920. — Bastgen, H., Die römische Frage, 3 Bde., Freiburg 1917—1919. — Hayward F., Le dernier siècle de la Rome pontificale, 2 Bde., Paris 1927/28. — J. Schmidlin, Papstgeschichte der neuesten Zeit (1800 bis zur Gegenwart). Erster Band: Papsttum und Päpste im Zeitalter der Restauration (1800—1846)

Kösel & Pustet München 1933, [Das ganze Werk wird drei Bände umfassen]. G. Mollat, La question Romaine de Pii VI à Pii XI. Paris 1932.

2. **Über Pius VI.**: Bullarium Romanum, Continuatio ed. Barbèri, Bd. 5—10, Rom 1842 ff. — Pii VI. P. M. Acta, quibus ecclesiæ catholicæ calamitatibus in Gallia consultum est, 2 Bde., Rom 1871. — Artaud de Montor A. F., Histoire des souverains pontifes. T. 8 (Pie VI.), Paris 1849. — Gendry J., Pie VI., Vol. 1. 2, Paris 1907.

3. **Über Pius VII.**: Bullarium Romanum, Continuatio ed. Barbèri, Bd. 11—15, Rom 1846 ff. — Artaud de Montor A. F., Pie VII., 3 ed., Vol. 1—3, Paris 1839. — Pacca B., Historische Denkwürdigkeiten über S. H. Pius VII., Deutsch. Bd. 1—3, Augsburg 1831. — Ranke L. v., Kardinal Consalvi und seine Staatsverwaltung, in: Histor.-biogr. Studien (S. W. Bd. 40. 41), Leipzig 1878. — Consalvi E., Mémoires avec une introd.   p. J. Crétineau-Joly, T. 1. 2, Paris 1864.

4. **Über Leo XII. bis Gregor XVI.**: Bullarium Romanum, Continuatio ed. Barbèri, Bd. 16 ff., Rom 1855 ff. — Wiseman N. Kard., Erinnerungen an die letzten vier Päpste. Übers. von F. H. Reusch, 4. Aufl. Köln 1870. — Artaud de Montor A. F., Papst Leo XII. Deutsch hrsg. von Th. Scherer, Schaffhausen 1848. — Derselbe, Histoire du Pape Pie VIII., Paris 1843. — Acta Gregorii papæ XVI. ed. A. M. Bernasconi, 4 Bde., Rom 1901—1904 — Wagner B., Papst Gregor XVI., Sulzbach 1846. — Sylvain Ch., Histoire de Gregoire XVI., Bruges 1889. — Bastgen H., Forschungen und Quellen zur Kirchenpolitik Gregors XVI., 2 Teile, Paderborn 1929.

5. **Über Pius IX.**: Acta Pii IX., 4 Bde., Rom 1854 ff. — Acta sanctæ sedis, Bd. 1—10, Rom 1865—1877. — Helfert v., Gregor XVI. u. Pius IX., in: Rozpravy ceske Akad. 1, 4. Prag 1895. — Ballerini R., Les premières pages du pontificat de Pie IX., Rom 1909. — Stepischnegg J. M., Papst Pius X. und seine Zeit, Bd. 1. 2, Wien 1879. — Pougeois A., Histoire de Pie IX., Vol. 1—6, Paris 1877—1886. — Heiner Fr., Der Syllabus, Mainz 1905. — Granderath Th., Geschichte des vatikanischen Konzils, hrsg. von K. Kirch, Bd. 1—3, Freiburg 1903—1906.

6. **Über Leo XIII.**: Acta sanctæ sedis Bd. 11—35 (mit sämtl. Kundgebungen), Rom 1878—1903. — Sämtl. Rundschreiben. Sammlung 1—6, 2. Ausgabe, Freiburg 1900—1904. — O'Reilly B., Vie de Léon XIII., Paris 1887. Deutsche Ausg. Köln 1887. — Schaepman H. J. A. M., Leo XIII., Deutsch von L. v. Heemstede, Münster 1893. — Goetz L. K., Leo XIII., Gotha 1899. — Spahn M., Leo XIII., München 1905. — T'Serclaes Ch., Le pape Léon XIII., 3 Bde., Paris 1894—1906. — Crispolti C. und Aureli G., La politica di Leone XIII., Rom 1912. — Ferrata D., Mémoires (bis 1896), 3 Bde., Rom 1920/21.

7. **Über Pius X.**: Acta sanctae sedis, Bd. 36—41, Rom 1903—1908, und Acta apostolicæ sedis, Bd. 1—6, Rom 1909—1914. — Acta Pii X., 3 Bde., Rom 1905—1907. — Pius X., Rundschreiben. Sammlg. 1. 2. Freiburg 1909—1916. — Schmidlin J., Papst Pius X. (Frankfurter Zeitgemäße Broschüren Bd. 23, H. 1. 2.), Hamm 1903. — de Waal A., Papst Pius X., München (1903). — Marchesan A., Papa Pio X., Einsiedeln 1904. — Daelli L., Pie X., Tours 1906. — Pernot M., La politique de Pie X., Paris 1910. — Hilling N., Die Reformen Pius' X. auf dem Gebiete der

kirchenrechtlichen Gesetzgebung, 3 Bde., Bonn 1909—1915. — M u t z F. X., Papst Pius X., Freiburg 1914. — S e p p e l t F. X., Pius X., in: Hochland Jg. 12, Bd. 1 (1914). — F. A. F o r b e s, Papst Pius X. Ein Lebensbild. Freiburg 1923. — A. H o c h, Papst Pius X. Ein Bild kirchlicher Reformtätigkeit. Leipzig 1907. — P i e r a m i B., Vie du serviteur de Dieu Pie X., Turin 1929.

8. Ü b e r B e n e d i k t XV.: Acta apostolicæ sedis Bd. 6—14, Rom 1914—1922. — d e W a a l A., Der neue Papst, Hamm 1915. — P ö l l m a n n A., Benedikt XV., Diessen 1915. — Q u i r i c o G., Fatti e non parole, Rom 1918. Deutsch u. d. T.: Das Wirken Papst Benedikts XV im Weltkrieg, München 1919. — D e r s e l b e, Cor paternum, Rom 1919. — Papst, Kurie und Weltkrieg, von einem Deutschen, 2. Aufl., Berlin 1918. — Deutschland und der Vatikan, Berlin 1921. — S t r u k e r A., Die Kundgebungen Papst Benedikts XV. zum Weltfrieden, Freiburg 1917. — L a m a Fr. Ritter v., Die Friedensvermittlung Papst Benedikts XV., München 1932 (dazu Berliner Monatshefte, Jg. 10, 1932, S. 626 ff., 933 ff., 1122 ff.). — H i l l i n g N., Die gesetzgeberische Tätigkeit Benedikts XV., in: Archiv für kath. Kirchenrecht. Bd. 98 (1918). — G o y a u G., Papauté et chrétienté sous Bénédicte XV., Paris 1922. — F u n k Ph., Benedikt XV., Hochland Jg. 19, Bd. 1, S. 640 ff.

9. Ü b e r P i u s XI.: Acta apostolicae sedis Bd. 14 ff., Rom 1922 ff. — B i e r b a u m M., Papst Pius XI., Köln 1922. — L a m a Fr. Ritter v., Papst Pius XI., Augsburg 1929. — E h r h a r d A., Papst Pius XI., Köln 1929. — L'opera di S. S. Pio XI., Milano 1929.

ERSTES BUCH

GESCHICHTE DER PÄPSTE VON DEN ANFÄNGEN BIS ZUR FRANZÖSISCHEN REVOLUTION

VON PROFESSOR DR. FRANZ XAVER SEPPELT
UNIVERSITÄTSPROFESSOR IN BRESLAU

VON DEN ANFÄNGEN BIS ZU LEO I.

Wer in der Peterskirche zu Rom sein Auge zu Michelangelos majestätischer Kuppel emporhebt, dessen Blick haftet an der Inschrift, die sich in mächtigen Buchstaben aus leuchtendem Goldmosaik rings um den Kuppelansatz hinzieht: „Tu es Petrus et super hanc petram aedificabo ecclesiam meam, et tibi dabo claves regni coelorum, — Du bist Petrus, und auf diesen Felsen will ich meine Kirche bauen, und dir will ich die Schlüssel des Himmelreiches geben." Mit diesen Worten aus dem Matthäus-Evangelium (16, 18 f.) müssen wir unsern Überblick über die Papstgeschichte beginnen. Denn diese Worte des Herrn, gegen deren Echtheit man keinerlei durchschlagende Gründe anzuführen vermocht hat, bilden den Ausgangspunkt der Geschichte des Papsttums, bilden die Grundlage der Lehre vom **Primat des Apostelfürsten Petrus** und seiner Nachfolger.

Die Confessio des Apostels Petrus inmitten der Peterskirche zu Rom. Über diesem Grabe des Ersten aus d. gewaltigen Reihe d. Päpste steigt Berninis Riesentabernakel mit den gewundenen Bronzesäulen und vergoldeten Girlanden empor. An dem Altare über dem Grabe Petri liest nur der Papst, bei besonders feierlichen Gelegenheiten, die hl. Messe.

In diesen Bilderworten von dem Grundstein und von dem Schlüsselinhaber, das heißt dem einzigen Hausverwalter, ist die Bestimmung des Petrus zum Oberhaupt der Kirche Christi klar ausgesprochen. Nach der Auferstehung des Herrn ist dann die Übertragung der Vollmacht, die ganze Herde des guten Hirten zu weiden, mit den Worten „Weide meine Lämmer . Weide meine Schafe" (Joh. 21, 15 ff.) erfolgt. Die Apostelgeschichte bietet mehrere Belege dafür, daß Petrus, „der erste Mann in der Urgemeinde", (Weizsäcker), diese ihm vom Herrn übertragene Vorrangstellung auch tatsächlich in derselben eingenommen hat. Daß die praktische Ausübung der Primatialgewalt damals und zunächst auch in der Folgezeit dem bescheidenen Ausmaß der werdenden Kirche entsprechend gering und unscheinbar war und wenig nach außen hervortrat, daß

Petrus
Simon, Sohn des Jonas,
Galiläer aus Bethsaida.
33—67

Linus
Sohn des Herculanus,
Italiener aus Volterra.
67—76

Cletus
Anacletus, Römer.
76—90

Klemens I.
Sohn des Faustinus,
Römer. 90—99

sie nicht mit den Maßstäben gemessen werden kann, die für spätere Zeiten angebracht sind, da aus dem unscheinbaren Senfkörnlein ein gewaltiger Baum geworden war, in dessen Schatten die Völker des Erdkreises Schutz gefunden haben und finden, ist selbstverständlich: entsprechend der Entfaltung und Ausbreitung der Kirche hat auch das Papsttum sich organisch und gesetzmäßig auf dem von Christus dem Herrn gelegten Fundament ausgestaltet und entwickelt.

Es wird jetzt allgemein von der Forschung zugegeben, daß **Petrus** späterhin Rom, die Hauptstadt des römischen Reiches, zum Schauplatz seines Wirkens erkoren hat, und daß er daselbst im Laufe der neronischen Verfolgung (64 oder 67) des Martertodes gestorben ist. Von den Männern, die nach Petrus die römische Christengemeinde geleitet haben, sind uns kaum mehr als die Namen bekannt. Diese Tatsache erklärt sich daraus, daß erst allmählich die Entwicklung der kirchlichen Verfassung dahin geführt hat, daß die Bischöfe deutlicher in ihrer Stellung über den Presbyter-Kollegien und an der Spitze der Gemeinden hervortreten, wenn auch die Ansätze zu einem monarchischen Episkopat sich bis in apostolische Zeit zurückverfolgen lassen. Und daß die mit **Linus** und nach diesem **Cletus** beginnende römische Bischofsliste uns zuverlässig die Aufeinanderfolge der Gewährsmänner und Hüter der apostolischen Überlieferung übermittelt hat, ist

„Nachdem die seligen Apostel die Kirche gegründet und eingerichtet hatten, übertrugen sie dem Linus den Episkopat zur Verwaltung der Kirche. Diesen Linus erwähnt Paulus in seinem Briefe an Timotheus. Auf ihn folgt Anacletus. Nach ihm erhält an dritter Stelle den Episkopat Klemens, der die Apostel noch sah und mit ihnen verkehrte. Er vernahm also noch mit eignen Ohren ihre Predigt und Lehre, wie überhaupt damals noch viele lebten, die von den Aposteln unterrichtet waren. Auf genannten Klemens folgt Evaristus, auf Evaristus Alexander, als sechster von den Apo- So berichtet wortwörtlich der heilige Irenäus, geboren im Jahre 115 n.Chr., nachm. Bischof von Lyon, im 3. Buche seines mehrbändigen Werkes „Gegen die Häresien". Dieser berühmte „Papstkatalog" des Irenäus wurde zur

durch neue Forschungen sichergestellt. — So trümmerhaft nun auch unsere Nachrichten über jene Zeiten sind, so lassen sie doch erkennen, daß die römische Gemeinde mit ihrem Bischof als Mittelpunkt der kirchlichen Einheit erscheint und eine gewisse Vorrangstellung in der Gesamtkirche innegehabt hat, die sich im Bewußtsein der Christenheit auf die römische Wirksamkeit der Apostelfürsten gründete. Als gegen Ende des 1. Jahrhunderts in der Gemeinde zu Korinth Wirren ausbrachen, gab dies der römischen Christengemeinde Veranlassung, durch ihren Bischof **Klemens** (ca. 90—99), der sie nach dem Zeugnis des Irenäus an dritter Stelle von den Aposteln her leitete, unaufgefordert einen Brief nach Korinth zu richten, der in ernstem, autoritativem Ton zur Unterordnung und zum Gehorsam unter die kirchlichen Vorsteher mahnte. Und dieses unerbetene Mahnschreiben wurde von der Gemeinde willig entgegengenommen und beachtet. Wenige Jahre danach schrieb der ehrwürdige Ignatius von Antiochien einen Brief an die Römer, dessen Adresse mit ihren emphatischen, schier orientalisch-

Evaristus
Sohn des Juda, Grieche.
Geboren in Bethlehem.
99—105

Alexander I.
Sohn des Alexander,
Römer. 105—115

Xystus I.
(Sixtus), Römer von der
„gens Elvidia".
115—125

Telesphorus
der Einsiedler, Grieche.
125—136

überschwenglichen Lobeserhebungen deutlich zeigt, daß er „diese Gemeinde als die vornehmste der Christenheit schätzt und begrüßt". Und wenn er sie dann mit dem Titel einer „Vorsitzenden in der Liebe" ehrt, so rühmen diese Worte nicht nur die hervorragende Liebestätigkeit, welche die römische Gemeinde in Zeiten der Not anderen Christengemeinden bis nach Kappadozien und Thrazien hin erwies, sondern im Zusammenhang mit anderen Äußerungen seines Briefes lassen sie erkennen, daß er der römischen Kirche, welche die Predigt der Apostel Petrus und Paulus vernahm, eine Überordnung, eine führende Stellung im Wesentlichen des Christentums zuerkennt.

Ein wertvolles Zeugnis für die einzigartige Bedeutung der römischen „von den beiden glorreichen Aposteln Petrus und Paulus begründeten" Kirche als der Zeugin und Hüterin der apostolischen Überlieferung bietet sodann Irenäus von Lyon, wenn er in seinem Hauptwerk, in dem er die falsche Gnosis bekämpft und widerlegt, nach der Aufzählung der römischen Bischöfe die Forderung erhebt: „Mit der römischen Kirche muß wegen ihres besonderen Vorranges jede Kirche übereinstimmen, das heißt die Gesamtheit der Gläubigen allerorts, denn in Verbindung mit ihr ist immer die apostolische Überlieferung gewahrt worden von denen, die von allen Seiten kamen."

steln wurde Sixtus aufgestellt; nach diesem kam Telesphorus, der glorreiche Martyrer, dann Hyginus, dann Pius, dann Anicetus. Nachdem dann auf Anicetus Soter gefolgt war, hat jetzt als zwölfter nach den Aposteln Eleutherus den Episkopat inne. In dieser Ordnung und Reihenfolge ist die kirchliche apostolische Überlieferung auf uns gekommen, und vollkommen schlüssig ist der Beweis, daß es derselbe lebenspendende Glauben sei, den die Kirche von den Aposteln empfangen, bis jetzt bewahrt und in Wahrheit uns überliefert hat."

Regierungszeit des Kaisers Kommodus (180—192 n. Chr.) niedergeschrieben; er ist das älteste Dokument von unbestreitbarer Authentizität, das eine lückenlose Reihenfolge der Päpste von Petrus bis Eleutherus, also b. z. Jahre 189, festhält.

Wie sehr in Rom selbst das Bewußtsein der überragenden Autorität und der Vorrangstellung der römischen Kirche in der Gesamtkirche lebendig war, und wie man bemüht war, sie nötigenfalls zur Geltung zu bringen, zeigt das kraftvolle Auftreten des Papstes **Viktor** (189 — 198). Er drohte den kleinasiatischen Gemeinden mit Ausschluß aus der Kirchengemeinschaft, falls sie nicht von ihrer Praxis der Osterfeier ablassen und sich gleich allen übrigen Kirchen dem römischen Brauch anschließen wollten. Als Viktor dann angesichts der ablehnenden Haltung jener tatsächlich zum Ausschluß der asiatischen Kirchen aus der Kirchengemeinschaft schritt, hat Bischof Irenäus von Lyon wohl dieses schroffe Vorgehen ernstlich getadelt, aber nur, weil die Strenge der Strafe ihm nicht im rechten Verhältnis zur Geringfügigkeit der Sache zu stehen schien; handelte es sich doch nur um einen Unterschied in der kirchlichen Sitte. Das Recht und die Macht aber, eine derartige Exkommunikation auszusprechen, bestritt er ihm keineswegs.

Im Beginn des 3. Jahrhunderts entstand in der römischen Kirche das erste

Hyginus
Sohn eines griech. Philosophen aus Athen.
136—140

Pius I.
Sohn des Rufinus, Italiener aus Aquileja.
140—155

Anicetus
Syrier aus Anisa.
155—166

Soter
Sohn des Concordius, Italiener aus Fundi.
166—175

größere Schisma. Unter Papst **Zephyrin** (198—217), dem Nachfolger Viktors, hatten Sabellius und Kleomenes ihre irrigen Auffassungen über die Trinität — sie sahen in Vater, Sohn und Hl. Geist nur drei Erscheinungsformen einer und derselben göttlichen Person — in Rom zu verbreiten sich gemüht und dadurch große Aufregung hervorgerufen. Diesen Vorkämpfern eines modalistischen Monarchianismus trat der Presbyter Hippolyt von Rom, ein bedeutender und sehr fruchtbarer Schriftsteller, entgegen, wobei allerdings auch er sich von irrtümlichen Anschauungen nicht freihielt. Da der Papst Zephyrin und ebenso dessen Berater und Nachfolger **Kallistus** (217—222) nicht mit der von Hippolyt erwarteten Schärfe gegen die Sabellianer vorging, ja nach Meinung des Hippolyt sie begünstigte, — daß Zephyrin, wie die protestantische Forschung meint, selbst eine modalistische Christologie vertreten habe, trifft nicht zu — benützte Hippolyt die Mißstimmung und ließ sich nach Zephyrins Tode zum Gegenbischof aufstellen. Doch fand Hippolyt wenig Anhang; der überwiegende Teil der römischen

Antike Goldgläser mit den Bildnissen der Apostel Petrus und Paulus, die im Cœmeterium der hl. Domitilla gefunden wurden, das noch in die Zeiten der Apostel hinaufreicht.

Gemeinde hielt zu Kallist, der nun einerseits den Sabellius aus der Kirchengemeinschaft ausschloß, andererseits aber Hippolyt wegen seiner subordinatianischen Christologie des Ditheismus bezichtigte. Der Zwiespalt wurde noch dadurch verschärft, daß Hippolyt die von Kallistus im Gegensatz zur bisherigen Übung eingeführte Milderung der Bußpraxis scharf bekämpfte; Kallistus gewährte nämlich, während anfänglich Götzendienst, Mord und Unzucht mit dauerndem Ausschluß aus der Kirchengemeinschaft bestraft worden waren, durch eine in autoritativem

Ton gehaltene Erklärung den Unzuchtsündern allgemein nach Leistung der entsprechenden Kirchenbuße Wiederaufnahme, eine Maßnahme, die angesichts der tatsächlichen Verhältnisse, wie sie sich in den Christengemeinden herausgebildet hatten, nicht mehr zu umgehen war. Obwohl Kallistus, der wahrscheinlich der erste war, der zur Rechtfertigung seines Bußediktes sich auf die Primatsstelle bei Matthäus (16, 18) beru- fen hat, den Sabellius und dessen Anhänger aus der Kirche ausschloß, nachdem deren Irrlehre sich klar erwiesen hatte, dauerte doch das Schisma noch nach seinem Tode unter seinen Nachfolgern **Urban I.** (222—230) und **Pontian** (230—235) an. Es nahm erst ein Ende, als in der Verfolgung des Maximinus Thrax Pontianus sowohl als Hippolyt nach Sardinien verbannt wurden, wo beide sehr bald als Opfer der Entbehrungen

Der heilige Petrus, Apostel und Märtyrer, erster Bischof der römischen Kirche
Nach einem Kupferstich aus dem Würzburger Papstkatalog.
Aus den nebenstehenden beiden Reproduktionen nach Petrusbildnissen auf antiken Goldgläsern ist ersichtlich, wie peinlich genau Vorlagen aus der Urzeit des Christentums für diese Kupferstich-Sammlung benutzt worden sind.

und des mörderischen Klimas den Tod fanden. In der schweren, planmäßigen Christenverfolgung unter Kaiser Decius hat als eines der ersten Opfer der damalige Papst **Fabian** (235—250) den Martertod erduldet; ihm verdankte die Stadt Rom die Einteilung in sieben Seelsorgebezirke, die den Diakonen unterstellt wurden. Länger als ein Jahr konnte nun der römische Stuhl nicht besetzt werden; und als dann Fabian in **Kornelius** (251—253) ein Nachfolger gegeben wurde, brachte diesem nach kaum zweijährigem ungestörtem Wirken die Verfolgung des Gallus die Verbannung, in der er starb. Und nach ihm traf Papst **Lucius I.** (253—254) das gleiche Schicksal. Nach kurzer Ruhepause, in der **Stephan I.** (254—257) den römischen Bischofsstuhl innehatte, begann dann durch Kaiser Valerian eine neue Verfolgung der Christen, der Papst **Sixtus II.** (257—258) und wenige Tage nach ihm sein bald hochverehrter und durch die christliche Kunst verherrlichter Diakon Laurentius zum Opfer fielen. — Die bedrohliche Lage, die infolge dieser äußeren Bedrängnisse in jenen Jahren für die Kirche und besonders die römische Gemeinde bestand, wurde noch verschärft durch innere Schwierigkeiten. Als Kornelius zum Bischof der römischen Gemeinde gewählt worden war, erhob eine Minderheit den ehr-

Eleutherus
Sohn des Abundius,
Grieche aus Nikopolis.
175—189

Viktor I.
Sohn des Felix,
Afrikaner. 189—198

Zephyrinus
Römer. 198—217

Kallistus I.
Römer von der „gens
Domitia". 217—222

geizigen, als Schriftsteller bedeutenden Presbyter Novatian zum Gegenbischof. Hatten zunächst persönliche Gegensätze und Mißhelligkeiten den Anstoß zur Spaltung gegeben, so traten bald auch sachliche Differenzen hinzu, und zwar war es wieder, wie schon unter Kallistus, die Bußfrage, welche in Rom, aber auch anderwärts, so in Karthago, die Parteien schied. Während Kornelius den zahlreichen in der Verfolgung Abgefallenen, die ihre Schwäche bereuten, Wiederaufnahme in die Kirchengemeinschaft gewährte, wandte sich Novatian mit seinem Anhang entgegen seiner eigenen früheren Haltung aufs schärfste gegen diese Milde; sie verweigerten sogar Sterbenden die Rekonziliation. Die Novatianer bildeten dann eine Kirche der „Reinen", und wer aus der Kirche zu ihnen übertrat, wurde wiedergetauft.

Durch diese Abspaltung der Novatianer, die trotz ihrer baldigen Verurteilung durch eine römische von sechzig Bischöfen besuchte Synode eine nicht unbeträchtliche Verbreitung, namentlich im Orient, fanden, wie schon in den voraufgegangenen Jahrzehnten durch andere häretische und schismatische Bildungen, war noch eine weitere Frage dringlich geworden: wie es sich nämlich mit der Gültigkeit der von den Häretikern gespendeten Taufe verhalte, ob dann Wiedertaufe erfolgen müsse oder nicht. In Afrika und Kleinasien hatte sich

Der „apostolische Stuhl" aus der Zeit des hl. Petrus, der in der Peterskirche in einem prächtigen Schrein aus vergoldeter Bronze aufbewahrt wird. Der Stuhl selbst ist aus Holz, aber ganz mit künstlerisch bearbeiteten Elfenbeintafeln bedeckt. An beiden Seiten befinden sich Ringe, um ihn mittelst durchgesteckter Stangen tragen zu können. Der Senator Pudens schenkte diesen kurulischen Stuhl (wie solche von den Senatoren benutzt wurden, wenn sie sich in die Ratsversammlungen begaben) dem hl. Petrus, als er den Apostel in sein Haus aufnahm und sich mit seiner ganzen Familie taufen ließ.

infolge der Verfechtung der Wiedertaufe durch den hohen Ansehens sich erfreuenden Tertullian und auf Grund verschiedener Synodalbeschlüsse, die sich ebenso wie auch Novatian selbst gegen die Gültigkeit der Ketzertaufe aussprachen, die Praxis herausgebildet, zur Kirche übertretende Häretiker nochmals zu taufen. Unter dem Vorsitz des Bischofs Cyprian von Karthago billigten in den Jahren 255 und 256 erneut zwei afrikanische Synoden dieses Verfahren. Als diese Synodalbeschlüsse durch eine Abordnung nach Rom überbracht wurden, verwarf der damalige römische Bischof **Stephan I.** (254—257), ein Mann von energischem, selbstbewußtem Charakter, nachdrücklichst diese Entscheidungen. In autoritativer Form verbot er unter Berufung auf die Autorität der Apostelfürsten Petrus und Paulus, und indem er für den römischen Stuhl den auf Petrus zurückgehenden Primat und damit ein Recht des römischen Bischofs über die anderen Bischöfe der Christenheit in Anspruch nahm, die Wiedertaufe; den Häretikern solle bei der Rückkehr zur Kirche nur wie Büßern die Hand aufgelegt werden. Dieses Verbot der Wiedertaufe wird vom Papste damit begründet, daß diese eine Neuerung sei; es dürfe aber nichts Neues eingeführt werden, was der von Anfang an bestehenden Tradition entgegen sei. Für den Fall, daß Bischof Cyprian und dessen Gesinnungsgenossen in Kleinasien, wie Bischof Firmilian von Cäsarea, ihre Praxis der Wiedertaufe nicht änderten, drohte der Papst

Medaille mit Darstellung des Colosseums, die Kaiser Titus prägen ließ, als er nach der Eroberung Jerusalems (70 n. Chr.) den Riesenbau unter Hilfe von vielen Tausenden gefangener Juden hatte fertig stellen lassen.

Das Colosseum
in seiner heutigen Gestalt; jahrhundertelang diente das Steinmaterial des gewaltigen Bauwerkes gewissermaßen als „Steinbruch". Die bis zur vollen Höhe erhaltenen Teile zeugen von der überwältigenden Größe und Schönheit dieses größten und besterhaltenen Circus aus der römischen Cäsarenzeit. Kaiser Vespasian hatte den Bau begonnen, sein Sohn Titus vollendete ihn. Bis zu einer Höhe von 53 Metern erhoben sich vier terrassenartige Geschosse; drei von ihnen hatten mit Marmor verkleidete Sitzreihen, die bequem 80000 Menschen Raum boten; das höchste Geschoß war mit einer Brustwehr versehen und faßte über 10000 Stehplätze. In diesem Theater von ungeheuren Ausmaßen fanden Kampfspiele aller Art statt; zu Tausenden kämpften bei besonderen Anlässen wilde Tiere mit Gladiatoren, dann auch diese Kämpfer unter sich. Zu Zeiten der Christenverfolgungen wurde dem Volke vorzugsweise das Schauspiel geboten, daß man wehrlose Christen unter Zähnen und Klauen hungernder und deshalb blutdürstiger Tiere zerfleischen ließ.

Urban I.
Sohn des Pontianus,
Römer. *222—230*

Pontianus
Römer von der „gens Calpurnia". *230—235*

Anterus
Sohn des Romulus, Grieche. *235*

Fabianus
Römer von der „gens Favia". *236—250*

mit Ausschluß aus der Kirchengemeinschaft. Und da eine stark besuchte afrikanische Synode unter Cyprians Vorsitz doch an dem Standpunkt der voraufgegangenen Synoden festhielt, kam es tatsächlich zur Aufhebung der Kirchengemeinschaft; die Bemühungen des Bischofs Dionysius von Alexandrien, den Frieden zu vermitteln, waren vergebens gewesen. Erst nach Stephans Tode wurden die kirchlichen Beziehungen zwischen Rom und Afrika sowie mit den kleinasiatischen Bischöfen wieder aufgenommen; und die bald ausbrechende Verfolgung des Valerius, der auch Cyprian zum Opfer fiel, ließ den Ketzertaufstreit in den Hintergrund treten; die durch denselben aufgeworfenen Probleme sind allerdings erst viel später einer definitiven Lösung zugeführt worden. Diese Probleme betrafen nicht nur die Gültigkeit der Ketzertaufe; denn im Zusammenhang mit dem Ketzertaufstreit kam auch, besonders durch Cyprian, die Frage nach der Stellung des römischen Bischofs in der Gesamtkirche zur Erörterung. Was die vielerörterte und vielumstrittene Stellungnahme Cyprians zum römischen Primat betrifft, so darf als sicher gelten, daß er zwar kein Vertreter einer reinen Episkopalverfassung, aber auch kein Zeuge für einen Jurisdiktionsprimat ist, wie ihn Stephanus und vor ihm schon Viktor und Kallistus praktisch in Anspruch genommen haben. Wohl aber hat Cyprian tatsächlich einen Primat der römischen Kirche, die ihm auf Grund der Verheißungen an Petrus und dessen Nachfolger auf dem römischen Stuhl als Ausgangspunkt der Einheit und dauerndes Einheitsprinzip der Kirche gilt, in Einzelfällen der Kirchendisziplin, die damals von Rom entschieden wurden, anerkannt.

Nur spärlich sind die Nachrichten, die uns die Geschichte der römischen Bischöfe in der zweiten Hälfte des dritten Jahrhunderts aufhellen. Nachdem der römische Stuhl nach Sixtus II. Martertode fast ein Jahr verwaist gewesen, erhielt dieser in **Dionysius** (259—267) einen Nachfolger; ungestört von äußeren Verfolgungen konnte er eine Reorganisation der in den voraufgegangenen schweren Zeiten zerrütteten Verhältnisse der römischen Gemeinde vornehmen. Als diesem Papst Anklagen gegen den Bischof Dionysius von Alexandrien überbracht wurden, der bei der Bekämpfung trinitarischer Irrtümer, die aus der zu starken Betonung der Einheit Gottes sich ergeben hatten (Monarchianismus des Sabellius), den entgegengesetzten Irrtum einer zu schroffen Hervorhebung des Unterschiedes von Vater und Sohn nicht vermieden hatte, indem er den Sohn als Geschöpf des Vaters bezeichnete und so die Wesensgleichheit beider in Frage stellte, hielt der Papst eine Synode zu Rom ab, deren Lehrschreiben beide Irrtümer verurteilte und schlicht und klar im Anschluß an das römische Taufsymbol die traditionelle rechte Lehre darlegte. Der Bischof von Alexandrien beeilte sich, in einem Briefe an den Papst sich zu rechtfertigen und in einer ausführlichen, uns nur in Bruchstücken erhaltenen Schrift seine Übereinstimmung mit der römischen Lehre zu versichern. Weder der alexandrinische Dionysius noch Athanasius, auf dessen Bericht unsere Kenntnis von diesem Streit der beiden Dionyse beruht, lassen durch irgendeine Bemerkung die Vermutung aufkommen, als ob sie die Forderung des römischen Bischofs auf Rechtfertigung nicht für angebracht gehalten hätten. Rom erscheint als Schiedsrichter, der über die Reinheit des Glaubens wacht, und an den man sich in Glaubensfragen um die Entscheidung wendet. So kann man mit Recht sagen, daß diese Episode „für die Ansprüche und das Ansehen des Römers auch in Glaubensfragen bedeutsam" sei. — Und als wenige Jahre später (268) eine **Synode zu Antiochien** die Irrlehre des Bischofs dieser Stadt, des Paul von Samosata, verurteilte, daß Gott seiner Wesenheit und Person nach nur einer sei, und daß Christus nur ein Mensch sei, in dem die Weisheit Gottes Wohnung genommen habe (dynamistischer Monarchianismus), wurde von dieser Entscheidung in einem Synodalschreiben den Bischöfen des Erdkreises Kenntnis gegeben; von diesen aber wird an erster Stelle Dionysius von Rom aufgeführt. Trotz seiner Exkommunikation und der Einsetzung eines orthodoxen Nachfolgers behauptete sich Paul von Samosata, geschützt durch die Königin Zenobia von Palmyra, bis er mit Hilfe des Kaisers Aurelian entfernt werden konnte. Wenn dieser, um seine Entscheidung angegangen, die Kirchengebäude dem zusprach, der mit dem Bischof von Rom in Gemeinschaft stünde, so waren hierfür

Papst Klemens I. (ca. 90—99)
nach dem Papstkatalog des hl. Irenäus der dritte in der Reihe der Päpste, „der die Apostel noch sah und mit ihnen verkehrte". Das Bild nach Onuphrius Panvinius aus der „Münchener Staatsbibliothek".

Kornelius
Sohn d. römischen Bürgers Castinus. 251—253

Lucius I.
Römer, Sohn d. Bürgers Porphyrius. 253—254

Stephan I.
Römer von der „gens Julia". 254—257

Sixtus II.
Sohn eines griechischen Philosophen. 257—258

sicher politische Gründe maßgebend; aber es ist doch bezeichnend, daß der heidnische Kaiser von der Bedeutung Roms als Mittelpunkt der kirchlichen Gemeinschaft und Einheit wußte; und wenn ihm diese Entscheidung durch die Christen von Antiochien nahegelegt worden war, dann ist dies ein Anzeichen mehr, welchen Wert man auch in so schweren Krisen, wie sie die antiochenische Kirche durchgemacht hatte, auf das Urteil Roms legte (Batiffol).

Von den Nachfolgern des Dionysius sind uns fast nur die Namen bekannt; es sind **Felix I.** (268—274), der in einem uns leider nicht erhaltenen Schreiben der antiochenischen Synode über die Angelegenheit des Paul von Samosata antwortete, dann **Eutychianus** (275—283) und **Kajus** (283—296), ein Verwandter des Kaisers Diocletian. Als unter diesem Kaiser die letzte große Christenverfolgung ausbrach, hatte **Marcellinus** (296—304) den römischen Bischofstuhl inne. Daß dieser Papst in der Verfolgung vorübergehend abtrünnig geworden sei und den Götzen Weihrauch gestreut habe, ist eine unglaubwürdige, schon vom heiligen Augustinus zurückgewiesene Behauptung, durch die von donatistischer Seite sein Andenken befleckt wurde. Nachdem Marcellinus vermutlich eines natürlichen Todes gestorben war, konnte ihm infolge der Verfolgung und innerer Wirren, die durch den Abfall vieler und deren Begehr um Wiederaufnahme in die Kirchengemeinschaft veranlaßt waren, erst nach vier Jahren in **Marcellus I** (308—309) ein Nachfolger gegeben werden; er mußte die kirchliche Verwaltung Roms umordnen, die durch die namentlich gegen den Klerus gerichtete Verfolgung zerstört war. Infolge der Denunziation eines Abtrünnigen wurde er bald verbannt, und den nun folgenden **Eusebius** ereilte sehr

Antikes Goldglas mit dem Bildnisse des hl. Papstes Kallistus (217—222), das in der „Papstgruft" der Kallistus-Katakomben aufgefunden wurde. Ein Vergleich der Zeichnung dieses Goldglases aus den ersten christlichen Jahrhunderten mit dem nachstehenden Kupferstich aus unserer „Sammlung von Papstbildern" zeigt, mit welcher Gewissenhaftigkeit der Kupferstecher nach antiken Vorbildern gearbeitet hat.

ALEXANDER MORTVVS
NON EST SED VIVIT SV
PER ASTRA ET CORPVS
IN HOC TVMVLO QVIE
SCIT VITAM EXPLEVIT
CVM ANTONINO IMP.
QVI VBI MVLTVM BE
NEFICII ANTEVENIRE
PREVIDERET PRO GRA
TIA ODIVM REDDIT GE
NVA ENIM FLETENS VE
BO DEO SACRIFICATV
RVS AD SVPPLICIA DV
CITVR. O TEMPORA IN
FAVSTA QVIBVS INTER
SACRA ET VOTA NE IN
CAVERNIS QVIDEM SAL
VARI POSSIMVS QVID
MISERIVS VITA SED
QVID MISERIVS IN MOR
TE CVM AB AMICIS ET
PARENTIBVS SEPELIRI
NEQVEANT TANDEM IN
COELO CORVSCAT PA
RVM VIXIT QVI VIXIT
IV. X. TEM.

Grabstein aus dem Jahre 161 n. Chr., der in den Katakomben aufgefunden wurde. Die Inschrift bezeugt, daß „Alexander, kniend, um dem wahren Gott zu opfern," unter dem Kaiser Antoninus zum Tode geführt wurde, nachdem er mit anderen Christen in den Katakomben während einer Feier der „heiligen Geheimnisse" überfallen und gefangen genommen worden war.

Von den Anfängen bis zu Leo I.

bald das gleiche Geschick. Mit ihm mußte auch der Führer der Gegenpartei Heraklius ins Exil gehen, der wahrscheinlich für eine allzu milde Behandlung der Gefallenen eingetreten war.

Als dann die Verfolgung nachließ, konnte der römische Stuhl wieder besetzt werden, und zwar mit der Person des **Miltiades** (Melchiades) (311—314). In sein Pontifikat fallen die bedeutungsvollen Ereignisse, welche einen Wendepunkt und eine neue Epoche in der Geschichte der christlichen Kirche heraufführten: Kaiser Konstantins Sieg über Maxentius an der Milvischen Brücke und das Mailänder Toleranzreskript vom Februar 313, welches den Verfolgungen des Christentums ein Ende machte und dem eben noch mit Vernichtung bedrohten Christentum die Gleich-

Papst Eleutherus (175—189)
während dessen Regierungszeit der hl. Irenäus seinen
„Papsthatalog" veröffentlichte. (Nach einem Stiche im
Codex Barberini Nr. 4407 der Vatikan. Bibliothek.)

berechtigung mit dem Heidentum, volle Religionsfreiheit und Rückgabe der konfiszierten Kirchengebäude und Kirchengüter brachte. Von einem Anteil des römischen Bischofs an diesen Vorgängen ist uns nichts überliefert. Dagegen sind wir gut unterrichtet über das Eingreifen desselben in die Streitigkeiten, welche damals die afrikanische Kirche schwer zu erschüttern begannen. Gegen den Bischof Cäcilian von Karthago (seit 311), der sich schon zur Zeit seines Vorgängers Mensurius durch sein verständiges Auftreten gegen Auswüchse schwärmerischer ungesunder Frömmigkeit viele Feinde gemacht hatte, hatte sich eine Opposition erhoben, die seine Weihe für ungültig erklärte, weil er sie von einem Bischof empfangen hatte, der angeblich in der Verfolgung die heiligen Bücher ausgeliefert hatte. Diese Opposition fand eine Stütze an den numidischen Bischöfen,

Papst Kallistus I. (217—222)
hat sich das Gedächtnis des christlichen Volkes
besonders durch die Sorgfalt gesichert, mit der er
schon unter seinem Vorgänger, Papst Zephyrinus
ab 198 auf dem Grund und Boden des römischen
Patriziergeschlechtes der Cäcilier Begräbnisstätten
und Zufluchtsorte für seine christlichen Glaubensgenossen anlegte. Heute sind die nach ihm benannten *Kallistus-Katakomben* eines
der bewundernswertesten Denkmäler aus allerältester christlicher Zeit; mit ihren ungezählten
wohlerhaltenen Bildnissen und Grabinschriften
bieten sie eine unerschöpfliche Fundgrube von
Dokumenten zur Geschichte der Kirche und des
Papsttumes. Kein Besucher Roms versäumt es,
andächtig zu diesen Gräbern der ersten Blutzeugen Christi zu pilgern.

Dionysius
Priester in Rom, früher
Einsiedler. 259—267

Felix I.
Sohn des Römers Con-
stantinus. 268—274

Eutychianus
Sohn d. Marinus, Italie-
ner aus Luni. 275—283

Kajus
Dalmatiner aus Salona.
283—296

die unwillig waren, daß sie nicht zur Wahl und Konsekration des Primas der afrikanischen Kirche geladen worden waren, und die nun einen Gegenbischof erhoben, den Majorinus, dem dann bald Donatus nachfolgte; von diesem hat dann die ganze Bewegung ihren Namen erhalten, die nun länger als ein Jahrhundert die afrikanische Kirche erschütterte und zerrüttete. Wenn nun auch persönliche Unstimmigkeiten und Gegensätze sehr stark zur Entstehung dieses donatistischen Schismas beigetragen hatten, so handelte es sich doch um tiefe sachliche Gegensätze, nämlich um die Frage, ob die Wirksamkeit der Sakramente nicht bloß vom Amtscharakter des Spenders, sondern auch von dessen sittlicher Würdigkeit abhänge. Als Konstantin durch seinen Prokonsul von diesen Wirren — fast in allen afrikanischen Kirchen standen sich Bischof und Gegenbischof gegenüber — unterrichtet wurde und die Gegner Cäcilians bei ihm eine Entscheidung des Konfliktes durch drei gallische Bischöfe erbaten, verfügte der Kaiser, daß im Verein mit ihnen der römische Bischof die Entscheidung fällen solle. Daraufhin hielt Miltiades im Oktober 313 eine Synode im Lateranpalast, der kurz zuvor vom Kaiser der römischen Kirche geschenkt worden war. An der Synode nahmen außer den drei Galliern fünfzehn italische Bischöfe teil; dagegen wurden entgegen dem Wunsche des Kaisers die Vertreter der beiden streitenden Parteien nicht als gleichberechtigte Teilnehmer zugelassen; sie mußten als vorgeladene Parteien erscheinen. Einmütig wurde Cäcilian für unschuldig erklärt und als rechtmäßiger Bischof von Karthago anerkannt; sein Gegner Donatus wurde aus der Kirchengemeinschaft ausgeschlossen. Aber mit dieser Entscheidung der römischen Synode war der Donatistenstreit nicht erledigt; denn die Anhänger des Donatus lehnten mit fanatischer Hartnäckigkeit den Spruch der Synode ab, und so gingen die donatistischen Wirren weiter.

Reich umrankt von einem Kranz von Legenden ist die Persönlichkeit des nächsten Papstes, **Silvesters I.** (314—335); er habe — so wußte man bald zu erzählen — Kaiser Konstantin vom Aussatz gereinigt und durch die Taufe in die Kirchengemeinschaft aufgenommen; er ist es, dem angeblich die Konstantinische Schenkung zuteil wird. Aber die Geschichte weiß nichts davon, daß er selbständig handelnd in die wichtigen Ereignisse, die in sein Pontifikat fallen, eingegriffen hätte. Vielmehr ist es der Kaiser, dem die Kirche nicht nur die Befreiung, sondern auch mannigfache Privilegierung und Förderung dankte, der nun in der Kirche selbst eine überragende führende Stellung einnimmt; als „Bischof der äußeren Angelegenheiten" hat er sich selbst einmal bezeichnet. So setzt mit ihm das System des Staatskirchentums ein, das so viel Unglück für die Kirche, besonders die des Ostens, im Gefolge hatte. — Wie sehr sich Konstantin als Beherrscher der Kirche fühlte, lehrte schon sein Eingreifen in die donatistischen Streitigkeiten. Nicht minder bedenklich war die Haltung

Der heilige Papst und Martyrer Fabianus (236—250)
nach einem Bilde von J. S. Negges. Der Grabstein dieses Papstes findet sich in der sogenannten *Papst-gruft* der Kallistus-Katakomben mit der Inschrift ΦΑΒΙΑΝΟC ΕΠΙ. MR.

des Kaisers, als die von dem alexandrinischen Presbyter Arius vertretene Lehre, der Logos sei ein Geschöpf des Vaters, so daß also die Gottheit des Sohnes in Frage gestellt war, neue schwere Wirren hervorrief. Er war es, der zur Wiederherstellung des religiösen Friedens alle Bischöfe des Reiches zu einer Synode zusammenberief. An diesem ersten allgemeinen Konzil zu Nicäa (325), das die Lehre des Arius verurteilte, nahm der Papst nicht persönlich teil; er war aber durch Legaten vertreten, die an erster Stelle die Akten unterschrieben. Die Lehrentscheidung des Nicänums, welche die wahre Gottheit und Wesensgleichheit des Sohnes mit dem Vater aussprach, beruhte nach Inhalt und Formulierung auf der abendländischen, speziell römischen Theologie — schon Papst Dionysius hat den Ausdruck wesensgleich (ὁμοούσιος) gebraucht —; und so kam durch die Annahme des Homousios die Lehrautorität der römischen Kirche zur Geltung. Nicht unerwähnt darf bleiben, daß während des Pontifikates Silvesters durch Konstantin die neue Kaiserresidenz am Bosporus begründet wurde; dadurch ist der Bischof von Konstantinopel, von „Neu-Rom", wie es bei der feierlichen Einweihung (330) genannt wurde, rasch an Ansehen und Bedeutung gewachsen; und es dauerte nicht gar lange, bis er unter Zurückdrängung der altehrwürdigen Patriarchenstühle von Antiochien und Alexandrien nach der Führung der Kirche des Ostens und nach Gleichstellung mit dem römischen Bischof trachtete, so daß die kirchliche Einheit durch die Patriarchen von Konstantinopel aufs schwerste bedroht

Die Grabkapelle des Papstes Cornelius in den Kallistus-Katakomben. Noch steht das Säulenstück aus Mauerwerk neben dem Grabe, das einst den Altartisch getragen hat. Dem Altare gegenüber an der Wand das heute noch gut erhaltene Bild, das wir auf der nächsten Seite in größerer Reproduktion zeigen.

wurde. Aber anderseits wurde durch die Verlegung der Kaiserresidenz der römische Bischof der Gefahr entzogen, in die zweifelhafte Stellung eines Hofbischofs herabgedrückt zu werden und seine Freiheit und Unabhängigkeit einzubüßen. Ungehindert durch den Hof konnte so das Ansehen des römischen Bischofs sich mehren und seine Machtstellung einen weiteren Ausbau erfahren.

Mit der Verurteilung des Arius durch das Konzil von Nicäa war der Friede in der Kirche keineswegs wieder hergestellt; die arianischen Wirren, die sich sogar bald verschärften, haben vielmehr noch jahrzehntelang die ganze Christenheit in stürmischer Erregung gehalten. Und während unter Papst Silvester die römische Kirche von dem Streit unberührt geblieben war, mußte **Julius I.** (337—352), der nach dem kurzen Pontifikat des **Markus** (336) Nachfolger Silvesters geworden war, in denselben eingreifen. Mit ihm erscheint, wie man treffend gesagt hat, das Papsttum wieder auf der Bildfläche, nachdem Konstantin († 337) die Primatstellung des

Bischofs von Rom sozusagen als nicht vorhanden betrachtet hatte. Die Aufforderung hierzu erging an den Papst sowohl von seiten der Anhänger des Nicänums als seitens der Gegner, deren einflußreichster Führer seit des Arius Tode (336) Eusebius von Nikomedien war. Zuerst erschien eine Gesandtschaft der letzteren in Rom, dann kamen Abgesandte des Athanasius, der von arianischen Bischöfen seines alexandrinischen Stuhles entsetzt und von Konstantin verbannt worden war, nach dessen Tode aber auf seinen Patriarchenstuhl hatte zurückkehren können; und diesen Abordnungen folgte Athanasius bald selbst, als er durch den offen zu den Arianern haltenden Kaiser Konstantius, den Beherrscher des Ostens, wieder von seinem Stuhl in Alexandrien vertrieben worden war; auch Bischof Marcell von Ancyra, der als einer der Hauptgegner des Arius, allerdings auch wegen seiner nicht einwandfreien Trinitätslehre, gleichfalls vertrieben worden war, fand sich in Rom ein. Im Herbst des Jahres 340 hielt Julius in Rom im Beisein von mehr als 50 Bischöfen eine Synode, an der aber die Gegner des Athanasius sich nicht beteiligten, obwohl sie die Synode ursprünglich selbst gefordert hatten. Die Synode erklärte Athanasius wie Marcell für unschuldig und erkannte sie als rechtmäßige Bischöfe an. Im Auftrage der Synode richtete Julius ein denkwürdiges Schreiben an die Bischöfe des Ostens, in dem er von der Entscheidung der römischen Synode Mitteilung macht. Mit Ernst und Würde, aber ohne verletzende Schärfe tadelt er den ungebührlichen Ton, den die in Antiochien versammelten Gegner in dem Brief angeschlagen hatten, in dem sie die Teilnahme an dem zuerst von

Papst Cornelius (251—253)
nach einem altchristl. Wandgemälde in d. Katakomben d. hl. Kallistus. Neben dem Bilde d. hl. Cornelius (links) d. Bild d. hl. Bischofs u. Märtyrers Cyprian.

ihnen selbst geforderten Konzil in Rom ablehnten; im Vollbewußtsein der Autorität und des Primates des römischen Stuhles erklärt er, daß man, auch wenn Athanasius und Marcellus schuldig gewesen wären, doch erst, der Gewohnheit gemäß, an den römischen Bischof hätte schreiben und dessen Entscheidung einholen müssen.

Da auch durch die römische Synode die Differenzen keineswegs beseitigt waren, wie das Verhalten der antiochenischen Synode von 341 erwies, auf der unter Vorsitz des Kaisers an die hundert Bischöfe die Absetzung des Athanasius bestätigten, da vielmehr die Spannung zwischen dem Episkopat des Ostens und Westens wuchs, regte Papst Julius im Verein mit anderen Bischöfen des Abendlandes bei Kaiser Konstans, der damals seit dem Tode seines Bruders Konstantin II. (340) über den ganzen Westen des Reiches gebot, an, im Verein mit seinem Bruder Konstantius eine große Synode zur endgültigen Beilegung der Streitigkeiten zu berufen. Diese Synode, zu der Papst Julius zwei römische Presbyter als seine Vertreter abordnete, trat im Herbst 343 zu Sardica, dem heutigen Sofia, an der Grenze der beiden Reichshälften zusammen. Doch anstatt der Kirche den Frieden zu bringen, wurde der Zwiespalt noch größer. Da die Anhänger des Eusebius den Ausschluß des Athanasius und Marcellus von den Verhandlungen verlangten, kam es nicht einmal zu gemeinsamen Beratungen; ehe sie Sardica verließen, sprachen sie über Papst Julius und die übrigen führenden Bischöfe des Abendlandes das Anathem aus. Trotz des Wegganges der Orientalen blieben die Anhänger des Nicänums — fast hundert Bischöfe der westlichen Reichshälfte — versammelt und traten in die Konzilsberatungen ein. Nach nochmaliger Untersuchung wurden die Anklagen gegen Athanasius und Marcellus für nichtig erklärt; sie wurden wieder in ihre Würden eingesetzt, und gegen die auf deren Bischofssitze erhobenen Gegenbischöfe und die Führer der Eusebianer wurde das Anathem geschleudert. Wichtiger noch war es, daß die Synode von Sardica, die sich trotz ihrer nunmehrigen rein abendländischen Zusammensetzung durchaus als ökumenische fühlte, und die sich späterhin großen Ansehens erfreute, eine Reihe von Kanones erließ. Von diesen Kanones sind die bekanntesten die auf den römischen Bischof bezüglichen, deren Echtheit nach den neuesten Forschungen als endgültig gesichert gelten darf. Diese Kanones bestimmen, daß ein Bischof, der von seiner Provinzialsynode abgesetzt ist, an den Bischof von

Christuskopf aus der Katakombe des hl. Pontianus, 5. Jahrhundert.
„Es ist gewiß", schreibt der hl. Basilius (379 n. Chr.), „daß die heiligen Bilder unseres Herrn, der heiligen Jungfrau und der Apostel, welche im Anfang gemalt wurden, von Hand zu Hand auf uns gekommen sind." Man sieht in den Katakomben viele, oft meisterhaft ausgeführte Gemälde aus der allerältesten christlichen Zeit.

Von den Anfängen bis zu Leo I. 17

Die Schlacht Konstantins des Großen gegen Maxentius an der Milvischen Brücke

(Nach einem von Raffael entworfenen Wandgemälde im Konstantinsaale des Vatikans — Phot.)

Die Schlacht an der Milvischen Brücke gehört ihrer bis in die Gegenwart nachwirkenden Bedeutung wegen zu den wichtigsten Ereignissen der Weltgeschichte. Über den Verlauf dieser Schlacht hat der Kirchenvater Firmianus Laktantius (Bibliothek der Kirchenväter, I. Serie, Band 36, Seite 52 f.) einen ausführlichen Bericht hinterlassen, dem dadurch eine gewisse authentische Bedeutung gesichert ist, daß Laktantius der Lehrer von Kaiser Konstantins Kindern war. Laktantius berichtet, der damals noch heidnische Kaiser Konstantin sei durch ein Traumgesicht veranlaßt worden, *das himmlische Zeichen Gottes* (das Kreuz) auf den Schildern anbringen zu lassen und so die Schlacht zu beginnen". Seinen überwältigenden Sieg über die Truppen des Gegenkaisers Maxentius schrieb dann der Kaiser und mit ihm alles Volk einer direkten Einwirkung des Gottes der Christen, die bis dahin noch die grausamsten Verfolgungen zu erdulden hatten, zu; die Folge dieser Erkenntnis war das Mailänder Edikt, das von nun an den Christen völlige Freiheit der Religionsübung gestattete.

Seppelt-Löffler 2

Rom appellieren kann, der eine neue Untersuchung durch eine benachbarte Provinzialsynode anordnen soll und im Falle nochmaliger Appellation selbst als dritte Instanz die endgültige Entscheidung fällen kann. Durch diese Kanones, welche das Appellationsrecht an den römischen Bischof im Interesse der Bischöfe sicherstellten, wollte die Synode den römischen Bischof keineswegs mit neuen Rechten ausstatten; in ihnen war gemäß der römischen Doktrinen und Anschauungen **die oberste Jurisdiktionsgewalt des römischen Stuhles** in klaren Worten anerkannt; allerdings ist das Prozeßrecht von Sardica zunächst nicht durchweg in der Praxis des kirchlichen Lebens zur Geltung gekommen, obwohl diese sardicensischen Kanones bald als nicänische galten und dadurch mit höherer Autorität bekleidet erschienen.

In schwere sturmbewegte Zeiten fiel das Pontifikat des Römers **Liberius** (352—366). Inzwischen war Kaiser Konstans, der dem katholischen Glauben seinen Schutz hatte angedeihen

„Da wir, ich, Konstantinus Augustus, und ich, Licinius Augustus, durch glückliche Fügung nach Mailand gekommen und all das, was dem Volke zu Nutz und Vorteil gereiche, erwogen, so haben wir unter den übrigen Verfügungen, die dem Interesse der Allgemeinheit dienen sollten, oder vielmehr zuvörderst, den Erlaß jener Verordnungen beschlossen, die sich auf die Achtung und Ehrung des Göttlichen beziehen, um den Christen und allen Menschen freie Wahl zu geben, der Religion zu folgen, welcher immer sie wollten. Es geschah dies in der Absicht, daß jede Gottheit und jede himmlische Macht, die es je gibt, uns und allen, die unter unserer Herrschaft leben, gnädig sein möge.

In gesunder und durchaus richtiger Erwägung haben wir so diesen Beschluß gefaßt, daß keinem Menschen die Freiheit versagt werden solle, Brauch und Kult der Christen zu befolgen und zu erwählen, daß vielmehr jedem die Freiheit gegeben werde, sein Herz jener Religion zuzuwenden, die er selbst für die ihm entsprechende erachtet, auf daß uns die Gottheit in allem die gewohnte Fürsorge und Huld schenken möge.“

Vorstehend die wesentlichsten Abschnitte aus dem berühmten „**Mailänder Edikt**", das Kaiser **Konstantin** im Februar des Jahres 313 gemeinsam mit seinem Schwager **Augustus Licinius** erließ. Dieses kaiserliche Reskript ist **ein Dokument von weltgeschichtlicher Bedeutung**. Mit einem Schlag wird hier die schier unlösbare Verbindung des römischen Staates mit dem heidnischen Staatskult preisgegeben und **der christlichen Kirche völlig uneingeschränkte Freiheit der Religionsübung gewährt**. Der gesamte, bis dahin konfisziert gewesene Güterbesitz der Kirche wird mit diesem kaiserlichen Erlasse den christlichen Gemeinden „unentgeltlich und ohne Zögern und Zaudern" zurückerstattet.

lassen, gestürzt und ermordet worden (350), und Konstantius war nach Besiegung des Usurpators Magnentius Alleinherrscher (353) geworden. Nun begannen auch im Abendland schlimme Tage für die Bischöfe, die nicht der von dem Kaiser auf den Synoden von Arles und Mailand erzwungenen erneuten Absetzung des Athanasius und den inzwischen aufgestellten Formeln zustimmen wollten, die sich von der nicänischen Lehre des „Homousios" entfernten. Die hervorragendsten Bischöfe der orthodoxen Opposition, die treu am Nicänum festhielten, wie Paulinus von Trier, Dionysius von Mailand, Lucifer von Calaris, Hilarius von Poitiers, mußten in die Verbannung wandern. Das gleiche Schicksal traf den Papst Liberius, der standhaft gegenüber allen Drohungen und Versprechungen, auch gegenüber persönlichen Einwirkungen des Kaisers, geblieben war, und der im Interesse der freien kirchlichen Gerichtsbarkeit sich nicht zur Absetzung des Athanasius verstanden hatte; er wurde nach Beröa in Thrazien verbannt (355); die ihm angebotene Unterstützung des Kaisers wies er mit würdigem Stolze zurück. Auf Betreiben des Kaisers wurde nun an seiner Statt der Archidiakon Felix, der eben erst unter dem Eindruck der Standhaftigkeit des Liberius mit dem römischen Klerus sich verpflichtet hatte, zu Lebzeiten des Liberius keinen anderen Bischof aufzunehmen, als Bischof von Rom eingesetzt; er ließ sich von drei arianischen Bischöfen weihen. Aber während ein Teil des Klerus sich ihm anschloß, wollte die Gemeinde von diesem Gegenpapst Felix II. (355—65) nichts wissen. So mußte er denn auch, trotzdem ihn der Kaiser zu halten bestrebt war, sofort weichen, als Liberius aus der Verbannung zurückkehren durfte (358) und mit Jubel empfangen ward.

An diese vom Kaiser gestattete Rückkehr des Papstes knüpft sich die vielerörterte und bis heute nicht einhellig beantwortete Frage, ob Liberius diese Rückkehr durch zu weitgehende unerlaubte Nachgiebigkeit gegen die Arianer und Preisgabe des nicänischen Glaubens erkauft habe. Als gesichertes Ergebnis der Forschung darf gelten, daß Liberius den Athanasius preisgab, zu dem er so lange

Papst Viktor I.
Aus Wilpert: *Die römischen Mosaiken und Malereien*, Verlag Herder, Freiburg.
Dieses mit unendlichem Sammlerfleiß und größter wissenschaftlicher Akribie angelegte Monumentalwerk ist für ein tieferes Eindringen in die Geschichte der ersten christlichen Jahrhunderte von unschätzbarem Werte.

Marcellinus Colonna, Sohn des Projectus, Römer. 296—304

Marcellus I. Sohn d. römisch. Bürgers Benedictus. 307—309

Eusebius Sohn eines griechischen Arztes. 309—310

Melchiades (Miltiades) Afrikaner. 311—314

treu gestanden hatte, und daß er, der selbst an der Synode von Sirmium vom Jahre 358 teilnahm, der sogenannten dritten sirmischen Formel zustimmte, in der das Homousios fallen gelassen war. Den Schlüssel für die schwächliche Haltung des Papstes liefert die damalige Gestaltung der Dinge: die Gegner des Nicänums hatten sich unterdes in mehrere Parteien gespalten; Liberius kam seinerseits durch Preisgabe des Homousios, das mißbräuchlich und falsch gedeutet werden konnte, der gemäßigten Richtung unter den Arianern unter Führung des Basilius von Ancyra entgegen, die sich mehr und mehr von der streng arianischen Partei entfernte, welche die Lehre von der Unähnlichkeit von Vater und Sohn verfocht, und die sich dem Nicänum näherte; auf diese Weise mochte er wie auch vorübergehend der Kaiser selbst hoffen, den Frieden und die Einigkeit in der Gesamtkirche herbeiführen zu können. Zudem hatte Liberius, um Mißdeutungen der von ihm angenommenen Formel auszuschließen, ausdrücklich erklärt, er schließe all die von der Kirchengemeinschaft aus, die nicht die Ähnlichkeit von Vater und Sohn „dem Wesen nach und in allem" lehrten. Unter diesen Umständen wird man die Haltung des Liberius nicht zu scharf beurteilen dürfen. Dies käme eher in Betracht, wenn Liberius, wie auf Grund der in ihrer Echtheit kaum zu bestreitenden im Exil von Beröa geschriebenen Briefe des Papstes nicht leicht bezweifelt werden kann, im Jahre 357 von den Leiden der Verbannung zermürbt, auch die sogenannte erste sirmische Formel angenommen und unterschrieben hat, die gleichfalls das Homousios verwarf, aber immerhin noch orthodox gedeutet werden konnte.

Diese Hoffnung auf Friede und Einigkeit in der Gesamtkirche hat sich freilich nicht sogleich erfüllt. Der Kaiser Konstantius lieh bald wiederum, obschon er eben der dritten sirmischen Formel seine Zustimmung gegeben hatte, der radikalen arianischen Partei seine Unterstützung; mit Gewaltmitteln sollte nun der Episkopat des gesamten Reiches zur Annahme einer Formel von Nice in Thrazien (359) gezwungen werden, welche einfach ohne jeden Zusatz die Ähnlichkeit von Vater und Sohn nach der Schrift aussprach. Unter den wenigen Bischöfen, welche diese vage sogenannte „nicenische" Formel zu verwerfen wagten, war auch Liberius. Infolge der Gewaltpolitik des Konstantius schien es, als ob dem Arianismus der endgültige Sieg beschieden sein sollte. Doch der Triumph war von kurzer Dauer; denn schon 361 starb der Kaiser; sein Vetter und Nachfolger Julian, der sich offen zum Heidentum bekannte und dieses zu neuem Glanz und Einfluß emporführen wollte, schlug eine andere Religionspolitik ein. Er ließ alle verbannten Bischöfe in ihre Sitze zurückkehren, freilich nicht aus Wohlwollen, sondern in der boshaften Absicht, daß das ihm verhaßte Christentum durch den Widerstreit der Parteiungen in der Kirche Schaden nehme und durch Selbstzerfleischung sich zugrunde richte. Doch das Fehlen des Rückhaltes kaiserlicher Förderung und kaiserlichen Schutzes genügte, daß der Arianismus mehr und mehr an Bedeutung verlor. Und wenn dann auch nochmals der strenge Arianismus im Osten von Kaiser Valens (364—378) vorübergehend mit Zwangsmitteln gefördert wurde, so hatte dies gerade zur Folge, daß die gemäßigtere Richtung, die Semiarianer, sich weiter der orthodoxen Lehre näherten; und so hatte Liberius gegen Ende seiner Regierung die Freude, daß mehr als sechzig semiarianische Bischöfe sich zum Nicänum bekannten und daher von ihm in die Kirchengemeinschaft aufgenommen werden konnten.

Nach dem Tode des Liberius, der sich in Rom durch den Bau der nach ihm benannten Basilika Liberiana (Santa Maria Maggiore) ein rühmliches Andenken gesichert, folgte ihm sein treuer Diakon **Damasus**, ein Römer von Geburt (366—384). Doch erfolgte seine Erhebung nicht einmütig; eine Minderheit, die mit der Politik der Versöhnlichkeit und des Friedens, die Liberius gegen seine römischen Gegner wie vor allem gegen die reumütigen Arianer des Ostens geführt hatte, nicht einverstanden war, wählte den Diakon Ursinus; es kam zu blutigen Kämpfen zwischen den Anhängern der beiden Parteien, bei denen es zahlreiche Tote gab und sogar Gotteshäuser schmählich entweiht wurden, so daß ein Eingreifen des Kaisers und seines Staatspräfekten nötig wurde. Nun siegte zwar die Partei des rechtmäßigen Papstes, und Ursinus wurde verbannt, aber die Intrigen seiner Anhänger dauerten fort, zumal Ursinus vorübergehend die Rückkehr nach Rom gestattet worden war, und so trat während des ganzen Pontifikates des Damasus keine Beruhigung ein. Im Laufe dieser Wirren kam der Papst selbst durch die Beschuldigung schwerer Verbrechen seitens des bekehrten aber wieder abtrünnigen Juden Isaak in eine unwürdige Lage, indem er sich vor dem Stadtvikar verantworten mußte; und als Zeugen vorgeladene Kleriker waren bei

Die Basilika S. Maria Maggiore
Erstmals erbauten Papst Liberius und der Patrizier Johannes um das Jahr 352 auf dem beherrschenden Punkte des Monte Esquilino eine Basilika. 432 gestaltete Papst Sixtus diese zu einem einzigen Ehrenmal der Gottesmutter. Diese Kirche sollte eine immerwährende Erinnerung an das 431 vom Konzil zu Ephesus bekräftigte Dogma von der Gottesmutterschaft Mariä sein und bleiben. Um 1300 wurde die Basilika in ihrer heutigen Grundanlage ausgebaut; Papst Alexander VI. ließ sie zu einer der prunkvollsten Renaissancekirchen gestalten.

Silvester I.
Sohn des Rufinus,
Römer. 314—335

Markus
Sohn des römischen
Bürgers Priscus. 336

Julius I.
Sohn des Rusticus,
Römer. 337—352

Liberius
(Savelli) Sohn des
Augustus. 352—366

den Vernehmungen gefoltert worden. Um der Wiederkehr solcher Vorkommnisse vorzubeugen, beantragte eine von Damasus berufene und geleitete r ö m i s c h e S y n o d e (378), die auch die Verleumdungen gegen den Papst als haltlos abwies, beim Kaiser, daß der staatlicherseits schon anerkannten Disziplinargewalt der Bischöfe auch staatliche Hilfe zur Durchführung kirchlicher Urteile in Rom und Italien gewährt werde; sie unterbreitete ferner genaue Vorschläge für eine reichsrechtliche Regelung der geistlichen Gerichtsbarkeit. Daraufhin hat der Kaiser nicht nur für Italien, sondern für das ganze weströmische Reich verfügt, daß die kaiserlichen Beamten zur Durchführung bischöflicher Urteile mitzuwirken hätten. Dem Antrag der Synode gemäß wurde auch durch kaiserliches Reskript die Gerichtsbarkeit des Bischofs von Rom über alle Metropoliten des Abendlandes anerkannt; doch ist dieses Reskript Gratians auf die Entwicklung der Gerichtsbarkeit des römischen Bischofs ohne Einfluß geblieben. Auf die gleichfalls von der Synode erhobene, in ihren Konsequenzen sehr bedenkliche Forderung eines privilegierten Gerichtsstandes des römischen Bischofs beim Kaiser ist dieser nicht näher eingegangen; prinzipiell blieb also auch weiterhin der Papst in Kriminalsachen der Gerichtsbarkeit des römischen Stadtpräfekten unterstellt; doch ist von einer Ausübung derselben in der Folgezeit nichts bekannt.

Die von Liberius begonnene Politik der Versöhnlichkeit und des Friedens hat Damasus angesichts der noch fortdauernden arianischen Wirren mit gutem Erfolg fortgesetzt, so daß der Arianismus mehr und mehr überwunden wurde, und der nicänische Glaube, dem in der gleichen Zeit in den großen Kappadoziern Basilius, Gregor von Nazianz und Gregor von Nyssa geistesmächtige Vorkämpfer erstanden waren, zunächst im weströmischen Reich, dann aber auch im Osten zum Sieg gelangte. Dieser Sieg war schon entschieden, als Kaiser Theodosius (379—395) im Verein mit Kaiser Gratian (375—383) bald nach Regierungsantritt an alle Untertanen des großen Reiches das Edikt (27. II. 380) erließ, daß sie den Glauben an die Gottheit des Vaters, des Sohnes und des Heiligen Geistes, die zur göttlichen Trinität in gleicher Majestät zusammengeschlossen sind, zu bekennen hätten, wie ihn der hl. Apostel Petrus den Römern überliefert hat, und wie ihn jetzt Damasus von Rom und Petrus von Alexandrien, der Nachfolger des Athanasius, bekennen.

Es war nur eine Konsequenz des Arianismus, daß, so wie der Sohn als Geschöpf des Vaters, so auch der Heilige Geist als Geschöpf des Sohnes erklärt wurde; und es dauerte auch nicht lange, bis diese Konsequenz wirklich gezogen wurde. Dieser neue Irrtum, der in Macedonius von Konstantinopel und Marathonius von Nikomedien die Hauptverteidiger fand, wurde vor allem durch die Synode von Konstantinopel vom Jahre 381 verurteilt, die, von Theodosius als Generalkonzil seiner Reichshälfte berufen, später ökumenisches Ansehen gewann. Schon vorher hatten mehrere andere Synoden, darunter vor allem auch eine römische unter dem Vorsitze des Papstes Damasus, sich gegen die Häresie ausgesprochen und sich zur Gottheit und Wesensgleichheit des Heiligen Geistes bekannt. Gleichzeitig mit dem Irrtum des Macedonius wurde auch die Lehre des Apollinaris von Laodicea abgewiesen, der Christus die vernünftige Seele absprach, also seine Menschheit verstümmelte. — Von den Kanones der Synode von 381 kommt dem dritten besondere Bedeutung zu; er bestimmte, daß der Bischof von Konstantinopel den Vorrang der Ehre haben solle nach dem Bischof von Rom, weil jene Stadt Neu-Rom ist; es sollte also der politischen Vorrangstellung von Konstantinopel als Kaiserresidenz entsprechend auch die kirchliche Stellung ihres Bischofs gehoben werden, indem ihm eine Ehrenstellung vor allen anderen Bischöfen, besonders auch dem von Alexandrien, den einen von Rom ausgenommen, zugebilligt wurde. Richtete sich auch dieser Kanon nicht direkt gegen Rom und seine Rechte, so war doch die Begründung der Rangerhöhung lediglich mit politischen Gesichtspunkten sehr bedenklich, und so ist es wohl verständlich, daß eine römische Synode vom Jahre 382 ohne Bezugnahme oder Polemik gegen den Kanon von Konstantinopel die herkömmliche Rangordnung der Kirchen: Rom, Alexandrien, Antiochien festlegte und die Primatsstellung Roms und den Vorrang der beiden anderen Kirchen auf ihre Gründung durch den Apostelfürsten Petrus, den Träger der Verhei-

Papst Silvester I. (314—335)
unter dessen Pontifikat von Kaiser Konstantin dem Christentum erstmals die völlige Freiheit der Religionsübung zugesichert wurde. (Nach einem Stich von Onophrio Panvinio in der Münch. Staatsbibliothek.)

Damasus I. Sohn des Römers Antonius. 366—384   *Siricius* Sohn des römischen Bürgers Tiburtius. 384—399   *Anastasius I.* Dei Massimi. Römer 399—401   *Innocenz I.* ein Italiener aus Albano. 401—417

ßungen des Herrn, zurückführte. — Enge freundschaftliche Beziehungen verbanden den Papst mit Hieronymus. Auf Anregung des Papstes, der auf der eben erwähnten Synode auch den Kanon der Heiligen Schriften festgestellt hatte, ging der hervorragende Gelehrte an das große Werk der Herstellung eines zuverlässigen lateinischen Bibeltextes; und so erhielt die katholische Kirche ihre lateinische Bibel, die Vulgata. Damasus, für dessen geistige und wissenschaftliche Interessen sein vertrauter Verkehr mit Hieronymus, seinem „Geheimsekretär", Zeugnis ablegt, hat sich auch selbst schriftstellerisch betätigt; er verfaßte eine Anzahl metrischer Inschriften, die für die Märtyrergräber bestimmt waren; denn die Grabstätten der Märtyrer in den Katakomben, die inzwischen vielfach verschüttet waren, wieder zu erschließen, den Pilgern bequem zugänglich zu machen und sie auszuschmücken, ließ er sich angelegen sein; diese Epigramme des Papstes hat dann der Kalligraph Furius Dionysius Filocalus in schönen kunstvollen Lettern auf den Marmorplatten eingemeißelt.

Nicht unwichtig in der Geschichte des Papsttums ist das Pontifikat des **Siricius** (384—399), der, im Dienst der römischen Kirche lange erprobt, durchaus vom Geist seines Vorgängers erfüllt war. Von diesem Papst ist uns nämlich d i e ä l t e s t e D e k r e t a l e (385) erhalten. Während nämlich die bisherigen Papstbriefe gleich denen anderer Bischöfe im Stil christlicher Privatbriefe mit Belehrungen, Mahnungen und Tröstungen gehalten waren, begegnet uns bei Siricius erstmals ein ganz anderer Stil, der Amtsstil kaiserlicher Erlasse, der in schroffer Form Befehle oder Verbote ausspricht, ohne die getroffenen Verfügungen zu begründen. Diese erste päpstliche Dekretale ist ein umfangreiches Schreiben an den Bischof Himerius von Tarragona in Spanien, in welchem diesem auf eine Reihe von Fragen bezüglich der Kirchendisziplin Antwort erteilt wird; und zwar sind diese Antworten Verordnungen, die das geltende kirchliche Recht einschärfen und auslegen, aber auch strittige Fragen entscheiden und so neues Recht schaffen. Am Schluß mahnt Siricius, diese seine Anordnungen (decretalia constituta), denen die gleiche alle verpflichtende Gesetzeskraft zukommt wie den Kanones der Synoden, den Bischöfen der Nachbarprovinzen Afrika, Spanien und Gallien zur Kenntnis zu bringen. Die Überzeugung, daß dem römischen Bischof oder vielmehr dem Apostel Petrus selbst die Sorge für alle Kirchen obliege, kommt in diesem Schreiben kräftig zum Ausdruck. — Überliefert ist uns von Siricius ferner ein Schreiben, in welchem die Beschlüsse einer römischen Synode vom Jahre 386 über Fragen der kirchlichen Disziplin dem Episkopat von Nordafrika mitgeteilt werden, sowie ein weiteres, in welchem im Einklang mit einer römischen Synode die Lehre des Jovinian, der den Mönchsstand angegriffen und die dauernde Jungfräulichkeit Mariens geleugnet hatte, verurteilt wurde. — Als im Jahre 391 die Präfektur Ostillyrien (Illyricum orientale), die bis dahin zum Westreich und daher auch zur „Einflußsphäre" des römischen Patriarchates gehört hatte, zum Ostreich geschlagen wurde, bestand Gefahr, daß dieser politische Wechsel auch eine Änderung in den kirchlichen Abhängigkeitsverhältnissen herbeiführen würde, zumal gerade damals die Kaiserstadt am Bosporus zur immer gefährlicheren Rivalin des alten Rom in kirchlicher Hinsicht aufstieg und nach der im Osten herrschenden Auffassung die kirchliche Einteilung sich nach den politischen Verwaltungsbezirken und Grenzen richten sollte. Um nun diese wichtigen weiten Gebiete von Ostillyricum der Jurisdiktion des römischen Patriarchatsprengels zu erhalten, hat Siricius die Grundlage des päpstlichen Vikariates von Thessalonich geschaffen, das dann in den folgenden Pontifikaten weiter ausgebaut wurde. Siricius verlieh nämlich dem Bischof Anysius von Thessalonich das für damalige Zeiten ungewöhnlich weitgehende Recht, daß in ganz Illyrien Bischöfe nur mit seiner Zustimmung geweiht werden dürften, und daß er auch durch einen Stellvertreter deren Weihe vornehmen könne.

Die Wende des 4. und 5. Jahrhunderts sah **Anastasius I.** (399—402) auf dem römischen Bischofsstuhle; er ist der erste Papst, der Veranlassung hatte, in die nun auch in das Abendland übergreifenden langwierigen, origenistischen Streitigkeiten einzugreifen, indem er die Verurteilung des Origenes aussprach. — Bedeutungsvoller ist das Pontifikat seines Nachfolgers **Innocenz I.** (401—417). Diesem von hohem Selbstbewußtsein erfüllten tatkräftigen und weitblickenden Papst gebührt in der Geschichte der Entfaltung des Primates eine wichtige Stelle. Er nahm nämlich nicht nur ähnlich wie Siricius in einer Dekretale an Bischof Viktricius von Rouen wie auch in einigen anderen Schreiben an Bischöfe Galliens

Die Basilika St. Paul vor den Mauern Roms
vor dem Brandunglück im Jahre 1823. San Paolo Fuori le Mura war die bedeutendste der alten Basiliken des 4. Jahrhunderts. In dieser Form war diese Basilika unter den Kaisern Valentinian und Theodosius an der Stelle der ersten konstantinischen Gedächtniskirche im Jahre 398 vollendet worden. Anderthalb Jahrtausende stand dieser dem Apostel Paulus geweihte Dom in der oben wiedergegebenen Form, bis 1823 ein Brand die fünf Schiffe zum großen Teil zerstörte.
Zwischen den Säulenbogen des Mittelschiffes befanden sich die Bildnisse aller Päpste in Medaillonform. Nach dem Brande wurden diese Papstbildnisse sorgfältig erneuert und bilden nun eine quasi-offizielle Darstellung aller Päpste seit Petrus; im vorliegenden Werke sind sie (in den Randleisten oberhalb der einzelnen Seiten) nach der erstmalig authentischen Veröffentlichung lückenlos wiedergegeben.

und Italiens gemäß den sardicensischen Kanones in Anspruch, daß in allem die Ordnungen der römischen Kirche maßgebend sein müßten, die mit der Überlieferung der

Zosimus
Sohn des Abraham.
Grieche aus Mesuraca.
417—418

Bonifatius I.
Sohn des Römers Secundius.
418—422

Apostel und der Väter übereinstimmen, und daß alle wichtigeren Streitsachen (causæ maiores) zur endgültigen Entscheidung vor den apostolischen Stuhl gebracht werden müßten; die Zeitverhältnisse gaben ihm auch mannigfache Gelegenheit, kraftvoll und nachdrücklich diese Rechte praktisch zur Geltung zu bringen. So trat der Papst energisch für Johannes Chrysostomus ein, ohne freilich dessen Entfernung von seinem Bischofsstuhl von Konstantinopel (404) in Zusammenhang mit den origenistischen Wirren und infolge von Hofintrigen hindern zu können. Die Folge davon, daß der Papst treu zu Chrysostomus und dessen gerechter Sache hielt, war der Abbruch der Kirchengemeinschaft mit Alexandrien, dessen Patriarch Theophilus der Hauptgegner des Chrysostomus war. — Auch die Verhältnisse in Antiochien und Jerusalem gaben dem Papst Anlaß zu autoritativem Eingreifen. Innocenz begnügte sich nicht, die von seinem Vorgänger dem Bischof von Thessalonich verliehenen Vollmachten und Vorrechte zu bestätigen; er erweiterte sie noch und wurde so der eigentliche Begründer des päpstlichen Vikariates von Thessalonich. Durch ein Schreiben aus dem Jahre 412 übertrug er nämlich dem Bischof Rufus von Thessalonich an seiner Statt (nostra vice) alle Sorge und die Entscheidung in Streitfällen für die Metropolen sämtlicher namentlich aufgezählten Provinzen der Präfektur Illyricum. Durch diese Bestellung des Metropoliten von Thessalonich zum Stellvertreter des römischen Bischofs mit weitgehenden Rechten und Pflichten war die Verbindung der Kirchen Illyricums mit Rom besser gesichert und die Stellung dieses Metropoliten gegenüber zu befürchtenden Ansprüchen und Übergriffen von Konstantinopel her gefestigt.

Innocenz I. nahm auch Gelegenheit, **das Recht des apostolischen Stuhles auf oberste Lehrentscheidungen** erstmals klar und entschieden in Anspruch zu nehmen und auszuüben. Die Kirche in Nordafrika, in der immer noch nicht das Schisma der Donatisten beseitigt war, wurde damals durch eine neue Irrlehre in Unruhe versetzt: Pelagius und sein Freund Cälestius, die um das Jahr 411 nach Afrika gekommen waren, leugneten die Erbsünde und die Notwendigkeit der Gnade zum Heile; auch ohne Hilfe der Gnade könne der Mensch Gottes Gebote erfüllen. Dieser gefährlichen Irrlehre trat der hl. Augustinus mit überlegener Geisteskraft in mehreren Schriften entgegen, und mehrere afrikanische Provinzialkonzilien (411 und 416) verurteilten dieselbe. Da Pelagius im Orient verschiedentlich Unterstützung gefunden hatte und sogar von einer palästinensischen Synode der Kirchengemeinschaft für würdig erklärt worden war, sandten die beiden afrikanischen Synoden von 416 ihre Beschlüsse nach Rom, damit ihre Verurteilung der Irrtümer durch die höhere Autorität des apostolischen Stuhles gebilligt und bekräftigt würde. In seiner Antwort (27. Januar 417) erklärte es der Papst als lobenswert, daß sie der alten Überlieferung gefolgt seien und sich an **Petrus, den Begründer ihres Namens und ihres Vorranges** zur Entscheidung der Glaubensfrage gewandt hätten; kraft apostolischer Autorität bestätigte er dann die Synodalbeschlüsse.

Von Wichtigkeit ist es schließlich, daß Innocenz erstmals auch in politischer Hinsicht führend hervortrat: als der Westgotenkönig Alarich Rom bedrohte, ging der Papst mit einer römischen Gesandtschaft in das kaiserliche Hoflager zu Ravenna, um eine Änderung der gotenfeindlichen Politik des Kaisers Honorius zu erwirken und Rom vor Eroberung und Plünderung zu bewahren. Das war freilich erfolglos; noch ehe Innocenz nach Rom zurückgekehrt war, wurde die Ewige Stadt erobert und geplündert; doch erreichte der Papst durch Verhandlungen mit Alarich, daß die Kirchen Roms, besonders die Basiliken der Apostelfürsten, geschont wurden und so der schutzlosen Bevölkerung als Asyl dienen konnten. Angesichts des Versagens der weltlichen Obrigkeit erwies sich so der römische Bischof als Anwalt und Schützer der bedrängten Bevölkerung Roms.

Als Innocenz der Verurteilung des Pelagianismus zugestimmt hatte, hatte Augustinus in einer Predigt die vielberufenen Worte gesprochen: „Die Sache ist erledigt. O daß auch der Irrtum beendet wäre!" Dieser Wunsch ist nicht in Erfüllung gegangen. Auch dem Nachfolger des Innocenz, **Zosimus** (417—418), einem Griechen von Geburt, machte der Pelagianismus noch zu schaffen. An diesen Papst wandte sich Pelagius in einem geschickt abgefaßten Rechtfertigungsschreiben, und Cälestius bemühte sich persönlich, vor demselben seine Lehre zu rechtfertigen. Das blieb nicht ohne Eindruck auf den Papst, zumal die Ansichten der beiden Häretiker in einflußreichen Kreisen Roms Sympathien gefunden hatten. Und so schrieb er dem afrikanischen Episkopat, dessen angeblich übereiltes Vorgehen und dessen Leichtgläubigkeit er tadelte, daß die Schuld der beiden ihm nicht erwiesen erscheine, und daß eine neue Untersuchung feststellen solle, ob sie die von Innocenz verworfene Lehre vertreten hätten. Der afrikanische Episkopat wiederholte aber auf einer Synode unter Leitung des Bischofs Aurelius von Karthago entschieden die Verurteilung, und schließlich erkannte auch Zosimus, daß er sich hatte täuschen lassen; und in einem berühmten Rundschreiben an die Kirchen des Ostens und Westens, der sogenannten Traktoria,

Papst Markus (336)
nach einem der wenigen Papstbildnisse aus der alten St. Pauls-Basilika, die nach dem Brande im Jahre 1823 erhalten geblieben sind. (Aus Wilpert, Die römischen Mosaiken und Malereien, Verlag Herder, Freiburg.)

stimmte er nun der Verurteilung der beiden Häretiker zu. Durch diese Entscheidung war, wie Prosper von Aquitanien es ausdrückte, allen Bischöfen der Kirche das Schwert Petri in die Hände gegeben worden zur Ausschließung der Irrlehrer. — Denselben Mangel an Umsicht wie dem Pelagianismus gegenüber zeigte Zosimus auch in mehreren anderen Fällen; diese Mißgriffe, die peinliche Verlegenheiten zur Folge hatten, entsprangen seinem unbedachten jähen Charakter, erklären sich aber auch daraus, daß er sich nur schwer in die ihm von Haus aus fremden, ganz andersartigen abendländischen Verhältnisse hineinzufinden wußte. So endete es mit einem schweren Mißerfolg, als der Papst, dem Verlangen des ehrgeizigen Bischofs Patroklus von Arles nachgebend, diesem die Befugnisse eines apostolischen Vikars für Südgallien verlieh; infolge des Widerstandes der durch diese Vorrangstellung von Arles in ihren Rechten beeinträchtigten Bischöfe von Vienne, Narbonne und Marseille konnte diese Verfügung, an der Zosimus trotz aller Proteste starrsinnig festhielt, auf die Dauer nicht aufrecht erhalten werden; schon sein Nachfolger mußte die alte Ordnung wieder herstellen. Wenig Glück hatte Zosimus auch, als er, sich stützend auf die sardicensischen Kanones, die er als nicänische ansah, die Appellation eines nordafrikanischen Priesters Apiarius von Sicca annahm; die nordafrikanischen Bischöfe erhoben gegen das vom Papst gestellte Verlangen der Restitution desselben erregten Einspruch als einen Eingriff in das in der afrikanischen Kirche geltende Recht, da eben erst eine Generalsynode zu Karthago (418) anknüpfend an ältere Bestimmungen das Appellationsrecht geregelt und hierbei Appellationen an ein „Gericht jenseits des Meeres", das heißt nach Rom, ausdrücklich untersagt hatte. Der Streit zog sich noch bis in die folgenden Pontifikate hin; so unerquicklich er war, so peinlich war sein Ausgang: es erwies sich schließlich, daß der Schutz Roms, der zu so ernsten Zer-

Cölestin I.
Sohn der Priscus, Italiener aus Campanien.
422—432

Sixtus III.
Colonna.
Sohn des Sixtus, Römer. *432—440*

Der hl. Kirchenlehrer Augustinus, † 420, und seine Mutter, die hl. Monika, † 387
(Relief aus dem 14. Jahrhundert in S. Maria del Popolo, Rom.)

würfnissen mit der afrikanischen Kirche geführt hatte, einem Unwürdigen zuteil geworden war. — Angesichts dieser Mißgriffe und Mißerfolge seines Pontifikates ist es bemerkenswert, daß Zosimus der erste Papst ist, der zunächst ohne liturgische Verehrung blieb.

Der Nachfolger des Zosimus, **Bonifatius I.** (418—422) sah sich anfänglich in Rom großen Schwierigkeiten gegenüber, da von einem Teil des Klerus und Volkes der Archidiakon Eulalius wider ihn erhoben wurde. Auf des letzteren

Die heiligen Kirchenlehrer
St. Hieronymus, † 420 und *St. Ambrosius, † 397*
(Ausschnitt aus dem „Kirchenväter-Altar" Michael Pachers, München, Alte Pinakothek)

Seite stellte sich der römische Stadtpräfekt Symmachus, und auf dessen einseitigen Bericht hin wurde Eulalius auch von Kaiser Honorius bestätigt. Doch dagegen verwahrte sich die Mehrheit, die Bonifatius erhoben hatte; da Eulalius sich den Befehlen des Kaisers, der auf einer großen Synode die Angelegenheit prüfen und zur Entscheidung bringen lassen wollte, nicht fügte und gewalttätig vorging, fiel die Entscheidung des Kaisers zugunsten des Bonifatius, der nun von ihm als rechtmäßiger Papst anerkannt wurde. Auf Wunsch des neuen Papstes erließ der Kaiser nunmehr, um die Wiederkehr so beschämender Vorfälle zu verhindern, ein Edikt, daß im Falle einer zwiespältigen Wahl keiner der Gewählten den Stuhl Petri besteigen, sondern der Klerus eine neue Wahl einmütig vornehmen solle. Praktische Bedeutung hat freilich dieses erste staatlicherseits erlassene Papstwahlgesetz nicht erlangt. — Während der Regierung des Bonifatius wurde von Kaiser Theodosius II. auf Betreiben der mit einer Maßnahme des Papstes und seines Vikars Rufus von Thessalonich unzufriedenen Bischöfe Thessaliens und des Patriarchen Atticus durch ein Edikt vom Jahre 421 Illyricum der kirchlichen Jurisdiktion des Patriarchen von Konstantinopel unterstellt. Dagegen erhob der Papst sofort Einspruch; gegenüber dem Kaiser, der die kirchliche Vorrangstellung von Konstantinopel mit dessen politischer Bedeutung als Kaiserresidenz begründet hatte, betonte er, daß der heilige Petrus, dem der Herr alles übertragen habe, und der das Haupt aller Kirchen des Erdkreises sei, keine Verletzung der Rechte seines Sitzes dulden werde. Da auf Bitten des Papstes auch der Kaiser des Westens, Honorius, für die Wahrung der alten Rechte Roms eintrat, bestimmte Theodosius, daß in Illyricum die alte apostolische Ordnung und die alten Kanones beobachtet werden sollten. Infolgedessen gelang es damals, die illyrischen Kirchenprovinzen dem kirchlichen Einfluß Roms zu erhalten und den Bestand des päpstlichen Vikariates von Thessalonich zu sichern. Allerdings wurde später das zurückgenommene Edikt des Theodosius in den Codex Theodosianus und Justinianus aufgenommen.

Es folgte nun als Papst **Cölestin I.** (422 — 432). Auch in seinem Pontifikat dauerten die Differenzen mit dem afrikanischen Episkopat wegen der Annahme der Appellation des Presbyters Apiarius, die unter Zosimus erfolgt war, fort. Der Episkopat beharrte auf einer Synode zu Karthago (426) auf dem früher eingenommenen Standpunkt, daß Appellationen von Presbytern nach Rom unzulässig seien. — Mehr Bedeutung kommt dem Eingreifen des Papstes in die damals den Osten tief erregenden, durch kirchenpolitische Rivalitäten verschärften und vergifteten christologischen Streitigkeiten zu. In dem Bemühen, die Verbindung der Gottheit und Menschheit in Christus näher zu erklären, war die antiochenische Theologenschule zu der Annahme von zwei Personen gekommen, die nicht zu einer wesenhaften, sondern nur zu einer moralischen Einheit verbunden seien, derart, daß der Logos in dem Menschen Jesu nur einwohne und mit ihm nur verbunden sei wie etwa eine Statue mit dem Tempel, in dem sie aufgestellt ist. Die Folge dieser Auffassung war, daß Maria das Prädikat „Gottesgebärerin", das schon im dritten Jahrhundert üblich und volkstümlich geworden war, abgesprochen werden mußte; es könne ihr nur der Titel „Christusgebärerin" zugebilligt werden. Als Nestorius, der aus der antiochenischen Schule hervorgegangen war und durch Kaiser Theodosius auf den erledigten Patriarchenstuhl von Konstantinopel berufen worden war (428), den Ausdruck Gottesgebärerin in Predigten ablehnte, wurde heftiger Widerspruch laut. Die Führung im Kampf gegen Nestorius übernahm Cyrill von Alexandrien; dieser war in den Überlieferungen der alexandrinischen Schulen aufgewachsen, welche die wesenhafte Vereinigung von Gott und Mensch in Christus stark betonte; unbestreitbar aber erklärt sich seine scharfe Gegnerschaft gegen Nestorius auch aus der feindseligen Stimmung, die in Alexandrien gegen Konstantinopel herrschte, das die alte Macht- und Vorrangstellung der Kirche des hl. Markus so schwer bedrohte. Auf Betreiben des Cyrill hat Cölestin auf einer römischen Synode (August 430) Nestorius mit dem Kirchenbann bedroht, wenn er nicht binnen zehn Tagen seinen Irrtum widerrufe; der Papst selbst sprach sich in einer Rede mit Berufung auf Ambrosius, Damasus und Hilarius für die Berechtigung des Ausdruckes „Gottesgebärerin" aus. Cyrill von Alexandrien, dessen Eifer

Eine Taufkapelle im alten Rom.
(4. Jahrhundert)

belobigt und dessen Lehre gebilligt wurde, wurde vom Papst mit der Ausführung dieses Beschlusses und der Durchführung weiterer Maßnahmen betraut. Auf der von Kaiser Theodosius II. auf Betreiben des Nestorius berufenen allgemeinen **Reichssynode zu Ephesus** (431) ist dann nach mancherlei unerquicklichen Zwischenfällen unter dem beherrschenden Einfluß des Cyril im Einklang mit der römischen Synode die Verurteilung und Absetzung des Nestorius erfolgt; dieser, der schließlich auch vom Hofe fallen gelassen worden war, zog sich, ohne Schwierigkeiten zu machen, in sein antiochenisches Kloster zurück und starb um 450 in der

Der Lateranpalast und die Lateranbasilika
in ihrer ältesten, uns überlieferten Form; auf dem Platze vor dem Palaste steht hier noch die Marc Aurel-Statue, die heute den Platz des Kapitols schmückt.

Die Geschichte des Laterans ist fast dieselbe wie die Geschichte des Papsttums. Gleich nach dem Frieden des antiken Kaiserreiches mit der Kirche gründete hier Konstantin selbst die erste Basilika. Diese wurde 896 durch ein Erdbeben zerstört; Papst Sergius III. baute sie 904—911 wieder auf. Aus der Zeit Kaiser Konstantins ist noch die Taufkapelle, die erste und schönste Roms, erhalten. In der Basilika des Papstes Sergius fanden die Konzilien von 1123, 1139, 1179, 1215 statt; von ihr aus wurde das erste allgemeine Jubiläum vom Jahre 1300 ausgeschrieben. Wiederholt vom Feuer zerstört, wurden Palast und Basilika nach der Rückkehr der Päpste aus Avignon 1377 neu aufgebaut, bis zur heutigen Gestalt jedoch im Laufe der Jahrhunderte wiederholt Umänderungen und baulichen Ergänzungen unterworfen.

Verbannung in Ägypten. Zu der Synode hatte Cölestin I. Legaten abgeordnet, denen der Auftrag wurde, sich an Cyrill zu halten; sie legten ein Schreiben des Papstes vor, das die begeisterte Zustimmung der Synode fand, und bestätigten die schon vor ihrer Ankunft auf Betreiben des Cyrill gefaßten Synodalbeschlüsse, besonders die Absetzung des Nestorius. Letztere hat dann der Papst auf die ihm übermittelten Berichte hin ausdrücklich gebilligt. — Zu erwähnen bleibt noch, daß Cölestin durch die fortdauernden Umtriebe der Pelagianer mehrfach zum Eingreifen genötigt wurde; so mußte er den Bischof Germanus von Auxerre nach Britannien entsenden, um in der Heimat des Pelagius dessen Irrlehre entgegenzuwirken. Desgleichen mußte der Papst ein Schreiben an die gallischen Bischöfe richten, weil die Angriffe der Semipelagianer unter Führung des Johannes Cassianus auf die Gnadenlehre des hl. Augustinus große Verwirrung hervorgerufen hatten; das Schreiben, das die Bischöfe zu energischem Vorgehen gegen diese Treibereien mahnte, enthält einen berühmt gewordenen Lobpreis auf Augustinus, der ein so großes Wissen besessen habe, daß auch des Papstes Vorgänger ihn immer unter die besten Lehrmeister gerechnet hätten. Wichtig ist schließlich, daß, wie Prosper berichtet, der Papst den Palladius als ersten Bischof zu den christgläubigen Iren sandte. — —

Auch unter dem einmütig zum Nachfolger Cölestins I. erwählten Papst **Sixtus (Xystus) III.** (432—440) dauerte der Kampf um Pelagius und gegen Augustinus fort. Führer der Pelagianer war nunmehr der wegen seiner häretischen Hartnäckigkeit — er hatte die Unterschrift unter die Traktoria des Zosimus verweigert — abgesetzte Bischof Julian von Eclanum; als er bei Sixtus III. Versuche machte, sein Bistum wieder zu erhalten, wurde er abgewiesen. Mehr noch wurde der Papst durch die auch nach dem Ephesinum fortdauernden Zerwürfnisse in der Kirche des Ostens in Anspruch genommen, an denen die kirchenpolitischen Gegensätze zwischen den Patriarchalstühlen die Hauptschuld trug. Mit großem Eifer bemühte sich der Papst im Verein mit dem Kaiserhof um die Herstellung von Frieden und Eintracht. Erst im Jahre 433 kam es zwischen Antiochien und Alexandrien zu einer Einigung, über die Sixtus III. in Briefen an die beiden Bischöfe seine große Freude aussprach; aber auch jetzt fand die von den Führern angenommene Einigungsformel nicht allgemein bei ihren Anhängern Beifall und Zustimmung. — Schließlich mußte Sixtus Schritte unternehmen, um Übergriffe des Patriarchen von Konstantinopel in die Rechte des päpstlichen Vikars in Thessalonich abzuweisen.

Ein dauerndes Denkmal hat sich Papst Sixtus in Rom geschaffen durch die von ihm veranlaßten Kirchenbauten; er ließ die große **Basilika des hl. Laurentius** errichten, unter ihm wurde die **Taufkapelle des Lateran** vollendet; und vor allem wurde durch ihn die **Liberianische Basilika** gänzlich umgebaut und mit den herrlichen Mosaiken aus der Geschichte Mariens und der Kindheit Jesu geschmückt, die man als glorreiches Denkmal zu Ehren Mariens nach dem dogmatischen Sieg auf dem Konzil von Ephesus bezeichnet hat.

S. S. Giovanni e Paolo
die Gedächtniskirche der beiden kaiserlichen Beamten, die unter Julian Apostata in ihrem Hause den Martyrertod erlitten. Ausgezeichnete Wandmalereien aus dem 2. Jahrhundert und Fresken aus dem 4. Jahrhundert zeigen überaus lehrreiche Bilder aus den letzten Zeiten der Verfolgung.

VON LEO DEM GROSSEN BIS GREGOR DEM GROSSEN

Einmütig wurde nach Sixtus III. Tode der im Dienst der römischen Kirche seit der Zeit Cölestins I. bewährte und einflußreiche, auch beim Kaiser sich hohen Ansehens erfreuende Diakon Leo zu seinem Nachfolger gewählt. Der überragenden Bedeutung der Persönlichkeit **Leos I.** (440—461) und seines Pontifikates ist die Nachwelt dadurch gerecht geworden, daß sie ihm, der die besten Eigenschaften eines Römers in sich verkörperte, den Beinamen der Große gegeben hat und ihn unter die Kirchenlehrer zählt. Man hat ihn protestantischerseits gelegentlich den ersten Papst genannt. Daran ist nur soviel richtig, daß keiner seiner Vorgänger mit gleichem Nachdruck und Erfolg den ganzen Inhalt und die Bedeutung der päpstlichen Vollgewalt dargelegt und in seinem vielseitigen tiefeingreifenden und weltumspannenden Wirken auch praktisch zur Geltung gebracht hat. Des öfteren hat Leo I. in seinen Briefen und Predigten der ihn ganz erfüllenden Überzeugung Ausdruck geliehen, daß Christus der Herr dem Apostelfürsten Petrus den Vorrang vor den anderen Aposteln verliehen habe, und daß darum auch dessen Nachfolgern allein die Leitung und Fürsorge der gesamten Kirche zukomme; denn Petrus sei auf seinem römischen Sitz sozusagen ständig gegenwärtig und seine Gewalt und seine überragende Autorität wirke in seinen Nachfolgern, den Hütern der apostolischen und kanonischen Ordnungen, fort.

In seinem länger als zwei Dezennien währenden Pontifikat hatte Leo vielfältigen Anlaß, als oberster Lehrer der Kirche die Reinheit des Glaubens gegenüber häretischen Strebungen zu schützen. In seiner Bischofsstadt Rom mußte er energisch gegen das Treiben manichäischer Kreise vorgehen. Auf seinen Antrag wurden die hartnäckigen Manichäer vom Kaiser Valentinian III. verbannt und ihnen durch ein Edikt vom 19. Juni 445 die bürgerlichen Rechte entzogen. Der Papst erachtete es also als Pflicht des Staates, die ihm von der Kirche zur Bestrafung überwiesenen

Leo I., der Große (440—461)
An den Namen Leos des Großen knüpft sich der Ruhm, im Jahre 452 Rom und Italien vor den Hunnen Attilas und im Jahre 455 vor dem Vandalenkönig Genserich gerettet zu haben. Durch die Unerschrockenheit, mit der der Papst so mächtigen Gewalthabern entgegentrat, wurde das Ansehen des Papsttumes in der ganzen Welt nachdrücklichst gehoben.

Leo der Große
Sohn des Quintinian,
Italiener aus Toshana.
440—461

Hilarus
Sohn des Crispinus,
Italiener aus Cagliari,
Sardinien. 461—468

Simplicius
Sohn des Castinus,
Italiener aus Tivoli.
468—483

Felix III.
Römer von der „gens
Anicia". 483—492

Häretiker auch seinerseits zu bestrafen. Die Bischöfe Italiens forderte der Papst zu gleichen Maßnahmen gegen dieselben auf. — In der Kirchenprovinz Aquileia machte das allzu nachsichtige Verhalten gegenüber den Pelagianern das Eingreifen des Papstes nötig, und der bedrohliche Aufschwung des Priscillianismus in Spanien veranlaßte denselben zur Abfassung eines ausführlichen Lehr- und Mahnschreibens, in dem er die Irrtümer der Häretiker widerlegte. Das von ihm gewünschte Generalkonzil aller spanischen Bischöfe kam allerdings nicht zustande; man konnte nur ein gegen die Priscillianisten gerichtetes Glaubensbekenntnis von den einzelnen Bischöfen unterschreiben lassen. — Mit gleicher Entschiedenheit wachte Leo auch, wie seine Briefe ergeben, über die Wahrung der kirchlichen Disziplin und die Beobachtung der alten Kanones, und zwar griff er, erfüllt vom Bewußtsein, daß ihm auf Grund göttlicher Anordnung **die Sorge für die Gesamtkirche** anvertraut sei, überall da kraftvoll und autoritativ ein, wo es nottat, mochte es sich um Afrika oder Gallien oder den Orient handeln.

Vor noch bedeutungsvollere Aufgaben wurde Leo der Große durch die Fortdauer **der großen christologischen Kämpfe im Osten** gestellt. Gegenüber Nestorius, der die beiden Naturen in Christus fälschlich getrennt hatte, vertrat der angesehene und einflußreiche Archimandrit Eutyches in Konstantinopel, der von Anfang an einer der schärfsten Gegner des Nestorius gewesen war, eine Lehrauffassung, nach welcher die beiden Naturen aufs engste verbunden und vermischt wären, so daß die menschliche ganz in der göttlichen aufgegangen sei. Eutyches hatte sich (448) an Leo gewandt und ihm von einem neuen Aufschwung der

Papst Felix III. (483—492)
zeichnete sich durch die Festigkeit aus, mit der er den von Byzanz ausgehenden Unabhängigkeitsbestrebungen gegenübertrat. Mit der gleichen Energie nahm sich Papst Felix III. der im arianischen Vandalenreich verfolgten Katholiken an.

nestorianischen Häresie Mitteilung gemacht. Da er seine eifrige Verteidigung der Synode von Ephesus angelegentlich hervorgehoben hatte, belobigte ihn jener dieserhalb, erklärte aber, erst sich näher unterrichten zu wollen, ehe er pflichtmäßig eingreife; in Rom wußte man noch nichts von der inzwischen erfolgten neuen Zuspitzung der dogmatischen und kirchenpolitischen Gegensätze. Als der Papst dann aber durch den Patriarchen von Konstantinopel, Flavian, näher über die Irrtümer des Eutyches und dessen Absetzung und Ausschließung aus der Kirchengemeinschaft unterrichtet worden war, beeilte er sich, dieselben zu verwerfen; in dem berühmten Lehrschreiben an Flavian (13. VI. 449), dem tomos, wie ihn der Orient nannte, entwickelte er, auf der Heiligen Schrift und den Formulierungen der abendländischen Christologie fußend, in meisterhafter Klarheit die Lehre von den zwei Naturen in Christus. Trotzdem gewann nunmehr der Streit weitere Ausdehnung und führte zu leidenschaftlichen Kämpfen und schweren Erschütterungen in der Kirche des Ostens. Geschützt durch kaiserliche Gunst und unterstützt durch den ihm befreundeten herrschsüchtigen Patriarchen Dioskur von Alexandrien, konnte Eutyches auf der vom Kaiser berufenen Reichssynode zu Ephesus (449), die einen tumultuarischen, höchst unwürdigen Verlauf nahm, triumphieren; seine Lehre, der Monophysitismus, wurde für rechtgläubig erklärt, seine Gegner, allen voran Flavian von Konstantinopel, wurden ihrer Ämter entsetzt. Die zu der Synode abgeordneten Legaten des Papstes, der übrigens die Abhaltung eines Konzils als überflüssig nicht gewünscht hatte, wurden mit

Bronzestatue des hl. Petrus in der Peterskirche, die nach der Überlieferung Papst Leo der Große im Jahre 440 aus dem Metall der kapitolinischen Jupiterstatue fertigen ließ.

Mißachtung behandelt, ja sogar ihr Leben wurde bedroht; die von ihnen geforderte Verlesung des Briefes Leos an Flavian, in dem die Verurteilung des Eutyches schon ausgesprochen war, wurde unter nichtigen Vorwänden abgelehnt. Die Synode schien auch Dioskur, der sie mit der ihm eigenen Rücksichtslosigkeit und Brutalität geleitet, an das Ziel seiner ehrgeizigen, skrupellos verfolgten Pläne gebracht zu haben, nämlich seiner alexandrinischen Kirche die Vorrangstellung in der gesamten Kirche des Ostens zu erringen und zu sichern.

Aber der Triumph des Eutyches und des Dioskur dauerte nicht lange!

Der Papst, an dessen höchste richterliche Autorität Flavian alsbald in einem für die Geschichte des römischen Primates bedeutsamen Schreiben appelliert hatte, zögerte nicht, das, was in Ephesus beschlossen worden war, für nichtig zu erklären; die Versammlung zu Ephesus wurde von ihm als „Räubersynode" gebrandmarkt. Die vom Papst zwecks Ordnung der verwirrten Verhältnisse gewünschte allgemeine Synode in Italien kam nicht zustande. Erst nachdem auf Theodosius II. († 28. VII. 450), den Schützer des Eutyches, dessen Schwester Pulcheria und ihr Gemahl Marcian gefolgt waren, trat ein Umschwung ein. Die neuen Herrscher beriefen ihrerseits die Synode, obwohl Leo eine solche nicht mehr für nötig hielt, da inzwischen die Teilnehmer an der „Räubersynode" ihre Zustimmung zu deren Beschlüssen bereut und um Wiederaufnahme in die Kirchengemeinschaft gebeten hatten. Die ursprünglich nach Nicäa berufene Synode trat im Oktober 451 in dem am asiatischen Ufer des Bosporus gelegenen Chalcedon zusammen. Entgegen dem Verlangen Leos, daß seine Legaten den Vorsitz führen sollten, wurden die Verhandlungen von kaiserlichen Beamten geleitet, die sich aber nicht an den Abstimmungen beteiligten; die Mitwirkung der päpstlichen Legaten an der Leitung bestand darin, daß die Verhandlungsgegenstände von ihnen genehmigt werden mußten. In der zweiten Sitzung dieser überaus stark besuchten vierten allgemeinen Synode wurde unter lautem Beifall das dogmatische Sendschreiben Leos an Flavian verlesen; einmütig rief man: „Dies ist der Glaube der Väter. **Durch Leo hat Petrus gesprochen!**" Eutyches, Dioskur und ihre Anhänger wurden abgesetzt und exkommuniziert. Das von der Synode aufgestellte Symbol bekannte den Glauben an einen Herrn in zwei Naturen ohne Vermischung und Verwandlung, ohne Spaltung und Trennung. Infolge

Papst Gelasius I. (492—496) erreichte erstmals in Rom die *Unterdrückung des heidnischen Luperkalien-Kultes.* Voll durchdrungen von dem Bewußtsein der Gewalt des apostolischen Stuhles, verteidigte er durch *vielbeachtete gelehrte Schriften* die Einheit der Kirche.

der Leidenschaftlichkeit und Hartnäckigkeit der Monophysiten hat freilich auch diese klare Entscheidung den monophysitischen Wirren kein Ziel gesetzt; es kam namentlich in Palästina und in der ägyptischen Kirche darob noch zu schweren Kämpfen und schlimmen Wirren. Dem zum Nachfolger des nach Paphlagonien verbannten Dioskur erhobenen Proterius wurde von den Monophysiten die Anerkennung verweigert, der monophysitische Timotheus Ailurus bemächtigte sich des Patriarchenstuhles von Alexandrien, und Proterius wurde in der Hauptkirche vom Pöbel erschlagen. So mußte der Papst auch in der Folge der Aufrechterhaltung und Durchführung des Chalcedonense sein Augenmerk zuwenden und, zumal angesichts der monophysitenfreundlichen Haltung des Kaisers Leos I., des Thrakers (457—474), mit Festigkeit gegen die monophysitischen Regungen auftreten. Der Papst hatte

Kaiser Honorius (384—423)
wurde nach dem Tode seines großen Vaters *Theodosius* im Jahre 395 erster Kaiser des weströmischen Reiches. Gleich nach seinem Regierungsantritt bestätigte er alle den Christen eingeräumten staatlichen Rechte, und erklärte Häresie für ein bürgerliches Verbrechen. Seit 402 residierte er zumeist in Ravenna. Auf dem obigen Bilde trägt er das Labarum, die christliche Siegesfahne, mit der Inschrift: „Im Namen Christi wirst du immer siegen."
(Elfenbein-Diptychon in Aosta)

noch die Genugtuung, die Vertreibung des Timotheus Ailurus zu erleben. Angesichts der kirchlichen Lage im Osten, die dieser Wirren wegen dauernde Aufmerksamkeit heischte, bestellte er auch einen ständigen Stellvertreter am byzantinischen Kaiserhofe, den Bischof Julian von Kios; das Ernennungsschreiben (453) übertrug ihm die Sorge des apostolischen Stuhles für die Reinerhaltung des Glaubens, die Beratung des Herrscherhauses und die laufende Berichterstattung über alle kirchlichen Vorgänge nach Rom. Damit legte der Papst den Grund zu dem später weiter ausgebauten Institut der päpstlichen Legaten (Apokrisiare) in Konstantinopel.

Außer den dogmatischen Entscheidungen sind von der ökumenischen **Synode von Chalcedon** auch eine Anzahl die Kirchendisziplin betreffende Kanones erlassen worden. Durch diese, besonders durch den Kanon 28, wurde in Erweiterung des Kanons der Synode von Konstantinopel (381) dem Patriarchenstuhl von Konstantinopel eine Recht- und Ehrenstellung vor den übrigen Patriarchenstühlen des Orients zugesprochen, so daß dem römischen Bischof nur ein Ehrenvorrang eingeräumt blieb. So angelegentlich auch das Konzil und der Kaiser die Zustimmung Roms zu diesen Kanones begehrten, Leo weigerte sich entschieden, denselben zuzustimmen, sondern erklärte Kanon 28 **kraft der Autorität des Apostels Petrus** für nichtig. Die aus den ständig sich steigernden Macht- und Rechtsansprüchen der Patriarchen der neuen Kaiserstadt erwachsenden Gefahren für die Einheit der Kirche konnten dem Papst ja nicht verborgen bleiben. Freilich haben die Proteste Leos die Entwicklung, die Konstantinopel die Führung der Kirche des gesamten Ostens verschaffte, nicht aufhalten können. —

Gelasius I. Sohn des Valerius, in Rom geborener Afrikaner. 492—496

Anastasius II. Sohn des römischen Bürgers Petrus. 496—498

Symmachus Sohn des Fortunatus, Italiener aus Sardinien. 498—514

Hormisdas Sohn des Justus, Italiener aus Frusino in Campanien. 514—523

Wie Leo I. den Patriarchen von Konstantinopel gegenüber u n b e u g s a m a n d e n R e c h t e n d e s r ö m i s c h e n S t u h l e s f e s t h i e l t, so wußte er auch sonst dieselben, wo es not tat, zur Geltung zu bringen. So war Leo durchaus gewillt, das Vikariat des Bischofs von Thessalonich aufrechtzuerhalten und zu festigen; er verlieh sogleich dem Anastasius von Thessalonich die gleichen Rechte, wie dies schon seine Vorgänger getan hatten, und mahnte ihn zur kraftvollen Wahrung der ihm übertragenen Aufgaben; aber andererseits zögerte er auch nicht, diesem Vikar, als er sich mit unkluger Rücksichtslosigkeit Übergriffe gegen die ihm unterstehenden Metropoliten erlaubt hatte, mit allem Nachdruck in die Schranken zurückzuweisen, da er nur zur Anteilnahme an seiner Sorge, nicht aber zur Fülle der Gewalt berufen sei. In einem Schreiben an denselben entwickelt der Papst in beachtenswerter Weise den **Aufbau der Kirchenverfassung,** daß nämlich die Bischöfe zwar alle die gleiche Würde haben, aber nicht gleich sind an Jurisdiktion, insofern unter den Bischöfen einer Provinz der Metropolit an der Spitze steht, über diesen dann mit noch weiterer Jurisdiktion die Patriarchen, „durch die dann die Fürsorge für die ganze Kirche sich bei dem e i n e n Stuhl Petri vereint". — Auch gegen ungerechtfertigte Maßnahmen des herrschsüchtigen Erzbischofs Hilarius von Arles, des päpstlichen Vertreters in Gallien, der seine Rechte auf das gesamte Gebiet des damals noch römisch gebliebenen Gallien auszudehnen versuchte, mußte Leo einschreiten; es wurden ihm nicht nur die seinem Stuhl verliehenen Vikariatsrechte, sondern auch seine Metropolitanbefugnisse entzogen. Um die Durchführung seiner Verordnungen zu sichern, erwirkte Leo ein kaiserliches Reskript, das bestimmte, daß alles als Gesetz zu gelten habe, was die Autorität des apostolischen Stuhles angeordnet habe oder anordnen werde. Das bedeutete, daß die päpstlichen Primatialrechte, der J u r i s d i k t i o n s primat des römischen Bischofs, ohne jede Einschränkung i m w e s t r ö m i s c h e n R e i c h s t a a t l i c h e r s e i t s a n e r k a n n t w u r d e. Nach des Hilarius Tode sind dann von Leo die Metropolitanrechte von Arles zum Teil wiederhergestellt worden; das Vikariat von Arles aber blieb aufgehoben. — Schließlich mußte der Papst auch energisch in die kirchlichen Verhältnisse

Papst Symmachus I. (498—514) hatte sehr unter *P a r t e i u n g e n i n d e r r ö m i s c h e n K i r c h e* zu leiden. Erst als der Ostgotenkönig T h e o d e r i c h sich zugunsten von Symmachus verwandte, blieb dessen Stellung gefestigt.

Afrikas eingreifen, wo infolge der durch die vandalische Eroberung verschuldeten schwierigen Verhältnisse unter grober Verletzung der kanonischen Erfordernisse verschiedene Bischofsstühle besetzt worden waren.

Mit dem überaus reichen vielseitigen kirchlichen Wirken, in das uns die von ihm überkommenen Briefe wertvolle Einblicke verstatten, war die Tätigkeit Leos I. nicht erschöpft. An seinen Namen knüpft sich der Ruhm der **Rettung Roms und Italiens vor Attila.** Als die „Geißel Gottes" mit den Hunnenhorden im Frühjahr 452 in Oberitalien einbrach, ist der Papst an der Spitze einer römischen Gesandtschaft bei Mantua Attila gegenübergetreten; in einer Unterredung mit dem Papst sagte Attila unter dem Eindruck der mächtigen Persönlichkeit Leos zu, die Feindseligkeiten gegen Italien einzustellen und mit dem Reiche Frieden zu schließen. Es nimmt nicht wunder, daß diese erfolgreiche Friedensvermittlung des Papstes, die Italien

Papst Hormisdas (514—523) vermochte nach langen Jahren der Trennung eine vorübergehende Wiedervereinigung der Kirchen von Rom und Byzanz zu erreichen.

vor der Vernichtung seiner Kultur durch die Barbaren bewahrt hat, später von der Sage ausgeschmückt worden ist: Raffaels berühmtes Bild in den Stanzen stellt es dar, wie bei dem Zusammentreffen beider die Apostelfürsten dräuend über Leos Haupt erscheinen und Attila erschrecken und zur Umkehr bewegen. — Und als Leo wenige Jahre später (455) mutig und hoheitsvoll **dem Vandalenkönig Genserich entgegentrat,** der nach der Eroberung Afrikas einen Handstreich gegen Rom unternahm, da konnte er von dem unglücklichen Rom zwar nicht die Plünderung abwenden; aber er erreichte doch wenigstens, daß das Leben der Bewohner geschont wurde und die Zerstörung der Stadt durch Brandlegung unterblieb. — Es braucht kaum gesagt zu werden, wie durch diese erfolgreiche Vermittlertätigkeit das Ansehen des Papsttums, zumal angesichts des Verfalls der staatlichen Gewalten, gesteigert wurde; war doch der Papst der einzige Anwalt und Schutzherr der römischen Bevölkerung. In wirksamster Weise wurde dadurch die künftige politische Machtstellung und Unabhängigkeit der Bischöfe Roms vorbereitet.

So schmückt den ersten Leo mit Recht der Beiname der Große. Und daß Benedikt XIV. ihn zum „Doctor ecclesiae" erklärt hat, ist dadurch gerechtfertigt, daß er den Monophysitismus durch seine Lehrschreiben sowohl autoritativ als auch wissenschaftlich überwunden hat. Diesen Ehrentitel rechtfertigen aber auch seine Predigten, denen Klarheit und Fülle der Gedanken,

Papst Johannes I. (523—526)
Der Ostgotenkönig Theoderich versuchte mit den denkbar schärfsten Gewaltmitteln, aber vergebens, den Papst Johannes I. seinen eigenen politischen Zwecken dienstbar zu machen.

sowie Kraft und Schönheit der Diktion nachgerühmt wird.

Als erster der Päpste nach dem heiligen Petrus wurde Leo der Große in der Vorhalle der Petersbasilika beigesetzt, bis dann Sergius I. seinen Leib in die Basilika selbst (688) auf den ihm geweihten Altar übertrug.

Auf Leo I. folgte **Hilarus** (461—468), der als Archidiakon desselben zur Synode von Ephesus (449) entsandt und dort wegen seines energischen Eintretens für Flavian in Lebensgefahr geraten war. So hat er auch in seinem Pontifikat ganz im Sinn seines großen Vorgängers die Rechte des römischen Stuhles kraftvoll wahrgenommen; so griff er ein, um gegenüber der gallischen Kirche und den Bischöfen der spanischen Kirchenprovinz Tarragona Verletzungen der kirchlichen Kanones zu verhindern, und in Rom trat er kraftvoll dem Vordringen der Sekten, besonders einer arianischen Gemeindebildung, entgegen. Von einem Eingreifen des Papstes in die kirchlichen Verhältnisse des Ostens ist nichts Näheres bekannt; wir wissen nur, daß er in einem verlorenen Briefe die Lehrentscheidung Leos bestätigte.

Um so mehr sind **Simplicius** (468—483) und **Felix III.** (483—492) durch diese in Anspruch genommen worden. Simplicius mußte zunächst neue Bemühungen, von ihm die Anerkennung des 28. Kanons des Chalcedonense zu erreichen, abweisen. Dann machte die Fortdauer der monophysitischen Wirren sein Eingreifen nötig. Als im Jahre 474 der Usurpator Basiliskus die Macht an sich gerissen hatte, begünstigte er den Monophysitismus, an dem er eine Stütze zu finden hoffte. Nun wurden wieder die Patriarchenstühle von Antiochien, Jerusalem und Alexandrien an die Monophysiten ausgeliefert, und unter dem Druck des Tyrannen unterzeichneten mehr als fünfhundert Bischöfe ein Edikt desselben, das sogenannte Encyklikon, durch welches das Sendschreiben Leos I. und die Beschlüsse der allgemeinen Synode von Chalcedon verworfen wurden. Das veranlaßte den Papst zu ernsten Mahnungen an den Usurpator, an den Glaubensdekreten dieser Synode festzuhalten und die Häretiker zu verbannen. Basiliskus wurde nun zwar bald gestürzt, und Kaiser Zeno (476—491) konnte wieder den Kaiserthron besteigen. Damit besserte sich zunächst die kirchliche Lage, was nicht zuletzt den Bemühungen des Papstes bei dem neuen Herrscher zu danken war. Aber bald kam es zu neuen schweren Verwicklungen. Unter dem Einfluß des Patriarchen Akacius von Konstantinopel erließ Zeno im Jahre 482 das Henotikon; dieses R e l i g i o n s e d i k t sollte die religiöse Einheit im byzantinischen Reich wiederherstellen, die aus politischen Gründen dringend nötig war, zumal der Monophysitismus gerade in den gefährdeten Provinzen Ägypten und Syrien viel Anhang hatte. Es bewirkte aber das Gegenteil; denn infolge seiner Verschwommenheit und der indirekt in demselben ausgesprochenen Verurteilung der Glaubensdekrete von Chalcedon war es für alle Anhänger der katholischen Lehre unannehmbar; andererseits verhielten sich auch die strengen Monophysiten, die man durch dasselbe zu gewinnen gehofft hatte, ablehnend. Von verschiedenen Seiten, besonders durch die wegen Ablehnung des Henotikons von ihren Sitzen vertriebenen Bischöfe, wie den Patriarchen Johannes Talaja von Alexandrien, wurde Rom von diesen Vorgängen unterrichtet. Sofort forderte Papst Felix durch Legaten, die er nach Konstantinopel entsandte, Anerkennung und Aufrechterhaltung des Chalcedonense. Da diese, durch Gewalt eingeschüchtert, sich verleiten ließen, mit Akacius und den anderen Monophysiten in Kirchengemeinschaft zu treten, entsetzte der Papst seine ungetreuen Abgesandten auf einer r ö m i s c h e n S y n o d e und sprach auch über Akacius Bann und Absetzung aus. Akacius, der die Annahme der päpstlichen Exkommunikationssentenz verweigerte, strich nun den Namen des Papstes aus den Diptychen und brach jede Verbindung mit Rom ab. So kam es zu dem **ersten Schisma** zwischen Rom und der Kirche des Ostens (484). Unter den Nachfolgern des Akacius sind wiederholt seitens der Patriarchen wie der Kaiser Versuche gemacht worden, die kirchlichen Beziehungen mit Rom wieder anzuknüpfen. Aber da man in Byzanz auf die Bedingungen, die von den Päpsten mit unbeugsamer Festigkeit aufrecht erhalten wurden, wie vor allem die Entfernung des Namens des Akacius aus den Diptychen, nicht eingehen wollte, ist erst nach einer Dauer von 35 Jahren im Jahre 519 nach dem Regierungsantritt des dem katholischen Glauben ergebenen K a i s e r s J u s t i n u s die kirchliche Einheit hergestellt worden.

Inzwischen waren im Abendland bedeutsame Veränderungen vor sich gegangen. Noch während des Pontifikats des Simplicius hatte das weströmische Reich in Italien mit der Entthronung des R o m u l u s A u g u s t u l u s (476) durch den germanischen Heerführer O d o w a k a r ein ruhmloses Ende gefunden. Unter dem Titel eines Königs machte sich dieser zum Herrn Italiens, erkannte aber die Oberherrlichkeit des oströmischen Kaisers an. Unter Odowakars Einfluß, der angeblich in einer Abmachung

Theoderich der Große (455—526)
König der Ostgoten, hing der arianischen Irrlehre an, zeigte sich so lange den römischen Katholiken gegenüber gerecht und duldsam, als er sich davon staatspolitische Vorteile versprach. Er residierte zu Ravenna, wo heute noch das von ihm selbst errichtete Grabmal, in dem er beigesetzt war.
(Nach einer Goldmünze, verkleinert)

König Odowakar
wurde 476 zum König von Italien ausgerufen, 489 von Theoderich besiegt und 493 von diesem ermordet.

Athalarich,
Ostgotenkönig
folgte 526 seinem Großvater Theoderich dem Großen unter Vormundschaft seiner Mutter.
(Nach zeitgenössischen Kupfermünzen)

König Totila
beherrschte seit 542 das Ostgotenreich; er eroberte 546 Rom, dann fast ganz Italien.

mit Simplicius seine rechtliche Stütze fand, war auch die Wahl Felix' III. erfolgt, der mit der gleichen Energie, die er Ostrom gegenüber erwiesen hatte, auch für die im arianischen Vandalenreich durch Hunnerich grausam verfolgten Katholiken eintrat und dann nach vorübergehendem Aufhören der Verfolgung (484) die Aufnahmebedingungen der Abgefallenen ordnete. Doch sehr bald wurde Odowakars Herrschaft von dem Ostgotenkönig Theoderich ein Ende gemacht. Der Abschluß dieser Kämpfe erfolgte während des Pontifikates **Gelasius' I.** (492—496). Gleich Leo I. war dieser Papst aufs lebhafteste durchdrungen von dem Bewußtsein der Vollgewalt des Stuhles Petri; dieses Bewußtsein findet in seinen Briefen und seinen Maßnahmen deutlichen Ausdruck. Mit aller Entschiedenheit wies er darum die Ansprüche des Stuhles von Konstantinopel auf Gleichstellung mit Rom zurück und erkannte den herkömmlichen Rang von Alexandrien und Antiochien an; die Auffassung, als ob der kirchliche Rang einer Stadt sich nach ihrer politischen Bedeutung richten müsse, wies er scharf zurück. Und für das Verhältnis von Staat und Kirche, von Papst und Kaiser fand er in einem Schreiben an Kaiser Anastasius (491 bis 518) grundsätzliche Ausführungen, wie sie uns bei den Päpsten des Mittelalters begegnen werden: „Zwei sind es, von denen vornehmlich diese Welt regiert wird, die geheiligte Autorität der Bischöfe und die königliche Gewalt. Von diesen Ämtern ist das der Priester um so schwerwiegender, weil sie auch für die Könige der Menschen im göttlichen Gericht werden Rechenschaft ablegen

Papst Silverius (536—537)
stand inmitten der Kämpfe zwischen den Goten und dem byzantinischen Kaisertum. Wegen seiner Unnachgiebigkeit gegen weltliche Machthaber wurde er von der byzantinischen Kaiserin Theodora nach Lycien verbannt.

Stirnseite des Hauptbaues der von Theoderich in Ravenna erbauten Residenz
(Nach einem heute noch in San Apollinare Nuovo in Ravenna erhaltenen Mosaikbild)

müssen." In diesen und verschiedenen ähnlichen Äußerungen des Papstes werden die geistliche wie die weltliche Gewalt als von Gott gesetzt bezeichnet, und ihre Rechte und Wirkungskreise werden gegeneinander abgegrenzt; wenn beide je auf ihrem Gebiet selbständig sind, so wird doch der geistlichen Gewalt wegen der ihr obliegenden Sorge für das Seelenheil ein gewisser Vorrang zugesprochen; vor allem wird dem Staat, dem die Pflicht des Schutzes des Glaubens obliegt, jedes Recht abgesprochen, auf das kirchliche Gebiet überzugreifen, wie es im oströmischen Reich gang und gäbe war, wie eben erst das Henotikon gezeigt hatte.

Des Papstes Beziehungen zu Theoderich waren friedlich und von Vertrauen getragen, da dieser, obwohl Arianer, im Gegensatz zu andern germanischen Königen arianischen Bekenntnisses gegen die Religion der katholischen Landesbewohner sich entgegenkommend verhielt und alle Eingriffe in kirchliche Angelegenheiten unterließ. Ähnlich Leo dem Großen schritt Gelasius auch gegen Manichäer und Pelagianer ein, und in Rom erreichte er die Unterdrückung des heidnischen Festes der Luperkalien (15. Februar); charakteristisch für ihn ist es, daß er die Irrtümer der Zeit nicht nur durch seine Lehrautorität, sondern auch durch besondere Schriften bekämpfte. Doch trägt das berühmte **gelasianische Bücherdekret**, das ein Verzeichnis der Bücher der Hl. Schrift und der von der Kirche angenommenen Väterwerke sowie apokrypher und häretischer Schriften enthält, den Namen des Papstes nicht zu Recht; die Redigierung des Dekretes ist erst im sechsten Jahrhundert erfolgt; desgleichen stammt das sogenannte Sacramentarium Gelasianum erst aus dem siebenten Jahrhundert, wenn es auch gelasianische Orationen und Präfationen enthält.

Auf Gelasius, der unter den Päpsten des 5. Jahrhunderts nächst Leo dem Großen sicher der hervorragendste war, folgte **Anastasius II.** (496—498). Das wichtigste, die ganze mittelalterliche Entwicklung entscheidend beeinflussende Ereignis aus der Zeit seiner Amtsführung ist die Annahme des katholischen Glaubens durch den **Frankenkönig Chlodowech**. In dem Bestreben, die kirchliche Einheit mit der Kirche des Ostens wieder herzustellen, hat Anastasius bis an die Grenze des Möglichen Entgegenkommen geübt. Das hat die Verunglimpfung des Andenkens des Papstes in der mittelalterlichen Überlieferung veranlaßt, das hat aber auch schon zu seiner Zeit die Bildung einer Oppositionspartei im römischen Klerus herbeigeführt. Infolgedessen kam es zu einer zwiespältigen Papstwahl. Dem von der Mehrheit der Wähler erhobenen

Symmachus (498—514) stellten die byzantinerfreundlichen Anhänger des verstorbenen Papstes den Archipresbyter Laurentius entgegen. Während Symmachus ordnungsgemäß im Lateran die Weihe erhielt, wurde Laurentius noch am gleichen Tag in Maria Maggiore konsekriert. Die Gegensätze entluden sich in heftigen Straßenkämpfen. Beide Parteien wandten sich an Theoderich um Entscheidung und Anerkennung. Dieser sprach sich durchaus sachgemäß für den aus, der zuerst und von der Majorität erhoben worden sei. Das bedeutete die Anerkennung des von der streng orthodoxen Partei erhobenen Symmachus, der natürlich dem Gotenkönig genehmer sein mußte als der von der byzantinerfreundlichen Partei Roms abhängige Laurentius. Eine römische Synode vom März 499, welche Bestimmungen traf, die künftigen Schismen vorbeugen sollten, sprach durch feierliche Akklamation Theoderich den Dank für seine Vermittlung aus. Die **Papstwahlbestimmungen der Synode**, das erste kirchlicherseits erlassene Papstwahldekret, hat auch Laurentius unterschrieben, der sich also unterworfen hatte. Aber die Parteiungen in der römischen Kirche dauerten fort; von den Gegnern des Symmachus wurden schwere Anklagen gegen ihn in Umlauf gebracht. Es kam nun auf Befehl Theoderichs, an den sich die Anhänger des Laurentius gewandt hatten, zu einer synodalen Verhandlung der italischen Bischöfe in Rom. Schließlich erklärte die Synode, daß die Angelegenheit dem Richterstuhl Gottes überlassen werden müsse, da der römische Stuhl von niemandem gerichtet werden könne; Symmachus sei vor den Menschen von den gegen ihn erhobenen Beschuldigungen freizusprechen; ihm stehe die Verwaltung des Kirchengutes und die Wahrnehmung seiner geistlichen Rechte zu. Auch durch dieses Synodalurteil wurde dem Zwiespalt kein Ende gemacht. Laurentius selbst kam wieder mit Genehmigung des Theoderich nach Rom zurück, wo sein Anhang so mächtig war, daß Symmachus aus dem Lateran sich nach St. Peter zurückziehen mußte. Von seinen Parteigängern wurde die Synodalentscheidung in einer Streitschrift angegriffen, worauf Ennodius die Verteidigung des Symmachus übernahm. Ruhe und Frieden trat erst allmählich nach mehrjährigen Wirren und blutigen Kämpfen in der römischen Kirche ein, als Theoderich, durch eine Gesandtschaft des Symmachus bewogen (506), entschieden für diesen eintrat und die Rückgabe der in den Händen der Laurentiuspartei befindlichen römischen Kirchen an Symmachus gebot. Offenbar waren es nun-

Der Ostgotenkönig Theoderich (455—526) nach einer Zeichnung in der Handschrift von Cassiodors „Variae". (Aus Monumenta Germaniæ historica, herausgegeben von Mommsen. Berlin 1894.)

mehr politische Gründe, welche Theoderich zu dieser Stellungnahme gegen die Anhänger des Laurentius veranlaßten; denn deren byzanzfreundliche Haltung mußte dem in schwerem Konflikt mit dem oströmischen Kaiser befindlichen Ostgotenherrscher sehr unerwünscht sein, konnte doch deren Zusammenwirken mit der byzantinischen Politik seine Herrschaft in Italien ernstlich gefährden.

Den Frieden mit der Kirche des Ostens herzustellen, ist Symmachus nicht beschieden gewesen, er hatte vielmehr beleidigende Angriffe des Kaisers Anastasius (491—518) zurückweisen müssen, der immer offener den Monophysitismus begünstigte. Die Gewalttaten des Kaisers gegen die Anhänger des Chalcedonense, besonders die Vertreibung zahlreicher katholischer Bischöfe, riefen aber steigenden Unwillen wach und führten zum Aufruhr des Vitalian (514). Das nötigte Anastasius zum Einlenken, er knüpfte Verhandlungen mit dem neuen Papst **Hormisdas** (514—523) an. Sie führten aber trotz der eifrigen und umsichtigen Bemühungen des Papstes nicht zum Ziel, da Anastasius, den nur die Not vorübergehend zur Nachgiebigkeit bewogen hatte, nicht ernstlich den Frieden wollte und die Verurteilung des Andenkens des Akacius verweigerte. Infolgedessen konnte erst, als auf den starrsinnigen Anastasius der dem katholischen Bekenntnis treu ergebene Kaiser Justinus (518—527) gefolgt war, die allerseits ersehnte kirchliche Einheit wiederhergestellt werden. Auf Bitten des Kaisers sandte Hormisdas Legaten nach Konstantinopel, die sich ehrenvollster Aufnahme erfreuten. Ohne Schwierigkeit wurde nunmehr, wie der Papst es gefordert, die schon zur Zeit des Anastasius von ihm entworfene Einigungsformel angenommen; sie spricht die Verurteilung der Häretiker einschließlich des Akacius und die Annahme des Lehrschreibens Leos aus und enthält auch eine klare Anerkennung des römischen Primates. Nun wurden die Namen des Akacius und seiner gleichgesinnten Nachfolger sowie der monophysitischen Kaiser Zeno und Anastasius aus den Diptychen gestrichen, und ein feierlicher Gottesdienst besiegelte nach langen 35 Jahren der Trennung die Wiederherstellung der kirchlichen Gemeinschaft. Gegen die allgemeine Annahme der Formel des Hormisdas durch den Episkopat erhoben sich aber noch mancherlei Widerstände; vor allem blieb Alexandrien der Mittelpunkt des Widerstandes gegen das Chalcedonense. — Kurz vor seinem Tode empfing der Papst, dem durch sein versöhnliches Wirken den Frieden in der römischen Kirche völlig wiederherzustellen geglückt war,

Flavius Magnus Cassiodorus (490—583) ist einer der wichtigsten Vermittler des Geistesgutes der heidnischen und christlichen Antike an das Abendland gewesen. Im ostgotischen Reiche bekleidete er hohe Staatsämter; seine Berichte zählen zu den wertvollsten Quellen über die Ostgotenkönige.
(Das Bild nach einer Zeichnung in der Handschrift von Cassiodors „Variae". Aus Mommsens Monumenta Germaniae historica.)

Johannes I.
Sohn des Constantinus,
Italiener aus Populonia
in Tuscien. 523—526

Felix IV
Sohn des Castorius.
Italiener aus Fimbri.
Benevent. 526—530

Bonifatius II.
Sohn des Goten Sigibuld. 530—532

Johannes II.
Sohn des Projectus,
Römer. 533—535

auch die tröstliche Nachricht, daß mit dem Hinscheiden des Thrasamund (523) die Verfolgung der Katholiken im Vandalenreich ein Ende genommen habe.

Die Bemühungen des Papstes Hormisdas um **die Wiedervereinigung der Kirchen von Rom und Konstantinopel** waren mit Wissen und Zustimmung Theoderichs des Großen geschehen. Die Wiederherstellung der kirchlichen Einheit hatte aber bald starke Rückwirkungen auf politischem Gebiet zur Folge; und dadurch wurde wiederum Theoderich der Große veranlaßt, in seinen letzten Regierungsjahren seine Haltung gegenüber dem Papsttum und der katholischen Kirche zu ändern. Die mit der Abwendung vom Monophysitismus eingeleitete neue Richtung der byzantinischen Kirchenpolitik, deren treibende Kraft — wie überhaupt in der Politik — schon damals der Neffe Justins, Justinian war, beseitigte ein Haupthindernis der Annäherung an Italien, dessen Wiedervereinigung mit dem Imperium nach wie vor das Endziel der byzantinischen Politik war. Mit der Herstellung des kirchlichen Friedens verstärkten sich sofort die nie unterbrochenen Beziehungen und die nie erloschenen Sympathien zwischen Ostrom und der einheimischen Bevölkerung Roms und Italiens. Dadurch aber mußte die Herrschaft des arianischen Ostgotenkönigs in Italien gefährdet und sein Mißtrauen wachgerufen werden. Und dies um so mehr, als gerade damals auch sonst die außenpolitische Lage seines Reiches sich schwieriger gestaltet hatte, besonders weil nach dem Tode seines Schwagers und mächtigsten Bundesgenossen Thrasamund das Vandalenreich in die Bahnen einer unglaublich kurzsichtigen Politik des engsten Anschlusses an Byzanz gelenkt wurde. Das gesteigerte Mißtrauen Theoderichs führte zu den Prozessen wegen Hochverrats gegen den Staatsmann Boethius, der bis dahin eine der höchsten Stellen am Hofe des Ostgotenkönigs bekleidet hatte, und gegen andere Mitglieder des römischen Hochadels.

Namenszug Theoderichs des Großen.

Als dann im oströmischen Reich durch den glaubenseifrigen Kaiser Justin die alten Ketzergesetze aufs neue gegen die Reste des Heidentums und gegen die Arianer, besonders die zahlreichen arianischen Goten, im Reich mit Strenge durchgeführt und den Arianern ihre Kirchen weggenommen wurden, da berief der erzürnte Theoderich den Nachfolger des Hormisdas, Papst **Johannes I.** (523—526), an seinen Hof nach Ravenna. Er zwang den Papst, dem nichts peinlicher sein konnte, an der Spitze einer Gesandtschaft nach Konstantinopel zu gehen, um dort die Zurücknahme der Zwangsmaßnahmen gegen die Glaubensgenossen des Ostgotenherrschers zu verlangen. Vergebens erklärte der Papst, daß er Theoderichs Forderung, daß die katholisch gewordenen Goten wieder dem arianischen Bekenntnis zugeführt werden sollten, unmöglich vertreten könnte. In Konstantinopel wurde der sicher byzanzfreundliche Johannes, der als erster Papst den Boden der Kaiserstadt am Bosporus betrat, mit außergewöhnlichen Ehren, „als ob er der selige Petrus selbst wäre", aufgenommen; am Ostertag durfte er, wie an diesem Hochfest üblich, dem Kaiser die Krone aufs Haupt setzen. Soweit es dem Papst möglich war, die ihm von Theoderich gewordenen Aufträge zu übernehmen, so z. B. daß den Arianern ihre Kirchen verblieben, hat der oströmische Kaiser Entgegenkommen geübt. Damit aber war Theoderich nicht zufrieden; die Ehren, die man dem Papst in Konstantino-

Papst Vigilius (537—555)
zuerst von der *Kaiserin Theodora* unterstützt, wurde dann von den byzantinischen Herrschern an Leib und Leben bedrängt, weil er seine *kirchliche Haltung* deren *politischen Wünschen nicht restlos unterordnete*.

pel erwies, weckten in ihm den Verdacht des Hochverrats, und so ließ Theoderich Johannes I. bei seiner Rückkehr in den Kerker werfen; wenige Tage später (18. Mai 526) ist der längst kränkliche Papst in demselben gestorben.

Unter dem Drucke Theoderichs erhielt Johannes I. in dem gotenfreundlichen **Felix IV.** (526—530) einen Nachfolger; bald danach hat den greisen Gotenherrscher der Tod hinweggerafft. Das wichtigste Ereignis seines Pontifikates ist sein Eingreifen in die Gnadenstreitigkeiten; durch das Konzil von Orange (529) fanden im wesentlichen die langwierigen Gnadenstreitigkeiten ein Ende; die von der Synode angenommenen Kanones waren auf Grund eines vom Papst an Cäsarius von Arles auf dessen Bitten an die südgallischen Bischöfe übersandten Schreibens ausgearbeitet worden, in welchem dieser Aussprüche der Heiligen Schrift und der Väter, besonders Augustins, über die strittigen Lehrpunkte der Gnadenlehre zusammengestellt hatte. Da während seines Pontifikates die Parteiungen in Rom, vor allem im römischen Klerus — der Gegensatz einer gotenfreundlichen und einer byzantinisch gesinnten Partei — fortdauerten, traf Felix IV., um Wirren nach seinem Tode und eine Einmischung seitens des ostgotischen Hofes in die Papstwahl zu verhüten, in schwerer Krankheit die ungewöhnliche Maßnahme, daß er dem Archidiakon Bonifatius im Beisein des Klerus und des Senates sein Pallium übergab und ihn damit zu seinem Nachfolger bestellte.

Agapitus I.
Sohn des Gordianus,
Römer. 535—536

Silverius
Sohn des Hormisdas,
Italiener aus Frusino.
536—537

Vigilius
Sohn d. Johannes, päpstl.
Nuntius in Konstantinopel, Römer. 537—555

Pelagius I.
ehemaliger päpstlicher
Nuntius in Konstantinopel, Römer. 556—561

Trotzdem wurde nach des Papstes Tode von der gotenfeindlichen Mehrheit des Klerus und des Senates der um die Beilegung des akacianischen Schismas hochverdiente aus Alexandrien stammende Diakon Dioskur gleichfalls zum Papst geweiht. Da aber dieser bald darnach starb, fand **Bonifatius II.** (530—532) allgemeine Anerkennung; sein Vater Sigibuld war germanischen Geschlechtes, und so ist Bonifaz II., der aber in Rom geboren war und sein Leben im Dienst der römischen Kirche zugebracht hatte, **der erste deutsche Papst.** Obwohl unzweifelhaft die Erhebung des Dioskur zum guten Teil als Protest gegen die Bestellung des neuen Papstes durch seinen Vorgänger erfolgt war, wollte auch Bonifatius sich schon zu Lebzeiten den Nachfolger bestimmen, aber heftiger Widerspruch nötigte den Papst, seinen Erlaß zurückzunehmen. Auf Bitten des Cäsarius von Arles hat Bonifaz II. die Beschlüsse des Konzils von Orange gegen den Semipelagianismus bestätigt, die infolgedessen nun allgemeine Anerkennung fanden. — Wie diesem Papst war auch seinen Nachfolgern nur ein sehr kurzes Pontifikat beschieden. Es war zunächst **Johannes II.** (533—535), der erst nach unerquicklichem Wahlgetriebe gewählt worden war, das den römischen Senat zu seinem letzten gegen simonistische Umtriebe bei der Papstwahl gerichteten Dekret veranlaßte; Johannes II. ist **der erste Papst, der seinen Namen änderte**; denn sein Name Mercurius schien für einen Nachfolger Petri wenig geeignet. Unter diesem Papst fand der theopaschitische Streit ein Ende, indem er die theopaschitische Formel, die Kaiser Justinian in ein für sein Reich verbindliches Glaubensdekret (März 533) aufgenommen hatte, als rechtgläubig anerkannte und billigte.

Nachfolger Johannes II. wurde sein Archidiakon **Agapet I.** (535—536). Im Auftrage des **Gotenkönigs Theodahad** mußte dieser als Gesandter nach Konstantinopel gehen; er sollte den Kaiser Justinian bewegen, den schon begonnenen Angriffskrieg gegen das Ostgotenreich in Italien einzustellen. Die Bemühungen des Papstes, der mit den größten Ehren empfangen wurde, waren, wie nicht verwunderlich ist, erfolglos. Dagegen erreichte er durch sein energisches Auftreten schließlich die Entsetzung des monophysitischen Patriarchen Anthimus, den die Gunst der **Kaiserin Theodora** lange geschützt hatte; der Papst hatte die Genugtuung, persönlich dessen Nachfolger Menas die Weihe erteilen zu können. Nachdem Agapet in Konstantinopel gestorben war, wurde der Subdiakon **Silverius** (536—537), ein Sohn des Papstes Hormisdas, durch den **Gotenkönig Theodahad** auf den päpstlichen Stuhl erhoben, was dann nachträglich die Zustimmung von Klerus und Volk fand.

Unaufhaltsam aber ging nun das Ostgotenreich seinem Untergang entgegen. Im Dezember 536 zog der kaiserliche **Feldherr Belisar** in Rom ein. War die Lage der Päpste unter der Gotenherrschaft, zumal gegen Ende derselben, schwierig und unerfreulich gewesen, so kam nunmehr für sie eine noch schlimmere, traurige

Zeit unwürdiger Abhängigkeit, als die byzantinische Herrschaft in Italien aufgerichtet wurde. Als die Goten unter Führung des W i t i g e s, der inzwischen von ihnen auf den Schild erhoben worden war, wieder vordrangen und Belisar in Rom belagerten, wurde gegen Papst Silverius die Anklage auf hochverräterische Verbindung mit den Goten erhoben. Die Beschuldigung war grundlos, aber man traute dem Papst derartiges zu, obwohl er es gewesen war, der, als Belisar sich zur Belagerung Roms hatte anschicken wollen, von aussichtslosem Widerstand abgeraten hatte, um unnötiges Blutvergießen zu verhüten, so daß die schwachen gotischen Truppen ohne Widerstand abgezogen waren. Aber die griechische Partei in Rom war ihm nach wie vor feindlich gesinnt; sie hatte nicht vergessen, daß Silverius ihr von dem Gotenkönig als Papst aufgezwungen worden war. So wurde der Papst vor das Kriegsgericht geladen, und unter dem Einfluß seiner Gemahlin Antonina verfügte Belisar seine Absetzung und Verbannung. Unter seinem Druck wurde nun der ehrgeizige römische D i a k o n V i g i l i u s zum Papst gewählt; es ist jener Vigilius, dessen Designation zum Nachfolger Bonifaz' II. als Verstoß gegen die Kanones am Widerspruch der römischen Synode gescheitert war. Vigilius war dann Apokrisiar in Konstantinopel gewesen; nach dem Tode des Agapet war er aber nach Rom zurückgekehrt. Doch war er zu spät gekommen, um damals die Papstwahl in seinem Sinne zu beeinflussen.

Inzwischen war S i l v e r i u s n a c h S y r i e n g e b r a c h t worden, doch auf die Vorstellungen des Bischofs von Patara ordnete der Kaiser eine Revision seines Prozesses an. Da Belisar noch in Rom belagert wurde, wollte er zu dessen Rückkehr nach Rom nicht die Hand bieten; und auch Vigilius war nicht geneigt, ihm Platz zu machen. So wurde Silverius unter Obhut von Beauftragten des Vigilius nach der Insel Ponza gebracht; hier hat er, niedergebeugt durch sein Geschick, um des Friedens in der Kirche willen z u g u n s t e n d e s V i g i l i u s auf die päpstliche Würde verzichtet. Wenige Wochen später ist er infolge der Entbehrungen, die er auf dem Transport in die Verbannung erduldet hatte, gestorben. — Erst die spätere Legende hat in dem unglücklichen Dulder Silverius, der ein Opfer der wirren Zeitläufe geworden war, einen Martyrer seiner Glaubenstreue gesehen; sie meint, daß er durch die Intrigen der monophysitisch gesinnten K a i s e r i n T h e o d o r a gestürzt worden sei, weil er die ihm angesonnene Verurteilung des Chalcedonense verweigerte; und an dem ehrgeizigen Vigilius hätte sie einen allzu gefügigen Helfershelfer gefunden.

Nach dem Tode des Silverius wurde **Vigilius** (537—555)

Der Palast Theoderichs in Verona
Nach einem Stadtsiegel von Verona aus dem 12. Jahrhundert
(Aus G. Biermann, Verona, Verlag Seemann in Leipzig, S. 10)

Johannes III.
Sohn des Anastasius,
Römer. 561—574

Benedictus I
Sohn des Bonifatius,
Römer. 575—579

Pelagius II
Sohn des Winigild, in
Rom geborener Gote.
579—590

Gregor I., der Große
Römer v. d. „gens Anicia", Sohn des Senators
Gordianus. 590—604

allgemein anerkannt. Wenn die Kaiserin Theodora gehofft hatte, daß ihr früherer Schützling ihre monophysitischen Bestrebungen gemäß früheren Zusicherungen auch als Papst begünstigen würde, so haben sich diese Erwartungen nicht erfüllt; in einem Schreiben an Justinian vom Jahre 540 hielt er entschieden an den Beschlüssen des Chalcedonense und der Verurteilung der monophysitischen Patriarchen einschließlich des Anthimus fest. Aber was Vigilius, verführt durch Habsucht und Ehrgeiz, in charakterloser Nachgiebigkeit gesündigt, das hat sich doch noch schwer an ihm gerächt und ihm viel Bitternis und Demütigung bereitet. Das hing zusammen mit **neuen dogmatischen Wirren im Orient.** Diese nahmen den Ausgang von dem aufs neue im palästinensischen Mönchtum ausgebrochenen S t r e i t u m O r i g e n e s. Die Freunde desselben, die ihre Sache infolge eines gegen die Lehren des Origenes gerichteten kaiserlichen Ediktes vom Jahre 543 schwer gefährdet sahen, lenkten die Aufmerksamkeit des leidenschaftlich theologisch interessierten Kaisers auf ein anderes Gebiet; sie stellten Justinian vor, daß es der Gewinnung der Monophysiten förderlich sein würde, wenn die Person und die Schriften des T h e o d o r v o n M o p s u e s t i a, die gegen C y r i l l v o n A l e x a n d r i a gerichteten Schriften des T h e o d o r e t v o n C y r u s und ein Brief des I b a s v o n E d e s s a verurteilt würden. J u s t i n i a n erließ auch ein Edikt (543), das die Verdammung dieser sogenannten „Drei Kapitel" aussprach. Daß die in den drei Kapiteln verurteilten, in den Kreis der antiochenischen Schule gehörenden Personen und Schriften den Nestorianismus tatsächlich begünstigten, war richtig, und insofern war die Verurteilung nicht ganz unberechtigt. Aber die Verdammung war damals an sich unnötig und führte zu überflüssiger Erregung. Im Orient wurde das kaiserliche Edikt allgemein, wenn auch teilweise erst nach einigem Widerstreben, unter dem Druck des Kaisers angenommen. Im

Das Grabmal des Theoderich in Ravenna
in seinem heutigen Zustande. Das ganze wuchtige Denkmal ist infolge
Erhöhung des Boden-Niveaus scheinbar „eingesunken"; die Treppen und die Treppengeländer sind in neuerer Zeit hinzugefügt worden.

Abendland verhielt man sich gegen das Edikt durchaus ablehnend, da man der Verurteilung von Personen widerstrebte, die vor langer Zeit im Frieden mit der Kirche verstorben waren, und da man in demselben einen Angriff auf das Chalcedonense erblicken zu müssen glaubte, da dieses Theodoret und Ibas als persönlich orthodox anerkannt hatte.

Um die Zustimmung des Abendlandes zu erzwingen, wurde Vigilius auf kaiserlichen Befehl gewaltsam aus Rom entfernt und nach Konstantinopel gebracht (547). Nach langem Zögern ließ sich Vigilius am Ostersamstag 548 zu der vom Kaiser verlangten **Verurteilung der Drei Kapitel** in dem sogenannten „**Judicatum**" bereit finden. Der kirchlichen Lehre ist Vigilius durch dieses nicht zu nahe getreten, da er die Aufrechterhaltung der Au-

Papst Pelagius I. (556—561) trachtete mit großer Tatkraft die Not der Bevölkerung Roms und Italiens, die unter den Gotenkönigen unendlich zu leiden hatte, zu mildern.

torität der vier allgemeinen Konzilien, besonders des Chalcedonense, nachdrücklich betonte. Aber wenn Vigilius etwa gemeint hatte, durch die Zustimmung zur Verurteilung der Drei Kapitel den Frieden in der Kirche zu fördern, so täuschte er sich. Im Abendland rief sein Schritt stürmischen Widerspruch hervor. Die Bischöfe von Nordafrika, Illyricum und Dalmatien hoben die Kirchengemeinschaft mit dem Papst auf. In der Folge hat nun Vigilius eine schwankende Haltung eingenommen; das erklärt sich aus seiner mangelnden Charakterfestigkeit und der Belastung durch seine Vergangenheit, doch muß man auch seine überaus schwierige Lage in Betracht ziehen. So wurde der Papst in der Petersbasilika in Hormisda, wo er am Altar Zuflucht gesucht hatte, mißhandelt, und für einige Zeit flüchtete er nach Chalcedon (Dezember 551). Zur Beilegung der Wirren versammelte Justinian im Jahre 553 eine große **Synode in Konstantinopel;** sie hatte zunächst keinen ökumenischen Charakter, da das Abendland so gut wie gar nicht vertreten war, und da auch der Papst standhaft die Teilnahme an derselben verweigerte. Während die Synode nun wie natürlich nach dem Wunsch und im Sinne des Kaisers die Verurteilung der Drei Kapitel aussprach, nahm Vigilius sein Judicatum zurück und verbot in dem sogenannten Constitutum mit eingehender Begründung die Verurteilung der Drei Kapitel, verurteilte aber eine Reihe offenkundig nestorianischer Sätze aus den Schriften des Theodor von Mopsuestia. Infolge neuerlicher Drangsalierungen durch den Kaiser, der den Papst durch Veröffentlichung von dessen früheren geheimen Zusagen bloßstellte, änderte aber Vigilius, durch die Kämpfe und Aufregungen zermürbt, nochmals seine Haltung; in einem zweiten Constitutum stellte er sich auf den Standpunkt der Synode von Konstantinopel und verdammte die Drei Kapitel. Der Papst

Kaiser Justinian I. (527—565)
erfolgreich als Feldherr, strebte auch nach absoluter Herrschaft über die Kirche, die er zur Staatsreligion machen wollte. Da er sich auch ein Einspruchsrecht in dogmatischen Fragen anmaßte, geriet er in heftige Konflikte mit dem Papsttum, das die Unabhängigkeit der Kirche von weltlicher Gewalt nachdrücklichst verteidigte.
Ausschnitt aus einem Mosaikbild in San Vitale in Ravenna.

mochte meinen, daß weiterer Widerstand nutzlos sei, und auch befürchten, daß Justinian leicht zur Erhebung eines ihm gefügigen Papstes schreiten würde, zumal dessen Feldherr N a r s e s inzwischen der Gotenherrschaft in Italien ein Ende gemacht hatte. Die Nachgiebigkeit des Papstes in Sachen der Drei Kapitel führte zu einer Trennung der Kirchenprovinzen Mailand und Aquileja von der römischen Kirche, die völlig erst gegen Ende des siebten Jahrhunderts beseitigt werden konnte. — Sich selbst hatte Vigilius durch sein Nachgeben die Möglichkeit der Heimkehr nach Rom verschafft; doch ist er, schon lange schwer krank, unterwegs in Syrakus im Juni 555 gestorben. Das schließlich vorhandene Einvernehmen zwischen Papst und Kaiser fand auch darin Ausdruck, daß Justinian auf Bitten des Vigilius in der pragmatischen Sanktion, die durch Einführung des Codex Justinianus die Alleinherrschaft des römischen Rechtes in Italien aufs neue begründete, die Verwaltung Italiens mit weitem Entgegenkommen gegen die Stellung der Bischöfe ordnete.

In den letzten Jahren der langen Abwesenheit des Vigilius von Rom hatte der Presbyter Mareas in trefflicher Weise die Vertretung geführt. Das Pontifikat wäre ihm sicher gewesen, wenn er nicht Vigilius nach wenigen Wochen im Tode nachgefolgt wäre. So wurde nach Justinians Willen **Pelagius I.** (556—561) des Vigilius Nachfolger. Bei Antritt seines Pontifikates hatte er schon eine lange erfolgreiche Laufbahn durchmessen. Schon im Jahre 536 hatte er als Diakon Agapet I. nach Konstantinopel begleitet. Dann war er daselbst als Apokrisiar tätig, und als solcher hat er in verschiedener Hinsicht, so in den origenistischen Streitigkeiten, eine einflußreiche Rolle gespielt. In der Zeit, da Vigilius in Konstantinopel weilte, war Pelagius der Stellvertreter des Papstes. Als solcher bewährte er sich trefflich während der Belagerung Roms durch den Ostgotenkönig Totila (545); um die Hungersnot in der Stadt zu lindern, stellte er opferwillig sein beträchtliches Vermögen zur Verfügung, und nach der Einnahme erreichte er von dem Sieger wenigstens, daß das Leben der Bewohner geschont wurde. In der Frage der Drei Kapitel vertrat Pelagius den Standpunkt des Abendlandes; und als er im Jahre 551 wiederum sich nach Konstantinopel begeben hatte, hat er vor allem den Papst Vigilius zur Stellungnahme gegen die Verurteilung der Drei Kapitel und zum Erlaß des Constitutum, das vor allem sein Werk war, bewogen. Diesem Standpunkt blieb Pelagius, obwohl eingekerkert, auch unerschrocken treu, als Vigilius seine Haltung änderte. Nun schrieb er nicht nur

Kaiser Justinian nach einer Goldmünze
(Aus Charles Diehl, Justinienne et la civilisation byzantine, Paris Leroux 1901, S. XI)

ein Werk zur Verteidigung der Drei Kapitel, sondern griff auch den Papst heftig wegen seiner Wankelmütigkeit an. Aber schließlich hat doch auch er seine Meinung geändert und gleich Vigilius sich zur Verurteilung der Drei Kapitel und zur Anerkennung der Synode von Konstantinopel, die inzwischen durch die Zustimmung des Vigilius ökumenischen Charakter erhalten hatte, entschlossen. Daß die Aussicht auf die päpstliche Würde diesen Meinungsumschwung beeinflußt hat, ist möglich, aber nicht sicher.

Die Anfänge des Pontifikates des Pelagius gestalteten sich schwierig infolge des Mißtrauens und der Widerstände, die er von verschiedenen Seiten, nicht zuletzt in Rom selbst, fand. Um sie zu überwinden, mußte sich der Papst zu dem ungewöhnlichen Schritt verstehen, in einem ausführlichen **Glaubensbekenntnis** seine Anhänglichkeit gegen die vier ersten ökumenischen Konzilien, besonders das Chalcedonense, zu beteuern. Außerdem reinigte er sich durch feierlichen Eid vom Verdacht, als ob er an dem harten Verfahren gegen seinen Vorgänger und an dessen Tode Schuld trage; dadurch ist es ihm gelungen, in Rom einen Umschwung zu seinen Gunsten herbeizuführen. Mit Eifer und Erfolg bemühte sich der Papst, die Bedenken gegen die Verurteilung der Drei Kapitel und gegen seine eigene Rechtgläubigkeit zu zerstreuen, die in weiten Kreisen der abendländischen Kirche bestanden; so beruhigte er den fränkischen Episkopat und **König Childebert** von Paris, dem er ein ausführliches Glaubensbekenntnis übersandte. Dagegen konnten die Kirchenprovinzen Mailand und Aquileja trotz aller Bemühungen vorläufig noch nicht zur Aufgabe ihrer schismatischen Haltung bewogen werden. Wie schon vor der Erhebung auf den päpstlichen Stuhl, so hat Pelagius auch als Papst es sich angelegen sein lassen, die Not der Bevölkerung Roms und Italiens, die infolge der verheerenden Gotenkriege einen hohen Grad erreicht hatte, zu mildern. Diesem edlen Ziel diente die von ihm durchgeführte **Reorganisation der Verwaltung** der Güter der römischen Kirche, der sogenannten **Patrimonien**.

Siegel des Papstes Johannes III.

Die Vakanz des päpstlichen Stuhles nach dem Tode Pelagius I. zog sich lange hin, da Kaiser Justinian nach der Eroberung Italiens sich die Bestätigung

Die Sophienkirche in Konstantinopel seit türkischer Zeit als Moschee Hagia Sophia bekannt, eines der bedeutendsten Baudenkmäler östlich-hellenischer Kunst, wurde zur Zeit Justinians I. (in den Jahren 532—537 durch Isidor von Milet) erbaut. Der architektonisch überaus kühn angelegte Bau ist in seinem Innern von unbeschreiblichem Reiz. Zur Zeit werden die von den orthodoxen Türken mit einer Tünche aus mattem Goldglanz verdeckt gewesenen Mosaiken auf goldenem und tiefdunkelblauem Grunde freigelegt, die einst zu den großartigsten Bildwerken der Welt zählten.

der Papstwahl vorbehalten hatte. Darum konnte der aus vornehmer römischer Familie stammende **Johannes III.** erst am 17. Juli 561 geweiht werden; er regierte von 561 bis 574. Unter ihm wurde die Kirchengemeinschaft mit Mailand wiederhergestellt. Während seines Pontifikates begann das Eindringen der Langobarden unter Alboin in Italien (568). Damit kamen aufs neue für das Papsttum Zeiten schwerer Not und Bedrängnis. Unter dem Nachfolger Johannes III., **Benedikt I.** (575 bis 579), drangen die Langobardenscharen bis Rom vor, ohne daß von Byzanz Hilfe gekommen wäre. Von ihm weiß das Papstbuch fast nur zu berichten, daß er „inmitten dieser Trübsale und Leiden" starb. Von den gleichen Bedrängnissen ist auch das Pontifikat **Pelagius' II.** (579—590), eines Goten von Geburt, erfüllt. Da bei seiner Erhebung die Langobarden gerade Rom belagerten und daher die Verbindung mit Konstantinopel unterbrochen war, sah man davon ab, die kaiserliche Bestätigung der Wahl vor der Konsekration abzuwarten. Die Hilfegesuche, die der Papst an den oströmischen Kaiser richtete, blieben auch jetzt so gut wie erfolglos, da dieser durch den Perserkrieg in Anspruch genommen war. Auch bei den Franken hatten die Bitten des Papstes keinen besseren Erfolg. Es sollte noch fast zwei Jahrhunderte dauern, bis die Franken die Rolle erfüllten, die ihnen das Schreiben des Papstes zuwies: „Wir halten dafür, daß die Vorsehung auch darum euren Königen den wahren Glauben geschenkt hat, wie ihn die Herrscher des römischen Kaiserreiches besitzen, damit diese Stadt Rom, woher der Glaube stammt, und ganz Italien an euch einen nachbarlichen Schutz finde." Der Papst ließ es sich angelegen sein, für die Beseitigung des Schismas in Venetien und Istrien zu wirken; doch ist hier nicht viel erreicht worden. Zu einer Trübung des Verhältnisses mit der Kirche von Konstantinopel kam es infolge des Einspruches, den Pelagius gegen die inzwischen üblich gewordene Bezeichnung des Patriarchen von Konstantinopel als eines ökumenischen erhob. Dagegen hatte Pelagius die Freude, daß mit dem Regierungsantritt Rekkareds (586) die Verfolgungen der Katholiken im westgotischen Reich ein Ende nahmen und die Westgoten, dem Beispiel ihres Königs folgend, sich vom Arianismus abwandten.

Eine verheerende Seuche, die als Folge einer Tiberüberschwemmung in Rom ausbrach, raffte im Februar 590 Pelagius II. hinweg, dessen Andenken in Rom gleich dem Pelagius I. wegen seiner Mildtätigkeit und Fürsorge gesegnet blieb.

GREGOR I., DER GROSSE

„Ich Unwürdiger und Schwacher habe ein altes und von den Wellen arg mitgenommenes Schiff übernommen, in das von allen Seiten die Wogen eindrangen und dessen morsche Planken unablässig von Stürmen gepeitscht den nahen Schiffbruch ankündigen." Mit diesen Worten hat **Gregor I.** selbst die schwierige, ja trostlose Lage der Kirche gekennzeichnet, als der einmütige Wille von Klerus und Volk den Widerstrebenden auf den Stuhl Petri berief. Aber dieser Römer aus edlem, seit langem christlichen Senatorengeschlecht war der rechte Mann, in diesen gefahrvollen **Zeiten des Übergangs vom Altertum zum Mittelalter** das Steuerruder der Kirche zu übernehmen. Kraftvoll, mit Ausdauer, Besonnenheit und untrüglichem Blick für das, was die Stunde forderte, hat er, reich ausgestattet mit den alten Römertugenden, des Pontifikates gewaltet, in der langen Reihe der Päpste der bedeutendsten einer. Für sein Amt war er aufs beste vorbereitet. Nachdem er die Beamtenlaufbahn bis zur hohen Würde des römischen Stadtpräfekten durchlaufen, hatte er sich in das Andreaskloster zu Rom zurückgezogen, in das er sein römisches Haus umgestaltet hatte (etwa 575). Aber aus der Klostereinsamkeit war er bald wieder durch die Päpste herausgerissen worden, die seines Rates in wichtigen Angelegenheiten nicht entbehren mochten; mehrere Jahre hatte er auch auf schwierigem, verantwortungsvollem Posten als Gesandter Pelagius II. in Konstantinopel, dem Mittelpunkt des damaligen politischen und kirchlichen Lebens, geweilt.

Papst Gregor I. (590—601) hat sich seinen Beinamen „*der Große*" durch seine *Milde gegen Reuige, seine Barmherzigkeit gegen Notleidende, seine unerbittliche Gerechtigkeit gegen Freund und Feind* erworben. Mit Klugheit und Energie begründete und befestigte er *die Obergewalt des Päpstlichen Stuhles* über die Bistümer in Afrika, England, Spanien, Italien und im gesamten Frankenreiche. Durch den von ihm eingeführten feierlichen *gregorianischen Kirchengesang* ist sein Name auch heute noch in den weitesten Kreisen des katholischen Volkes bekannt. Sein Hauptwerk war die Bekehrung der Angelsachsen, Ostgoten und Langobarden.

Durch die mehr als achthundert **Briefe Gregors I.**, die uns glücklicherweise erhalten sind, die aber doch nur ein Bruchteil seiner Korrespondenz sind, ist uns die Möglichkeit gegeben, ein lebensvolles, an Einzelheiten und tiefen Einblicken reiches Bild seiner kirchlichen, politischen und administrativen Tätigkeit zu gewinnen. — Die Aufgaben, vor die sich der Papst gestellt sah, waren riesengroß. Mit dem **Einbruch der Langobarden** in Italien hatte die römische Kirche alle ihre Güter verloren, soweit jene ihren Machtbereich auszudehnen vermochten; zum mindesten kamen alle Einkünfte aus diesen Patrimonien in Wegfall. Für den Ausfall mußte Ersatz geschaffen werden durch Steigerung der Erträge des verbliebenen, immerhin noch reichen Grundbesitzes der Kirche, der ja nicht nur in Italien, sondern auch in Sizilien, Dalmatien, Illyrien, Gallien, Nordafrika gelegen war. Darum hat Gregor mit dem ihm eigenen Organisationstalent das große Werk der gründlichen **Reorganisation der Verwaltung des Patrimoniums** Petri durchgeführt. Durch die Betrauung von römischen, seiner Disziplinargewalt unterstehenden Klerikern mit der Verwaltung der einzelnen Domänen wurden rasch die Mißstände beseitigt, welche bei der Geschäftsführung durch die Bischöfe jener Gegenden oder durch Laien, wie etwa fränkische Patrizier, vorgekommen waren. Die Oberaufsicht behielt der Papst selbst in der Hand; die Rektoren mußten dem Papst regelmäßig Rechenschaft über Einnahmen und Ausgaben ablegen, und seine Briefe zeigen, wie er auch Einzelheiten der Bewirtschaftung sein Interesse zuwandte, so, wenn er z. B. einmal befiehlt, die nicht mehr zur Zucht brauchbaren Kühe zu verkaufen. Ebenso klug und weitblickend wie rühmlich für den Charakter des Papstes ist es, daß er immer wieder zur gerechten und milden Behandlung der Gutsuntertanen mahnt und alle Bedrückung und Aussaugung derselben verbietet.

Durch diese Organisation der kirchlichen Güterverwaltung legte der Papst die **Grundlage zur wirtschaftlichen Macht der römischen Kirche,** er bahnte dadurch aber auch die weltliche Herrschaft des Papsttums an: er schuf die **Grundlagen für den späteren Kirchenstaat.** Die Erträgnisse des Patrimoniums Petri boten dem Papst die reichen Mittel für eine weitausgedehnte **Fürsorgetätigkeit und Armenpflege.** Nicht nur arme Kleriker und Klöster erfreuten sich seiner freigebigen Unterstützung. Der Papst nahm auch die Versorgung der notleidenden Bevölkerung Roms und der umliegenden Gegenden in die Hand: er versorgte nach umsichtigem Plan die Bewohner regelmäßig mit Naturalien, vor allem mit Getreide aus den Speichern der römischen Kirche. Das wäre Sache des Kaisers gewesen; doch der saß im fernen Konstantinopel und war ohnmächtig, für die alte Hauptstadt des Reiches und für Italien zu sorgen; vermochte er doch auch nicht einmal Schutz und Hilfe zu gewähren in der Langobardennot. So war es das **Papsttum, das durch diese organisierte Fürsorgetätigkeit wichtige staatliche Funktionen und Aufgaben übernahm.** Das geschah auch in anderer Hinsicht. Gregor war es, auf den in allen Bedrängnissen und Nöten sich voll Vertrauen der Blick der Bevölkerung richtete, daß er Hilfe und Schutz bringen werde, und er hat dieses Vertrauen nicht getäuscht.

Der Papst vermochte 593 **die Langobarden,** die ebenfalls in ihm den Repräsentanten und Führer der römischen Bevölkerung sahen, durch Verhandlungen und Zahlung einer großen Geldsumme zu bewegen, **von der Belagerung Roms Abstand zu nehmen** und mit ihnen einen Waffenstillstand auf der Grundlage des damaligen Besitzstandes abzuschließen. Auch sonst betätigte er sich als Anwalt und Vertreter der einheimischen Bevölkerung gegenüber den germanischen Eindringlingen und den Übergriffen der byzantinischen Beamtenschaft; in der römischen Stadtverwaltung wurde sein Einfluß entscheidend.

Mehr als einmal klagte Gregor in seinen Briefen, wie er in eine Fülle weltlicher Geschäfte durch die Übernahme des bischöflichen Amtes verwickelt worden sei. Über dieser ausgedehnten, durch die Umstände ihm zufallenden politischen und sozialen Wirksamkeit sind in seinem Pontifikat die rein kirchlichen Aufgaben aber keineswegs zurückgetreten. Auch in dieser Hinsicht ragt sein Pontifikat als besonders bedeutsam hervor. Wie Gregor selbst, der nur ungern des Klosters friedliche Stille verlassen hatte, von tiefer Frömmigkeit und ernstem asketischem Sinn erfüllt war, so galt sein eifriges Bemühen der Aufrechterhaltung und **Wiederherstellung der Kirchenzucht**, und den Klöstern wandte er seine besondere Fürsorge zu. Daß er sich um die Ausgestaltung des Gottesdienstes

Gregor der Große bei Abfassung seiner Briefe
Die Legende erzählt, Papst Gregor habe einem Schreiber einen seiner apostolischen Briefe diktiert; der Schreiber, durch einen Vorhang vom Papste getrennt, habe aus Neugierde das Tuch mit seinem Griffel durchbohrt und jetzt den Heiligen Geist erblickt, der in Gestalt einer Taube beim Papste weilte.
Obiges Bild nach einer Miniatur im Fragment des Registers Gregors aus der Zeit um 990 in der Stadtbibliothek zu Trier.

(Reform der Messe, Sacramentarium, Gregorianum) und um den Kirchengesang (Organisation der römischen schola cantorum) Verdienste erworben hat, ist unbestreitbar, wenn ihm auch nicht die einschneidende Bedeutung zukommt, wie man früher wohl gemeint hat.

Von folgenschwerer Wichtigkeit für die Zukunft wurde es, daß Gregor **die Bedeutung der germanischen Völker für die Kirche** wohl erkannte und erfolgreich bemüht war, sie in engere Beziehungen zur römischen Kirche zu bringen. Das gilt von dem **Westgotenreich in Spanien**, das kurz vor Gregors Erhebung auf den römischen Stuhl (589) durch den Übertritt Rekkareds allmählich und endgültig zu dem katholischen Bekenntnis zurückgeführt wurde; besonders mit dem Bischof Leander von Sevilla verbanden den Papst vertrauensvolle Beziehungen. Das gilt auch von dem **Frankenreich**; hier übertrug der Papst wiederum dem Bischof von Arles das Vikariat und verlieh ihm das Pallium; mit den Bischöfen wie dem Herrscherhaus stand er in regelmäßigem Briefwechsel; der mächtigen Brunichilde kam er klug entgegen, indem er angesichts ihrer Freigebigkeit gegenüber Kirchen und Klöstern und ihrer Unterstützung der vom Papst entsandten Missionare über ihr sonstiges Treiben

Sabinianus
Sohn des Bonus, Italiener aus Volterra in Toskana. 604—606

Bonifatius III.
ehemaliger päpstlicher Nuntius in Konstantinopel, Römer. 607

Bonifatius IV.
Sohn des Arztes Johannes, Italiener. 608—615

hinwegsah. Das gilt auch von dem **Langobardenreich**; hier wußte Gregor stets die Verbindung mit der katholischen Königin Theodelinde aufrechtzuerhalten, um dem Übertritt der Langobarden zur katholischen Kirche den Boden zu bereiten; er hatte die Freude, noch die katholische Taufe des Thronerben Adaloald zu erleben.

Von wahrhaft weltgeschichtlicher Bedeutung ist aber der Entschluß des Papstes, **das Werk der Christianisierung der Angelsachsen** in Angriff zu nehmen. Im Jahre 596 sandte der Papst, der einst selbst den Plan gehegt hatte, als Missionar zu jenen nordischen „Barbaren" zu gehen, den Abt seines Andreasklosters, Augustinus, mit neununddreißig Mönchen zur Missionspredigt nach England. Ein Anknüpfungspunkt war dadurch gegeben, daß die Gemahlin des Teilkönigs von Kent, Bertha, eine katholische Prinzessin, des Frankenkönigs Charibert Tochter war; so erwiesen sich nun die sorgsam gepflegten freundschaftlichen Beziehungen des Papstes zum fränkischen Königsgeschlecht dem Missionswerk in vielem als sehr förderlich. Sehr bald konnte Augustin dem Papst von reichen Erfolgen melden, so daß letzterer dem Leiter der Mission das Pallium übersenden und ihn an die Spitze der zu schaffenden Hierarchie stellen konnte; Canterbury wurde Metropole. Um den erfreulichen Fortgang der Missionsarbeit hatte Gregor selbst hervorragende Verdienste, denn unablässig war er um Förderung derselben bemüht; die eigentliche Leitung behielt er selbst in der Hand durch die eingehenden Instruktionen, die frei von Engherzigkeit, zu weisem Maßhalten und kluger Schonung berechtigter nationaler Eigentümlichkeiten mahnten.

Das Bild eines Bischofs aus dem 7. Jahrhundert, das uns recht anschaulich die Kenntnis einer bischöflichen Gewandung aus jener Zeit vermittelt.
Kulturhistorischer Bilderatlas

Während so im Abendland Ansehen und Einfluß des römischen Bischofs mehr und mehr wuchsen und fester gegründet wurden, vertiefte sich, nicht zum wenigsten im Zusammenhang mit der Verschärfung des politischen Gegensatzes, auf kirchlichem Gebiet die Entfremdung zwischen Rom und der Kirche des Ostens, vor allem ihrem vornehmsten Repräsentanten, dem Patriarchen von Konstantinopel. Zum offenen Konflikt kam es, als Gregor, wie schon sein Vorgänger, gegen den Titel eines „ökumenischen Patriarchen", der für den Bischof der Kaiserstadt am Bosporus seit längerer Zeit üblich geworden war, Einspruch erhob; der Papst selbst lehnte demütigen Sinnes für sich den Titel eines allgemeinen Papstes (universalis papa) ab, mit dem ihn der Patriarch von Alexandrien angeredet hatte, und nannte sich „**Knecht der Knechte Gottes**" (servus servorum Dei), eine Bezeichnung, die dann in der Sprache der päpstlichen Urkunden beibehalten wurde.

Es würde ein wesentlicher Zug im Bilde Gregors des Großen fehlen, würden wir nicht auch **seiner Schriften** gedenken; denn durch dieselben hat er nicht minder als durch sein sonstiges Wirken auf die kommenden Zeiten des Mittelalters einen tiefen Einfluß ausgeübt. Kaum ein anderer christlicher Schriftsteller ist im Mittelalter so viel gelesen worden wie Gregor der Große; schon seit dem 8. Jahrhundert wird er neben Ambrosius, Hieronymus und Augustinus als einer der vier großen Kirchenlehrer gefeiert. Diese Beliebtheit und weite Verbreitung verdanken seine Schriften, die sich im allgemeinen im Rahmen der augustinischen Tradition bewegen, ihrem durchaus praktischen Charakter. Von diesen ist an erster Stelle zu nennen der Liber regulae pastoralis, in welchem die Pflichten des Hirten, sein Leben und seine Lehrweise dargelegt werden. Nicht minder beliebt war im Mittelalter sein umfangreicher Jobkommentar, der aber von der historischen Erklärung fast ganz absieht,

Der hl. Benedikt (480—542) gründete 529 das Stammkloster der Benediktiner, Monte Cassino, dessen Regeln für das abendländische Mönchtum von größter Bedeutung wurden.
Der hl. Benedikt und Abt Johannes nach einer Miniatur im Cod. 175 in Monte Cassino.

vielmehr an die einzelnen Abschnitte breite moralische Darlegungen und Nutzanwendungen anknüpft, so daß diese 35 Bücher „Moralia", wie ihr anderer Titel lautet, dem Mittelalter als Moralhandbuch dienten. Viel gelesen wurden im Mittelalter auch seine vier Bücher „Dialoge", die Wundererzählungen aus dem Leben frommer Männer, so das zweite Buch das **Leben des Benedikt von Nursia**, darbieten. Ein Bild seiner Predigttätigkeit vermitteln die erhaltenen Homilien über die Evangelien, über Ezechiel und das Hohe Lied.

Aufgerieben durch sein rastloses Wirken, das er trotz steter Kränklichkeit entfaltet hatte, starb Gregor am 11. März 604. Mit Recht hat die Kirche den „Consul Dei", wie ihn die Grabschrift nennt, mit dem Beinamen der Große geschmückt und ihn, eine der edelsten und sympathischsten Persönlichkeiten auf dem Stuhle Petri, in die Zahl ihrer Heiligen eingereiht (Fest: 12. März).

VOM TODE GREGORS DES GROSSEN BIS ZUM POLITISCHEN BRUCH MIT DEM BYZANTINISCHEN REICH

Nach Gregors des Großen Tode wurden zunächst zu seiner Nachfolge Männer berufen, die nicht mit der gleichen Tatkraft und dem gleichen Weitblick das Steuerruder des immer noch von gefährlichem Wogenschwall hin- und hergeworfenen Schiffleins der Kirche sicher zu führen wußten. Ohne bemerkenswerte Ereignisse gingen die folgenden Pontifikate vorüber. **Sabinian** (604—606) und **Bonifatius III.** (607) waren gleich Gregor I. als Apokrisiare in Konstantinopel tätig gewesen; letzterer hat nach dem Papstbuch auf einer Synode das Verbot eingeschärft, noch zu Lebzeiten des Bischofs über den Nachfolger zu reden und Parteien zu bilden. Es folgte **Bonifatius IV.** (608—615), dem vom Kaiser Phokas das Pantheon überlassen wurde, das nun (609) in eine Kirche zu Ehren Mariens und aller Märtyrer (Sancta Maria ad Martyres) umgewandelt wurde, **Deusdedit** (615—618) und **Bonifatius V.** (619—625), der nach Baedas Zeugnis der jungen angelsächsischen Kirche seine besondere Fürsorge zuwandte. Während dieses Pontifikates machte der Exarch Eleutherius den Versuch, das ihm anvertraute Italien vom byzantinischen Reich loszureißen; sein Unternehmen scheiterte bald, aber die Bestrebungen auf Loslösung Italiens vom byzantinischen Reich verstärkten sich in der Folgezeit immer mehr.

Bedeutsamer als die eben genannten Pontifikate war das des einer vornehmen kampanischen Familie entsprossenen **Honorius I.** (625—638). Ein Schüler des großen Gregor, hat er nach dessen Vorbild eine vielseitige eingreifende Tätigkeit entfaltet. Unter seinem Pontifikat konnte das in Istrien der Drei Kapitel wegen entstandene Schisma endlich beseitigt werden; ein römischer, vom Papst entsandter Subdiakon konnte den Metropolitanstuhl von Aquileja-Grado einnehmen. Bei dem Versagen der byzantinischen Verwaltung in Italien

Papst Honorius I. (625—638) stiftete im Jahre 628 das Fest der heiligen Kreuzerhöhung. Unter seinem Pontifikat machte besonders die Christianisierung der angelsächsischen Völker große Fortschritte.

Papst Sabinianus (604—606)
(Nach einem Kupferstich von J. S. Negges.)

Deusdedit
(Adeodatus) Sohn des
Stephanus, Römer.
615—618

Bonifatius V.
Italiener aus Neapel.
619—625

Honorius I.
Sohn des Konsuls Petronius, Italiener aus
Campanien. 625—638

Severinus
Sohn des römischen
Bürgers Labienus.
639—640

nahm auch Honorius wie schon so mancher seiner Vorgänger staatliche Obliegenheiten wahr, so durch Anweisungen an byzantinische Beamte in Italien. Die Verwaltung der Patrimonien der römischen Kirche war unter ihm wohlgeordnet; sie gaben dem Papst die reichen Mittel, die er für den Bau und die kostbare Ausschmückung der römischen Kirchen verwandte. Auf **Wahrung der Primatialrechte Roms** in den Ländern des Westens und Ostens (Sardinien, Spanien, Epirus) war Honorius eifrig und nicht ohne Erfolg bedacht. Seine besondere Fürsorge galt der angelsächsischen Kirche, die durch sein Verdienst erfreuliche Fortschritte aufzuweisen hatte; im Jahre 634 ließ sich König Edwin von Northumbrien taufen, was Honorius zu einem Glückwunschschreiben und zu Ermahnungen Anlaß gab; den Erzbischöfen von York und Canterbury erteilte der Papst das Pallium, und nach Wessex entsandte er zur Missionspredigt den hl. Birinus, der in Dorchester einen Bischofssitz begründete.

Eine Trübung hat das sonst so rühmliche Andenken Honorius I. durch die Art und Weise erfahren, in der er in den **Monotheletenstreit** eingriff; seine Haltung gab noch anläßlich der Debatten über die päpstliche Unfehlbarkeit auf dem Vatikanum (1870) Anlaß zur Bestreitung seiner Rechtgläubigkeit. Seit 610 führte der Exarch von Afrika, Heraklius, nachdem er den unfähigen Kaiser Phokas entthront hatte, kraftvoll als Kaiser (610—641) die Regierung des oströmischen Reiches. Mit Glück kämpfte er gegen die Perser, die 614 Jerusalem erobert hatten, und die sogar bis zu den Gestaden des Bosporus vordrangen und die Kaiserstadt belagerten. Heraklius erkannte sehr wohl, wie die innere Geschlossenheit und Widerstandskraft des gefährdeten Reiches durch die religiöse Einheit gefestigt werden würde, und seine Religionspolitik begünstigte daher alle Bemühungen, die geeignet schienen, die monophysitischen Bewohner im Osten und Süden des Reiches (Syrien, Ägypten) zur Reichskirche zurückzuführen. Dieser Einigung glaubte der damalige Patriarch von Konstantinopel, Sergius (610—638), den Weg bahnen zu können, indem er die Formel vorschlug, daß der aus zwei Naturen bestehende Gottmensch alles mit einer gottmenschlichen Energie (Monenergismus) gewirkt habe. Kaiser Heraklius verbot nun, von zwei Wirkungsweisen in Christus zu reden, und auf Grund der Formel des Sergius

Papst Bonifatius III. (607)

Johannes IV.
Sohn des Juristen Venantius, Dalmatiner aus Salona. 640—642

Theodorus I.
Sohn des Griechen Theodor, geboren zu Jerusalem. 642—649

Martinus I.
Sohn des Fabricius, päpstlicher Nuntius in Konstantinopel, Italiener aus Todi. 649—655

Eugenius I.
Sohn des Rufinian, Römer. 655—657

gelang es nach der Wiedereroberung Ägyptens dem Patriarchen Cyrus von Alexandrien, zahlreiche Monophysiten zur Aufgabe ihrer Sonderstellung zu bewegen. Die Einigungsformel, mit der auch in Syrien und Armenien gute Erfolge erzielt wurden, fand aber auch Widerspruch; er wurde vor allem erhoben von dem gelehrten Mönch Sophronius. Dieser wies darauf hin, wie die Annahme nur einer Wirkungsweise auch zur monophysitischen und apollinaristischen Annahme „nur einer Natur in Christus" dränge; tatsächlich ist ja auch der das menschliche Willensvermögen und damit die menschliche Natur Christi verkümmernde Monotheletismus eine folgerichtige weitere Entwicklungsstufe des Monophysitismus. Patriarch Sergius, den Sophronius auf das Bedenkliche der Lehre von einer Energie aufmerksam machte, suchte ihn zu beschwichtigen durch die Zusage, es solle fürderhin weder von einer noch von zwei Energien gesprochen werden. Als Sophronius aber im Jahre 634 den Patriarchenstuhl von Jerusalem bestieg, legte er in seinem Synodikon (Inthronisationsanzeige) eingehend die Lehre von der doppelten Wirkungsweise Christi dar. Das gab dem Patriarchen Sergius, der nun selbst bedenklich geworden war, Veranlassung, in einem Schreiben an Honorius über den entstandenen Streit zu berichten.

Honorius, der bislang von der Kontroverse nichts gewußt hatte, war so unvorsichtig und voreilig, ohne sorgsame Prüfung und ohne eine Äußerung von seiten des Sophronius abzuwarten, den geschickten Brief des Sergius zu beantworten. Der Papst bezeichnete es in seiner Antwort als eitles, ärgernisgebendes Wortgezänk, von einer oder zwei Wirkungsweisen zu reden und gebot daher, diese Ausdrücke zu meiden; dann erklärte er: „Wir bekennen einen Willen unsers Herrn Jesu Christi, weil von der

Papst Bonifatius V 619—625

Vitalianus
Sohn des Anastasius,
Italiener aus Segni.
657—672

Adeodatus
Sohn des römischen Bürgers Jovianus. 672—676

Donus
Sohn des Römers Maurilius. 676—678

Agathon
Grieche aus Sizilien
678—681

Gottheit sicherlich nicht unsere Schuld, sondern unsere Natur angenommen wurde, und offenbar unsere Natur, wie sie vor der Sünde geschaffen worden, nicht, wie sie nach der Sünde verderbt worden." Als dann Gesandte des Sophronius mit dessen Synodikon in Rom eintrafen, änderte Honorius seine Haltung nicht: in einem neuen Schreiben an Sergius erklärte er wiederum, die neue Bezeichnung, „das Ärgernis der neuen Erfindung", sei zu beseitigen. Daraufhin ist dann vom Kaiser Heraklius die von Sergius verfaßte Ekthesis erlassen worden (638), welche die Ausdrücke „eine oder zwei Wirkungsweisen in Christus" verbot und nur einen Willen (Monotheletismus) in Christus behauptete.

Kann auf Grund der beiden Briefe des Honorius seine Rechtgläubigkeit bestritten werden? Eine genaue Analyse seiner Schreiben ergibt, daß Honorius keineswegs monotheletisch gedacht hat; wenn er den Ausdruck „einen Willen" gebraucht, so zeigt der Zusammenhang, daß er die moralische Willenseinheit in Christus meint, insofern der menschliche sündhafte Wille von Christus ausgeschlossen sein soll. In dem Gebot aber, über die Ausdrücke zu schweigen, hat Honorius keine Kathedralentscheidung erlassen, es war vielmehr eine freilich verfehlte disziplinäre Maßnahme. Es war daher ein zu strenges Urteil, wenn die sechste allgemeine Synode zu Konstantinopel im Jahr 681, die den Monotheletismus verurteilte, unter den Urhebern dieser Irrlehre auch Papst Honorius mit dem Anathem belegte. Dagegen war es angesichts der Unachtsamkeit und Unklarheit des Honorius und der dadurch herbeigeführten Schädigung der Reinheit der Kirchenlehre nicht ungerechtfertigt, daß in dem von den Päpsten im Mittelalter bei der Thronbesteigung abgelegten Glaubensbekenntnis Honorius eine Zeitlang anathematisiert wurde, weil er durch Nachlässigkeit die Häresie gefördert habe, wie schon vorher Leo II. das Urteil der genannten ökumenischen

Papst Johannes IV 640—642

Vom Tode Gregors d. Gr., † 604, bis zu Konstantin I., † 715

Leo II.
gen. „Medicus", Italiener
aus Messina. 682—683

Benedictus II.
Aus der römischen Familie Savelli. 684—685

Johannes V.
Syrier aus Antiochia.
685—686

Konon
früher Soldat in der
Thrazischen Legion,
Grieche. 686—687

Synode über Honorius nur mit der Abänderung bestätigt hatte, daß Honorius durch grobe Nachlässigkeit sich schuldig gemacht habe. Der Verurteilung des Honorius wegen direkter häretischer Lehre oder Gesinnung ist römischerseits nie zugestimmt worden.

Was Honorius durch seine Fahrlässigkeit gegenüber dem Monotheletismus gefehlt hatte, haben seine Nachfolger durch ihr Vorgehen gegen diese Häresie gutgemacht. Schon des Honorius unmittelbarer Nachfolger, **Severinus** (639 bis 640), verweigerte die ihm angesonnene Unterschrift unter die Ekthesis. Die gleiche Haltung nahmen seine Nachfolger ein. **Johannes IV.** (640—642) ließ die Ekthesis auf einer römischen Synode mit dem Anathem belegen; auch wandte er sich in einem Schreiben an den Kaiser gegen die Verunglimpfung des Honorius durch den Patriarchen Pyrrhus, den Nachfolger des Sergius, der sich bei seiner Propaganda für den Monotheletismus auf Honorius berief; Honorius habe von e i n e m Willen Christi geredet, weil er die der gefallenen menschlichen Natur eigene Gegensätzlichkeit der Willensrichtungen habe ausschließen wollen. **Theodor I.** (642—649), ein Grieche von Geburt, verlangte sodann die förmliche Absetzung des inzwischen aus politischen Gründen entfernten Patriarchen Pyrrhus und die Beseitigung der noch öffentlich angeschlagenen Ekthesis. Auch über den Nachfolger des Pyrrhus, den Patriarchen Paulus, sprach der Papst wegen seiner monotheletischen Haltung das Anathem aus, während gleichzeitig Maximus Confessor mit großem Eifer in der Bekämpfung des Monotheletismus tätig war. Der Kaiser Konstans II. (642—668), ein

Papst Martin I. (649—655)
war rastlos bemüht, die auf Beseitigung der monotheletischen Irrlehre hinzielenden Beschlüsse einer L a t e r a n - S y n o d e in der ganzen Kirche durchzusetzen. Dadurch kam er in schroffen G e g e n s a t z z u m b y z a n t i n i s c h e n Kaiser Konstans, wurde von diesem gefangen genommen und starb in der Verbannung.

Seppelt-Löffler 5

Enkel des Heraklius, ließ nun zwar die Ekthesis fallen, weil der namentlich im Westen sich regende Widerstand gegen dieselbe der Reichseinheit gefährlich zu werden drohte; er   setzte aber an ihre Stelle ein neues Glaubensedikt, den von dem Patriarchen Paulus verfaßten Typus (648), durch den unter Androhung schwerer Strafen jegliche Disputation über einen oder zwei Willen und Willenstätigkeiten in Christus verboten wurde.

Sergius I. Sohn des Tiberius, Syrier, in Palermo geboren. 687—701

Johannes VI. gebürtiger Grieche. 701—705

Mit diesem Machtspruch konnte natürlich die Kontroverse nicht aus der Welt geschafft werden; es ging nicht an, die inzwischen immer klarer entwickelte dyotheletische Lehre mit dem monotheletischen Irrtum auf eine Stufe zu stellen. Der neue Papst **Martin I.** (649—653/55) hielt alsbald eine stark besuchte Lateransynode ab. Nach eingehenden Beratungen in fünf Sitzungen wurden Ekthesis und Typus, wie überhaupt die monotheletische Lehre und ihre Vertreter verurteilt, und im Symbol der Synode und in zwanzig Kanones wurde die Lehre von den zwei den beiden Naturen in Christus entsprechenden Willen und Energien eingehend entwickelt. Mit rastlosem Eifer war Martin I. bestrebt, die Annahme der lateranensischen Beschlüsse in der ganzen Kirche, auch in der des Ostens, durchzusetzen. Damit aber setzte er sich in schroffen Gegensatz zu der Kirchenpolitik des Kaisers Konstans. Noch während der Lateransynode hatte der Exarch Olympius sich des Papstes bemächtigen sollen, der als unrechtmäßig betrachtet wurde, da die Bestätigung seiner Wahl nicht eingeholt worden war, und in ganz Italien sollte die Annahme des Typus erzwungen werden. Olympius aber hat, angeblich durch ein Wunder abgeschreckt, seinen Auftrag nicht ausgeführt; er vertrug sich mit dem Papst, und Martin I. war wohl im Einverständnis mit Olympius, als dieser sich an der Spitze seiner Truppen für unabhängig vom Reich erklärte. So hat erst nach dessen Tode der neue Exarch Theodor Kalliopa den kaiserlichen Auftrag durchgeführt. Im Juni 653 wurde der kranke Papst, der vergeblich in seiner Bischofskirche Schutz gesucht hatte, gefangen genommen und nach der Insel Naxos, dann nach Konstantinopel gebracht. Hier wurde er aufs schändlichste mißhandelt; des Hochverrates

Papst Vitalian (657—672) weihte zum ersten Erzbischof von Canterbury (England) den gelehrten Mönch Theodor von Tarsus.

Johannes VII.
Sohn des Plato, Grieche
aus Rossana, Kalabrien.
705—707

Sisinnius
ein geborener Syrier.
708

Constantinus I.
Sohn des Syriers Johannes. 708—715

angeklagt, wurde er zum Tode verurteilt, schließlich aber nach Cherson verbannt, wo er nach einigen Monaten infolge der rohen Behandlung starb (16. Sept. 655). Martin, der für seine Überzeugung so mutvoll gelitten, wird als Martyrer verehrt (Fest 12. November).

Inzwischen war noch zu Lebzeiten Martins unter dem Druck des Kaisers **Eugen I.** zum Papst gewählt worden (654—657); Martin hat hiergegen keinen Protest erhoben. Eugen wies, gedrängt vom römischen Klerus und Volk, ein Schreiben des Patriarchen Petrus von Konstantinopel, das eine neue, aber wiederum nicht brauchbare Einigungsformel vorschlug, zurück, so daß die Kirchengemeinschaft zwischen Rom und Konstantinopel aufgehoben blieb. — Länger dauerte das Pontifikat **Vitalians** (657—672). Er war ein milder, nachgiebiger Mann, der von Anfang an in guten Beziehungen zu Konstantinopel stand, ohne jedoch seinen Pflichten zu nahe zu treten. Im Jahre 663 kam Konstans II. persönlich nach Rom, vom Papst ehrenvoll empfangen; doch hat dieser seit fast zweihundert Jahren erste Besuch eines Kaisers in der alten Roma, der die frühere Würde als Reichshauptstadt zurückgegeben werden sollte, die stetig fortschreitende Loslösung Italiens vom Reich nicht, wie beabsichtigt, aufhalten können; denn das zu leisten, was die Vorbedingung hierfür gewesen wäre: Sicherung Italiens gegen die Langobarden und Vertreibung derselben, konnte Kaiser Konstans noch weniger gelingen als seinen Vorgängern. Als Konstans II. im Jahre 668 ermordet wurde, unterstützte der Papst, obwohl der Ermordete durch die Verleihung der Autokephalie an die Kirche von Ravenna (666) einen schweren Schlag gegen Rom geführt hatte, den rechtmäßigen Thronerben Konstantin Pogonatus (668—685) gegen einen vom Heer erhobenen Prätendenten, der auch rasch beseitigt wurde. — Für die Entwicklung der kirchlichen Verhältnisse in England, in der gerade damals die Abkehr vom iro-schottischen Kirchenwesen erfolgte, wurde es von segensvoller Bedeutung, daß der Papst den gelehrten Mönch Theodor von Tarsus zum Erzbischof von

Adeodatus (672—676)

Papst Agatho (678—681)
berief zur Beilegung der monotheletischen Streitigkeiten im Jahre 680 ein ökumenisches Konzil nach Konstantinopel.

Canterbury weihte, der nun die Neuorganisation der angelsächsischen Kirche in Angriff nehmen konnte.

Auf Vitalian folgten **Adeodatus** (672—676) und **Donus** (676—678). Nachdem Konstantin Pogonatus in den ersten Jahren seiner Regierung durch Abwehr der Angriffe äußerer Feinde in Anspruch genommen worden war, ging er daran, den monotheletischen Wirren ein Ende zu machen; das Entgegenkommen gegen die dem Monophysitismus ergebenen südöstlichen Provinzen des Reiches, das ja den Anlaß zu den Schwierigkeiten gegeben hatte, war nun unnötig geworden, da diese Provinzen wieder in Feindeshand gefallen waren; andererseits hatte der Kaiser auch nicht die wertvollen Dienste vergessen, die ihm Vitalian geleistet. Um den Kirchenfrieden wieder herzustellen, richtete der Kaiser im August 678 ein Schreiben nach Rom, in welchem er den Papst aufforderte, zur Behebung des Zwiespaltes Vertreter der römischen Kirche nach Konstantinopel zu senden, damit ein Einigungsversuch unternommen werde; für jeden Fall wurde den Deputierten freies Geleit zugesichert.

Das kaiserliche Schreiben nahm statt des Adressaten, des inzwischen verstorbenen Papstes Donus, dessen Nachfolger **Agatho** (678—681) entgegen. Dieser wollte zuerst eine einmütige Stellung der gesamten abendländischen Kirche herbeiführen und ließ deshalb allenthalben Synoden halten; dann wurde vom Papst selbst in Rom eine zahlreich besuchte Synode versammelt, auf der die nach Konstantinopel zu entsendenden Legaten bestimmt wurden. Den Legaten wurde ein Lehrschreiben mitgegeben, das im Anschluß an das Laterankonzil von 649 die kirchliche Lehre von den zwei Willen entwickelte. Am 7. November 680 wurde in Konstantinopel das Konzil eröffnet, das nicht als allgemeines geplant war, das aber durch die Teilnahme von Vertretern der gesamten Christenheit ökumenischen Charakter erhielt (6. allgemeine Synode). Das Konzil verurteilte den Monotheletismus, seine Urheber und Verteidiger und legte in einem Glaubensbekenntnis die Lehre von den zwei natürlichen Willen und Wirkungsweisen in Christus dar.

Papst Agatho hat den Abschluß der Synode (18. Sitzung am 16. September 681) nicht mehr erlebt. So hat **Leo II.** (682—683) die Beschlüsse desselben bestätigt, doch mit der schon erwähnten Änderung bezüglich der Verschuldung des

Papst Leo II. (682—683) war hauptsächlich für die Anerkennung der Beschlüsse des Konzils von Konstantinopel in aller Welt tätig.

Honorius. Der Papst hat dann auch für die Anerkennung des Konzils im ganzen Abendland, so auch in Spanien, Sorge getragen. So war nun der kirchliche Friede wieder hergestellt. Der Ausgang dieser monotheletischen Streitigkeiten bedeutete eine **Steigerung des Ansehens des Papsttums**, das in den Wirren als der unbestrittene Führer des Abendlandes erschienen war, und das schließlich der von ihm vertretenen kirchlichen Lehre zum Sieg verholfen hatte und dadurch auch seine Autorität im Orient neu gefestigt sah. Das im Zusammenhang damit wenigstens vorübergehend sich besser gestaltende Verhältnis zwischen Papsttum und Kaisertum führte nunmehr auch dazu, daß der Kaiser das von Konstans im Jahre 666 erlassene Dekret, das die Kirche von Ravenna für autokephal erklärte, widerrief, so daß nunmehr der Papst wieder Einfluß auf die Besetzung des ravennatischen Stuhles gewann und den Erzbischöfen das Pallium verlieh.

Es war auch offenbar als ein Entgegenkommen Rom gegenüber gedacht, daß der Kaiser die Bestätigung der Papstwahl sich selbst vorbehielt; denn dadurch wurden mißbräuchliche, drückende Einmischungen des Exarchen ausgeschaltet. Aber diese Neuregelung bewährte sich nicht, da sie zu lange Sedisvakanzen herbeiführte. So dauerte es nach Leos II. Tode ein Jahr, bis **Benedikt II.** (684—685) bestätigt wurde und konsekriert werden konnte. Deshalb wurde die Neuregelung bald rückgängig gemacht und das Bestätigungsrecht dem Exarchen zurückgegeben. Nach dem kurzen Pontifikat des Syrers **Johannes V.** (685—686), der als Legat an dem sechsten allgemeinen Konzil teilgenommen hatte, kam es zwischen dem Klerus und dem Heer zu Zwistigkeiten über die Person des Nachfolgers. Schließlich ließen beide Parteien ihren Kandidaten fallen und einigten sich auf einen dritten, den greisen Priester **Konon** (686 bis 687), der schon nach elf Monaten starb. Nun kam es zu neuem Zwiespalt. Wiederum konnten die beiden gegnerischen Kandidaten nicht durchdringen, obwohl der eine durch große Versprechungen sich die Hilfe des Exarchen zu sichern versucht hatte.

Es wurde schließlich der Syrer **Sergius I.** (687—701) erwählt. Auch unter ihm schien das gute Einvernehmen mit dem Kaiser Bestand zu haben. Justinian II., der 685 seinem Vater nachgefolgt war, hatte in einem noch an Johannes V. gerichteten Schreiben sein Festhalten an den Beschlüssen des sechsten Konzils erklärt und eine Herabsetzung der von den Patrimonien der römischen Kirche zu zahlenden Steuer gewährt. Sehr bald aber wurde es anders. Die griechische Eigenliebe und Empfindlichkeit war doch dadurch gekränkt worden, daß auf dem letzten allgemeinen Konzil wiederum, wie auch früher, in Glaubenssachen der römische Standpunkt gesiegt hatte. Da dieses Konzil, wie schon das fünfte allgemeine Konzil, nur dogmatische Entscheidungen getroffen hatte, berief nun Justinian für das Jahr 692 eine Ergänzungssynode nach Konstantinopel, die gleich der sechsten allgemeinen Synode im Kuppelsaal des

Kaiserpalastes abgehalten wurde und daher vorzüglich als trullanische bezeichnet wird. Auf ihr wurden zur Ergänzung der beiden vorhergehenden ökumenischen Synoden — daher auch die Bezeichnung Quinisextum — 102 Kanones disziplinären Charakters erlassen, in denen mehrfach eine erbitterte Feindschaft gegen Rom und das Abendland durch schroffe Ablehnung abendländischer Bräuche zum Ausdruck kam; auch der Kanon des Chalcedonense über den Vorrang von Konstantinopel wurde erneuert. Offenbar sollte dem Obsiegen der Lehrautorität Roms ein Sieg der orientalischen Kirche in Disziplinarsachen entgegengestellt werden. Begreiflicherweise lehnte es Papst Sergius ab, die ihm angesonnene Unterschrift unter die Akten des Quinisextum zu leisten. Der Kaiser gedachte daraufhin, in der gleichen Weise mit ihm zu verfahren, wie es einst mit Martin I. geschehen war. Da zeigte sich aber deutlich, welcher **Wandel in den Machtverhältnissen** inzwischen eingetreten war. Als bekannt geworden war, daß der Protospathar Zacharias den Papst festnehmen wollte, da eilten die Milizen von Ravenna und der Pentapolis herbei und schützten im Verein mit dem römischen Volke den Papst; der kaiserliche Gesandte flüchtete vor der Volkswut unter das Bett des Papstes und mußte von diesem geschützt werden. Schimpflich mußte er Rom verlassen. Justinian war außerstande, die dem kaiserlichen Ansehen zugefügte Schmach zu rächen. Im Jahre 695 wurde er gestürzt und verbannt, und auch in den folgenden Jahrzehnten machten die Thronstreitigkeiten in Byzanz ein Eingreifen in die italienischen Verhältnisse unmöglich. — Es verdient noch Erwähnung, daß Sergius im Jahre 695 dem Friesenapostel Willibrord die Bischofsweihe erteilte.

Auf Sergius I. folgten **Johannes VI.** (701—705) und **Johannes VII.** (705—707). Als ersterer von dem in Rom erschienenen kaiserlichen Exarchen Theophylakt bedroht wurde, schützten wiederum die Milizen den Papst, der seinerseits nun den Exarchen der Volkswut entzog. Als im Jahre 705 Justinian II. wieder zur Herrschaft gekommen war, versuchte er Johann VII. zur Anerkennung der Synode von 692 zu bewegen, aber dieser sandte die Kanones unverändert zurück. Nach dem nur 20 Tage währenden Pontifikat des Syrers **Sisinnius** wurde wiederum ein Syrer zum Papst erwählt: **Konstantin I.** (708—715).

Papst Sergius I. (687—701)
wußte mit Unterstützung des römischen Volkes die Anmaßungen des Kaisers Justinian II. abzuwehren; er sicherte so auf Jahrzehnte hinaus die Freiheit der Päpste gegen Übergriffe der oströmischen Kaiser.

Es war eine Episode, bedeutungslos für den folgerichtigen Gang der Ereignisse, daß seine Beziehungen zum Kaiser sehr freundlich waren. Als der Papst auf Einladung des Kaisers nach dem Osten reiste — es war der letzte Papst, der es tat —, wurde er allenthalben auf der Reise und in Nikomedien von Justinian selbst mit wahrhaft kaiserlichen Ehren empfangen. Der Kaiser bestätigte alle Privilegien der römischen Kirche, und es ist anscheinend eine Verständigung über das Trullanum dahin erfolgt, daß der Papst die mit den abendländischen Gewohnheiten in Einklang stehenden Kanones annahm.

Johannes VII. (705—707) *(Grotte Vaticane)*

Doch kaum war Konstantin nach Rom zurückgekehrt, da wurde Justinian abermals gestürzt und ermordet; unter dem Usurpator Philippikus Bardanes (711—713) kam es sogar zu einer — allerdings nur kurzen — Erneuerung des Monotheletismus und infolgedessen zum Abbruch der kirchlichen Beziehungen mit Rom, da der Papst die Zustimmung zu den Forderungen des Usurpators verweigerte. Aber gleichzeitig wurde auch der politische Bruch vollzogen: der Kaiser wurde nicht anerkannt; es wurden keine Urkunden mehr nach seinen Regierungsjahren datiert, keine Münzen mit seinem Bildnis geprägt und sein Bild nicht, wie es Sitte war, in der Kirche aufgestellt.

DER BUND MIT DEN FRANKEN

Papst Konstantin war gleich seinen sechs Vorgängern aus dem Orient gebürtig gewesen. Nun folgte ein geborener Römer nach, der längst im Dienst der römischen Kirche sich verdient gemacht hatte, **Gregor II.** (715—731). Nicht nur der Name desselben rief das Andenken Gregors I. wach; der neue Papst erwies sich auch seiner Persönlichkeit nach und durch sein zielbewußtes, vielseitiges Wirken als ein würdiger Erbe seines großen Vorgängers.

Die freundschaftlichen Beziehungen des Papsttums zum oströmischen Kaiser, die in der Triumphfahrt Konstantins nach dem Osten ihren sinnfälligsten Ausdruck gefunden hatten, waren von kurzer Dauer gewesen. Nach Justinians II. endgültigem Sturz war zunächst, wie erwähnt, eine kurze monotheletische Reaktion gefolgt; es lösten sich dann rasch nacheinander mehrere Kaiser ab, zumeist vom Heere erhoben und wieder gestürzt, während indes das erneute Vordringen der Araber und Bulgaren dem Reich das Ende zu bereiten drohte. Da erstand dem Reich, dessen Hauptstadt sich kaum noch gegen den feindlichen Andrang halten konnte, ein Retter in dem tüchtigen Feldherrn und Begründer der isaurischen Dynastie Leo III. (717—741). Nach dem Siege über die Sarazenen ging dieser nun an eine gründliche innere Reform und Reorganisation des Reiches. Die von ihm zu diesem Zweck ergriffenen Maßnahmen bewirkten aber, daß nun der **Riß zwischen Rom und Byzanz** tiefer wurde als je zuvor. Zu ernster Entfremdung führte schon der Versuch des Kaisers, zur Ordnung der zerrütteten Finanzen auch aus Italien, vor allem auch von dem reichen kirchlichen Grundbesitz, für den in den Zeiten des Einvernehmens mit Konstantinopel Steuerermäßigungen gewährt worden waren, höhere Steuern zu erheben. In Italien waren aber in den voraufgehenden Jahrzehnten der inneren Wirren

Papst Gregor II. (715—731)
Für die Kirche in Deutschland wurde das Pontifikat Gregors II. durch dessen enge Beziehungen zum heiligen Bonifatius, dem Apostel der Deutschen, von besonderer Bedeutung; er weihte Bonifatius zum Bischof und übertrug ihm alle Missionsarbeit in den germanischen Ländern.

und äußeren Bedrängnisse des byzantinischen Reiches die Selbständigkeitsgelüste der sich selbst überlassenen Italiener weiter erstarkt; man war nicht geneigt, Steuern einem Reich zu entrichten, von dessen Leistungen und Fürsorge man nichts verspürte. Hierbei aber erscheint der Papst, der ja unstreitig die erste wirtschaftliche Macht in Italien darstellte, als der Führer der italischen Bevölkerung; gegen ihn richtet sich daher vorzüglich der Haß des byzantinischen Machthabers. Wiederholt wurden von dieser Seite Versuche unternommen, den Papst zu beseitigen; sie mißlangen, weil die Bevölkerung denselben schützte und sogar die Langobarden eine Strafexpedition gegen Rom verhinderten.

Noch mehr aber als durch diese fiskalischen Maßnahmen wurde **die Selbständigkeitsbewegung Italiens** unter Führung des römischen Bischofs gefördert durch die von Leo III. eingeschlagene Religionspolitik. — Einflüsse verschiedener Art —

Bildnis des Kaisers Leo von Byzanz auf einem Solidus

die ablehnende Haltung des Alten Testamentes gegen Bilder, die Abneigung verschiedener Sekten gegen die Bilderverehrung, Einflüsse des bilderfeindlichen Islam, der seit dem Edikt des Kalifen Jezid II. vom Jahre 723 keine Bilder in den christlichen Kirchen der ihm unterworfenen Gebiete duldete, Auswüchse und Mißbräuche bei der in der griechischen Kirche besonders beliebten und vom Mönchtum geförderten Bilderverehrung — hatten bewirkt, daß in der griechischen Kirche eine einflußreiche bilderfeindliche Partei entstand; sie hatte ihre Hauptstütze in dem Bischof Konstantin von Nakoleia in Phrygien. Diese Partei gewann nun auf Leo III. Einfluß; im Jahre 726 erließ er sein erstes **Edikt gegen die Bilderverehrung**. Bei dem rauhen Soldatenkaiser waren politische Beweggründe für sein Vorgehen ausschlaggebend: für die äußere Politik mochte er von seinem bilderfeindlichen Vorgehen eine Besserung der Beziehungen zum islamischen Nachbarreich erwarten; in der inneren Politik handelte es sich um die Aufrichtung einer absoluten Militärmonarchie und um die unbedingte Herrschaft in der Kirche, deren Freiheit und Unabhängigkeit in dem Mönchtum die vornehmsten Verteidiger zählte, die zugleich die Hauptstützen und Hauptförderer der Bilderverehrung waren. Kein Wunder, daß die bilderfeindlichen Verordnungen Leos III. eine scharfe Opposition wachriefen, die sogar zur Aufstellung eines allerdings rasch wieder beseitigten Gegenkaisers schritt.

Noch ernstere Wirkungen hatte das Vorgehen des Kaisers im Abendland.

Die Aufforderung des Kaisers, sein Edikt gegen die Bilderverehrung anzunehmen, beantwortete Papst Gregor II. auf einer römischen Synode mit der Zurückweisung desselben; in einem Schreiben an Leo III. wandte er sich mit Schärfe gegen dessen Übergreifen auf das dogmatische Gebiet, da **Einmengung in kirchliche Dinge nicht Sache der weltlichen Gewalt sei**. Der Papst forderte auch die Christenheit des Abendlandes auf, wachsam zu sein, da die Gottlosigkeit ihr Haupt erhebe. Der Versuch Leos III., durch Drohungen seinem Bilderedikt Achtung zu verschaffen, entfachte in Italien hellen Aufruhr. Wiederum eilten die Milizen der Pentapolis und von Venetien zum Schutze des Papstes herbei, die kaiserlichen Befehlshaber wurden verjagt, man dachte an die Erhebung eines anderen Kaisers. Diesen äußersten Schritt aber hat der Papst verhindert. Es ist ein Beweis des Scharfblickes und der richtigen Einsicht des Papstes, daß er es zu diesem völligen Bruch nicht

Gregorius II.
aus der Familie Sarelli,
Sohn des Marcellus, Römer. 715—731

III
741

Zacharias
Sohn des Polichromius,
Grieche aus S. Severina
in Kalabrien. 741—752

Stephanus II.
ein Römer. 752—757

kommen ließ; er erkannte, daß das dem Reich verbliebene Italien viel zu schwach war, um sich aus eigener Kraft inmitten von rings drohenden Gefahren zu behaupten, und um dem Papsttum wirksamen Schutz zu gewähren. Ein Kaiser in Rom mit einer auf das bisherige Reichsitalien beschränkten Herrschaft konnte dem Papst, dem durch den Gang der Entwicklung die Führerrolle in Italien zugefallen war, keinesfalls erwünscht sein. Und auch mit Rücksicht auf die Langobarden mußte dem Papst eine vorsichtige Politik als geraten erscheinen. Anfänglich hatte der Papst gut mit ihnen gestanden; er erreichte, daß sie ihm das früher eingezogene Patrimonium der kottischen Alpen zurückerstatteten. Die Langobarden von Spoleto und Benevent waren dem Papst zu Hilfe geeilt, als der Exarch von Ravenna die Absetzung des Papstes versuchen wollte. Auch bei der Erhebung gegen Leo III. im Bilderstreit stellte sich der Langobardenkönig anfänglich auf die Seite der Aufständischen und drang siegreich gegen die Mitte der Halbinsel vor. Als er auch das wichtige Kastell Sutri eingenommen hatte, erreichte es der Papst durch ernste Vorstellungen schließlich, daß der König das Kastell den Apostelfürsten „zurückerstattete". Aber sehr bald erwies sich König Liutprand als unzuverlässiger Bundesgenosse, indem er sich mit dem Exarchen verbündete und mit Heeresmacht vor Rom erschien; der Papst wußte schließlich den König zum Frieden zu bewegen, aber der Exarch konnte wieder die Herrschaft des oströmischen Reiches im römischen Dukat herstellen. Das zeigt deutlich, wie unklug es vom Papste gewesen wäre, wenn er sich rückhaltlos auf die Seite der Langobarden gestellt hätte. Das Ziel, das der tatkräftige Liutprand unverwandt im Auge behielt, blieb ja die Eroberung Italiens; das bedeutete aber für den Papst nach Gregors des Großen Wort die Gefahr, ein langobardischer Bischof zu werden, und das war eine viel schlimmere Gefahr, als sie der Kaiser im fernen Konstantinopel bedeutete.

Erhellt aus dem bisher Gesagten schon zur Genüge die Bedeutung des Pontifikates Gregors II., so ist von nicht minderer Wichtigkeit **seine Verbindung mit der germanischen Welt.** Es verdient Erwähnung, daß König Ine von Wessex unter seinem Pontifikat in ein römisches Kloster eintrat; nach späteren Nachrichten hätte er auch die schola Saxonum in Rom begründet und zu deren Unterhalt in seinem Reich den Peterspfennig eingeführt. — Auch daß Herzog Theodo von Bayern nach Rom wallfahrtete (716), war nicht unwichtig, wenn auch damals die geplante kirchliche Organisation des Landes infolge widriger Umstände noch nicht zur Durchführung kam. — Epochemachend aber wurden des Papstes Beziehungen zum **Apostel der Deutschen, dem hl. Bonifatius.** Im Spätherbst 718 war der angelsächsische Benediktiner Wynfreth in Rom angekommen. Sein Ziel war das Grab des hl. Petrus. Er hatte aber auch die Absicht, nachdem seine erste Missionsreise nach Friesland (716) infolge

Taufe der Heiden durch den hl. Bonifatius und Martyrertod desselben.
Cod. 2⁰ der Universitätsbibliothek Göttingen (Fulda)

der Ungunst der politischen Verhältnisse ohne Erfolg geblieben war, sich dem Nachfolger Gregors des Großen, dem seine angelsächsische Heimat das Evangelium verdankte, zur Verfügung zu stellen, damit dieser ihm ein Missionsfeld zur Arbeit anweise. Den ganzen Winter brachte Wynfreth in Rom zu, häufige Unterredungen mit dem Papst schufen ein enges Vertrauensverhältnis beider. Durch ein Schreiben vom 15. Mai 719, in dem zum erstenmal Wynfreth der Name Bonifatius gegeben wird, der Name des Martyrers, dessen Fest die römische Kirche tags zuvor gefeiert hatte, wurde Bonifatius vom Papst zur Missionsarbeit unter den Heiden ausgesandt; der ihm mündlich erteilte Auftrag wies ihn zu den Thüringern. Mit Recht hat man gesagt, daß erst wir imstande sind, die volle Bedeutung der Aussendung dieses Glaubensboten durch den Papst ermessen zu können, da wir all die Folgen derselben überschauen: „Der Bund des Papsttums und der römischen Kirche mit der neu erstehenden, aus den romanisch-germanischen Völkern sich bildenden abendländischen Kulturwelt nahm feste Gestalt an" (Schnürer). Im Herbst 722 kam Bonifatius, vom Papste berufen, wiederum nach Rom. Nunmehr erteilte ihm dieser die Bischofsweihe, und hierbei leistete Bonifatius dem Papste den Treueid in der Form, wie es die Bischöfe der römischen Kirchenprovinz taten, nur daß die Verpflichtung zur Treue gegenüber dem Kaiser wegfiel. Mit neuen Missionsaufträgen und wertvollen Empfehlungsschreiben ging dann Bonifatius wiederum an seine apostolische Arbeit. Besonders beachtenswert ist, daß eines der Empfehlungsschreiben an Karl Martell gerichtet war; denn ohne die Einwilligung und den Schutz dieses tatsächlichen Beherrschers des Frankenreiches wäre eine weitere Wirksamkeit des Bonifatius nicht möglich gewesen; das Schreiben war zugleich der erste Schritt päpstlicherseits, die infolge der landeskirchlichen Abkapselung fast völlig unterbrochenen Beziehungen zur fränkischen Kirche wieder aufzunehmen. Es war für Bonifatius auch weiter Herzenssache, dem Papst von seinen Arbeiten zu berichten und dessen Rat in Zweifelsfällen einzuholen.

Noch an der Bahre Gregors II. wurde ein Syrer, **Gregor III.** (731 bis 741), zu seinem Nachfolger gewählt. Vergebens waren alle Bemühungen

Papst Gregor III. (731—741) suchte gegen die *Bedrängnisse durch den oströmischen Kaiser* und den *Langobardenkönig Liutprand* Hilfe beim Herrscher des Frankenreiches, *Karl Martell.*

des Papstes, der auf einer römischen Synode (731) über alle Bilderfeinde das Anathem aussprechen ließ, den oströmischen Kaiser zum Aufgeben seiner bilderstürmerischen Haltung zu bewegen. Die Abgesandten des Papstes wurden von ihm feindselig behandelt; schon in Sizilien ließ er sie gefangen setzen. Ein Flottenunternehmen, das Leo III. gegen Italien als Antwort auf das Anathem der römischen Synode plante, scheiterte. Da führte der Kaiser gegen die wirtschaftlichen Interessen und das geistliche Ansehen der römischen Kirche einen schweren Schlag, indem er deren ertragreichen Grundbesitz in Unteritalien und Sizilien konfiszierte und zugleich sämtliche Diözesen dieser Gegenden, sowie die weitausgedehnten Sprengel im Osten der Adria (Illyricum), die seit alters zum römischen Patriarchatssprengel gehörten, von Rom lostrennte und der Jurisdiktion des Patriarchen von Konstantinopel unterstellte; dessen Amtsbereich dehnte sich nun über das ganze byzantinische Reichsgebiet aus, da gleichzeitig auch Isaurien aus dem Patriarchatsverband von Antiochien gelöst wurde. Der Patriarch von Konstantinopel war damit nun in Wirklichkeit ein ökumenischer Patriarch, der Reichspatriarch. Daß durch diese Maßnahmen die Lage des Papstes mißlich wurde, liegt auf der Hand. Sie wurde noch schwieriger durch die Gestaltung seines Verhältnisses zu den Langobarden.

Da Liutprands Streben nach wie vor auf Eroberung und Beherrschung der ganzen Halbinsel zielte, hatte der Papst nach dem Verlust Ravennas an die Langobarden (732/33) dem Exarchen zur Wiedereroberung dieser wichtigen Festung Hilfe geleistet; dann hatte er sich mit den langobardischen Herzögen von Benevent und Spoleto verbündet, deren Streben es gleichfalls war, ihre fast völlige Unabhängigkeit Liutprand gegenüber zu wahren; um sich gegen denselben zu sichern, ließ der Papst auch die Mauern Roms ausbessern und Civita-Vechia befestigen; dem gleichen Zweck diente auch der Erwerb des tuszischen Kastells Gallese. Die Bundesgenossen des Papstes waren aber zu schwach, um erfolgreich Liutprands Macht widerstehen zu können. Die Folge war, daß dieser vier Kastelle im römischen Dukat besetzte, die Campagna verwüstete und bis vor die Tore Roms vordrang. In dieser höchsten Not wandte der Papst seinen Blick nach dem Frankenreich, von wo allein Hilfe zu erhalten möglich schien. Er ordnete

Siegel Pippins

Siegel Karlmanns

Siegel Karls des Großen

eine **Gesandtschaft an den mächtigen Karl Martell** ab, die unter Überbringung reicher Geschenke ihn dringendst mahnte, dem hl. Petrus zu Hilfe zu eilen. Karl nahm wohl die Gesandtschaft ehrenvoll auf und sandte seinerseits alsbald eine Gegengesandtschaft mit kostbaren Geschenken nach Rom ab. Aber das Bittgesuch des Papstes blieb unerfüllt; auch weitere dringliche Hilferufe des Papstes waren vergebens. Politische und persönliche Gründe ließen den kühlen Realpolitiker von einem Eingreifen in die italienischen Verhältnisse absehen. Es bleibt aber das Verdienst Gregors III., und sichert seinem Pontifikat die besondere Bedeutung, daß er als erster den Gedanken einer Verbindung des Papsttums mit den Franken gefaßt hat, die dann den Gang der abendländischen Geschichte auf Jahrhunderte bestimmt hat. Und nicht minder beachtenswert und wichtig für die Zukunft ist es, wie Gregor III. die unbestrittene Führung wie der inneren, so auch der äußeren Politik Roms in seiner Hand hält.

Hatte der politische Annäherungsversuch des Papstes an die Franken keinen unmittelbaren Erfolg, so knüpften sich doch unter ihm die kirchlichen Beziehungen zum Frankenreich, die schon unter seinem Vorgänger durch die Persönlichkeit des hl. Bonifatius gefördert worden waren, noch enger. Die Annahme hat viel für sich, daß Karl Martell zum Entgelt dafür, daß er die politischen Wünsche des Papstes nicht erfüllte, seinen Absichten auf kirchlichem Gebiet sich willfährig erwies, indem er die vom Papst dem hl. Bonifatius übertragene Organisationsarbeit der Kirche in Hessen und Thüringen unterstützte und die Errichtung von Bistümern förderte. Der Papst selbst schenkte Bonifatius das gleiche Vertrauen wie sein Vorgänger; er hat ihm das Pallium übersandt und damit die erzbischöfliche Würde verliehen.

In der Zeit schlimmster Bedrängung durch die Langobarden starb Gregor III. Sein Nachfolger **Zacharias** (741—752), ein kluger, feingebildeter, aus Unteritalien stammender Grieche, gab daher der päpstlichen Politik gegenüber den Langobarden entschlossen eine andere Richtung. Er ließ den bisherigen Bundesgenossen, den Herzog von Spoleto, fallen und erreichte dafür die Rückgabe der vier Kastelle und einer Reihe von Patrimonien im neueroberten langobardischen Gebiet. Bei einer persönlichen Zusammenkunft mit Liutprand zu Terni schloß schließlich der Papst als Vertreter des römischen Dukates für diesen einen Waffenstillstand auf zwanzig Jahre. Es ist bezeichnend für den Charakter dieser Übergangszeit, die bei den immer deutlicher in die Zukunft weisenden Tendenzen und trotz der folgerichtig fortschreitenden Entwicklung doch nicht den Bruch mit der Vergangenheit vollziehen will, daß der Papst bald darnach durch sein persönliches Eingreifen Liutprand von der Eroberung des Exarchats von Ravenna zurückhielt, während er gleichzeitig durch Wahrnehmung so fundamentaler Hoheitsrechte wie durch den Abschluß eines Friedens als der eigentliche Inhaber der Staatsgewalt, als völkerrechtlicher Vertreter der Bevölkerung gegenüber den Langobarden, erscheint. Auch mit Ratchis, der nach Liutprands Tode (744) und der kurzen Regierung des Hildeprand zum Langobardenkönig gewählt worden war, wußte Zacharias die guten Beziehungen aufrecht zu erhalten; vom neuen König wurde der Friede mit Rom auf zwanzig Jahre erneuert.

Papst Zacharias (741—752) verstand es, durch eine kluge Politik gute Beziehungen zu den Langobardenherrschern herzustellen und überdies die Beziehungen der fränkischen Kirche zu Rom immer enger zu gestalten.

Den Zeitgenossen ist die erfolgreiche Politik des Papstes gegenüber den Langobarden besonders beachtenswert erschienen. Viel wichtiger aber war, daß zu seiner Zeit **die kirchliche Verbindung der fränkischen Kirche mit Rom** immer enger gestaltet wurde; das geschah durch den hl. Bonifatius. Nach dem Tode Karl Martells, der wie ein Herrscher über das Frankenreich verfügt und die Regierungsgewalt unter seine Söhne Karlmann und Pippin geteilt hatte, konnte der Apostel Deutschlands stets im engsten Einvernehmen mit dem Papst und nach den Weisungen desselben in der fränkischen Kirche eine umfassende reformatorische und reorganisatorische Tätigkeit entfalten. Den Höhepunkt seines dringend nötigen reformatorischen Wirkens, das mit dem ersten Concilium Germanicum (742) begann, bildete die große gesamtfränkische Synode des Jahres 747, auf der alle Bischöfe die Erklärung unterzeichneten, daß sie dem hl. Petrus und seinem Stellvertreter stets untertan und gehorsam sein wollten. — Das enge kirchliche Band zwischen Rom und dem Frankenreich ermöglichte und erleichterte nun auch die so folgenschwere Anknüpfung enger politischer Beziehungen, den welthistorisch bedeutenden Bund beider. — Nachdem Karlmann unerwartet im Jahre 747 auf die Herrschaft verzichtet und sich in die Stille des Klosterlebens zurückgezogen hatte, gebot Pippin über das ganze Frankenreich. Es ist wohl verständlich, daß er zur tatsächlichen Macht auch das königliche Recht und die königliche Würde begehrte; denn es war ein unnatürlicher und nicht ungefährlicher Zustand, daß ein unfähiger, jeglicher Macht barer Sproß des Merovingerhauses mit der Königskrone geschmückt war. Die Großen des Reiches und die freien Franken waren wohl zur Anerkennung des neuen Königtums bereit; aber da der Thron doch nicht erledigt war, blieb immerhin Raum für Zweifel und Bedenken. Wer anders konnte da Rat schaffen als der

Träger der höchsten sittlichen Autorität, der römische Bischof! So ging denn im Jahre 751 eine Gesandtschaft Pippins nach Rom; sie legte dem Papst die Frage vor, ob es gut sei oder nicht, daß der König heiße, der nur den Titel besitzt, oder ob der König sein solle, der alle Macht besitzt. Der Papst entschied für Pippin, der nun zu Soissons nach alter fränkischer Sitte auf den Schild erhoben und von Bonifatius zum König gesalbt wurde. Childebert, der letzte Merovinger, wurde in ein Kloster gesteckt.

Bei dem Thronwechsel hatte Pippin des Papstes bedurft; bald mußte der letztere den neuen Frankenkönig um Leistung des Gegendienstes angehen.

Im Jahre 749 hatte Ratchis der Herrschaft entsagt und das Mönchsgewand genommen. Die Langobarden erhoben seinen Bruder Aistulph zu ihrem König, der sofort mit leidenschaftlichem Ungestüm die Eroberungspolitik Liutprands wieder aufnahm und nach der Herrschaft über ganz Italien strebte. Im Jahre 751 fiel Ravenna samt seinem Gebiet in die Hände des Eroberers. Nicht lange danach bedrohte Aistulph mit seinem Heere Rom. Wieder war Rom und der Papst in höchster Bedrängnis.

Während die Lage Roms und des Papstes sich aufs äußerste zuspitzte, trat ein Pontifikatswechsel ein. Nach des Zacharias Tode wählte man zuerst einen Presbyter Stephan, der aber schon nach drei Tagen starb und daher zumeist gar nicht in der Papstreihe mitgezählt wird; nun erhob man wiederum einen römischen Diakon des gleichen Namens, **Stephan II.** (752—757).

Wenige Monate nach seinem Amtsantritt erschien Aistulphs Heer vor Rom. Die Versuche des Papstes, durch flehentliche Bittgesuche den Kaiser zur Hilfeleistung zu bewegen, blieben ebenso erfolglos wie die Bemühungen, durch Verhandlungen und reiche Geschenke den Langobarden zum Frieden zu bewegen. In Rom herrschte tiefe Verzweiflung; der Papst selbst führte bloßen Fußes eine Bittprozession und trug in ihr das hochverehrte Christusbild des Laterans. In dieser äußersten Notlage griff nun Stephan auf den Gedanken Gregors III. zurück, der damals infolge der Zurückhaltung Karl Martells und seiner Abneigung gegen einen Bruch mit den seinem Volk von alters her befreundeten Langobarden ohne praktische Folgen geblieben war. Heimlich ließ er durch einen Pilger den Frankenkönig auffordern, daß dieser ihn durch eine Gesandtschaft ins Frankenreich geleiten lasse.

Der Entschluß Pippins, dem Gesuch des Papstes zu willfahren, ist von folgenschwerster Bedeutung geworden; er begründete den engen Bund zwischen dem Papsttum und dem fränkischen Reich. Begleitet von den fränkischen Gesandten, deren Schutz allein das ungehinderte Passieren des langobardischen Gebietes verbürgte, brach Stephan im Oktober 753 von Rom auf. In Pavia begehrten der Papst und der ihn begleitende kaiserliche Gesandte von Aistulph die Herausgabe des im Jahre 751 eroberten Exarchates; das war vergebens, aber Aistulph wagte doch nicht die Weiterreise des Papstes ins Frankenreich zu hemmen, so unerwünscht sie ihm auch war. Die **Zusammenkunft des Papstes mit Pippin** fand Anfang Januar 754 vor der Pfalz zu Ponthion statt. Die Lebensbeschreibung Stephans im Papstbuch schildert eingehend den ehrenvollen Empfang des Papstes, wie Pippin sich vor ihm zu Boden warf und ihm den Stallmeisterdienst (officium stratoris) leistete.

Die fränkischen Quellen stellen andere Einzelheiten in den Vordergrund; sie berichten, wie am Tage nach der Ankunft der Papst sich vor Pippin niederwarf und ihn anflehte, er möge ihn und das römische Volk aus der Hand der Langobar-

Papst Stephan II. (752—757)
Im Januar 754 schlossen zu Ponthion König Pippin und der Papst einen Vertrag, in dem der Papst sich dem Schutze des Frankenkönigs unterstellte. Von diesem ersten fränkisch-römischen Vertrag her datiert die Entwicklung eines souveränen Kirchenstaates.

den und aus der Knechtschaft des übermütigen Königs Aistulph befreien. Beide Berichte können sehr wohl nebeneinander bestehen. Die von ihnen betonten verschiedenen Einzelheiten sind „ein treffliches Symbol für die Eigenart der beiden Kontrahenten und ihrer Beziehungen zueinander".

Welches Ergebnis hatte nun diese folgenschwere Zusammenkunft? Pippin willfahrte dem Hilfegesuch des Papstes, indem er sich zur Verteidigung der römischen Kirche und der Gerechtsame des hl. Petrus durch einen Eid verpflichtete. Diese Schutzverpflichtung erhielt natürlich dadurch ihren besonderen Charakter, daß hinter dem Papst als der eigentliche Vertragsgegner der hl. Petrus stand; das verlieh dem Vertragsverhältnis eine ganz besondere religiöse Weihe. Dem Schutzversprechen von Ponthion, das nur den König persönlich verpflichtete, folgten weitere Verhandlungen; auf zwei Reichstagen zu Bernacum bei Soissons und Carisiacum (Quierzy) wurden die anfangs widerstrebenden fränkischen Großen für die neue Politik Pippins gewonnen, deren Folgen zunächst gar nicht zu übersehen waren. Nach der Billigung durch die Reichsversammlung konnte das Ergebnis der Verhandlungen in einer feierlichen Urkunde niedergelegt werden. Diese Urkunde von Quierzy, **das berühmte „pippinische Schenkungsversprechen"** ist uns leider nicht erhalten; ihr Inhalt kann nur aus sonstigen unklaren und in ihrer Zuverlässigkeit angefochtenen Quellenzeugnissen erschlossen werden, und darum ist derselbe eines der umstrittensten Probleme der geschichtlichen Forschung. Als ziemlich sicher läßt sich feststellen, daß die Urkunde von Quierzy das Schutzversprechen von Ponthion wiederholte, doch mit der genaueren Festlegung, daß die zu Ponthion beschworene „Verteidigung der römischen Kirche" sich nicht nur auf die römische Kirche und ihren Besitz beziehen sollte, sondern daß dieser Schutz gegen die Langobarden sich auf bestimmte Gebiete Italiens, die man zusammenfassend als „päpstliches Interessengebiet" charakterisieren kann, erstrecken sollte. Innerhalb dieses Gebietes waren die päpstlichen Interessen verschieden abgestuft; es handelte sich für die Kurie zum Teil, so bei dem ehemaligen ravennatischen Exarchat um Landesherrschaft, wie sie sich im römischen Dukat schon tatsächlich herausgebildet hatte; zum Teil aber waren ihre Interessen mehr privatrechtlicher Natur,

*Kupfermünzen der Päpste Gregor III. und Zacharias (731—752)
Diese Münzen gelten als Zeugnisse der beginnenden souveränen Herrschaft der Päpste.
(Nach Mazzoni, Secolo VIII.)*

sie betrafen den Schutz des durch die langobardische Eroberung verlorenen oder doch gefährdeten ausgedehnten Patrimonialbesitzes. Was Papst Stephan und seine Ratgeber anstrebten, waren aber offenbar auch für diese Gebiete weitergehende Rechte; freilich hatte die Durchsetzung dieser Rechte und die Verwirklichung des Schenkungsversprechens dann die Voraussetzung, daß diese in der Hand der Langobarden befindlichen Gebiete erst erobert werden mußten. — Durch diese Abmachungen sollte aber der oströmische Kaiser nicht etwa als Souverän formell beseitigt werden, der Papst erscheint vielmehr als Verweser desselben; ein Bruch mit Konstantinopel war nicht beabsichtigt. Es wurde aber tatsächlich doch ein Schritt aus dem Reichsverband heraus dadurch getan, daß der Papst mit einer auswärtigen Macht eine ständige Verbindung einging und daß der Frankenkönig neben den kaiserlichen Oberherrn als Schutzherr trat. Dieses Schutzverhältnis fand seinen Ausdruck in dem Titel „patricius Romanorum", mit dem der Papst nunmehr den Frankenkönig und seine Söhne anredete; es ist der Titel, den bis 751 der Exarch von Ravenna geführt hatte, in dessen Stellung durch Übertragung des Titels der Frankenkönig eingerückt schien. — Man sieht, wie die Verhältnisse noch in voller Entwicklung sind und Neues und Altes unvermittelt und unvereinbar nebeneinander steht.

Bei seinem Aufenthalt in Frankreich nahm der Papst am 28. Juli 754 nochmals die feierliche Salbung Pippins, seiner Gemahlin und seiner Söhne zu St. Denis vor. Die Wiederholung der Salbung durch den Nachfolger des hl. Petrus selbst sollte die Legitimität Pippins und seines Hauses festigen und alle Herrschaftsansprüche Karlmanns und seiner Nachkommen beseitigen.

Da Aistulph auf wiederholte Mahnungen Pippins, seine Eroberungen herauszugeben, sich ablehnend verhielt, mußte die Entscheidung durch die Waffen gesucht werden. In kurzem glücklichem Feldzug wurde Aistulphs Heer geschlagen; als dann das fränkische Heer zur Belagerung der Hauptstadt Pavia schritt, war der Langobardenkönig zum Frieden bereit (754). Doch kaum war das fränkische Heer über die Alpen zurückgekehrt, so dachte Aistulph nicht mehr an die Ausführung der Bedingungen des von ihm beschworenen Friedensvertrages; ja, bald drang er verwüstend in den römischen Dukat ein und bedrohte von neuem Rom. Die flehentlichen Bittgesuche des Papstes und sein Hinweis auf die Verpflichtungen gegenüber dem hl. Petrus veranlaßten schließlich eine zweite Heerfahrt Pippins gegen die Langobarden, die wiederum zu deren rascher Niederlage führte. Die Bedingungen des zweiten Friedens von Pavia (756) waren verschärft. Aistulph mußte sich zu einem jährlichen Tribut an den Frankenkönig verpflichten, dessen Vasall er also wurde. Die nach dem ersten Paveser Frieden verweigerte Herausgabe der Städte des Exarchats und der Pentapolis mußte nun von ihm vollzogen werden. Pippin schenkte nun diese Gebiete durch eine Urkunde dem hl. Petrus und seinem Stellvertreter zu ewigem Besitz und ließ die Schlüssel derselben am Petersgrabe niederlegen. Die Forderung des byzantinischen Kaisers, daß   *Merowingische Münze aus dem 8. Jahrhundert.* die Restitution des ravennatischen Gebietes an ihn erfolgen müsse, wies Pippin zurück; nichts könne ihn dazu bewegen, dem hl. Petrus wegzunehmen, was er ihm einmal dargebracht habe. So ist mit dem Jahre 756 die **Vorgeschichte und Entwicklung des Kirchenstaates** zu einem gewissen Abschluß gekommen; man kann seit der Schenkungsurkunde Pippins von 756 von einem Kirchenstaat reden, wenn freilich der Papst noch nicht völlig unumschränkter Souverän desselben war und sein wollte, da an der Oberhoheit des Kaisers noch festgehalten wurde. Die völlige Klärung ließ aber nicht mehr lange auf sich warten.

In diesen Jahren, da der Kirchenstaat entstand, wohl noch vor der Reise Stephans II. ins Frankenreich, ist allem Anschein nach in Rom eine Urkunde entstanden, die als „Konstantinische Schenkung" berühmt und berüchtigt ist. Ist auch seit dem 15. Jahrhundert diese Urkunde als Fälschung erkannt, so hat doch erst die Forschung der letzten Jahrzehnte mit einer gewissen Sicherheit Zeit, Ort und Absicht der Fälschung feststellen können, wobei freilich für mancherlei Zweifel noch Raum bleibt. Die Urkunde berichtet, daß Kaiser Konstantin von Papst Silvester getauft und dadurch vom Aussatz gereinigt worden sei. Zum Dank dafür habe der Kaiser die kirchliche Stellung des Stuhles des hl. Petrus über allen Kirchen des Erdkreises bestätigt, er habe ferner dem Papst die kaiserlichen Vorrechte und die Abzeichen der kaiserlichen Würde, desgleichen dem römischen Klerus die senatorische Würde verliehen; ferner habe er Silvester und seinen Nachfolgern nicht nur den Lateranpalast, sondern auch die Stadt Rom und alle Provinzen Italiens und des Abendlandes überlassen; der Kaiser selbst habe seine Residenz nach Konstantinopel verlegt, da es sich nicht gezieme, daß da der Sitz des weltlichen Herrschers sei, wo das Oberhaupt der christlichen Religion vom Himmelskaiser eingesetzt worden sei. — Man kann diese Fälschung nicht als ein Dokument schrankenloser Machtgier bezeichnen; denn die Absicht der Fälscher war vor allem, die damalige weltliche Machtstellung des Papsttums, wie sie sich herausgebildet hatte, mit ihren Folgerungen auf Konstantin und die längst von der Legende umwobene Persönlichkeit des Silvester zurückzuführen und ihr dadurch eine unantastbare Rechtsbasis zu sichern. Mit den „Provinzen des Abendlandes" war sicherlich nur gemeint, was damals im Abendland vom römischen Reich übrig geblieben war, im wesentlichen also die italienischen Gebiete, die tatsächlich mehr oder minder der päpstlichen Gewalt unterstanden und nominell noch zum oströmischen Kaiserreich gerechnet wurden. Allerdings konnte die sicher absichtlich unbestimmte Fassung bezüglich der territorialen Bewilligungen Konstantins späterhin die Handhabe zu weitergehenden Ansprüchen bieten. Seitens der Päpste hat man erst seit der Mitte des 11. Jahrhunderts sich auf die „Konstantinische Schenkung" zur Begründung weitgehender Machtansprüche berufen.

DAS PAPSTTUM UND DIE KAROLINGER

Nach einem Pontifikat, das reich an Sorgen und Mühen, aber auch reich an Erfolgen gewesen war, starb Stephan II., der Begründer des Kirchenstaates, im April 757. Es folgte ihm sein Bruder und treuer Mitarbeiter **Paul I.** (757—767), der in gleichem Sinne seines hohen Amtes waltete. Wenige Monate zuvor war auch Aistulph ohne Leibeserben gestorben. Sein Nachfolger D e s i d e r i u s von Tuscien (757—774) sah sich im Anfang seiner Regierung ernsten Schwierigkeiten gegenüber, weil Aistulphs Bruder Ratchis seine Klostereinsamkeit wieder verlassen hatte, um Ansprüche auf die Nachfolge geltend zu machen, und unter den Langobarden sehr viel Anhang fand. Daher bemühte er sich, die Anerkennung und Unterstützung des Papstes sich dadurch zu sichern, daß er feierlich die Herausgabe der noch von den Langobarden besetzten, dem hl. Petrus zugesprochenen Städte versprach und mit der Kirche Gottes in Frieden leben zu wollen erklärte. Da aber bald durch die endgültige Thronentsagung des Ratchis, der die Aussichtslosigkeit seiner Ansprüche eingesehen hatte, die Herrschaft des Desiderius sich festigte, hat dieser seine Zusagen nur teilweise erfüllt. Ja, er ging an die Eroberung der Herzogtümer Benevent und Spoleto und knüpfte sogar Verhandlungen mit dem oströmischen Kaiserhof an, die ihre Spitze gegen den Papst richten mußten. Unter diesen Umständen ist es selbstverständlich, daß Paul I., der vor seinem Regierungsantritt an den Verhandlungen mit Desiderius führend beteiligt gewesen war, von Anfang an treu an dem Bündnis mit Pippin festhielt; zu einem bewaffneten Eingreifen in Italien ist es aber nicht mehr gekommen, da einerseits der durch andere Aufgaben in Anspruch genommene Frankenkönig einem kriegerischen Eingreifen in Italien abgeneigt war, und andererseits Desiderius es nie zum Äußersten kommen ließ, so daß die Diffe-

Papst Paul I. (757—767)
wußte die politischen und kirchlichen Vereinbarungen mit dem
Frankenkönig Pippin besonders klug auszubauen.

Das Papsttum und die Karolinger

Paulus I.
aus der Familie Orsini,
Sohn des Konstantin,
Römer. 757—767

Constantinus II.
Sohn des Tiberius, Bruder des Herzogs Toto
von Nepi. 767—768

Philippus
ein Römer. 768

Stephanus III.
Italiener aus Syrakus.
768—772

renzen immer noch durch Verhandlungen beigelegt wurden. — Das Zusammengehen des Papsttums mit dem Frankenkönig fand auch darin seinen Ausdruck, daß Pippin, den der oströmische Kaiser für den Bildersturm zu gewinnen versucht hatte, im Jahre 767 eine große Synode zu Gentilly abhielt, auf der die Bilderverehrung entschieden gebilligt wurde; das bedeutete eine entschiedene Verurteilung des Bildersturmes im byzantinischen Reich, der gerade unter Konstantin Kopronymus (741—775) mit besonderer Heftigkeit tobte, zugleich aber auch die Ablehnung politischer Annäherungsversuche.

Schon die Wahl Pauls I. war erfolgt, nicht ohne daß eine byzantinerfreundliche Partei mit einem Gegenkandidaten hervorgetreten wäre, der allerdings nicht durchdringen konnte. Noch während der Todeskrankheit Pauls I. kam der „dux" Toto von Nepi mit bewaffneter Macht nach Rom, um auf die bevorstehende Papstwahl Einfluß auszuüben. Es beginnt nunmehr das Eingreifen des römischen Adels in die Besetzung des päpstlichen Stuhles, das sich nun in der Folge ständig wiederholt: die gesteigerte weltliche Machtstellung des Papsttums mußte den Ehrgeiz, den päpstlichen Thron zu erringen oder doch Einfluß auf dessen Besetzung zu gewinnen, anstacheln. Tatsächlich gelang es Toto und seinen Anhängern, nach dem Ableben des Papstes seinem Bruder Konstantin, der noch Laie war, unter Verletzung des herkömmlichen Wahlverfahrens zur päpstlichen Würde zu verhelfen. Konstantin beeilte sich, dem Frankenkönig seine Wahl anzuzeigen, und bat, die seinen Vorgängern erzeigte Freundschaft auch auf ihn zu übertragen. Pippin, in Aquitanien beschäftigt, hat zunächst nicht geantwortet und sich nicht in die römischen Wirren eingemischt. Nach drei-

Papst Stephan III. (768—772)
war nachdrücklich darauf bedacht, die Freiheit der Papstwahl sicherzustellen.

Papst Hadrian I. (772—795)
rief *Karl den Großen*, der seit dem Tode *Karlmanns (771)* Alleinherrscher des ganzen Frankenreiches war, *gegen die Langobarden zu Hilfe.* Karl zog mit einem mächtigen Heere nach Rom, bestätigte den seinerzeit von König Pippin mit dem Papste geschlossenen Vertrag und stellte *eine Schenkungsurkunde* aus, die das ganze Reichsgebiet Italiens in seinen alten Grenzen dem Papst überwies.

zehn Monaten endlich gelang es dem Primicerius der römischen Kirche, Christophorus, und seinem Sohne, dem Sacellarius Sergius, die vor Konstantin aus Rom geflüchtet waren, mit langobardischer Hilfe Konstantin zu stürzen, Toto wurde niedergestoßen. Nun wiederholten die Langobarden unter Führung des Priesters Waldipert, des Bevollmächtigten des Königs Desiderius, was Toto getan: sie erhoben ihrerseits eiligst den Mönch Philippus zum Papst. Aber der energische Christophorus, auf die Römer gestützt, zwang diesen, sich wieder in sein Kloster zurückzuziehen, und nun wurde endlich in rechtmäßiger Weise die Wahl des römischen Priesters **Stephans III.** (768—772), des Kandidaten des Christophorus, zum Papst vollzogen.

Man kann es schwerlich dem Papst zur Schuld anrechnen, daß von den Anhängern des Christophorus nunmehr an den gegnerischen unterlegenen Parteien, besonders auch an Konstantin und Waldipert, grausame Rache geübt wurde: es war ein Vorspiel der wilden, wüsten Parteikämpfe, die Rom dann so oft noch in den folgenden Jahrhunderten gesehen hat. — Stephan III. beeilte sich, in Verbindung mit Pippin zu treten: er bat ihn, in der Hl. Schrift und dem kirchlichen Recht kundige fränkische Bischöfe nach Rom zu senden, damit in ihrer Anwesenheit die lateranische Frühjahrssynode des Jahres 769 Maßregeln gegen die Wiederkehr so trauriger Wirren treffe. Da der Brief Pippin nicht mehr unter den Lebenden traf († 24. September 768), erfüllten seine Söhne Karl und Karlmann den Wunsch des Papstes. Diese Synode verurteilte nochmals Konstantin; desgleichen verwarf sie die konstantinopolitanische Synode der Bilderstürmer vom Jahre 754; und um künftigen Usurpationen des päpstlichen Stuhles vorzubeugen, wurden wichtige Bestimmungen über die Papstwahl getroffen: kein Laie sollte künftig mehr auf den päpstlichen Stuhl erhoben werden, sondern nur Kardinalpriester und -Diakone sollten wählbar sein, das aktive Wahlrecht der Laien wurde beseitigt, nur der Klerus sollte wahlberechtigt sein, die Laien sollten der vollzogenen Wahl nur akklamieren und das Wahldekret unterzeichnen. Diese wohlerwogenen Bestimmungen sind aber zunächst in der Folge nicht praktisch durchgeführt worden.

Die folgenden Pontifikatsjahre Stephans sind erfüllt von schweren Sorgen

Hadrianus
aus d. römischen Familie Colonna, Sohn des Herzogs Theodolus. 772—795

Leo III.
Sohn des römischen Bürgers Asupius. 795—816

Stephanus IV.
Sohn des Marinus, Römer. 816—817

Paschalis I.
aus der römischen Familie Massimi. 817—824

wegen der politischen Haltung der beiden jungen Frankenkönige. Hatte schon Pippin in seinen letzten Jahren den Langobarden gegenüber eine Politik vorsichtiger Zurückhaltung eingeschlagen, so gingen seine Söhne, deren Zwistigkeiten zunächst eine kräftige auswärtige Politik überhaupt unmöglich machten, bald noch einen Schritt weiter. Die damals sehr einflußreiche betriebsame Königin-Mutter Bertrada erstrebte eine Familienverbindung zwischen dem fränkischen und langobardischen Königshause, um die dauernde Eintracht der beiden Völker zu sichern; das bedeutete ein Zurücklenken zur italienischen Politik Karl Martells; eine Änderung im Verhältnis des Frankenreiches zum Papst war allerdings dabei nicht beabsichtigt. Die Kunde von dem Heiratsplan erregte aber begreiflicherweise den Papst aufs höchste, da er die für Rom daraus erwachsenden Gefahren wohl erkannte; durch ein in überaus leidenschaftlichen Ausdrücken gehaltenes Schreiben erhob er Einspruch gegen die geplante Verbindung. Aber vergebens! Die Vermählung Karls mit der langobardischen Königstochter fand statt. Das fränkisch-langobardische Einvernehmen ermöglichte es Desiderius, gestützt auf eine starke langobardische Partei in Rom mit dem päpstlichen Kammerherrn Paul Afiarta an der Spitze, seine Gegner, vor allem die Führer der langobardenfeindlichen Partei, Christophorus und dessen Sohn, zu stürzen und an ihnen blutige Rache zu nehmen. Der Papst, der sich fränkischerseits im Stich gelassen fühlte, knüpfte nun selbst mit den eben erst so schwer beschimpften Langobarden Verhandlungen an und machte seinen Frieden mit Desiderius. Freilich täuschte er sich sehr, wenn er die Erfüllung der vom Langobardenkönig gemachten Zusagen erhofft hatte. Darum löste sich sehr bald wieder die unnatürliche Verbindung des Papsttums mit den Langobarden. Inzwischen war überdies ein völliger Umschwung der politischen Lage im Verhältnis von Franken und Langobarden eingetreten. Stephan hat die Folgen desselben nicht mehr erlebt; er starb schon im Januar 772.

Die Wahl seines Nachfolgers vollzog sich ruhig gemäß den Bestimmungen der Lateransynode von 769: erwählt wurde **Hadrian I.** (772—795) aus vornehmem römischen Geschlechte. Die Politik, die er in seinem Pontifikat einzuschlagen hatte, war ihm durch

Papst Leo III. (795—816)
knüpfte die Verbindung zwischen Papsttum und dem Frankenherrscher Karl dem Großen auf das engste; am Weihnachtsfest des Jahres 800 krönte der Papst den Frankenkönig Karl feierlich mit der kaiserlichen Krone, salbte ihn zum Kaiser und seinen Sohn Pippin zum König.

Der hl. Petrus als Spender der geistl. und weltl. Gewalt zwischen Papst Leo und Karl dem Großen. Von Papst Benedikt XIV restauriertes Mosaikbild im Triklinium Leos III. am Lateran zu Rom. Nach einem Original-Aquarell.

<small>Aus Weltgeschichte in Charakterbildern, Band Kampers „Karl der Grosse", Verlag Kirchheim v. Co., G. m. b. H., Mainz.</small>

die Gestaltung der Dinge mit einer gewissen Unausweichlichkeit vorgezeichnet. Durch den Tod Karlmanns (4. Dezember 771) war **Karl der Alleinherrscher des ganzen Frankenreiches** geworden. Aus für uns nicht recht durchsichtigen Gründen löste nun Karl die eben erst geschlossene eheliche Verbindung mit des Desiderius Tochter wieder auf. Sie ward dem Vater zurückgesandt, der nun Karls Todfeind wurde. An des Desiderius Hofe fanden nun Karlmanns Witwe und seine unmündigen Söhne, deren Erbrechte keine

Berücksichtigung gefunden hatten, Zuflucht und freundliche Aufnahme. Der Langobardenkönig bot nun dem neuen Pontifex ein Bündnis an und begehrte sogar von ihm, daß er die Kinder Karlmanns zu Königen salbe, und fast gleichzeitig nahm er mehrere Städte wie Ferrara, die vor Jahren an den Kirchenstaat abgetreten worden waren, wieder in Besitz. Der Papst weigerte sich entschieden, auf die Pläne des Desiderius einzugehen; er erkannte wohl, daß die Interessen der römischen Kirche ein Festhalten an der von Papst Stephan II. inaugurierten Bündnispolitik mit dem Frankenreich geboten. Seine Stellungnahme gegen Desiderius fand auch dadurch klaren Ausdruck, daß er das Haupt der langobardischen Partei in Rom, Paul Afiarta, durch den Erzbischof von Ravenna verhaften ließ, der ihn dann nach Durchführung des Prozeßverfahrens hinrichten ließ. Neue Drohungen und Angriffe des Desiderius gegen den Kirchenstaat, mit denen dieser das Vorgehen des Papstes beantwortete, veranlaßten denselben, Karl um schleunige Hilfe zu bitten. Karl konnte das Eingreifen nicht umgehen; es war ihm durch des Desiderius Verhalten aufgenötigt, der auch jetzt noch in Verhandlungen mit einer fränkischen Gesandtschaft sich ablehnend verhielt. Kraftvoll und mit überlegener Feldherrnkunst führte nun Karl den Feldzug durch; er endete mit dem **Zusammenbruch des innerlich zermorschten Langobardenreiches.** Während die Belagerung der festen Hauptstadt Pavia sich noch hinzog, entschloß sich Karl, das Osterfest des Jahres 774 in Rom zu begehen. Vom Papst wurde Karl aufs feierlichste empfangen. Doch hatte das unerwartete Nahen des Frankenkönigs mit großem Gefolge den Papst zuerst erschreckt, und Karl und seine Großen mußten ihm erst Sicherheit schwören, ehe ihnen der Zutritt in die Stadt verstattet ward. Am 6. April fand in der Peterskirche die Begegnung Hadrians mit Karl statt, bei der die entscheidenden Abmachungen getroffen wurden. Es wurde die Urkunde von Quierzy verlesen; darauf stellte Karl dem Papste eine gleichlautende Schenkungsurkunde aus, die von ihm eigenhändig unterschrieben und am Petrusgrabe niedergelegt wurde; in feierlichem Eidschwur gelobten Karl und seine Großen, die in der Schenkungsurkunde übernommenen Verpflichtungen zu erfüllen. Es wird von der Mehrheit der neueren Forscher anerkannt, daß die Papstvita Hadrians in ihren Angaben über den Inhalt des Karolingischen Schenkungsversprechens nicht verfälscht und durchaus glaubwürdig ist. Es bleibt aber zu beachten,

Karl der Große
nach einer angeblich zeitgenössischen Bronzestatuette (früher in Metz, jetzt im Carnavaletmuseum in Paris), die nach landläufiger Annahme Karl den Großen darstellt.

Papst Stephan IV (816—817)

daß es sich auch jetzt wieder wie in Quierzy zum guten Teil nur um Anerkennung von Ansprüchen, nicht um tatsächliche Besitzeinweisung handelt.

Seit 774 begann Karl, der sich nun „König der Franken und Langobarden" nannte, auch den Titel eines „patricius Romanorum" zu führen, der ihm schon zwanzig Jahre zuvor, zugleich mit Pippin verliehen worden war. Aber nunmehr, da der Patrizius zugleich auch Herr des Langobardenreiches war, mußte dieser Titel notwendig einen andern Inhalt bekommen, wenn das auch zunächst nicht beabsichtigt gewesen sein mag. Die Schutzpflicht den Langobarden gegenüber war nun gegenstandslos; der neue Langobardenherrscher aber mußte nun auch auf die Wahrung der weltlichen Interessen seines neuen Reiches bedacht sein; viel mehr als bisher wurde er auch durch den italienischen Besitz in die große Weltpolitik hineingezogen, und die Machtverhältnisse der beiden Verbündeten waren nunmehr ungleicher als je. So wurde aus dem Schutzverhältnis mit seinem vorwiegend religiösen Charakter eine Oberhoheit des kraftvollen Frankenherrschers über das Patrimonium Petri und den Papst, und Karl hat von ihr Gebrauch gemacht, so wie er und seine Vorgänger es der fränkischen Kirche gegenüber gewohnt waren.

Die Folgen dieser veränderten Lage hat Papst Hadrian in der Folge des öfteren in demütigender Weise erfahren müssen. So waren alle seine Bemühungen vergebens, Karl zum Vorgehen gegen den Erzbischof Leo von Ravenna zu bewegen, der keine päpstlichen Beamten in seinem Gebiet duldete und eine unabhängige Stellung anstrebte, wie sie etwa der Papst längst im römischen Dukat besaß; sein Ziel war offenkundig die Schaffung eines ravennatischen Kirchenstaates auf Kosten des römischen. Auch durch Eingreifen in die innere Verwaltung und in die Gerichtsbarkeit des Kirchenstaates zeigte Karl, daß er sich als Oberherrn desselben betrachtete. Vergebens waren vor allem auch oft wiederholte Vorstellungen, die der Papst erhob, vergebens auch seine immer wiederholten Bitten, daß die in der Schenkungsurkunde vom Jahre 774 ihm zugesicherten Gebiete der Kirche wirklich übergeben würden. Erst bei dem zweiten Aufenthalt Karls des Großen in Rom erfolgte eine Regelung (781): damals wurde Karls Sohn, Pippin, vom Papst getauft, der auch die Patenschaft übernahm, so daß Papst und König in das Verhältnis der Kompaternität traten; und wie einst zu St. Denis Papst Stephan die Söhne Pippins gesalbt hatte, so wurde nunmehr der vierjährige Pippin zum König des Langobardenreiches, und der noch jüngere

Eugenius II. Sohn des Boëmund, Römer. 824—827

Valentinus aus der römischen Familie Leonzi. 827

Gregorius IV ein Römer. 827—844

Sergius II. aus der Familie Colonna, Römer. 844—847

Ludwig zum König von Aquitanien gesalbt. Was den Kirchenstaat betrifft, so wurden nunmehr die territorialen Wünsche des Papstes wenigstens einigermaßen erfüllt; der Besitz des römischen Dukates, des Exarchates und der Pentapolis wurde ihm ausdrücklich garantiert und die seit Liutprands Zeiten von den Langobarden besetzte Sabina hinzugefügt. Dagegen mußte der Papst auf seine Herrschaftsansprüche über Gebiete des ehemaligen Langobardenreiches wie Spoleto und Tuscien verzichten, die er z. B. bezüglich Spoletos daraus herleiten konnte, daß ihm zur Zeit der Belagerung Pavias die spoletinischen Kontingente und die Bevölkerung den Untertaneneid geleistet hatten. Zur Entschädigung wurden dem Papst aber bestimmte Abgaben aus dem Dukat von Spoleto und aus Tuscien überlassen. Bei der dritten Romreise (787) hat dann Karl den Herzog Arichis von Benevent gezwungen, die beneventanischen und salernitanischen Patrimonien dem Papst zurückzuerstatten und mehrere Städte im Süden der Campagna, wie Kapua, dem Kirchenstaat abzutreten. Schließlich sicherte Karl damals dem Papst die lange vergebens zurückgeforderten Patrimonien in Neapel und Kalabrien zu und außerdem erhebliche Teile des langobardischen Tuscien mit Städten wie Orvieto und Viterbo, so daß der römische Dukat nach Norden zu eine beträchtliche Erweiterung und Abrundung erfuhr. So ist dem zähen Bemühen Hadrians I. um **Erweiterung des Kirchenstaates** schließlich doch ein nicht unerheblicher Erfolg beschieden gewesen. In diesen Jahren ist allem Anschein nach die Anerkennung der faktisch längst bestehenden Selbständigkeit des Kirchenstaates durch Byzanz erfolgt. Die Voraussetzung hierfür war dadurch gegeben, daß damals durch die Kaiserin Irene, die für ihren unmündigen Sohn die Regentschaft im byzantinischen Reich führte, eine Politik des Einvernehmens und Bündnisses mit Karl dem Großen in die Wege geleitet worden war. Damit hängt es sicherlich auch zusammen, daß damals (781) der Papst begann, die

Papst Paschalis I. (817—824)

Papst Eugen II. (824—827)
war besonders für innerkirchliche Reformen, besonders auf den Gebieten, in denen Kirchengewalt und staatliche Oberherrschaft ineinandergriffen, besorgt.

Urkunden nach seinen Pontifikatsjahren zu datieren, während bis dahin die päpstliche Kanzlei noch nach den Regierungsjahren der Kaiser datiert hatte.

Wie die Kaiserin Irene in ihrer Politik dem Abendland, besonders dem Frankenreich gegenüber zunächst neue Wege einschlug, so hat sie auch auf dem Gebiet der Religionspolitik die überlieferte bilderfeindliche Haltung aufgegeben. Auf ihre Veranlassung trat **das siebente allgemeine Konzil im Jahre 787 zu Nicäa** zusammen, das in seinem Lehrdekret die Berechtigung der Bilderverehrung anerkannte. Es war eine Genugtuung für den Papst, daß er zu der Synode eingeladen worden war, und sein Primat hierbei ausdrücklich anerkannt wurde. Allerdings wurden die von den päpstlichen Legaten vertretenen Forderungen auf Rückgabe der Patrimonien in Süditalien und Sizilien und Rückerstattung der Patriarchatsrechte Roms über Illyricum von der Synode nicht beachtet. Aber die kirchliche Einheit war nun doch wieder hergestellt und blieb nun vorläufig gewahrt. — Wenn dann Karl der Große in den Libri Carolini und durch die Frankfurter Synode von 794 das zweite nicänische Konzil und die Bilderverehrung angreifen und verwerfen ließ, so kann man diese Haltung nicht restlos daraus erklären, daß die Synodalakten von Nicäa nur in einer sehr fehlerhaften Übersetzung im Abendland bekannt geworden waren. Sein Vorgehen erklärt sich aus politischen Gründen, aus dem Gegensatz zum oströmischen Reich, aus seinem Unwillen, daß er, der mächtigste Herrscher des Abendlandes, nicht zur allgemeinen Synode eingeladen worden war, und aus seinem Bestreben, nun gerade seiner Oberhoheit über die abendländische Kirche auch in innerkirchlichen Angelegenheiten praktischen Ausdruck zu geben — ganz so, wie die oströmischen Kaiser es oft genug getan hatten. Es konnte kaum etwas Demütigenderes für einen Papst ersonnen werden als Karls Zumutung, den in den Libri Carolini entwickelten bilderfeindlichen Lehren beizupflichten. Nun ehrt es zwar den Papst, daß er die nicänischen Beschlüsse verteidigte und an denselben festhielt; aber es war doch schwächlich und wenig heldenhaft, daß er am Schluß seines Schreibens erklärte, daß er den byzantinischen Kaiser als Häretiker mit dem Anathem belegen würde, wenn dieser die Rückgabe der Patrimonien und die Wiederherstellung der Patriarchatsrechte Roms in Illyricum verweigern würde. — Am Weihnachtsfest des Jahres 795 ist Hadrian gestorben. In Rom selbst hat er sich ein rühmliches Andenken gewahrt durch die außerordentliche

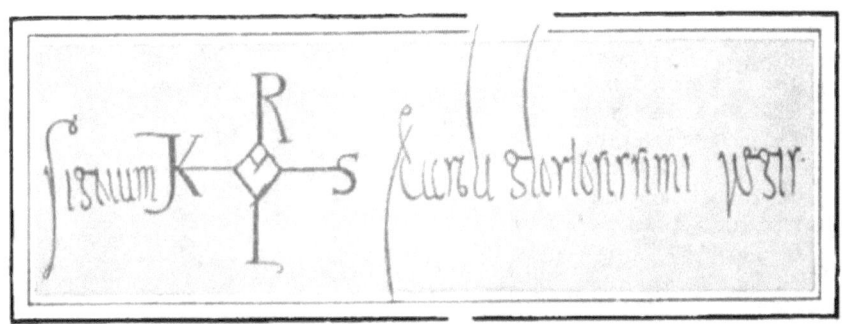

*Karls des Großen Unterschrift
aus einer Urkunde vom Jahre 790.*

Sorge für Restaurierung und Ausschmückung der Kirchen und durch seine Fürsorge für die Bevölkerung in Zeiten der Not.

Einmütig erfolgte nach dem Bericht des Papstbuches schon am folgenden Tage die Wahl **Leos III.**, eines geborenen Römers (795—816). Dieser beeilte sich, dem fränkischen Großkönig mit dem Wahlprotokoll die Schlüssel vom Grabe des hl. Petrus und das Banner der Stadt Rom zu übersenden: damit war die Oberherrschaft Karls über den Kirchenstaat anerkannt; denn „wer das Banner von Rom trug, der konnte Anspruch darauf erheben, daß ihm das römische Heer folgte, der war der Herr der römischen Miliz und der römischen Kastelle" (Hartmann). Wie der Papst selbst sein Verhältnis zum Frankenherrscher auffaßte, zeigte das Mosaikbild, das er im Lateran anbringen ließ: Petrus überreichte mit der Rechten dem knienden Papst das Pallium, mit der Linken übergibt er dem knienden Karl das Banner. In Wirklichkeit freilich war aus dem Nebeneinander von geistlicher und weltlicher Gewalt eine unbedingte Vorherrschaft des großen Karl geworden, die sich auch auf das kirchliche Gebiet ausdehnte.

Sehr bald sollte der Papst des fränkischen Schutzes dringend benötigen. Es erhob sich eine mächtige Partei wider den Papst, an deren Spitze Nepoten des verstorbenen Papstes erscheinen. Schwere Anklagen auf Meineid und Ehebruch wurden gegen Leo erhoben, und am Markustage des Jahres 799 wurde der Papst während der Prozession überfallen, mißhandelt und gefangen gesetzt. Mit Hilfe von Getreuen konnte er aber fliehen; er begab sich an das Hoflager Karls, der gerade in Paderborn weilte; ein feierlicher Empfang wurde dem Papst bereitet. Bald aber erschienen auch Abgeordnete der papstfeindlichen Opposition und erhoben Anklage gegen Leo III. Im Rate Karls waren die Meinungen geteilt, was nun geschehen solle; Alkuin erinnerte an den alten Satz, daß der apostolische Stuhl von niemand gerichtet werden könne. Karl ließ den Papst zunächst, geleitet von Bischöfen und Großen des Reiches, nach Rom zurückführen. Die Untersuchung gegen die Verschworenen scheint die Unschuld des Papstes nicht zweifelsfrei erwiesen zu haben; die Führer des Aufstandes wurden vorläufig ins Frankenreich überführt. Zur endgültigen Regelung der immer noch ungeklärten Verhältnisse in Rom kam Karl selbst im November 800 in die Ewige Stadt. Durch den Frankenkönig selbst wurden nun die wider den Papst erhobenen Anklagen untersucht. Die langen Verhandlungen endeten schließlich nicht mit einem richterlichen Spruch, da die Geistlichen einmütig erklärten, daß nach altem Brauch der apostolische Stuhl von niemand gerichtet werde. Um die päpstliche Autorität zu schonen, fand man den Ausweg, daß der Papst in einem feierlichen Eid sich von den wider ihn erhobenen Anklagen reinigte. Wenn nun auch der Eid als ein freiwilliger bezeichnet wurde, so hatte doch tatsächlich Karl den Papst als Souverän gerichtet. Da durch den Eid des Papstes seine Schuldlosigkeit als erwiesen galt, wurden seine Gegner als Majestätsverbrecher verurteilt. —

Zwei Tage nach dem Reinigungseid, am Weihnachtsfest des Jahres 800, hat Leo III. beim feierlichen Gottesdienst in St. Peter **Karl zum Kaiser gekrönt.** Das anwesende Volk rief, so wie es früher in Rom üblich gewesen, in dreimaliger feierlicher Akklamation: „Karl, dem allerfrömmsten, von Gott gekrönten Augustus, dem großen, friedenbringenden Imperator, Leben und

Papst Gregor IV (827—844) ist lebhaft um die Beilegung der Streitigkeiten zwischen Kaiser Ludwig und seinen Söhnen bemüht gewesen. In langjähriger unermüdlicher Vermittlungsarbeit war er bestrebt, im Reiche wieder Frieden und Eintracht herzustellen. Es war nur naturgemäß, daß die Stellung des Papsttumes an Macht und Ansehen über die weltliche Gewalt gewann, als trotz aller dieser Bemühungen durch den Vertrag von Verdun (843) das Reich in drei Königreiche aufgeteilt wurde.

Sieg!" Dann huldigte der Papst dem neuen Kaiser, indem er sich vor ihm niederwarf. Die näheren Umstände und Hintergründe dieses Ereignisses, das weltbekannt und von weltgeschichtlicher Bedeutung ist, besonders die Beweggründe der handelnden Personen, sind für uns in ein schier unergründliches Dunkel gehüllt. Nach Einhards klarem Zeugnis scheint es unzweifelhaft, daß Karl durch die Krönung seitens des Papstes unliebsam überrascht wurde. Durch diesen politischen Akt überschritt ja der Papst den Rahmen der Betätigung, wie sie Karl wenige Jahre zuvor dem Papst angewiesen hatte, indem er ihm die Aufgabe des betenden Moses zuwies. Die Macht des fränkischen Großkönigs, den unzweifelhaft der Kaisergedanke schon viel beschäftigt hatte, ist durch die Kaiserkrönung nicht vermehrt worden; sie gab ihm aber die Würde und Autorität, die seiner Machtstellung im Abendland entsprach; denn noch immer hielt die Idee des römischen Reiches und des Kaisertums die Gemüter mit ihrem Zauber gefangen. Auch die Gedanken des Papstes, als er in raschem Entschluß zur Krönung schritt, lassen sich nicht zweifelsfrei feststellen. Es mag sein, daß der Papst sich Karl verpflichten wollte, um seine schwierige Stellung in Rom zu festigen; sicher aber ist es, daß seine Initiative am Weihnachtsfest des Jahres 800 von gewaltiger Bedeutung für das Papsttum geworden ist. Die Krönung mußte — zumal betrachtet im Zusammen-

Kaiser Karl der Große als „Patricius" von Rom.
Aus Mabillon, De re diplomatica Suppl. 40, Paris 1709.

hang mit dem Gedankenkreis der Konstantinischen Schenkungsurkunde — den Anschein erwecken, daß der Papst es war, von dem die Begründung des neuen Imperiums ausging. Die Verleihung der Kaiserkrone aber sicherte dem Papst eine Sonderstellung; sie hob ihn heraus aus der Reihe der Metropoliten des fränkischen Reiches, mit denen der römische Bischof auf eine Stufe gerückt zu sein schien, seit die Schutzherrschaft des fränkischen Königs sich in den letzten Jahrzehnten zu einer wirklichen Herrschaft über Rom und den Kirchenstaat umgestaltet hatte.

Freilich, die ganze folgenschwere Bedeutung der Kaiserkrönung hat sich erst in der Folge der Zeiten geoffenbart. Zunächst ist in der Stellung des neuen Kaisers der Kirche und speziell dem Papsttum gegenüber nichts geändert worden. Der Papst erscheint als der Untertan des Kaisers; darum wurden nun die päpstlichen Urkunden auch nach den Regierungsjahren „unseres Herrn Karl" datiert. Nach wie vor, ja mehr noch als zuvor, griff Karl auch in innerkirchliche Angelegenheiten, besonders in die Lehrstreitigkeiten ein und ließ sich hierbei, wie die Frage der Einfügung des ‚Filioque' ins Symbolum zeigt, auch durch Einwendungen des Papstes nicht zur Aufgabe der von ihm eingenommenen Haltung bewegen. Und wie er selbst im schroffen Gegensatz zur kurialen Auffassung seine Kaiserwürde auffaßte, zeigte er, als er sie im Jahre 813 ohne jegliche Mitwirkung des Papstes seinem Sohn Ludwig übertrug. — Die Machtstellung Karls des Großen der Kirche und dem Papsttum gegenüber beruhte auf seiner überragenden Persönlichkeit. Das zeigte sich sofort, als Karl am 28. Januar 814 gestorben war: es beginnt das Bestreben der Päpste, eine größere Selbständigkeit zu erlangen und namentlich die Herrschaft in Rom und dem Kirchenstaat wieder in ihre Hand zu bekommen. Als in Rom wiederum eine Adelspartei sich gegen den Papst erhob und ihm nach dem Leben trachtete, da ließ Leo III. den Anführern den Prozeß machen und sie hinrichten; er übte also selbst die oberste Gerichtsbarkeit aus. Ludwig der Fromme begnügte sich, durch eine Gesandtschaft die Angelegenheit untersuchen zu lassen, gab sich aber zufrieden, als der Papst durch seine Abgeordneten ihm Aufklärungen gab. Bald danach ist Leo III. gestorben (12. Juni 816).

Sein Nachfolger **Stephan IV.** (816—817) ließ die Römer alsbald dem Kaiser den Treueid schwören. Seine Konsekration war aber erfolgt, ohne daß die Bestätigung der Wahl vom Kaiser erbeten worden wäre. Das hatte aber keine Weiterungen im Gefolge. Als der Papst Ludwig „zur Festigung des Friedens und der Einheit der heiligen Kirche" durch eine Gesandtschaft eine persönliche Zusammenkunft vorschlug, ging der Kaiser gern darauf ein. In Reims hat Stephan IV. nochmals den Kaiser und seine Gemahlin Irmingard gesalbt und gekrönt. Man geht sicher nicht fehl mit der Annahme, daß bei dieser Gelegenheit auch das Bündnis von Kaiser und Papst erneuert wurde.

Als Stephan kurz nach der Rückkehr nach Rom starb, wurde in rascher Wahl **Paschalis I.** (817—824) zum Papst erhoben und geweiht. Er begnügte sich mit der Anzeige seiner Wahl, ohne daß fränkischerseits Einspruch erhoben worden wäre. Ja, in der auf Bitten des Papstes erneuerten, in ihrer Echtheit zum Teil bestrittenen B ü n d n i s u r k u n d e (pactum Ludovicianum von 817), durch die der Umfang des Kirchenstaates und der Patrimonialbesitz der römischen Kirche bestätigt wurde, verzichtete der Kaiser auf die Bestätigung der Papstwahl vor der Konsekration; ohne jede äußere Einmischung sollte der Papst fürder in kanonischer Weise gewählt und geweiht werden. Damit war das bei den beiden letzten Papstwahlen tatsächlich eingeschlagene Verfahren rechtlich sanktioniert. Erst nach der Krönung sollten vom Papst Gesandte zwecks Erneuerung des Freundschaftsbündnisses abgeordnet werden. Auch sonst hat Kaiser Ludwig im Kirchenstaat nicht die Stellung behauptet, wie sie sein großer Vater innegehabt. So hat z. B. der Papst, als zwei kaiserlich gesinnte päpstliche Beamte in Rom getötet worden waren, eine Untersuchung des Falles durch kaiserliche Abgesandte zwar nicht verhindern können, aber weitere Schritte des Kaisers erfolgten nicht. Andererseits freilich hat d e s K a i s e r s S o h n, L o t h a r, der schon im Jahre 817 vom Vater zum Mitkaiser erhoben worden war, in Rom Recht gesprochen, nachdem ihn der Papst an Ostern 823 feierlich gekrönt hatte.

Schon bei dem Leichenbegängnis Paschalis' I. war es zu Tumulten gekommen. Auch die Papstwahl stand im Zeichen heftiger Parteikämpfe. Es gelang der Adelspartei, die von fränkischer Seite Unterstützung fand, ihrem Kandidaten zum Siege zu verhelfen; es war **Eugen II.** (824—827). Die Wirrnisse, wie sie in der letzten Zeit in Rom zutage getreten waren, veranlaßten den Kaiser, noch in dem gleichen Jahre 824 seinen Sohn abermals nach Rom zu senden; sein weiterer Auftrag ging dahin, die kaiserlichen Rechte in Rom sicherzustellen. Lothar hat zunächst für die Rückkehr und Entschädigung der unter dem vorhergehenden Pontifikat Verfolgten gesorgt. Um den Unordnungen in der Verwaltung und Gerichtsbarkeit zu steuern, sollten Zahl und Namen aller Beamten und Richter festgestellt werden, und ihre Kontrolle durch zwei ständig in Rom residierende „missi" wurde angeordnet, deren einen der Papst, den andern der Kaiser bestellte. Die Berichte derselben sollten dem Papst

P a p s t S e r g i u s II. (844—847) hatte unter den *P l ü n d e r u n g s z ü g e n* sehr zu leiden, die die *S a r a z e n e n von Sizilien* aus mit immer größerer Macht nach dem italienischen Festland unternahmen. Auf einem solchen Raubzuge drangen die Sarazenen im *August 846* sogar bis nach Rom, wo sie die außerhalb der Stadtmauern gelegenen *B a s i l i k e n der A p o s t e l f ü r s t e n plünderten.*

Leo IV
Sohn des römischen
Bürgers Rodoaldus.
847—855

Benedictus III.
Sohn des römischen Bür-
gers Petrus. *855—858*

Nikolaus I.
Sohn des Reginars
Theodorus, Römer.
858—867

und dem Kaiser ein-
gereicht werden; letz-
terem kam die oberste
Entscheidung zu.
Durch dieses Gesetz
Lothars, die soge-
nannte Constitutio
Romana, wurde also
die Obergewalt des
Kaisers im Kirchenstaat, die in den letzten Jahren aufgegeben schien, wieder-
hergestellt. Zur Ergänzung der Constitutio Lothars wurde ferner verfügt, daß den
Römern der Eid abgenommen werden sollte, daß die Papstwahl nur in kanonischer
Weise erfolgen dürfe, und daß die Konsekration des Neugewählten erst statt-
finden dürfe, wenn er — wie es Eugen II. freiwillig getan — dem Kaiser das
Treugelöbnis abgelegt habe. Freilich, diese tief einschneidenden Anordnungen
Lothars haben nur vorübergehenden Erfolg gehabt; sie konnten den Niedergang
der kaiserlichen Autorität im Kirchenstaat und dem Papsttum gegenüber nicht
aufhalten. — Was das innerkirchliche Gebiet betrifft, so zeigte sich schon in
Eugens II. Pontifikat, daß dem Kaisertum die Führung, wie sie Karl der Große
innegehabt, entglitt. Der Papst war es, der auf einer **römischen Synode**
(826) eine Reihe Reformmaßnahmen traf und so die reformatorischen Bemühungen des großen Kaisers fortsetzte. Und als damals im oströmischen Reich
der Bilderstreit wieder auflebte und **Kaiser Michael II.** sich an Ludwig
wandte in der Hoffnung, bei ihm Unterstützung zu finden, da hat Ludwig —
ganz anders als sein Vater — erst die päpstliche Genehmigung eingeholt, ehe er
seine fränkischen Theologen ein Gutachten über die Bilderfrage ausarbeiten ließ.
Und da dieses mit ätzender Schärfe den Standpunkt der Libri Carolini und der
Frankfurter Synode von 794 verfocht, ließ Ludwig aus demselben alles dem Papst
Anstößige entfernen und überließ den Entscheid über die Verwertung desselben dem
Papst, der natürlich an der bilderfreundlichen Haltung seiner Vorgänger festhielt.

Nur wenige Wochen hat nach Eugen II. **Valentin** den römischen Stuhl inne
gehabt. Dann ist ganz nach den Bestimmungen Kaiser Lothars die Erhebung
Gregors IV. (827—844) erfolgt. In seine Regierung fallen die unerquicklichen
Streitigkeiten Ludwigs mit seinen Söhnen. Der äußere Anstoß zu denselben war
dadurch gegeben, daß das Erbe der Söhne des Kaisers aus dessen erster Ehe,
wie es in der Reichsordnung von 817 festgelegt worden war, zugunsten des aus
der zweiten Ehe mit Judith entsprossenen Karl gekürzt werden sollte; durch
diese Zwistigkeiten wurde die **Zersetzung des Reiches beschleunigt**, dem an sich schon die innere Einheit und der feste Zusammenhang
abging. Erst auf Veranlassung Kaiser Lothars hat Gregor in die Wirren eingegriffen, um den Frieden und die Eintracht wiederherzustellen. Das Eingreifen
des Papstes in diese politischen Wirren enthüllte beachtenswerte Meinungs-
verschiedenheiten im fränkischen Episkopat. Während die auf seiten des alten
Kaisers stehenden, zu Worms versammelten Bischöfe den Papst an den dem
Kaiser geleisteten Treueid erinnerten und ihm für den Fall feindseligen Vorgehens
gegen denselben mit Exkommunikation drohten, trat eine streng kirchlich gesinnte Partei in Erscheinung, der gerade die bedeutendsten Kirchenfürsten
angehörten, wie Agobard von Lyon. Aus ihrer Mitte wurde die Meinung verfochten, daß es dem Papst als Nachfolger Petri obliege, für den Frieden zu sorgen,

und daß dann auch der Kaiser seinen Erlassen gehorchen müsse; während er kraft der Autorität des Apostelfürsten alle richte, könne er selbst von niemand gerichtet werden. Von ihnen ein Gebot des Kaisers entgegenstehe; denn da die Leitung der Seelen wichtiger sei als die der zeitlichen Dinge, stehe das Papsttum über dem Kaisertum — ein Satz, der dann im Mittelalter unzählige Male wiederholt worden ist.

Siegel des Papstes Leo IV.
847—855

diesen fränkischen Prälaten unterstützt, hat Gregor IV. die Drohung der in Worms versammelten Bischöfe scharf zurückgewiesen: den päpstlichen Befehlen sei zu gehorchen, auch wenn

Das Schwert sollte in dem Streit Ludwigs und seiner Söhne die Entscheidung bringen: auf dem Rothfeld bei Colmar lagen sich im Juni 833 die Heere gegenüber. Der Papst, der im Lager Lothars weilte, begab sich im Auftrage der Söhne zum alten Kaiser und verhandelte mit ihm über den Frieden. Doch die Friedensvermittlung war zwecklos; denn inzwischen bewogen die Söhne den größten Teil des Heeres des Vaters, verräterischerweise zu ihnen überzugehen. So mußte sich der unglückliche Kaiser auf Gnade und Ungnade ergeben; er wurde in ein Kloster verwiesen und ihm sogar eine Kirchenbuße auferlegt. — Nun ist zwar diese Buße, die den Kaiser regierungsunfähig machte, wieder aufgehoben worden, und Ludwig kam infolge der Zwistigkeiten unter den Söhnen wieder zur Herrschaft. Aber durch den Vertrag von Verdun (843) wurde nach dem Tode Ludwigs des Frommen (840) das Reich nach blutigen Kämpfen in drei Königreiche aufgeteilt. Lothar behielt den Kaisertitel, und neben der Herrschaft Italiens fiel ihm ein langgestrecktes, der natürlichen Umgrenzung und des inneren Zusammenhalts entbehrendes Gebiet zwischen den Reichen der beiden Brüder im Osten und Westen als Eigentum zu. Begreiflicherweise war nun nicht mehr daran zu denken, daß das Kaisertum die bisherige Stellung dem Papsttum gegenüber wahren konnte. Fast von selbst mußte nunmehr das Papsttum an Macht und Ansehen über die weltliche Gewalt, über die Teilreiche, emporwachsen. So haben nunmehr die Päpste auch die Sorge für die Ausbreitung des christlichen Glaubens, die Karl der Große so tatkräftig in seine Hand genommen hatte, wieder selbst übernommen. Schon Papst Paschalis hat den Erzbischof Ebo von Reims zur Heidenpredigt bevollmächtigt und zum päpstlichen Legaten für den Norden ernannt; und Gregor IV. hat Ansgar, der, wie einst Bonifatius, persönlich zum Grabe des Apostelfürsten wallfahrtete, das Pallium verliehen und ihm die Würde eines päpstlichen Legaten für die nordischen Völker und das Slavenland gegeben.

Papst Leo IV (847—855)
umgab das vatikanische Viertel in Rom mit festen Mauern, um es künftighin gegen räuberische Überfälle zu schützen. In einer Seeschlacht bei Ostia brachte er den Sarazenen eine vernichtende Niederlage bei.

Nach dem Tode Gregors (Januar 844) wurde durch Klerus und Adel **Sergius II.** (844—847) zum Papst erwählt; er entstammte der Familie, der schon Stephan IV. angehört hatte. Der

Versuch des Volkes, einen Gegenkandidaten durchzusetzen, scheiterte. Da Sergius konsekriert wurde, ohne daß die Bestimmungen der Constitutio von 824 beobachtet worden waren, beeilte sich Lothar, seinen Sohn Ludwig nach Rom zu senden, damit die kaiserlichen Rechte bei der Papstwahl sichergestellt würden. Der Kaisersohn wurde vom Papst feierlich empfangen; aber den Eintritt in die Peterskirche gewährte ihm letzterer erst, als jener feierlich versichert hatte, daß er reinen Sinnes und zum Wohl des Reiches und der Kirche gekommen sei. Die Vorsicht des Papstes war nicht unbegründet; denn die Ludwig begleitende fränkische Heerschar hatte beim Durchzug den Kirchenstaat wie feindliches Land gebrandschatzt. Auf der Synode, die wenige Tage darnach abgehalten wurde, kam es zu heftigen Zusammenstößen. Sergius wurde als rechtmäßiger Papst anerkannt; andererseits aber wurden zum mindesten im allgemeinen die kaiserlichen Rechte bei der Papstwahl, wie sie Lothar festgelegt hatte, anerkannt. **Ludwig wurde vom Papst zum Langobardenkönig gekrönt.** Die von diesem begehrte Leistung des Treueides seitens des Papstes und der Römer wurde aber verweigert. Rom war ja keine Stadt des italienischen Königreiches. Dagegen wurde der dem Kaiser geleistete Eid erneuert. Während schließlich der Papst, dem Wunsch Lothars entsprechend, dem Bischof Drogo von Metz die Würde eines apostolischen Vikars für das Frankenreich bereitwillig verlieh, lehnte er die vom Kaiser begehrte Wiedereinsetzung des Erzbischofs Ebo von Reims in seinen Erzstuhl entschieden ab; Ebo war desselben entsetzt worden, weil er Ludwig den Frommen zur Kirchenbuße gezwungen hatte.

Während des Pontifikates des Sergius trat erstmals eine neue schwere Gefahr für den Kirchenstaat in ihrem ganzen bedrohlichen Ernst in Erscheinung. Angesichts der sich immer häufiger wiederholenden Plünderungszüge, welche die Sarazenen von Sizilien aus nach dem italienischen Festland unternahmen, hatte schon Gregor IV. das alte verfallene Ostia wieder aufbauen und mit festen Mauern umwehren lassen („Gregoriopolis"), um die Tibermündung zu schützen. Unter Sergius aber waren nicht die nötigen Vorsichtsmaßregeln getroffen worden, und so konnten die Sarazenen im August 846 den Tiber aufwärts vordringen und die reichen Schätze der außerhalb der römischen Stadtmauern gelegenen altehrwürdigen Basiliken der Apostelfürsten rauben, ein Ereignis, das in der ganzen abendländischen Christenheit große Erregung hervorrief. Nun erinnerte sich Kaiser Lothar seiner feierlich beschworenen Pflicht, den hl. Petrus und dessen Patrimonium zu schützen. Er sandte seinen Sohn Ludwig mit einem stattlichen Heere nach Italien, und es konnten auch einige Erfolge gegen die Sarazenen erzielt werden. Dann befahl Lothar, in seinem ganzen Reiche eine Sammlung zu veranstalten, deren Ertrag der Wiederherstellung der Peterskirche und der Umwehrung derselben mit einer festen Mauer dienen sollte.

Um die Durchführung des großen Werkes der Ummauerung des transtiberinischen Rom rings um St. Peter hat sich der Nachfolger des Sergius, Papst **Leo IV.** (847—855), die größten Verdienste erworben, so daß mit Recht das vatikanische Viertel nach ihm als Leostadt (civitas Leonina) bezeichnet wurde. Bei der schweren Not der Zeit war die Konsekration des Neuerwählten erfolgt, ohne daß zuvor die kaiserliche Bestätigung für ihn eingeholt worden wäre. Nicht nur durch die Befestigung der Leostadt hat sich Leo IV. verdient gemacht; er hat auch sonst den Kirchenstaat besser gegen die Sarazenengefahr zu sichern gewußt, so durch die Befestigung von Porto und durch die Ansiedlung von Korsen daselbst, die von den Sarazenen vertrieben worden waren und nun

*Papst Benedikt III. (855—858)
war mit regem Eifer auf die Erledigung innerkirchlicher Angelegenheiten bedacht.*

zu militärischer Hilfeleistung verpflichtet wurden. Einen glücklichen Ausgang nahm die Seeschlacht bei Ostia (849), in der die sarazenische Flotte großenteils vernichtet wurde; der Papst hatte vor dem Kampf die Flotte der Christen gesegnet. — Auf Wunsch Lothars hat Leo IV. an Ostern 850 dessen Sohn und Erben zum Kaiser gekrönt; und dieser hat fortan auch im Kirchenstaat seine kaiserlichen Rechte gemäß der Constitutio Romana wahrgenommen, was zu mancherlei Zwistigkeiten führte.

Nach Leo IV. hat die spätere Fabel, die zuerst in der Chronik des Dominikaners Jean de Mailly (um 1250) und bei Martin von Troppau in der zweiten Hälfte des 13. Jahrhunderts schriftlich aufgezeichnet worden ist, eine Päpstin Johanna eingeschaltet, die zwei und ein halbes Jahr regiert haben soll. In Wirklichkeit folgte auf Leo IV. Papst **Benedikt III.** (855—858). Eine kaiserlich gesinnte Gegenpartei versuchte, obwohl seine Wahl einwandfrei vollzogen worden war, gegen ihn den Kardinalpriester Anastasius zum Papst zu erheben, der unter Leo IV. seines Amtes entsetzt und mit dem Anathem belegt worden war. Aber obwohl Benedikt mit Hilfe kaiserlicher Legaten vom päpstlichen Stuhl gerissen und gefangen gesetzt wurde, mißlang das Beginnen schließlich doch, da Klerus und Volk dem rechtmäßig gewählten Papst treu blieben. Mit Eifer hat dieser sich der Erledigung innerkirchlicher Angelegenheiten gewidmet.

In den Jahren 847—852 ist in den Kreisen der streng kirchlichen Partei, deren Entstehen in die Zeit Ludwigs des Frommen hinaufreicht, im westfränkischen Reich, und zwar wahrscheinlich in der Reimser Kirchenprovinz, eine berühmte **Fälschung kirchlicher Rechtsquellen** entstanden. Die Fälschung, die sich als ein Werk des Isidor von Sevilla († 636) ausgibt, enthält der Hauptsache nach im ersten Teil unechte Dekretalen der Päpste bis auf Melchiades (311—314) und die sogenannten apostolischen Kanones; der zweite Teil stellt die Beschlüsse einer Reihe von Konzilien vom Nicänum (325) bis zur 13. Synode von Toledo (683) zusammen und bietet, von einigen Einschüben abgesehen, echtes Material; auch die konstantinische Schenkung hat hier eine Stelle gefunden. Im dritten Teil sind unter echte Dekretalen der Päpste von Silvester bis Gregor II. auch eine Anzahl unechter Stücke gemischt. Als Zweck seiner Sammlung gibt Pseudo-Isidor selbst die einheitliche Zusammenstellung der Entscheidungen der Kanones an. In Wirklichkeit waren seine Absichten andere: er will die Emanzipation der Bischöfe von der staatlichen Gewalt und von dem

Eine Konzils-Tagung im 9. Jahrhundert nach einer zeitgenössischen griechischen Miniatur aus der Pariser National-Bibliothek
(Aus Rohault-Fleury)

überragenden Einfluß der Metropoliten und Provinzialsynoden. Als berufener Verteidiger der Bischöfe gilt ihm der Papst; vor sein Gericht gehören die Sachen der Bischöfe, er allein kann ein endgültiges richterliches Urteil über sie fällen. Die Provinzialsynoden, deren Berufung und Bestätigung nur dem Papst zustehe, könnten für Bischöfe nur den Charakter eines Untersuchungsgerichtes haben. Die Absicht, die Macht des Papsttums zu festigen und zu steigern, liegt der Fälschung, wie man früher angenommen hat, nicht zugrunde; die starke Betonung der Rechte des Papstes erfolgt im Interesse der Bischöfe, deren starke Stütze das Papsttum sein soll. Daß auch die Besserung der unerfreulichen kirchlichen Verhältnisse beabsichtigt war, braucht nicht ausgeschlossen zu werden. Es ist eine Übertreibung, von den pseudo-isidorischen Dekretalen, deren unechte Stücke übrigens keineswegs frei erdichtet, sondern mosaikartig aus den verschiedensten kirchlichen Quellenschriften zusammengesetzt sind, eine neue Epoche des Kirchenrechts datieren zu wollen; andererseits darf man aber den Einfluß Pseudo-Isidors doch nicht unterschätzen: er hat doch nicht nur das geltende Recht zusammengestellt, das dadurch und durch die Zurückführung auf frühere Zeiten und auf einen von hoher Autorität umkleideten Ursprung größeres Ansehen gewinnen sollte, sondern er hat auch materiell neues Recht schaffen wollen; freilich ist er zunächst nicht mit allen seinen Forderungen, so z. B. der des ausschließlichen Rechtes des Papstes auf Berufung der Provinzialsynoden, durchgedrungen. Und auch daran ist kein Zweifel, daß die pseudo-isidorischen Dekretalen, deren Echtheit bis ins 15. Jahrhundert unbezweifelt blieb, auch der Stärkung der päpstlichen Primatialgewalt nicht wenig förderlich gewesen sind.

NIKOLAUS I.

Als Kaiser Ludwig die Kunde vom Tode Benedikts III. erhielt, eilte er nach Rom, um bei der Papstwahl seinen Einfluß geltend zu machen. Seinem Wunsche gemäß wurde der Kardinaldiakon Nikolaus, ein geborener Römer, der schon in den voraufgegangenen Pontifikaten, besonders unter Benedikt III., sehr großen Einfluß ausgeübt hatte, zum Papst gewählt. Sonder Zweifel ist **Nikolaus I.** (858—867) die bedeutendste Persönlichkeit, die zwischen Gregor I. und dem siebenten Gregor den Stuhl Petri innegehabt hat, und einer der bedeutendsten und tatkräftigsten Päpste überhaupt. Nikolaus I. war eine imponierende Herrschernatur, ausgestattet mit durchdringendem Verstand und unbeirrbarer Urteilskraft, mit unbeugsamer Festigkeit des Willens und rücksichtsloser Zielbewußtheit in seinem Handeln; aufs tief-

Papst Nikolaus I. (858—867) war unerschütterlich in der *Verteidigung der Vorrechte des apostolischen Stuhles* und der *sittlichen Grundsätze des Christentums*.

ste erfüllt von dem Vollbewußtsein seiner Stellung, war er unerschütterlich in der Verteidigung der Vorrechte des apostolischen Stuhles und der sittlichen Grundsätze des Christentums. Bei ihm war es keine Phrase, wenn er einmal beteuert, daß er lieber sterben wolle, als daß er die Verletzung eines römischen Rechtes zuließe.

Die Grundsätze und Anschauungen, die ihn beseelten und bei seinen Taten leiteten, haben vielfach, wenn auch nicht in systematischer Darlegung, ihren Ausdruck gefunden: Christus selbst, der das Papsttum eingesetzt hat, hat demselben all seine Rechte verliehen; diese sind also nicht erst von Synoden verliehen. Darum fühlt sich Nikolaus als Stellvertreter Gottes auf Erden, seine Autorität ist Gottes Autorität; und darum erstreckt sich die Macht und Fürsorge des Papstes auch auf die ganze Kirche. Wie ihm die höchste Lehrgewalt zusteht, so hat er auch die oberste Gerichts- und Gesetzgebungsgewalt inne. Den päpstlichen Gesetzen und Urteilen kommt gleiche Bedeutung zu wie den Kanones; sie haben für a l l e Rechtskraft, unbeschadet abweichender Gewohnheiten; die Synoden dienen nur mehr als Organe der Durchführung päpstlicher Beschlüsse. Da es keine höhere Autorität als den Papst gibt, sind seine Urteile endgültig und unabänderlich; über den Papst aber kann niemand richten, auch der Kaiser nicht. Diese Privilegien des apostolischen Stuhles sind der Grundpfeiler aller Ordnung in der menschlichen Gesellschaft; durch sie ist er der Eckstein der Kirche, der sicherste Zufluchtsort aller Gläubigen. Unmöglich ist eine Verminderung seiner Vorrechte etwa durch Könige oder Kaiser. Für den Papst sind sie aber mehr eine Last als eine Ehre, da er über ihren Gebrauch Gott strenge Rechenschaft schuldet.

Bei dieser hohen Auffassung von dem P a p s t t u m a l s d e m u n b e s t r i t t e n e n M i t t e l p u n k t d e r K i r c h e mußte Nikolaus theoretisch und praktisch Front machen gegen die Machtstellung innerhalb der Kirche, welche die fränkischen Könige sowohl wie die byzantinischen Kaiser einnahmen. Christus, der wie sein Vorbild Melchisedech die geistliche und weltliche Gewalt in sich vereinigt habe, habe auch beide für immer getrennt; daher habe jede der beiden Gewalten ihren eigenen Wirkungskreis. Wie der geistlichen Gewalt nicht erlaubt sei, sich in weltliche Geschäfte einzumengen, so müsse auch jeder Eingriff der Fürsten in die kirchliche Sphäre unterbleiben. Darum sei die Wegnahme kirchlichen Besitzes durch die weltliche Gewalt unvernünftig; unzulässig sei die Verleihung von Kirchengut als Lehen. Von einer Mitwirkung der Fürsten bei der Gründung und Organisation von Kirchen dürfe keine Rede sein, so wenig wie von einer Besetzung der Bischofsstühle oder auch nur einer Beeinflussung der Bischofswahlen. Kein schlimmeres Vergehen könne es geben als die Absetzung eines Bischofs oder Abtes durch die weltliche Macht. Dieses Bestreben, den Episkopat von aller Abhängigkeit und Beeinflussung durch die weltliche Gewalt zu befreien, wird ergänzt durch die schroffe Stellungnahme, mit der sich der Papst gegen die seit langem hergebrachte Teilnahme der Fürsten an den Synoden wendet. So münden all diese Ideen des Papstes zusammen in der Forderung der Freiheit und Selbständigkeit der Kirche und damit in der V e r w e r f u n g a l l e s L a n d e s - u n d S t a a t s k i r c h e n t u m s, wie es damals als Resultat der historischen Entwicklung bestand. — Wenn Nikolaus nun auch die Selbständigkeit der weltlichen Gewalt auf ihrem Gebiet anerkannte, so maß er doch der geistlichen einen höheren Rang zu. Er verlangte, daß das Staatsleben in jeglicher Hinsicht nach christlichen und kirchlichen Grundsätzen gestaltet sei. Das aber mußte zur Folgerung einer gewissen Beeinflussung und Beaufsichtigung des Staates durch die Kirche, einer „direktiven Obergewalt" der letzteren und der Pflicht des Staates zur Unterstützung der Kirche führen. Was im besonderen die Fürsten betrifft, so forderte Nikolaus von ihnen Gehorsam in kirchlichen und kirchenpolitischen Dingen; doch da ihm die Sorge für das Seelenheil derselben und die Wahrung der sittlichen Ordnung obliege, so griff diese Gehorsamspflicht auch auf das politische und rein staatliche Gebiet über. In der Kaiserkrönung erblickte der Papst die rechtmäßige Übertragung des Amtes, der Kaiserrechte mit all ihren Pflichten der Kirche gegenüber. —

Gewiß, diese Grundsätze waren nicht neu; vor allem bieten seine Darlegungen über den Primat des römischen Bischofs keine wesentliche Fortentwicklung dieser Lehre; aber bisher waren diese Gedanken nie so klar dargelegt worden, und vor allem: bei Nikolaus handelte es sich hierbei nicht um theoretische Erörterungen, sondern er hat mit unbeugsamer Festigkeit in schweren Kämpfen auch um deren Anerkennung und praktische Durchführung gerungen.

*Kaiser Lothar II. (855—869)
gegen dessen sittliches Verhalten Papst Nikolaus I.
entschieden Einspruch erhob.
Nach einer Miniatur im Evangeliar fuer St. Martin in Tours (9. Jahrhundert)
Nationalbibliothek in Paris.)*

Wie schon so mancher seiner Vorgänger hatte auch Nikolaus I. über Bedrückungen päpstlicher Untertanen durch den ehrgeizigen, gewalttätigen Erzbischof Johannes von Ravenna zu klagen; es kam hinzu, daß seit langem die Frage der Untertänigkeit des ravennatischen Erzbischofs unter den päpstlichen Stuhl der klaren Entscheidung harrte. Obwohl der Erzbischof durch Kaiser Ludwig Unterstützung fand, hat der Papst doch schließlich auf einer **römischen Synode (November 861)** seine völlige Unterwerfung erreicht. Freilich hat sich Johannes den scharfen Synodalbeschlüssen, die ein Wiederaufleben der alten Zwistigkeiten verhindern sollten, nicht dauernd gefügt. — Schärfer noch waren die Konflikte, die der Papst mit dem tatkräftigen und selbstbewußten Hinkmar von Reims, dem mächtigsten Metropoliten des westfränkischen Reiches, einer der bedeutendsten Persönlichkeiten jener Zeit, durchzukämpfen hatte. Der Papst nahm sich energisch des Bischofs Rothad von Soissons an, der gemäß den Rechtssätzen Pseudo-Isidors an ihn appellierte, weil ihn Hinkmar im Verein mit einer Provinzialsynode wegen eigenmächtiger Bestrafung eines Presbyters seines Stuhles entsetzt hatte, und verfügte seine Wiedereinsetzung in das bischöfliche Amt. In gleicher Weise verhalf Nikolaus den Reimser Klerikern zu ihrem Recht, die Hinkmar abgesetzt hatte, weil sie von seinem Vorgänger Ebo geweiht worden waren, als dieser nach Ludwigs des Frommen Tode vorübergehend, und zwar nach Hinkmars Ansicht zu Unrecht, auf seinen erzbischöflichen Stuhl zurückgekehrt war.

Wie Nikolaus I. kraftvoll die Vorrechte der römischen Kirche wahrte, erwarb er sich auch den Ruhm eines unbeugsamen und unerschrockenen **Verteidigers der christlichen Sitte,** besonders der Heiligkeit der Ehe, gegenüber den Großen der Erde. Seit seinen Jünglingsjahren lebte L o t h a r II., der nach dem Tode des Vaters neben anderen Gebieten das nach ihm benannte Lotharingien geerbt hatte, und dem die starke Sinnlichkeit seines Geschlechtes eigen war, mit einer Konkubine namens Walrada zusammen. Als er zur Regierung gelangte, heiratete er aus politischen Gründen Thietberga, deren Bruder, Graf und Abt Hucbert von St. Maurice, das obere Rhonetal und damit den Alpenübergang nach Italien beherrschte. Da die Ehe kinderlos blieb, verstieß er bald wieder seine Gemahlin unter Beschuldigung des blutschänderischen Umgangs mit ihrem Bruder und verband sich wieder mit Walrada, die ihm schon drei Kinder geboren hatte. Der Hilferuf, den die unschuldige Königin an den Papst richtete, blieb nicht unerhört. Die Umsicht und unbeirrbare Festigkeit, mit der sich Nikolaus ihrer annahm, zeigen die sittliche Größe seiner Persönlichkeit in schönstem Licht. Denn die Schwierigkeiten, die er in diesem K a m p f f ü r d i e H e i l i g k e i t d e s E h e - b u n d e s zu überwinden hatte, waren außerordentlich groß; der feile und feige lotharingische Episkopat stellte sich auf einer Synode auf die Seite des ehebrecherischen Königs, die päpstlichen Legaten ließen sich bestechen und entschieden gleichfalls zugunsten Lothars; dieser selbst suchte den Papst durch heuchlerische Briefe zu täuschen, und Lothars Bruder, Kaiser Ludwig, suchte gar gewaltsam den Papst gefügig zu machen, indem er mit Heeresmacht vor Rom erschien. Aber auch jetzt blieb der Papst fest; er verhinderte auch Thietberga an jeder Nachgiebigkeit, zu der sie schließlich, gebeugt durch all die erduldete Unbill, bereit gewesen wäre. Der Papst gedachte schließlich durch den Bann den Trotz des Königs zu brechen; bevor es aber dazu kam, starb er.

Zur Zeit Nikolaus' I. wurde die griechische Kirche durch schwere innere Wirren erschüttert, deren Folge eine weitere E n t f r e m d u n g z w i s c h e n d e r K i r c h e d e s O s t e n s u n d W e s t e n s war. Diese Entfremdung hatte schon in den letzten Jahrhunderten, besonders auch durch den Bilderstreit, bedenkliche Fortschritte gemacht. Zudem hatte auch die politische Verbindung des Papsttums mit dem fränkischen Königtum, die in der Kaiserkrönung Karls des Großen durch den Papst gipfelte, die Gefahr einer kirchlichen Trennung nähergerückt; denn es liegt auf der Hand, daß dieses politische Schisma, die Loslösung des Papstes aus dem byzantinischen Reichsverband und die Erkürung des Frankenkönigs zum Schutzherrn seitens der Päpste an Stelle des byzantinischen Kaisers, im oströmischen Kaiserreich Erbitterung hervorgerufen hatte. Durch den Kaiser Michael III. wurde auf Betreiben von dessen gewalttätigen, sittenlosen Oheim, des Cäsars Bardas, im Jahre 858 der Patriarch Ignatius abgesetzt, weil er ungehörigen Zumutungen des Bardas sich nicht willfährig gezeigt hatte; in durchaus unkanonischer Weise wurde nun vom Kaiser der Staatssekretär Photius, noch ein Laie, auf den Patriarchenstuhl von Konstantinopel berufen. Da seine Erhebung vielfachem Widerstand begegnete, bemühte sich Photius im Verein mit dem Kaiser um die Anerkennung durch das Abendland und wandte sich daher an Nikolaus I. Aber obschon die vom Papst nach Konstantinopel entsandten Legaten sich durch Photius bestechen ließen und auf einer Synode (861) unter Überschreitung ihrer Vollmachten der Absetzung des Ignatius und der Anerkennung des Photius zustimmten, ließ sich der Papst, trotz aller Bemühungen der ungetreuen Legaten, nicht täuschen; auf einer römischen Synode (863) wurden die Legaten ihres Amtes entsetzt, ihr Urteil kassiert, und Photius wurde für abgesetzt erklärt, dagegen Ignatius als rechtmäßiger Patriarch anerkannt. Da aber Photius an dem Kaiserhof eine feste Stütze fand, blieb das päpstliche Urteil zunächst unbeachtet.

Die durch diese Differenzen herbeigeführte Spannung zwischen der abendländischen und der morgenländischen Kirche wurde nun noch mehr gesteigert durch den Zwist wegen der Bulgaren. Gerade damals hatte sich der Bulgarenzar Bogoris (Boris) zur Annahme des Christentums entschlossen; er ließ sich im Jahre 864 von Glaubensboten, die aus Konstantinopel gekommen waren, taufen und nahm den Namen seines kaiserlichen Taufpaten Michael an. Aus Furcht aber, daß die kirchliche Verbindung seines Reiches mit Konstantinopel leicht auch eine politische Abhängigkeit vom oströmischen Reiche nach sich ziehen könne, knüpfte Boris alsbald auch mit Rom Verbindungen an und erbat vom Papst Missionäre. Papst Nikolaus entsandte auch zwei Bischöfe als Legaten ins Bulgarenreich (866), die eine recht erfolgreiche Tätigkeit entfalteten. Der eine derselben, Formosus von Porto, gewann so sehr die Gunst des Zaren, daß dieser ihn zum Metropoliten für das neu zu errichtende Erzbistum seines Landes begehrte, worauf der Papst leider nicht einging. Eine Reihe von Anfragen des Boris über vielerlei Rechtsverhältnisse und Moralfälle beantwortete der Papst in einem berühmten Lehrschreiben, das ein Muster praktischer Erfahrung und weiser Rücksichtnahme auf die Bedürfnisse eines neubekehrten, noch wenig kultivierten Volkes ist.

Infolgedessen drohte plötzlich die Gefahr, daß das Bulgarenreich dem kirchlichen wie dem politischen Einfluß von Byzanz sich entziehe, und das rief in Konstantinopel Empörung hervor. Nun bot sich dem gekränkten Photius die erwünschte Gelegenheit, seine persönliche Angelegenheit zur Sache der ganzen morgenländischen Kirche zu machen; er tat dies mit einem Geschick, das seine Größe verrät. In einem Rundschreiben an die Patriarchen des Ostens erhob er nämlich heftige Vorwürfe gegen das Abendland wegen der Abweichungen desselben auf dem Gebiet der Disziplin (Samstagsfasten, Zölibat usw.); und wegen der Einfügung des Filioque in das Glaubenssymbol schleuderte er gegen die abendländische Kirche die Anklage der Verfälschung des Glaubens und den Vorwurf der Häresie. Durch dieses Rundschreiben hat Photius die schlummernden Gegensätze zwischen der Kirche des Morgen- und des Abendlandes zum Bewußtsein gebracht und sie dadurch geschichtlich wirksam gemacht, indem er ihnen begrifflichen Ausdruck gab und sie in leichtfaßliche Schlagworte faßte. — Im Zusammenhang mit diesen seinen Angriffen auf das Abendland leugnete Photius nun auch den Primat Roms mit der Begründung, daß die Verlegung des Kaisersitzes nach Konstantinopel die des kirchlichen Primates nach sich gezogen habe. Auf einer Synode zu Konstantinopel (867) ließ Photius die Verurteilung und Absetzung des Papstes als eines Häretikers aussprechen. Dieser täuschte sich keineswegs über die Bedeutung des Streites und die schweren, der kirchlichen Einheit drohenden Gefahren. Er rief das gesamte Abendland, besonders den fränkischen Episkopat auf, die Angriffe der Griechen auf die abendländische Kirche zurückzuweisen.

Bald danach ist Nikolaus I. gestorben (13. November 867). Die Kunde, daß sein stolzer siegesbewußter Gegner Photius in den Sturz des Kaisers Michael durch den Cäsar Basilius Macedo hineingezogen und in ein Kloster verwiesen worden sei, hatte den seit langem schwerkranken Papst nicht mehr erreicht.

IN DER GEWALT RÖMISCHER ADELSGESCHLECHTER

Von der stolzen Höhe, zu der der gewaltige Nikolaus I., dem man mit Recht den Titel der Große zuerkannt hat, das Papsttum emporgeführt hatte, sank es nach seinem Tode rasch wieder herab; es folgte fast unvermittelt eine Zeit tiefen Verfalles seines Ansehens und seiner Macht.

Nachfolger Nikolaus' I. wurde **Hadrian II.** (867—872) aus vornehmem römischem Geschlecht, aus dem schon zwei Päpste hervorgegangen waren, Stephan IV. und Sergius II. Dem neuen Papst, einem seiner Frömmigkeit und Wohltätigkeit wegen angesehenen Greise, fehlte die Willensstärke und Energie seines Vorgängers. Gleich zu Beginn seines Pontifikates wurde Rom durch einen räuberischen Überfall des Herzogs Lambert von Spoleto schwer heimgesucht. Den Papst selbst, der vor dem Eintritt in den geistlichen Stand verheiratet gewesen war, traf bald darnach ein schwerer Schlag durch die Entführung und Ermordung seiner Tochter und deren Mutter. Die schwache, nachgiebige Haltung des Papstes zeigte sich in seinem Verhalten zu dem Ehehandel Lothars II. Als dann Hadrian nach Lothars jähem Tode (869) nachdrücklich für die gerechten Erbansprüche von dessen Bruder, Kaiser Ludwigs II., auf Lotharingien eintrat, waren seine Bemühungen erfolglos, da Karl der Kahle und Ludwig der Deutsche im Vertrag von Meersen (August 870) das Zwischenreich ihres Neffen, der, mit der Abwehr der Sarazenen beschäftigt, seine Ansprüche nicht durchsetzen konnte, unter sich aufteilten; und obendrein mußte sich Hadrian seines Eingreifens wegen von Hinkmar eine hochfahrende, verletzende Zurückweisung gefallen lassen. Auch in einem weiteren Konflikt mit Hinkmar mußte der Papst, der sich, fußend auf den Forderungen der pseudo-isidorischen Dekretalen, für den auf Hinkmars Betreiben von einer fränkischen Synode zu Douay (871) abgesetzten Neffen desselben, Hinkmar von Laon, eingesetzt hatte, den Rückzug antreten, weil Karl der Kahle dem Reimser Metropoliten einen starken Rückhalt bot.

Dagegen hatte Hadrian die Genugtuung, daß die achte allgemeine Synode von Konstantinopel (869/70), an der auch päpstliche Legaten teilnahmen, das Verdammungsurteil einer römischen Synode über Photius erneuerte, und daß nun die kirchliche Einheit wiederhergestellt wurde. Aber dieser Triumph, der teils eine Frucht des kraftvollen Vorgehens Nikolaus' I., teils eine Folge des politischen Umschwunges, des Regierungsantrittes der glorreichen Mazedonierdynastie (Basilius Macedo 867—886) war, währte nur allzu kurze Zeit. Denn nach dem Tode des Ignatius (877), den Kaiser Basilius Macedo wieder auf den Patriarchenstuhl der Kaiserstadt berufen hatte, wurde Photius sein Nachfolger; eine neue Synode zu Konstantinopel (879/80), die künftig den Griechen als ökumenisch galt, verwarf die Beschlüsse der allgemeinen Synode von 869/70. Und wenn dann auch Photius bei dem Regierungswechsel des Jahres 886 einem jüngeren Bruder des neuen Kaisers Leo VI. des Weisen abermals weichen mußte und in ein Kloster verwiesen wurde, so blieb doch sein Ansehen in der griechischen Kirche ungebrochen. Und so wurde des Photius Persönlichkeit

Hadrianus II.
Sohn des Talarus aus
der römischen Familie
Colonna. 867—872

Johannes VIII.
Sohn des Gundo, Römer.
872—882

Marinus I.
Sohn des Palumbius.
Italiener aus Montefiascone. 882—884

Hadrianus III.
Sohn des Colonna, Römer. 884—885

und Wirken verhängnisvoll für die weitere Gestaltung der Beziehungen der morgenländischen und abendländischen Kirche: die Erinnerung an die erbitterten Kämpfe blieb lebendig, und seine vielgelesenen Schriften, die erstmals die Angriffe gegen die Lateiner in dogmatischer, ritueller und liturgischer Hinsicht formulierten, lieferten den byzantinischen Streittheologen fortan die die Kircheneinheit gefährdenden Waffen. — Im unmittelbaren Anschluß an die ökumenische Synode von 869/70 war überdies trotz des Einspruchs der päpstlichen Legaten die Eingliederung des Bulgarenlandes in den Patriarchatssprengel von Konstantinopel ausgesprochen worden, was mit der früheren politischen Zugehörigkeit Bulgariens zum oströmischen Reich begründet wurde. Auch Patriarch Ignatius, für dessen Rechte Rom stets eingetreten war, billigte wie die gesamte griechische Kirche diese Losreißung der Bulgaren aus dem römischen Patriarchatsverband: Es sei unschicklich, so erklärten die versammelten Vertreter der orientalischen Patriarchate, daß die Römer, die vom griechischen Reich abgefallen seien und mit den Franken ein Bündnis geschlossen hätten, im Gebiet des griechischen Kaisers Jurisdiktionsrechte festhalten wollten. Ignatius weihte einen Erzbischof für die Bulgaren; die lateinischen Priester wurden vertrieben. Vergebens waren die Proteste Hadrians.

Auch die Bemühungen seines Nachfolgers konnten den endgültigen Verlust eines so beträchtlichen Jurisdiktionsgebietes nicht abwenden. Dieser Nachfolger war der langjährige Archidiakon der römischen Kirche, **Johannes VIII.** (872 bis 882). Sein zehnjähriges Pontifikat ist erfüllt von dem Bestreben, den Kirchenstaat gegenüber von

Papst Hadrian II. (867—872)
versuchte auf einer ökumenischen Synode zu Konstantinopel (869/70) die infolge der Missionierung des Bulgarenreiches wieder entflammten Störungen der kirchlichen Einheit zu beendigen. Es gelang ihm jedoch nicht, seine Forderungen der griechischen Kirche gegenüber durchzusetzen, die die Losreißung der Bulgaren aus dem römischen Patriarchatsverband verlangte.

Karl der Kahle
war der jüngste Sohn Ludwigs des Frommen, geb. 823. Er erhielt nach seinem Siege über Kaiser Lothar im Vertrag von Verdun 843 das westliche Drittel des Reiches zugesprochen. Nach dem Tode Kaiser Ludwigs gelang es ihm, sich 875 Italiens und des Kaisertums zu bemächtigen; er starb 877.
(Nach einer Miniatur im Codex aureus, in der Staatsbibliothek in Muenchen. Veröffentlicht in G. Leidinger, Der Codex aureus, Muenchen 1921.)

innen sich erhebenden Schwierigkeiten und äußerer Feinde Andrang zu festigen. Wenn der Papst schließlich hierbei keinen Erfolg hatte, so lag das nicht an der Persönlichkeit des Papstes; denn dieser war, nicht unähnlich Nikolaus I., eine kraftvolle Herrschernatur, ausgezeichnet durch regen Tatendrang und mehr als gewöhnliche diplomatische Fähigkeiten; die Übermacht ungünstiger Verhältnisse verurteilte seine Pläne zum Scheitern. In dieser Hinsicht teilte er das Schicksal Kaiser Ludwigs II. Auch dieser konnte in seinem aufopfernden Kampf gegen die immer bedrohlicher auf italienischem Boden vordringenden Sarazenen nur vorübergehende Erfolge, wie etwa die Einnahme von Bari (871), erzielen, weil die Machtmittel seines auf Italien beschränkten Reiches zu gering waren und er keine Unterstützung erfuhr, weder von den Karolingern nördlich der Alpen, noch von den selbständigen süditalienischen Staaten, die sich sogar zum Teil aus kurzsichtigem Eigennutz mit dem Feinde verbanden. Als in den letzten Lebensjahren Ludwigs († 875) seine Tatkraft durch Mißerfolge gelähmt worden war, war es der Papst, der die Abwehr der Sarazenengefahr mit unermüdetem Eifer betrieb. Er suchte Rom, bis zu dessen Mauern die Feinde ihre Streifzüge ausdehnten, dadurch besser zu schützen, daß er — wie einst Leo IV. St. Peter — die Paulsbasilika mit einer festen Mauer umwehrte; er rüstete selbst eine Kriegsflotte aus, und es gelang ihm militärische Lorbeeren zu pflücken: mit seinen Galeeren nahm er beim Kap der Circe den Sarazenen 18 Schiffe ab und befreite 600 Christensklaven; dann suchte er unter seiner Führung eine Liga der mittel- und süditalienischen Staaten gegen die Sarazenen zusammenzubringen. Aber obwohl er nicht mit Zugeständnissen und Geldunterstützungen, gelegentlich auch mit Bannstrafen gegen Widerstrebende kargte, waren schließlich doch all seine Bemühungen erfolglos. Schließlich mußte sich Johannes VIII. sogar, um den Kirchenstaat vor weiteren Einfällen der Sarazenen zu bewahren, zu einer jährlichen Tributzahlung verstehen. Das war eine tiefe Demütigung des Papstes; freilich hatte er nur zu recht, wenn er bitter darauf hin-

Stephanus V
Sohn eines römischen
Bürgers. 885—891

Formosus
Sohn des römischen Bürgers Leo. 891—896

Bonifatius VI.
gebürtiger Römer.
896

Stephanus VI.
Benediktiner aus Rom.
896—897

wies, daß christliche Herrscher, die sich selbst nicht scheuten, mit den Feinden Christi in offene Verbindung zu treten, ihn soweit gebracht hatten.

Wie Johannes VIII. bestrebt war, den Kirchenstaat gegen äußere Feinde zu schützen, so suchte er in demselben seine eigene Stellung gegenüber widerstrebenden Gewalten zu festigen. Er mußte daher den **Kampf gegen die vornehmen Adelsgeschlechter** aufnehmen, die, unterstützt von der kaiserlichen Gewalt, seit geraumer Zeit die wichtigsten Ämter und den kirchlichen Grundbesitz lebenslänglich und fast erblich in der Hand hatten. Auf einer Synode in der Kirche Sancta Maria ad Martyres (April 876) wurden die Gegner des Papstes der Verschwörung gegen denselben bezichtigt und in den Bann getan. Unter den Verurteilten ragte neben anderen hohen Würdenträgern der Bischof Formosus von Porto hervor, der einst unter Nikolaus I. die bulgarische Kirche organisiert hatte; er wurde wegen ehrgeizigen Strebens nach der Papstwürde und eigenmächtigen Verlassens seines Sprengels seiner Würden entkleidet.

Als mit dem Tode Ludwigs II. die Kaiserkrone erledigt war, bot sich Johannes VIII. die Möglichkeit, über die Kaiserkrone frei zu verfügen und die souveräne Stellung des Papstes im Kirchenstaat gegenüber dem bisherigen Vorherrschen der kaiserlichen Macht zu verstärken. Obwohl Ludwig der Deutsche, als der ältere der Brüder, die ersten Anrechte auf die Kaiserkrone gehabt hätte, und obwohl auch Ludwigs II. Witwe gemäß dem letzten Willen ihres Gemahls für des deutschen Karolingers ältesten Sohn

Papst Johannes VIII. (872—882)
krönte an Weihnachten 875 in der Peterskirche Kaiser Karl den Kahlen und erweiterte die dem Kirchenstaat angegliederten Gebiete. Von großer Bedeutung für die Weiterentwicklung der abendländischen Geschichte waren seine Vereinbarungen über den Wirkungsbereich der slavischen Liturgie.

Karlmann eintrat, forderte der Papst Karl den Kahlen auf, nach Rom zum Empfang der Kaiserkrone zu kommen. An Weihnachten 875 fand in St. Peter die feierliche Krönung statt. Der Preis für die Kaiserkrönung war die Bestätigung und Erweiterung des von Ludwig II. im Jahre 872 mit dem Papst abgeschlossenen Paktums; neben der Erweiterung der Grenzen des Kirchenstaates, vor allem durch Überlassung des Gebietes von Spoleto und Benevent, enthielt es einen weitgehenden Verzicht auf kaiserliche Rechte im Kirchenstaat, besonders wurde die Einflußnahme auf die Papstwahl aufgegeben. Die Hoffnung freilich, daß der neue Kaiser seine Pflicht des Schutzes des Papstes und des Kirchenstaates gegenüber der Sarazenennot erfüllen würde, verwirklichte sich nicht; die Großmachtsgelüste Karls des Kahlen standen zu sehr im Mißverhältnis zu den ihm zu Gebote stehenden Machtmitteln und zu seinen eigenen Fähigkeiten. Ebenso schlugen die Hoffnungen fehl, die der Papst nach Karls Tode auf dessen Schwager, den Grafen Boso von Vienne, den er adoptierte, und dann auf Karl III., den Dicken, setzte, den er 879 als König von Italien anerkennen mußte, und dem als dem ersten ostfränkischen Herrscher er im Februar 881 die Kaiserkrone erteilte. Obendrein waren Johannes VIII. aus seiner offenen Begünstigung der westfränkischen Karolinger erhebliche Schwierigkeiten seitens des deutschen Zweiges derselben erwachsen: im Jahre 878 fielen Lambert von Spoleto und Adalbert von Tuscien mit der Erklärung, die Rechte Karlmanns, des Sohnes Ludwigs des Deutschen, wahren zu wollen, in den Kirchenstaat ein; Rom wurde besetzt, der Papst flüchtete schließlich nach Frankreich; doch fand er auch hier bei Ludwig dem Stammler keine Unterstützung.

Man versteht es, daß in dieser wildbewegten Zeit der Papst vornehmlich durch die Sorgen als Herr des Kirchenstaates in Anspruch genommen war; es scheint aber auch in seiner persönlichen Art begründet gewesen zu sein, daß die rein kirchlichen Angelegenheiten mehr in den Hintergrund traten. Am bemerkenswertesten ist seine Stellungnahme zu Methodius. Als das aus Thessalonich stammende Brüderpaar Konstantin und Methodius, von Konstantinopel ausgesandt, in Mähren die Missionsarbeit begonnen hatte (863), waren sie von Nikolaus I. nach Rom berufen worden; konnte der Papst doch gerade damals ein Eindringen griechischer Missionare in das Gebiet der abendländischen Kirche nicht ruhig ansehen, da es zum offenen Konflikt mit der Kirche des Ostens gekommen war. Die beiden Slavenapostel waren in Rom, wo inzwischen Hadrian Nikolaus I. nachgefolgt war, freundlich aufgenommen worden, nicht zuletzt deshalb, weil sie die Gebeine des hl. Klemens mitgebracht hatten. Da Konstantin-Cyrill in Rom gestorben war, kehrte Methodius allein in sein Missionsgebiet als päpstlicher Legat und mit der bischöflichen Würde geschmückt zurück; sein Glaube war als korrekt erfunden worden, und er hatte das außerordentliche Zugeständnis erlangt, im Gottesdienst die slavische Sprache gebrauchen zu dürfen. Methodius hatte nun das Schwergewicht seiner Tätigkeit in das Gebiet des Chozel verlegt, der über ein christliches Fürstentum in Unterpannonien am Plattensee gebot. Das führte aber zu einem scharfen Konflikt mit der Salzburger Kirche, die nun ihre durch die bisherige Missionstätigkeit erworbenen Anrechte auf Pannonien gefährdet sah; allerdings hatte Hadrian den Salzburger Ansprüchen gegenüber ältere Rechte geltend gemacht, indem er Methodius das alte Erzbistum Sirmium verlieh, das bis zum Bilderstreit dem päpstlichen Vikariat Thessalonich unterstanden hatte. Eine bayrische Synode zu Regensburg (870) hatte Methodius

Romanus I.
Bruder des Papstes Marinus. 897

Theodorus II.
Sohn des römischen Bürgers Photius 897

Johannes IX
Sohn d. Rompoald, Ital. aus Tivoli. 898—900

Benedictus IV.
Sohn des röm. Bürgers Mamaolus. 900—903

abgesetzt und ihn zu Klosterhaft verurteilt. Dieser hatte natürlich sofort nach Rom appelliert, aber auch der Salzburger Erzbischof hatte sich an den Papst gewandt mit einer Darlegung der alten Rechte seiner Kirche auf Pannonien und mit Anklagen wider Methodius wegen Gebrauchs der slavischen Liturgie. Johannes VIII. mußte nun die Entscheidung fällen; er verfügte und erreichte die Freilassung des Methodius und seine Wiedereinsetzung in die erzbischöfliche Würde, dagegen verbot er die Meßfeier in slavischer Sprache als eine die Kircheneinheit störende Neuerung. Methodius scheint sich aber an das Verbot der slavischen Liturgie nicht gekehrt zu haben, jedenfalls wurden dieserhalb von fränkischen Priestern in Mähren, wo Methodius inzwischen ebenfalls sein apostolisches Wirken fortgesetzt hatte, neue Anklagen in Rom erhoben. Methodius wurde daher von Johannes VIII. im Jahre 879 zur persönlichen Verantwortung nach Rom vorgeladen. Es gelang ihm wiederum, seine Rechtgläubigkeit zu erweisen, und er erreichte nunmehr das bedeutsame Zugeständnis, die slavische Liturgie beibehalten zu dürfen; nur sollte das Evangelium zuerst lateinisch gesungen werden; doch mußte die lateinische Meßfeier zugelassen bleiben, und es wurde der Schwabe Wiching zum Gehilfen und Suffragan des Methodius bestellt, was weitere Streitigkeiten zur Folge hatte. Johannes VIII. stellte sich in diesen auf Methods Seite. Dagegen wurde dann unter Stephan V. die slavische Liturgie endgültig verboten. Das bedeutete aber, daß die weiten Gebiete im Osten der deutschen Kirche in Mähren und Pannonien endgültig der abendländischen Kirche und damit der abendländischen Kultur erhalten

Papst Formosus (891—896)
sah sich genötigt, gegen die Bedrängungen durch römische Adelsgeschlechter und italienische Fürsten den König Arnulf zu Hilfe zu rufen; im Februar 896 krönte Papst Formosus den König Arnulf mit der Kaiserkrone.

blieben. Von folgenreichster, bis in unsere Tage fortwirkender Wichtigkeit wurde es dann, daß durch einen Schüler Methods der slavischen Liturgie in dem mächtig aufstrebenden B u l g a r e n r e i c h zur Zeit des großen Zaren Simeon (893—927) eine neue Heimat geschaffen wurde. Von den Bulgaren aber kam die slavische Liturgie zu den Russen.

Johannes VIII. ist eines gewaltsamen Todes gestorben. Es beginnt nun **die traurigste Periode in der Geschichte des Papsttums,** eine Zeit schmählicher Erniedrigung und trostloser Entartung. Es war nicht so, daß etwa all die vierundzwanzig Päpste, die seit 882 bis zum Eingreifen Ottos I. (963) in rascher Folge sich ablösten, „schlechte" Päpste gewesen wären. Aber in der ganzen Zeit war das Papsttum in drückender unwürdiger Abhängigkeit von rivalisierenden, rücksichtslos nur auf ihre Interessen bedachten Adelsparteien; es wurde hineingerissen in die wüsten Parteikämpfe, die das von äußeren Feinden bedrohte Italien vollends ins Verderben stürzten, und es sank zu kläglicher Ohnmacht herab. Dabei mußte auch die kirchlich-religiöse Stellung des Papsttums schweren Schaden leiden und dieses in seinem Wirken gehemmt sein, und das gerade in einer Zeit, da mit dem ruhmlosen Ende des karolingischen Kaisertums ein allgemeiner Verfall der staatlichen Macht und sittlichen Ordnung, eine fast beispiellose Verwilderung und ein erschreckender Niedergang der gesamten Kultur im Abendlande einsetzte.

Den durch Johannes' VIII. Ermordung verwaisten päpstlichen Stuhl nahm **Marinus I.** (882—884) ein; er hatte sich im Dienste der römischen Kirche besonders als Legat auf der achten allgemeinen Synode von Konstantinopel große Verdienste erworben und war vor seiner Wahl zum Papst Bischof des etruskischen Cäre gewesen. Durch ihn ist Formosus wieder in seine Würde eingesetzt worden. So konnte dieser in Ausübung des alten Rechtes seines bischöflichen Stuhles Porto den beiden Nachfolgern des Marinus **Hadrian III.** (884—885) und **Stephan V.** (885—891) die Bischofsweihe erteilen. In dessen Regierung fiel die karolingische Universalmonarchie, die Karl der Dicke noch einmal in seiner kraftlosen Hand vereinigt hatte, endgültig in eine Reihe selbständiger Königreiche auseinander, die zunächst vollauf beschäftigt waren, die eigene Existenz gegen innere und äußere Feinde — vor allem Normannen und Ungarn — sicherzustellen. Und in Italien, das nach wie vor von den Sarazenen heimgesucht wurde, die 884 das Kloster Monte Cassino plünderten, stritten Berengar von Friaul und Wido von Spoleto um die Obmacht. Letzterer errang den Sieg, unterstützt durch Anhänger aus Westfranken, dessen Krone er gleichfalls erstrebt hatte, aber nicht behaupten konnte. Nachdem Wido zur Herrschaft über seinen Stammbesitz die italienische Königskrone erlangt hatte, ging sein Streben noch höher; Stephan V., der vergebens zuerst Karl III., nach dessen Sturz Arnulf von Ostfranken zur Romfahrt eingeladen hatte, mußte schließlich seinen früheren Schützling Wido zum Kaiser krönen (Februar 891). Mochte Wido hierbei auch die Privilegien der römischen Kirche nach altem Brauch bestätigen, so hatte er nun doch die erstrebte Oberherrschaft über den Kirchenstaat errungen. Schon im folgenden Jahre mußte Stephans Nachfolger, der greise **Formosus** (891—896), der nun endlich das Ziel seiner Wünsche erreicht hatte, Widos Sohn, Lambert, gleichfalls die Kaiserkrone aufs Haupt setzen. Wie unerträglich der Druck gewesen sein muß, den Wido auf den Papst ausübte, läßt sich daraus entnehmen, daß Formosus, dessen Freunde doch zur Zeit Johannes' VIII. bei den Spoletanern Zuflucht gefunden hatten und von diesen nach Rom zurückgeführt worden waren, schon im Jahre 893 an König Arnulf die Bitte gelangen ließ, das Königreich Italien und den Besitz des heiligen Petrus den schlechten Christen zu entreißen. Der tatkräftige Arnulf folgte auch der Aufforderung des Papstes. Nachdem er schon 894 sich Oberitalien unterworfen hatte, bahnte er sich auf einem zweiten Zug den Weg durch Mittelitalien und nahm Rom mit Waffengewalt. Im Februar 896 empfing er von Formosus die Kaiserkrone. Wohl hielt er strenges Gericht über seine Gegner, aber da er schwer erkrankt bald nach Deutschland zurückkehrte, konnte Lambert, der inzwischen seinem Vater nachgefolgt war, rasch wieder zur Macht kommen; das bedeutete aber für das Papsttum den Anbruch trüber Zeiten.

Formosus war wenige Wochen nach Arnulfs Krönung gestorben. In tumultuarischer Weise wurde zunächst ein abgesetzter Presbyter, **Bonifaz VI.**, auf den Papststuhl erhoben. Schon nach fünfzehn Tagen folgte ihm **Stephan VI.** (896 — 897), der zuvor Bischof von Anagni gewesen war. Nachdem er anfänglich Arnulfs Kaisertum anerkannt hatte, wechselte er seine Haltung, als er sah, daß Lamberts Machtstellung gesichert blieb. Nun veranstaltete er das schaurige Totengericht über Formosus, seinen alten Feind, durch das der unmenschliche Frevler seinen Namen mit untilgbarer Schmach bedeckt hat. Des Formosus Leiche, die schon neun Monate im Grabe geruht, wurde ausgegraben und vor die versammelte römische Synode geschleppt; man bekleidete den Leichnam mit den Pontifikalgewändern und hielt dann Gericht über ihn. Sein Pontifikat wurde, weil er, wie übrigens auch Marinus und Stephan VI. selbst, den alten Kanones zuwider seinen früheren Bischofssitz mit dem römischen vertauscht hatte, für unrechtmäßig, die von ihm erteilten Weihen für nichtig erklärt. Nach der Aburteilung wurden von der Leiche die Gewänder abgerissen; man verstümmelte sie und warf sie in den Tiber. Der scheußliche Frevel rief Empörung und Widerspruch hervor, nicht zum wenigsten bei den Presbytern, die von

Papst Johannes IX (898—900) trachtete mit großer Tatkraft darnach das Papsttum aus der unwürdigen Abhängigkeit von den römischen Adelsgeschlechtern zu befreien.

Formosus die Weihe empfangen hatten. Wenige Monate danach wurde der Leichenschänder im Gefängnis erdrosselt.

Rasch folgten die Pontifikate des **Romanus** und **Theodors II.**; letzterer hatte den Mut, den Leichnam des Formosus ehrenvoll zu bestatten; und die Ordinationen desselben wurden wieder anerkannt. Dann suchte Sergius, von den Gegnern des Formosus unterstützt, sich des päpstlichen Thrones zu bemächtigen. Es gelang aber, ihn zu vertreiben, und nun konnte **Johannes IX.** (898—900), ein Benediktiner, geweiht werden. Sein Pontifikat ist gekennzeichnet durch das Bemühen, nach all den Wirren und Greueln wieder Ordnung zu schaffen. Anknüpfend an Theodors II. Bestrebungen wurde das Andenken des Formosus völlig wiederhergestellt, die Akten der „Leichensynode" wurden kassiert; den Teilnehmern an derselben

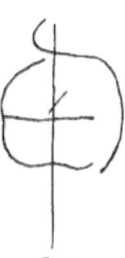

Das „Signum" (Unterschrift) des Papstes Formosus. 891—896

wurde die erbetene Gnade gewährt, weil ihre Bestrafung leicht Anlaß zu neuen Zwistigkeiten gegeben hätte. Auf der gleichen Synode wurde Lambert als Kaiser anerkannt und die Kaiserkrönung des „Barbaren" Arnulf für nichtig erklärt. Etwas anderes blieb dem Papst nach Lage der Dinge kaum übrig. Bei einem friedlichen Einvernehmen mit dem Haus von Spoleto schienen Ruhe und Sicherheit im Kirchenstaat am ehesten verbürgt. Um den Unordnungen bei der Papstwahl zu steuern, wurde bestimmt, daß Bischöfe und Klerus den Papst unter Zustimmung des Volkes wählen und daß dann die Konsekration in Gegenwart kaiserlicher Gesandten statthaben sollte. Praktische Bedeutung hat die Verordnung, welche im wesentlichen die Anordnungen Kaiser Lothars erneuerte, nicht erlangt. Im Juni 900 starb Johann IX. Schon vor ihm hatte Lambert auf der Jagd den Tod gefunden, und 899 war auch Arnulf nach langem Leiden ins Grab gesunken.

Da mit Lambert das Geschlecht der Widonen im Mannesstamme erloschen war, gewann sein alter Gegner Berengar von Friaul an Macht. Trotzdem oder

Papst Leo V. starb 903 nach einmonatigem Pontifikat

Leo V
Italiener aus Ardea.
903

Christophorus
Sohn des römischen
Bürgers Leo. 903

Sergius III.
Graf von Tusculum.
Sohn des Benedikt, Römer. 904—911

Anastasius III.
Sohn des Römers Lucianus. 911—913

eben deshalb krönte **Benedikt IV.** (900—903), ein würdiger Papst, König Ludwig III. von der Provence, den Sohn des Boso, zum Kaiser, der aber machtlos blieb und bald wieder vor Berengar aus Italien weichen mußte. Nach Benedikts Tode zeigte sich wieder in traurigster Weise die Zerrüttung in der Ewigen Stadt. **Leo V.** wurde schon nach einmonatigem Pontifikat durch den Presbyter **Christophorus** in den Kerker geworfen; nach wenigen Wochen ward diesem dann das gleiche Schicksal bereitet durch **Sergius III.**, der nun mit mehr Erfolg als nach Theodors II. Tode seine Hand nach der päpstlichen Würde ausstreckte.

Sergius III. (904—911), dessen beide Vorgänger im Kerker erdrosselt wurden, war durch tuscische und spoletinische Hilfe ans Ziel gelangt; als alter Gegner des Formosus hat er wiederum alle Weihen desselben für ungültig erklärt und dessen Anhänger ihrer Ämter entsetzt. Sicherlich haben Sergius III. gute Eigenschaften nicht gefehlt, Tatkraft und Energie lassen sich seinem Pontifikat nicht absprechen, aber trotzdem steht dieses in schlechtem Andenken. Denn unter ihm beginnt die **unwürdige Abhängigkeit des Papsttums von einer mächtigen römischen Adelspartei**, als deren Führer Theophylakt erscheint. Die beherrschende Stellung, die er einnahm, lassen die Titel erkennen, die er in den Quellen führt: vesterarius (Schatzmeister der römischen Kirche), magister militum, consul und senator Romanorum. Sehr bald aber tritt als die eigentliche Herrscherin des Theophylakt ehrgeizige und sittenlose Gemahlin Theodora nebst ihren Töchtern Marozia und Theodora der Jüngeren in den Vordergrund. Die zutreffende Beurteilung der damaligen Zustände in Rom, die man seit Loescher (1705) gern, aber sehr übertrieben als Hurenregiment oder Porno-

Papst Sergius III. (904—911)
hat nicht verhindern können, daß unter seinem Pontifikat das Papsttum unter eine ebenso unwürdige als drückende Abhängigkeit von mächtigen römischen Adelsparteien geriet.

Lando
Sohn des Tranus, Italiener aus Sabina.
913—914

Johannes X.
Italiener aus der Familie Cenci in Ravenna.
914—928

Leo VI.
Sohn des Römers Primicerius Christoph. 928

Stephan VII.
Sohn des Römers Theudemund. 929—931

kratie charakterisiert, ist durch die Beschaffenheit des zu Gebote stehenden Quellenmaterials sehr erschwert; vor allem unterliegt die Zuverlässigkeit des wichtigen Werkes des Bischofs Liutprand von Cremona, das er selbst bezeichnenderweise Antapodosis d. h. Vergeltung nennt, schweren kritischen Bedenken. Jedenfalls aber war die jahrzehntelange Abhängigkeit des Papsttums von diesen Frauen, die bei ihrem Willen zur Macht unbekümmert die Grenzen von gut und böse überschritten, unwürdig und schmachvoll. Die Stellung des Hauses des Theophylakt in Rom wurde noch verstärkt, als Marozia den mächtigen Markgrafen Alberich von Spoleto, einen Verwandten Sergius' III., ehelichte.

Nach dem Tode Sergius' III., dem die durch ein Erdbeben zerstörte Laterankirche ihren Neubau verdankte, folgten die bedeutungslosen Pontifikate des Römers **Anastasius III.** (911—913) und des **Lando** (913—914). Dann bewirkte der Einfluß der Theodora, daß der Erzbischof Johann von Ravenna nach Rom berufen wurde und als **Johannes X.** (914—928) die päpstliche Würde erlangte. Er war ein tatkräftiger Mann. An der Schlacht gegen die Sarazenen am Garigliano (August 915) nahm er persönlich an der Spitze der römischen Truppen teil; und an dem glänzenden Siege, der damals errungen wurde, konnte er sich ein gut Teil des Verdienstes zuschreiben; hatte er doch um das gemeinsame Vorgehen mehrerer italienischer Fürsten gegen den Feind, an dem auch griechische Truppen teilnahmen, sich erfolgreich bemüht. Im Dezember desselben Jahres setzte der Papst Berengar die lang ersehnte Kaiserkrone aufs Haupt — eine Episode, die ohne Einfluß blieb und an den bestehenden Machtverhältnissen nichts änderte. Im

Papst Johannes X. (914—928) führte vergeblich gegen die in Rom herrschenden Adelscliquen langjährigen Kampf; er wurde 928 von seinen Gegnern im Gefängnis ermordet.

Papst Leo VI. (928)

Laufe seines Pontifikates muß Johannes' X. Stellung und Einfluß sich gehoben haben; sein Bruder Petrus spielte als „Markgraf" eine bedeutende Rolle. Aber dieses offene Streben des Papstes, sich von der Gewalt der herrschenden Adelspartei, der er sein Regiment verdankte, zu emanzipieren, führte seinen Sturz herbei. Zuerst wurde des Papstes Bruder aus Rom vertrieben und schließlich vor den Augen des Papstes erdrosselt. Dann wurde Johannes X. selbst ins Gefängnis geworfen, in dem er nach wenigen Monaten ermordet wurde. Fester denn je war nun die Machtstellung der Marozia in Rom, die inzwischen nach Alberichs Tode mit Wido von Tuscien eine neue Ehe eingegangen war.

Die beiden folgenden Päpste, **Leo VI.** (928) und **Stephan VII.** (929—931), waren ihre Kreaturen. Nun erhob Marozia, deren Stellung durch die Bezeichnungen Patricia und Senatrix gekennzeichnet wird, ihren eigenen, wahrscheinlich aus unerlaubter Verbindung mit Sergius III. stammenden Sohn als **Johannes XI.** (931—935) auf den Papstthron. Nachdem inzwischen ihr zweiter Gemahl Wido gestorben war (929), ging Marozia eine neue Ehe ein mit dessen Halbbruder Hugo von der Provence, der seit 926 die lombardische Königskrone trug. Ihre Absicht war, durch diese neue Verbindung ihre Herrschaft über Rom zu festigen; Hugo selbst erhoffte die Kaiserkrone, doch es kam anders. Unmittelbar nach der Hochzeit (Juni 932), die in der Engelsburg gefeiert worden war, entfesselte Marozias jugendlicher Sohn Alberich aus deren erster Ehe mit dem gleichnamigen Vater, durch seinen neuen Stiefvater persönlich gekränkt und um seine Rechte besorgt, einen Aufstand der selbstbewußten römischen Aristokratie, die von der Herrschaft des Fremden nichts wissen wollte. Hugo mußte flüchten; seine mehrfach wiederholten Versuche in den folgenden Jahren, sich Roms zu bemächtigen, scheiterten. Marozia wurde von ihrem Sohne gefangen gesetzt, und auch der Papst wurde von Alberich in strengem Gewahrsam gehalten. Länger als zwei Jahrzehnte hat nun Alberich mit dem Titel „eines Fürsten und

Papst Johannes XI. (931—935)

Johannes XI.
Graf von Tusculum.
931—935

Leo VII.
Benediktiner, Römer.
936—939

Stephan VIII.
Ein Verwandter des
deutschen Kaisers Otto I.
939—942

Marinus II.
Römer. 942—946

Senators aller Römer" die volle Herrschergewalt in Rom und dem Kirchenstaat ausgeübt, wenn auch formell die Rechte des jeweiligen Papstes anerkannt blieben, indem z. B. nach den Regierungsjahren der Päpste datiert wurde. Tatsächlich aber waren die letzteren zu völliger Bedeutungslosigkeit herabgedrückt. Man kann nicht einmal ohne Einschränkung sagen, daß den Päpsten auf geistlichem Gebiet die Selbständigkeit geblieben wäre. Denn wenn die nun folgenden Päpste — persönlich untadelige, fromme Männer — z. B. um Hebung der Kirchenzucht sich bemühten und besonders sich die Förderung der von dem Kloster Cluny ausgehenden Reformbewegung angelegen sein ließen, so geschah auch dies unter dem Einfluß des persönlich frommen Alberich, der auch hierfür Interesse zeigte. Das gilt von Johannes XI., dessen Pontifikat Flodoard als „ohne Gewalt, des Glanzes bar" charakterisiert. Das gilt aber auch von den folgenden Päpsten, die Alberich ihre Erhebung verdankten und seine Kreaturen blieben; es waren **Leo VII.** (936—939), unter dessen Pontifikat die kluniazensische Reformbewegung, von Alberich unterstützt, in der römischen Kirchenprovinz sich rasch verbreitete, **Stephan VIII.** (939—942), **Marinus II.** (942—946) und **Agapitus II.** (946—955).

Der Herrschaft König Hugos in Italien, dessen Bevorzugung burgundischer Großer allgemeinen Unwillen erregt hatte, wurde im Jahre 945 durch Markgraf Berengar von Ivrea, einem Enkel Kaiser Berengars und Gemahl von Hugos Nichte, ein Ende bereitet; Hugo zog sich nach der Provence zurück, wo er 948 starb; dem Namen nach führte dann sein Sohn Lothar die Regierung; der eigentliche Machthaber in Italien aber war Berengar. Als Lothar 950 starb, ließ sich Berengar sofort mit der Lombardenkrone krönen, sein Sohn Adalbert wurde zum Mitkönig erhoben; es war der äußere Ausdruck für das schon lange bestehende Machtverhältnis. Adelheid, die jugendliche schöne Witwe Lothars, eine Tochter des Burgunderkönigs Rudolf, die nun die Erbin der Ansprüche der Hugoniden war, und die daher der neuen Dynastie gefährlich werden konnte, wurde von dieser in festem Gewahrsam gehalten. Es gelang ihr aber zu entfliehen, sie rief nun den deutschen König Otto I. um Hilfe an. Für Otto I., dessen Herrschaft in seinem aufblühenden, innerlich gefestigten Reich gesichert war, war der Hilferuf der verfolgten schönen Königin der willkommene Anlaß, in die italienischen Verhältnisse einzugreifen und

Papst Leo VII. (936—939)

Münzen des Papstes Stephan VIII. (939—942)

seine Politik in die Bahnen seiner karolingischen Vorgänger zu lenken (951); das Ziel war die Kaiserkrone, voraufgehen mußte die Eroberung des italienischen Königreiches. Fast kampflos konnte sich Ottos stattliches Heer der Lombardei bemächtigen; in Pavia nahm er die Huldigung der italienischen Großen entgegen; mit großem Prunk fand hier auch die Hochzeit Ottos mit Adelheid statt. Von Pavia entsandte Otto den Erzbischof Friedrich von Mainz und den Bischof Hartbert von Chur nach Rom, um mit Papst Agapet wegen des Romzuges und der Kaiserkrone zu verhandeln. Alberich aber, der eigentliche Herr Roms, wollte davon nichts wissen; so holten sich die Gesandten des mächtigen deutschen und italienischen Königs eine Ablehnung. Mit Gewalt aber sich die Kaiserkrone zu erobern, daran konnte Otto bei der damaligen Lage nicht denken. Die deutschen Angelegenheiten, der Aufstand seines Sohnes Liudolf und anderer mächtiger Großer, die **Ungarneinfälle**, denen dann Otto 955 durch den **Sieg auf dem Lechfelde** endgültig ein Ende bereiten konnte, forderten seine Rückkehr nach Deutschland und nahmen ihn auch in den nächsten Jahren vollauf in Anspruch.

Noch zu Lebzeiten Agapets II. starb Alberich (954). Vor seinem Tode ließ er die römischen Großen schwören, daß sie nach Erledigung des päpstlichen Stuhles seinen Sohn Oktavian, den er schon früh hatte in den geistlichen Stand aufnehmen lassen, zum Papst wählen würden. So ist es auch geschehen, ein Beweis, wie fest begründet Alberichs Regiment gewesen war. Nachdem Oktavian seinem Vater zunächst in der weltlichen Herrschaft nachgefolgt war, wurde er nach Agapets Tode auch zum Papste gewählt; als solcher nannte er sich **Johannes XII.** (955—964). So war nun die geistliche und weltliche Gewalt in Rom wieder in einer Hand vereinigt; aber freilich war dieser siebzehnjährige unreife und lasterhafte Jüngling in seinem Lebenswandel und seinen Bestrebungen nur allzusehr weltlicher Fürst. Er war bedacht auf Wiederherstellung und Sicherung des Kirchenstaates. Diesem Zweck

Papst Agapet II. (946—955)
Unter dem Pontifikat dieses Papstes wickelten sich die langjährigen Kämpfe zwischen dem deutschen König Otto und den weltlichen Machthabern der italienischen Einzelstaaten ab.

diente sein schließlich erfolgloser Feldzug gegen Capua. Bei diesen Bemühungen stieß er auch zusammen mit Berengars Sohn Adalbert, der sich, da Otto in Deutschland festgebestrebt war.

Agapitus II.
Römer. 946–955

Johannes XII.
Graf von Tusculum,
Sohn Alberichs II.
955–964

halten war, nicht an die von ihm beschworenen Vasallenpflichten kehrte, sondern mit Rücksichtslosigkeit und Grausamkeit seine Macht wiederherzustellen und weiter auszudehnen

Da Johannes XII., dem ebenso die Macht wie die Klugheit des Vaters fehlte, sich außerstande fühlte, die Bedrohung des Kirchenstaates abzuwehren, ordnete er zum Weihnachtsfest des Jahres 960 Gesandte ab an das Hoflager Ottos mit der Bitte, den Papst und die ihm anvertraute römische Kirche aus der Gewalt Berengars und Adalberts zu befreien und ihr die alte Freiheit wiederzugeben. Mit stattlichem Heerbann brach Otto im Spätsommer 961 von Deutschland auf; ohne Widerstand zu finden, durchzog er die Lombardei. Das Weihnachtsfest feierte er in Pavia, Ende Januar 962 stand er vor Rom. Nachdem Otto nach alter Tradition dem Papste Schutz und Sicherheit gelobt und zugesichert hatte, ohne die Einwilligung des Papstes in Rom keine gerichtliche Entscheidung und keine Verfügung zu treffen, erfolgte am 2. Februar 962 der Einzug in die Ewige Stadt und die feierliche Kaiserkrönung Ottos und seiner Gemahlin Adelheid. Damit war die Kaiserwürde erneuert, und sie ward nun, und zwar dauernd, mit der deutschen Königswürde verbunden. Mit dieser Kaiserkrönung aber beginnt ein neuer Abschnitt in der Geschichte des Papsttums.

Der hl. Dunstan, 925–988
gewann seit 957 als Ratgeber König Edgars den größten Einfluß auf die Ordnung der staatlichen und kirchlichen Angelegenheiten in England. Papst Johannes XII. verlieh ihm, als er 960 nach Rom kam, als Zeichen kirchlicher Metropolitan-Jurisdiktion und als Symbol der innigen Verbindung der englischen Kirche mit dem Stuhle Petri die Bestätigung als Erzbischof von Canterbury und das Pallium; St. Dunstan starb am 19. Mai 988 als Abt des Benediktinerklosters zu Glastonbury.

nach einer Miniatur in einer zeitgenössischen Handschrift stellt dar, wie „St. Dunstan zu Fürsten Jesu" um Hilfe fleht.)

VON DER KAISERKRÖNUNG OTTOS DES GROSSEN BIS ZUM PONTIFIKAT GREGORS VII.

Wenige Tage nach der Kaiserkrönung hat Otto I., den man als den dritten Konstantin pries, in einem berühmten Privileg, dem sogenannten Pactum Ottonianum, die Schenkungen der Karolinger samt den über deren Rahmen hinaus inzwischen erhobenen päpstlichen Besitzansprüchen feierlich anerkannt und bestätigt, zugleich aber auch die kaiserlichen Rechte bezüglich der Papstwahl und die kaiserliche Obergewalt im Kirchenstaat, wie diese in der Konstitution Lothars von 824 umschrieben worden waren, wiederhergestellt.

Nur die Not und Bedrängnis, dazu vielleicht der Druck der reformfreundlichen Kreise Roms, die über das aller christlichen Sitte hohnsprechende Treiben des Papstes empört waren, hatten Johannes XII. genötigt, Otto herbeizurufen. Daß dieser nun die in der Kaiserwürde beschlossenen Rechte wahrnahm, entsprach nicht seinen Unabhängigkeitsgelüsten. So hat denn Johannes XII., uneingedenk seines eidlichen Versprechens, daß er dem Kaiser treu sein werde, kaum daß Otto Rom verlassen hatte, um Berengar vollends niederzuwerfen, mit seinem früheren Feinde Adalbert, ja sogar mit den Griechen und den Ungarn, hochverräterische Beziehungen angeknüpft. Als Otto hiervon erfuhr, und außerdem

Kaiser Otto I. unterwirft Berengar

Berengar II. hatte für sich im Jahre 950 die Krone Italiens errungen, das er 952 von Otto d. Gr. als Lehen empfing. Aber schon 963 wurde er wegen seiner Willkürherrschaft vom Kaiser wieder abgesetzt; er starb 966 als Gefangener in Bamberg.

Nach einer Zeichnung in der Chronik des Otto von Freising in der Universitätsbibliothek Jena.

Leo VIII.
Sohn des päpstlichen Archivdirektors Johannes. Römer. 963—965

Benedikt V
genannt „Grammaticus". Römer. 964—966

Johannes XIII.
Römer aus dem Geschlecht d. Theophylakt. 965—972

Benedikt VI.
Sohn d. römischen Bürgers Hildebrand 972—974

schwere Klagen über das lasterhafte Leben des Papstes ihm überbracht wurden, zog der Kaiser abermals nach Rom, dessen Tore ihm ohne Kampf sich öffneten. Auf einer Synode in St. Peter, welcher der Kaiser präsidierte, wurde Johannes XII., der sich vor dem Einzug Ottos geflüchtet hatte, seiner zahllosen Schandtaten wegen abgesetzt; man rechtfertigte den Schritt, der dem anerkannten kanonischen Grundsatz, daß der römische Stuhl von niemandem gerichtet werden könne, offenkundig widersprach, damit, daß eine unerhörte Wunde unerhörte Heilmittel rechtfertige. Es widersprach auch den kirchlichen Kanones, daß der von der Synode zum Papst erhobene Protoskriniar Leo, ein Laie — der achte dieses Namens (963—965) — an einem Tage alle Weihen empfing. Es fehlte aber viel, daß der neue Papst allgemein anerkannt und in seiner Stellung gesichert gewesen wäre. Kaum war ein Teil von Ottos Truppen abgezogen, da brach ein Aufstand der Römer los, den Otto mit leichter Mühe niederschlug. Als aber dieser selbst dann Rom verließ, da kehrte Johannes XII. nach Rom zurück, Leo VIII. mußte ins kaiserliche Lager flüchten; und auf einer neuen römischen Synode wurde die frühere verworfen, Leo exkommuniziert und seine Weihen für ungültig erklärt; an seinen Gegnern nahm Johannes grausame Rache. Bald danach aber (Mai 964) wurde Johannes XII. durch einen Schlaganfall, der ihn nach Liutprand bei einem Ehebruch traf, hingerafft; sein Tod entsprach so seinem Leben.

Mit Waffengewalt hat Otto nunmehr **Leo VIII.** nach Rom zurückgeführt, das, vom Hunger bezwungen, sich dem Kaiser unterwarf (Juni 964); der Kardinaldiakon Benedikt, den die Römer ihrem dem Kaiser geschworenen Eide zuwider eigenmächtig zum Papste erhoben hatten, wurde von einer neuen Synode nach wenigen Wochen wieder abgesetzt. Otto hat den frommen, gelehrten **Benedikt V.** nach Hamburg verbannt, wo er wenige Jahre später starb. Schon im Frühjahr 965 starb auch Leo VIII. Die Bulle, durch die er dem Kaiser und dessen Nachfolgern das Recht verliehen haben soll, alle Bischofsstühle, einschließlich des römischen, zu besetzen, ist eine Fälschung aus der Zeit des Investiturstreites.

Nach Leos Tode wagten die Römer nicht wieder, dem Kaiser zu trotzen, sondern im Einvernehmen mit ihm, der zwei Bischöfe, darunter Liutprand von Cremona, nach Rom entsandte, wurde einmütig der Bischof von Narni als **Johannes XIII.** (965—972) zum Papst erwählt. Obwohl dieser, ein würdiger Mann, selbst der römischen Aristokratie, vielleicht der Familie der Crescentier, entstammte, wurde er schon nach wenigen Monaten durch den Aufstand einer Adelspartei unter Führung des Stadtpräfekten Petrus in der Engelsburg gefangen gesetzt, dann mehrere Monate in der Campagna in festem Gewahrsam gehalten. Erst als Otto auf seine Hilferufe wieder in Italien erschien, wurde er freigegeben und konnte einen feierlichen Einzug in Rom halten. Über die Aufrührer hielt Otto nun strenges Gericht. Da Otto auch in den folgenden Jahren bis zum Herbst 972 in Italien blieb, um hier seine Herrschaft zu festigen und nach Unteritalien auszudehnen, ist das

Papst Leo VIII. (963—965)

Pontifikat Johannes XIII. weiterhin ruhig verlaufen. Der Papst wirkte in vollstem Einvernehmen mit dem Kaiser. Während dieser dem Papst die dem Kirchenstaat seit langem entfremdeten Gebiete, besonders den Exarchat übergab, krönte Johannes am Weihnachtsfest 967 den jugendlichen Otto II. zum Kaiser, 972 nahm er dann auch die Krönung der Gemahlin des Kaisersohnes, der byzantinischen Prinzessin Theophanu, vor. Auch auf kirchlichem Gebiet zeigte sich das Einvernehmen der beiden höchsten Gewalten, so, indem die Kirche von Magdeburg, die Lieblingsstiftung Ottos, die nach des Kaisers weitgespanntem Plan den Mittelpunkt der Missionsbestrebungen der deutschen Kirche in den Heidenländern des slavischen Ostens bilden sollte, zur Metropole erhoben und reich mit Privilegien ausgestattet wurde; der Papst wahrte sich doch eine gewisse Selbständigkeit, indem er entgegen den Absichten seines kaiserlichen Schutzherrn den Sprengel des neuen Erzbistums nicht auf das ganze Polengebiet ausdehnte. — Die verhältnismäßige Ruhe in Rom in diesen Jahren ermöglichte es dem Papst auch, die päpstliche Autorität in den Ländern Westeuropas bei verschiedenen Anlässen und Streitigkeiten zur Geltung zu bringen.

Der Tod Ottos des Großen (7. Mai 973) ließ in Rom rasch die Furcht vor der Kaisergewalt schwinden. Als Führer des römischen Adels tritt nun die der Sabina entstammende Familie der Crescentier in den Vordergrund. Crescentius, der Sohn der jüngeren Theodora, stürzte den Nachfolger Johannes XIII., den von der kaiserlichen Partei erhobenen **Benedikt VI.** (972—974). Noch bevor dieser im Gefängnis erdrosselt wurde, erhob man auf den päpstlichen Thron den Diakon Franko als **Bonifaz VII.** Nach wenigen Wochen aber wurde er, der an jenem Verbrechen beteiligt gewesen, deutscherseits vertrieben; er flüchtete nach Konstantinopel. Unter deutschem Einfluß folgte nun als Papst der bisherige Bischof von Sutri als **Benedikt VII.** (974—983), der dem Hause der Tuskulaner Grafen entstammte. Sein Pontifikat ist ruhig verlaufen; er führte es kraft-

Papst Johannes XIV (983—984)

Benedictus VII.
Sohn des Grafen David
vonTusculum.974—983

Johannes XIV
Italiener aus Pavia.
983—984

Bonifaz VII.
behauptete sich 974 und
984—985

Johannes XV
Sohn des Leo. Römer.
985—996

voll und umsichtig; die Klöster, besonders Cluny, dessen Abt Majolus Otto II. die Tiara vergeblich angeboten hatte, erfreuten sich seiner Förderung; das Kloster San Bonifacio ed Alessio auf dem Aventin wurde durch ihn erneuert und dem Einfluß Clunys erschlossen.

Neue Wirren in der Ewigen Stadt setzten unter dem nächsten Papste **Johannes XIV.** (983—984) ein, der vordem Kanzler des Kaisers und Bischof von Pavia gewesen war. Bald nach seiner Erhebung verlor er durch allzu frühen Tod seinen kaiserlichen Schutzherrn Otto II. Alsbald kehrte Bonifaz VII. (984—985) wohl mit griechischer Hilfe nach Rom zurück und bemächtigte sich wieder des päpstlichen Stuhles. Johannes XIV. wurde von ihm in den Kerker geworfen, wo er verhungerte. Kaum ein Jahr später aber wurde dem Unhold ein gleiches Ende bereitet. Es folgte nunmehr **Johannes XV.** (985—996). In diesem Jahrzehnt hat — wie einst Alberich — Johannes Crescentius, mit dem Beinamen Numentanus, der Sohn des vorgenannten Crescentius, als Patrizius die weltliche Herrschaft in Rom in der Hand gehabt, wenn auch formell von ihm die kaiserlichen Rechte anerkannt wurden, wie sich bei der Anwesenheit der Kaiserinmutter Theophano in Rom (989/90) zeigte. Wie abträglich aber die Abhängigkeit des Papstes von der Tyrannis und die voraufgegangenen traurigen Wirren dem Ansehen des Papsttums waren, läßt die bitterböse Kritik erkennen, die an den römischen Zuständen von den gallischen Synoden geübt wurde, die durch die Thronbesteigung der Kapetinger (987) und die damit zusammenhängenden Streitigkeiten um die Besetzung des Reimser Erzbistums nötig geworden waren. Erwähnenswert ist noch, daß durch Johan-

Papst Johannes XV. (985—996)
nahm im Jahre 993 die erste feierliche Heiligsprechung, die des Bischofs Ulrich von Augsburg, vor.

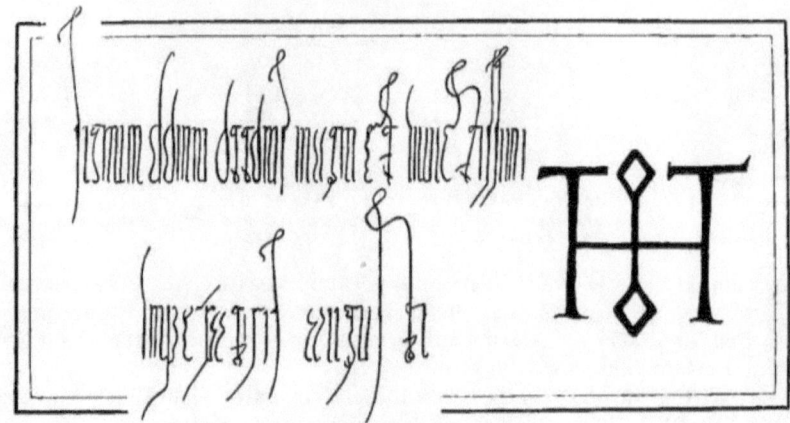

Unterschrift Ottos des Großen
Aus einer Urkunde vom Jahre 970. *Signum domini Ottonis magni et invictissimi imperatoris augusti.*

nes XV. auf der Lateransynode des Jahres 993 die erste feierliche Heiligsprechung, nämlich des zwei Jahrzehnte zuvor verstorbenen Bischofs Udalrich (Ulrich) von Augsburg vorgenommen wurde. Zwistigkeiten mit Crescentius bewogen den Papst, den jungen, eben mündig gewordenen Otto III. aufzufordern, zum Empfang der Kaiserkrone nach Rom zu kommen. Mit stattlichem Gefolge trat Otto III. im Frühjahr 996 seinen Krönungszug an.

In Pavia traf ihn die Kunde vom Tode des Papstes. Bald danach erschien vor ihm eine Gesandtschaft der römischen Großen und bat um Ernennung eines neuen Papstes. So bestellte denn Otto III. den jugendlichen Bruno, den Sohn seines Vetters Otto von Kärnten, der in der königlichen Kapelle unter Leitung des Erzbischofs Willigis von Mainz trefflich herangebildet worden war, zum Papst; einmütig stimmte Klerus und Volk von Rom zu. Der erste deutsche Papst des Mittel-

Papst Gregor V (996—999)
ein Sohn des Herzogs Otto von Kärnten und Vetter des Kaisers Otto III. war der erste Deutsche auf dem päpstlichen Throne im Mittelalter.

Gregorius V.
Sohn des Herzogs Otto
von Kärnten. 996--999

Silvester II.
Franzose aus der Au-
vergne. 999—1003

Johannes XVII.
ein Verwandter des Gra-
fen von Tusculum. 1003

Johannes XVIII.
Benediktiner, Römer.
1003—1009

alters nannte sich **Gregor V.** (996—999). Sein Pontifikat schien Großes zu verheißen und bessere Zeiten heraufzuführen; war der Papst doch ausgestattet mit hervorragenden Anlagen und ausgezeichnet durch vorbildliche Reinheit des Lebenswandels. Und erfüllt von der Würde seines hohen Amtes, war der Papst auch entschlossen, die Rechte wie die Pflichten desselben sorgsam, ja mit jugendlich stürmischem Eifer wahrzunehmen. Es gelang ihm auch, in dem Reimser Kirchenstreite das schwer geschädigte Ansehen des apostolischen Stuhles wiederherzustellen; wenn er in demselben gegen Gerbert, den Freund und Schützling des Kaisers, entschied, so zeigte er zugleich, daß er willens war, energisch und unbeirrt die kirchlichen Grundsätze zur Geltung zu bringen. In gleicher Weise trat er ähnlich Nikolaus I. mit nachdrücklicher Energie dem König Robert II. von Frankreich gegenüber für die Beobachtung der kirchlichen Ehegesetze ein. Nach seiner Kaiserkrönung (21. Mai 996) hatte Otto III. über Crescentius Gericht gehalten und ihn verbannt; die Bitten des Papstes erwirkten ihm die Begnadigung. Bald zeigte sich, wie verfehlt diese Milde war. Als Otto nämlich Italien verlassen hatte, entfachte Crescentius einen Aufruhr und riß wieder die Herrschaft über Rom an sich. Gregor V. mußte durch eilige Flucht sein Leben retten. Crescentius bewog nun mit byzantinischer Unterstützung den ehrgeizigen und habgierigen Griechen Johannes Philagathos, der durch die Kaiserin Theophano das Erzbistum Piacenza erhalten, dann mehrere Jahre die italienische Kanzlei geleitet hatte, und der eben erst im kaiserlichen Auftrag als Gesandter in Konstantinopel gewesen war, zur Annahme der päpstlichen Würde (Februar 997); er nannte sich **Johannes XVI.**

Kaiser Otto III.
Miniaturmalerei aus einem Bamberger Evangeliar.

Gregor V., dessen Ansehen außerhalb Roms unangefochten blieb, verhängte alsbald über den undankbaren treulosen Gegenpapst den Bann. Und als dann Otto III. mit Truppenmacht in Rom erschien (Frühjahr 998), wurde dieser gefangen genommen, verstümmelt und in einem Kloster gefangen gehalten. Crescentius wurde, nachdem die Engelsburg, wo er Zuflucht gesucht hatte, durch Eckard von Meißen erstürmt worden war, enthauptet. Nur wenige Monate konnte sich Gregor V. noch der nun unbestrittenen Herrschaft in Rom erfreuen: denn schon am 18. Februar 999 raffte ihn der Tod im Alter von 27 Jahren hin. Seine Grabschrift in den vatikanischen Grotten rühmt seine Mildtätigkeit und den Eifer, mit dem er in drei Sprachen Gottes Wort lehrte.

Dem ersten deutschen Papst folgte der erste französische Papst Gerbert. Ein glänzender Aufstieg hatte den aus kleinen Verhältnissen stammenden Schüler der Benediktiner von

Papst Silvester II. (999—1003) war der Lehrer Kaiser Ottos III. gewesen; er war *einer der bedeutendsten Gelehrten* seines Zeitalters.

Aurillac zur höchsten Würde emporgeführt. Seine umfassende Gelehrsamkeit, die er zum guten Teil der Berührung mit der arabischen Wissenschaft in Spanien verdankte, erregte schon das Staunen der Zeitgenossen; der Nachwelt erschien sie so übermenschlich, daß man sie nur durch Annahme von Zauberei erklären zu können vermeinte. Wenn der neue Papst sich **Silvester II.** (999—1003) nannte, so geschah es in Erinnerung an das durch die Legende gefeierte und verklärte Verhältnis des ersten Silvester zu Kaiser Konstantin; denn mit dem sächsischen Kaiserhaus verbanden ihn schon seit Otto dem Großen enge Beziehungen; Otto II. hatte ihm die Abtei Bobbio verliehen, Otto III. aber, durch den er das Erzbistum Ravenna und die Reichsabtei Nonantula erhielt, war er ein schwärmerisch verehrter väterlicher Freund und Ratgeber. Im Gegensatz zu seinem eigenen früheren Verhalten hat Silvester II. den Reimser Kirchenstreit beigelegt, indem er den von ihm selbst einst verdrängten Arnulf als Erzbischof bestätigte. Im Einvernehmen von Papst und Kaiser wurde im Jahre 1000 die Kirche in Ungarn organisiert, dessen Herzog der Papst die Königskrone übersandte; und für Polen wurde in Gnesen, am Grabe des hl. Adalbert, wohin sich Otto als „Diener Jesu Christi" persönlich begab, ein Erzbistum gegründet. Diese selbständige Organisation der polnischen Kirche, die nach der ein Jahrzehnt zuvor erfolgten Schenkung Polens an den hl. Petrus unausbleiblich geworden war, machte der deutschen Kirche die Weiterführung der bisher mit so großem Erfolge durchgeführten Missionsarbeit im Osten unmöglich. In der Folge

Sergius IV
Sohn des Römers Martin.
1009—1012

Benedikt VIII.
Sohn des Grafen Gregor
von Tusculum. Römer.
1012—1024

Johannes XIX.
Bruder des Vorigen. Ein
Laie. 1024—1032

hat sich gezeigt, daß dieser Schritt deswegen verfehlt war, weil das Christentum in Polen noch nicht hinreichend gefestigt war, als daß es ohne Schaden des festen Rückhaltes an der deutschen Kirche hätte entbehren können. — Es offenbarte den schneidenden Gegensatz der rauhen Wirklichkeit zu den phantastischen Weltherrschaftsplänen Ottos III., daß er von den aufrührerischen Römern in seiner Burg auf dem Aventin belagert wurde und mit dem Papst aus der Stadt, die seine dauernde Residenz hatte sein sollen, weichen mußte. So hatte sich schon die Undurchführbarkeit all der hochfliegenden Pläne erwiesen, noch ehe den jugendlichen Kaiser am 24. Januar 1002 der Tod ereilte. Ein Jahr später ist Silvester II. seinem kaiserlichen Freunde im Tode nachgefolgt. Man hat vielfach gemeint, daß Silvester zuerst die Idee der Kreuzzüge gefaßt hat; in einem Schreiben läßt er die Kirche von Jerusalem über die Leiden klagen, die ihr die Heiden zufügen, und sie auffordern, ihr zu Hilfe zu kommen, doch ist dieser Brief wahrscheinlich als Fälschung anzusehen.

Otto III. war ohne Erben gestorben. Sein Nachfolger, der Bayernherzog Heinrich II., dem durch Wahl die deutsche Königskrone zufiel (1002—1024), hat im Gegensatz zu den letzten Ottonen Deutschland das Schwergewicht seiner Herrschertätigkeit zugewandt. Nun ward noch deutlicher, wie wenig fest gegründet die deutsche Macht in Italien war: wenige Wochen nach Ottos III. Tode wurde Arduin von Ivrea zum König gewählt und zu Pavia gekrönt. Die schlimmen Rückwirkungen auf die Lage des Papsttums, das unter dem deutschen und französischen Papst zu neuem Ansehen und erneuter Machtstellung emporgestiegen war, traten sofort ein: noch einmal geriet es in drückende Abhängigkeit der römischen Adelsfaktionen. Es war jetzt Johannes Crescentius, der Sohn dessen, der unter Gregor V. hingerichtet worden war, welcher nunmehr als Patrizius die Gewalt in Rom an sich riß. Er hielt die unbedeutenden Nachfolger Silvesters in drückender Abhängigkeit; es waren **Johannes XVII.** (Juni bis Dezember 1003), **Johannes XVIII.** (1003—1009), der die Wiederherstellung des Bistums Merseburg und das von Heinrich II. begründete Bistum Bamberg (1007) bestätigte, und **Sergius IV.** (1009—1012). Da während dessen Pontifikat Johannes Crescentius starb, konnte seine Familie nicht die Machtstellung über Rom behaupten; sie ging an die Grafen von Tuskulum über. So konnten diese bei der Erledigung des päpstlichen Stuhles ihrem Familienmitglied Theophylakt den Sieg sichern.

Der neue Papst nannte sich **Benedikt VIII.** (1012—1024). Der Kandidat der Crescentier, Gregorius (VI.), flüchtete an den deutschen Königshof. Doch die Hoffnung, hier Unterstützung zu finden, trog ihn. Heinrich II. hatte sich schon für Benedikt VIII. entschieden, der auf des Königs Bitten die Privilegien seiner Lieblingsstiftung Bamberg bestätigte und denselben zum Empfang der Kaiserkrone einlud. Diese Einladung entsprach der gesamten Politik der Tuskulaner, die im Gegensatz zu den Crescentiern die hergebrachte Stellung des deutschen Königs anzuerkennen bereit waren. So hat denn auch der Bruder des Papstes, Alberich, nicht den Titel Patricius beansprucht, sondern nur als „consul et dux" sich an der Leitung der Geschäfte beteiligt. Es wäre aber irrig, anzunehmen, daß der Papst nur ein Werkzeug in der Hand seiner Familie gewesen sei. Er war vielmehr ein tatkräftiger Mann, der in wiederholten Kämpfen die Macht der Crescentier brach und wie später Julius II. persönlich gegen die Sarazenen und die Byzantiner in Unteritalien nicht ohne Erfolg zu Feld zog. — Mit großem Prunk hat Benedikt am 14. Februar 1014 die **Kaiserkrönung** an Heinrich II. und seiner Gemahlin Kunigunde vollzogen. Im Jahre 1020 ging der Papst, der wiederholten Einladung des Kaisers folgend, und um dessen Beistand gegen das Vordringen der Byzantiner zu erwirken, über die Alpen; in Bamberg weihte er den neuerbauten Dom ein. Das persönliche Erscheinen des Bischofs von Rom in Deutschland hat auf die Zeitgenossen einen gewaltigen Eindruck gemacht.

Papst Johannes XVIII. (1003—1009) ernannte den Preußenapostel Bruno von Querfurt zum Erzbischof.

Benedikt VIII. hat der **innerkirchlichen Reformbewegung**, die, von Cluny ausgehend, eine Macht in der Kirche geworden war, im engsten Zusammenwirken mit dem Kaiser, der hierbei die eigentlich treibende Kraft gewesen ist, seine Aufmerksamkeit zugewandt und sie gefördert. Besondere Bedeutung in der Hinsicht kommt der großen Reformsynode von Pavia (1022) zu, der Papst und Kaiser anwohnten. Die Synodalbeschlüsse, die der Kaiser dann als Reichsgesetze verkündete, verwarfen aufs schärfste die der alten kirchlichen Ordnung widersprechende Priesterehe, deren verderbliche Folgen, besonders die schwere Gefährdung des kirchlichen Besitzstandes, beklagt wurden. Um auch Frankreich wie schon Deutschland in den Kreis der Reformbewegung einzubeziehen, verabredete der Kaiser bei einer Zusammenkunft mit König Robert von Frankreich zu Ivois (August 1023) die Abhaltung einer neuen großen Reformsynode zu Pavia. Doch der schöne Plan blieb unausgeführt, da schon im folgenden Jahre 1024 Papst und Kaiser rasch nacheinander starben.

In seinem Bruder **Romanus** erhielt Benedikt VIII. einen wenig würdigen Nachfolger. Da die Herrschaft seiner Familie nicht unangefochten sicher war, ließ er sich, der noch Laie war, den kanonischen Bestimmungen zuwider noch am Wahltage alle Weihen erteilen; er nannte sich **Johannes XIX.** (1024—1032). Er hat sein Andenken dadurch geschändet, daß er sich, falls der zeitgenössische Bericht hierüber zutrifft und nicht auf einem Mißverständnis beruht, bereit

Benedikt IX.
Graf Theophylact von Tusculum, Römer.
1033—1044

Gregor VI.
vordem als Benediktiner Johannes Gratianus,
Römer. 1045—1046

zeigte, gegen reiche Geldsummen dem Patriarchen von Konstantinopel den in Rom stets abgelehnten Titel eines ökumenischen Patriarchen zuzugestehen; nur die erregten Vorstellungen aus den Kreisen der Reformbewegung verhinderten das Zustandekommen des schmählichen Handels. Daß jedenfalls von diesem Papste nichts für die kirchliche Reform zu erwarten war, ist selbstverständlich. Aber auch Konrad II. (1024—1039), der erste Salier auf dem deutschen Königsthrone, stand, obwohl persönlich keineswegs unfromm, doch den kirchlichen Interessen, besonders den ständig an Bedeutung gewinnenden Reformgedanken, kühl und gleichgültig gegenüber; allerdings nahmen andere dringende Aufgaben während seiner ganzen Regierung seine Kräfte in Anspruch. Konrads Verhältnis zum Papst, der ihn 1027 zum Kaiser krönte, ist durch die demütigende Rücksichtslosigkeit charakterisiert, mit der Konrad kirchliche Entscheidungen des ohnmächtigen Papstes, so bezüglich der Jurisdiktionsverhältnisse der Patriarchate von Grado und Aquileja, umstieß.

Papst Benedikt VIII. (1012—1024)
krönte am 14. Februar 1014 Kaiser Heinrich II. und seine Gemahlin Kunigunde. Im Jahre 1020 weihte er in Bamberg den neu erbauten Dom ein.

Wie ein Familienerbstück der Tuskulaner ging nun durch deren verbrecherische Umtriebe die päpstliche Gewalt auf einen Neffen des verstorbenen Papstes über, Theophylact. Der unreife, verkommene Jüngling hat als **Benedikt IX.** (1033—1044) durch elf Jahre, gleich Johannes XII., den Stuhl Petri mit Schmach und Schande besudelt, wenn auch manche gegen ihn erhobene Vorwürfe übertrieben sein mögen. Auch jetzt unterließ es Konrad II., in die trostlosen Zustände Ordnung zu bringen; ja, als der Papst durch Parteiungen aus Rom ver-

Urkunden-Unterschrift des Kaisers Heinrich II.

trieben wurde, führte ihn der Kaiser mit bewaffneter Hand nach Rom zurück. Schließlich führte das schlimme Treiben Benedikts einen neuen Aufstand der Römer herbei; er mußte im Herbst 1044 aus Rom fliehen. An seiner Statt wurde der Bischof Johannes von Sabina als **Silvester III.** auf den päpstlichen Stuhl erhoben. Aber schon nach zwei Monaten gelang es Benedikt IX. mit Hilfe der Machtmittel seines Hauses, seine Rückkehr nach Rom zu erzwingen; Silvester, der seine Würde erkauft hatte, kehrte in sein Bistum zurück. Benedikt hatte aber nun erkannt, wie wenig gesichert seine Stellung war, und so entschloß er sich, am 1. Mai 1045 auf die päpstliche Würde zu verzichten zugunsten seines Taufpaten, des Erzpriesters Johannes Gratianus. Dieser — es war **Gregor VI.** (1045—1046) — mußte aber an Benedikt für dessen Verzicht eine hohe Geldsumme zahlen. Das Schmähliche dieses simonistischen Handels wird dadurch kaum gemildert und entschuldigt, daß Gregor VI. sich hierbei von guten Absichten leiten ließ: er wollte die Befreiung der Kirche von dem unwürdigen Papst und die Herrschaft der kirchlichen Reformpartei, der er, persönlich ein frommer und tugendhafter Mann, nahestand, herbeiführen. Und so wurde immerhin, trotz der bedenklichen Begleitumstände, seine Erhebung von den Reformfreunden freudig begrüßt und allgemein anerkannt. Entscheidend aber mußte die Haltung des deutschen Königs sein.

Inzwischen war auf Konrad II. sein Sohn Heinrich III. (1039—1056) gefolgt. Seine Haltung gegenüber den kirchlichen Reformbestrebungen, die gerade infolge des immer schroffer in Erscheinung tretenden Gegensatzes zwischen den Forderungen des kanonischen Rechtes und der Wirklichkeit der kirchlichen Zustände mehr und mehr Macht über die Zeitgenossen gewannen, war eine andere als die seines Vaters; sie war bestimmt durch seine kirchliche Gesinnung und seine von ernstem Pflichtgefühl und Verantwortungsbewußtsein getragene hohe Auffassung seines königlichen Amtes. So hat Heinrich im Gegensatz zu Konrad auf jegliche Simonie verzichtet. Und ebenso hat er anders als sein Vater den Wirrnissen in Rom zu steuern sich bemüht. Im Jahre 1046 trat Heinrich III. seine erste Romfahrt an, in Pavia hielt er eine Reformsynode ab, in Piacenza fand sodann eine persönliche Zusammenkunft mit Gregor VI. statt. Und jetzt, wenn nicht

Die Krönung des hl. Heinrich durch den Papst
(Nach einem Holzschnitt der Inkunabellegende von Nonosius, Bamberg, 1511.)

 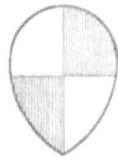  

Klemens II. *Damasus II.*
Suitger, Graf v. Morsleben, Hornburg u. Mayendorf, Sohn des bayerischen Grafen Poppo. 1047—1048
Sohn des Grafen Konrad v. Bamberg. 1046—1047

schon früher, muß Heinrich sich von des Papstes simonistischer Schuld überzeugt haben. Auf Heinrichs Wunsch trat am 20. Dezember 1046 zu S u t r i eine neue S y n o d e zusammen, vor die Gregor VI. und Silvester III. geladen wurden. Silvester wurde seiner Würden entsetzt und in ein Kloster verwiesen. Dasselbe Absetzungsurteil traf Gregor VI. Nach einigen Quellen wäre, was nicht unwahrscheinlich ist, mit Rücksicht auf den anerkannten Rechtssatz, daß der römische Bischof von niemandem gerichtet werden könne, der Ausweg gewählt worden, daß Gregor VI. von der Synode zur Selbstabsetzung veranlaßt wurde. Gregor VI. wurde von Heinrich nach Deutschland verwiesen; ein Kleriker des Lateran begleitete ihn in die Verbannung: H i l d e b r a n d. Es ist das erstemal, daß dieser bedeutsame Name in der Geschichte auftaucht. Wenige Tage später wurde in Rom auch über Benedikt IX. das Absetzungsurteil ausgesprochen. So war durch das kraftvolle Eingreifen Heinrichs III. das Gegeneinander dreier Päpste beseitigt. Noch nie war die Obmacht des Kaisertums über das Papsttum so sinnfällig in Erscheinung getreten. Nun mußte der apostolische Stuhl neu besetzt werden. Es wurde auf Empfehlung des Abtes Odilo von Cluny durch Heinrich III. unter Zustimmung von Klerus und Volk der Bischof Suitger von Bamberg zum Papst erhoben. Er nannte sich **Klemens II.** (1046—1047). Aus seiner Hand empfingen Heinrich III. und dessen Gemahlin Agnes von Poitou am Weihnachtsfeste die Kaiserkrone. Wenn der Kaiser sich nun auch den Titel eines Patrizius verleihen ließ, so sollte ihm dadurch der entscheidende Einfluß bei der Besetzung des päpstlichen Stuhles, man kann fast sagen, die Ernennung des Papstes, gesichert werden. Fester als je schien nunmehr die kaiserliche Oberherrschaft über das Papsttum gesichert. Doch es sollte sich bald wieder zeigen, daß eine solche Abhängigkeit mit der Idee des Papsttums unerträglich und auf die Dauer unhaltbar war.

Das Pontifikat Klemens' II. bedeutet den Beginn besserer Zeiten in der Geschichte des Papsttums. Mit Eifer begann er

Papst Johannes XIX. (1024—1032)] krönte Ostern 1027 im Beisein der K ö n i g e v o n B u r g u n d u n d D ä n e m a r k den deutschen König K o n r a d.

die Reformarbeit. Aber leider starb der Papst schon im Oktober 1047. Vergebens versuchte nun Benedikt IX. nochmals die päpstliche Würde an sich zu reißen. Der Kaiser bestimmte zum Nachfolger Klemens' II. den Bischof Poppo von Brixen; aber auch ihn — er nannte sich **Damasus II.** (1047—1048) — raffte schon nach wenigen Wochen der Tod hinweg.

Eine römische Gesandtschaft erbat nun am deutschen Hoflager die Ernennung des Erzbischofs Halinard von Lyon zum Nachfolger des verstorbenen Papstes; doch dieser lehnte die ihm zugedachte Würde ab. Und so wurde auf dem Wormser Reichstag (Dezember 1048) Bischof Bruno von Toul, ein Vetter des Kaisers, zum Papst bestimmt; als **Leo IX.** (1048—1054) hat er den Ruhm, einer der edelsten und ausgezeichnetsten in der Reihe der Päpste gewesen zu sein. Die Verwandtschaft mit Konrad II. hatte dem elsässischen Grafensohn schon in jungen Jahren das Bistum Toul verschafft. Hier hatte er Gelegenheit, die glänzenden Fähigkeiten seiner liebenswürdigen und gewinnenden, aber auch tatkräftigen Persönlichkeit zu entfalten; enge Beziehungen verbanden ihn schon damals mit den kirchlichen Reformkreisen, deren Bestrebungen durch ihn eifrig gefördert wurden. Es ist bezeichnend für den Geist, in dem er seines neuen hohen Amtes zu walten gedachte, daß er in die Annahme der Papstwürde nur unter der Bedingung willigte, daß nachträglich seine Wahl durch Klerus und Volk in Rom erfolge. Auch als Papst blieb Leo IX. mit den hervorragendsten Führern der Reform in enger Verbindung, so mit Abt Hugo von Cluny, mit Halinard von Lyon, mit Petrus Damiani, der damals noch in seinem Kloster Fonte Avellana weilte, aber schon durch seine Schriften in die großen die Kirche bewegenden Fragen machtvoll eingriff. Und da es dem stadtrömischen Klerus an tüchtigen Kräften gebrach, zog der Papst eine Reihe bedeutender Persönlichkeiten als Ratgeber und Gehilfen in seine Dienste, Männer, die reformeifrig und mit den kirchlichen Verhältnissen der verschiedenen Länder vertraut waren, und denen in den großen Kämpfen der folgenden Jahrzehnte bedeutsame Aufgaben zufielen. So brachte der Papst Hildebrand, der nach Gregors VI. Tode frei war, nach Rom mit; er wurde

Papst Gregor VI. (1045—1046)

hatte seinem Vorgänger auf dem päpstlichen Throne die päpstliche Würde mit Geld abgekauft, „nur damit die Christenheit dieses so unwürdigen Oberhauptes ledig würde". Auf der *Synode von Sutri* wurde er jedoch zum Verzicht auf diese unrechtmäßige Thronerwerbung gezwungen. *Kaiser Heinrich III.* verwies ihn nach Deutschland; er starb *1046 in Hamburg.*

Leo IX.
Sohn des elsässischen Grafen Hugo von Dagsburg.
1048—1054.

Viktor II.
Sohn des bayerischen Grafen Hartwig von Hirschberg. 1055—1057

zum Subdiakon geweiht und zum Schatzmeister der römischen Kirche bestellt, um deren völlig zerrüttete Finanzen zu ordnen. Der aus Burgund stammende Mönch Humbert wurde zum Kardinalbischof von Silva Candida erhoben, Hugo Candidus aus dem lothringischen Kloster Remiremont wurde Kardinalpriester von San Clemente, und auch der Lütticher Archidiakon Friedrich, ein Bruder Herzog Gottfrieds von Lothringen, wurde nach Rom berufen. So erhielt das Kardinalskollegium, dessen Machtstellung sich nun zu festigen beginnt, einen universalen Charakter, wie er der Stellung des römischen Kirche entsprach.

Unterstützt durch diese ausgezeichneten Männer hat Leo IX. mit erstaunlicher Spannkraft des Körpers und des Geistes eine außerordentliche Tätigkeit entfaltet, deren großes Ziel **die durchgreifende Kirchenreform** war. In rascher Folge wurde vom Papste eine Reihe von Synoden in verschiedenen Gegenden abgehalten, deren Beschlüsse sich mit Schärfe vor allem gegen die Simonie und Priesterehe als die Hauptübel, die es auszurotten galt, richteten. Unermüdlich eilte er von Synode zu Synode; und bei seinem mehrmaligen Aufenthalt in Deutschland und Frankreich wußte er durch prunkvolle kirchliche Feiern wie Kircheneinweihungen, Reliquienerhebungen und Kanonisationen, sowie durch Predigten auch dem Volke nahezutreten und dessen stürmische Begeisterung zu wecken. So hat man treffend gesagt, **Leo habe zuerst die christliche Welt daran gewöhnt, daß der Papst regiere**; durch ihn sei das Papsttum, das lange Zeit eine erhabene Idee gewesen, zu einer greifbaren Größe geworden.

Während so die kirchliche Tätigkeit Leos IX. überaus segensreich und bedeutungsvoll war, hatte er in seiner unteritalienischen Politik weniger Glück.

Kaiser Heinrich II.   *Kaiserin Kunigunde.*
(Schlußsteine im Kreuzgang des Basler Münsters.)

Seit Beginn des 11. Jahrhunderts hatten sich die Normannen in Unteritalien festgesetzt und in Kämpfen mit den Griechen und Sarazenen ihre Herrschaft immer weiter ausgedehnt. Bei ihrem Vordringen sind von ihnen vielfach Kirchen und Klöster verwüstet und Besitzungen der römischen Kirche geplündert worden. Als die Stadt Benevent, um sich vor den Bedrückungen der Normannen zu schützen, dem Papst huldigte (1051), versuchte dieser zunächst — und das zeigt, wie selbständig seine Politik war — in Verbindung mit den Griechen den Normannen entgegenzutreten. Erst als dieser Versuch scheiterte, wandte er sich an Heinrich III. um Hilfe. Dieser war geneigt, sie zu gewähren. Gegen Verzicht des Papstes auf die direkten päpstlichen Hoheitsrechte über Bamberg und Fulda trat der Kaiser diesem des Reiches Rechte auf Benevent ab und sagte Waffenhilfe zu. Doch infolge des Einspruchs mehrerer Bischöfe unter Führung des Gebhard von Eichstätt mußte der größte Teil der deutschen Hilfstruppen zurückberufen werden. Trotzdem entschloß sich der Papst zum Vorgehen gegen die Normannen; aber bei Civitate (18. Juni 1053) wurde sein Heer vernichtend geschlagen. Leo IX. geriet selbst in die Gewalt der Sieger und wurde mehrere Monate gefangen gehalten. Schließlich hat der Papst die Normannen mit den eroberten Gütern belehnt. Bald nach seiner Freilassung ist er in Rom (April 1054) gestorben.

In das Pontifikat Leos IX.

Papst Klemens II. (1046—1047)
ein Deutscher, war vorher unter dem Namen Suitger Bischof von Bamberg gewesen. Aus seiner Hand empfingen Heinrich III. und dessen Gemahlin Agnes am Weihnachtsfeste 1046 die Kaiserkrone.

Stephan IX.
Sohn des Herzogs Gangelo von Lothringen.
1057—1058

Benedikt X.
geborener Graf von Tusculum, Römer.
1058—1059

fällt der endgültige Bruch zwischen der morgenländischen und der abendländischen Kirche (16. Juli 1054). Es ist sicher, daß der Lateinerhaß des damaligen Patriarchen Michael Kerularios und die unkluge Schroffheit der päpstlichen Legaten, besonders des Kardinals Humbert, es zum Teil verschuldet haben, daß gerade damals das Schisma definitiv wurde; aber ebenso sicher ist, daß die Trennung längst vorbereitet und unausbleiblich geworden war; durch eine Jahrhunderte währende Entwicklung war die gegenseitige Entfremdung immer weiter fortgeschritten; und gerade durch den von der kluniazensischen Reformbewegung geförderten neuen Aufschwung der abendländischen Kirche war der kulturelle Gegensatz zwischen Orient und Okzident weiter vertieft worden. Dieser Aufschwung der abendländischen Kirche hatte aber nicht zuletzt auch bewirkt, daß das **Papsttum** gerade seit Leo IX. wieder **universale Geltung und Bedeutung** gewann; und das hatte zu einem Vordringen der abendländischen Kirche im byzantinischen Unteritalien mit seinem griechischen Kirchentum geführt; auch dadurch war naturgemäß der Gegensatz von Rom und Konstantinopel, der auch auf politischem Gebiet infolge der engen Verbindung des Papsttums mit dem Kaisertum schroffe Formen angenommen hatte, noch weiter verschärft worden.

Nach dem Tode Leos IX., der bald als Heiliger verehrt wurde, wurde von Heinrich III. sein Kanzler **Bischof Gebhard von Eichstätt** als Nachfolger ausersehen. Erst nach langem Zögern gab dieser die Einwilligung zu seiner Erhebung. Da Gebhard, der sich **Viktor II.** (1055—1057) nannte, als Haupt der deutschen Bischofsopposition gegenüber der süditalienischen Politik Leos IX. hervorgetreten war, mag seine Erhebung die Ratgeber Leos IX. nicht sonderlich erfreut haben. Aber Viktor II. hat sein Amt ganz im Geiste seines Vorgängers geführt und weiter an der Kirchenreform gearbeitet. Eifrig bemühte er sich, vom Kaiser gemäß dessen Zusage unterstützt, um die Wiedererhebung entfremdeter Besitzungen der römischen Kirche; der Kaiser belehnte ihn auch mit dem Herzogtum Spoleto und der Markgrafschaft Fermo. Im Herbst 1056 begab sich Viktor nach Deutschland; in Goslar wurde er von Heinrich III. glänzend empfangen; wenige Wochen später aber stand er zu Botfeld am Harz am Sterbelager des Kaisers. Von banger Sorge erfüllt, empfahl dieser seinen unmündigen Sohn und Erben dem besonderen Schutze des Papstes. Nachdem Viktor die Angelegenheiten des Reiches geordnet und vor allem durch Aussöhnung der kaiserlichen Familie mit Herzog Gottfried dem Bärtigen von Lothringen **Heinrich IV.** den Thron gesichert hatte, kehrte er nach Italien zurück, starb aber schon im Juli 1057 zu Arezzo.

Auf die Kunde von seinem Tode forderte man in Rom den Bruder Herzog Gottfrieds, Friedrich von Lothringen, den Viktor kurz zuvor zum Abt von Monte Cassino und zum Kardinalpriester erhoben hatte, auf, Vorschläge für die Papst-

 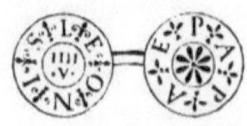  

Münzen des Papstes Leo IX.

wahl zu machen. Da diese nicht allgemeine Zustimmung fanden — er hatte auch Hildebrand genannt —, wurde er schließlich selbst in freier kanonischer Wahl zum Papst erhoben, ohne daß der deutsche Hof zuvor befragt worden wäre; auch die Anerkennung seiner Wahl hat **Stephan IX.** (1057—1058) erst nach Monaten nachgesucht; sie ward von der Kaiserinwitwe Agnes als Reichsregentin ohne Schwierigkeiten gewährt. In seinem kurzen Pontifikat hat Stephan IX. mit Eifer gleich seinen Vorgängern sich um die Kirchenreform, besonders um die Durchführung des Zölibates bemüht. Einer der eifrigsten und überzeugtesten Vorkämpfer der innerkirchlichen Reformbewegung, Petrus Damiani, wurde von ihm aus seiner Einsiedelei zu Fonte Avellana zum Kardinalbischof von Ostia berufen und ihm dadurch eine bedeutsame kirchenpolitische Wirksamkeit erschlossen.

Nach Stephans Tode suchte der römische Adel den ihm von Heinrich III. genommenen Einfluß auf die Papstwahl wieder zu erringen. In Eile wurde unter Führung der Tuskulaner der Bischof Johannes von Velletri als **Benedikt X.** zum Papst erhoben. Die Führer der Reformpartei, mit Petrus Damiani an der Spitze, erhoben zwar sofort Einspruch, mußten aber aus Rom weichen. Da hat Hildebrand, der gerade von einer Gesandtschaftsreise aus Deutschland zurückkehrte, mit meisterhafter Geschicklichkeit die gefährdete Lage gerettet. Hildebrand lenkte das Augenmerk der Kardinäle auf Bischof Gerhard von Florenz, einen Vertrauten des Herzogs Gottfried, so daß dem neuen Papst die Unterstützung dieses Fürsten gesichert war, dem durch seine Vermählung mit Beatrix von Tuscien eine starke Machtstellung in Ober- und Mittelitalien zugefallen war. Hildebrand verstand es weiter, den Bund des römischen Adels zu sprengen, so daß ein Teil desselben sich für Gerhard erklärte. Und schließlich gelang es ihm sogar, auch den deutschen Hof für seinen Papstkandidaten zu gewinnen; es geschah durch eine von ihm veranlaßte Gesandtschaft der Römer, welche Benedikts Erhebung für nichtig erklärte und um die Ernennung eines neuen Papstes bat, wobei dann Gerhard in Vorschlag gebracht wurde. Daraufhin konnte die Wahl Gerhards durch die Kardinäle zu Siena vollzogen werden. Mit Waffengewalt wurde nun Benedikt aus Rom vertrieben, und **Nikolaus II.** (1058—1061) konnte feierlich vom päpstlichen Stuhle Besitz ergreifen und wurde allgemein anerkannt. Die eigentlich leitende Persönlichkeit in seinem Pontifikat ist Hildebrand gewesen, neben dem auch Kardinal Humbert be-

Papst Leo IX. (1048—1054) war einer der edelsten und ausgezeichnetsten in der langen Reihe der Päpste; unter seinem Pontifikat wurden von verschiedenen Synoden sehr einschneidende Beschlüsse gegen Simonie und Priesterehe gefaßt.

Münzen des Papstes Alexander II.

deutenden Einfluß besaß.

Die Wirren nach dem Tode Stephans ließen eine genaue Regelung der Papstwahl als dringend nötig erscheinen. Diese erfolgte auf der Ostersynode im Lateran des Jahres 1059 durch das berühmte **Papstwahldekret**. Das Ziel, das die Reformpartei mit diesem zu erreichen suchte, war die Sicherung der Freiheit der Papstwahl sowohl gegenüber den römischen Adelsparteien als auch gegenüber dem deutschen Kaiserhofe. Darum wurde das Recht der Papstwahl auf das Kardinalskollegium beschränkt, wobei die Kardinalbischöfe in vorbereitenden Beratungen die Kandidatenliste festzustellen hatten; dem Klerus und Volk verblieb lediglich die Zustimmung zur vollzogenen Wahl. Wenn dann in dem sogenannten Königsparagraphen der als ursprünglich erwiesenen sogenannten päpstlichen Fassung des Dekretes nur in allgemeinen unbestimmten Ausdrücken von der Wahrung der dem König schuldigen Ehre und Achtung die Rede ist, so ist diese Unbestimmtheit offenbar beabsichtigt: es soll eine Beschränkung der Freiheit der Papstwahl durch den deutschen Hof hintangehalten, andererseits aber dieser durch direkte Bestreitung der Königsrechte nicht herausgefordert werden. Außer dem Papstwahldekret hat die Lateransynode scharfe Bestimmungen zwecks Durchführung des Zölibates beschlossen und die Annahme von Kirchenämtern aus Laienhand untersagt.

Es war unschwer vorauszusehen, daß das Streben nach **Freiheit der Kirche und Unabhängigkeit des Papsttums**, wie es in den Beschlüssen der Lateransynode seinen Ausdruck gefunden hatte, nicht ohne Kampf mit dem deutschen Königtum sich würde verwirklichen lassen. Für diesen Kampf galt es zu rüsten, damit man der Gewalt nicht machtlos gegenüberstand. Die päpstliche Politik hat es nun mit meisterhaftem Geschick verstanden, für die kommende Auseinandersetzung sich durch die Verbindung mit den Normannen einen festen Rückhalt zu sichern. Die Bündnisverhandlungen mit den Normannen, deren Niederringung noch die vorhergehenden Päpste vergebens versucht hatten, hat Hildebrand geführt. Sie fanden ihren Abschluß auf der Synode von Melfi (Juli 1059): hier wurde vom Papst der Normannenherzog Robert Guiskard mit Apulien, Kalabrien und Sizilien, welch letzteres aber noch in der Hand der Sarazenen war, belehnt, Richard von Aversa mit Kapua. Für diese Belehnung, deren Rechtsgrundlage offenbar die konstantinische Schenkung bildete, leisteten die beiden Normannenfürsten ihrerseits den Vasaleneid und

Papst Viktor II. (1055—1057) bemühte sich auf einer Reise nach Deutschland sehr darum, innere Zwistigkeiten des Reiches beizulegen.

verpflichteten sich besonders, die römische Kirche gegen jegliche Angriffe, namentlich auch die Freiheit der Papstwahl, mit Waffengewalt zu schützen.

Die hohe diplomatische Kunst Hildebrands verstand es ferner, den Herzog Gottfried, obschon er mit den Normannen verfeindet war, im Bündnis mit der Kurie zu erhalten, und schließlich der Kurie auch in Oberitalien eine feste Stütze zu sichern. Das geschah durch den Bund mit der Pataria. Infolge der sozialen Gegensätze hatte sich in der volkreichen, aufblühenden Handels- und Industriestadt Mailand eine demokratische Bewegung herausgebildet, die ihre Spitze gegen den Adel und hohen Klerus richtete, der, mit dem Adel versippt, dessen Interessen und üppige Lebenshaltung teilte, und der vielfach durch Simonie die Stellen erlangt hatte und sich an die damals so oft wiederholten Verbote der Priesterehe nicht kehrte. Infolgedessen verbanden sich mit der sozialen Bewegung bald kirchliche Reformforderungen. Führer dieser als Pataria bezeichneten Bewegung waren die Priester Ariald und Anselm, welch letzterer seit 1057 den Bischofsstuhl von Lucca innehatte. Schon unter Stephan IX. hatte die patarenische Bewegung von Rom aus Förderung erfahren. Unter Nikolaus II. ging wiederum eine römische Gesandtschaft nach Mailand; dadurch, daß deren Führer Petrus Damiani den simonistischen Erzbischof Wido und den Domklerus nötigte, die Simonie und den Nikolaitismus abzuschwören, war der Sieg der patarenischen Bewegung entschieden, deren Reformforderungen sich ja mit denen der Reformpartei an der Kurie deckten. Das war gleichzeitig aber auch ein Sieg des Papsttums; denn der Erzbischof von Mailand, das auf seine Sonderrechte und Freiheiten so stolz war, mußte mit seinen Suffraganen zur nächsten Ostersynode in Rom erscheinen, wo ihm vom Papst durch Darreichung des Bischofsringes aufs neue die Investitur in sein Amt erteilt wurde.

Papst Stephan IX. (1057—1058)

„Mailand ist für der Rom unterworfen", schrieb hierüber Arnulf, der Geschichtschreiber der Mailänder Kirche. Die hohe politische Bedeutung des Sieges der Pataria und der Unterwerfung Widos lag darin, daß dadurch der kaiserlichen Gewalt in Oberitalien ihr festester Rückhalt entzogen war.

Welche Haltung nahm nun der deutsche Hof gegenüber dem Papstwahldekret und der Verschiebung der Lage in Ober- und Unteritalien ein? Als im Jahre 1060 Kardinal Stephan als Legat am deutschen Hoflager erschien, wurde er gar nicht vorgelassen und mußte unverrichteter Sache heimkehren; und eine Synode deutscher Bischöfe zu Worms verwarf das Papstwahldekret und die sonstigen Anordnungen des Papstes. Der offene Kampf stand bevor.

Nikolaus II.
Gerhard, Franzose aus Burgund. 1058—1061

Alexander II.
Anselm von Lucca, Italiener. 1061—1073

Unerwartet schnell starb Nikolaus II. im Juli 1061. Der römische Adel, der mit dem Papstwahldekret ebenso unzufrieden war wie der deutsche Hof, sandte eine Abordnung nach Deutschland, um die Ernennung eines neuen Papstes zu erbitten; das gleiche Begehr stellten die lombardischen Bischöfe. Ihrem Vorschlag gemäß wurde auf einer Tagung zu Basel (28. Okt. 1061) Bischof Cadalus von Parma unter dem Namen **Honorius II.** (1061 bis 1072) zum Papst erhoben. Inzwischen war aber von den Kardinälen auf Betreiben der kirchlichen Reformpartei unter Hildebrands geschickter Führung Anselm von Lucca zum Papst gewählt worden; unter dem Schutz Richards von Kapua wurde er als **Alexander II.** (1061—1073) inthronisiert (1. Okt. 1061). Seine Wahl zeigte, daß

Das Krönungsbild Kaiser Heinrichs II.
in einem Ausschnitt aus dem Missale, das vom Kaiser und seiner Gemahlin anläßlich der Einweihung des Domes zu Bamberg (1012) diesem geschenkt wurde.
(Aus der Staatsbibliothek zu München.)

man am Bund mit der Pataria festzuhalten gewillt war, deren Führer er einst gewesen war. Die Wahl mußte aber doch auch dem deutschen Hofe nicht unannehmbar erscheinen, mit dem Anselm von früher her gute Beziehungen verbanden. Den sich entspinnenden Kämpfen um Rom, die sich schon zuungunsten Alexanders II. entschieden, machte das Eingreifen Herzog Gottfrieds ein Ende: nach seinem Vorschlag zogen sich die beiden Prätendenten in ihre Diözesen zurück, bis durch den deutschen Hof die Entscheidung getroffen wäre. In Deutschland war der Episkopat von Anfang an keineswegs einhellig für den Papst eingetreten, den die Kaiserin erhoben hatte, eigentlich im Widerspruch zur bisherigen Politik, die ja die Unterstützung der kirchlichen Reformpartei und die Befreiung des Papsttums aus der Gewalt des

Papst Benedikt X. (1058)
War als Bischof von Velletri durch die römische Adelspartei zum Papst erhoben worden; er wurde aber im gleichen Jahre noch durch Waffengewalt aus Rom vertrieben.

römischen Adels erstrebt hatte. Und als dann infolge der allgemeinen Unzufriedenheit mit dem schwachen Regiment der Kaiserin Erzbischof Anno von Köln durch den Staatsstreich von Kaiserswerth (1062) die Reichsleitung in seine Hand gebracht hatte, wurde Alexander allmählich allgemein anerkannt. Cadalus suchte zwar auch weiter seine Ansprüche mit Waffengewalt zu verteidigen, aber die von deutschen und italienischen Bischöfen besuchte Synode von Mantua (1064) sprach sich wieder für Alexander als rechtmäßigen Papst aus und tat Cadalus in den Bann. Damit war praktisch das Schisma der Hauptsache nach beseitigt; nur in Oberitalien hatte Cadalus bis zu seinem Tode einigen Anhang.

Nachdem die Wirren des Schismas beseitigt waren, hat sich Alexander II. die Förderung der Kirchenreform angelegen sein lassen; namentlich ist von ihm die Pataria, die sich mittlerweile über die ganze Lombardei verbreitet hatte, unterstützt worden. Das führte zu heftigen Konflikten mit dem deutschen Hof, als dieser im Verein mit dem lombardischen Episkopat bei der Neubesetzung des Mailänder Erzstuhls die Investitur eines Gegenkandidaten gegen den von der Pataria erhobenen und vom Papst anerkannten neuen Erzbischof vornahm. Infolgedessen entschloß sich Alexander, nachdem schon vorher die Beziehungen zwischen der Kurie und dem deutschen Hofe wegen der Ehescheidungspläne des Königs und wegen verschiedener Fälle von Simonie bei Bistumsverleihungen sich verschärft hatten, die vornehmsten Räte des jungen deutschen Königs zu bannen. Der Kampf war nun unvermeidlich geworden. Ehe er ausbrach, starb Alexander II. Schon vor ihm waren Petrus Damiani und die beiden bedeutendsten deutschen Bischöfe Anno von Köln und Adalbert von Bremen vom Schauplatz der Ereignisse abgetreten. So blieben zwei Männer, die nun in den Mittelpunkt der Ereignisse traten, der junge König Heinrich IV. und der neue Papst Hildebrand.

Wappen Honorius II.
Peter Cadalous, früher Kanzler des Kaisers Heinrich III. Der Reichstag zu Basel hatte Peter Cadalous zum Papst „ernannt", das Konzil von Mantua aber erklärte diese Ernennung für nichtig. 1061–1072

GREGOR VII.

Als Alexander II. in der Lateransbasilika beigesetzt wurde, erhob sich aus der Volksmenge der Ruf: Hildebrand soll Papst sein! Hildebrand, der als Archidiakon der römischen Kirche die Leichenfeier leitete, suchte zu wehren, aber vergebens. So folgte denn der einmütigen Proklamation die feierliche Inthronisation in der Basilika San Pietro in Vincoli. Wenn Hildebrand den Namen G r e g o r VII. annahm, so ist darin weniger eine pietätvolle Erinnerung an Gregor VI. zu sehen, den Hildebrand einst in die Verbannung begleitet hatte, sondern diese Namenswahl war durch die Zurufe bei der Erhebung nahegelegt; man mochte an die ähnlichen Vorgänge denken, die einst Gregor den Großen auf den Papstthron geführt hatten. **Gregor VII.** (1073—1085) war klein und unscheinbar von Gestalt, aber in dem unansehnlichen, unschönen Körper wohnte ein gewaltiger, überragender Geist. In dieser Anerkennung seiner überwältigenden Größe sind sich Freunde wie Feinde dieses Papstes einig, wenn auch sonst das Urteil über ihn noch immer, wie schon unter seinen Zeitgenossen, weit auseinandergeht. Mit einem durchdringenden, scharfen Verstand verband sich in ihm ein Temperament von leidenschaftlicher Kraft, das sich „rauh wie der Nordwind" auch gegen seine Umgebung entlud, und das Petrus Damiani veranlaßte, ihn einmal einen heiligen Satan zu nennen. Vor allem aber war ihm eine gewaltige Willenskraft eigen, die sich durch nichts beugen ließ. Alle diese seine außergewöhnlichen Fähigkeiten stellte der Papst in den Dienst der Ideen, die ihn beherrschten und die Leitsterne seines Handelns waren: Gregor VII. will die Verwirklichung des Gottesreiches auf Erden unter der Leitung des Papstes; er will eine Verfassung der christlichen Gesellschaft, bei der dem Papsttum die Führung zukommt über die Fürsten und Völker, bei der aber auch Staat und Kirche zum Wohl der Christenheit unter der Führung des Nachfolgers des Apostelfürsten einträchtig zusammenwirken. Das sind keine neuen Gedanken; es sind die großen geschichtsphilosophischen Ideen, wie sie Augustinus in seinem Werk vom Gottesstaat entwickelt hat, und wie sie dann von Gregor dem Großen und Nikolaus I. übernommen und zur Richtschnur des Handelns gemacht worden waren. Gregor VII. freilich hat diese überkommenen Gedanken zu einem einheitlichen System zusammengeordnet, sie in ihre Konsequenzen verfolgt und rastlos an ihrer Verwirklichung gearbeitet. Die B r i e f e Gregors VII., die uns erhalten sind, ermöglichen es uns, diese sein Denken und Handeln beherrschenden Gedanken in der ihnen vom Papst selbst gegebenen Formulierung und praktischen Ausgestaltung kennen zu lernen. In scharf zugespitzter Form sind diese Grundsätze vom Papst selbst auch zusammengefaßt in einer Reihe von Leitsätzen, die als „Dictatus papæ" bezeichnet werden, und die in dem Originalregister des Papstes Aufnahme gefunden haben.

Es ist kein Zweifel, daß der Papst friedliches Zusammenarbeiten von Papsttum und Kaisertum zur Reform der Kirche gewünscht hat. Seine Beziehungen zu dem jugendlichen Heinrich IV. waren anfangs nicht unfreundlich. Die mißliche Lage, in die Heinrich durch den großen Sachsenaufstand gebracht worden war, mußte auch diesem ein gutes Einvernehmen mit dem Papst rätlich erscheinen lassen. So hat er vor päpstlichen Legaten wegen des Verkehrs mit seinen wegen Simonie gebannten Räten Buße getan (Mai 1074) und sich zur Hilfe im Kampf für die Kirchenreform bereit erklärt.

Inzwischen hatte Gregor VII. sofort kraftvoll die Durchführung seiner großen Pläne einer allgemeinen Kirchenreform in Angriff genommen. Auf seiner ersten Fastensynode (März 1074) wurden scharfe Beschlüsse gegen Simonie und Unenthaltsamkeit des Klerus verkündet; sie wiederholten im wesentlichen Verfügungen der Vorgänger des Papstes. Neu aber war, daß jetzt zum Zweck ihrer wirksamen Durchführung das Volk zur Teilnahme an der Vollstreckung der Maßnahmen aufgefordert wurde, wie dies in ähnlicher Weise schon die Pataria getan hatte. Der Widerspruch und die Widerstände, welchen diese Dekrete bei ihrer Verkündigung und Durchführung vielerorts, und zwar nicht bloß in Deutschland, begegneten, hinderten Gregor VII. nicht, auf seinem Wege weiterzugehen. Auf der nächsten Fastensynode (Februar 1075) wurden nicht nur die Dekrete der vorhergehenden erneuert und mehrere deutsche und lombardische Bischöfe, sowie einige Räte des Königs wegen Ungehorsam und Simonie gebannt; wichtiger noch war es, daß, um die Wurzel der beiden großen Übel der Simonie und des Konkubinates zu beseitigen und die Freiheit der Kirche bei der Besetzung der Bischofsstühle zu sichern, durch ein neues Dekret die **Laieninvestitur verboten** wurde: das Dekret, das durch die schon erwähnten Streitigkeiten um die Besetzung des Mailänder Erzstuhles veranlaßt, aber allgemein gefaßt war, entzog dem König jedes Recht bei Verleihung der Bistümer.

Daß durch das Investiturverbot die Gefahr eines Konfliktes mit dem deutschen König in nächste Nähe gerückt war, konnte dem Papst nicht zweifelhaft sein. Denn gerade in Deutschland wie in seinen Nebenreichen war für das Königtum die Aufhebung der Investitur ein vernichtender Schlag, der die Grundlagen der Existenz des Reiches in Frage stellte. Seit den Tagen Ottos des Großen

Papst Gregor VII. (1073—1085)
leitete überaus kraftvoll eine *Reform der Kirche* an Haupt und Gliedern ein, die ihn in schärfsten *Konflikt zum deutschen Kaiser Heinrich IV.* brachte. Der *Investiturstreit* hat viele Jahre hindurch sowohl kirchliche als staatliche Verhältnisse in Deutschland und Italien auf das schwerste erschüttert.

Das große Papstsiegel
Gregors VII. 1073—1085

waren die höheren Kirchen aufs reichste mit Reichsgut und Hoheitsrechten ausgestattet worden. Auf den Leistungen, die vom Kirchengut ans Reich zu entrichten waren, beruhte zum größten Teil der Unterhalt der Zentralgewalt, beruhte zum guten Teil auch das Reichskriegswesen, und die Prälaten waren die zuverlässigsten Stützen des königlichen Regiments, namentlich auch gegenüber den erblichen weltlichen Fürsten gewesen. Durch die Aufhebung der Investitur wäre nun das Königtum jedes Einflusses auf die Bestellung der Bischöfe beraubt worden, während die Hauptmasse des Reichsgutes samt großen politischen Rechten in deren Hand geblieben wäre; es hätte dann dem Königtum jede Garantie für zweckmäßige Verwaltung dieses Gutes und für die Ergebenheit und Treue der wichtigsten Reichsbeamten gefehlt. So hatte das deutsche Königtum das stärkste Interesse an der Beibehaltung des bisherigen Zustandes, am Fortbestand der Investitur, die zudem so lange widerspruchslos geübt worden war und darum als wohlerworbenes Recht gelten konnte. Nicht minder groß war freilich andererseits das Interesse der Kirche, die Laieninvestitur zu beseitigen, die eine Quelle schlimmer Übel, besonders der Simonie, geworden war, weil bei der Besetzung der mit Reichsgut ausgestatteten hohen Kirchenämter zwar nicht immer, aber doch allzu häufig lediglich politische Eignung und weltliche Interessen den Ausschlag gaben.

Gregor VII. hoffte trotzdem, den offenen Kampf mit Heinrich IV. vermeiden zu können. Das absolute Investiturverbot war ihm nicht Selbstzweck, sondern Mittel zum Zweck, zur Sicherstellung freier kanonischer Wahlen. War dieses Ziel erreicht, dann war er bereit, dem König wieder einen Anteil an der Besetzung der Bistümer einzuräumen. So forderte er diesen auf, Gesandte zu schicken, mit denen er über eine Milderung des Investiturverbotes verhandeln wolle. Heinrich IV., der gerade damals den Sachsenaufstand niedergeworfen hatte, kehrte sich nicht an das Investiturverbot; unbekümmert besetzte er mehrere deutsche wie italienische Bischofsstühle. Ernste Mahnungen, die der Papst ihm darob zukommen ließ, beantwortete Heinrich IV. damit, daß er eine Reichssynode nach Worms (24. Januar 1076) berief, die nicht zum wenigsten unter dem Einfluß des Kardinals Hugo Candidus, eines unversöhnlichen Gegners des Papstes, erklärte, Gregor sei nie Papst gewesen und könne es nicht sein. Neben diesem Absagebrief der Bischöfe, die also die Rechtmäßigkeit der Amtsführung des Papstes bestritten, richtete Heinrich selbst ein Schreiben an diesen, das ihm, dem falschen Mönch, befahl, vom angemaßten apostolischen Stuhl herabzusteigen. In einem Brief an die Römer wurden diese zur Erhebung eines neuen Papstes aufgefordert. Auf einer Synode zu Piacenza schlossen sich die lombardischen Bischöfe den Wormser Beschlüssen an. Daraufhin hat Gregor VII. auf der römischen Fastensynode vom Februar 1076 über Heinrich in der Form eines Gebetes zum Apostelfürsten den Bann ausgesprochen und die Untertanen von dem ihm geleisteten Treueid entbunden; das war keine endgültige Absetzung, sondern eine Suspension, da nach damaliger Rechtsanschauung ein im Kirchenbann Befindlicher unfähig war, ein öffentliches Amt zu bekleiden.

Das unerhörte Ereignis der Bannung des deutschen Königs hat ungeheueres Aufsehen erregt. So selbstbewußt und selbstsicher Heinrich IV. auftrat, überraschend schnell begannen sich nun die meisten deutschen Bischöfe und die weltlichen Fürsten von ihm abzuwenden; die Sachsen lehnten sich aufs neue auf. Der Fürstentag zu Tribur (Oktober 1076) dachte schon an die Neuwahl eines Königs, die aber der Papst nicht wünschte. Heinrich mußte sich dazu verstehen, seine Ratgeber zu entlassen, sich vorläufig der Regierungsgeschäfte zu enthalten und dem Papst in einem Entschuldigungsschreiben Gehorsam und Besserung geloben. Unter sich verabredeten die Fürsten, daß Heinrich der Krone verlustig sein sollte, wenn er nicht binnen Jahresfrist vom Bann gelöst wäre; den Papst luden sie ein, zu Beginn des nächsten Jahres persönlich zu einem Reichstage nach Augsburg zu kommen, auf dem die Entscheidung fallen sollte.

In seiner verzweifelten Lage entschloß sich Heinrich IV. zu einem Schritt, von dem man gesagt hat, man wisse nicht, ob man an demselben mehr die umsichtige Klarheit, mit der er geplant, oder die Entschlossenheit und Klugheit, mit der er durchgeführt wurde, bewundern solle. Im harten Winter begab sich der König mit kleinem Gefolge nach Italien. Gregor VII., der sich schon auf der Reise zum Augsburger Reichstag befand, zog sich, da er Gewalt fürchtete, in die der Gräfin Mathilde gehörige feste Burg Kanossa zurück. In dem Flecken am Fuße des Burgfelsens weilte drei Tage hindurch (25. bis 27. Januar 1077) Heinrich IV.; im kirchlichen Büßergewand und mit nackten Füßen erschien er vor dem Burgtor und bat um Lösung vom Banne. Nach schwierigen Verhandlungen, in denen sich Gräfin Mathilde und Abt Hugo von Cluny, des Königs Taufpate, für diesen verwandten, gewährte der Papst Heinrich die Lossprechung und Wiederaufnahme in die Kirchengemeinschaft. In einem Eide gelobte der König, seinen Streit mit den deutschen Fürsten dem Schiedsspruch des Papstes zu unterwerfen und dessen Reise nach Deutschland nicht zu hindern.

Mit dem **Tag von Kanossa** verbindet sich seit Bismarcks geflügeltem Wort, das er in der Hitze des Kulturkampfes gesprochen hat, die Vorstellung von der tiefsten Demütigung des deutschen Königtums und dem höchsten Triumph des Papsttums. Die Dinge liegen doch anders. Dadurch, daß Heinrich IV. die kirchliche Buße leistete, deren Übernahme nach mittelalterlicher Auffassung

Kaiser Heinrich IV. und der von ihm bestellte „Gegenpapst" Klemens III. weisen Papst Gregor VII. aus Rom aus.
(Nach einer Zeichnung in der Chronik des Bischofs Otto von Freising. Universitätsbibliothek Jena.)

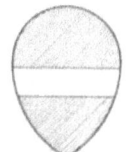

Wappen Klemens' III., der sich unter Gregor VII. als „Gegenpapst" betätigte. Klemens war ein Sohn des Italieners Guibert Coreggio. 1080—1100

jedenfalls keine persönliche Erniedrigung bedeutete, wurde Gregor VII. zur Aufhebung des Bannes gezwungen, die, wie dem Papst wohl bewußt war, vom rein politischen Standpunkt verfehlt war: der Staatsmann mußte hinter den Pflichten des Priesters zurücktreten. So betrachtet war Kanossa ein Erfolg, ein Sieg Heinrichs, von dem zunächst wenigstens die schlimmsten Gefahren abgewendet waren. Aber andererseits darf man freilich nicht übersehen, daß der Kanossagang doch auch eine Niederlage war, insofern, als in ihm das Eingeständnis des Königs lag, „daß er seine bisherige Politik falsch eingestellt hatte, indem er den mächtigsten Machtfaktor, die Macht des kirchlichen Gedankens, unterschätzte". Und schließlich, wenn man vom Tag von Kanossa zurückblickt auf jenen Tag von Sutri (1046), da des Kaisers Machtspruch Päpste entsetzte und erhob, da tritt grell in Erscheinung, welche grundstürzende Änderung im Verhältnis von Papsttum und Kaisertum binnen wenigen Jahrzehnten erfolgt war.

Die deutsche Fürstenopposition war mit der Lösung Heinrichs vom Bann nicht zufrieden. Trotzdem der Augsburger Reichstag nicht zustande kam, wurde im März 1077 der Schwager Heinrichs, Herzog Rudolf von Schwaben, zum Gegenkönig erhoben. In den folgenden Jahren, die von Kämpfen Heinrichs mit Rudolf ausgefüllt sind, hat der Papst eine neutrale Haltung gewahrt; er gedachte als Schiedsrichter im Streit der Parteien das Urteil zu fällen. Erst als Heinrich seine Anerkennung und die Exkommunikation seines Gegners forderte und, falls diese verweigert würde, mit der Aufstellung eines Gegenpapstes drohte, hat Gregor VII. auf der Fastensynode vom März 1080 abermals, und zwar wiederum in der Form eines feierlichen Gebetes zu den Apostelfürsten über den König den Bann ausgesprochen, ihn der Herrschaft für verlustig erklärt und die Untertanen vom Treueid entbunden. Dann wurde noch einmal durch diese Synode das Investiturverbot in schärfster Form erneuert.

Die zweite Exkommunikation Heinrichs hat in Deutschland nicht den gleich tiefen Eindruck gemacht wie die erste; die Mehrheit der deutschen Bischöfe stellte sich jetzt auf des Königs Seite, und so konnte dieser auf der Synode in Brixen (Juni 1080) über Gregor VII. Absetzung und Bann aussprechen lassen; in der Person des Erzbischofs Wibert von Ravenna wurde ein Gegenpapst erhoben, der sich **Klemens III.** (1080—1100) nannte. Es gelang Heinrich, seinen Gegenpapst mit Waffengewalt nach Rom zu führen; aus seiner Hand empfing er (31. März 1084) die Kaiserkrone; über das Machtgebiet des Kaisers, Deutschland und Italien, hinaus, hat Wibert auch in England, Ungarn und Serbien Anhang gefunden. Gregor VII. hatte sich in die feste Engelsburg zurückziehen müssen.

Durch Robert Guiskard, der sich schon seit 1080 zwar wieder als Lehensmann des Papstes bekannt hatte, es aber anderer Pläne wegen anfänglich an der tatkräftigen Unterstützung Gregors hatte fehlen lassen, wurde der Papst schließlich befreit. Die Plünderungen, welche die Stadt durch die Normannen erfuhr, schufen eine so erregte Stimmung, daß Gregor, von dem schon vorher sogar ein Teil des Klerus und des Kardinalkollegiums sich losgesagt hatte, nicht in Rom zu bleiben wagte, sondern sich in normannischen Schutz nach Unteritalien begab. In Salerno ist Gregor VII., körperlich gebrochen durch die aufreibenden Kämpfe und Mühen seines Pontifikates, aber ungebeugten Geistes und überzeugt von der Gerechtigkeit der von ihm vertretenen Sache am 25. Mai 1085 gestorben. Nicht ohne Bitterkeit sind die letzten Worte, die uns von dem Sterbenden überliefert sind: „Die Gerechtigkeit habe ich geliebt und die Gottlosigkeit gehaßt; darum sterbe ich in der Verbannung." Gregor VII. starb in der Verbannung, er mochte als der Besiegte erscheinen. Aber das Urteil über seine Bedeutung und sein Lebenswerk ist unabhängig von seinem Ausgang. Die von ihm verfochtenen Ideen der Freiheit der Kirche konnten wohl auch weiter bekämpft, aber doch nicht besiegt werden.

Die Markgräfin Mathilde von Toskana (1046—1115) war eine mächtige Bundesgenossin der Päpste im Investiturstreit. Dem Papste Gregor VII., der vor Heinrich IV. flüchten mußte, gewährte sie ein Asyl auf ihrer Burg Kanossa. In den Jahren 1077—80, dann mit Urkunde von 1102, setzte sie den Papst zum Erben ihrer großen Güter und Lehen ein; diese „Mathildischen Güter" waren ein wesentlicher Bestandteil des Kirchenstaates.
Miniatur aus der Zeit Mathildens in der Handschrift „Vita Mathildis", nische Bibliothek, m. 4922.)

Durch den Kampf mit Heinrich IV. erhält das Pontifikat Gregors VII. sein charakteristisches Gepräge. Keineswegs ist dieserhalb beim Papste die Sorge für die Gesamtkirche zurückgetreten. Seine Briefe legen Zeugnis dafür ab, wie er mit scharfem Blick die kirchlichen Verhältnisse in den einzelnen Ländern überschaute und, ausgezeichnet durch erstaunliche Arbeitskraft und unbeirrbare Klarheit des Wollens, überall energisch eingriff, wo es vonnöten war. So boten Übergriffe in kirchliche Gerechtsame und simonistische Gepflogenheiten dem Papst wohlbegründeten Anlaß, scharfe Mahnungen an den französischen wie den englischen König zu richten. Besonders beachtenswert ist es, daß der Papst den großen Gedanken faßte, sich selbst an die Spitze eines großen abendländischen Heeres zu stellen, um das byzantinische Reich von der Sarazenennot zu befreien und dann die Union der griechischen Kirche herbeizuführen. Da Gregor VII. in dem Aufruf an die Christenheit das Grab des Herrn als das Ziel der Expedition hinstellt, ist auf ihn der erste Anstoß zur Kreuzzugsbewegung zurückzuführen. Der Investiturstreit hat der Verfolgung dieser Pläne ein Ziel gesetzt.

```
MA  TIL
DA  DEI
GRA SI
QID EST
```
SVBSCRIPSI.
Unterschrift der Markgräfin Mathilde

DIE BEILEGUNG DES INVESTITURSTREITES

Obschon die Lage der Kirche nach dem Tode Gregors VII. überaus schwierig war, verzögerte sich die Papstwahl um ein volles Jahr, da Abt Desiderius von Monte Cassino, der in Aussicht genommen war, die Annahme der Würde verweigerte. Und als er dann doch als **Viktor III.** (1086—1087) zum Papst erwählt worden war, zog er sich zunächst wieder in sein Kloster zurück und ist erst im Mai 1087 konsekriert worden. Viktor III., ein milder, versöhnlicher Mann, hatte früher vergebens den Frieden zwischen Heinrich IV. und seinem Vorgänger zu vermitteln sich bemüht. Wenn er nun auch als Papst das Verbot der Laieninvestitur erneut einschärfte, hätte vielleicht durch ihn ein Ausgleich herbeigeführt werden können; aber er starb schon Mitte Sept. 1087. — Erst nach sechs Monaten erhielt er in **Urban II.** (1088—1099), dem bisherigen Kardinalbischof von Ostia, einen Nachfolger; er war ein Franzose von Geburt und vordem Prior der Abtei Cluny gewesen. Gleich nach seiner Erhebung gab er als seine Absicht kund, durchaus in den Bahnen Gregors VII. verharren zu wollen. Das hat Urban II. auch getan, doch hat er in der Vertretung seiner Forderungen nicht immer den prinzipiellen Standpunkt mit Schroffheit betont, sondern hierbei realpolitischen Erwägungen Raum gegeben. In den ersten Jahren war die Lage des Papstes schwierig. Vor dem Gegenpapst Klemens III. hatte er bald aus Rom weichen und sich nach Unteritalien zurückziehen müssen. Und Heinrich IV. konnte, nachdem der Gegenkönig Hermann von Luxemburg seine Ansprüche aufgegeben hatte und 1088 gestorben war, und nachdem auch die Sachsen sich unterworfen hatten, im Jahre 1090 eine neue Italienfahrt unterneh-

Papst Urban II. (1088—1099) ein Franzose von Geburt, hat viele Jahre seines Pontifikates auf die *Beilegung des Investiturstreites* verwenden müssen. Trotzdem gewann er für sich und das Papsttum die unbestrittene *Führung des gesamten Abendlandes*, als er 1095 auf der *Synode von Clermont zum Kreuzzug zur Befreiung des Heiligen Landes aufrief*. Dieser *erste Kreuzzug führte unter Gottfried von Bouillon* tatsächlich am 15. Juli 1099 zur Eroberung Jerusalems.

Von Viktor III., † 1087, bis zu Kalixtus II., † 1124   149

Gregorius VII.
Sohn des Zimmermanns Bonizus. Italiener aus Soana. 1073—1085.

Viktor III.
Dauferius aus dem fürstlichen Geschlechte von Benevent. 1086—1087

men und mancherlei Waffenerfolge, vor allem gegen die Gräfin Mathilde, erzielen. In diesen Jahren wäre wahrscheinlich ein Friede zwischen Papst und Kaiser möglich gewesen, wenn letzterer sich hätte entschließen können, den Gegenpapst preiszugeben.

Seit Ende 1092 wandte sich aber das Glück. Heinrichs ältester Sohn Konrad, der schon 1087 zum deutschen König gekrönt worden war, fiel von seinem Vater ab und stellte sich auf die Seite des Papstes, dem er zu Cremona Marschallsdienste leistete; und daß Heinrichs zweite Gemahlin Praxedis, die wegen Ehebruchs gefangen gehalten wurde, entfloh und nun gegen diesen die ungeheuerlichsten Anklagen erhob, war für den Kaiser ein schwerer Schlag. Urban II. aber gewann gerade in diesen Jahren für sich und das Papsttum die unbestrittene Führung des gesamten Abendlandes dadurch, daß er die Begeisterung für die Befreiung der heiligen Stätten entfachte und der **Kreuzzugsbewegung** mit staatsmännischem Weitblicke das große Ziel der Befreiung des Orients wies. Der ritterliche Bischof Adhémar von Puy wurde vom Papst zum Legaten und Führer des Kreuzheeres bestellt. Nichts hat so die Stellung Urbans II. und des Papsttums gefestigt als diese seine größte Tat der Entflammung der Kreuzzugsbegeisterung.

Den beiden Synoden von Piacenza und Clermont kommt aber nicht nur hohe Bedeutung zu, weil von ihnen die Kreuzzugsbewegung den Ausgang nahm. Sie sind auch von Wichtigkeit, weil auf ihnen die Beschlüsse gegen Simonie, Priesterehe und Investitur erneut eingeschärft wurden. In Clermont wurde das weitere Verbot hinzugefügt, einem Laien den Lehenseid zu leisten; damit ging man über die Forderungen Gregors VII. hinaus: die kirchliche Freiheit sollte nicht dadurch beeinträchtigt werden, daß der Inhaber eines kirchlichen Amtes durch die Belehnung in ein persönliches Abhängigkeitsverhältnis zum Belehnenden trat, mit dem ja verschiedene Dienste und Leistungen verbunden waren. Wichtig war es auch, daß in Clermont der Gottesfriede als allgemeines Kirchengesetz verkündet wurde.

Die Verdienste, die sich Graf Roger von Sizilien um den Papst, während dieser als Flüchtling in Unteritalien weilte, und

Bildliche Darstellung der Investitur eines Bischofs durch den König
(Nach einer zeitgenössischen Miniatur aus Starke, Deutsche Geschichte)

 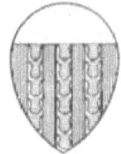  

Urbanus II.
Otto v. Châtillon, Franzose aus Reims. 1088—1099

Paschalis II.
Ranieri aus Bieda in Toskana. 1099—1118

um die Kirche durch seine erfolgreichen Kämpfe gegen die Sarazenen auf Sizilien erworben hatte, veranlaßten Urban II., dem Grafen verschiedene Privilegien zu bewilligen, vor allem das Recht, die Anordnungen päpstlicher Legaten als deren Stellvertreter auszuführen. Diese Vorrechte, auf Grund deren bald noch weitergehende Ansprüche von den Herrschern Siziliens erhoben wurden, pflegt man als „Monarchia Sicula" zusammenzufassen; sie haben zu erbitterten Streitigkeiten Anlaß gegeben, denen erst die Aufhebung durch Pius IX. ein Ende machte.

Nachfolger Urbans II. wurde **Paschalis II.** (1099—1118). Wenige Wochen vor seiner Wahl war das Ziel des ersten Kreuzzuges mit der Eroberung Jerusalems glücklich erreicht. Bald danach starb auch der Gegenpapst Klemens III., und wenn ihm auch von dessen Anhängern noch mehrere Nachfolger gegeben wurden, so war doch das Schisma mit seinem Tode völlig bedeutungslos geworden. — Wie in Deutschland kam es auch in England wegen der Investiturfrage zu einem scharfen Konflikt mit dem Königtum, der aber schließlich durch eine Vereinbarung beigelegt wurde, in welcher der König auf jegliche Investitur verzichtete, während man sich kirchlicherseits mit der Leistung des Lehenseides abfand.

Viel schwieriger war es, in Deutschland über die Investitur zu einer Einigung zu kommen. Heinrich IV. hatte zwar an der Fortführung des Schismas nach Klemens' III. Tode keinen Anteil genommen; aber an dem Investiturrecht hielt er unverrückt fest. Als dann des Kaisers zweiter Sohn, Heinrich V., — Konrad war inzwischen gestorben — trotz des geleisteten Treueides sich gegen seinen Vater erhob, stellte sich der Papst auf die Seite des Sohnes und ließ ihn von den Zensuren freisprechen, denen er durch die bisherige Teilnahme am Schisma verfallen war. In empörender Weise zwang Heinrich V. seinen Vater zur Abdankung; der drohende Bürgerkrieg wurde nur durch den plötzlichen Tod des tiefgebeugten Kaisers

Papst Paschalis II. (1099—1118)
war jahrelang mit ergebnislosen Versuchen beschäftigt, den Investiturstreit friedlich beizulegen.

(7. August 1106) verhütet. Nun mochte der Papst die Durchsetzung der kirchlichen Forderungen und den Frieden für gesichert halten, hatte doch Heinrich V. es bisher an Beteuerungen der Unterwürfigkeit und an befriedigenden Zusicherungen in der Investiturfrage nicht fehlen lassen. Aber bald zeigte es sich, daß auch Heinrich V. unentwegt am Investiturrecht festhielt, obwohl der Papst auf den Synoden zu Guastalla (1106), Troyes (1107) und Benevent, sowie auf einer Lateransynode (1110) das Investiturverbot erneuerte. So war man von einer Verständigung weit entfernt, als Heinrich V. im August 1110 mit starker Heeresmacht seine Romfahrt zur Kaiserkrönung antrat. Im Laufe der schwierigen Einigungsverhandlungen, die in der Kirche Santa Maria in Turri stattfanden, wurde päpstlicherseits der Vorschlag gemacht, der König solle auf die Investitur verzichten; dafür sollten die geistlichen Fürsten veranlaßt werden, auf die Regalien, d. h. die Hoheitsrechte und das vom Reich stammende Gut Verzicht zu leisten; für die Kirche genüge das Einkommen aus Zehnten und Oblationen, sowie die Besitzungen, die aus Schenkungen aus Privatbesitz stammten. Dieser Vorschlag des hochherzigen, ideal gesinnten Papstes, welcher der Kirche, freilich um hohen

Kaiser Heinrich V. und Papst Paschalis II.
Der Kaiser empfängt vom Papste die Insignien des Reiches

einer Zeichnung in der Chronik des Ekkehard Aura, 1113, Christ's College in Cambridge.)

Preis, Frieden und Freiheit verhieß, der aber auch schwerlich ohne Rückwirkung auf den Bestand des Kirchenstaates geblieben wäre, war unzweifelhaft ehrlich gemeint; er bedeutete freilich den jähen Bruch mit einer jahrhundertelangen Entwicklung; wenn man es so ausdrücken will: es war ein Plan zur Trennung von Staat und Kirche. Daß allerdings die Durchführung dieser Abmachungen den größten Schwierigkeiten begegnen würde, war von vornherein klar; der Papst sagte aber zu, die widerstrebenden Bischöfe nötigenfalls durch den Bann zum Gehorsam zu zwingen. Auf Grund dieser Verabredungen und unter dem Vorbehalt der Zustimmung der geistlichen und weltlichen Großen kam zwischen Papst und König der Vertrag von Sutri (9. Februar 1111) zustande; die Ausführung sollte bei der Kaiserkrönung am 12. Februar erfolgen. Wie es vorgesehen war, erklärte bei dieser Heinrich V. den Verzicht auf die In-

Kaiserkrone des römisch-deutschen Reiches seit dem 11. Jahrhundert bei allen feierlichen Kaiserkrönungen in Gebrauch, kam 1424 mit dem gesamten Krönungsschatz nach Nürnberg; seit der Auflösung des Reiches, 1806, befindet sie sich in der Schatzkammer zu Wien.

Gelasius II.
Johannes Coniulo, Italiener aus Gaëta. 1118—1119

Kalixtus II.
Guido, Graf von Burgund, Franzose aus Quingey. 1119—1124

vestitur; als dann aber die päpstliche Urkunde verlesen wurde, welche die Rückgabe der Regalien gebot, erhoben die anwesenden deutschen Bischöfe voll Empörung lauten Widerspruch. Daraufhin verlangte Heinrich seinerseits die Rückgabe des Investiturrechtes und die Kaiserkrönung ohne weitere Bedingungen. Da der Papst sich weigerte, ließ Heinrich ihn samt den Kardinälen gefangen nehmen; in Rom kam es darob zu blutigen Straßenkämpfen. Um die Freiheit wiederzuerlangen und um der Gefahr eines Schismas vorzubeugen, willigte Paschalis nach zweimonatiger Gefangenschaft in die Forderungen des Königs ein. Im Vertrag von Ponte Mammolo wurde ihm zugestanden, daß der König dem frei und ohne Simonie, aber mit seiner Zustimmung Gewählten die Investitur mit Ring und Stab erteile; erst nach der Investitur sollte die Weihe erfolgen dürfen. Schließlich sicherte der Papst Heinrich zu, weder wegen der Investiturfrage, die als erledigt gelten sollte, noch aus sonstigen Gründen über ihn den Bann zu verhängen. Nach Abschluß dieses Vertrages erfolgte die Freilassung des Papstes und die Kaiserkrönung Heinrichs.

Die vom Papst in der Not gewährten Zugeständnisse entfesselten in den Kreisen der kirchlichen Partei einen Sturm der Entrüstung. Als Führer der Opposition gegen das Investiturprivileg, die besonders in Frankreich und Italien sich bemerkbar machte, traten hervor Bruno, Bischof von Segni und Abt von Monte Cassino, die Kardinalbischöfe Johann von Tuskulum und Leo von Ostia sowie der Erzbischof Guido von Vienne. Die Lage des Papstes wurde nun schwierig, so daß er vorübergehend daran dachte, seine Würde niederzulegen. Schließlich hat er auf der Lateransynode vom Frühjahr 1112 indirekt das Privileg — pravilegium nannten es die Gregorianer — dadurch verworfen, daß er sich zu den Dekreten Gregors VII. und Urbans II. bekannte. Die Synode selbst hat auf Antrag des Bischofs Gerhard von Angoulême das Privileg direkt und ausdrücklich als erzwungen für nichtig erklärt. Das gleiche geschah noch im selben Jahre durch eine Synode zu Vienne, die außerdem über Heinrich V. feierlich das Anathem aussprach. Drohend wurde vom Papst die Bestätigung der Synodalbeschlüsse verlangt, die auch erfolgte; doch hat der Papst den Verkehr mit dem Kaiser nicht abgebrochen. Aber dieser Zwitterzustand war auf die Dauer unhaltbar. Und so hat schließlich der Papst auf der Lateransynode von 1116 das Investiturprivileg ausdrücklich widerrufen; jede Laieninvestitur wurde unter Bannandrohung verboten. Inzwischen hatte sich gegen den Kaiser in Deutschland eine starke Opposition kirchlicher Kreise geregt; trotzdem konnte er eine Italienfahrt wagen und nach dem Tode der Gräfin Mathilde (1115) deren dadurch erledigte Reichslehen einziehen und von deren Eigengütern auf Grund einer geheimen Vereinbarung Besitz ergreifen.

Nach dem Tode Paschalis' II. (21. Januar 1118) wurde Kardinal Johannes von Gaëta als **Gelasius II.** (1118—1119) zu seinem Nachfolger erwählt. Da dieser das Verlangen des Kaisers, das Privileg von 1111 zu erneuern, ablehnte, stellte letzterer mit Hilfe der Frangipani in der Person des Erzbischofs Mauritius Burdinus von Braga einen Gegenpapst auf, der sich Gregor VIII. nannte. Doch der Versuch, das allgemein verhaßte Schisma neu zu beleben, hatte nur geringen Erfolg. Gelasius sprach über Heinrich V. und den Gegenpapst, der diesen zum Kaiser gekrönt hatte, zugleich den Bann aus, starb aber schon im Januar 1119.

Sein Nachfolger wurde der aus vornehmem burgundischem Geschlecht stammende Erzbischof Guido von Vienne, der den Namen **Kalixtus II.** (1119 bis 1124) annahm. Da der neue Papst einer der Führer der Opposition gegen das Investiturprivileg von 1111 gewesen war, schien die Aussicht auf einen Vergleich mehr denn je in die Ferne gerückt. Doch der Papst, der mit den Saliern und Capetingern verwandt war, bemühte sich sogleich ernstlich um den Frieden, der nach den langen zerrüttenden Kämpfen im Interesse des Staates wie der Kirche lag; und auch Heinrich war unter dem Druck der deutschen Fürsten einem die Reichs-

Markgraf Leopold III. der Heilige (regierte 1095—1136) war einer der bedeutendsten unter den Herrschern der Ostmark aus dem Geschlecht der Babenberger. Als die deutschen Fürsten ihn nach dem Erlöschen des Kaisergeschlechtes der Salier zum Kaiser wählen wollten, lehnte er diese Bestrebungen ab. Konrad III., der erste Kaiser aus dem Staufischen Hause, war ein Sohn aus der ersten Ehe seiner Gemahlin Agnes mit Friedrich von Hohenstaufen.

interessen berücksichtigenden Frieden geneigt. Inzwischen war in publizistischen Erörterungen italienischer und französischer Schriftsteller, wie z. B. des Ivo von Chartres, einer gütlichen Vereinbarung durch begriffliche Untersuchung des Investiturproblems vorgearbeitet worden, indem man die geistliche und weltliche Seite der Investitur, die Übertragung des kirchlichen Amtes und die Belehnung mit den Regalien auseinanderhielt. Trotzdem bedurfte es, nicht zum wenigsten infolge des in den langen Kämpfen angewachsenen beiderseitigen Mißtrauens, langdauernder schwieriger Verhandlungen, bis mit Hilfe des Eingreifens der deutschen Fürsten das Einvernehmen zwischen Papst und Kaiser erzielt war.

Die Einigung erfolgte im **Wormser Konkordat** vom 23. September 1122, einem zweiseitigen Vertrag, der in einer päpstlichen und einer kaiserlichen Urkunde niedergelegt ist. In diesem verzichtete der Kaiser auf die Investitur mit Ring und Stab und sicherte allen Kirchen des Reiches freie kanonische Wahl und Konsekration zu; ferner versprach er Zurückerstattung aller Besitzungen und Regalien des hl. Petrus, sowie der sonstigen Kirchengüter. Dem Kaiser wurde das Recht eingeräumt, den Wahlen der reichsunmittelbaren Bischöfe und Äbte anzuwohnen, so daß ihm — bei Ausschluß aller Simonie und Gewalt — ein Einfluß bei den Vorbesprechungen gesichert war. Bei zwiespältigen Wahlen sollte der Kaiser nach dem Urteil des Metropoliten und der Bischöfe der Kirchenprovinz den unterstützen, für den das bessere Recht war. Die Investitur, deren Gegenstand die Regalien bildeten, also die Hoheitsrechte und die vom Reich stammenden Kirchengüter, sollte künftig mit dem Szepter, dem Symbol der weltlichen Herrschaft, erfolgen, und zwar in Deutschland vor der Weihe, in Burgund und Reichsitalien, wo der kaiserliche Einfluß auf die Besetzung der Bistümer schon durch den Investiturstreit zurückgedrängt worden war, binnen sechs Monaten nach der Weihe.

So war nach langen erbitterten Kämpfen durch beiderseitiges verständiges Entgegenkommen der Investiturstreit beendet; die wesentlichen Interessen von Kirche und Staat waren durch das Wormser Konkordat gewahrt; den Hauptgewinn hatte freilich die Kirche, der die erstrebte Beseitigung der Laieninvestitur in der alten unerträglichen Form geglückt war. Wenn man in neuerer Zeit aus der persönlichen Fassung der Urkunde des Papstes, die formell nur für Heinrich V. ausgestellt war, den Schluß gezogen hat, als ob seitens der Kurie das Wormser Konkordat nur als vorübergehender Waffenstillstand, als ein persönliches Zugeständnis für Heinrich V., gedacht gewesen sei, so ist das sicher nicht zutreffend. Die päpstliche sowohl wie die kaiserliche Urkunde sollten einen dauernden Rechtszustand schaffen. Das ergibt der Zweck des Vertrages; das ergibt sich auch dadurch, daß der Kaiser auf dem Bamberger Reichstag (11. November 1122) seine Zugeständnisse zum Reichsgesetz erheben ließ, während die nochmalige feierliche Bestätigung des Konkordates auf der neunten ökumenischen Synode im Lateran (1123) erfolgte.

Papst Kalixtus II. (1119—1124)
schloß 1120 mit *Kaiser Heinrich V* das *Wormser Konkordat*, das den *fünfzigjährigen Investiturstreit mit Deutschland beendete*.

DAS PAPSTTUM IM ZEITALTER DES HEILIGEN BERNHARD VON CLAIRVAUX

Die Zeit vom Wormser Konkordat bis zum Regierungsantritt Kaiser Friedrichs Barbarossa pflegt man als das Zeitalter des hl. Bernhard von Clairvaux zu bezeichnen. Mit vollem Recht: denn Bernhard, dem das Kloster und der Orden von Citeaux, in den er 1112 eintrat, vornehmlich seinen raschen Aufschwung dankt, ist in diesen Jahrzehnten die eigentlich führende Persönlichkeit auf den verschiedensten Gebieten des kirchlichen Lebens gewesen, auf dem Gebiet des Ordenslebens und der Askese, in den Fragen der Kirchenpolitik wie in dem weiten Bereich des geistigen Lebens und der wissenschaftlichen Theologie. —

Fast gleichzeitig waren Papst Kalixt II. und Kaiser Heinrich V. gestorben. In dem Maße, als sich der Einfluß der kaiserlichen Gewalt in Rom gemindert hatte, war die Macht und der Einfluß der römischen Adelsfamilien wieder gestiegen. Als nach Kalixts Tode die Wahl der Kardinäle auf den Kardinalpriester Tebald gefallen war, der sich Coelestin II. nannte, stellte diesem Robert Frangipani den Kardinalbischof Lambert von Ostia entgegen. Um einem Schisma vorzubeugen, verzichtete Tebald mehr oder minder freiwillig, und Lambert, der sich um das Zustandekommen des Wormser Konkordates hervorragende Verdienste erworben, wurde nun als **Honorius II.** (1124—1130) allgemein anerkannt. Wie die Besetzung des päpstlichen Stuhles nicht ohne diese Schwierigkeiten erfolgt war, kam es auch in Deutschland zum Streit um die Nachfolge Heinrichs V., mit dem das Geschlecht

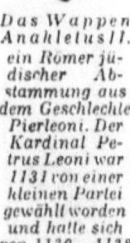

Das Wappen Anakletus II. ein Römer jüdischer Abstammung aus dem Geschlechte Pierleoni. Der Kardinal Petrus Leoni war 1131 von einer kleinen Partei gewählt worden und hatte sich von 1130—1138 gegen den rechtmäßigen Papst Innocenz II. behauptet.

Papst Innocenz II. (1130—1143)
Das Pontifikat dieses Papstes war außerordentlich bewegt, weil Innocenz II. ein Gegenpapst aus der ursprünglich jüdischen Familie Pierleoni als Anaklet II. gegenüberstand. Nur dem entschiedenen Eintreten des heiligen Bernhard von Clairvaux war es zu danken, daß das Schisma beseitigt wurde.

  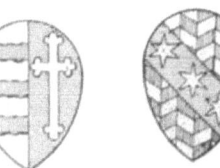

Honorius II.
Scannabecchi aus Fagnano, Italiener.
1124—1130

Innocenz II.
Gregor Papareschi di Guidoni, Römer.
1130—1143

Das Wappen Cölestins II., der im Jahre 1124 zum Papst gewählt worden war, aber gleich nach seiner Wahl zugunsten Honorius' II. freiwillig verzichtete.

der Salier erloschen war. Die streng kirchliche Partei wollte von dem Staufer Friedrich von Schwaben, der als Neffe Heinrichs V. sich Hoffnung auf den Thron gemacht, nichts wissen, sondern setzte unter Führung des Erzbischofs Adalbert von Mainz und im Beisein zweier päpstlicher Legaten die Wahl des Herzogs Lothar von Sachsen (1125—1137) durch. Daß Lothar III. sich vor seiner Wahl ausdrücklich auf die Forderungen der kirchlichen Partei verpflichtet habe, ist allem Anschein nach nicht der Fall gewesen. Diese Forderungen betrafen den Verzicht auf verschiedene im Wormser Konkordat kirchlicherseits eingeräumte Zugeständnisse, vor allem den Verzicht auf des Königs persönliche Anwesenheit bei den Bischofswahlen, die Vornahme der Investitur erst nach der Konsekration und den Ersatz des bisher geleisteten Lehenseides durch einen bloßen Treueid. Jedenfalls aber ließ Lothar alsbald vom Papste die Bestätigung (confirmatio) seiner Wahl einholen und zeigte sich auch sonst angelegentlich bemüht, im Einvernehmen mit den kirchlichen Wünschen zu bleiben. In seiner Kirchenpolitik ließ er sich von Norbert von Xanten beraten, dem Stifter des Prämonstratenserordens, der durch ihn auf den Magdeburger Erzstuhl erhoben wurde. So stellten sich denn auch der Papst wie die deutschen Bischöfe auf die Seite Lothars, als von den Staufern Herzog Konrad zum Gegenkönig (1127) erhoben wurde; Konrad wurde gebannt. — Während Honorius mit dem deutschen Hof im besten Einvernehmen stand, hatte er mancherlei Schwierigkeiten mit den Normannen Unteritaliens; so mußte er schließlich Roger von Sizilien Apulien überlassen, das dieser als Erbe des kinderlosen Herzogs Wilhelm unter Mißachtung der Rechte des Papstes als des Oberlehensherrn beanspruchte; der Papst mußte sich mit der Leistung des Lehenseides begnügen.

Der hl. Bernhard von Clairvaux predigt den Kreuzzug.
(Ausschnitt aus einem Wandgemälde.)

Das Schisma, das schon bei der Erhebung Honorius' II. nur mit Mühe verhindert worden war, kam nach seinem Tode zum offenen Ausbruch. Mit größter Eile wählten sechzehn Kardinäle, unter ihnen die Mehrzahl der Kardinalbischöfe,

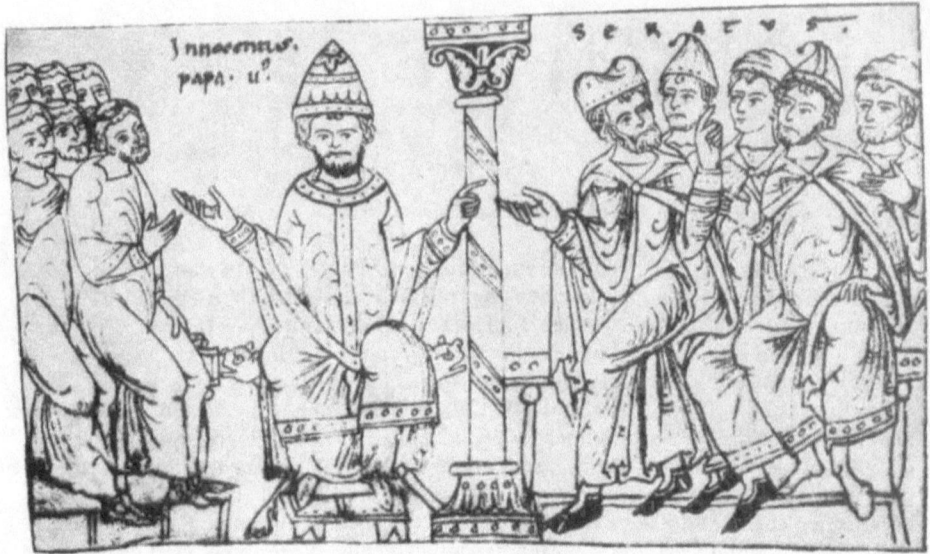

Innocenz II. und der römische Senat
Der Papst nimmt an einer Tagung des Senates teil, während rebellierende römische Bürger die Wiederherstellung der unbeschränkten Herrschaft des Senates fordern.
(Nach einer Zeichnung in der Chronik des Bischofs Otto von Freising, Universitätsbibliothek zu Jena.)

die mit dem Hause der Frangipani in enger Verbindung standen, den Kardinaldiakon Gregor Papareschi zum Papst, einen würdigen, streng kirchlichen Mann, der sich **Innocenz II.** (1130—1143) nannte. Wenige Stunden später erhoben mehr als zwanzig Kardinäle, also die Mehrheit, den Kardinal Petrus, welcher der reichen, ursprünglich jüdischen Familie der Pierleoni angehörte, als A n a k l e t II. (1130—1138) auf den päpstlichen Stuhl. Die Wahl des Anaklet, eines weltlich gesinnten, von glühendem Ehrgeiz beherrschten Mannes von mehr als gewöhnlicher Begabung, war unter Beobachtung der herkömmlichen Formen erfolgt, aber doch erst, nachdem Innocenz, dessen Wahl allerdings überstürzt und formlos vollzogen war, vom Papsttum schon Besitz ergriffen hatte. Innocenz II. mußte bald, da Anaklet mit den reichen Geldmitteln seiner Familie seinen Anhang zu mehren wußte, Rom verlassen; er begab sich nach Frankreich. Hier trat **B e r n h a r d   v o n   C l a i r v a u x** mit Entschiedenheit für seine Sache ein, weil er die kirchlichen Interessen bei ihm in besserer Hut glaubte. Bernhards Entscheidung wurde maßgebend für Frankreich: die Synode von Etampes (September 1130) erkannte Innocenz II. als rechtmäßiges Oberhaupt der Kirche an. In Deutschland sprach sich die Synode von Würzburg (Oktober 1130) gleichfalls für Innocenz II. aus, und Lothar, vom Erzbischof Norbert von Magdeburg beraten, stimmte dieser Entscheidung zu. Auch England, Spanien und Teile von Italien erklärten sich nun für Innocenz II.

Im März 1131 fand dann zu Lüttich eine Zusammenkunft des Papstes mit Lothar III. statt: Innocenz erreichte die Zusage, daß Lothar ihn nach Rom zurückführen werde. Als Gegenleistung begehrte dieser nun die Wiedergewährung des Investiturrechtes, wie es vor dem Wormser Konkordat geübt worden war, und nur Bernhards Beredsamkeit bewog ihn zur Abstandnahme von dieser Forderung. Es gelang Lothar, der wegen der Gegnerschaft der Staufer nur mit ge-

 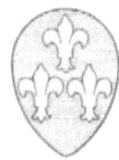  

Coelestin II.
Guido, Italiener aus Città di Castello (Tuscien)
1143—1144

Lucius II.
Gerhard Caccianemici dal Orso, Italiener aus Bologna. 1144—1145

ringer Heeresmacht den Romzug unternehmen konnte, bloß einen Teil der Ewigen Stadt zu erobern. In der Engelsburg und dem leoninischen Viertel mit der Peterskirche behauptete sich Anaklet, der an dem mächtigen Roger II. von Sizilien eine feste Stütze fand. So mußte die Kaiserkrönung Lothars an ungewohnter Stätte im Lateran vorgenommen werden (4. Juni 1133). Als der Kaiser nach derselben die Forderungen von Lüttich erneuerte, war es nun Norbert, dessen Einspruch diesen bewog, sich mit geringfügigem Entgegenkommen der Kurie zufrieden zu geben. Bei der Kaiserkrönung kam es auch zu einem Einvernehmen über das Eigengut (den Allodialbesitz) der Gräfin Mathilde, den diese den Päpsten geschenkt, den aber Heinrich V. auf Grund eines privatrechtlichen Geheimvertrages mit der Gräfin in Besitz genommen hatte. Lothar erkannte nunmehr das Eigentumsrecht der Kirche an diesem Erbgut an und nahm es von der Kirche zu Lehen; gegen eine Zinsleistung wurde er mit dem Ringe in diese Güter investiert. Dieser an sich klare Rechtszustand, daß der Kaiser vom Papste Gut zu Zins, aber nicht eigentlich zu Lehen genommen hatte, konnte leicht dahin mißverstanden werden, daß man das Verhältnis von Papst und Kaiser so auffaßte, als ob der Kaiser für das Reich Lehensmann des Papstes geworden sei. Dieser falschen Auffassung, die an der Kurie geflissentlich vertreten wurde, leistete ein Bild Vorschub, das damals im Lateran angebracht wurde: es stellte den Kaiser dar, wie er kniend aus des Papstes Hand die Krone entgegennahm, und die Unterschrift bezeichnete ihn direkt als Lehensmann des Papstes.

Als der Kaiser nach Deutschland zurückkehrte, konnte sich Innocenz II. nicht länger in Rom halten; aber dem machtvollen Auftreten Bernhards von Clairvaux gelang es, die oberitalienischen Städte, besonders Mailand, zur Anerkennung des rechtmäßigen Papstes

Papst Lucius II. (1144—1145)
hatte unter *Empörungen der römischen Adelsgeschlechter*, die sich als eigene Obrigkeit einen Senat gewählt hatten, viel zu leiden.

zu bewegen. Auf die Bitten Bernhards und des Papstes unternahm dann der Kaiser, dessen Stellung in Deutschland inzwischen durch den von Bernhard vermittelten **Ausgleich mit den Staufern** gefestigt war, eine neue Italienfahrt (1136/37) zum Kampf gegen König Roger von Sizilien, den Schützer des Gegenpapstes. Anfängliche Erfolge konnten aber infolge der Unzufriedenheit der deutschen Truppen nicht ausgenützt werden; als der Kaiser, dessen Verhältnis zum Papst infolge mehrfacher Konflikte sich trübte, nach Deutschland zurückkehrte, machte Roger alle Erfolge Lothars wieder zunichte. Nun war es Bernhard von Clairvaux allein, der auch weiter dem Gegenpapst entgegenwirkte und den größten Teil des Kirchenstaates für Innocenz II. gewann. Anaklet, der sich bis zuletzt in der Leostadt behauptet hatte, starb im Januar 1138; in **Viktor IV.** wurde ihm zwar ein Nachfolger gegeben, aber dieser unterwarf sich schon nach ein paar Monaten dem rechtmäßigen Papst. Zur Beseitigung der letzten Reste des Schismas und verschiedener Mißstände hielt Innocenz II. im April 1139 eine stark besuchte Synode im Lateran ab, das zehnte allgemeine Konzil. Über Roger von Sizilien als den Hauptförderer des Schismas wurde der Bann verhängt. — Nach dem Konzil wollte der Papst den Normannenkönig mit Waffengewalt zur Unterwerfung zwingen; aber der abenteuerliche Kriegszug endete ebenso unglücklich wie einst das Unternehmen Leos IX. Der Papst, der in die Gefangenschaft seines Gegners geraten war, mußte Roger vom Bann lösen, seinen Königstitel anerkennen und ihn mit Apulien und Sizilien belehnen; dafür leistete Roger ihm den Lehenseid. — Am Ausgang seines Pontifikates mußte Innocenz noch einen **Aufstand der Römer** erleben: die Römer erhoben sich, einmal weil der Papst nicht in die völlige Vernichtung Tivolis einwilligte, als dieses nach einer Empörung erobert worden war; die aufrührerische Bewegung fand aber noch mehr Nahrung durch die Bestrebungen auf bürgerliche Selbstbestimmung, wie sie inzwischen in den aufblühenden lombardischen Städten feste Wurzel gefaßt hatten. So wählten sich denn nun die Römer der päpstlichen Herrschaft zum Trotz eine eigene Obrigkeit, die den stolzen Namen Senat erhielt (1143).

Papst Eugen III. (1145—1153)
ein Schüler des hl. *Bernhard*, vordem Abt des Zisterzienserklosters in Pisa, mußte vor den mächtigen römischen Patriziern zuerst nach Viterbo, dann nach Trier und nach Paris *fliehen*. Erst unter dem Schutze des Kaisers *Friedrich Barbarossa* konnte Papst Eugen III. wieder nach Italien zurückkehren.

Eugen III.
Bernhard Pagnanelli, Italiener aus Montemagno, Pisa. 1145—1153

Anastasius IV.
Conrad della Suburra, Römer. 1153—1154

Das Wappen des Kardinals Gregor Conti, der im Jahre 1138 von einer Minderheit gewählt worden war, sich aber sogleich Innocenz II. unterwarf.

Nach dem Tode Innocenz' II. hat der einem toskanischen Geschlechte entstammende **Coelestin II.** (1143—1144) durch sechs Monate den päpstlichen Stuhl innegehabt. Es gelang ihm ebenso wenig wie seinem Nachfolger **Lucius II.** (1144—1145) in Rom die Ruhe und Ordnung und die päpstliche Autorität herzustellen. Vielmehr haben die Römer unter ihm ihre junge Republik weiter ausgebaut, Jordan Pierleoni, ein Bruder des Gegenpapstes Anaklet, wurde als Patrizius zum Haupt der Republik erwählt. Mit diesem Abschluß der neuen Stadtverfassung begann man nun in Rom eine neue Zeitrechnung. Vergebens wandte sich der Papst an den deutschen König um Hilfe. Hier war nach Lothars Tode nicht, wie dieser gewünscht, sein Schwiegersohn Heinrich der Stolze, sondern der einstige Gegenkönig, der Staufer Konrad III., zum König erwählt worden. Dieser konnte zunächst in die italienischen Verhältnisse nicht eingreifen, da ihm Herzog Heinrich die Anerkennung verweigerte; damit nahm der unheilvolle Streit der Staufer und Welfen seinen Anfang.

Nachdem Lucius wahrscheinlich an einer Wunde, die er im Kampf gegen die aufsässigen Römer erhalten hatte, gestorben war, erhielt er in dem Zisterzienserabt Bernhard von Pisa, einem Schüler Bernhards von Clairvaux, einen Nachfolger, der sich **Eugen III.** (1145—1153) nannte. Die Erhebung eines schlichten einfachen Mönches auf den Papstthron in so schwerer Zeit sah Bernhard von Clairvaux nach anfänglicher Überraschung als göttliche Fügung an, und mit Rat und Tat stand er seinem ehemaligen Schüler zur Seite; für ihn schrieb er sein berühmtes Buch „De consideratione", das man mit seiner eigenartigen Verbindung von asketisch-mystischen Ratschlägen und kirchenpolitischen Gedanken treffend einen geistlichen Fürstenspiegel genannt hat. — Die Anfänge seines Pontifikates gestalteten sich sehr schwierig. Da er sich nicht zur geforderten Anerkennung des römischen Senates verstand, mußte die Konsekration außerhalb Roms im Kloster Farfa erfolgen. Nur für kurze Zeit kam es zu einer Einigung und Anerkennung der Oberhoheit des Papstes in Rom. So mußte dieser zumeist seine Residenz außerhalb der Ewigen Stadt, und zwar in Viterbo, aufschlagen, bis er sich dann im Frühjahr 1147 nach Frankreich begab.

Inzwischen hatte der Fall von Edessa (1144) den Papst veranlaßt, die Franzosen als die am ersten Kreuzzug hauptsächlich beteiligte Nation zu einer Kreuzfahrt aufzurufen; er beauftragte sodann Bernhard von Clairvaux mit der Kreuzpredigt; dessen flammende Beredsamkeit sicherte das Zustandekommen des zweiten Kreuzzuges (1147), der freilich nur gewaltige Opfer an Gut und Blut forderte, ohne daß Erfolge erzielt worden wären. Dadurch, daß auch Konrad III. nach langem wohlbegründetem Widerstreben unter dem Eindruck einer erschütternden Predigt Bernhards von Clairvaux sich zur Teilnahme an der Kreuzfahrt entschlossen hatte, schwand zunächst für den Papst die Aussicht, daß in Rom und dem Kirchenstaat Ordnung geschaffen würde; er mußte daher zunächst in Frankreich bleiben, — auch in Trier nahm er längeren Aufenthalt, — während in Rom inzwischen Arnold von Brescia, der ähnlich der Pataria leidenschaftlich gegen die weltliche Macht und den weltlichen Besitz der Kirche eiferte und sich zum Anwalt der schwärmerischen Träumereien von der der Ewigen Roma gebührenden Weltherrschaftsstellung machte, der eigentliche Herr der Stadt war. Erst im Jahre 1149 wurde Eugen III. mit Hilfe Rogers von Sizilien und des Grafen von Tuskulum die Rückkehr nach Rom ermöglicht, allerdings wiederum nur für kurze Zeit. Eine Romfahrt Konrads III., über die mit dem Papst schon ein Einvernehmen erzielt war, kam infolge des Todes des Königs (Februar 1152) nicht zur Durchführung, so daß die Hoffnungen des Papstes auf Hilfe sich zunächst wiederum nicht verwirklichten.

Papst Anastasius IV (1153—1154)

Als Konrad in seinem Neffen Friedrich Barbarossa einen einmütig erkorenen Nachfolger erhalten hatte, wandte sich an ihn wie schon früher an Konrad der römische Senat: in Briefen, deren hochtönende anmaßende Phrasen in kläglichem Mißverhältnis standen zu den tatsächlichen Machtverhältnissen, wurde dem Staufer die Kaiserkrone angeboten. Es ist verständlich, daß dieser in richtiger Einschätzung der Lage es vorzog, die schon von seinem Vorgänger begonnenen Verhandlungen mit dem Papste fortzusetzen; sie führten im März 1153 zum Konstanzer Vertrag. In diesem verpflichtete sich Friedrich, weder mit den Römern noch mit den Normannen ohne des Papstes Zustimmung Frieden zu schließen, ferner sagte er zu, die Herrschaft des Papstes in Rom und dem Kirchenstaat wieder herzustellen. Dafür stellte ihm der Papst die Kaiserkrone in Aussicht und sicherte ihm Beistand gegen alle Feinde des Reiches zu. Als dieser Vertrag zum Abschluß kam, hatte der Papst zwar wieder nach Rom zurückkehren können, da hier gemäßigtere Elemente zur Herrschaft gekommen waren; aber die Lage des Papstes war doch nach wie vor wenig gesichert, so daß der Konstanzer Vertrag durchaus den Interessen beider Vertragschließenden entsprach. Den Romzug Friedrichs hat Eugen III. aber nicht erlebt; er starb im Juli 1153; seinem Nachfolger **Anastasius IV.** (1153—1154), einem wohltätigen, nachgiebigen Greise, war nur ein Pontifikat von ein und einhalb Jahren beschieden. Nach wenigen Wochen ist auch Bernhard von Clairvaux Eugen III. im Tode nachgefolgt.

IM KAMPF MIT FRIEDRICH BARBAROSSA

Nach des Anastasius Tode folgte das Pontifikat des einzigen Engländers in der Reihe der Päpste; es war Nikolaus Breakspear, der sich **Hadrian IV.** nannte (1154—1159). Nach harter Jugend war er zum Abt des Rufusklosters bei Avignon emporgestiegen. Eugen III. hatte ihn ins Kardinalskollegium aufgenommen und mit einer Legation nach den nordischen Reichen betraut; die Organisation der norwegischen Kirche mit Drontheim als Erzbistum war sein Werk. Hadrian IV. war eine kraftvolle energische Persönlichkeit, erfüllt vom Bewußtsein der Würde des päpstlichen Stuhles. So erklärt sich sein Bestreben, daß er Herr im eigenen Hause, in Rom, sein wollte. Alsbald forderte er daher vom römischen Senat die Ausweisung Arnolds von Brescia; und als sie verweigert wurde, erzwang er sie durch Verhängung des Interdiktes über die Stadt; es war das erstemal, daß mit diesem Mittel gegen Rom vorgegangen wurde.

Inzwischen hatte Friedrich Barbarossa die im Konstanzer Vertrag vereinbarte Romfahrt angetreten. Wie der Papst es begehrt hatte, war Friedrich bereit, die Auslieferung des flüchtigen Arnold von Brescia zu erzwingen; dieser wurde dann dem römischen Präfekten übergeben und als Hetzer und Rebell hingerichtet. In Sutri fand am 9. Juni 1155 die erste persönliche Begegnung Friedrichs mit dem Papste statt. Schon hier drohte ein heftiger Konflikt beider, da der Staufer sich zunächst weigerte, dem Papste Marschallsdienste zu leisten. Am 18. Juni fand dann die feierliche Kaiserkrönung in St. Peter statt; ein Angriff, den die Römer, die dem Kaiser die Stadt verschlossen hatten, auf das kaiserliche Lager unternahmen, wurde blutig abgewiesen; die Römer waren empört, daß der Kaiser das Angebot, aus ihrer Hand die Kaiserkrone gegen Zahlung von 5000 Mark Silber in Empfang zu nehmen, spöttisch abgewiesen hatte. Dem Drängen der Fürsten folgend, kehrte der Kaiser nun unverweilt nach Deutschland zurück. Das entsprach nicht dem Konstanzer Vertrag, in dem ja der Schutz des Papstes gegen die Normannen eine wesentliche Verpflichtung des Kaisers war; denn die Bedrohung des Kirchenstaates durch die Normannen hatte sich, seit Wilhelm I. seinem Vater Roger II. († 1154) nachgefolgt war, noch verschärft. Da der

Kaiser Friedrich II. Barbarossa mit seinen Söhnen Heinrich VI. und Friedrich
(Nach einer Zeichnung in der „Historia Welfarum", zu Ende 12. Jahrhunderts. Bibliothek zu Fulda.)

Hadrian IV
Nikolaus Breakspeare, Engländer aus S. Albano. 1154—1159

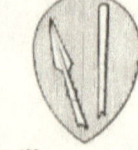

Alexander III.
Roland Bandinelli, Italiener aus Siena. 1159—1181

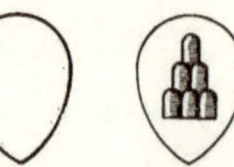
Das Wappen des Grafen Octavian von Tusculum, der 1159 von zwei Kardinälen als Papst Viktor IV kreiert worden war; ihn unterstützte Kaiser Friedrich I. gegen den rechtmäßigen Papst Alexander III.

Staufer den Papst im Stich gelassen hatte, ging dieser selbst, unterstützt von unzufriedenen Baronen, gegen Wilhelm vor, den er gebannt hatte, anfangs mit Erfolg. Schließlich aber nötigte der Normannenherrscher den bedrängten Papst zum Frieden von Benevent (1156). Hadrian mußte sich dazu verstehen, Wilhelm vom Banne zu lösen und ihn gegen eine jährliche Zinszahlung mit Sizilien, Apulien und Capua zu belehnen. Der Abschluß dieses Vertrages, dem auch ein Teil des Kardinalskollegiums widersprochen hatte, erregte, weil nicht mit dem Sinn des Konstanzer Vertrages vereinbar, den Unwillen des Kaisers; er bedeutete, mochte er immerhin erzwungen sein, eine Schwenkung der päpstlichen Politik, ein Zurücklenken in die Bahnen Gregors VII., als auch das unteritalienische Reich der Kurie Schutz und Rückhalt bot.

Die schon starke S p a n n u n g z w i s c h e n P a p s t u n d K a i s e r verschärfte sich weiter, als im Jahre 1156 Erzbischof Eskil von Lund auf der Rückreise von Rom im Burgundischen überfallen und gefangen wurde und Friedrich trotz aller päpstlichen Mahnungen nichts zur Bestrafung des Unrechts und zur Befreiung des Gefangenen tat. Das gab dem Papst Anlaß, zum Reichstag zu Besançon (Oktober 1157) eine Gesandtschaft abzuordnen. Führer derselben war Kardinal Roland, vordem gefeierter Rechtslehrer in Bologna, nunmehr als Kanzler der römischen Kirche der einflußreichste Berater des Papstes. Weitere

Papst Hadrian IV. (1154—1159) ist der einzige Engländer in der langen Reihe der Päpste gewesen. Er krönte Friedrich Barbarossa am 18. Juni 1155 feierlich mit der Kaiserkrone.

Aufträge der Gesandtschaft waren, durch Rechtfertigung des Vorgehens der Kurie eine Entspannung der Beziehungen zum Kaiser herbeizuführen und eine umfassende Kirchenvisitation in Deutschland vorzunehmen. In dem Schreiben des Papstes, das Sühne für den Frevel an dem Erzbischof verlangte, stand die Wendung, daß der Papst dem Kaiser gern noch größere „Benefizien" verliehen haben würde. Der Ausdruck „beneficia" war allem Anschein nach mit beabsichtigter Zweideutigkeit gewählt worden; er konnte als Wohltat, aber auch im technischen Sinn als Lehen aufgefaßt werden. Rainald von Dassel, ein Mann von vielseitiger Begabung und ungewöhnlichen Fähigkeiten, der seit 1156 des Kaisers bedeutendster Ratgeber war, übersetzte — und das zeigt den Argwohn, mit dem man am deutschen Hofe gegen die Kurie erfüllt war — beim Verlesen des päpstlichen Schreibens den in Frage stehenden Ausdruck mit Lehen. Die Bezeichnung der Kaiserkrone als Lehen rief die laute Empörung der Reichsversammlung hervor, die sich noch steigerte, als der Legat die Frage einwarf, von wem denn der Kaiser die Kaiserkrone habe, wenn nicht vom Papst. Der Kaiser mußte durch persönliches Dazwischentreten den Legaten vor tätlichen Mißhandlungen schützen; er befahl dann, daß die Gesandtschaft sofort das Reich verlassen müsse. In einem Rundschreiben gab der Kaiser dem deutschen Volk Kunde von dem, was in Besançon geschehen war; auch der deutsche Episkopat stellte sich trotz des

Siegel Kaiser Friedrich's an einer Urkunde vom 4. Juli 1157
(Im Bayerischen Reichsarchiv zu München)

Papstes Bemühungen auf die Seite des Kaisers. Infolgedessen fand es Hadrian für geraten, einzulenken; in einem Schreiben an den Kaiser gab er den beanstandeten Worten eine unverfängliche Deutung. Damit war der Kaiser zufrieden; der offene Bruch war vermieden, aber er war nur hinausgeschoben.

Der neue Heereszug, den der Kaiser im Jahre 1158 nach Italien unternahm, galt der Demütigung der lombardischen Städte, besonders des stolzen Mailand. Auf dem Reichstage, den Friedrich sodann auf den ronkalischen Gefilden bei Piacenza abhielt, wurden in den sogenannten ronkalischen Beschlüssen die kaiserlichen Hoheitsrechte im Sinn der antiken römischen Kaiseridee, wie sie gerade damals von den Rechtsgelehrten zu Bologna zu neuem Leben erweckt wurde, festgestellt. Die ronkalischen Beschlüsse vernichteten nicht nur die Selbständigkeit der aufblühenden Stadtgemeinden zugunsten einer straff zentralisierenden monarchischen Staatsgewalt; sie griffen auch tief in kirchliche Gerechtsame ein. So wurde von italienischen Bischöfen, die noch im Besitze von Regalien waren, der Mannschaftseid gefordert. Auch wurden dem Wormser Konkordat zuwider in Deutschland wie in Italien vom Kaiser eigenmächtig Bischofsstühle besetzt, und im Kirchenstaat, besonders über Rom, wurden von ihm Oberherrschafts-

Papst Alexander III. (1159—1181)
Diesem Papste waren von Kaiser Friedrich Barbarossa drei Gegenpäpste gegenübergestellt, über die er erst nach mühevollem und heißem Ringen endlich die Oberhand behielt.

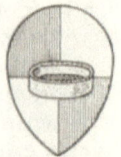

Lucius III.
Ubald Allucingoli, Italiener aus Lucca.
1181—1185

Urban III.
Humbert Crivelli, Italiener aus Mailand.
1185—1187

Wappen des Kardinals Guido von Crema, der, von wenigen 1164 als Papst Paschalis III. ausgerufen worden war und sich der nachdrücklichsten Unterstützung durch Kaiser Friedrich I. erfreute. 1164—1168

rechte im Sinne Karls des Großen in Anspruch genommen. Unter diesen Umständen war ein Konflikt unvermeidlich. Verhandlungen, in denen der Kaiser den Forderungen des Papstes auf Abstellung der Übergriffe auf das kirchliche Gebiet seinerseits mancherlei Beschwerden entgegenstellte, blieben ergebnislos. Schon war der Kaiser in Beziehungen zum römischen Senat getreten, während der Papst in Verhandlungen mit den kaiserfeindlichen oberitalienischen Städten trat, in deren Verlauf die Bannverhängung über den Kaiser in Aussicht genommen wurde. Da starb, bevor es dazu kam, Hadrian IV. (1. September 1159). — Sehr umstritten ist bis auf den heutigen Tag ein Schreiben dieses Papstes an Heinrich II. von England, das diesen zur Eroberung von Irland ermächtigt.

Seit dem Vertrage von Benevent war das Kardinalskollegium gespalten. Die Mehrheit desselben, welche mit der Politik Hadrians IV. einverstanden gewesen war, wählte den Kardinal Roland zum Papst. Aber noch ehe dieser inthronisiert werden konnte, ist der Kandidat der kaiserlichen Minderheit, Kardinal Oktavian, eiligst in der Peterskirche, die von dem für Oktavian Partei nehmenden römischen Volke gefüllt war, mit dem päpstlichen Mantel bekleidet worden. Erst einige Tage später fand die Konsekration und Krönung Rolands in ordnungsmäßiger Weise zu Ninfa statt. Bei der Namenswahl scheint man an die Zeit des beginnenden Investiturstreites gedacht zu haben; während Roland sich **Alexander III.** (1159—1181) nannte, nahm Oktavian den Namen **Viktor IV.** (1159 — 1164) an. —

Alexander III., der unzweifelhaft der rechtmäßige Papst war, hat alsbald Viktor als Eindringling in den Bann getan. Doch der Umstand, daß immerhin eine Doppelwahl vorlag, gab dem Kaiser die Möglichkeit des Eingreifens. Als Schirmvogt der Kirche berief er eine Synode nach Pavia, auf der sich die anwesenden deutschen und lombardischen Bischöfe unter dem aus-

Das Grabmal des Papstes Hadrian IV in den Vatikanischen Grotten

Päpstliche Gewandung im
12. Jahrhundert
Aus einer zeitgenössischen Handschrift in der
Bibliothek zu Gent.

schlaggebenden Einfluß des Kaisers für den persönlich erschienenen Viktor erklärten. Den Bann, den die Synode über Alexander III. aussprach, beantwortete dieser mit dem Bann über Kaiser und Gegenpapst. Damit begann der harte verhängnisvolle Kampf, der nicht weniger als achtzehn Jahre dauerte.

Vergebens waren die Bemühungen des Kaisers, dem Spruch der Synode von Pavia allgemeine Geltung zu verschaffen. Frankreich und England, denen nichts an einem vom Kaiser abhängigen Papst liegen konnte, erklärten sich für Alexander, der allerdings, weil im Kirchenstaat bedroht, in Frankreich Aufenthalt nehmen mußte. Die gleiche Haltung nahmen die großen Orden, besonders die Zisterzienser, und die kleineren Staaten wie Spanien, Ungarn, Norwegen ein. Nur für kurze Zeit schien sich die Aussicht zu eröffnen, daß Frankreich im Zusammenhang mit einer Trübung seiner Beziehungen zu England sich für den Gegenpapst entscheiden würde. Die Gefahr ist aber bald dadurch abgewendet worden, daß dem diplomatischen Geschick Alexanders III. die Aussöhnung des französischen und englischen Königs gelang, und daß Rainald von Dassel durch herausfordernde Äußerungen, als ob der päpstliche Stuhl wie ein Reichsbistum vom Kaiser vergeben werden könne, die Sache des Gegenpapstes bei den Westmächten schädigte. So wurde der kaiserliche Gegenpapst nur anerkannt, soweit der Machtbereich des Kaisers reichte; aber auch in Deutschland erstarkte allmählich die anfangs schwache Opposition gegen Viktor IV., wenn auch die kaiserliche Machtstellung trotz Bann und Entbindung vom Treueid zunächst nicht erschüttert werden konnte.

Als Viktor IV. im April 1164 starb, scheint auch Friedrich Barbarossa an eine Verständigung, wie sie Alexander stets gewünscht und erstrebt hatte, gedacht zu haben. Da hat Rainald von Dassel seinen kaiserlichen Herrn vor eine vollendete Tatsache gestellt, indem er eiligst durch die kaiserlich gesinnten Kardinäle zu Lucca den Kardinal Guido von Crema als Paschalis III. (1164—1168) zum Nachfolger Viktors erheben ließ. Paschalis III. fand zunächst noch weniger Gefolgschaft als Viktor; da eröffneten plötzlich die Streitigkeiten in der englischen Kirche die Aussicht, dem kaiserlichen Gegenpapst den Sieg zu sichern. In England war Heinrich II. mit dem Erzbischof Thomas Becket, seinem früheren Kanzler, der unbeugsam die kirchlichen Rechte gegen Übergriffe des Königs verteidigte, in heftigen Konflikt geraten. Auf einem Reichstag zu Clarendon (1164) hatte der König erreicht, daß die „uralten Gewohnheiten", d. h. die herkömmlichen königlichen Rechte der Kirche gegenüber vorbehaltlos anerkannt und genau formuliert wurden; so sollten Kleriker unter Mißachtung des besonderen Gerichtsstandes des Klerus zuerst vor den weltlichen Richter gestellt werden, Appel-

Gregor VIII.
Albert de Morra, Italiener aus Benevent.
1187

Klemens III.
Paul Scolari. Römer.
1187—1191

Wappen des Benediktinerabtes Johann „der Ungar", unrechtmäßiger Kardinalbischof von Albano. Trotz aller Unterstützung, die ihm als Papst Kalixtus III. die kaiserliche Partei zuteil werden ließ, unterwarf er sich dem rechtmäßigen Papste Alexander III.

lationen nach Rom sollten nicht zulässig sein, die Bischofswahlen sollten nur in der königlichen Kapelle und mit Zustimmung des Königs stattfinden; die Gewählten sollten vor der Weihe dem König den Treu- und Lehenseid leisten. Nur Thomas Becket hatte gegen diese Beschlüsse von Clarendon Einspruch erhoben; und als der Papst dieselben verwarf, hatte er sofort seine nach langem Sträuben gegebene Zustimmung zu denselben widerrufen. Vor der ihm drohenden Verurteilung floh er nach Frankreich, dessen König ihm Schutz zusicherte. Der englische König bemühte sich nun vergeblich, von Papst Alexander III., der in Frankreich weilte, die Absetzung des Primas der englischen Kirche zu erlangen. Da er infolgedessen gegen den Papst erbittert war, erwog er den Anschluß an den Gegenpapst. Diese Gelegenheit beeilte sich Rainald von Dassel auszunützen, er brachte ein Bündnis seines Herrn mit dem englischen König zustande. Englische Gesandte erschienen auf dem Reichstag zu Würzburg (Pfingsten 1165); auf diesem verpflichteten sich der Kaiser sowie die anwesenden weltlichen und geistlichen Fürsten mit den bindendsten Eiden, niemals Alexander III. oder einen von dessen Partei gewählten Papst anerkennen zu wollen, sondern treu zu Paschalis zu halten; die Großen des Reiches, die nicht binnen sechs Wochen diesen Eid leisten würden, sollte als Reichsfeinde der Bann und Güterverlust treffen. Diese unbesonnenen Beschlüsse, durch die Friedrich Barbarossa sich selbst einen Rückzug sehr erschwert hat, wurden nun auch in rücksichtsloser Weise durchgeführt, und dadurch der schon abbröckelnde Anhang des Gegenpapstes für

Papst Lucius III. (1181—1185) sah sich während seines Pontifikates in Freiheit und Unabhängigkeit durch die Vereinigung des deutschen Kaisertums mit dem sizilischen Reiche aufs schwerste bedroht.

Papst Urban III. (1185—1187)
geriet bei den wieder entbrannten Kämpfen mit Kaiser Friedrich Barbarossa auch **in Widerspruch zum gesamten deutschen Episkopat.**

einige Zeit gewaltsam gemehrt. Dagegen erfüllten sich die Hoffnungen, die man am Kaiserhofe auf England gesetzt hatte, nicht; es blieb ziemlich bedeutungslos, daß der englische König sich auf die Seite des Gegenpapstes stellte; denn der englische Episkopat leistete jenem in dieser Hinsicht nicht Gefolgschaft.

Inzwischen hatte sich in Italien ein Umschwung der Lage angebahnt. Schon im Frühjahr 1164 hatten sich die Städte der Veroneser Mark mit Venedig zu einem Bund zusammengeschlossen, der sich deutlich genug gegen den Kaiser richtete. Im Herbst 1165 konnte sodann Alexander III. nach Rom zurückkehren. Freilich glaubte der Kaiser nunmehr den Papst hier um so leichter angreifen und vernichten zu können. Die militärische Tüchtigkeit Rainalds von Dassel, den der Kaiser im Jahre 1159 auf den Kölner Erzstuhl erhoben hatte, und des Erzbischofs von Mainz, Christian von Busch, bahnten dem Kaiser den Weg nach Rom. Alexander III. mußte verkleidet aus Rom fliehen, im Triumph konnte Friedrich Barbarossa seinen Gegenpapst nach Rom führen und sich mit seiner Gemahlin von diesem nochmals feierlich krönen lassen (1. August 1167). Da wandte sich jäh das Glück. Eine Seuche raffte Tausende aus des Kaisers Heer dahin; der schwerste Verlust für den Kaiser war es, daß auch sein treuester und hervorragendster Berater Rainald von Dassel ihr zum Opfer fiel. Kein Wunder, daß diese Katastrophe den Zeitgenossen als ein unmittelbares strafendes Eingreifen der göttlichen Vorsehung zugunsten des rechtmäßigen Papstes erschien. — Das Unglück des Kaisers bewirkte, daß sich die Opposition gegen ihn verstärkte; der Veroneser Bund erweiterte sich zum lombardischen Bunde; da die Gegner dem Kaiser die Rückzugslinien über die Alpenpässe verlegten, mußte er in Verkleidung nach Deutschland flüchten. Trotz all des Mißgeschicks dachte Friedrich Barbarossa aber nicht an Nachgiebigkeit. Als Paschalis III. gestorben war, erkannte er den zum Nachfolger gewählten Abt Johann von Struma, der sich **Kalixt III.** (1168—1178) nannte, an. Im Frühjahr 1169 begannen dann aber doch Friedensverhandlungen. Sie scheiterten zwar, und der Kaiser versuchte nochmals das Waffenglück. Aber nach seinem Mißgeschick bei der Belagerung von Alessandria und seiner schweren Niederlage bei Legnano (29. Mai 1176) war der Zeitpunkt für den Friedensschluß gekommen. Nach Vorverhandlungen zu Anagni wurde der Friede bei einer persönlichen Zusammenkunft von

Papst und Kaiser zu Venedig feierlich abgeschlossen (1. August 1177). Der Kaiser ließ den Gegenpapst fallen, der sich nach einigem Widerstreben in eine Abtei zurückzog, und erkannte Alexander als rechtmäßigen Papst an.

Cölestin III.
Hyazinth Boboni-Orsini, Römer. 1191—1198

Wappen des Bischofs von Silium, Lando dei Frangipani, der sich 1179 von der abtrünnigen Partei als Innocenz III. zum Gegenpapst wählen ließ. Er wurde ergriffen und in das Kloster Cave verwiesen.

Dem Papst wurde der gesamte Kirchenstaat und die entrissenen Kirchengüter zurückgegeben sowie auch die römische Präfektur überwiesen, was die Anerkennung des Papstes als unabhängigen Herrn des Kirchenstaates bedeutete. Papst und Kaiser sicherten sich gegenseitige Unterstützung zu. Daß seitens römischer Adelskreise nochmals ein Gegenpapst erhoben wurde, der sich Innocenz III. nannte, blieb bedeutungslos.

Durch Hilfe kaiserlicher Truppen wurde nun der Kirchenstaat unterworfen, so daß der Papst nach Rom zurückkehren konnte. Im März 1179 hielt er dann eine große Lateransynode ab, das elfte allgemeine Konzil. Die wichtigste Bestimmung derselben betraf die Papstwahl. Um zwiespältige Wahlen und neue Schismen möglichst zu verhindern, wurde in dem Kanon „Licet de vitanda" verfügt, daß nur derjenige als rechtmäßig erwählter Papst zu gelten habe, der zwei Drittel der Stimmen der Kardinäle auf sich vereinigt habe. Der Rechte des Kaisers geschieht in dem Kanon ebensowenig Erwähnung wie der Teilnahme des römischen Klerus und des Volkes. Die große Bedeutung dieser Papstwahldekretale erhellt am besten daraus, daß in der Folge durch Zwiespalt der Wähler kein Schisma mehr entstanden ist. Aus den sonstigen Beschlüssen der Synode, die Disziplinarangelegenheiten betrafen, verdient der Kanon Hervorhebung, welcher erstmals sich gegen die Irrlehren der Katharer wenden mußte. — In den letzten Jahren des Pontifikates Alexanders III. sind seine Beziehungen zum Kaiser vor ernstlicheren Störungen bewahrt geblieben. Dagegen blieb die Lage im Kirchenstaat und besonders in dem zur Unbotmäßigkeit geneigten Rom schwierig und unruhig, so daß der Papst Rom wieder verlassen mußte; in Civita Castellana ist er im August 1181 gestorben.

Noch während seines Pontifikates war auch der kirchliche Konflikt in England beigelegt worden. Der Anschluß Englands an den kaiserlichen Gegenpapst war, wie erwähnt, infolge des Widerstandes des englischen Episkopates zwar nicht durchgeführt worden, aber trotz der päpstlichen Verwerfung der Artikel von Clarendon hielt Heinrich II. hartnäckig an denselben fest. Erst die Drohung mit Bann und Interdikt bewirkte, daß es im Jahre 1170 zu einer Aussöhnung zwischen König und Primas kam, so daß dieser auf seinen Erzstuhl zurückkehren konnte. Aber die Gegensätze waren doch nicht wirklich ausgeglichen, und die getroffene Vereinbarung wurde nicht einhellig ausgelegt. Da haben im Zorn gesprochene unbesonnene Worte des Königs einige normannische Ritter veranlaßt, den Erzbischof am 29. Dezember 1170 in seiner Kathedralkirche zu ermorden. Thomas Becket wurde vom Volk sofort als Martyrer verehrt und von Alexander III. schon im Jahre 1173 kanonisiert. Der König war über die Untat aufs äußerste bestürzt. Vor päpstlichen Legaten erklärte er eidlich, den Tod des Primas weder befohlen noch gewünscht zu haben. Er wallfahrtete zum Grab desselben und tat dort Buße. Nunmehr war er auch zum Verzicht auf die Kon-

Papst Gregor VIII. (1187) verstand es, der *Kreuzzugsbewegung* wieder einen mächtigen Auftrieb zu geben.

stitutionen von Clarendon bereit. Trotzdem aber ist auch in Zukunft an dem staatskirchlichen Regiment der Könige gegenüber der englischen Kirche nichts Wesentliches geändert worden.

Obwohl Alexander III. sicher einer der bedeutendsten in der Reihe der Päpste war, hatte er doch nur den kleinsten Teil seines langen Pontifikates in dem aufsässigen, nach Selbständigkeit strebenden Rom zubringen können. Nicht besser ging es den nun folgenden Päpsten. So mußte schon die Wahl seines Nachfolgers außerhalb Roms in Velletri stattfinden, da es diesem unmöglich war, die von den Römern für den Einzug geforderten Geldsummen zu bewilligen; es war **Lucius III.** (1181—1185), vorher Kardinalbischof Ubald von Ostia. Nur wenige Monate konnte er, vom kriegsgewandten Erzbischof Christian von Mainz geschützt, in Rom residieren. In sein Pontifikat fällt der Friedensschluß des Kaisers mit dem lombardischen Bund, mit dem in Venedig nur ein Waffenstillstand auf sechs Jahre geschlossen worden war. Im Frieden von Konstanz (1183) konnte der Kaiser zwar nicht die ronkalischen Beschlüsse aufrecht halten, aber da seine Machtstellung durch die vorhergehende Unterwerfung Heinrichs des Löwen gestärkt war, konnten doch die kaiserlichen Rechte den lombardischen Städten gegenüber in weitem Umfang gewahrt werden. Was des Papstes Beziehungen zum Kaiser betrifft, so waren diese durch verschiedene Differenzen getrübt; sie betrafen neben der verschiedenen Stellung zur Doppelwahl in Trier vor allem die mathildischen Güter, die der Kaiser in seiner Hand behielt, und sie verschärften sich durch die Weigerung des Papstes, dem Wunsch Friedrichs gemäß seinen Sohn Heinrich noch zu Lebzeiten zum Kaiser zu krönen. Durch eine persönliche Aussprache zu Verona (Herbst 1184) hoffte man am besten die Mißhelligkeiten aus dem Wege räumen zu können. Diese Hoffnung erfüllte sich nicht. Nur über gemeinsames Vorgehen mit Bann und Acht gegen die namentlich in Oberitalien überhandnehmende Ketzerei kam es zu wirklicher Einigung. So dauerte die Spannung in den Beziehungen beider fort. Und kurz vor dem Veroneser Zusammentreffen hatte sich ein Ereignis vollzogen, das in der Folgezeit auf das Verhältnis von Papsttum und Kaisertum die verhängnisvollsten Rückwirkungen ausübte. Der deutsche Thronerbe Heinrich hatte sich durch Vermittlung des Papstes mit Konstanze, der Erbin des sizilischen Reiches, verlobt. Diese Verlobung bahnte die Vereinigung des Kaisertums mit dem sizilischen Reich an. Hatte bis dahin das unteritalienische Königreich zumeist im Gegensatz zum Kaisertum gestanden und infolgedessen wiederholt den Päpsten in ihren Kämpfen mit den Kaisern einen festen Rückhalt und Schutz geboten, so fiel mit der Verbindung der beiden Reiche diese Stütze für das Papsttum fort; ferner wurden dessen oberlehensherrliche Rechte in Frage gestellt, und Papsttum und Kirchenstaat, allseits von staufischem Gebiet umklammert, waren in ihrer Freiheit und Unabhängigkeit aufs schwerste bedroht.

Kein Wunder daher, daß in dem nächsten Pontifikat, dem **Urbans III.** (1185 bis 1187), die Beziehungen zum Kaiser sich weiter zuspitzten. Der Papst, dessen Familie bei der Zerstörung Mailands im Jahre 1162 durch den Kaiser schwer in Mitleidenschaft gezogen worden war, hatte auch als Papst sein bisheriges Erzbistum beibehalten. Als der Kaiser seinen Sohn anläßlich dessen Vermählung mit Konstanze vom Patriarchen von Aquileja hatte zum König von Italien krönen lassen, suspendierte der Papst den Patriarchen, weil das Krönungsrecht dem Mailänder Erzbischof nach dem Gewohnheitsrecht zukam. In der Trierer Wahlfrage entschied sich Urban gegen den Kandidaten des Kaisers, worauf dieser durch seinen Sohn den Kirchenstaat besetzen und verwüsten ließ und den Papst, der, wie sein Vorgänger, in Verona residierte, durch Besetzung der Alpenpässe vom Verkehr mit Deutschland abschloß. Vergebens war es, daß der Papst den deutschen Episkopat für sich zu gewinnen suchte; dieser stellte sich entschieden auf die Seite des Kaisers. Schon dachte Urban III. an die Verhängung des Bannes über Friedrich; da ereilte ihn der Tod.

Das Pontifikat des folgenden Papstes **Gregors VIII.**, der vordem eine Augustiner-Chorherrn-Kongregation gegründet hatte, dauerte nur zwei Monate, ist aber nicht unwichtig, weil dieser im Gegensatz zu seinem Vorgänger einen friedlichen Ausgleich mit Barbarossa erstrebte. Das entsprach seiner Überzeugung, war er doch als Kardinal dem Kaiser stets treu ergeben gewesen; das war aber auch gefordert durch die traurigen Nachrichten, die aus Palästina kamen. Sultan Saladin hatte bei Hattin das christliche Heer vernichtend geschlagen und dann Jerusalem erobert (2. Oktober 1184). Da flammte die Kreuzzugsbewegung wieder mächtig auf. Die Vorbereitung des Kreuzzuges stand nun

Papst Cölestin III. (1191—1198) krönte am 15. April 1191 Heinrich VI. in Rom zum Kaiser, nachdem Friedrich Barbarossa auf seiner Kreuzfahrt in Kleinasien den Tod gefunden hatte.

ganz im Mittelpunkt des Denkens und Handelns des Papstes. Unter diesen Umständen war Frieden und Eintracht zwischen Papst und Kaiser gebieterische Pflicht. Daher zeigte Gregor VIII., dem auch die Kirchenreform am Herzen lag, dem Kaiser gegenüber weites Entgegenkommen, so in der Trierer Angelegenheit, und indem er Heinrich erstmals als „erwählten römischen Kaiser" anredete.

Die Politik des Einvernehmens mit dem Kaiser wurde von Gregors VIII. Nachfolger, **Klemens III.** (1187—1191), fortgesetzt; er hat ohne Bedenken dem jungen Heinrich VI. die Kaiserkrönung zugesagt, wofür kaiserlicherseits die völlige Rückgabe des Kirchenstaates verbürgt wurde. Während des Papstes beide Vorgänger Rom nie betreten hatten, gelang es Klemens III., durch finanzielles Entgegenkommen eine Verständigung mit den Römern zu erreichen, die nun die Oberhoheit des Papstes anerkannten. Wenn man auch die Bedeutung dieses Vertrages nicht überschätzen darf, so war es doch ein Fortschritt, daß Klemens als erster Papst seit Einsetzung des Senates im Jahre 1144 friedlich und dauernd in Rom residieren konnte. Die ganze Politik des Papstes war bestimmt durch die Rücksicht auf den Kreuzzug, den zu fördern sein vornehmstes Bemühen war. Im Interesse der Kreuzfahrt vermittelte er den Frieden zwischen Genua und Pisa und ebenso zwischen dem englischen und französischen König; allenthalben predigten seine Legaten das Kreuz; auf dem Reichstag zu Mainz (März 1188) entschloß sich auch der greise Kaiser nebst vielen Großen des Reiches, sich an der Kreuzfahrt zu beteiligen.

Klemens III. hat den Ausgang des Kreuzzuges nicht mehr erlebt. Im März 1191 war ihm **Cölestin III.** (1191—1198), ein schwächlicher, unentschiedener, schwankender Greis, auf dem Stuhle Petri nachgefolgt. Als im November 1189 König Wilhelm II. von Sizilien gestorben war, erhob Heinrich VI. als Gemahl Konstanzens sofort seine Erbansprüche; aber die sizilischen Großen erhoben Graf Tankred von Lecce zum König. Inzwischen hatte dann Heinrich VI. auf die Kunde, daß sein ritterlicher Vater am 10. Juni 1190 auf der Kreuzfahrt in Kleinasien den Tod gefunden hatte, die Herrschaft im Reich angetreten. Mit Heeresmacht erschien Heinrich VI. vor Rom zur Kaiserkrönung, die ihm Klemens III. zugesagt hatte; sie fand am 15. April 1191 statt. Nach der Feier brach der Kaiser trotz des Einspruchs des Papstes auf, um seine Ansprüche auf das sizilische Reich geltend zu machen; aber der Versuch der Eroberung desselben scheiterte dieses Mal. In den nächsten Jahren wurde sogar Heinrich VI. durch das Zusammenwirken der Sizilianer mit einer starken deutschen Fürstenopposition, die durch die Welfen auch mit dem englischen König in engster Verbindung stand, in eine recht schwierige Lage gebracht. Da trat infolge glücklicher Zufälle und durch des Kaisers diplomatisches Geschick ein völliger Umschwung ein. Es gelang dem Kaiser, die Auslieferung des englischen Königs Richard Löwenherz, der auf der Rückkehr vom Kreuzzug in die Hand des Herzogs Leopold von Österreich gefallen war, durch eine hohe Geldsumme zu erlangen; Richard wurde nun von ihm gezwungen, von dem Bund mit Tankred abzulassen, seine Hilfe und Vermittlung zur Aussöhnung mit den Welfen zu leihen, sich als Vasallen des Kaisers zu bekennen, von ihm sein Reich zu Lehen zu nehmen und schließlich ein sehr hohes Lösegeld für seine Freilassung zu zahlen. Nun wieder Herr der Lage geworden, konnte Heinrich VI. an die Eroberung des sizilischen Reiches denken. Es hätte gar nicht seiner großen Zurüstungen bedurft; denn rasch nacheinander waren im Frühjahr 1194 Tankred und dessen ältester Sohn gestorben. Ohne Widerstand zu finden, konnte Heinrich nun das sizilische Reich besetzen; an Weihnachten 1194 erfolgte seine feierliche Krönung zu Palermo, am nächsten Tage schenkte ihm Konstanze den ersehnten Sohn und Erben, Friedrich Roger.

Inzwischen hatten sich die Beziehungen Heinrichs zur Kurie ständig verschlechtert; zwei Jahre lang waren sie völlig unterbrochen. Neben wiederholten Übergriffen des Kaisers bei Besetzung von Bischofsstühlen hatte vor allem die Gefangenhaltung des Richard Löwenherz dem Papst Anlaß zu Beschwerden gegeben. Durch das selbstherrliche Regiment des Kaisers in seinem sizilischen Reich, wo er nun rücksichtslos in die kirchlichen Verhältnisse eingriff, und durch die Bedrohung des Kirchenstaates rückte die Gefahr eines Bruches nahe. Dieser ist schließlich dadurch vermieden worden, daß Heinrich im Jahre 1195 das Kreuz nahm und mit den Vorbereitungen eines großen Kreuzzuges begann. Mitten während der Rüstungen brach ein gefährlicher Aufstand sizilischer Barone aus, den Heinrich mit grausamer Strenge niederwarf. Kurz nachdem dann die Kreuzflotte nach Akkon in See gegangen war, starb der Kaiser plötzlich am 28. September 1197 an einem hitzigen Fieber, erst 32 Jahre alt. Wenige Monate später sank auch der greise Cölestin III. ins Grab. Sein Versuch, abzudanken und den Colonna-Kardinal Johannes von St. Paul zum Nachfolger zu designieren, war am einmütigen Widerspruch der Kardinäle gescheitert. — Der Tod Heinrichs VI. brachte einen jähen Umschwung der Lage: das Papsttum war von der Gefahr befreit, von dem gewaltigen Staufer, dessen Weltherrschaftspläne dem Ziele nahe schienen, zu völliger Bedeutungslosigkeit und Ohnmacht herabgedrückt zu werden. Kaiser Heinrichs VI. eigentlicher Nachfolger war nach Rankes Wort — Papst Innocenz III.

Der Lateranpalast und die Basilika des Lateran (von der Ostseite gesehen) im Mittelalter

INNOCENZ III.

Als die Kardinäle nach Cölestins Tode den erst 37 Jahre alten Grafen Lothar von Segni einmütig zum Papst erwählt hatten — er nannte sich **Innocenz III.** (1198—1216) —, da klagte Walter von der Vogelweide, daß der Papst allzu jung wäre: „hilf herre diner kristenheit". Der Klageruf zeigt, daß man die Bedeutung des neuen Papstes nicht erkannte. Das ist nicht verwunderlich. Zwar hatte derselbe unter seinem Oheim Klemens III., der ihn zum Kardinal erhoben, an der Kurie eine einflußreiche Rolle gespielt, aber Cölestin III. hatte ihn systematisch von allen Geschäften ferngehalten; die unfreiwillige Muße, die ihn nicht verbitterte, hatte er in Zurückgezogenheit verbracht, in der mehrere aszetische Schriften entstanden. Gleich von Beginn seines Pontifikates an aber hat Innocenz III. bewiesen, daß er eine geborene Herrschernatur war, in dem sich die Vorsicht und Überlegtheit des Alters mit dem Feuer, der Energie und rastlosen Schaffenslust der Jugend einte. Dieser unermüdliche Schaffensdrang, die bewundernswerte Spannkraft seines Geistes, seine hervorragende staatsmännische Begabung, seine meisterhafte Diplomatie, seine außerordentliche Kenntnis der Verwaltung und des kirchlichen Rechtes haben zusammengewirkt, sein Pontifikat zu einem der glänzendsten, vielleicht dem glänzendsten überhaupt, in der Geschichte des Papsttums zu machen.

Da der Papst von der Überzeugung durchdrungen war, daß **die weltliche Unabhängigkeit der römischen Kirche die Hauptbedingung für die kirchliche Freiheit** sei, ging sein Streben zunächst auf die Wiederherstellung der päpstlichen Macht in Rom und im Kirchenstaat. Was Rom betrifft, so erreichte der Papst alsbald, daß der von Heinrich VI. eingesetzte Stadtpräfekt ihm den Vasalleneid leistete, während der vom Volk erwählte Senator sich zur Abdankung bereitfinden ließ. Nachdem auf diese Weise Innocenz Herr in seiner Stadt geworden war, ging er an die **Wiederaufrichtung des Kirchenstaates.** Die von Heinrich VI. eingesetzten kaiserlichen Befehlshaber im Kirchenstaat und in Gebieten, die seit langem als Reichsgebiet betrachtet wurden, besonders im Mathildeschen Erbe, wie Konrad von Urslingen in Spoleto und Markward von Anweiler in Ankona, wurden verdrängt und durch päpstliche Rektoren ersetzt, so daß also durch diese „Rekuperationen" der Kirchenstaat wieder hergestellt und erweitert wurde. Bei dem mehr und mehr sich regenden Nationalgefühl der Italiener, denen die deutsche Herrschaft als Fremdherrschaft verhaßt gewesen war, erschien ihnen deshalb der Papst als Befreier Italiens.

Bald bot sich dem Papst auch Gelegenheit, in die unteritalienischen Verhältnisse einzugreifen. Beim Herannahen des Todes hatte Heinrich VI. in der klaren Erkenntnis, daß mit seinem Tode sein Lebenswerk zusammenbreche, ein Testament aufgesetzt, das dem Papst erhebliche Zugeständnisse machte in der Absicht, dadurch zum Frieden mit dem Papste zu kommen, damit seinem Sohne die Krone Siziliens und die Kaiserkrone erhalten bleibe; so sollten Konstanze und Friedrich dem Papst für Sizilien huldigen, so daß also dessen Oberlehenshoheit anerkannt wurde. Die Kaiserinwitwe hat alsbald für ihren unmündigen Sohn die Belehnung seitens des Papstes nachgesucht und auch auf die wichtigsten der Kirchenhoheitsrechte verzichtet, auf welche die Normannenherrscher seit Urban II. Anspruch erhoben. Und auf ihrem Sterbelager († 27. November 1198) **bestellte sie den Papst zum Vormund ihres Sohnes**, damit er während dessen Minderjährigkeit **die Regentschaft des Reiches führen sollte**. Mit Freuden hatte Innocenz III. das Amt übernommen. Und durch zehn Jahre hat er unter großen Schwierigkeiten mit allem Eifer zugunsten seines Mündels seines Amtes gewaltet, bis Friedrich im Jahre 1208 selbst die Herrschaft übernehmen konnte.

In Deutschland war nach Heinrichs VI. Tode von den staufisch gesinnten Fürsten der jüngere Bruder desselben, **Herzog Philipp von Schwaben**, zum König erwählt worden: obwohl im Jahre 1196 seinem Neffen, dem kleinen Friedrich, die Erbfolge zugesichert worden war, nahm Philipp doch die Wahl an im Interesse des Reiches wie seines Hauses; denn das Reich bedurfte einer kraftvollen Leitung. Gegen Philipp aber erhob eine Minderheit der Fürsten, die **Welfen** im Verein mit den Fürsten im Nordwesten des Reiches, unter Führung des Kölner Erzbischofs und mit englischer Hilfe den Grafen **Otto von Poitou**, den dritten Sohn Heinrichs des Löwen, zum König. Infolge der unseligen Doppelwahl kam es zum Bürgerkrieg, durch den weite deutsche Gebiete verwüstet wurden. Innocenz III. hat zunächst zu dem Streit keine Stellung genommen; aus einem Schreiben an die deutschen Fürsten ergibt sich, daß er von deren Seite eine Beilegung des Zwiespaltes erhoffte. Aber es ist kein Zweifel, daß er von vornherein mehr zu Otto IV. hinneigte; waren doch von diesem dem Papst alsbald weitgehende Zusicherungen gemacht worden, namentlich bezüglich Verzichtes auf Reichsrechte und auf Gebiete im Reichsitalien, auf die der Papst als Kirchenbesitz Anspruch erhob. Philipp dagegen,

Papst Innocenz III. (1198—1216)
Nach einem zeitgenössischen Mosaikgemälde
(Aus Wilpert, Die roemischen Mosaiken und Malereien.)

Innocenz III.
Lothar Conti, Graf von Segni, Italiener aus Anagni. 1198—1216

der früher Tuscien und das Mathildesche Gut verwaltet hatte, war schon wegen Übergriffen gegen das kirchliche Gebiet durch eine allgemein gehaltene Sentenz Cölestins III. in den Bann getan worden, und staufischerseits war man auch jetzt nicht geneigt, die Rekuperationen Innocenz' III. anzuerkennen. Die Erwägungen, die den Papst bei seiner schließlichen Entscheidung geleitet haben und die er zunächst in einem geheimen Konsistorium dem Kardinalskollegium unterbreitete, sind zusammengefaßt in einer berühmten Denkschrift, der „Deliberatio domni papae Innocentii super facto imperii de tribus electis". Des Papstes Entscheidung fiel zugunsten Ottos; dieser hat daraufhin seine früheren Zusicherungen der Kurie gegenüber nochmals eidlich bekräftigt. Der Papst hat nun mit großem Eifer sich bemüht, dem Königtum seines Schützlings allenthalben die Anerkennung zu sichern; über alle Gegner Ottos IV. wurde von einem Legaten der Bann ausgesprochen. Der Protest der staufischen Partei gab Innocenz den Anlaß, in der Bulle „Venerabilem" (1202) seine Auffassung über das Verhältnis des Papstes zur deutschen Königswahl darzulegen: wohl hätten die deutschen Fürsten das Recht, den deutschen König zu wählen; dem Papst aber müsse es zustehen, die zum König erwählte Person vor der Kaiserkrönung zu prüfen. Bei zwiespältiger Wahl müsse der Papst zunächst zur Einigkeit mahnen; falls dies nichts fruchte, dann stehe ihm „principaliter und finaliter" die Entscheidung zu zugunsten dessen, der die bessere Bürgschaft für treue Erfüllung seiner Kaiserpflichten biete. Diese Auffassung ist die Anwendung der Grundsätze, die den Papst leiteten, und die er einmal dahin formuliert hat, „daß dem hl. Petrus und seinen Nachfolgern nicht allein die gesamte Kirche, sondern der ganze Erdkreis zur Regierung überlassen sei".

In dem erbitterten Kampf um die Herrschaft in Deutschland, der nun begann, neigte sich nach bedeutenden Anfangserfolgen Ottos mehr und mehr der Sieg auf die Seite des Staufers. Schon hatten sich infolgedessen der Staufer und der Papst genähert. Philipp hatte Lösung vom Bann erreicht, und die Anerkennung seines Königtums und die Bewilligung der Kaiserkrone stand in naher Aussicht. Da wurde Philipp am 21. Juni 1208 aus Privatrache von Otto von Wittelsbach ermordet. — Der ruchlose Mord führte einen völligen Umschwung herbei: Otto IV., der durch seine Verlobung mit Philipps Tochter, Beatrix, auch die staufische Partei auf seine Seite zog, wurde nun allgemein als König anerkannt. Nochmals erneuerte Otto jetzt durch eine Urkunde vom 22. März 1209 zu Speier dem Papst gegenüber all seine früheren Zusagen und erweiterte sie noch durch Zugeständnisse auf kirchlichem Gebiet, indem er auf das Spolienrecht verzichtete und das Recht der Appellation nach Rom ohne Einschränkung freigab, und indem er die dem deutschen Königtum im Wormser Konkordate belassenen Rechte bei den Bischofswahlen aufgab, so daß diese künftig allein durch die Kapitel erfolgten. Am 9. Oktober 1209 fand die Kaiserkrönung statt. Nun zeigte es sich bald, daß der neue Kaiser nicht gesonnen war, seine weitgehenden Zusagen zu halten. Er nahm wie vordem die Staufer Spoleto, Ankona und die Romagna für das Reich in Anspruch.

Zum Bruch zwischen dem Papst und dem Kaiser kam es, als letzterer daran ging, das sizilische Königreich des jungen Friedrich zu erobern;

Innocenz verhängte über ihn und seine Anhänger den Bann (November 1210). Schon hatte Otto das ganze Festland erobert, schon dachte er daran, nach Sizilien überzusetzen, da mußte er in seinem Siegeszuge innehalten; denn von den deutschen Fürsten, die der Papst zur Wahl eines Königs aufgefordert hatte, wurde zu Nürnberg (September 1211) Otto für abgesetzt und des Reiches für verlustig erklärt, und der junge Friedrich, der ja einst noch zu Lebzeiten seines Vaters zum deutschen König gewählt worden war, zum künftigen Kaiser nominiert. Innocenz stimmte zu, da Friedrich die Oberlehenshoheit des Papstes über das sizilische Reich anerkannte und sein einjähriges Söhnchen zum König von Sizilien krönen ließ, so daß der dem Papst unerträglichen Gefahr einer erneuten Verbindung der deutschen mit der sizilischen Krone vorgebeugt schien. In Deutschland wurde Friedrich allenthalben freudig begrüßt. Nachdem er zu Mainz (9. Dezember 1212) zum König gekrönt worden war, hat er in der sogenannten Goldbulle von Eger (12. Juli 1213) dem Papst seinerseits all die eidlichen Zugeständnisse gemacht, wie dies einst Otto getan hatte. Da letzterer sich den von ihm zugesagten Verpflichtungen mit Berufung darauf hatte entziehen wollen, daß die Speierer Urkunde der Zustimmung der Fürsten entbehre, wurde der Egerer Bulle durch ausdrückliche Zustimmung der Fürsten reichsgesetzliche Kraft verliehen. Otto IV. hat den Kampf gegen den Staufer aufgenommen, aber die Schlacht bei Bouvines (27. Juli 1214) entschied gegen ihn und seinen englischen Verbündeten. Die große Lateransynode von 1215 hat über Otto IV. nochmals den Bann ausgesprochen und Friedrich II. als erwählten Kaiser anerkannt.

So sehr die deutschen Verhältnisse die Aufmerksamkeit Innocenz' III. in Anspruch nahmen, so hat er auch den übrigen Fürsten und Völkern gegenüber seine hohe Aufgabe in vollstem Maße zu erfüllen gewußt. Gleich Nikolaus I. mußte er die Heiligkeit der Ehe verteidigen, als Philipp August von Frankreich seine Gemahlin Ingeborg verstieß, um sich mit Agnes von Meran, der heiligen Hedwig ungleicher Schwester, zu vermählen. Erst nach langjährigen Bemühungen, in deren Verlauf der Papst zur Verhängung des Interdiktes über ganz Frankreich schritt, hat Philipp sich bewegen lassen, die Ehe mit Ingeborg wieder aufzunehmen. — Hart war auch der Kampf, den Innocenz III. mit dem englischen König Johann ohne Land durchzuführen hatte. Als der erledigte Erzstuhl von Canterbury im Jahre 1203 auf Wunsch des Königs mit dem bisherigen Bischof von Norwich besetzt worden war, versagte der Papst der nicht einwandfrei erfolgten Wahl seine Bestätigung und ließ durch Vertreter der Wahlberechtigten zu Rom den aus England stammenden gelehrten Kardinal Stephan Langton zum Erzbischof erwählen. Ihm verweigerte der König die Anerkennung. Nach vergeblichen Vorstellungen wurde im März 1208 über England das Interdikt verhängt. Und als der König seine früheren Drohungen wahrmachte und in schärfster und rücksichtslosester Weise gegen Klerus und Kirche vorging, erfolgten weitere Schritte wider ihn: der Bannstrahl und schließlich die Entbindung der Untertanen vom Treueid und die Thronentsetzung. Die Vollstreckung des Absetzungsurteils sollte der französische König, der Lehensherr Johanns für dessen festländische Besitzungen, übernehmen; die Teilnahme an dem Unternehmen gegen Johann wurde einem Kreuzzug gleichgestellt. Erst jetzt war der englische König, der mit einem Aufstand seiner eigenen Untertanen wegen seines Willkürregiments rechnen mußte, zum Einlenken geneigt (1213). Er erklärte sich päpstlichen Legaten gegenüber zur Anerkennung Stephans als Erzbischof bereit und erstattete die geraubten Kirchengüter zurück; den vertriebenen Geistlichen wurde die Rückkehr erlaubt; und schließlich bekannte sich der König für England und Irland als Lehensmann des Papstes, dem fortan ein jährlicher Zins entrichtet werden sollte. Als dann die Barone des Landes, die über die Mißwirtschaft des Königs, seine gewalttätigen Übergriffe und die Überlastung mit Steuern unwillig waren, ihm die **Magna charta libertatum, die Grundlage der englischen Verfassung**, abnötigten, wurde diese vom Papst für unverbindlich erklärt. Erst unter Johanns († 1216) Nachfolger, Heinrich III., kam es in England zum Frieden.

Gleich nach seiner Thronbesteigung begann Innocenz III. mit allem Eifer **einen neuen Kreuzzug** vorzubereiten. Diesmal sollte für die Kreuzfahrt der Seeweg gewählt und zunächst ein Vorstoß gegen Ägypten unternommen werden, um den Feind an seiner verwundbarsten Stelle zu treffen. Da die Kreuzfahrer die Kosten der Überfahrt auf venetianischen Schiffen nicht aufbringen konnten, wußte der Doge Enrico Dandolo dem Kreuzzug in venetianischem Interesse die Wendung gegen Konstantinopel zu geben, trotz des energischen Verbotes des Papstes. **Konstantinopel wurde erobert und dem byzantinischen Reich in Europa ein Ende gemacht.** Zum Kaiser des neubegründeten lateinischen Kaisertums wurde **Graf Balduin von Flandern** erwählt. Während Innocenz anfänglich das Unternehmen gegen Konstantinopel scharf mißbilligt hatte, weil er von ihm eine Verzögerung des Kreuzzuges fürchtete, erfüllte ihn die Eroberung der Kaiserstadt am Bosporus mit frohen Hoffnungen; er erwartete, daß die Aufrichtung des lateinischen Kaisertums die Wiedervereinigung der griechischen mit der lateinischen Kirche zur Folge haben werde. Aber diese hochgespannten Erwartungen des Papstes haben sich nicht erfüllt. Der Gedanke einer Fortführung des Kreuzzuges, an dem man zunächst noch festgehalten hatte, mußte bald endgültig aufgegeben werden, da alle Kräfte angespannt werden mußten, um das Eroberte festzuhalten. Die Eroberung größerer Teile des byzantinischen Reiches hat obendrein keineswegs die Union derselben im Gefolge gehabt. Im Gegenteil haben gerade die Greuel der Kreuzfahrer bei der Eroberung Konstantinopels und die **Begründung des lateinischen Kaiserreiches** die Abneigung der Griechen gegen die Lateiner nur noch verschärft. Und so sind auch alle weiteren Bemühungen des Papstes um eine Union ohne Erfolg geblieben. Nur insofern kehrte die griechische Kirche des lateinischen Kaiserreiches unter die päpstliche Herrschaft zurück, als eine lateinische Hierarchie eingerichtet wurde, von der aber die einheimische Bevölkerung nichts wissen wollte; es erfolgte also nur eine Latinisierung dieser Teile der griechischen Kirche.

Noch in anderer Hinsicht bot sich Innocenz III. Gelegenheit, seinen Kreuzzugseifer zu betätigen: die Bestrebungen des Bischofs Albert von Riga um die **Bekehrung Livlands** sind von ihm angelegentlich gefördert worden. Für die Kreuzfahrt nach Livland wurden dieselben Gnaden gewährt wie für die Fahrt ins Heilige Land, und um dem Priestermangel in diesen Gegenden abzuhelfen, wurden alle Klöster und Stifte Niedersachsens vom Papste verpflichtet, ein oder zwei ihrer Mitglieder für dieses Missionsgebiet zu stellen. — Zum erstenmal mußte auch vom Papst das Kreuz gepredigt werden, um der Gefahren Herr zu werden, welche die Häresie der **Albigenser** in Südfrankreich für den Bestand der Kirche heraufführte. —

Der Vorbereitung eines neuen großen Kreuzzuges sollte auch die große Synode dienen, die der Papst für den 1. November 1215 in den Lateran berief. Dieses **zwölfte allgemeine Konzil**, das am stärksten von allen bisherigen Synoden besucht war, bildet den Glanzpunkt und die Krönung des tatenreichen Pontifikates Innocenz' III. Die Synode, die der Papst mit einer von Todesahnung erfüllten Rede eröffnete, traf Bestimmungen für den **neuen Kreuzzug**, der im Juni 1217 beginnen sollte. Neben der Wiedergewinnung des Heiligen Landes war die Hauptaufgabe die **allgemeine Kirchenreform**, welcher der Papst seit Beginn seines Pontifikates sein Augenmerk zugewandt hatte; ihrer Förderung und Durchführung dienten die von der Synode erlassenen Kanones. Gegenüber den Irrlehren der Zeit legte die Synode den katholischen Glauben in einem

Auf der Überfahrt zum Gelobten Lande
Eine Darstellung der Kreuzfahrt in einem zeitgenössischen Jahrbuche der Stadt Genua.

Symbol dar, das besonders auch die Lehre von den Sakramenten behandelt; in diesem Symbol erhielt auch der schon seit der Mitte des 12. Jahrhunderts in der theologischen Literatur gebrauchte Ausdruck Transsubstantiation für die Wesenswandlung der Eucharistie seine kirchliche Approbation. Weitere Kanones verboten die Begründung neuer Orden, machten die im Zisterzienserorden alle drei Jahre vorgeschriebenen Generalkapitel für alle Orden zur Pflicht und verlangten von den Gläubigen den Empfang des Buß- und Altarssakramentes wenigstens einmal im Jahre in der Osterzeit. —

Um die Kreuzzugsangelegenheit zu fördern und namentlich um den Frieden zwischen Genua und Pisa herzustellen, wollte sich Innocenz im Frühsommer 1216 in die Lombardei begeben; da raffte den Unermüdlichen zu Perugia am 16. Juli 1216 ein hitziges Fieber hinweg. —

In der Zeit des Pontifikates Innocenz' III. entstanden, vom Papst gefördert, die beiden großen **Bettelorden der Franziskaner und Dominikaner**. Ihre Gründung entsprach einem dringenden Erfordernis der Zeit. Gegenüber den häretischen Strömungen der Zeit, die, wie die Waldenser, die Kirche und ihre Organe für so verweltlicht und verstrickt in die Reichtümer und Güter dieser Welt hielten, daß sie vermeinten, mit ihr brechen zu müssen, um die Ideale der urchristlichen Zeit wiederbeleben zu können, zeigten die beiden Ordensstifter Dominikus und vor allem Francesco d'Assisi, daß auch innerhalb der Kirche die apostolische Armut und Einfachheit und die getreue Nachfolge des Lebens Jesu sich verwirklichen lasse. Ihre Orden, die sich mit erstaunlicher Raschheit ausbreiteten, waren bald berufen, die seelsorgliche Not in den aufblühenden Städten zu mildern und zu beseitigen; und mit ihrer straffen Zentralisation und Beweglichkeit vermochten sie bald den Päpsten in den kommenden schweren Kämpfen die wertvollste Hilfe zu bieten.

DAS PAPSTTUM UND DIE LETZTEN STAUFER

Den Höhepunkt kirchlich-politischer Machtstellung, zu dem der große Innocenz das Papsttum emporgeführt hatte, behauptete dieses auch unter den folgenden Pontifikaten.

Nach Innocenz' Tod gaben ihm die Kardinäle in dem greisen Kardinal Cencio Savelli einen Nachfolger. Der neue Papst, **Honorius III.** (1216—1227), stand schon seit Klemens III. als Kämmerer im Dienst der römischen Kirche. Seiner Amtstätigkeit verdanken wir den Liber censuum Romanæ ecclesiæ, in dem, nach Provinzen und Diözesen geordnet, die an die Kurie zu entrichtenden Abgaben verzeichnet sind, ein bedeutendes Werk, das für uns als Quelle über die Einkünfte des päpstlichen Stuhles von unschätzbarem Wert ist.

Die neue große Kreuzfahrt, die auf dem Laterankonzil beschlossen worden war, zu fördern und ins Werk zu setzen, war das angelegentlichste Bemühen Honorius' III. Es weckte frohe Erwartungen, als im Jahre 1219 Kreuzfahrerscharen, unter denen Deutsche bei weitem die Mehrzahl bildeten, die Eroberung Damiettes gelang und dadurch die feindliche Macht in Ägypten schwer getroffen wurde. Aber die Hoffnungen erfüllten sich nicht. Bei einem Vorstoß auf Kairo unter Leitung des päpstlichen Legaten Pelagius erlitt das Kreuzheer eine schwere Niederlage. Ein Teil der Schuld an dem Mißlingen dieses Kreuzzugsunternehmens ist ohne Zweifel Friedrich II. zuzuschreiben; denn er hat den

Papst Honorius III. (1216—1227)
Zu den wichtigsten Ereignissen dieses Pontifikates zählt die am 22. Dezember 1216 durch Honorius III. erfolgte Bestätigung des vom heiligen Dominikus begründeten *Ordens der Dominikaner* und 1223 die Bestätigung des vom heiligen Franz von Assisi gegründeten *Ordens der Franziskaner*.

Franz von Assisi. (1182—1226)
verstand es, in buchstäblicher Nachfolge Christi und der Apostel, in vollkommener Armut, eine nachhaltige Vertiefung des religiösen Lebens auszulösen. 1210 gab er seinen Jüngern die erste Regel, bestehend aus einigen Sätzen aus dem Evangelium; seinen Orden nannte er den der „minderen Brüder". Der heutige *Franziskaner*- und der *Kapuziner*-Orden sind auf diese erste Gründung des hl. Franziskus zurückzuführen.

Beginn seiner Kreuzfahrt, die er schon im Jahre 1215 gelobt hatte, immer wieder hinausgeschoben; die Hauptschuld trägt aber der päpstliche Legat, der bei dem strategisch sehr gewagten, ja unbesonnenen Unternehmen die Warnungen erfahrener Führer unbeachtet ließ.

Das Streben Friedrichs ging dahin, entgegen den Zusagen, die er Innocenz III. gemacht hatte, auch nach der Kaiserkrönung das Königreich Sizilien in seiner Hand zu behalten und die Wahl seines Sohnes Heinrich, der einst auf Betreiben des Papstes zum König von Sizilien gekrönt worden war, auch zum deutschen König zu erreichen. Dieser Wahl aber mußte er die widerstrebenden deutschen Fürsten erst geneigt machen. Wiederholte Mahnungen des Papstes, das Kreuzzugsgelübde einzulösen, veranlaßten Friedrich, unter Versicherungen der Dankbarkeit und Verehrung für den Papst und unter Beteuerungen seines Kreuzzugseifers, die schwerlich aufrichtig waren, mehrmals Aufschub und Verlängerung seines Gelübdes zu erbitten. — Auf dem **Frankfurter Reichstag** vom April 1220 erreichte Friedrich II. endlich die lang erstrebte Wahl seines Sohnes zum deutschen König. Um die Zustimmung der geistlichen Fürsten zu erlangen, hatte er ihnen in einem Privileg wertvolle Zugeständnisse gemacht, die denselben in ihren Territorien eine weitgehende Selbständigkeit verliehen. Der milde versöhnliche Papst, der so durch die überlegene und verschlagene Politik des Staufers vor eine vollendete Tatsache gestellt wurde, hat sich mit dem Geschehenen abgefunden. Ja, er hat am 22. November 1220 Friedrich zum Kaiser gekrönt, in der Hoffnung, diesen nunmehr endlich zur Kreuzfahrt zu bewegen, die dem Papst vor allem am Herzen lag. Der Kaiser hat auch nach seiner Krö-

Der hl. Dominikus. (1175—1221)
faßte den Plan, der Häresie der Albigenser mit den von ihnen selbst angewandten Mitteln, *Wanderpredigt* und *Armut*, entgegenzutreten. Er gründete 1206 auf der Grundlage der Augustinerregel einen Predigerverein, der 1216 die päpstliche Bestätigung erhielt und seitdem als *Dominikaner-Orden* unendlich verdienstvoll wirkt.

Honorius III.
Cencio Savelli, Römer. 1216—1227

Gregor IX.
Ugolino Conti, Graf von Segni, Italiener aus Anagni.
1227—1241

nung das Kreuzzugsgelübde erneuert und dessen Erfüllung für den August 1221 verheißen. Während aber der Kaiser die sonstigen bei der Kaiserkrönung gemachten Zusagen erfüllte — sie betrafen die Mathildeschen Güter, die Sicherung der Freiheiten der Kirche gegenüber einschränkenden Statuten der italienischen Städte und die Unterstützung der Ketzerbekämpfung durch das weltliche Schwert —, hat er zur Enttäuschung des Papstes den Kreuzzug zum festgesetzten Termin wiederum nicht angetreten. Friedrichs ganze Tätigkeit in den folgenden Jahren galt der Reorganisation seines sizilischen Reiches, der Wiederaufrichtung und Festigung der Königsmacht und der Erhöhung der Wehrkraft dieses Staates; und man muß zugeben, daß ein starkes sizilisches Reich den besten Ausgangspunkt und eine sichere Gewähr für eine erfolgreiche Durchführung des Kreuzzugsunternehmens bot. So wurde der Termin desselben immer wieder hinausgeschoben. Schließlich verpflichtete sich Friedrich II., der sich nun in zweiter Ehe mit der Erbin des Königreiches Jerusalem, der Prinzessin Isabella, vermählte, im Vertrage von San Germano (Juli 1225), bis zum August 1227 mit einem Heere, dessen Stärke genau festgesetzt wurde, die Kreuzfahrt anzutreten, widrigenfalls ihn der Bann treffen sollte. Nach dem Vertrag von San Germano kam es aber zu neuen Zerwürfnissen zwischen Papst und Kaiser; sie waren veranlaßt durch Eingriffe in die Freiheit der Bischofswahlen im sizilischen Reich und durch Übergriffe Friedrichs im Gebiet des Kirchenstaates. Weitere Verwicklungen drohten, als dieser daran ging, die im Konstanzer Frieden von 1183 preisgegebenen Reichsrechte in Oberitalien herzustellen und als demgegenüber der Lombardische Städtebund wieder aufgerichtet wurde. Im Interesse des Kreuzzuges übernahm der Papst auf Wunsch des Kaisers die Vermittlung; doch kam es zu keiner prinzipiellen Entscheidung der Streitfrage. Diese Friedensvermittlung war die letzte Tat des hochbetagten Papstes.

Gregor IX. (1227—1241), den nunmehr die einstimmige Wahl der Kardinäle auf den päpstlichen Thron erhob, war nicht nur seiner Abstammung nach nahe mit Innocenz III. verwandt; es bestand zwischen den beiden Männern auch eine enge Geistesverwandtschaft. Schon als Kardinal hatte er als Legat, mit schwierigen Aufgaben betraut, seinen beiden Vorgängern die wertvollsten Dienste geleistet. In dieser Zeit hat er auch als Kardinalprotektor auf den Ausbau des Franziskanerordens, besonders auf die endgültige Gestaltung der Regel, entscheidenden Einfluß ausgeübt. Ungewöhnliche Energie und ein unbeugsamer Wille zeichneten den Papst aus; aber mit der Leidenschaftlichkeit seines Temperaments verband sich in ihm ein für milde Regungen des Herzens empfängliches Gemüt, und einer der schönsten Züge seines Charakters, dessen Lauterkeit auch die Gegner anerkannten, ist das innige Band der Liebe und Verehrung, das ihn mit Francesco d'Assisi verband.

Friedrich II., der bald erkannt hatte, daß er seine bisherige Verschleppungstaktik unter dem neuen Pontifikat nicht fortsetzen könne, betrieb nun mit Nachdruck die Kreuzzugsvorbereitungen, und wie es im Vertrage von San Germano vorgesehen war, schiffte er sich im September 1227 in Brindisi ein. Aber da auch ihn das Fieber ergriff, das unter den Kreuzfahrerscharen wütete, ging er schon nach wenigen Tagen in Otranto wieder ans Land und gab den Kreuzzug auf. Sofort verhängte der Papst, von Mißtrauen gegen den Kaiser erfüllt, das in diesem Falle aber der tatsächlichen Grundlage entbehrte, über ihn den Bann, wozu er nach dem Vertrage von San Germano formell berechtigt war. Gregor IX. rechtfertigte diese Maßnahme in einem Manifest. Als dieses Friedrich seinerseits mit Drohungen und Schmähungen beantwortete, erneuerte der Papst den Bann und belegte den jeweiligen Aufenthaltsort des Kaisers mit dem Interdikt. Letzterer erregte nun einen Aufstand der Römer, so daß der Papst aus Rom flüchten mußte, und besetzte die unter Innocenz III. rekuperierten Gebiete des Kirchenstaates, um eine Landverbindung zwischen dem oberitalienischen Reichsbesitz und seinem sizilischen Reich herzustellen. Schließlich entschloß sich Friedrich, um den Papst in der Öffentlichkeit ins Unrecht zu setzen und die Aufrichtigkeit seines Kreuzzugsversprechens darzutun, ungeachtet des päpstlichen Bannes im Sommer 1228 die Kreuzfahrt anzutreten. In Cypern wurde die Lehenshoheit des Reiches wieder hergestellt. Es gelang dann dem Kaiser, mehr durch diplomatische Geschicklichkeit als durch militärische Unternehmungen, mit dem Sultan einen günstigen Vertrag abzuschließen, der die Hauptandachtsstätten des Heiligen Landes wieder in christliche Hand brachte und den Bestand des Königreichs Jerusalem festigte.

Papst Gregor IX. (1227—1241)
Er hatte als Kardinal dem Kaiser Friedrich II. bei dessen Krönung in Aachen das feierliche Versprechen eines Kreuzzuges abgenommen; da der Kaiser dieses Gelübde jahrelang vernachlässigte, verhängte der Papst über ihn den Bann.

Inzwischen hatte Gregor IX. Angriffe des Reichsvikars Rainald von Spoleto auf den Kirchenstaat damit beantwortet, daß er zur Abwehr päpstliche Truppen, die „Schlüsselsoldaten", in das sizilische Reich einrücken ließ. Als Friedrich nach Italien zurückgekehrt war, wendete er mit leichter Mühe die militärische Lage wieder zu seinen Gunsten. Und nach langen Verhandlungen kam durch Vermittlung des Hochmeisters des Deutschordens Hermann von Salza der Friede von Ceperano (23. Juli 1230) zustande. Friedrich wurde vom Bann gelöst und gab seinerseits die geraubten Kirchengüter und die besetzten kirchenstaatlichen Gebiete zurück; auch im sizilischen Reich machte er Zugeständnisse bezüglich Freiheit der kirchlichen Wahlen und Anerkennung der kirchlichen Gerichtsbarkeit und des kirchlichen Steuerprivilegs. Bei einer persönlichen Zusammenkunft des Papstes und des Kaisers kam es zu einer völligen Aussöhnung.

Fast ein ganzes Jahrzehnt hatte nunmehr der Friede zwischen Gregor IX. und Friedrich II. Bestand. Ihr einträchtiges Zusammenwirken fand darin seinen Ausdruck, daß der Papst bei der Empörung des Königs Heinrich sich entschieden auf die Seite

Der hl. Bonaventura (1221—1274) vollendete die Organisation und redigierte die Statuten des Franziskanerordens; er wird daher „der zweite Begründer des Ordens" genannt. In seiner Wirkung auf das Geistesleben seiner Zeit steht der hl. Bonaventura gleichrangig neben dem hl. Thomas v. Aquin.

des kaiserlichen Vaters stellte, während dieser die Römer zur Anerkennung der Oberhoheit des Papstes nötigte (1235). Die Bemühungen des Kaisers, die Macht des Reiches in der Lombardei nach dem Muster seines sizilischen Reiches herzustellen, die dieser seit dem Jahre 1231 wieder aufnahm, begegneten bald dem Widerstand des neu begründeten lombardischen Städtebundes. Die Vermittlungstätigkeit des Papstes vermochte einen befriedigenden Ausgleich der Gegensätze nicht herbeizuführen, so daß die Beziehungen zwischen Papst und Kaiser aufs neue getrübt wurden. Die Spannung verschärfte sich, als Friedrich nach seinem entscheidenden Siege über Mailand und dessen Bundesgenossen bei Corte nuova (27. November 1237) die unbedingte Unterwerfung der Lombarden forderte und dadurch deren verzweifelten Widerstand veranlaßte. Wie Friedrich hier, berauscht von seinen Erfolgen, seine sonstige staatsmännische Besonnenheit vermissen ließ, reizte er im Siegesübermut auch den Papst durch herausforderndes Vorgehen; die Römer wurden von ihm dadurch aufgewiegelt, daß er ihnen den erbeuteten Fahnenwagen der Mailänder sandte; im sizilischen Reich wurden die Übergriffe gegen die Kirche ärger; die dem römischen Stuhl lehenspflichtige Insel Sardinien ließ er besetzen, als sein Sohn Enzio sich mit der Erbin der Insel vermählte; und Enzio begann sogleich den Königstitel zu führen.

Was aber vollends den Frieden zwischen Papst und Kaiser unmöglich machte, war dieses, daß die Selbständigkeit des Kirchenstaates und damit die Freiheit und Unabhängigkeit des Papstes aufs schwerste bedroht waren, wenn neben dem sizilischen Reich auch Oberitalien der absoluten Herrschaft des Kaisers unterworfen und nach dem Vorbild Siziliens zu einem straff zentralisierten Staat umgebildet wurde, und wenn auf diese Weise das kirchenstaatliche Gebiet völlig eingekreist war. Das gemeinsame Interesse der Selbsterhaltung führte zum Bund des Papstes mit den Lombarden, und am 20. März 1239 sprach Gregor über den Kaiser erneut Bann und Absetzung aus. Das nunmehr beginnende Ringen zwischen Papsttum und Kaisertum ließ an Erbitterung und Leidenschaftlichkeit alle früheren Konflikte der Art hinter sich; es sollte erst mit dem tragischen Unter-

Cölestin IV
Gottfried Castiglione, Italiener aus Mailand.

Innocenz IV.
Sinibald Fieschi, Graf von Lavagna, Italiener aus Genua. 1243—1254

gang der Staufer sein Ende finden. Beide Gegner suchten durch Manifeste und Streitschriften die Öffentlichkeit für sich zu gewinnen; in diesen richtete der Papst seine Angriffe vornehmlich gegen die Rechtgläubigkeit des Kaisers; er habe Moses, Jesus und Mohammed als die drei Betrüger der Welt bezeichnet — eine Behauptung, die sich nicht erweisen läßt, wenn auch sonst anstoßerregende frivole Äußerungen über religiöse Dinge ihm zur Last zu legen sein mögen. Friedrich seinerseits warf dem Papst vor, daß er nicht aus kirchlichen Gründen den Bann verhängt habe, sondern um die Wiederherstellung der kaiserlichen Macht in Oberitalien unmöglich zu machen. Der heftigen literarischen Fehde folgte der Kampf mit realen Machtmitteln. Gregor ließ durch seinen Legaten Albert von Behaim die Erhebung eines Gegenkönigs in Deutschland betreiben, doch ohne rechten Erfolg; die Fürsten sowohl als der deutsche Episkopat blieben dem Kaiser treu. Auch in Italien konnte die Machtstellung desselben nicht ernstlich erschüttert werden, Friedrich eroberte sogar den größten Teil des Kirchenstaates und bedrohte vorübergehend Rom selbst. Als dann der Papst auf Ostern 1241 ein allgemeines Konzil nach Rom berief, verhinderte Friedrich, der früher selbst an ein solches appelliert hatte, den Zusammentritt desselben, indem er über hundert Prälaten, die auf einer genuesischen Flotte Rom zu erreichen suchten, abfangen und in Gefangenschaft führen ließ. Seinen Seesieg wollte nun Friedrich durch einen Angriff auf Rom vervollständigen. Schon war er rasch im Kirchenstaat vorgerückt, da starb Gregor IX. am 22. August 1241.

Papst Cölestin IV. (1241)
starb schon nach nur siebzehntägigem Pontifikat.

Von den Maßnahmen, die Gregor IX. bezüglich der inneren Verwaltung der Kirche getroffen hat, ist am wichtigsten, daß die Inquisition, die bis dahin Sache der Bischöfe gewesen war, diesen genommen wurde, weil sie der ihnen zugewiesenen Aufgabe nicht durchweg gerecht zu werden verstanden hatten, und dafür dem Dominikanerorden, daneben auch den Franziskanern, übergeben wurde. Auch das Inquisitionsverfahren wurde in dieser Zeit im einzelnen geregelt. In die Zeit des heftigen Kampfes zwischen Papst und Kaiser fällt das Vordringen der Mongolenhorden, welches das deutsche Reich und die christliche Kultur Europas aufs schwerste bedrohte; diese furchtbare Gefahr hätte ein einmütiges Zusammenwirken der beiden Häupter der Christenheit zur Abwehr dringend gefordert. Schließlich war es weniger die todesmutige Tapferkeit der Schlesier, die unter Führung Heinrichs II., des Sohnes der hl. Hedwig, bei Liegnitz sich den wilden Horden entgegenstellten, als innere Wirren, wodurch die Mongolen zur Umkehr bewogen wurden.

Papst Innocenz IV. (1243—1254) hatte während seines Pontifikates sehr unter den Eingriffen Kaiser Friedrichs II. in kirchliche Gerechtsame zu leiden.

Auf Gregor IX. folgte, in dem ersten Konklave, das die Papstgeschichte kennt, gewählt, **Cölestin IV.**, ein kränklicher Greis, der schon nach 17 Tagen starb. Dann blieb der päpstliche Stuhl durch ein und ein halbes Jahr unbesetzt; die Schuld daran hatten neben der Uneinigkeit der Kardinäle der gewalttätige römische Senator Matthäus Rubeus und Kaiser Friedrich, der die Forderung der Kardinäle, daß er ihre beiden gefangenen Mitbrüder zur Papstwahl freilasse, erst nach langem Zögern bewilligte. Einmütig vereinigten sich die Stimmen der Kardinäle am 25. Juni 1243 auf den einem vornehmen genuesischen Geschlecht entstammenden Kardinal Sinibald Fieschi, der sich **Innocenz IV.** nannte (1243—1254). Der Kaiser war über seine Wahl erfreut, da er bislang in freundschaftlichen Beziehungen zu seinem Hause gestanden; es entsprach auch dem allgemeinen Friedensbedürfnis, daß alsbald ernstliche Verhandlungen zwischen Papst und Kaiser angeknüpft wurden. Nach mancherlei Schwierigkeiten und Schwankungen führten diese zum Friedensvertrag vom 31. März 1244. In diesem nahm Friedrich im wesentlichen die Forderungen des Papstes, namentlich bezüglich Rückgabe des Kirchenstaates, an. Aber als dann der Vertrag durchgeführt werden sollte, zeigte es sich, daß die Gegensätze doch nicht überbrückt worden waren; man hatte vor allem durch Ausschaltung der lombardischen Frage die eigentlichen Schwierigkeiten umgangen. Da Friedrich erst nach seiner Lösung vom Banne die besetzten Teile des Kirchenstaates räumen wollte, verweigerte ihm der Papst die Absolution und erklärte ihn für eidbrüchig. Ehe dann die auf Wunsch Friedrichs in Aussicht genommene persönliche Zusammenkunft zwischen Papst und Kaiser zu Narni stattfand, faßte der Papst, der von Mißtrauen gegen den Kaiser erfüllt war und angesichts der kaiserlichen Übermacht sich in seinen Entschließungen behindert fühlte, den folgenschweren Entschluß, aus Italien zu fliehen (Juni 1244). Über Genua begab er sich nach Lyon, das nominell noch zum Reich gehörte, tatsächlich aber unabhängig war. Nach Lyon berief der Papst für den Johannistag des Jahres 1245 ein allgemeines Konzil; dieses sollte in der Sache Friedrichs das Urteil fällen; von den anderen Aufgaben, mit denen es sich befassen sollte, war vor allem die Unterstützung des Heiligen Landes dringlich, da Jerusalem im Jahre 1244 wieder in die Hände der Ungläubigen gefallen war.

Heinrich Raspe und Wilhelm v. Holland,
die beiden von der päpstlichen Partei in Deutschland unterstützten Gegenkönige Friedrichs II.
(In der Mitte Siegfried v. Eppstein, Erzbischof von Mainz)
Ausschnitt aus dem Grabmal des Erzbischofs im Dom zu Mainz.

Das Konzil — es ist das dreizehnte allgemeine — wurde vom Papst mit einer Rede über seine den fünf Wundmalen des Herrn entsprechenden fünf Schmerzen eröffnet, unter denen er neben den dem lateinischen Kaiserreich und dem Heiligen Land drohenden Gefahren die Verfolgung der Kirche durch Friedrich II. nannte. Die Verteidigung seines kaiserlichen Herrn führte sehr geschickt der Großhofrichter Thaddäus von Suessa; er erreichte, daß Friedrich eine allerdings zu kurz bemessene Frist gewährt wurde, um persönlich erscheinen oder doch neue Vollmachten schicken zu können. In der dritten Sitzung vom 17. Juli verlas der Papst die Absetzungsurkunde des Kaisers; sie beschuldigte den Kaiser wiederholten Eidbruchs, des Sakrilegs, das er durch die Gefangennahme der Prälaten begangen habe, der Ketzerei und der Felonie, insofern als er seine Lehenspflichten als König von Sizilien nicht erfüllt habe; Friedrich wurde daher aller Ehren und Würden für verlustig erklärt, und die Untertanen wurden vom Treueid entbunden. Gegen dieses Urteil, dem das Konzil zustimmte, appellierte Thaddäus von Suessa an den künftigen Papst und ein wahrhaft allgemeines Konzil.

Auf die Kunde von seiner Absetzung war Friedrich zum Kampf bis zum äußersten entschlossen. In einem Manifest bestritt er den Päpsten das Recht, Fürsten abzusetzen und in weltlichen Dingen Entscheidungen zu treffen; indem er ferner der Kirche Vernachlässigung ihrer eigenen Aufgaben vorwarf und eine Reform der Kirche für nötig erklärte, griff er ein Schlagwort der Zeit auf mit der Forderung, daß der Klerus zur Armut und Einfachheit des apostolischen Zeitalters zurückgeführt werden müsse. Auch Innocenz IV. nahm sofort mit aller

Ludwig IX., der Heilige, König von Frankreich, 1226—1270. König Ludwig stand 1248—1254 an der Spitze eines Kreuzzuges; er wurde 1297 von Papst Bonifaz VIII. heilig gesprochen.
<small>Statuette aus der Saint Chapelle, jetzt im Musee Cluny in Paris.</small>

Energie den Kampf gegen den Kaiser auf, indem er allenthalben das Urteil verkünden und das Kreuz wider ihn predigen ließ. Bei der großen Erbitterung auf beiden Seiten waren Vermittlungsversuche, die damals Ludwig IX. von Frankreich im Interesse des von ihm geplanten Kreuzzuges unternahm, zum Scheitern verurteilt. — In Deutschland wurde gemäß der Aufforderung und mit Unterstützung des Papstes der Landgraf Heinrich Raspe von Thüringen zum Gegenkönig erhoben (Mai 1246); als dieser „Pfaffenkönig" schon im Frühjahr 1247 starb, wurde ihm in dem Grafen Wilhelm von Holland ein Nachfolger gegeben. Aber die Anerkennung dieser Gegenkönige erstreckte sich doch nur auf beschränkte Gebiete. Und auch in Italien konnte die Machtstellung Friedrichs nicht wesentlich, am wenigsten in Sizilien, erschüttert werden. Zwar trafen den Kaiser in diesen Jahren schwere Schicksalsschläge; seine Niederlage bei der Belagerung von Parma, die Untreue seines tüchtigsten Staatsmannes, des Petrus von Vinea, die Gefangennahme seines Lieblingssohnes Enzio durch die Bolognesen. Das alles hat das Gemüt des Kaisers verdüstert und auch die öffentliche Meinung gegen ihn beeinflußt; aber er war doch ungebrochenen Mutes, als er plötzlich am 13. Dezember 1250 einem Ruhranfall erlag: der Erzbischof von Palermo hatte ihn auf dem Sterbelager mit der Kirche versöhnt.

Auch der Tod Friedrichs II. hat dem erbitterten, beklagenswerten Kampfe zwischen dem Papsttum und dem Geschlecht der Staufer kein Ende gemacht; in seinem Testament, das seinen Sohn Konrad zum Erben seiner Reiche einsetzte, hielt Friedrich an der den Päpsten unerträglich dünkenden Verbindung der beiden Reiche als dem Kernpunkt seiner Politik fest. — Nach Friedrichs Tode kehrte Innocenz aus Lyon nach Italien zurück; auch Konrad IV. erschien mit Heeresmacht in Italien, mit Hilfe seines Halbbruders Manfred gelang es ihm, die staufische Macht in Unteritalien wiederherzustellen. In seiner Bedrängnis bemühte sich der Papst, Bundesgenossen zu finden, da er mit eigener Kraft Sizilien wiedergewinnen zu können nicht hoffen durfte. Nachdem Richard von Cornwallis und Karl von Anjou, der jüngste Bruder des französischen Königs, abgelehnt hatten, bot der Papst als Oberlehensherr die sizilische Krone dem englischen Prinzen Edmund an, der sie auch annahm. Als Konrad IV., erst 26 Jahre alt, unerwartet am 20. Mai 1254 starb, bestimmte er — wie einst Konstanze nach dem Tode ihres Gemahls — den Papst zum Vormund seines erst zweijährigen Söhnchens Konradin. Innocenz IV. nahm auch die Vormundschaft an; er erkannte ihn sofort als König von Jerusalem und Herzog von Schwaben an und sicherte ihm seine Rechte auf das sizilische Reich zu. Auch Manfred unterwarf sich jetzt und wurde zum Vikar Unteritaliens eingesetzt. Als aber Innocenz selbst zu Neapel von dem Königreich Besitz ergriff, erhob sich Manfred wieder: mit Hilfe der Sarazenen von Luceria brachte er bei Foggia (2. Dezember 1254) dem päpstlichen Heere eine schwere Niederlage bei. Die Trauerkunde beschleunigte den Tod des schwer erkrankten Papstes.

DER ANSCHLUSS DES PAPSTTUMS AN FRANKREICH

Schon unter Gregor IX., mehr noch unter Innocenz IV., war eine Partei im Kardinalskollegium mit dem schroffen Vorgehen gegen die Staufer nicht einverstanden gewesen. Um nun den hervorragendsten der Kardinäle, Ottaviano Ubaldini, von dem eine Fortsetzung der Politik Innocenz' IV. mit all ihrer Schärfe zu erwarten war, von der Aussicht auf die Tiara auszuschließen, nahm man die Papstwahl durch Kompromiß vor und bestellte Ubaldini zum Kompromissar. Der Erwählte war **Alexander IV.** (1254—1261), ein Neffe Gregors IX., der zwar stets der Politik seines Oheims gefolgt, aber doch für möglichst milde Durchführung derselben eingetreten war. Als Papst hat sich Alexander in seiner Politik zum Schaden der kirchlichen wie der Reichsinteressen unselbständig und wenig energisch und konsequent gezeigt. Der Papst hat bald nach Regierungsbeginn Sizilien dem englischen Prinzen Edmund als Lehen übertragen; es sind aber englischerseits keinerlei Schritte zur wirklichen Besitzergreifung des Königreiches geschehen. Vielmehr festigte sich Manfreds Machtstellung in Unter- und Mittelitalien, und als sich im Jahre 1258 das falsche Gerücht vom Tode Konradins verbreitete, ließ Manfred sich zu Palermo zum König krönen, und er vermochte den Papst auch im Kirchenstaat zu bedrängen, so daß dieser nicht in Rom residieren konnte. — Was die deutsche Politik Alexanders IV. betrifft, so suchte er Graf Wilhelm von Holland möglichst zu fördern. Nach dessen Tode (Januar 1256) verbot er die Wahl Konradins und nahm dann angesichts der Doppelwahl des Alfons von Kastilien und des Richard von Cornwallis eine neutrale Haltung ein, die er nur vorübergehend zugunsten Richards aufgab.

Da nach Alexanders IV. Tode die wenigen Kardinäle sich nicht über die Wahl eines Papstes aus ihrer Mitte zu einigen vermochten, wurde der Patriarch von Jerusalem,

Papst Alexander IV (1254—1261)
Während des Pontifikates Alexanders IV. tobten in Rom ständig so heftige Kämpfe unter den Adelsgeschlechtern, daß der Papst zumeist in Anagni und Viterbo residieren mußte.

   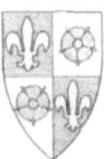

Alexander IV
Reginald Conti, Graf von Segni, Italiener aus Anagni. 1254—1261

Urbanus IV
Jakob Pantaléon, Sohn eines Schuhmachers, Franzose aus Troyes. 1261—1264

Jakob Pantaleone, der sich gerade an der Kurie aufhielt, zum Papst gewählt. Dieser, armer Leute Kind aus Troyes, nannte sich **Urban IV.** (1261—1264). Auch in seinem Pontifikat blieben neue Verhandlungen mit Manfred ergebnislos. Das wichtigste Ereignis seiner Regierung war, daß er im Jahre 1263 die Krone Siziliens dem Grafen Karl von Anjou übertrug. Durch diesen Schritt und durch die Aufnahme mehrerer Franzosen ins Heilige Kollegium führte Urban jene enge **Verbindung des Papsttums mit Frankreich** herbei, die sich schließlich als so verhängnisvoll erwies; zwar gewann das Papsttum zunächst an dem französischen Prinzen Schutz und Hilfe gegen die Staufer; aber diese französische Orientierung führte schon in naher Zukunft die drückendste Abhängigkeit des Papsttums von Frankreich herbei. Im deutschen Thronstreit bewog der Papst beide Prätendenten zur Anerkennung seines Schiedsgerichtes, doch starb der Papst vor Fällung des Schiedsspruches. Von Maßnahmen des Papstes, der ein Freund philosophischer Studien war, auf innerkirchlichem Gebiet ist am wichtigsten die Einführung des Fronleichnamsfestes, das er einst als Archidiakon in Lüttich kennen gelernt hatte, für die gesamte Kirche.

Nachfolger Urbans IV. wurde wiederum ein Franzose, Guido Fulkodi, als Papst **Klemens IV.** (1265—1268). Unter ihm hat Karl von Anjou von dem ihm zugesprochenen sizilischen Reich Besitz ergriffen; Manfreds Heer wurde von ihm bei Benevent (1266) vernichtend geschlagen, Manfred selbst fiel im Kampfe. Entfremdeten die Habgier, Grausamkeit und Hartherzigkeit Karls von Anjou ihm sehr bald die Herzen seiner neuen Untertanen, so wurde der

Papst Urban IV (1261—1264)
ein Kind armer französischer Eltern, hat sein Pontifikat dadurch von besonders folgenschwerer Bedeutung gemacht, daß er im Jahre 1263 dem Grafen **Karl von Anjou die Krone Siziliens** übertrug.

Klemens IV.
Guido Fulkodi, Franzose aus Gilles (Provence).
1265—1268

Gregor X.
Tedaldo Visconti, Italiener aus Piacenza.
1271—1276

Papst darob mit Trauer und Besorgnis erfüllt, zumal alle seine Vorstellungen vergebens waren, und Karl es auch an der Erfüllung der Vertragsbestimmungen fehlen ließ. — Inzwischen war der jugendliche Konradin herangewachsen; den Einladungen der Ghibellinen folgend, unternahm er im Herbst 1267 seinen abenteuerlichen Zug nach Italien, um vom Land seiner Väter Besitz zu ergreifen. Vergebens warnte ihn der Papst, schließlich sprach er den Bann über ihn aus. Die unglückliche Schlacht bei Tagliacozzo machte die stolzen Hoffnungen Konradins zunichte; durch schmählichen Verrat fiel er in die Hand des herzlosen Siegers, der ihn (29. Oktober 1268) in Neapel hinrichten ließ. Daß der Papst die Hinrichtung geraten oder gebilligt habe, ist nicht richtig.

Nach dem Tode Klemens' IV. blieb der päpstliche Stuhl infolge der Uneinigkeit der Kardinäle fast drei Jahre unbesetzt. Schließlich wurde durch Kompromiß der Archidiakon von Lüttich Tedaldo Visconti zum Papst gewählt; er nannte sich **Gregor X.** (1271—1276); es war die beste Wahl, die getroffen werden konnte. Das Hauptbemühen des Papstes, in dem die religiöse Begeisterung der ersten Kreuzfahrer wieder auflebte, war d i e B e f r e i u n g d e r H e i l i g e n S t ä t t e n. Im Zusammenhang damit erstrebte der Papst aufs angelegentlichste die kirchliche Union mit den Griechen, die durch die Rückeroberung Konstantinopels (1261) dem lateinischen Kaiserreich das Ende bereitet hatten. Der Kaiser Michael Palaiologus war nicht zuletzt aus politischen Gründen zu Unionsverhandlungen geneigt, weil die Union Karl von Anjou zum Aufgeben seiner bedrohlichen Angriffspläne auf das griechische Reich genötigt hätte. Infolge des Lateinerhasses des griechischen Klerus stellten sich der Union schwere Hindernisse entgegen. Trotzdem erfolgte der Abschluß der Union auf dem vierzehnten allgemeinen Konzil, das der Papst für das Jahr 1274 nach Lyon berufen hatte. Während die Griechen den römischen Primat anerkannten, das Filioque annahmen und die Appellationen nach Rom zugestanden, wurde ihnen die Beibehaltung des bisherigen Symbolums und ihrer alten Riten zugebilligt. Die Zahl der Griechen, die aus innerer Überzeugung sich der Union anschlossen, ist aber gering gewesen, Führer der Unionsfreunde war der zum Patriarchen erhobene Johannes Bekkos. Die weiteren Aufgaben, derentwegen der Papst das Konzil berufen hatte, betrafen die Unterstützung des

Papst Klemens IV. bestätigt die Belehnung Karls von Anjou.
Ausschnitt aus einem Wandgemälde im Turm von Ferres (Vaucluse).
Nach Parmentier, Album historique, Paris 1900.

 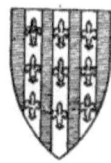  

Innocenz V.
Peter de Champagni, Franzose aus Tarentaise. (Savoyen). 1276

Hadrian V.
Ottobono Fieschi, Graf von Lavagna, Italiener aus Genua. 1276

Heiligen Landes — es wurde für den geplanten Kreuzzug ein sechsjähriger Kirchenzehnt bewilligt — und die Kirchenreform. Von den Reformdekreten ist das wichtigste die Dekretale „Ubi periculum", durch die offenbar nach dem Vorbild der Wahlvorschriften italienischer Kommunen bei der Papstwahl **das Konklave** eingeführt wurde. Der Zweck der Konstitution war es, die Neuwahl nach eingetretener Vakanz zu beschleunigen; da zu diesem Zweck verschiedene weitgehende Beschränkungen der Kardinäle, besonders was die Ernährung betrifft, vorgesehen waren, konnte die Konstitution nur gegen den heftigen Widerspruch des Kardinalkollegiums durchgesetzt werden.

Während des Pontifikates Gregors X. nahm endlich **das Interregnum in Deutschland** ein Ende. Richard von Cornwallis war 1272 gestorben; Alfons von Kastilien hielt zwar seine Ansprüche aufrecht, aber auf Mahnung des Papstes schritten die deutschen Kurfürsten am 1. Oktober 1273 zur **Königswahl**, die auf den **Grafen Rudolf von Habsburg** fiel. Der Papst hat Rudolf als deutschen König anerkannt und ihn zum Empfang der Kaiserkrone eingeladen. Bei einer persönlichen Zusammenkunft beider zu Lausanne (Oktober 1275) erneuerte Rudolf persönlich die Zusagen, die zu Lyon schon sein Kanzler dem Papst gemacht hatte, vor allem, daß er die Besitzungen und Gerechtsame der römischen Kirche schützen werde, und daß Sizilien und das Reich nie vereinigt werden sollten. Dann nahm er aus des Papstes Hand das Kreuz. Es ist aber weder zur Kaiserkrönung noch zur Kreuzfahrt gekommen; denn Gregor X. starb schon im Januar 1276, und Rudolf war durch die Wirren in Deutschland, vor allem durch den Kampf gegen Ottokar von Böhmen, zunächst in Anspruch genommen.

Papst Klemens IV. (1265--1268)

Dank dem neuen Papstwahldekret wurde schnell der sehr gelehrte Dominikaner Peter von Tarentaise gewählt, der sich **Innocenz V.** nannte. Als er nach fünf Monaten starb, folgte **Hadrian V.**, ein Neffe Innocenz' IV., der in den letzten Jahrzehnten an allen wichtigen Entscheidungen der Kurie bedeutsamen Anteil genommen hatte. Sein Pontifikat währte nur einen Monat. Sein Nachfolger wurde **Johannes XXI.** (1276—1277), ein hervorragender Gelehrter, von dem uns neben einem als Lehrbuch viel benützten logischen Kompendium (Summulæ

Papst Gregor X. (1271—1276)
hat sich besonders *um das deutsche Volk* dadurch hoch verdient gemacht, daß er „der kaiserlosen, der schrecklichen Zeit" ein Ende machte und die *Wahl Rudolfs von Habsburg* zum deutschen Kaiser durchsetzte.

logicales) auch medizinische Schriften erhalten sind. Der Papst, der die Lyoner Konklaveordnung, die sein Vorgänger suspendiert hatte, wieder aufhob, fand seinen Tod bei einem Zimmereinsturz im Papstpalast zu Viterbo.

Infolge der Aufhebung der Konklaveordnung zog sich dieses Mal die Papstwahl wieder lange hin, so daß es zu Gewalttätigkeiten der Bewohner von Viterbo gegen die Kardinäle kam; auch Karl von Anjou suchte die Wahl zu beeinflussen. Aber die Kardinäle wahrten ihre Selbständigkeit und wählten den Kardinal Johann Gaetani aus dem Geschlecht der Orsini zum Papst; es ist **Nikolaus III.** (1277—1280). Der Papst, der schon als Kardinal durch Jahrzehnte einen sehr großen Einfluß ausgeübt hatte, war ein selbständiger, kraftvoller Charakter voll kühner Pläne, der an Energie wie an politischer Erfahrung und Fähigkeit Innocenz III. zur Seite gestellt werden kann. Sein Streben nach Selbständigkeit bekam Karl von Anjou bald zu spüren. Dieser hatte unter Klemens IV. entgegen den mit ihm getroffenen Abmachungen erreicht, daß ihm das Amt eines Senators der Stadt Rom übertragen wurde. Nikolaus veranlaßte ihn beim Ablauf der Amtszeit, seine Würde niederzulegen, und verbot in der Konstitution „Fundamenta militantis" vom 18. Juli 1278 im Interesse der Unabhängigkeit und Freiheit des Papsttums, daß künftig Kaiser, Könige oder Fürsten zu römischen Senatoren gewählt würden; nur römische Bürger sollten dieses Amt bekleiden dürfen. Der Papst ließ sich dann selbst zum Senator auf Lebenszeit erwählen. Ferner nötigte er Karl von Anjou, das ihm gleichfalls von Klemens IV. übertragene Reichsvikariat in Tuscien niederzulegen. Desgleichen verlangte und

Rudolf von Habsburg (1218—1291) wurde 1273 zum Kaiser gewählt. Nach der verheerenden Zeit des Interregnums stellte er Zucht und Ordnung im Reiche wieder her.
(Nach einem Ausschnitt aus seinem Grabmal im Dom zu Speier.)

Seppelt-Löffler 13

Johannes XXI.
Peter Rebulo, Portugiese aus Lissabon. 1276—1277

Nikolaus III.
Johann Gaetani Orsini, Römer. 1277—1280

erreichte er von Rudolf von Habsburg, daß dieser auf die Reichsrechte in der Romagna verzichtete und der Kirche den ungestörten Besitz dieses Gebietes zusicherte. Dem Wunsch des Papstes gemäß wurden diese Zusagen Rudolfs durch eine goldene Bulle verbrieft und durch Willebriefe der Kurfürsten bekräftigt. Einen weiteren großen Erfolg erzielte die geschickte Politik des Papstes dadurch, daß er einen **Ausgleich zwischen Rudolf von Habsburg und Karl von Anjou** herbeiführte, deren Beziehungen sehr gespannt gewesen waren. Die Aussöhnung wurde durch eine Familienverbindung besiegelt, und Karl von Anjou wurde von Rudolf mit der Provence und Forcalquier als Reichslehen belehnt. — Viel umstritten ist es, ob die Nachricht des Ptolemäus von Lucca, Nikolaus habe über die Teilung des Reiches in vier Königreiche verhandelt, den Tatsachen entspricht; danach sollte das Kaiserreich zerfallen in ein Königreich Deutschland, das Rudolfs Nachkommen verbleiben, also eine Erbmonarchie werden sollte, in das Königreich Arelate und in das lombardische und tuscische Reich. Jedenfalls hat dieses Vierstaatenprojekt in der Politik des Papstes keine irgend ausschlaggebende Rolle gespielt. — Von Dante ist gegen Nikolaus III. der Vorwurf des Nepotismus und der Habsucht erhoben worden; er hat den großen Papst unter die Simonisten in die Hölle versetzt. Tatsächlich hat Nikolaus seine Verwandten stark bevorzugt: voll Stolz auf sein ruhmvolles Geschlecht strebte er, den Glanz seines Hauses zu erhöhen, und bei der Ausführung seiner Pläne in Italien hat er mit Vorliebe seine Verwandten herangezogen, auf deren Zuverlässigkeit er am sichersten bauen zu können vermeinte.

Der rasche Tod des Papstes (22. August 1280) war ein schwerer Schaden für die Kirche; denn infolgedessen

Papst Johannes XXI. (1276—1277) war ein *hervorragender Gelehrter*, von dem auch wertvolle medizinische Schriften erhalten blieben.

Martin IV.
Simon Mompitié, Franzose aus Brion. 1281—1285

Honorius IV.
Jakob Savelli, Römer. 1285—12

hatten die großen politischen Erfolge des Papstes keinen langen Bestand. Unter dem starken Druck Karls von Anjou, auf dessen Veranlassung die beiden Orsinikardinäle gefangengesetzt wurden, ging aus dem Konklave der Franzose Simon de Brie als gewählt hervor. Weil inzwischen in den Papstkatalogen Marinus I. und Marinus II. fälschlich als Martin II. und Martin III. gezählt wurden, nannte er sich **Martin IV.** (1281—1285); in Wirklichkeit war er der zweite dieses Namens. Im Gegensatz zu seinem großen Vorgänger und dessen selbständiger Politik stand er ganz unter dem Einfluß Karls von Anjou; er überließ diesem alsbald wieder die Würde eines römischen Senators.

Auch die byzantinische Politik Martins zeigt seine völlige Abhängigkeit von dem Anjou. Während Nikolaus allen Angriffsplänen des Anjou auf das byzantinische Reich sich entgegengestellt und sich um die Festigung und weitere Durchführung der Union bemüht hatte, legte Martin den weitgehenden Eroberungsplänen Karls auf dem Balkan kein Hindernis in den Weg; über den Unionskaiser Michael Palaiologos sprach er als einen Förderer des Schismas und der Häresie den Bann aus; daraufhin mußte Johannes Bekkos einem unionsfeindlichen Patriarchen weichen, so daß die Union von 1274 wieder aufgelöst war. Da hat die sizilische Vesper (31. März 1282), der durch die Bedrückungen Karls von Anjou und der Franzosen heraufbeschworene Aufstand der Sizilianer, allen hochfliegenden Plänen ein jähes Ende bereitet. Der Schlag traf auch den Papst schwer: die Union hatte er preisgegeben; an die Latinisierung und Katholisierung Konstantinopels, die der Papst nach Gelingen der Pläne des Anjou erhofft hatte, war nicht mehr zu denken. Vergebens war es, daß Martin mit allen Kräften Karl von Anjou gegen die Aufstän-

Papst Nikolaus III. (1277—1280) erwirkte von Rudolf von Habsburg eine „Goldene Bulle", in der dem Gebiete des Kirchenstaates volle Freiheit und Unabhängigkeit gesichert wurde.

Nikolaus IV
Hieronymus Masci, Italiener aus Ascoli.
1288—1292

Cölestin V.
Peter von Murrone, Italiener aus Isernia
(Kampanien). 1294

dischen unterstützte; trotzdem über sie und Peter III. von Aragon, den Erben der Ansprüche der Staufer, den Gemahl von Manfreds Tochter Konstanze, der, von den Sizilianern gerufen, sich in Palermo hatte zum König von Sizilien krönen lassen, der Bann verhängt und gegen sie das Kreuz gepredigt wurde, konnte Karl die Insel nicht wieder zurückgewinnen. — Und doch war die sizilische Vesper ein Glück für das Papsttum: sie bewahrte das Papsttum davor, von dem angiovinischen Weltreich zur politischen Ohnmacht und unwürdigen Abhängigkeit heruntergedrückt zu werden.

In der sizilischen Frage hat auch der nächste Papst **Honorius IV.** (1285 bis 1287), der gleich Honorius III. der Familie der Savelli angehörte, die gleichen Bahnen eingeschlagen; doch ging er mit mehr Mäßigung zu Werke. Während Martin IV. Peter von Aragon auch sein Stammland zu entreißen sich bemüht hatte, indem er die Krone von Aragon an einen Sohn des französischen Königs übertrug, hat Honorius Peters ältesten Sohn, der Aragon erhalten hatte, unangefochten gelassen, als die französischen Versuche, das Land zu erobern, gescheitert waren. Dagegen hat auch er dem jüngeren Sohn Peters III., Jakob, der zum König Siziliens gekrönt worden war, die Anerkennung versagt und ihn gebannt.

Papst Honorius IV. (1285—1287) betrieb besonders nachdrücklich mit den deutschen FürstenVerhandlungen über die Kaiserkrönung Rudolfs von Habsburg.

Für die festländischen Besitzungen der Anjou hat der Papst als Oberlehensherr in der Zeit, da der Sohn und Erbe Karls von Anjou († 7. Januar 1284) Karl II., in aragonesischer Gefangenschaft festgehalten war, eine sehr segensreiche Tätigkeit entfaltet, indem er zum Schutz der Bevölkerung gegen willkürliche Bedrückungen eine Reihe weiser, heilsamer Reformmaßregeln traf. — Was des Papstes Verhältnis zu Deutschland betrifft, so wurden die unter seinem Vorgänger abgebrochenen Verhandlungen über die Kaiserkrönung Rudolfs wieder aufgenommen. Es wurde ein Termin festgesetzt und ein Legat nach Deutschland entsandt, um die Romfahrt Rudolfs vor allem durch Forderung einer Zehntentrichtung für dieselbe zu fördern. Aber gerade wegen dieser Geldforderungen wurde dem Kardinallegaten auf der Synode zu Würzburg (März 1284) eine sehr üble Aufnahme bereitet; infolge der erregten Proteste gegen dieselben wurde der Romzug des Habsburgers unmöglich.

Während des Pontifikates des folgenden

Papstes, **Nikolaus IV.** (1288 bis 1292), der vordem General des Franziskanerordens gewesen war, ist das feste Akkon, das letzte Bollwerk der Christen in Palästina, in Feindeshand gefallen, und infolgedessen ging dann rasch auch der letzte Rest der christlichen Besitzungen im Orient verloren. — Nachdem Karl II. aus der aragonesischen Gefangenschaft befreit war, wurde er vom Papst zum König von Neapel und Sizilien gekrönt; aber trotz päpstlicher Unterstützung konnte auch jetzt die Insel Jakob von Aragonien nicht entrissen werden. Hatte unter Honorius IV. in Rom Ruhe und Ordnung geherrscht, da des Papstes Bruder Pandulph als Senator ein gerechtes Regiment führte, so gestal-

Papst Martin IV. (1281—1285)

teten sich nunmehr die Zustände in Rom sehr unerquicklich infolge der Rivalität der mächtigen Geschlechter der Orsini und der Colonna; Nikolaus IV. hat die letzteren sehr begünstigt.

Das Konklave nach dem Tode Nikolaus' IV. war beherrscht von dem Gegensatz der Orsini und Colonna; den großen historischen Hintergrund bildete aber die sizilisch-aragonesische Frage; so zog sich das Konklave länger als zwei Jahre hin. Schließlich wurde auf Anregung Karls II. der fromme Einsiedler Peter von Murrone in Vorschlag gebracht, der in den rauhen Abruzzen seit Jahrzehnten ein strenges Bußleben führte. Der Vorschlag fand allgemeinen Beifall; es mochten alle hoffen, auf den unerfahrenen Eremiten Einfluß zu gewinnen. Nur schwer war dieser zur Annahme der Papstwürde zu be-

Papst Cölestin V (1294)
resignierte nach fünfmonatigem Pontifikat auf seine
päpstliche Würde, er wollte sich wieder in seine
Einsiedelei in den Abruzzen zurückziehen.

Die Einsiedelei von Sulmona in der Cölestin V. vor seiner Wahl gelebt hatte.

wegen. Er nannte sich **Cölestin V.**, seine Krönung fand in Aquila statt (29. August 1294). Sehr bald zeigte sich, daß ihm die für sein hohes Amt nötigen Kenntnisse und die unumgängliche Welterfahrung abgingen; unbedacht verteilte er Privilegien und Gunstbezeigungen, besonders an die von ihm begründete Einsiedlerkongregation der Cölestiner. Dann geriet er in völlige Abhängigkeit von Karl II., der ihn bewog, seine Residenz in Neapel aufzuschlagen. Cölestin selbst fühlte sich in seiner Würde keineswegs wohl, er sehnte sich nach seiner engen Zelle, nach betrachtendem Gebet und Einsamkeit zurück. So hat er denn nach fünfmonatigem Pontifikat die päpstliche Würde niedergelegt und damit einer unhaltbaren Situation ein Ende gemacht. — Die Resignation des Papstes war ein so außerordentliches Ereignis, daß die Frage, ob die Abdankung zulässig sei und ob sie Tadel (Dante) oder Lob (Petrarca) verdiene, bald viel erörtert wurde. Da die Gegner des neuen Papstes die Rechtsgültigkeit derselben bestritten, hat dieser, um der Gefahr eines Schismas vorzubeugen, den ehrwürdigen Greis in strengem Gewahrsam gehalten, in dem er am 19. Mai 1296 starb. Im Jahre 1313 erfolgte durch Klemens V. seine Kanonisation. Seine Regierungshandlungen, besonders die von ihm erteilten Privilegien, hatte sein Nachfolger sofort annulliert.

BONIFAZ VIII.

In dem Konklave, das nach der Abdankung Cölestins gemäß den wieder in Kraft gesetzten Bestimmungen Gregors X. abgehalten ward, wurde schon am 24. Dezember 1294 Kardinal Benedikt Gaetani zum Papst gewählt; es ist **Bonifaz VIII.** (1294 bis 1303). Unzweifelhaft ist er eine weit hervorragende Persönlichkeit in der langen Reihe der Päpste. Man kann ihn sehr wohl mit Innocenz III. in Vergleich stellen: beide waren Herrschernaturen von vielseitiger Begabung und kraftvoller Energie, deren Ziel schließlich das gleiche war: „Reform der Kirche, vor allem durch Schaffung eines einwandfreien Episkopates, durch Lockerung der Bande, welche die Bischöfe an den Staat fesselten; beide wünschten eine starke Beeinflussung des Staatslebens

Papst Bonifaz VIII. (1294—1303) (O. Panvinius)
stellte ebenso wie *Innocenz III.* seine *vielseitige Begabung* in den Dienst einer durchgreifenden *Reform der Kirche,* vor allem durch Schaffung eines einwandfreien *Episkopats. Gegen Eingriffe weltlicher Machthaber* in kirchliche Angelegenheiten kam es unter seinem Pontifikat zu scharfen Konflikten mit König Philipp dem Schönen von Frankreich.

Der Lateran um das Jubiläumsjahr 1300
Von der Loggia des Lateran aus verkündete Bonifaz VIII. i. J. 1300 das erste allgemeine Jubiläum.

durch die Kirche beide erstrebten die Befriedung der Welt, beider Lieblingsplan war die Verwirklichung eines großen Kreuzzuges." Und doch! Während das Urteil über den dritten Innocenz bei Mitwelt und Nachwelt fast durchweg auf Hochachtung und Bewunderung abgestimmt ist, hat Bonifaz VIII. schon zu Lebzeiten zahlreiche erbitterte Gegner gehabt, die ihn mit ihrem Hasse über das Grab hinaus verfolgten, und auch die Nachwelt mißt ihn mit strengerem Maßstab bis zum heutigen Tage. — Den Grund für diese unterschiedliche Beurteilung hat man mit Recht finden wollen einmal in den Mißerfolgen seiner Politik, dann in den unsympathischen Charakterzügen, die seiner Persönlichkeit anhaften. Seine außergewöhnliche Begabung haben auch seine Gegner anerkennen müssen; schon als Kardinallegat hatte er seine hervorragende Geschäftsgewandtheit und seine glänzende Kenntnis des kanonischen Rechtes bewährt; er war so recht der Typ des juristischen Papstes. Aber Bonifaz war sich dieser seiner Überlegenheit auch bewußt und zeigte es in oft verletzender Form. Er war ein Menschenverächter, in seinen Urteilen lieblos, hart und höhnisch, eine rücksichtslose Kraftnatur, die auch Schimpfworte heraussprudelte, die körperliche Gebrechen der Gegner schonungslos verspottete. Maßlos wie sein Haß war aber auch seine Liebe zum Geld und zu seinen Verwandten; diese hat er mit Geld und Gut überschüttet, so daß durch diesen zügellosen Nepotismus seine bis dahin wenig begüterte Familie zu einer der reichsten im Kirchenstaat wurde. — Die Schwächen seines Charakters sind übrigens auf die Mißerfolge seiner Politik nicht ohne Einfluß gewesen. Und so muß von seinem **Pontifikat der Niedergang der Machtstellung des Papsttums auf kirchenpolitischem Gebiet** datiert werden.

Wie seine Vorgänger hat Bonifaz VIII. es sich angelegen sein lassen, Karl II. bei seinen Bemühungen, Sizilien wieder zu erobern, zu unterstützen, aber auch ihm war hierbei kein Erfolg beschieden; im Frieden von Caltabellota (1302) mußte schließlich Friedrich von Aragon von der Kurie als Herrscher Siziliens anerkannt werden. — Erbitterte Kämpfe hatte Bonifaz mit dem mächtigen Geschlecht der

Colonna durchzufechten. Diese reichbegüterte Familie, die damals mit zwei ihrer Mitglieder im Kardinalskollegium vertreten war, hatte schon früher ghibellinische Neigungen gezeigt und war gewöhnt, selbständige Politik zu treiben. So standen auch jetzt die beiden Colonnakardinäle in geheimen Verbindungen mit Friedrich von Sizilien, als der Papst noch mit ihm im Kampf lag; sie wurden ferner sehr bald der Mittelpunkt bonifazfeindlicher Kreise, welche die Rechtmäßigkeit der Abdankung Cölestins und damit die Rechtmäßigkeit des Pontifikates Bonifaz' VIII. bestritten. Da infolgedessen die Beziehungen der Colonna zum Papst äußerst gespannte waren, genügte ein Zwischenfall, um die Katastrophe herbeizuführen. Als im Mai 1297 ein päpstlicher Schatz von Stephan Colonna geraubt wurde, forderte der Papst außer Rückgabe des Schatzes Auslieferung des Stephan und Aufnahme päpstlicher Besatzungen in die festen Burgen der Colonna. Als diese aber die beiden letztgenannten Forderungen nicht bewilligten, vielmehr den Papst dadurch herausforderten, daß sie in Denkschriften die Rechtmäßigkeit der Abdankung Cölestins und der Wahl Bonifaz' VIII. bestritten, zur Gehorsamsverweigerung aufforderten und an ein allgemeines Konzil appellierten, ging der Papst mit der ihm eigenen rücksichtslosen Energie gegen die Colonna vor: Die beiden Kardinäle wurden abgesetzt und exkommuniziert, und das Haus der Colonna wurde mit Hab und Gut für vogelfrei erklärt. Schließlich schritt er zur Anwendung der Waffen, ja, es wurde sogar gegen sie das Kreuz gepredigt. Palestrina, ihre Hauptfeste, wurde

Papst Bonifaz VIII. verkündet das Jubiläum
(Nach einem Freskogemälde Giottos in der Lateran-Basilika.)

Bonifaz VIII.
Benedikt Gaëtani, Italiener aus Anagni.
1294—1303

Münzen des Papstes Bonifaz VIII.

schließlich gleich den anderen Burgen erobert und schonungslos zerstört. Die beiden Colonnakardinäle flüchteten zu dem französischen König Philipp dem Schönen, der inzwischen gleichfalls mit dem Papst in scharfen Konflikt gekommen war.

Die Bemühungen Bonifaz' VIII., in den damals tobenden **Kämpfen zwischen Frankreich und England**, in denen die festländischen englischen Besitzungen, besonders Flandern, der Kampfpreis waren, Frieden zu stiften, waren vergebens gewesen. Beide Gegner hatten sich die Mittel für die Kriegführung durch ausgedehnte Besteuerung des Kirchengutes verschafft. Das gab dem Papst Anlaß, durch die Bulle „Clericis laicos" vom 25. Februar 1296 unter Bannandrohung die Besteuerung und Auslieferung kirchlicher Güter und Einkünfte an weltliche Fürsten ohne besondere päpstliche Bewilligung zu verbieten. Infolge dieser Verfügung, die durch die kirchliche Gesetzgebung seit dem dritten Laterankonzil (1179) vorbereitet war, mußte jetzt die wichtige Frage zur Entscheidung kommen, ob neben dem Papsttum auch den Landesfürsten ein selbständiges Besteuerungsrecht ihrer Kirchen und Klöster zustehen solle. Die Bulle des Papstes beantwortete Philipp mit dem Ausfuhrverbot von Gold und Silber ohne königliche Erlaubnis, so daß die Tätigkeit päpstlicher Kollektoren in Frankreich und die Ablieferung von Abgaben an den Papst unmöglich wurde. Daraufhin lenkte der Papst ein, indem er die Bulle milderte und großenteils aufhob: die Lehenspflichten würden durch diese nicht berührt, freiwillige Abgaben des Klerus seien gestattet, im Notfall — über dessen Vorliegen der König selbst zu entscheiden hatte — sollte auch die vorherige Befragung des Papstes nicht nötig sein. Auch die damals vom Papst vollzogene **Kanonisation König Ludwigs IX.** trug dazu bei, das Einvernehmen zwischen der Kurie und Frankreich vorläufig wieder herzustellen.

So konnte Bonifaz VIII. glanzvoll **im Jahre 1300 das erste Jubiläum** feiern; durch die Bulle „Antiquorum habet fidem" (22. Februar 1300) wurde allen Gläubigen, die in diesem Jahre zu den Gräbern der Apostelfürsten wallfahren würden, ein vollkommener Ablaß verkündet. Eine gewaltige Zahl von Pilgern strömte in diesem Jahre in der Ewigen Roma zusammen: „Ein unermeßliches Bedürfnis nach Sühne, nach Buße und Umkehr hatte nach den Stürmen der kaiserlosen schrecklichen Zeit die Völker ergriffen, und die Hoffnung auf Verzeihung war der Stab, der ihnen auf dieser beschwerlichen Wallfahrt als Stütze diente." (Kraus.)

Verschiedene Eingriffe in kirchliche Gerechtsame, die unterdes wieder vorgekommen waren, veranlaßten im Jahre 1301 den Papst zur Entsendung des Bischofs von Pamiers als Legaten nach Frankreich, der auch den König zur Teilnahme an dem geplanten **Kreuzzug** mahnen sollte. Die Wahl dieses Legaten war nicht gerade geschickt, weil er früher schwere Zerwürfnisse mit dem König gehabt hatte. Als Philipp den Legaten unter der Anschuldigung verräterischer Umtriebe gefangen setzte, schritt Bonifaz VIII. alsbald wieder energisch ein. Er befahl die sofortige Freilassung des Bischofs, setzte die Bulle „Clericis laicos" mit ihrem Verbot der Besteuerung wieder in Kraft und berief die Vertreter der französischen Kirche für den Herbst 1302 zu einer Synode nach Rom; auch der König selbst, gegen den schwere Vorwürfe erhoben wurden, ward durch die Bulle „Ausculta fili" wegen Bedrückung des Klerus und tyrannischer Regierung nach Rom vorgeladen. Die Berechtigung zu dieser Vorladung wurde aus dem Satz hergeleitet, daß der Papst von Gott über die Könige und Fürsten gesetzt sei. Philipp dachte nicht daran, sich zu rechtfertigen; er nahm den Kampf auf. An Stelle der päpstlichen Bulle, die unterdrückt wurde, wurde in Frankreich eine gefälschte Bulle „Deum time" verbreitet, die den Sinn von „Ausculta fili" in verkürzter und verschärfter Form wiedergab, um so die öffentliche Meinung in Frankreich gegen den Papst zu erregen. Der nach Rom einberufenen Synode kam Philipp mit einer französischen Nationalversammlung zuvor (April 1302), die dem Verhalten des Königs ihre Zustimmung gab. Trotz des Verbotes des Königs nahmen aber auch an der römischen Synode vom Herbst 1302 eine Reihe französischer Prälaten teil.

Im Anschluß an die Synode wurde von Bonifaz die berühmte Bulle „Unam sanctam" vom 18. November 1302 erlassen, das Hauptdokument der päpstlichen Machtansprüche im Mittelalter. In der Bulle, deren Hauptstellen den Schriften Innocenz' III., Bernhards von Clairvaux, des Hugo von St. Victor und Thomas von Aquin entnommen sind und die mit dem Traktat „De ecclesiastica potestate" des Augustinereremiten Ägydius Colonna weitgehende Übereinstimmung des Wortlautes aufweist, wird die Theorie der zwei Schwerter entwickelt, des geistlichen und des weltlichen, die beide in der Gewalt der Kirche sind, und die von ihr beziehungsweise für sie zu führen sind. Dann wird der Vorrang der geistlichen vor der weltlichen Gewalt, die von jener eingesetzt und gerichtet wird, behauptet. Der berühmte Schlußsatz erklärt es als für jeden Menschen heilsnotwendig, dem römischen Bischof untertan zu sein. Nur diesem Satz, den gegenüber den schismatischen Griechen und den Angriffen des französischen Königs auf den päpstlichen Primat zu betonen Anlaß war, kommt dogmatische Bedeutung zu; er ist eine neue, den päpstlichen Primat betonende Fassung des bekannten Satzes „Außerhalb der Kirche kein Heil". Daß der ganze übrige Inhalt der Bulle, besonders auch die Entwicklung der Zweischwertertheorie, des

Albrecht I. von Habsburg
deutscher König 1298—1308, dessen Stellung durch Papst Bonifaz VIII. wesentlich gestärkt wurde.
Nach einem Wandgemälde von Ed. v. Steinle.

Das Schloß Anagni, in dem Papst Bonifaz VIII. im Jahre 1303 gefangen genommen wurde.

dogmatischen Charakters entbehren, ergibt sich zur Genüge schon daraus, daß Klemens V. die Bulle zugunsten Philipps und Frankreichs abschwächte. Daß diese kirchenpolitischen Ausführungen über Staat und Kirche nur **zeitgeschichtlichen Charakter** tragen, wird auch dadurch recht deutlich, daß Leo XIII. in seinen Enzykliken wiederholt Gedanken über das Verhältnis von Staat und Kirche entwickelt hat, die weit abliegen von der Zweischwertertheorie, und die der Selbständigkeit des Staates auf seinem Gebiet viel mehr gerecht werden.

Die Bulle „Unam sanctam" gab **Philipp dem Schönen** den Anlaß zum schärfsten Vorgehen gegen den Papst. Standen bisher politische Prinzipien und nationale Forderungen im Vordergrund des Kampfes, so richteten sich nunmehr die Angriffe auf Betreiben von Philipps leitenden Staatsmännern, Wilhelm von Nogaret und Wilhelm von Plasian, die ihrerseits von den nach Frankreich geflüchteten Colonna-Kardinälen beeinflußt waren gegen die Person des Papstes, gegen seine Rechtmäßigkeit und seine sittliche Würde; Wilhelm von Nogaret erhob vor dem Staatsrat gegen Bonifaz die Anklage, er sei nicht rechtmäßiger Papst, sondern offenbarer Ketzer und Simonist und stecke in zahllosen ungeheuren Verbrechen; darum solle ein Konzil Bonifaz absetzen, und die Kardinäle sollten einen neuen Papst wählen. — Die Verschärfung des Kampfes mit Frankreich hatte zur Folge, daß der Papst sich mit dem deutschen **König Albrecht I. von Habsburg** (1298—1308) aussöhnte. Der Papst hatte ihm anfangs als einem Empörer gegen Adolf von Nassau, der ja im Kampf gegen Albrecht gefallen war, die Anerkennung verweigert. Nunmehr erkannte er Albrecht als deutschen König an und stellte ihm die Kaiserkrone in Aussicht. Dafür versprach Albrecht, in den nächsten fünf Jahren ohne päpstliche Genehmigung keinen Reichsvikar in Toskana und der Lombardei einzusetzen; und er leistete dem Papste einen förmlichen Untertanen- und Lehenseid, so daß das Reich zum Vasallenstaat der Kirche wurde.

Im Juni 1303 erhob Wilhelm von Plasian vor einer Versammlung der französischen Großen aufs neue die schwersten Anklagen gegen Bonifaz VIII.: er glaube nicht an die Unsterblichkeit der Seele, er halte Unzucht für keine Sünde, er habe einen Hausteufel, er sei der Mörder Cölestins V. — Das sind einige der Vorwürfe aus dem grauenhaften Sündenregister. In einem feierlichen Konsistorium zu Anagni reinigte sich der Papst durch einen Eid von diesen wider ihn erhobenen ungeheuerlichen Anschuldigungen. Am 8. September 1303 wollte er dann den Kirchenbann über Philipp verhängen und dessen Untertanen vom Treueid entbinden. Da kam es am Tage zuvor zur Katastrophe im Attentat von Anagni. Mit Hilfe Sciarra Colonnas und anderer Ghibellinen überrumpelte Wilhelm von Nogaret **Anagni** und nahm den Papst gefangen. Bei diesem schmählichen Überfall bewahrte Bonifaz VIII. eine überaus würdige Haltung; mit Entrüstung wies er das Ansinnen, abzudanken, zurück. Am dritten Tage der Gefangenschaft wurde er endlich von den Bewohnern seiner Vaterstadt aus der Hand der Feinde befreit. Er konnte feierlich in Rom einziehen. Aber die

Tat von Anagni hatte seine Kraft gebrochen; schon früher durch ein Steinleiden geplagt, siechte er dahin; am 11. Oktober 1303 erlöste ihn der Tod von seinen Leiden.

Man hat neuerdings viel die Frage erörtert, ob Bonifaz VIII. ein Ketzer war; auf Grund des Anklagematerials, das von seinen erbitterten Feinden skrupellos gegen ihn vorgebracht wurde, glaubte man den Vorwurf des Averroismus gegen ihn erheben zu können, der in Siger von Brabant († um 1282) seinen

Papst Bonifaz VIII.
Nach einer dem Arnolfo di Cambio zugeschriebenen Porträtbüste in den Grotten des Vatikan.

hervorragendsten Vertreter an der Pariser Universität gehabt hatte. Es darf als sicher gelten, daß die dem Papst vorgeworfenen Verstöße gegen den christlichen Glauben und das Sittengesetz auf Hofklatsch und Verleumdungen beruhen; nur scheint Bonifaz durch gelegentliche unbedachte Äußerungen, wie sie bei seinem jäh aufbrausenden vulkanischen Temperament nicht selten waren, Anlaß gegeben zu haben, daß dann derartige Anschuldigungen leichten Glauben fanden. So kann es bei dem Urteil bleiben: „Ein Mann, ein Greis, der so furchtlos dem Tode und der Ewigkeit entgegensieht, kann kein Heuchler, kein Verbrecher sein" (Finke). — Mit Bonifaz VIII. „sank die spezifisch mittelalterliche Machtstellung des Papsttums ins Grab. Sein Tod beschließt die Zeit der Vorherrschaft des Papsttums".

IM EXIL VON AVIGNON

Nach dem Tode des gewaltigen Bonifaz wurde unter dem Schutz des Königs von Neapel Kardinal Nikolaus Boccasini zum Papst gewählt (22. Oktober 1303). Der neue Papst, der im Dominikanerorden bis zur Würde des Generals aufgestiegen war, nannte sich **Benedikt XI.** (1303—1304). Er hatte seinem Vorgänger nahegestanden und auch in den Tagen von Anagni treulich bei ihm ausgeharrt. Die Aufgabe, die sich ihm darbot, war, die im vorhergehenden Pontifikat aufs äußerste gespannten Gegensätze zu mildern. Mit Milde und Versöhnlichkeit, aber doch ohne in unwürdige Schwäche und Nachgiebigkeit zu verfallen, ist der Papst an dieses Werk herangegangen. So wurde zwar Philipp der Schöne vom Bann gelöst und im allgemeinen Frankreich gegenüber der Zustand hergestellt, wie er vor dem Streit mit Bonifaz VIII. bestanden hatte; dagegen wurden die Hauptschuldigen an dem Attentat von Anagni, Sciarra Colonna und Wilhelm von Nogaret, als Hochverräter und Kirchenräuber mit dem Anathem belegt. Von den Maßnahmen gegen die Familie der Colonna wurden gleichfalls die schroffsten zurückgenommen. Bald aufkommende Gerüchte wollten wissen, daß der rasche Tod des Papstes (7. Juli 1304) durch eine Vergiftung seitens Nogarets oder anderer herbeigeführt wurde; doch ist die Haltlosigkeit solcher Gerüchte erweisbar.

Das Konklave zog sich länger als zehn Monate hin; zwei Parteien standen sich im Kardinalskollegium schroff gegenüber; die eine unter Führung des greisen Matteo Rosso Orsini wollte die Fortführung der Politik Bonifaz' VIII. und Rache für die ihm angetane Schmach, während die andere, von dem Neffen Matteos, Napoleon Orsini, geleitet, französisch gesinnt war. Durch unwürdige Ränke gelang es schließlich Napoleon Orsini, die Wahl des Erzbischofs von Bordeaux, Bertrand de Got, durchzusetzen. Obwohl dieser Sproß eines altgascognischen Adelsgeschlechtes seine Erhebung zur erzbischöflichen Würde Bonifaz VIII. verdankte, stand er doch auch in guten Beziehungen zum französischen König; in dem Kampf desselben mit dem Papst hatte er eine schwankende Haltung eingenommen, der er nun seine Wahl zu danken hatte. Die Wähler des neuen Papstes, der sich **Klemens V.** (1305—1314) nannte, waren nicht wenig erstaunt, als dieser, anstatt gemäß ihrer Bitte nach Italien zu kommen, sie zur Krönung nach Lyon einlud. Bei der Krönung des Papstes war auch der französische König anwesend; er begann alsbald einen verhängnisvollen Einfluß auf den Papst auszuüben. Es ist verständlich, daß Klemens V., von Natur ein schwacher, nachgiebiger Charakter und obendrein durch schmerzhafte Krankheit ständig gepeinigt, in drückende, unwürdige Abhängigkeit von dem skrupellosen, rücksichtslosen französischen König geriet. Durch diese seine haltlose Schwäche und Nachgiebigkeit aber ist Klemens V. der schlimme Ruhm zuteil geworden, eine unerfreuliche Periode in der Geschichte des Papsttums einzuleiten, die Zeit des „babylonischen Exils" (1305—76). Mochten immerhin die Parteiwirrnisse und die Unsicherheit in Italien eine Übersiedlung nach Italien nicht ganz ratsam erscheinen lassen, entscheidend für den Entschluß des Papstes, trotz mehrfacher Versprechungen nicht nach Italien zurückzukehren, war doch **der Wille Philipps des Schönen.** Der Papst hat daher in den ersten Jahren seine Residenz in verschiedenen Städten Südfrankreichs aufgeschlagen, bis er dann seit 1309 sich dauernd **in Avignon** niederließ, einem Reichslehen, das damals in der Hand des Königs von Neapel war. Dadurch, daß Klemens V. bei mehreren Kardinalspromotionen allzu willfährig dem französischen König gegenüber war und so das französische Element ein starkes Übergewicht im Heiligen Kollegium erhielt, wurde auch für die Folgezeit die Rückkehr der Päpste nach Rom sehr erschwert, an die Klemens V. immerhin noch dachte; hatte er doch z. B. den päpstlichen Schatz in Italien belassen.

Bald nach der Krönung hatte Philipp der Schöne vom Papst die Milderung der Bulle „Unam sanctam" für Frankreich verlangt, die dieser auch in der Dekretale „Meruit" gewährte, so daß **die völlige politische Selbständigkeit und Unabhängigkeit Frankreichs** anerkannt war. Die Bulle „Clericis laicos" wurde gänzlich aufgehoben und dem französischen König ein Kirchenzehnt auf fünf Jahre bewilligt; auch die beiden Colonna-Kardinäle wurden völlig restituiert. Die Zumutungen Philipps dem Papst gegenüber gingen aber noch weiter: er verlangte sehr bald auch die Einleitung eines Prozesses gegen das Andenken Bonifaz' VIII. Durch all die genannten Zugeständnisse suchte Klemens Zeit zu gewinnen, in der Hoffnung, der König werde von dieser so peinlichen und demütigenden Forderung ablassen. Doch da dieser rücksichtslos immer wieder von neuem drängte, mußte sich Klemens V. doch zur Einleitung des Prozesses verstehen; es fanden in den Jahren 1310 und 1311 mehrere Zeugenvernehmungen statt, in denen die tollsten und widersinnigsten Anklagen gegen den verstorbenen Papst vorgebracht wurden. Schließlich hat dann aber Philipp den Prozeß, der absichtlich hingeschleppt worden war, um die Entscheidung möglichst lange zu vermeiden, aus politischen Gründen fallen gelassen; nur verlangte er für sich und seine Ratgeber die Ehrenerklärung, daß nur ehrliche Absicht (bonus zelus) sie geleitet habe. Dazu hat sich auch Klemens V. verstanden, ja er erklärte den König frei von aller Schuld am Attentat von Anagni; und auf des Königs Fürbitte wurde sogar Wilhelm von Nogaret unter Auflegung einer Buße Verzeihung zuteil. Auf dem allgemeinen Konzil von Vienne ist dann die Verteidigung und Ehrenrettung des achten Bonifaz erfolgt. —

Papst Benedikt XI. (1303—1304) war eifrig bemüht, den Frieden mit der Kirche Frankreichs wieder herzustellen.

Neben der Diffamation des Anden-

 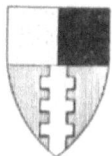  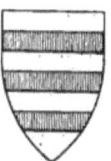

Benedikt XI.
Nikolaus Boccasini, Sohn eines Hirten aus Treviso.
1303—1304

Klemens V.
Raimond Bertrand de Goth, Franzose aus Billandreau (Gascogne). 1305—1314

kens Bonifaz' VIII. hatte Philipp der Schöne vom Papst auch ein **Vorgehen gegen den Templerorden** verlangt. Nach dem Verlust des Heiligen Landes hatten die Templer nicht, gleich den beiden andern großen Ritterorden, sich eine neue, der bisherigen entsprechende Tätigkeit zu schaffen gewußt. Von jeher war der Orden in Frankreich reich begütert gewesen. Der Besitz desselben bestand aber nicht nur in liegenden Gründen, sondern die Templer waren vor allem eine Geldmacht von internationaler Bedeutung geworden; die Ordensschatzmeister des Pariser Tempels, der einen Mittelpunkt internationalen Geldverkehrs bildete, waren auch die Verwalter des Staatsschatzes. Kein Wunder daher, daß unter diesen Umständen, zumal angesichts der durch die vielen Kriegszüge zerrütteten französischen Finanzen, die Begehrlichkeit Philipps des Schönen sich auf den reichen Besitz des Ordens richtete, der zudem mit seinen gewaltigen Mitteln, seiner straffen Organisation und der darauf beruhenden Machtstellung der Krone leicht gefährlich werden konnte. Den erwünschten Anlaß zum Vorgehen gab dem König die Denunziation (1305) eines Südfranzosen niederer Herkunft, Esquin de Floyran, daß bei der Aufnahme in den Templerorden die Verleugnung Christi und unsittliche Zeremonien verlangt würden. Raffinierte Schlauheit und brutale Rücksichtslosigkeit kennzeichnen das Vorgehen des Königs in der Templerangelegenheit. In langem Ringen hat er schließlich dem schwachmütigen Papst, den er überdies ständig durch die Drohung mit dem Prozeß gegen Bonifaz VIII. ängstigte, **die Aufhebung des Ordens** abgenötigt. Diese ist auf dem 15. allgemeinen Konzil zu Vienne (1311/12) erfolgt, aber nicht durch richterliches Urteil (per modum sententiæ definitivæ), sondern als Verwaltungsmaßregel kraft päpstlicher Machtvollkommenheit (via ordinacionis et provisionis sedis apostolicæ).

König Robert von Neapel (1309—1343)
Gemälde von Benozzo Gozzoli († 1498) in San Francesco zu Montefalco in Umbrien.

Die viel erörterte **Frage nach der Schuld des Templerordens** kann jetzt mit aller Bestimmtheit dahin beantwortet werden, daß der Orden in seiner Gesamtheit unschuldig war. Die schweren Anschuldigungen sind nicht erwiesen, die schwer belastenden Selbstbekenntnisse der Templer sind, weil durch die Folter oder die Angst vor derselben erpreßt, völlig wertlos. Die unparteiisch geführten Untersuchungen in all den Ländern, die unabhängig vom französischen Einfluß waren, haben keinerlei belastendes Material ergeben. Daß einzelne Templer sich vergangen haben, und daß der Orden durch seine herrische Art und durch unangebrachtes Pochen auf seine Vorrechte und seine Macht schon lange sich unbeliebt gemacht hat, ist zuzugeben, hat aber mit der Frage der Templerschuld als solcher nichts zu tun. — Durch eine päpstliche Bulle war bestimmt worden, daß die Templergüter dem Johanniterorden zufallen sollten; doch diese Bestimmung konnte nur teilweise und auch da erst nach harten Kämpfen durchgeführt werden.

Bei der drückenden Abhängigkeit Klemens V. von Frankreich bietet seine Stellung zum deutschen Königtum besonderes Interesse. Nach der Ermordung des Habsburgers Albrecht I. (1. Mai 1308) wählten die Kurfürsten nach langen Verhandlungen einmütig den Grafen Heinrich von Luxemburg zum deutschen König. Vergebens war das heiße Bemühen Philipps des Schönen gewesen, die Wahl seines Bruders Karl von Valois zu erreichen. Vom Papste hatte er die Förderung dieser Kandidatur verlangt; aber Klemens V. ist doch, der einfachen Pflicht der Selbsterhaltung folgend, nicht zu nachdrücklichem Eintreten für den französischen Bewerber zu bewegen gewesen; und sicher hat er die Wahl des Luxemburgers nicht ungern gesehen, für die auch der einflußreiche Kardinal Nikolaus von Prato sich bemüht hatte. Heinrich VII. suchte alsbald ein Einvernehmen mit dem Papste; er teilte ihm seine Wahl mit und bat um die Kaiserkrönung. Mit großen Hoffnungen trat Heinrich seinen Römerzug an, von den Ghibellinen und vor allem von Dante mit Jubel begrüßt, der in seiner, wohl doch in dieser Zeit schon entstandenen Schrift „De Monarchia" der Überzeugung Ausdruck gegeben hat, daß nur vom Kaisertum dem von Parteiwirren zerfleischten Italien Rettung kommen könne. Sehr bald aber regten sich auch Kräfte des Widerstandes unter Führung des Königs Robert von Neapel. Da dieser das leoninische Viertel Roms besetzt hielt, mußte die Kaiserkrönung entgegen dem Herkommen durch die vom Papste bestimmten Kardinäle im Lateran erfolgen (29. Juni 1312). Die anfänglichen Erfolge Heinrichs VII. verschärften rasch den

Papst Klemens V (1305—1314) verlegte die päpstliche Residenz und damit die Leitung der Kirche von Rom nach Avignon; so begann das siebzig Jahre lang dauernde Exil der Kirche, die sogenannte „babylonische Gefangenschaft der Nachfolger Petri".

   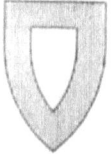

Johannes XXII.
Jakob Duèze, Franzose aus Ossa (Guyenne). 1316—1334

Benedikt XII.
Jacques Fournier, Sohn eines Bäckers aus Saverdun (Foix). 1334—1342

Gegensatz zu Robert von Neapel, gegen den sich der Kaiser mit Friedrich von Sizilien, dem offenen Feinde der Anjou und der Kurie, verband. Als Heinrich dann dem König Robert als seinem Lehensmann den Prozeß machen ließ und ihn in die Reichsacht erklärte, war der offene Kampf unvermeidlich geworden. Aber damit wurde auch der schon lange drohende Konflikt mit dem Papsttum unausbleiblich. Als Klemens V. auch dem Kaiser mit Hinweis auf den Lehenseid Waffenstillstand gebot und Heinrich diese Forderung zurückwies und Verwahrung einlegte, daß er einen Lehenseid geleistet habe, da trat der unversöhnliche Gegensatz der beiderseitigen Rechtsauffassung klar zutage. Doch vor Ausbruch des Krieges starb unversehens der ritterliche Luxemburger zu Buonconvento bei Siena an einem hitzigen Fieber.

Um für die Folge keinen Zweifel an den Rechtsansprüchen des Papsttums aufkommen zu lassen, erklärte nun Klemens V. in der Konstitution „Romani principes" (1314), daß der vom Kaiser geleistete Eid ein Treueid sei. Fußend auf der päpstlichen Rechtsauffassung hob er ferner das Urteil des Kaisers über Robert von Neapel auf und bestellte diesen zum Reichsvikar in Italien. Bald danach ist Klemens V. gestorben (20. April 1314). Das Urteil über seine Persönlichkeit wie sein Pontifikat kann nicht günstig lauten. Seine Schwäche und seine unwürdige Nachgiebigkeit müssen ihm zur Last gelegt werden, wenn er auch ein kranker Mann war. Sein durch nichts zu entschuldigender Hauptfehler aber war sein maßloser Nepotismus. Er hat seine Verwandten mit Würden und Pfründen überschüttet; ihnen hat er in seinem Testament den gewaltigen Schatz von einer Million Goldgulden zugewiesen, den er in wenigen Jahren durch eine ärgerliche Finanzwirtschaft zusammengebracht hatte und der für einen Kreuzzug hatte Verwendung finden sollen. Von der Inangriffnahme einer innerkirchlichen Reform, die nachgerade recht nötig geworden, war unter diesen Umständen keine Rede. Und so ist auch auf dem Vienner Konzil, dessen Berufung ausdrücklich auch mit der Notwendigkeit der Kirchenreform begründet worden war, für dieselbe wenig genug geleistet worden.

Länger als zwei Jahre zog sich das Konklave hin infolge der Gegensätze der italienischen und der französischen Kardinäle, unter denen die aus der Gascogne wieder eine Partei für sich bildeten.

Kaiser Ludwig der Bayer (1314—1347), dessen langjähriger Streit mit seinem Gegenkönig Friedrich dem Schönen in der Schlacht von Mühldorf zu seinen Gunsten entschieden wurde, geriet nun in erbitterten Konflikt mit den Päpsten, die ihn nicht anerkannten.

(Obiges Bild stellt einen Ausschnitt aus seinem Grabmal in der Frauenkirche in München dar.)

Erst am 7. August 1316 wurde der aus Cahors stammende Kardinal Jakob Duèze (de Osa), dessen Kandidatur Robert von Neapel gefördert hatte, zum Papst gewählt; er nannte sich **Johannes XXII.** (1316—1334). Der neue Papst war ein Greis von 72 Jahren, von unscheinbarem Äußern, einfach und persönlich anspruchslos, aber in seinem hinfälligen Körper wohnte ein energischer, zielbewußter Geist. Der Papst war von einer erstaunlichen Tatkraft und Arbeitslust, eine Herrschernatur, aufbrausend und rücksichtslos in seinen Äußerungen, die, auch die verwickeltsten Verhältnisse übersehend, unbeirrt ihren Willen durchzusetzen bestrebt war. So ist sein Pontifikat ausgefüllt mit schweren Kämpfen, aber Johannes XXII. hat sie doch trotz aller sich auftürmenden Schwierigkeiten in der Hauptsache erfolgreich durchgefochten, so daß er „bei seinem Tode das Papsttum, wenn nicht geachteter und geliebter, so doch mächtiger und gefestigter hinterlassen konnte, als er es übernommen hatte". (Haller.)

Bei Beginn seines Pontifikates sah sich Johannes XXII. dem **Streit zweier Gegenkönige in Deutschland** gegenüber: **Ludwig dem Bayern** stand **Friedrich von Österreich** gegenüber. Der Papst hat sich beiden gegenüber zunächst neutral gehalten, beide wurden von ihm als „zum römischen König erwählt" bezeichnet, beide zu friedlicher Verständigung gemahnt. Aber Johannes XXII. nützte die Zeit der Thronstreitigkeiten gut im päpstlichen Interesse aus. Da nach der Anschauung der Kurie für die Zeit der Erledigung des Kaisertums die Regierung Italiens an den Papst fiel, bestätigte Johannes XXII. sogleich die noch von Klemens V. vorgenommene Bestellung Roberts von Neapel zum Reichsvikar für Ober- und Mittelitalien. — Als nun durch den Sieg von Mühldorf (28. September 1322) die Entscheidung zugunsten Ludwigs gefallen war, hielt dieser den Streit für erledigt, während der Papst nach wie vor der Meinung war, daß der Streit nicht durch Waffengewalt, sondern nur durch päpstlichen Urteilsspruch zum Austrag gebracht werden könne. Da hat Ludwig, dessen Stellung jetzt in Deutschland gesichert war, selbständig in die italienischen Verhältnisse eingegriffen; er ernannte seinerseits den Grafen Berthold von Neiffen zum Generalvikar des italienischen Reichsgebietes (2. März 1323) und unterstützte die Ghibellinen Oberitaliens, besonders die Visconti in Mailand, gegen das Vorgehen eines päpstlichen Legaten.

Papst Benedikt XII. (1334—1342)
Das Pontifikat dieses Papstes ist besonders durch den mit großer Erbitterung geführten Kampf zwischen päpstlicher Jurisdiktion und dem deutschen *Kaiser Ludwig von Bayern* bemerkenswert.

Papst Klemens VI. (1342—1352) erwarb von Johannes von Neapel die Herrschaft Avignon; auch während seines Pontifikates vermochten sich die deutschen Fürsten weder unter sich noch mit dem Papsttum zu einigen.

Der offene Konflikt war dadurch unvermeidlich geworden. Trotz der Bedenken, die seitens mehrerer italienischer Kardinäle erhoben wurden, nahm nun Johannes XXII., dessen politische Haltung durchaus den französischen Interessen geneigt war, den **Kampf gegen Ludwig den Bayern** auf; und so begann ein neues großes Ringen zwischen Papsttum und Kaisertum, das an Erbitterung und Schärfe nicht zurückstand hinter den früheren großen kirchenpolitischen Kämpfen des Mittelalters. Am 8. Oktober 1323 eröffnete der Papst sein schroffes Vorgehen mit dem sogenannten ersten Prozeß: unter Androhung des Bannes wurde Ludwig, der sich den Königstitel und die Regierung des Königs- und Kaiserreiches angemaßt habe, aufgefordert, binnen drei Monaten die Reichsregierung niederzulegen. Aus dem Prozeß geht klar hervor, daß Anlaß und Hauptgegenstand des Kampfes zunächst die Herrschaft in Italien war, aber gleichzeitig ist die Frage im Spiele, ob der König in Deutschland und in Italien kraft der Wahl durch die Fürsten oder erst kraft päpstlicher Bestätigung oder Ernennung regieren dürfe. Ludwig bemühte sich zunächst, durch Verhandlungen einen Aufschub der Frist zu erreichen; bald aber entschloß er sich auch seinerseits zum Kampfe. In zwei zunächst nicht veröffentlichten Erklärungen legte Ludwig seine Rechtsauffassung vor Notar und Zeugen fest; er legte Berufung gegen des Papstes Vorgehen ein und betonte, daß der römische König seine Rechte einschließlich der Gewalt, das Imperium zu regieren, lediglich auf Grund der Wahl und Krönung besitze. Als die vom Papst gesetzten Fristen verstrichen waren, ohne daß seinen Forderungen genügt war, verhängte dieser am 23. März 1324 über Ludwig den Bayern den Bann. Die Verhängung des Bannes beantwortete Ludwig mit der Appellation von Sachsenhausen (22. Mai 1324), in welcher der Rechtsstandpunkt, wie er schon in den beiden nicht veröffentlichten Appellationen von Nürnberg und Frankfurt vertreten worden war, festgehalten wurde. Ja, Ludwig ging in dieser in leidenschaftlichem Ton gehaltenen Sachsenhausener Appellation noch weiter, indem er die Rechtmäßigkeit des Pontifikates Johannes XXII. durch die Behauptung bestritt, er sei ein Häretiker, und indem er an ein allgemeines Konzil appellierte. Ludwig hat später selbst die Verantwortung für dieses Übergreifen auf das kirchliche Gebiet und die dadurch eingeleitete radikale Politik abgelehnt: er habe sich auf die Wahrung seines und des Reiches Rechtes beschränken wollen. Es mag sein, daß Ludwig in der Tat einer unklugen Radikalpolitik abgeneigt war; es trifft ihn aber der Vorwurf, daß er das eigenmächtige Vorgehen seines Kanzlers Ulrich Wild nicht hinderte. Die päpstliche Antwort auf die Sachsenhausener Appellation war der Prozeß vom 11. Juli 1324, durch den Ludwig aller seiner Rechte an Reich und Kaisertum für verlustig erklärt und über seine Anhänger Bann und Interdikt verhängt wurde.

Ein friedlicher Ausgleich war nun ausgeschlossen. Der mit außerordentlicher Erbitterung geführte Kampf endete erst mit Ludwigs Tode. Die politische Stellung des Königs ist im Laufe des langen Kampfes nicht erschüttert worden, ebensowenig allerdings auch die kirchliche Stellung des Papstes. Und nicht genug damit, daß die Laienwelt in Deutschland Ludwig trotz der päpstlichen Prozesse treu blieb, er fand auch in seinem Kampfe sehr rührige, entschlossene Bundesgenossen. Vor allem trat ein Teil des Minoritenordens offen auf seine Seite. Diese auf den ersten Blick befremdliche Tatsache hängt mit den inneren Wirren im Franziskanerorden und mit dessen Differenzen mit dem Papste zusammen.

Noch zu Lebzeiten von Francesco d'Assisi hatten sich Schwierigkeiten gezeigt, das Streben, das Armutsideal in seiner ganzen ursprünglichen Strenge und Reinheit festzuhalten, in Einklang zu bringen mit den praktischen Erfordernissen, wie sie sich aus dem raschen Anwachsen des

Kaiser Karl IV aus dem Hause Luxemburg, dessen Wahl zum deutschen König (1343) vornehmlich dem Papste Klemens VI. zu danken war. Im Jahre 1356 erhob Karl IV. in einer „Goldenen Bulle" das alleinige Wahlrecht der Kurfürsten zum Reichsgesetz.

(Obiges Bild nach einer Miniatur aus der „Goldenen Bulle" stellt Kaiser Karl IV mit seinem Sohne, Koenig Wenzel von Boehmen, dar; links vom Kaiser, der in vollem Ornat thront, zwei Bischoefe.)

Ordens und seiner vielseitigen tiefeingreifenden Tätigkeit, namentlich auf seelsorglichem Gebiet, mit Notwendigkeit ergaben. Durch diesen unvermeidlichen Widerspruch zwischen dem Ideal und dem Erfordernis der Wirklichkeit war der Zwiespalt in den Orden hineingekommen. Es war nicht geglückt, ihn durch wiederholte päpstliche Erklärungen der Ordensregel zu überbrücken, in denen das Eigentumsrecht an allen dem Orden geschenkten beweglichen und unbeweglichen Gütern dem apostolischen Stuhl übertragen wurde, und das Gebrauchsrecht an den zum Leben und zur Erfüllung der Berufspflichten nötigen Dingen erlaubt und näher umschrieben wurde. Da die strengere Richtung, die als Spiritualen bezeichnet werden, den Entscheidungen, wie sie zuletzt von Klemens V. im Jahre 1312 ergangen waren, sich nicht fügte, sondern in der offenen Auflehnung gegen die Ordensleitung und Mehrheit des Ordens fortfuhr, ist Johannes XXII. auf Bitten des Ordensgenerals Michael von Cesena energisch gegen dieselben eingeschritten; sie mußten sich unterwerfen, die Hartnäckigen wurden der Inquisition übergeben (1318). —

Kaum waren diese Wirren beseitigt, da kam es zu einem neuen heftigen Konflikt des Papstes mit der Kommunität des Franziskanerordens in dem nicht ganz zu Recht sogenannten theoretischen Armutsstreit. Es handelte sich bei demselben um die Behauptung, daß Christus und die Apostel weder persönlich noch gemeinsam Eigentum besessen hätten. Während der Papst diesen von einem Inquisitor bestrittenen Satz einer gründlichen theologischen Untersuchung unterziehen

Klemens VI.
Pierre Roger de Beaufort, Franzose, 1342—1352

Innocenz VI.
Stephan Aubert, Franzose aus Mons (Limousin), 1352—1362

ließ, wurde durch das Generalkapitel zu Perugia (1332) erklärt, dieser Satz sei gesunde katholische Lehre. Darauf antwortete der Papst mit einer Konstitution, in welcher, ohne natürlich die Armut Christi zu leugnen, jene Behauptung als häretisch verurteilt wurde (1323). Diese Entscheidung rief im Franziskanerorden gewaltige Aufregung hervor. Schließlich hat sich aber doch die Mehrheit des Ordens unterworfen. Eine nicht unerhebliche Minderheit aber, zu der gerade auch führende Ordenskreise gehörten, blieb in Opposition zum Papst und behauptete nun hartnäckig, der Papst sei ein Häretiker. Diese minoritischen Kreise waren es, die sich nun Ludwig dem Bayern als Bundesgenossen näherten. Ihrem Einfluß ist es auch zuzuschreiben, daß durch Ludwigs Ratgeber in die Sachsenhausener Appellation jener Passus eingeschaltet wurde, in welchem mit der Begründung, der Papst sei wegen seiner Entscheidung über die Armut Christi ein Häretiker, die Rechtmäßigkeit seines Pontifikates angefochten wurde.

Diese mit Johannes XXII. zerfallenen Minoriten waren nicht die einzigen Bundesgenossen Ludwigs; es unterstützten ihn auch Männer wie die Pariser Magister Marsilius von Padua, Johannes von Jandun und der Franziskaner Wilhelm von Ockham, der Begründer des spätmittelalterlichen Nominalismus, die in ihren Streitschriften mit schneidender Kritik die Grundlagen der geistlichen und weltlichen Gewalt und deren Verhältnis untersuchten. Das hervorragendste Werk aus dieser Streitschriftenliteratur ist der „Defensor pacis", die gemeinsame Arbeit der beiden genannten Magister, in dem so moderne **Lehren wie die von der Volkssouveränität** entwickelt werden, und in schroffstem Gegensatz zu den noch herrschenden mittelalterlichen Anschauungen mit unerhörter Kühnheit die völlige Unterordnung der Kirche unter die Staatsgewalt gelehrt und der päpstliche Jurisdiktionsprimat sowie die göttliche Einsetzung des Primates geleugnet wurde.

Da an eine Verständigung mit dem Papste nicht mehr zu denken war und die deutschen Gegner Ludwigs, die Luxemburger und Friedrichs des Schönen tatkräftiger Bruder Leopold, gefahrdrohende Verbindungen mit Frankreich anknüpften, bemühte sich Ludwig um eine Verständigung mit seinem Gegenkönig: sie erfolgte im Trausnitzer Vertrag (1325), und noch günstiger gestaltete sich für ihn die politische Lage in Deutschland, als im nächsten Jahre Herzog Leopold starb. Nun, da für ihn in Deutschland keine Gefahr mehr drohte, konnte **Ludwig** daran denken, der Aufforderung der Ghibellinen folgend, seinen **Romzug** anzutreten. Gleich Heinrich VII. war auch ihm das Glück anfangs günstig. Von allen Seiten strömten ihm die Ghibellinen zu; Ende Mai 1327 ließ er sich zu Mailand mit der Lombardenkrone krönen, und in Rom wurde er von der wieder zur Herrschaft gekommenen Ghibellinenpartei jubelnd empfangen. Am 17. Januar 1328 erfolgte die Kaiserkrönung: zwei gebannte Bischöfe vollzogen die Salbung, und Sciarra Colonna, der alte Papstfeind, setzte als Stadtpräfekt dem

Gesalbten im Namen des römischen Volkes die Kaiserkrone aufs Haupt. Marsilius von Padua, dessen Lehranschauungen die allen Traditionen und geltenden Rechtsanschauungen widersprechende Art und Weise der Kaiserkrönung entsprach, wurde nun vom Kaiser zum Vikar der Stadt bestellt.

Krönung Ludwigs des Bayern in der Peterskirche zu Rom durch den Bischof von Arezzo. Diese Krönung wurde vom Papste als nicht zu Recht bestehend verworfen.
Relief vom Marmorgrab des Bischofs im Dom zu Arezzo.

Dann hielt der Kaiser Gericht über den Papst: er ließ in einer Versammlung des römischen Volkes auf dem Platz vor der Peterskirche die Absetzung des „Priesters Jakob von Cahors, der sich Papst Johannes XXII. nennen läßt", verkünden. Am 12. Mai 1328 wurde nochmals das römische Volk zusammenberufen, es sollte einen neuen Papst wählen. Dieser letzte kaiserliche Gegenpapst, der Minorit Peter von Corbara, nannte sich Nikolaus V.

Mit der Erhebung des Gegenpapstes war der Kaiser bis zum äußersten gegangen; aber all diese Schritte blieben bedeutungslos, weil ihm die Macht fehlte, das, was er begonnen, nun auch wirklich durchzuführen. „Gehoben durch einen leichten Sieg, geblendet durch die Gedanken eines Theoretikers und vorwärts gedrängt durch den Haß der Gegner Johannes', unternahm Ludwig, indem er der Welt einen neuen Papst gab, eine Sache, die mißlingen mußte." (Hauck.) — Das radikale Vorgehen hatte dem Kaiser die Sympathien weiter Kreise geraubt, und der Papst seinerseits hatte nicht gezögert, weitere Schritte gegen ihn zu unternehmen. Auf die Kunde von Ludwigs Romzug hatte er ihn aller seiner kirchlichen und Reichslehen, vor allem auch des angestammten Herzogtums Bayern für verlustig erklärt (3. April 1327). Im Oktober des gleichen Jahres erfolgte gleichzeitig mit der Zensurierung des „Defensor pacis" seine Verdammung als Häretiker. Im Frühjahr 1328 begann dann die Kreuzpredigt wider den „Bayer" (ille Bavarus), wie er von der Kurie nun genannt wurde, und seine Krönung wurde für nichtig erklärt. Freilich konnte Johann XXII. durch all diese Sentenzen des Kaisers Machtstellung in Deutschland nicht ernstlich erschüttern; auch seine Aufforderung an die Kurfürsten, zu einer Neuwahl zu schreiten, blieb infolge der Uneinigkeit der Wähler ohne Ergebnis. Andererseits aber vermochte der kaiserliche Gegenpapst keinerlei Bedeutung zu gewinnen; von allen verlassen, unterwarf er sich im Jahre 1330 Johannes XXII., der ihn in milder Haft bis zu seinem Tode (13. Oktober 1333) verwahrte.

Da die Zahl der Anhänger des Kaisers in Italien immer mehr zusammenschmolz — in Rom war schon bald nach der Krönung ein Umschwung zu seinen Ungunsten eingetreten —, kehrte dieser schließlich zu Anfang 1330 nach Deutschland zurück. Hier war kurz zuvor sein Gegner Friedrich der Schöne gestorben. Dies gab, zumal Papst wie Kaiser einsehen mußten, daß ihnen ein entscheidender Erfolg, die Niederringung des Gegners, nicht möglich sei, Anstoß zu **Vermittlungsversuchen und Friedensverhandlungen**; mehrere deutsche Fürsten, unter ihnen Johann von Böhmen, nahmen dieselben in die Hand. Sie scheiterten daran, daß Ludwig nicht bereit war, seine politische Stellung, die Königs- und Kaiserkrone, preiszugeben; an dieser Forderung aber, daß Ludwig zunächst auf die Krone verzichten müsse, hielt der Papst unabänderlich fest. Auch in den folgenden Jahren führten neue Verhandlungen nicht zum Ziel, obwohl Ludwig, dessen äußerer Beeinflussung leicht zugänglichem Charakter ja zielbewußte Klarheit und Entschiedenheit fehlten, wenigstens zeitweise zu weiterem Entgegenkommen bereit war. In dieser Zeit haben auch die mit dem Kaiser verbündeten Minoriten, besonders Wilhelm von Ockham, die erbitterte literarische Bekämpfung des Papstes fortgesetzt. Einen neuen Angriffspunkt hatte Johannes XXII. selbst seinen Gegnern geliefert, als er in mehreren Predigten in der damals viel erörterten Frage, ob die Gerechten bald nach dem Tode oder erst nach dem Weltgericht zur Anschauung Gottes (visio beatifica) gelangen, in letztgenanntem Sinne Stellung nahm. Kurz vor seinem Tode hat der Papst diese Meinung, die er als Privatmann, ohne eine dogmatische Entscheidung geben zu wollen, geäußert zu haben beteuerte, vor den Kardinälen zurückgenommen.

Am 3. Dezember 1334 ist Johannes XXII. gestorben. Trotz seines hohen Alters hatte der Papst, wie seine Registerbände ausweisen, eine erstaunliche, die ganze Kirche überschauende Tätigkeit entfaltet. Kurz erwähnt sei noch, daß der Papst namentlich auch der **Ausbreitung des christlichen Glaubens** reges Interesse entgegenbrachte und die Mendikanten bei ihrer Missionsarbeit im näheren und ferneren Orient eifrig unterstützte. Weniger rühmlich ist es, daß er sich von Nepotismus nicht freihielt. Und die Art und Weise, wie er die Einnahmen des apostolischen Stuhles zu organisieren und steigern wußte, brachte den wohlverstandenen kirchlichen Interessen schwere Schäden. Daß der Papst einen Schatz von fünf oder gar 25 Millionen Goldgulden aufgehäuft habe, ist eine Fabel; immerhin konnte der sparsame und persönlich anspruchslose Papst die stattliche Summe von etwa ³/₄ Millionen Goldgulden hinterlassen.

Wie so oft in der Geschichte des Papsttums, war der neue Papst in jeder Hinsicht, nicht nur in seinem Charakter, sondern auch im Äußeren, das gerade Gegenteil seines Vorgängers; dieser — es war der aus dem Zisterzienserorden hervorgegangene Kardinal Jacques Fournier — nannte sich **Benedikt XII.** (1334—1342). Die reformatorische Tätigkeit, die er schon als Bischof geübt, setzte der sittenstrenge, durch gründliche theologische Bildung ausgezeichnete Papst fort: sie erstreckte sich auf die Mißstände im Stellenbesetzungswesen, auf die Kurialbehörden, auf die Organisation der Pönitentiarie und auf die Orden, besonders den Benediktinerorden, dem er erstmals eine Gliederung in 36 Provinzen gab, und für den er die Abhaltung regelmäßiger Kapitel einführte. Auch vom Nepotismus hielt sich Benedikt sorgsam fern; der Papst — so soll er geäußert haben — müsse Melchisedech gleichen, der ohne Vater und Mutter und ohne Genealogie war. — Es ist nicht unwahrscheinlich, daß schon Johannes' XXII. ganze Politik dem einen großen Ziel der Rückkehr nach Rom zustrebte. Sicher ist es, daß sein Nachfolger diese ernstlich ins Auge faßte. Da aber die Wirren in Italien und das Schwergewicht des französischen Einflusses den Weg nach

Gesamtansicht der Stadt Avignon *(Jertian, Ausschnitt)*
An der Rhone, wo eine Insel den Fluß in zwei Teile teilt, trägt ein etwa 100 m hoher, steil zum Flusse abfallender Felskopf den Palast der Päpste.

Italien versperrten, hat Benedikt XII. mit dem Bau des großartigen Papstpalastes in Avignon begonnen und dadurch bewirkt, daß das Papsttum um so fester mit Avignon verbunden wurde.

Was das Verhältnis zu Ludwig von Bayern betrifft, so war Benedikt XII. durchaus zum Frieden geneigt. Daß schließlich die eingeleiteten Verhandlungen doch nicht zur Einigung führten, war hauptsächlich durch die verhängnisvolle Abhängigkeit des Papsttums von Frankreich verschuldet, dessen politischen Interessen diese Versöhnung zuwidergelaufen wäre, und das diese daher rücksichtslos hintertrieb. Das Scheitern der Friedensbemühungen hat in Deutschland, besonders in den Kreisen der Fürsten, starke Mißstimmung hervorgerufen. Sie führte dazu, daß die Kurfürsten zu Rense am 16. Juli 1338 es ausdrücklich für Recht und alte Gewohnheit des Reiches erklärten, daß der von den Kurfürsten oder von der Mehrzahl derselben zum römischen König Erwählte einer Bestätigung durch den apostolischen Stuhl nicht bedürfe. Diesen Beschluß wiederholte Ludwig selbst in dem Reichsgesetz „Licet iuris", das er auf dem Frankfurter Reichstag des gleichen Jahres erließ; in demselben wurde ausdrücklich erklärt, daß die kaiserliche Gewalt unmittelbar von Gott allein sei, und daß der von den Kurfürsten Erwählte auf Grund der Wahl allein als wahrer Kaiser und König der Römer anzusehen sei, der keiner Konfirmation oder Approbation bedürfe. Dem Papst verblieb also nur das Recht der Kaiserkrönung. Durch Vermittlung der Kurfürsten sind dann nochmals Verhandlungen mit dem Papst angeknüpft worden; sie blieben wiederum ergebnislos, obwohl diesmal der französische König selbst, mit dem sich Ludwig gegen England verbündet hatte (1340), sich um den Ausgleich bemühte. Nunmehr war es der Kaiser selbst, der durch sein ungezügeltes Streben nach Vergrößerung seiner Hausmacht sein Ansehen und seine Machtstellung untergrub und durch **seine freventlichen Eingriffe in das kirchliche Eherecht** — die eigenmächtige Trennung der Ehe der Herzogin Margarete Maultasch von Tirol und deren Wiedervermählung mit seinem Sohne Ludwig — sich den Weg zum Frieden mit der Kirche versperrte.

Nachfolger Benedikts XII. wurde Pierre Roger, wiederum ein Südfranzose, der den Namen **Klemens VI.** (1342—1352) annahm. Gleich seinem Vorgänger ein tüchtiger Theologe und Kanzelredner, war er diesem, der stets etwas von dem schlichten Ordensmann behalten hatte, sonst wenig ähnlich. Ein vornehmer, gewandter, wohl auch ein wenig leichtfertiger Prälat mit all den Lebensgewohnheiten eines solchen, liebte er eine prächtige Hofhaltung; und allzu groß war seine Freigebigkeit in Verteilung von Pfründen und Gnaden und seine Liebe zu seinen Verwandten. Durch die Ernennung zahlreicher Franzosen zu Kardinälen und dadurch, **daß er Avignon von Johanna von Neapel käuflich erwarb** (1348), hat er die Bande, die das Papsttum an Frankreich fesselten, nur noch enger geknüpft. — **Ludwig dem Bayern** gegenüber lenkte Klemens VI. in die Bahnen der schroffen Politik Johannes' XXII. zurück. Verhandlungen, die trotzdem eingeleitet wurden, und in deren Verlauf Ludwig zeitweise zu großen Zugeständnissen bereit schien, scheiterten wiederum. Noch einmal hatten sich den ungemessenen Ansprüchen und Bedingungen der Kurie gegenüber die Kurfürsten auf dem Frankfurter Reichstage (1344) auf Ludwigs Seite gestellt. Aber ihr Bemühen galt der **Verteidigung des Reichsrechtes**, nicht der Person des Kaisers. Gegen diesen hatte sich in dem letzten Jahre die gerechtfertigte Mißstimmung gesteigert. So gingen die Kurfürsten auf die Mahnung des Papstes ein, der sie angesichts der Erledigung des Reiches zur Neuwahl aufforderte. Am 11. Juli 1346 wurde **Karl von Mähren aus dem Hause Luxemburg** zum deutschen König erwählt. Dem Papst, den mit dem neuen König von früher freundschaftliche Beziehungen verbanden, hat Karl IV. vorher weitgehende Zusicherungen gemacht; doch hat er sich dann an dieselben nur gehalten, soweit sie dem Rechtszustand in Deutschland, wie er in den Beschlüssen von 1338 zum Ausdruck gekommen war, nicht widersprachen. Zum drohenden Bürgerkriege in Deutschland ist es nicht gekommen, weil Ludwig der Bayer am 11. Oktober 1347 unerwartet starb, und der von der wittelsbachischen Partei erhobene neue Gegenkönig Günther von Schwarzburg bald wieder auf seine Würde verzichtete. — Im Jahre 1348 hielt **eine furchtbare Pest**, „das große Sterben", einen Verheerungszug durch Europa; der Papst suchte der auch in Avignon wütenden Seuche nach Kräften entgegenzuwirken und den Kranken in ihrer körperlichen und geistigen Not zu Hilfe zu kommen; und rühmlich ist es, daß er gegen den wilden Fanatismus der erregten Massen, der sich in Geißlerfahrten und Judenverfolgungen entlud, mit Strenge einschritt. In Abänderung der Bestimmung Bonifaz' VIII. ließ Klemens VI. schon 1350 ein allgemeines Jubiläum abhalten.

Das nun folgende Konklave ist deshalb bemerkenswert, weil in demselben erstmals eine Wahlkapitulation aufgestellt wurde. Mehrere Kardinäle, so auch der aus dem Limousin stammende Kardinalbischof Etienne Aubert, hatten sie nur mit einer Klausel unterschrieben; und als dann Aubert als **Innocenz VI.** (1352—1362) den päpstlichen Stuhl bestiegen hatte, hat er sie, weil sie die Vollgewalt des Papstes schmälerte, für nichtig erklärt. Mehr Benedikt XII. als

Der Papstpalast zu Avignon

Die Päpste hatten schon 1229 einen großen Teil, 1273 dann das vollständige Gebiet der Grafschaft Venaissin und die Stadt Avignon erworben; von 1309—1376 war Avignon die Residenz der Päpste. Die Anlage des Palastes in streng gotischer Form, äußerst wehrhaft mit hohen Mauern und vielen Türmen, geht auf die Bautätigkeit der Päpste Benedikt XII. und Klemens VI. zurück. Heute sind die weitläufigen, das Landschaftsbild beherrschenden Gebäude der ehemaligen päpstlichen Residenz in ruinenhaftem Zustande; sie werden teils als Kaserne, teils als Archiv benutzt.

Wappen des Grafen Robert von Genf, Domherr zu Paris, Bischof von Cambrai, aus der Familie der Grafen von Savoyen, der 1378 von der avignonesischen Partei als Klemens VII. zum „Papst" gewählt worden war. Er starb 1394 z. Avignon.

Wappen des Peter Rainallucio, der 1328 von Kaiser Ludwig dem Bayer als Nikolaus V. zum Papst „ernannt" wurde, sich aber 1330 in Avignon dem rechtmäßigen Papste Johannes XXII. unterwarf.

seinem Vorgänger ähnlich, hat Innocenz VI., ernst und allem Prunk abgeneigt und von den besten Absichten erfüllt, sich ernstlich um die Reform, namentlich der Mißstände an der Kurie, bemüht; so ist er namentlich gegen die Pfründenhäufungen und die Nichtbeachtung der Residenzpflicht eingeschritten. Das bedeutsamste Ereignis in seinem Pontifikat bildet **die Wiederherstellung der päpstlichen Herrschaft im Kirchenstaat.** In dem von den Päpsten verlassenen Rom hatte wie auf der ganzen Halbinsel mehr und mehr allgemeine Unordnung und Unsicherheit, Zerrüttung und Anarchie Platz gegriffen. Wiederholte dringende Bitten des Volkes, das unter den Fehden und Plünderungen der Adelsgeschlechter schwer litt, daß die Päpste in ihre Stadt zurückkehren möchten, waren vergeblich gewesen. So war schon 1343 eine römische Gesandtschaft vor Klemens VI. erschienen; ihr Führer war der schwärmerische, von der Herrlichkeit der Ewigen Roma begeisterte Cola di Rienzo, dem die offen bekundete Feindschaft gegen die Adelsparteien des Volkes Gunst verschafft hatte. Vom Papst, der an ihm Gefallen gefunden hatte, zum Notar ernannt, begann er nun in Rom den Umsturz vorzubereiten; der Plan gelang (Mai 1347); vom Volk im Jubel aufs Kapitol geführt, übernahm Cola mit dem Titel eines Tribuns die Gewalt. Die Anfänge seiner Herrschaft schienen den Anbruch einer neuen, glücklicheren Zeit zu verheißen. Aber seine phantastische krankhafte Selbstüberschätzung im Verein mit dem Wankelmut des Volkes führten schon nach kurzen Monaten seinen Sturz herbei; Cola mußte flüchten. Wie ein Meteor war die Umwälzung vorübergegangen; sie verdiente kaum Erwähnung, wenn Cola, dieser „Heldenspieler im zerlumpten Purpur des Altertums", nicht doch der Träger bedeutsamer Zeitideen gewesen wäre, wenn er nicht dadurch, daß er den Glanz des alten kaiserlichen Rom wieder heraufzuführen schien, an die tiefste Sehnsucht seiner Zeitgenossen gerührt hätte, deren Hoffen in einer Zeit der Not und Erniedrigung auf eine glücklichere Zukunft, auf künftige Erhebung und Erneuerung Italiens, auf seine nationale Wiedergeburt ging. Nach dem Sturz Rienzos war Rom von neuen Unruhen erschüttert worden. Um nun die Ordnung in Rom und dem Kirchenstaat wiederherzustellen, sandte Innocenz VI. den durch Energie, militärische Fähigkeiten und staatsmännische Begabung ausgezeichneten spanischen Kardinal Ägidius Albornoz im Jahre 1353 als Legaten nach Italien. Durch glückliche Waffentaten und geschickte Verhandlungen verstand es der Kardinallegat in kurzer Zeit, den Kirchenstaat unter das Szepter des Papstes zurückzuführen. Rienzo, der bis dahin am Papsthofe in Haft gehalten worden war und nun im päpstlichen Dienst Albornoz nach Italien begleitet hatte, wurde zum Senator der Ewigen Stadt ernannt. Aber da er nun ein tyrannisches Regiment zu führen begann, stürzte ein Volksaufstand schon nach wenigen Monaten den einstigen Liebling des Volkes; er wurde erschlagen (1353). Die Erfolge seiner ersten Legation (1353—1357), von der Albornoz infolge Intrigen abberufen wurde, hat der Kardinal auf einer zweiten Legation (1358—1367) gesichert und vervollständigt, so daß man ihn nicht mit Unrecht als den „zweiten Begründer des Kirchenstaates" gerühmt hat. Wenn nun auch das, was seine hervorragende

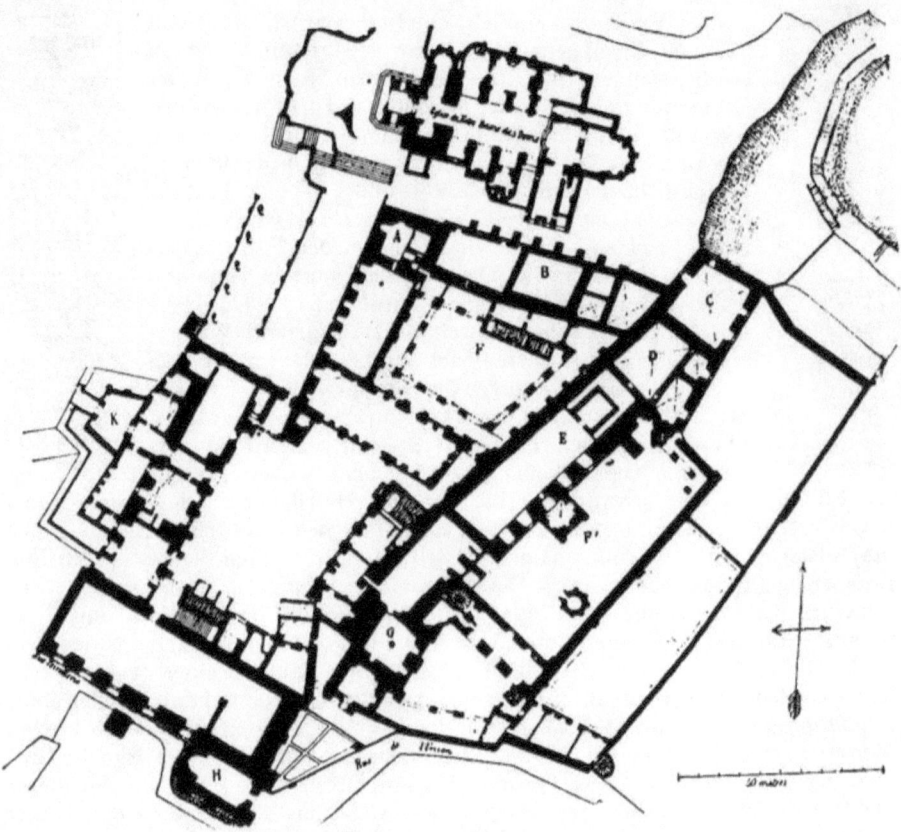

Grundriß des Papstpalastes in Avignon
A—G sind die von Benedikt XII., H—K die von Klemens VI. errichteten Bauten.

Tätigkeit erreicht, in den folgenden Jahrzehnten durch die Schuld anderer zum größten Teil wieder zunichte wurde, so blieb doch das von ihm erlassene Gesetzbuch, die „Constitutiones Ägidianæ", in Kraft. Diese **Gesetze, welche die Verwaltung und Rechtspflege im Kirchenstaate ordneten** — man hat sie als die „vollkommenste Frucht der bürgerlichen Gesetzgebung der Kirche" gerühmt — sind, im wesentlichen bis in die napoleonische Zeit in Geltung geblieben.

Die guten Beziehungen, in denen Klemens VI. und Karl IV gestanden hatten, blieben auch unter Innocenz VI. erhalten. Im Einvernehmen mit diesem Papst unternahm Karl IV. seinen Romzug: am   April 1355 empfing er die Kaiserkrone. Im Jahre nach der Kaiserkrönung hat **Karl IV. in der goldenen Bulle** das Recht der deutschen Königswahl geordnet, indem das alleinige Wahlrecht der Kurfürsten wie überhaupt die Rechtsbestimmungen von 1338 zum Reichsgesetz erhoben wurden. Des Papstes ist in der goldenen Bulle mit keinem Wort gedacht; es ist kaum ein Zweifel, daß dieses Schweigen als Abweisung aller päpstlichen Ansprüche auf Bestätigung der deutschen Königswahl zu deuten ist. Indem aber lediglich in dieser Form des Schweigens diese Ansprüche übergangen wurden und die offene Bestreitung derselben unterblieb, ist damals ein offener Konflikt

Die hl. Birgitta von Schweden (1303—1373) ist eine der geistesgewaltigsten Frauen des Mittelalters gewesen. Ihre nachdrücklichen Vorstellungen waren vorwiegend mitbestimmend für den Entschluß des Papstes Urban V., aus dem Exil in Avignon nach Rom zurückzukehren.

obiges Bild nach einem vorm. Originalgemälde. Die beiden Schriftzeilen sind der Handschrift der Heiligen nachgebildet und lauten in der Übersetzung: „Zuerst will ich dir sagen, wie dir wird geistliches Verstandnis gegeben."

glücklich vermieden worden, der schließlich nur den deutschen Interessen geschadet hätte; denn dann wäre ein um so engerer Anschluß des Papstes an Frankreich die unausbleibliche Folge gewesen. — Was die Westmächte betrifft, so gelang es dem Papst, den Frieden von Brétigny (1360) zu vermitteln, der wenigstens für ein Jahrzehnt den **Kämpfen zwischen Frankreich und England** ein Ende machte. Pläne zu einem Kreuzzug und zur Wiedervereinigung der griechischen Kirche haben den Papst angelegentlich beschäftigt.

Mit Recht wird der nun folgende Papst als der beste der avignonesischen Päpste gerühmt: es war der Benediktinerabt Wilhelm Grimoard von St. Germain d'Auxerre, später von St. Viktor in Marseille, der sich **Urban V.** (1362—70) nannte. Mit den Pflichten seines hohen Amtes nahm er es sehr ernst; gegen mancherlei Mißstände im kirchlichen Leben, besonders an der Kurie, schritt er kräftig ein; sein vorbildlicher Lebenswandel sicherte ihm schon zu Lebzeiten hohe Verehrung des Volkes. —

Mehr noch als seine Vorgänger beschäftigten den Papst **Kreuzzugspläne**; es kam auch unter Führung des Königs Peter von Lusignan von Cypern und des Legaten Peter Thomas zu einer Heerfahrt, auf der Alexandrien (1365) erobert wurde; doch mußte das Erreichte wieder aufgegeben werden, da trotz aller Bemühungen des Papstes keine Hilfe nachgesandt werden konnte. — Das wichtigste Ereignis seines Pontifikates ist es, daß Urban V. auf vielfältiges Drängen, so seitens **Petrarcas**, der hl. **Birgitta** und besonders **Karls VI.**, der persönlich in Avignon erschien, sich trotz der Gegenvorstellungen des französischen Hofes zur **Rückkehr nach Rom** entschloß. Am 16. Oktober 1367 hielt er seinen feierlichen Einzug in die Ewige Stadt, im folgenden Jahre krönte er Karls IV. Gemahlin zur Kaiserin. — Kurz vor der Rückkehr nach Rom hatte der Papst durch den Tod des Kardinals Albornoz, dessen Erfolge erst diese Rückkehr ermöglicht hatten, einen unersetzlichen Verlust erlitten. Nun gestalteten sich die Verhältnisse im Kirchenstaat infolge von wilden Parteiungen, von Empörungen und Raubzügen wilder Söldnerbanden bald wieder sehr unerfreulich, ganz gegen die Hoffnungen des Papstes. So entschloß sich Urban, dem es an der nötigen Energie zur Ordnung der verworrenen Verhältnisse fehlte, gedrängt von den französischen Kardinälen, zur Rückkehr nach Avignon. Hier ist er aber, wie es ihm die hl. Birgitta angedroht hatte, bald nach seiner Ankunft gestorben.

Sein Nachfolger wurde **Gregor XI.** (1370—1378), ein Neffe Klemens' VI. Die Unzufriedenheit der Bevölkerung des Kirchenstaates mit den päpstlichen Beamten französischer Nationalität führte unter der Leitung der Republik Florenz zu

Papst Urban V. (1362—1370)
betrieb mit viel Umsicht, aber ohne durchgreifendes Ergebnis, einen neuen Kreuzzug. Trotz des Drängens der französischen Politik entschloß sich Urban V., den Sitz des päpstlichen Stuhles von Avignon wieder nach Rom zurückzuverlegen.

aufrührerischen Bewegungen, so daß der Papst mit den schwersten Kirchenstrafen einschreiten und schließlich zur Anwendung von Waffengewalt sich entschließen mußte, indem er bretonische Söldner anwarb. Die Bemühungen der hl. Katharina von Siena, den Frieden zu vermitteln, sind schließlich durch die Schuld der Florentiner gescheitert. Dagegen haben die freimütigen Mahnungen dieser außerordentlichen Frau an den Papst, nach Rom zurückzukehren, schließlich Erfolg gehabt. Der Einzug des Papstes in Rom erfolgte im Januar 1377. Aber die Unruhen in Italien und besonders die unerquicklichen Zustände in Rom dauerten fort, so daß der Papst schon an die Rückkehr nach Avignon dachte. Da ist er Ende März 1378 gestorben; er war der letzte französische Papst.

Die **avignonesische Epoche in der Geschichte des Papsttums** und der Kirche hat fast durchweg eine sehr ungünstige Beurteilung gefunden, und sicher lagern über dieser Zeit schwere Schatten. Die Anklagen gelten neben der unwürdigen Abhängigkeit der Päpste von Frankreich und dem Nepotismus mehrerer von ihnen in erster Linie dem, was man das avignonesische Finanzsystem der Kurie zu nennen pflegt. Die Bezeichnung ist nicht ganz zutreffend, denn die Ausbildung des päpstlichen Finanzwesens hatte schon früher, seit Beginn des 13. Jahrhunderts, eingesetzt; allerdings ist der systematische Ausbau desselben durch Erschließung neuer Einnahmequellen vornehmlich in der avignonesischen Epoche erfolgt. Denn während einmal in dieser Zeit die Einkünfte, vor allem die aus dem Kirchenstaat, sich verminderten, waren andererseits die Ausgaben der Kurie durch die von ihr damals betriebene Weltpolitik, die Kämpfe in Italien, die Kreuzzugspläne, die Anforderungen für die Ausbreitung des Glaubens (Orientmission), die nepotistischen Neigungen, die gewaltigen Bauten und die kostspielige luxuriöse Hofhaltung gewaltig gestiegen; es kam noch hinzu, daß schon seit 1289 die Kurie die Hälfte der wichtigsten Einnahmen dem Kardinalskollegium überlassen hatte. Die Voraussetzung aber für das Finanzsystem der Kurie bildete die Entwicklung des päpstlichen Stellenbesetzungsrechtes.

Was zunächst die niederen Pfründen betrifft, so hatten seit dem 12. Jahrhundert die Päpste begonnen, an die ordentlichen Oberen in einzelnen Fällen die Bitte zu richten, einem armen Kleriker ein Benefizium zu verleihen; der Bitte wurde dann bald eine Strafandrohung für den Fall der Nichtbeachtung derselben beigefügt, so daß damit dem Empfohlenen eine Anwartschaft (Exspektanz) auf die Stelle eröffnet ward. In der zweiten Hälfte des 13. Jahrhunderts ward aus

Papst Gregor XI. (1370—1378) ließ sich hauptsächlich durch die Bemühungen der hl. Katharina von Siena bestimmen, im Januar 1377 die *avignonesische Epoche in der Geschichte des Papsttumes endgültig abzuschließen*.

der Bitte ein direkter Befehl. In ähnlicher Weise hatte die Kurie auch auf die Besetzung der höheren Benefizien, Bistümer und Abteien, mehr und mehr Einfluß gewonnen; diese Entwicklung war vor allem durch das Institut des päpstlichen Schutzes und der damit zusammenhängenden unmittelbaren Unterstellung unter die Kurie, der Exemption, sowie durch die Appellation nach Rom bei strittigen Wahlen gefördert worden; denn deren Folge war eine gesteigerte Einwirkung auf die Besetzung dieser Stellen, war besonders die päpstliche Konfirmation. Aus verschiedenen Gründen mehrte sich gleichzeitig die Zahl der Benefizien, welche auf Grund der apostolischen Vollgewalt, des obersten Besetzungsrechtes der Päpste, durch unmittelbare Verleihung durch die Kurie, durch die Provision, vergeben wurden. Zu der stetig wachsenden Zahl von Einzelfällen, in denen sich der apostolische Stuhl die Besetzung einzelner Pfründen vorbehielt, kamen bald auch die ersten Generalreservationen; so hat schon Klemens IV. (1265) sich die Verleihung aller Benefizien vorbehalten, deren Inhaber an der Kurie starben; aus politischen Gründen haben dann die Päpste wiederholt sich die Besetzung ganzer Gruppen von Benefizien reserviert, so Bonifaz VIII. im Kampf mit Philipp dem Schönen die der französischen Bistümer. Auch der Begriff der Vakanz an der Kurie erfuhr eine immer weitergehende Fassung, vornehmlich durch Johannes XXII., der diesen Begriff auf alle Erledigungen ausdehnte, die durch etwelche Maßregeln des Papstes zustande kamen, also durch Beförderung auf höhere Stellen, Absetzung, Nichtigkeitserklärung von Wahlen, Verleihung anderer Pfründen; damit war zugleich die Handhabe gegeben, durch päpstlicherseits vorgenommene Versetzungen und Schiebungen von einer Pfründe zur andern die Zahl der Vakanzen und damit der päpstlichen Reservationen beliebig zu steigern. Daß durch diesen weitgehenden Ausbau des päpstlichen Stellenverfügungsrechtes das Besetzungsrecht der ordentlichen Kollatoren in hohem Maße ausgeschaltet und gegenstandslos wurde, und daß diese Praxis vielerlei Auswüchse und Mißstände nach sich zog, liegt auf der Hand.

Dieses weitausgedehnte **Stellenbesetzungsrecht der Päpste** bot nun die Grundlage für die Ausgestaltung der päpstlichen Besteuerungspraxis. Die Behörde, welcher die gesamte päpstliche Finanzverwaltung unterstand, war die apostolische Kammer, deren Organisation im 14. Jahrhundert zum Abschluß kam. Die **Einnahmen der Camera apostolica** flossen aus einer Reihe verschiedener Quellen; die wichtigsten, die zumeist schon der voravignonesischen Epoche angehören, sind der von einzelnen Ländern, wie Polen, Ungarn, England, entrichtete Peterspfennig, die Abgaben der lehenspflichtigen Reiche, wie Neapel und Sizilien, die Erträgnisse der kirchenstaatlichen Gebiete, die Abgaben, die von Kirchen und Klöstern als Rekognitionszinse auf Grund des päpstlichen Schutzes oder der Exemption entrichtet wurden, Zehntauflagen für Kreuzzüge und andere Zwecke, mancherlei Taxen für die Ausfertigung der Aktenstücke, wie Dispense und Privilegien durch die päpstliche Kanzlei. Durch die direkte Besetzung zahlreicher Bischofstühle und Abteien durch die Päpste wurde eine neue wichtige Einnahmequelle erschlossen: die Servitien (servitia communia). Sie haben sich entwickelt aus freiwilligen Geschenken der von der Kurie ernannten oder bestätigten Inhaber höherer Benefizien, deren Einkommen hundert Goldgulden überstieg; dann wurde für diese eine Taxe bestimmt, die sich auf ein Drittel des Jahresertrags der Benefizien belief.

Die hl. Katharina v. Siena (1337—1380)
Die Rückkehr des Papstes Gregor XI. von Avignon ist vornehmlich den tatkräftigen Bemühungen dieser hervorragenden Frau zu verdanken, auf deren Wort Kardinäle und Fürsten hörten; bei Ausbruch des abendländischen Schismas gewann sie Italien für Papst Urban VI.
Das Bild nach einem Reliquiar, das Haupt der Heiligen enthaltend, jetzt in der Stadtbibliothek in Siena.

Seit dem Ende des 13. Jahrhunderts wurden die Servitien zwischen der apostolischen Kammer und dem Kardinalskollegium geteilt. Daneben mußten noch kleinere Servitien (servitia minuta) entrichtet werden, die dem Kanzleipersonal und der Dienerschaft des Papstes und der Kardinäle zukamen.

Seit der avignonesischen Zeit waren ferner eine sehr wichtige Einnahmequelle der Kurie die Annaten. Diese Annaten, eine Abgabe in Höhe der ersten Jahreseinnahme einer erledigten niederen Pfründe (fructus primi anni), die schon seit dem 12. Jahrhundert vielfach von Bischöfen und Fürsten erhoben wurde, hat zuerst Klemens V., zunächst in beschränktem Umfang, dann Johannes XXII. allgemein, der Kurie reserviert; ihre Höhe wurde nunmehr auf die Hälfte des ersten Jahreseinkommens festgesetzt. — Johannes XXII. begann auch, die Einkünfte vakanter Benefizien (fructus medii, fructus intercalares) der Kurie vorzubehalten. Ferner wurde der schon seit dem 13. Jahrhundert in einzelnen Fällen von der Kurie in Anspruch genommene Nachlaß der Geistlichen, die sogenannten Spolien, seit Johannes XXII. immer allgemeiner der Kurie reserviert. Auch die Prokurationen sind in avignonesischer Zeit der Kurie ausschließlich vorbehalten worden; diese Steuer war ursprünglich in Naturalien, dann in Geld an Bischöfe, Archidiakonen und päpstliche Legaten anläßlich der Visitationen entrichtet worden.

Es ist nicht verwunderlich, daß dieser großzügige Ausbau des päpstlichen Stellenbesetzungswesens und Finanzsystems sehr bald heftigen Unwillen und laute Klage über unerträglichen Steuerdruck bei Klerus und Laienwelt hervorrief. Das hat seine schlimmen Wirkungen gehabt: d a s p ä p s t l i c h e A n s e h e n, s e i n e s i t t l i c h e A u t o r i t ä t und die A c h t u n g vor der K i r c h e

Urban V
Wilhelm Grimoard von St Germain d'Auxerre, Franzose aus Mende (Lozère). 1362—1370

Gregor XI.
Peter Roger de Beaufort, Franzose. 1370—1378

wurden untergraben, und zu dem Vorwurf der Habsucht der Anlaß gegeben. Die schlimmen Folgen des Systems erstreckten sich vor allem aber auch auf die einzelnen vakant werdenden Benefizien; sie wurden durch die hohen Abgaben aufs schwerste geschädigt, und die Ausschaltung der ordentlichen Kollatoren schuf Verbitterung und Rechtsunsicherheit und beschwor Proteste und endlose teure Prozesse hervor. — Es konnte auch nicht ausbleiben, daß an die finanziellen Anforderungen der Kurie, die an sich hoch und drückend waren, sich häufig Mißbräuche schlimmster Art hefteten, Überforderungen, Erpressungen und Bestechungen. Und von verderblichen Folgen und geradezu unerträglich war es schließlich, daß man allzu rasch und allzu leicht mit den schwersten Zensuren vorging, wenn den finanziellen Forderungen der Kurie nicht pünktlich nachgekommen wurde.

Freilich, auch hier gilt es, sich vor Einseitigkeit in der Beurteilung zu hüten; es geht nicht an, die maßlosen Anklagen zeitgenössischer Chronisten unbesehen für Wahrheit anzunehmen, zumal jetzt die Veröffentlichung der uns erhaltenen Akten über die Einnahmen und Ausgaben der apostolischen Kammer in der avignonesischen Zeit einen durchaus zuverlässigen Einblick in die wirklichen Verhältnisse verstattet. Und auch das darf man nicht vergessen, daß die Kurie für die großen, ihr damals obliegenden Aufgaben große Geldmittel benötigte, die auf andere Weise damals eben nicht zu beschaffen waren. Aber das ist wohl zu verstehen, daß angesichts der allzu weitgehenden Zentralisation und der Finanzpolitik, wie sie gerade das avignonesische Papsttum zur Ausbildung gebracht, der Ruf nach Reform an Haupt und Gliedern immer lauter wurde.

DIE ZEIT DES GROSSEN SCHISMAS UND DER REFORMKONZILIEN

Die schlimmen Folgen, die daraus erwachsen mußten, daß das Papsttum so lange fern von dem gegebenen Mittelpunkt der kirchlichen Einheit geweilt hatte, traten klar zutage, als die Kardinäle nach Gregors XI. Tode **zum erstenmal seit 75 Jahren wieder in Rom** zur Neuwahl zusammentraten. Angesichts des Zwiespalts im Kardinalskollegium, in dem die französischen Kardinäle, die unter sich aber nicht einig waren, das Übergewicht hatten, schien ein langes Konklave in Aussicht zu stehen, wenn nicht das stürmische Drängen der Römer auf Wahl eines Römers oder doch Italieners die Kardinäle veranlaßt hätte, sich schleunigst auf die Wahl des Erzbischofs Bartholomeo Prignano von Bari zu einigen, der sich **Urban VI.** (1378—1389) nannte. Das tumultuarische Verhalten der Römer hat aber nur die Beschleunigung der Wahl bewirkt, während es auf das Ergebnis derselben ohne Einfluß blieb. Es ist darum kein Zweifel, daß die Wahl durchaus gültig war. Und wenn wirklich Zweifel in der Hinsicht, etwa wegen mangelnder Freiheit der Wähler, begründet wären, so sind alle Mängel der Wahl durch das Verhalten der Kardinäle nach der Wahl behoben worden. Alle in Rom anwesenden Kardinäle nahmen an der Krönung des Papstes (18. April

Papst Urban VI. (1378—1389) wurde bereits wieder in einem Konklave in Rom gewählt. Bedauerlicherweise aber überwarf sich der Papst schon nach kurzer Zeit mit einer großen Anzahl von Kardinälen, die sich daraufhin im Herbst 1378 zur Wahl eines Gegenpapstes hinreißen ließen.

Urban VI.
Bartholomäo Prignano, Italiener aus Bari.
1378—1389

Bonifaz IX.
Pietro Tomacelli, Italiener aus Neapel.
1389—1404

1378) teil; sie erbaten sich von ihm Gnaden und erkannten ihn dadurch unzweideutig als rechtmäßigen Papst an. Diese Anerkennung erfolgte auch seitens der in Avignon zurückgebliebenen Kardinäle.

In mehr als einer Hinsicht war Urban VI. durch treffliche Eigenschaften ausgezeichnet; seine Sittenstrenge und Einfachheit sowie sein kirchlicher Sinn werden gerühmt, und große Geschäftsgewandtheit war ihm eigen; er hatte sie durch die Verwaltung des Kanzleramtes erworben. Verhängnisvoll wurde es aber, daß dem Charakter des Papstes die Klugheit und Milde völlig fehlten: er war reizbar, jäh aufbrausend, starrsinnig und rücksichtslos bis zum Äußersten. Durch das leidenschaftliche Ungestüm, mit dem der von den besten Absichten beseelte Papst an die sehr angebrachte Reform der Kurie und des verweltlichten Kardinalkollegiums heranging, entfremdete er sich rasch die Kardinäle. Die ernsten Mahnungen der hl. Katharina von Siena zum Maßhalten waren leider vergebens. So haben nach wenigen Wochen eine Anzahl Kardinäle die Kurie verlassen, zumal französische, die besonders erbittert waren, weil Urban jeden Gedanken an Rückverlegung der Kurie nach Avignon schroff abwies und überhaupt entschieden in kirchlicher und politischer Hinsicht die Bahnen der avignonesischen Epoche verließ. Aus dem Zwiespalt wurde der offene Aufruhr, als dreizehn Kardinäle am 9. August 1378 in einem Manifest die Ungültigkeit der angeblich erzwungenen Wahl Urbans VI. aussprachen. Am 20. September ist sodann von den aufrührerischen Kardinälen, die vor allem an dem französischen König und der Königin Johanna von Neapel einen festen Rückhalt fanden, der Kardinal Robert von Genf als **Klemens VII.** (1378—1394) zum Gegenpapst erhoben worden. Damit war das verhängnisvolle große abendländische Schisma (1378—1417) ausgebrochen, das so unendliches Unheil über die Kirche gebracht hat. Mögen immerhin die Fehler im Charakter und Vorgehen des Papstes einen guten Teil zu dem Ausbruch des Schismas beigetragen haben, die Hauptschuld an diesem schweren Unglück, das über die Kirche kam, trägt unzweifelhaft das Kardinalskollegium.

Der Gegenpapst, ein ehrgeiziger, weltlich gesinnter Mann, begab sich im Jahre 1379 nach Avignon; hier waren außer mehreren Kardinälen auch Teile der päpstlichen Behörden zurückgeblieben. So war es Klemens VII. ein leichtes, sich seine Kurie auszubauen; durch Kardinalsernennungen stärkte er seinen Anhang. Es gab nun zwei Päpste, und es fragte sich, wie sich die einzelnen Länder entscheiden würden. Diese Stellungnahme ist vornehmlich nach politischen Gesichtspunkten erfolgt. Der avignonesische Gegenpapst fand vor allem die Anerkennung des mit ihm verwandten französischen Königs, welcher der mächtigste Förderer des Schismas wurde. Die Universität Paris hat sich aber erst nach längerem Widerstreben, das vor allem an den deutschen Magistern seinen Rückhalt fand, zum Anschluß an denselben bewegen lassen. Ferner haben sich

Savoyen, die Heimat Klemens' VII., Neapel, Schottland, dann auch Navarra, Aragon und Kastilien der avignonesischen Obedienz angeschlossen. Auch einzelne deutsche Gebiete, besonders im Nordwesten und Westen, sowie der größere Teil der habsburgischen Gebiete unter Leopold III. von Österreich, sind auf diese Seite getreten.

Was Urban VI. betrifft, so war es zunächst wichtig, daß er sich im Kirchenstaat behaupten konnte. Noch wertvoller war es, daß **Kaiser Karl IV.** und sein Sohn und Nachfolger **König Wenzel** entschieden auf seine Seite traten. Das gleiche tat infolge des scharfen politischen Gegensatzes zu Frankreich England, ferner noch der Osten und die nordischen Reiche. Man kann also sagen, daß im großen und ganzen **Germanen und Romanen einander gegenüberstanden.** Beide Päpste haben nun einander und ihre Anhänger gebannt. Eine trostlose Unsicherheit und Verwirrung erfaßte infolgedessen die Gemüter; es war ja für die Zeitgenossen fast unmöglich, zur Klarheit darüber zu kommen, wer denn der rechtmäßige Papst sei. So ist z. B. die hl. **Katharina von Siena** unermüdlich und energisch für Urban VI. eingetreten, während **Vincenz Ferrer,** der gewaltige Bußprediger aus dem Dominikanerorden, seinen großen Einfluß für die avignonesischen Päpste in die Waagschale warf. Die allgemeine Verwirrung wurde dadurch vergrößert, daß auch innerhalb der einzelnen Länder die Obedienzen durchbrochen waren, und daß natürlich beide Päpste auf Erweiterung ihrer Obedienz bedacht waren und beide daher Bistümer

Papst Klemens VII. (1378—1394)
war ein mit Unterstützung des französischen Königs und der Königin Johanna von Neapel gewählter *Gegenpapst.* Klemens VII., der wieder in Avignon residierte, trug eine große Verantwortung an dem nun lange andauernden *abendländischen Schisma,* das so viel Unheil über die Kirche gebracht hat.

   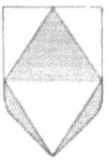

Innocenz VII.
Cosimo de Migliorati, Italiener aus Sulmona
(Abruzzen). 1404—1406

Gregor XII.
Angelo Corrario, Italiener aus Venedig.
1406—1415

und Pfründen besetzten, um deren Besitz dann die Anwärter oft erbitterte Kämpfe ausfochten. Um sich ihre Obedienz zu sichern und sie womöglich zu erweitern, mußten die Päpste ferner den weltlichen Gewalten weitgehende Zugeständnisse machen, so daß die Unabhängigkeit und das Ansehen des apostolischen Stuhles schweren Schaden litten. Da schließlich nun zwei kostspielige päpstliche Hofhaltungen vorhanden waren und die politischen Unternehmungen der beiden Päpste große Summen verschlangen, wurde die kuriale Finanzwirtschaft immer ärger, und namentlich trat bei der Besetzung von Pfründen der finanzielle Gesichtspunkt allzu sehr in den Vordergrund. Nicht unerwähnt darf bleiben, daß durch das Schisma auch in die Orden schwere Zerrüttung hineingetragen wurde, da auch sie nun in eine römische und eine avignonesische Obedienz mit je besonderen Ordensoberen sich spalteten.

Nachdem Urban VI. seine Herrschaft im Kirchenstaat gesichert hatte, hat er den Kampf gegen Johanna von Neapel aufgenommen, die sich von Anfang an auf die Seite des Gegenpapstes gestellt hatte. Der Kampf gegen diese Fürstin, der in geradezu krankhafter Weise das Sinnen und Trachten des Papstes ganz ausfüllte, und die daraus erwachsenen Verwicklungen zogen sich durch das ganze Pontifikat hin. Vom Papst als Oberlehensherrn unterstützt, gelang es Karl von Durazzo, dem Vetter der Königin, sich der Herrschaft des unteritalienischen Reiches zu bemächtigen. Aber kaum war das geschehen, so geriet er in Zerwürfnis mit dem Papst, der nun seinen bisherigen Schützling in den Bann tat und daraufhin von diesem in Nocera belagert wurde. Karl von Durazzo war auch beteiligt an der Verschwörung einiger Kardinäle, die, unzufrieden mit dem schroffen, rücksichtslosen und unbedachten Regiment des Papstes, ihn unter Kuratel zu stellen gedachten. Das Geheimnis der Verschwörung ist aber verraten worden, und der Papst nahm nun an den Verschwörern grausame Rache, von denen fünf schließlich hingerichtet wurden. Allgemeiner Unwillen war die Folge des Vorgehens; mehrere Kardinäle gingen zum Gegenpapst über. Auch in den letzten Jahren seines Pontifikates hat den Papst unausgesetzt der Kampf um Neapel beschäftigt. Von niemandem betrauert, ist Urban VI. im Oktober 1389 in Rom gestorben; man geht kaum fehl mit der Annahme, daß er schließlich geistig gestört war.

Zu seinem Nachfolger erhoben die Kardinäle der römischen Obedienz den Neapolitaner Pietro Tomacelli, **Bonifaz IX.** (1389—1404). Er hat sofort der päpstlichen Politik Neapel gegenüber eine andere Richtung gegeben: Ladislaw, der Sohn Karls von Durazzo, der unterdes in Ungarn ermordet worden war (1386), wurde von ihm zum König gekrönt, und durch tatkräftige Unterstützung ermöglichte er es diesem, sich gegenüber den Ansprüchen der Anjou in seiner Herrschaft zu behaupten; und damit war auch weiterhin Neapel für die römische Obedienz gesichert. Und auch in Rom und dem Kirchenstaat gelang es Bonifaz, die päpstliche Gewalt wiederherzustellen. Diesem erfolgreichen Wirken des

Papstes auf weltlichem Gebiet steht aber gegenüber seine verhängnisvolle Tätigkeit auf kirchlichem Gebiet über die schon das Urteil der Zeitgenossen mit vollem Recht sehr ungünstig lautete. Neben dem Nepotismus ist es vor allem die bedenkliche Finanzwirtschaft des Papstes, die Erhöhung der Abgaben, die Einführung des Ämterkaufes und die massenhafte Verleihung von Benefizien und Ablässen unter vorwiegend finanziellen Gesichtspunkten, welche zu ernsten Klagen gerechten Anlaß bot. Und zu schwerer Schuld muß es ihm angerechnet werden, daß er der Lebensfrage der Kirche gegenüber, der Beilegung des Schismas, so wenig Interesse zeigte. Diese Lässigkeit ist ihm um so mehr zur Last zu legen, als die Sehnsucht nach Behebung des Schismas immer

Papst Bonifaz IX. (1389—1404) wurde nach dem Tode Urbans VI. von den in Rom verbliebenen Kardinälen gewählt. Seine Bemühungen um Beilegung des Schismas waren nicht so nachdrücklich, daß sie zum Erfolge führten.

größer wurde und schon zu mancherlei Bemühungen und Vorschlägen, wie es beseitigt werden könne, geführt hatte.

Den Mittelpunkt der Bestrebungen auf Beseitigung des Schismas bildete die Universität Paris, die damals auf dem Höhepunkt ihres Ansehens stand, und die wegen ihrer Bedeutung als vornehmste internationale Bildungsstätte das größte eigene Interesse an der kirchlichen Einheit hatte. Schon in den Jahren 1380 und 1381 hatten zwei deutsche Theologen an der Pariser Universität, Konrad von Gelnhausen (Epistola concordiæ) und Heinrich von Langenstein (Epistola pacis und Epistola concilii pacis), den Vorschlag gemacht, durch ein allgemeines Konzil (via synodi) die Einheit der Kirche wiederherzustellen. Beide vertraten anknüpfend an Wilhelm von Occam den Gedanken, daß in außergewöhnlichen Zeiten gemäß der Lehre vom natürlichen Notrecht die Kirche sich auch ohne päpstliche Autorität zum allgemeinen Konzil versammeln dürfe, und so wurden sie zu Begründern der konziliaren Idee, d. h. der Lehre, daß der Papst dem allgemeinen Konzil unterworfen sei. Nun ist zwar Ludwig von Anjou, der damals für den unmündigen Karl VI. die Regentschaft führte, gegen diese Bestrebungen der Universität aufgetreten, weil er aufs engste mit Klemens VII. verbunden war, und die beiden deutschen Magister mußten Paris verlassen. Aber dadurch sind die von ihnen vertretenen, aus der Not der Zeit geborenen Ideen nicht unterdrückt worden. Sie wurden auch weiter von Wortführern der Universität wie dem

Alexander V.
Peter Philargi, Grieche aus Kandia. 1409—1410

Johannes XXIII.
Baldassare Cossa, Sohn des Grafen von Troja, Italiener aus Neapel. 1410—1415

späteren Kardinal Pierre d' Ailly und dessen Nachfolger im Kanzleramt der Pariser Universität, Jean Charlier, der nach seinem Heimatort gewöhnlich Gerson genannt wird, vertreten und haben dadurch schließlich allgemeine Verbreitung erlangt. — Neben dem Konzil sind noch andere Vorschläge zur Wiederherstellung der kirchlichen Einheit gemacht worden. Es war wiederum die Pariser Universität, die in einer von Nikolaus von Clemanges verfaßten Denkschrift (1394) außer der Synode den freiwilligen Verzicht (via cessionis) und ein Kompromiß (via compromissi), d. h. die Entscheidung durch eine von beiden Päpsten gewählte Kommission als gangbare Wege zur Lösung der Schwierigkeiten empfahl.

All diesen Unionsbemühungen gegenüber hat sich Klemens VII. bis zu seinem Tode (1394) durchaus ablehnend verhalten. In dem spanischen Kardinal Pedro de Luna, der sich **Benedikt XIII.** (1394—1417) nannte, gaben ihm d i e a v i g n o n e s i s c h e n K a r d i n ä l e sogleich einen Nachfolger, obwohl der französische König und die Universität zum Aufschub der Wahl aufgefordert hatten. Benedikt XIII. war nicht zum wenigsten deshalb erwählt worden, weil er bislang und noch im Konklave großen Eifer für die Union an den Tag gelegt und sich namentlich für deren Herbeiführung auf dem Wege der Abdankung ausgesprochen hatte. Nach seiner Wahl aber wollte er trotz seiner eidlichen Zusagen von einem Rücktritt nichts wissen; er erstrebte nun eine persönliche Zusammenkunft mit dem römischen Papst (via discussionis), bei der er durch seine unzweifelhafte geistige Überlegenheit letzteren zur Abdankung bringen zu können vermeinte. Starrsinnig hielt Benedikt XIII. an diesem Gedanken fest, auch als Frankreich im Jahre 1398 sich dieserhalb von seiner Obedienz lossagte (via subtractionis). Er blieb auch unbeugsam, als die meisten der Kardinäle ihn verließen und er in Avignon von französischen Truppen belagert wurde. Schließlich ist dann aber die Subtraktion, der sich auch Kastilien und Navarra angeschlossen hatte, von Frankreich (1403) wieder aufgegeben worden; sie war doch mancherlei Interessen, so in Sachen der Pfründenverleihung, zuwidergelaufen; und außerdem hatte in dem erbitterten Ringen um die Regentschaft in Frankreich nun wieder die orleanistische Partei, die zum avignonesischen Papst hielt, gegenüber P h i l i p p d e m K ü h n e n v o n B u r g u n d den maßgebenden Einfluß gewonnen. Nunmehr hat Benedikt XIII. durch Gesandte neue Verhandlungen in Rom zwecks Herstellung der kirchlichen Einheit angeknüpft; aber sie waren nicht aufrichtig gemeint; seine Gesandten hatten nur ungenügende Vollmachten. Daher haben d i e r ö m i s c h e n K a r d i n ä l e Bonifaz IX., der gerade damals starb, in der Person des Kardinals Cosimo de Migliorati einen Nachfolger gegeben. Auch dieser, **Innocenz VII.** (1404—1406), ein wohlmeinender Mann, hat, weniger aus eigener Schuld als wegen der Wirren in Rom, die Sache der kirchlichen Einheit nicht gefördert.

Wie es in der Wahlkapitulation gefordert worden war, hat der Venetianer Angelo Corrario, der nach dem Tode Innocenz' VII. als **Gregor XII.** (1406—1415)

Papst Benedikt XIII. (1394—1417)
wurde als *Gegenpapst gegen Bonifaz IX.* von den avignonesischen Kardinälen gewählt. Er knüpfte zwar *Verhandlungen mit Bonifaz IX.* zur Beilegung des Schismas an, führte sie aber nicht zum Abschluß.

den päpstlichen Stuhl bestieg, anfänglich großen Eifer für das wichtige Werk der Wiederherstellung der kirchlichen Einheit gezeigt. Neue Verhandlungen führten zum Vertrag von Marseille (20. April 1407), in dem eine persönliche Zusammenkunft der beiden Päpste in Savona vereinbart wurde. Da hat, kurz ehe diese stattfand, Gregor XII. seinen Sinn geändert; es waren verschiedene Gründe, welche den Umschwung in der Haltung des Papstes bewirkten. Vor allem der Einfluß seiner Verwandten, die, von dem Papst mit Würden und Ämtern reich ausgestattet, von seiner Abdankung nichts wissen wollten, ferner die Bemühungen Ladislaws, der im Falle der Union für seine Krone bangte, daneben auch Befürchtungen, bei der Zusammenkunft der Freiheit beraubt zu werden. Die Folge war, daß die meisten Kardinäle voll Unmut und durch neue Kardinalspromotionen Gregors noch mehr erbittert, ihn verließen. Gleichzeitig war aber auch im Verhältnis Benedikts XIII. zu Frankreich aufs neue eine Wendung eingetreten: hier, wo Benedikt infolge der Ermordung des Herzogs von Orleans seine feste Stütze verloren hatte, kam es wiederum zu Obedienzentziehung (1408). Die Bemühungen von französischer Seite führten nun eine Verständigung der beiden Kardinalskollegien herbei. In Livorno einigten sie sich, durch ein **allgemeines Konzil**, das am 25. März 1409 **in Pisa** zusammentreten sollte, und zu dem die beiden Päpste eingeladen wurden, den Frieden und die Einheit der Kirche wiederherzustellen. Den Konzilsplan der Kardinäle beantworteten sowohl Gregor XII. als Benedikt XIII. ihrerseits gleichfalls mit der Berufung von Synoden nach Cividale bzw. nach Perpignan; aber diese beiden päpstlichen Synoden blieben wegen geringer Teilnehmerzahl bedeutungslos. Dagegen hat das Pisaner Konzil allgemeines Interesse und daher starken Besuch gefunden. Unzweifelhaft widersprach die Berufung dieser Synode durchaus den geltenden kirchlichen Bestimmungen; sie bedeutete die praktische Anwendung der konziliaren Theorie. Daß trotzdem das Vorgehen der Kardinäle fast allgemein Billigung fand, beweist, wie das Verlangen nach der kirchlichen Einheit die Gemüter beherrschte; die erschreckende Notlage ließ über alle Bedenken hinweggehen, da nun endlich ein Weg zur Rettung sich zu eröffnen schien. Die frohen Erwartungen, mit denen das Pisaner Konzil begrüßt wurde, haben sich aber nicht erfüllt. Trotzdem Gesandte des deutschen Königs Rupprecht im Verein mit dem Fürsten Karl Malatesta von Rimini gegen die Legitimität der Synode und gegen die Rechtsgültigkeit des

Kaiser Sigismund (1361—1437) wurde 1410 zum deutschen König gewählt; er übergab 1415 dem Burggrafen Friedrich von Nürnberg die Mark Brandenburg. Im Einvernehmen mit Papst Johannes XXIII. lud er zum Konzil nach Konstanz ein, wo er selbst auch auf das Eifrigste für Beilegung des Schismas tätig war.
(Ausschnitt aus einer Intarsienarbeit im Fußboden des Domes zu Siena.)

Papst Gregor XII. (1406—1415) vermochte auch noch nicht den Frieden und die Einheit der Kirche wieder herzustellen; er leistete jedoch am 4. Juli 1415 auf seine päpstliche Würde Verzicht, um dem nach Konstanz einberufenen Konzil den Weg zur Einigung freizumachen.

Vorgehens gegen Gregor XII. Einspruch erhoben, wurden sowohl Gregor XII. als Benedikt XIII. nach langen Verhandlungen als Schismatiker und Häretiker ihrer Würden entsetzt. Dann wurde der Kardinalerzbischof Peter Philargi von Mailand, ein aus Kandia stammender Grieche, als **Alexander V.** (1409—1410) zum Papst gewählt, ein bedeutender Gelehrter, der Verfasser eines beachtenswerten Sentenzenkommentars. —

Das Konzil von Pisa hat der Kirche nicht die ersehnte Einheit gebracht, ebensowenig die dringend nötige Kirchenreform, die auf eine neue Synode verschoben wurde. So ernstlich sich dasselbe, freilich von falscher Grundlage aus, um Beseitigung des Schismas bemüht hatte, es hatte die kirchliche Lage noch verschlimmert, indem es ein neues Schisma geschaffen hatte: aus der verruchten Zweiheit war nach den Worten eines zeitgenössischen Traktates eine von allen verfluchte Dreiheit geworden. Die Obedienzen der drei Päpste verteilten sich nun so, daß Spanien, Portugal und Schottland weiter zu Benedikt hielten, und Rom, Neapel sowie andere Gebiete Italiens und außerdem König Rupprecht und ein Teil der deutschen Fürsten Gregor XII. treu blieben, während die übrige Christenheit, vor allem England und Frankreich, sich dem Konzilspapst anschlossen. Diesem gelang es dann mit Hilfe Ludwigs II. von Anjou, sich Roms und des Kirchenstaates zu bemächtigen. Als Alexander V. im Mai 1410 starb, wurde ihm in dem Kardinal Baldassare Cossa, der Alexanders Wahl veranlaßt und diesen während des Pontifikates beherrscht hatte, ein Nachfolger gegeben. Der Ruf, in dem **Johannes XXIII.** (1410—1415) — so nannte sich Cossa — stand, war mit gutem Grund sehr schlecht. Seine Fähigkeiten waren unzweifelhaft bedeutend, aber er war durchaus weltlich gesinnt und nach Charakter und Vorleben für sein hohes Amt denkbar ungeeignet, eher ein Condottiere als ein oberster Hirt der Christenheit. Von ihm war für die

Martin V.
Odo Colonna, Römer. 1417—1431

Eugen IV
Gabriel Condulmaro, Italiener aus Venedig. 1431—1447

Ordnung der zerrütteten kirchlichen Verhältnisse nicht viel zu erwarten. Um so mehr setzte man allenthalben Hoffnungen auf den neuen deutschen **König Sigismund** (1410—1437), der von den besten Absichten erfüllt war, der kirchlichen Notlage zu steuern. Diese Hoffnungen sind nicht getäuscht worden; Sigismunds hingebenden Bemühungen ist vor allem das Zustandekommen des Konzils zu danken, das der Kirche die ersehnte Einheit wiedergab.

Es traf sich günstig, daß Johannes XXIII. durch Ladislaw von Neapel in schwere Bedrängnis gebracht wurde; denn infolgedessen ließ er, auf Sigismunds Schutz angewiesen, sich bereit finden, auf dessen Vorschläge bezüglich **Berufung eines allgemeinen Konzils** einzugehen. Bei einer persönlichen Zusammenkunft in Lodi (Dezember 1413) unterzeichnete Johannes XXIII. die Bulle, welche das allgemeine Konzil für den **1. November 1414 nach Konstanz** berief. Noch einmal schien der Konzilsplan zu scheitern, als der Tod Ladislaws (6. August 1414) Johannes XXIII. zunächst wieder die Wiedereroberung des Kirchenstaates wünschenswert erscheinen ließ; doch sein Kardinalskollegium, in dem mehrere der hervorragendsten Vorkämpfer der konziliaren Idee und kirchlichen Reform saßen, drängte ihn, seine Zusagen zu halten. Und so mußte Johannes XXIII. mit nicht ungerechtfertigten Besorgnissen die Reise nach Konstanz antreten. In der Tat schlug die Konstanzer Synode bald Wege ein, die seinen Absichten und Wünschen durchaus widersprachen. So wurden die Gesandten Gregors XII. und Benedikts XIII. im Interesse der Förderung der Union als päpstliche Legaten anerkannt, so daß alle drei Päpste ganz gleich behandelt wurden; damit war der Standpunkt des Pisaner Konzils preisgegeben. Die weitere Hoffnung Johannes' XXIII., mit Hilfe der großen Zahl seiner italienischen Anhänger die Synode beherrschen zu können, wurde dadurch zunichte gemacht, daß man ohne förmlichen Konzilsbeschluß nach Nationen zu beraten und abzustimmen begann, und zwar so, daß innerhalb der Nationen auch die Vertreter der Domkapitel, die Gesandten der Fürsten und die Doktoren Stimmrecht hatten und dadurch die Synode einen stark demokratischen Charakter erhielt. Neben den Nationen der Italiener, Deutschen, Franzosen und Engländer wurde später auch dem Kardinalskollegium eine Stimme eingeräumt. Als Johannes XXIII., gegen den auch eine schwere Anklagen enthaltende Denkschrift eingereicht wurde, erkannte, daß seine Aussichten sich immer mehr verschlechterten, ließ er sich zur Abdankung bereitfinden, entfloh dann aber mit Unterstützung des Herzogs Friedrich von Österreich nach Schaffhausen (20. März 1415). Seine Hoffnung, daß seine Flucht die Auflösung des Konzils zur Folge haben werde, erfüllte sich nicht dank des besonnenen und energischen Vorgehens Sigismunds. Auch die französischen Theologen, vor allem Gerson, der Kanzler der Pariser Universität, und der Kardinal Pierre d'Ailly wirkten eifrig für den Fortbestand des Konzils. Die von ihnen vertretenen Theorien über das Verhältnis des Papsttums zur Kirche und besonders über die Stellung des allgemeinen Konzils über dem Papst, in denen man nunmehr das einzige Heil für die Kirche, den einzigen Ausweg aus den kirchlichen Wirren erblicken zu müssen vermeinte, wurden nun förmlich zu Konzilsbeschlüssen erhoben: in der fünften Sitzung (6. April 1415) wurde erklärt, daß das im Heiligen Geist rechtmäßig versammelte allgemeine Konstanzer Konzil die gesamte streitende Kirche repräsentiere und seine Gewalt unmittelbar von Gott habe, und daß jedermann, auch der Papst, ihm zu gehorchen verpflichtet sei in Sachen des Glaubens und was die Beseitigung des Schismas und die Reform an Haupt und Gliedern betreffe. — Dann wurde **Johannes XXIII.**, der inzwischen gefangen genommen worden war, der Prozeß ge-

Papst Alexander V. (1409—1410)
war noch während der Regierungszeit Gregors XII. von einem nicht rechtmäßig einberufenen *Konzil in Pisa als Gegenpapst gegen diesen und Benedikt XIII.* gewählt worden.

macht; er endete damit, daß er als Simonist und unverbesserlicher Verbrecher des Papsttums entsetzt und die Gläubigen des Gehorsams gegen ihn entbunden wurden. Ganz gebrochen fügte er sich dem Urteil; er wurde die nächsten Jahre in Haft gehalten und starb 1419 als Kardinalbischof von Tusculum.

Inzwischen hatte schon Gregor XII. seine Bereitwilligkeit erklärt, seinerseits die päpstliche Würde niederzulegen, wofern das Konzil, das bislang nicht als legitim gelten könne, sich von ihm neu berufen lasse. Auf diese Bedingung ging die Synode ein, worin ein gewisses Zugeständnis lag, daß den bisherigen Sitzungen ökumenischer Charakter nicht zukomme. — Nachdem die **Resignation Gregors XII.** am 4. Juli 1415 erfolgt war, galt es noch, zur völligen Wiederherstellung der Kircheneinheit den starrsinnigen Benedikt XIII. zur Abdankung zu bringen. Obwohl Sigismund im Auftrage des Konzils sich persönlich nach dessen Residenz Perpignan begab, waren alle Verhandlungen ergebnislos; dagegen gelang es Sigismund, im Vertrag von Narbonne (13. Dezember 1415), die bisherige Gefolgschaft Benedikts, Aragon, Kastilien, Navarra und Schottland zu bewegen, sich von seiner Obedienz loszusagen. Gemäß dem Vertrage beteiligten sich nunmehr die Spanier am Konstanzer Konzil, wo sie die fünfte Nation bildeten und als solche eine Stimme auf dem Konzil erhielten. Das Konzil leitete nun auch gegen Pedro de Luna, der sich mit wenigen Anhängern nach der Bergfeste Peniscola geflüchtet hatte, den Prozeß ein, der mit seiner Absetzung endete

(26. Juli 1417); Pedro de Luna hielt trotzdem seine Ansprüche aufrecht; aber sein Anhang und sein Schisma waren nunmehr völlig bedeutungslos, wenn ihm auch nach seinem Tode (1423) noch zwei Nachfolger gegeben wurden.

Mit der Absetzung Benedikts XIII. war **endlich das Schisma beseitigt** und damit die eine der Hauptaufgaben des Konzils erledigt. Inzwischen hatte auch die weitere Aufgabe, die Sicherung der Reinheit des Glaubens (causa fidei), die Synode beschäftigt. Am 6. Juli 1415 hatte der Prozeß gegen den Prager Magister Johannes Hus mit der Verdammung seiner Irrtümer und seiner Verurteilung geendet. Schon vorher, am 4. Mai, war die Verurteilung Wiclifs und seiner Schriften erfolgt, dessen Lehren sich Hus ja fast völlig zu eigen gemacht hatte. Als dritte und letzte Aufgabe lag nun dem Konstanzer Konzil noch die Kirchenreform und die Papstwahl ob. So sehr alle über die Notwendigkeit einer gründlichen Reform einig waren, so sehr gingen die Meinungen über Inhalt und Durchführung derselben auseinander, und vor allem stritt man mit Erbitterung lange über die Frage, ob die Reform der Papstwahl vorauftgehen sollte, wie vor allem die deutsche Nation forderte, oder umgekehrt. Man einigte sich schließlich dahin, daß zunächst die inzwischen in Kommissionsberatungen fertiggestellten Reformbeschlüsse veröffentlicht werden sollten; sie betrafen u. a. die periodische Berufung allgemeiner Synoden und Schutzmaßnahmen gegen Wiederausbruch eines Schismas. Was die Papstwahl betrifft, so kam man überein, daß diesmal neben den Kardinälen je sechs Vertreter der fünf Nationen an derselben mitwirken sollten. Aus dem Konklave ging am 11. November 1417 Kardinal Odo Colonna als Papst hervor; er nannte sich **Martin V.** (1417—1431). Die Kirche hatte nun endlich wieder, zur unendlichen Freude der Zeitgenossen, ein unbezweifelt rechtmäßiges Oberhaupt. Aber diese Freude wurde bald sehr herabgestimmt, als sich zeigte, daß der Papst keineswegs mit dem nötigen Nachdruck sich der Kirchenreform annahm. Allerdings stellten sich einer solchen sehr erhebliche Schwierigkeiten entgegen, da die Forderungen und Interessen der verschiedenen Nationen und ebenso der verschiedenen Stände in der Kirche auseinandergingen und sich zum Teil geradezu widersprachen. So ist schließlich nur über sieben Reformdekrete Einigkeit erzielt worden (21. März 1418); sie richteten sich gegen die Exemptionen, gegen Simonie und Unziemlichkeit in der Tracht der Kleriker; sie schränkten die Exemptionen, Dispensationen und Auflegung von Zehnten ein und enthielten den Verzicht des Papstes auf die Interkalargefälle. Über alle übrigen Reformfragen aber wurden Sondervereinbarungen mit den einzelnen Nationen getroffen; doch sollte nur das englische Konkordat dauernde Kraft haben, während das deutsche Konkordat und das französische, das aber auch für Italien und Spanien Geltung haben sollte, auf fünf Jahre befristet waren. — So kann man nicht anders urteilen, als daß das Konstanzer Konzil seiner dritten Hauptaufgabe, der Kirchenreform, nur in sehr unzureichender Weise gerecht geworden ist; und das Bedauerlichste war, daß es obendrein an der wirklichen Durchführung der Reformbeschlüsse fehlte, so daß im allgemeinen alles beim alten blieb und die argen durch das lange Schisma noch verschlimmerten Mißstände und die Verweltlichung fortdauerten.

Nach Schluß des Konstanzer Konzils (22. April 1418) konnte Martin V., der als Sproß des alten römischen Geschlechtes der Colonna alle Anerbietungen, seinen Wohnsitz in einer deutschen Stadt oder wieder in Avignon aufzuschlagen, entschieden zurückwies, nicht gleich sich nach Rom begeben; er blieb zunächst in Mantua und Florenz. Denn **Rom und der Kirchenstaat waren in**

einem Zustand trostloser Zerrüttung und Auflösung aller
Ordnung. Durch kluges und besonnenes, aber auch kraftvolles und zielbewußtes Vorgehen gelang es aber schließlich dem Colonnapapste, die päpstliche Herrschaft im Kirchenstaat wiederherzustellen; und
für die Stadt Rom, die zu einer Ruine geworden war, tat er viel, besonders auch
für die Wiederherstellung der Kirchen. Man hat es Martin V. zum Vorwurf gemacht, daß er allzu sehr seine Familie begünstigt und sich auf diese gestützt habe.
Eine gerechte Beurteilung wird zum Schluß kommen, daß sein Nepotismus durch
die Zeitumstände eine gewisse Entschuldigung erfährt; denn wo anders als in seiner
Familie hätte der Papst unter den damaligen Verhältnissen wohl die zuverlässigen Helfer bei seinem großen Werk der Restauration des Kirchenstaates finden
können, der sich in eine Reihe selbständiger Kommunen aufgelöst hatte?

Mit mehr Recht kann man dem Papst seine lässige Haltung in der dringlichen
Frage der Kirchenreform zum Vorwurf machen. Daß er freilich gegenüber dem
ungestümen Drängen nach einem Konzil sich zurückhaltend verhielt und zögerte,
ist wohl begreiflich; bedeutete doch die fortdauernde Propaganda der konziliaren Idee eine schwere Bedrohung des
monarchischen Charakters der Kirchenverfassung. So hat der Papst zwar gemäß den Konstanzer Beschlüssen für 1423 ein Konzil nach Pavia berufen, aber der spärliche Besuch und der Ausbruch der Pest bewogen ihn bald, es nach Siena zu verlegen und es aufzulösen, als hier über die Reformfrage Streitigkeiten ausbrachen. Und als dann, wie es in Siena beschlossen war, ein neues Konzil nach Basel berufen werden sollte, hat sich der Papst nur zögernd und unter starkem Druck hierzu bereitfinden lassen; er ernannte schließlich Giuliano Cesarini

Papst Johannes XXIII. (1410—1415)
folgte Alexander V., vorwiegend mit Hilfe Frankreichs, als Gegenpapst.
Den unablässigen Bemühungen des deutschen Königs Sigismund
jedoch Folge leistend, berief er für den 1. November 1414 ein allgemeines
Konzil nach Konstanz. Dieses Konzil machte dann ihm selbst den
Prozeß und beschloß seine Absetzung.

Wappen des Petro de Luna, Spanier aus Aragon, Rechtslehrer in Montpellier, Bischof von Carpentras, Administrator des Bistums Avignon. Er war 1394 von 21 avignonesischen Kardinälen gegen Bonifaz IX. als Benedikt XIII. zum „Papst" gewählt worden; das Konzil zu Konstanz erklärte diese Wahl für nichtig; er starb 1423 i. Spanien.

zum Präsidenten der Synode, den nebst anderen trefflichen Männern ins Kardinalskolleg aufgenommen zu haben des Papstes großes Verdienst ist. Noch ehe aber das Konzil zusammentrat, starb Martin V. (20. Februar 1431); in der Lateranbasilika, deren Wiederherstellung aus Schutt und Ruinen ihm zu danken ist, fand er seine Grabstatt.

Münzen des Papstes Martin V. 1417—1431

Im Konklave wurde eine Wahlkapitulation aufgestellt, welche den Neugewählten zur Kirchen- und besonders zur Kurienreform verpflichtete und dem Kardinalskollegium ein weitgehendes Mitregierungsrecht zu sichern bestimmt war. Gewählt wurde ein Neffe Gregors XII., der Venetianer Gabriel Condulmaro, als Papst **Eugen IV.** (1431—1447). Er war ein ernster, frommer und sittenreiner Mann, der aber — er gehörte dem Orden der Augustinereremiten an — infolge seiner Unerfahrenheit und Weltfremdheit, namentlich im Anfang seiner Regierung, es an der nötigen Umsicht und Überlegtheit fehlen ließ. So war sein rasches Einschreiten gegen die Familie seines Vorgängers nicht ungerechtfertigt, schuf ihm aber im Kirchenstaat arge Schwierigkeiten. Viel bedeutungsvoller und erbitterter aber waren des Papstes Kämpfe mit dem Baseler Konzil, die sein ganzes Pontifikat ausfüllen. Kaum war diese Synode zusammengetreten (23. Juli 1431), so verfügte Eugen IV. am 18. Dezember 1431 deren Auflösung und die Berufung eines neuen Konzils nach Bologna für den Sommer 1433. Unzutreffende Berichte und starkes Mißtrauen gegen die Synode, zu dem diese aber noch keinen Anlaß gegeben hatte, haben diesen voreiligen verfehlten Schritt des Papstes veranlaßt, den man mit Recht als folgenschweren Mißgriff bedauert hat. Die Konzilsteilnehmer fügten sich dem Beschluß nicht, dessen Zurücknahme der dem Konzil präsidierende Kardinallegat Cesarini unter Darlegung der schlimmen Wirkungen der Auflösung vergebens zu erreichen sich bemüht hatte. Des Schutzes der weltlichen Mächte, besonders Sigismunds, sicher, tagte das Konzil weiter und erneuerte nun sogleich die Konstanzer Dekrete über die Superiorität des allgemeinen Konzils über dem Papste und schlug nunmehr auch sonst eine scharf aggressive Politik gegen den Papst und dessen weltliche und geistliche Machtstellung ein. In dieser Zeit des Konfliktes gab sich das Konzil seine Geschäftsordnung, indem unter Absehen von einer Nationeneinteilung sämtliche Konzilsteilnehmer ohne Rücksicht auf den kirchlichen Rang in vier Fachausschüsse für die großen, das Konzil beschäftigenden Fragen eingereiht wurden; angesichts des Übergewichts der Doktoren und des niederen Klerus erhielt dadurch die Synode einen stark demokratischen Charakter mit der Tendenz, ein parlamentarisches Regime in der Kirche aufzurichten.

Einen großen Erfolg erzielte das Konzil in derselben Zeit dadurch, daß die schwierige böhmische Frage, nachdem sich die gewaltsame Unterwerfung der Hussiten durch mehrere Kreuzzugsunternehmen als unmöglich herausgestellt hatte, durch gütliche Übereinkunft in den sogenannten Baseler Kompaktaten einer friedlichen, den kirchlichen Standpunkt wahrenden Lösung zugeführt wurde. Das dadurch bewirkte gesteigerte Ansehen des Baseler Konzils, die Gefahr des Wiederausbruchs des Schismas, die unsichere, bedrohliche Lage im Kirchenstaat und die Unzufriedenheit des Kardinalkollegiums mit der Haltung des Papstes bewogen diesen nun doch, mit den Baselern wieder Verhandlungen anzuknüpfen. Daß diese schließlich zum Ziel führten, war vornehmlich der Vermittlertätigkeit Sigismunds zu danken, der am 31. Mai 1433 die Kaiserkrone empfangen hatte. In einer Bulle vom 15. Dezember 1433 nahm der Papst seine Erlasse gegen das Baseler Konzil zurück und erklärte, daß dieses von Anfang an rechtmäßig fortgesetzt worden sei und zur Lösung seiner Aufgaben fortgesetzt werden müsse. Nur äußerste Not hatte den Papst zu derart weitgehenden Zugeständnissen vermocht, die aber doch nicht etwa die Zustimmung zu den papstfeindlichen Beschlüssen der Synode enthielten. So blieb der prinzipielle Standpunkt, den Papst und Konzil gegeneinander einnahmen, unausgeglichen, und die Aussöhnung bot keine Gewähr für die Dauer. Zunächst aber hat die Baseler Synode nunmehr nützliche Arbeit geleistet, indem sie sich einer ihrer Hauptaufgaben, der **Kirchenreform**, zuwandte: es wurden eine Reihe von Reformdekreten erlassen, die zwar nicht ausschließlich, aber doch vorwiegend die Reform am Haupt, d. h. des Papstes und der Kurie, betrafen. Indes mußten gerade einzelne dieser Reformbeschlüsse den mühsam hergestellten Frieden zwischen Papst und Konzil gefährden, so, wenn das Konzil den Papst durch Aufhebung sämtlicher Annaten einer der wichtigsten Einnahmequellen beraubte, ohne hierfür irgendwelchen Ersatz zu schaffen, und wenn es sich immer wieder Eingriffe in unzweifelhaft päpstliche Rechte erlaubte. All seine Klagen gegen

Papst Martin V (1417—1431)

Aus der vom Konzil von Konstanz nach Ausschaltung der Gegenpäpste betriebenen Wahl ging der Kardinal Colonna als Papst Martin V. hervor; zur unendlichen Freude der Zeitgenossen hatte die Kirche nun wieder ein unbezweifelt rechtmäßiges Oberhaupt. Der Tatkraft Martins V. gelang es auch, die päpstliche Herrschaft im Kirchenstaat wieder herzustellen und die fast zur Ruine gewordene Stadt Rom wieder aufzubauen.

das Konzil hat der Papst in einer Denkschrift zusammengefaßt, die er durch Nuntien den Fürsten zugehen ließ (1. Juni 1436). — Die sonstige Lage des Papstes hatte sich unterdes für den Papst etwas günstiger gestaltet. Im Mai 1434 hatte er vor einer Revolution mit Lebensgefahr nach Florenz flüchten müssen, es war die letzte Papstflucht aus Rom bis auf Pius IX.; aber dann hatte der Bischof Vitelleschi von Recanati, ein grausamer Kriegsmann, mit rücksichtsloser Energie den Aufstand niedergeschlagen und im Kirchenstaat wieder Ordnung geschaffen.

Die immer stärker werdende Spannung zwischen dem Papst und dem Baseler Konzil führte zum offenen Konflikt wegen der Frage der Griechenunion. Durch die osmanischen Türken, die mit unwiderstehlicher Stoßkraft in ständigem Vordringen waren, war das gesamte byzantinische Reich bis auf Konstantinopel und die nächste Umgebung der Hauptstadt erobert worden. In dieser Not knüpften die Griechen Unionsverhandlungen an in der Absicht, durch die kirchliche Union sich die Hilfe des Abendlandes zu sichern. Da Basel für die Griechen unbequem lag, handelte es sich um die Wahl eines andern geeigneteren Ortes für das Unionskonzil. Während nun der Papst die Abhaltung desselben in einer italienischen Stadt vorschlug, trat die Konzilsmehrheit im Verein mit der französischen Diplomatie für Avignon oder eine Stadt in Savoyen ein. Über diese Ortsfrage kam es in der 25. Konzilssitzung vom 7. Mai 1437 zum Bruch. Unter Führung des leidenschaftlichen Kardinals Louis d'Aleman, Erzbischofs von Arles, entschied sich die Konzilsmehrheit für Basel oder Avignon, während die Minderheit, geführt von den päpstlichen Legaten, sich für Florenz oder Udine aussprach. Als nun der Papst den Minoritätsbeschluß bestätigte, der auch die Zustimmung des griechischen Gesandten fand, beschritt die Konzilsmehrheit offen den Weg der Auflehnung gegen den Papst: man lud denselben wegen Ungehorsam zur Verantwortung und erhob eine Reihe schwerer Anklagen wider ihn. Darauf legte Eugen IV. in einer Bulle vom 18. September 1438 eingehend das Verhalten der Baseler dar und verlegte das Konzil nach Ferrara. Daraufhin antwortete die Konzilsmehrheit mit Kraftloserklärung der Bulle und drohte ihm die Absetzung an. Nach vergeblichen Ausgleichs-

Philipp der Gute von Burgund war einer der treuesten Anhänger des Papstes Eugen IV.; er stiftete 1430 „zur Ausbreitung der katholischen Kirche und des Friedens" den heute noch bestehenden Orden des Goldenen Vließes.

versuchen verließ nun die Minderheit unter Führung des Legaten Cesarini Basel; mit ihm ging auch Nikolaus von Cues, bisher ein eifriger Vorkämpfer der Sache des Baseler Konzils, zum Papst über.

Das Konzil von Ferrara, das am 8. Januar 1438 als rechtmäßige Fortsetzung der Baseler Synode eröffnet wurde, begann sich alsbald mit der Unionsfrage zu beschäftigen. Kaiser Johannes VIII. Palaiologus (1225 — 1448) war mit dem Patriarchen Joseph persönlich erschienen. Aus sanitären und finanziellen Gründen wurde das Konzil Anfang des Jahres 1439 nach Florenz verlegt; und hier konnte nach langen, äußerst schwierigen Verhandlungen endlich am 6. Juli 1439 das Dekret „Laetentur cœli", das die kirchliche Einheit zwischen der lateinischen und der griechischen Kirche wieder herstellte, verkündet werden.

Papst Eugen IV (1431—1447) geriet in argen Widerstreit zu dem in Basel tagenden Konzil: er wußte jedoch nicht nur durch kluge Unterhandlungen seine eigene Stellung zu behaupten, sondern verstand es auch, unter vielen Opfern die morgenländische Kirche vorübergehend zur Einheit zurückzuführen.

Nur die politische Notlage und die Zusicherung der Hilfe gegen die Türken hatten die Griechen schließlich zur Nachgiebigkeit in den dogmatischen Fragen (Ausgang des Heiligen Geistes) und besonders zur Anerkennung des im Unionsdekret klar ausgesprochenen päpstlichen Primates bewogen. Der Griechenunion folgte die Wiederherstellung der Kirchengemeinschaft mit verschiedenen kleineren Gruppen orientalischer Christen, so mit den Armeniern und Jakobiten. — Die Union mit der griechischen Kirche ist von kurzer Dauer gewesen; und angesichts des fanatischen Widerspruchs fast des gesamten Klerus und Volkes konnte sie nur in sehr geringem Umfang ins kirchliche Leben praktisch eingeführt werden. Bedeutungsvoller waren die Rückwirkungen der Griechenunion auf das Abendland; dadurch daß es Eugen IV. gelungen war, seinerseits die Union abzuschließen, hatte er einen großen Erfolg gegenüber den Baselern errungen und sein Ansehen und seine ganze Stellung sehr gefestigt.

Inzwischen hatte das Baseler Konzil, gereizt durch die Erfolge des Papstes, immer radikalere Bahnen eingeschlagen. Am 25. Juni 1439 wurde Eugen IV. für abgesetzt erklärt, und am 5. November schritt man zur Neuwahl eines Papstes; sie fiel auf den Herzog Amadeus von Savoyen, der seinerseits als erster Fürst die Baseler Synode anerkannt hatte, und den auch sein Reichtum und seine verwandtschaftlichen Beziehungen zu verschiedenen Fürstenhäusern der Synode empfehlenswert erscheinen ließen. Dieser letzte Gegenpapst nannte sich **Felix V.** (1439—1449). Viel Anhang hat er nicht gefunden, und auch das Ansehen der Baseler Synode ist durch diese mutwillige Heraufbeschwörung eines neuen Schismas — die verheerenden Wirkungen eines solchen waren ja noch im lebendigen Gedächtnis — keineswegs gefördert worden. Trotzdem kann man aber nur mit Einschränkung sagen, daß Eugen IV. und das Papsttum in dem Ringen mit dem Konzil der Sieger gewesen sei. Mit mehr Recht könnte man als solchen den Staat bezeichnen; ihm fiel nämlich der Nutzen von dem erbitterten Kampfe der kirchlichen Gewalten zu. Denn angesichts des Widerstreites von Papst und Konzil war es in das Ermessen der Staaten gegeben, ob und wieviel sie von den Reformbeschlüssen der Baseler Synode durchführen wollten; und sie trafen diese Entscheidung nach rein politischen Erwägungen. So hat England, das an den Reformdekreten von Basel wenig Interesse hatte, weil deren Bestimmungen schon längst durch die Landesgesetzgebung seit der Mitte des 14. Jahrhunderts in Geltung gesetzt waren, ohne weiteres sich Eugen IV. angeschlossen. Frankreich und Deutschland dagegen haben zwischen Papst und Konzil eine eigenartige Mittelstellung eingenommen. Frankreich hat nicht daran gedacht, die Maßregeln des Konzils gegen den Papst anzuerkennen; es hat aber in der pragmatischen Sanktion von Bourges (7. Juni 1438) eine Anzahl der Baseler Reformbeschlüsse mit einzelnen Abänderungen, die Dekrete über die Superiorität der allgemeinen Konzilien und über die periodische Abhaltung derselben inbegriffen, angenommen und in Kraft gesetzt.

Was Deutschland betrifft, so haben die Kurfürsten nach dem Tode Sigismunds und vor der Wahl des neuen Königs Albrechts II. (1438—1439) sich auf dem Frankfurter Fürstentage zur kurfürstlichen Neutralität zusammengeschlossen, d. h. sie verpflichteten sich, bis nach der Königswahl zwischen dem Papst und dem Konzil eine neutrale Haltung beobachten zu wollen. An dieser Neutralität, der sich dann auch Albrecht II. anschloß, hat man auch auf dem folgenden Reichstage festgehalten. Auf dem Mainzer Reichstag von 1439 wurden nach dem französischen Muster gleichfalls eine Reihe Baseler Dekrete in dem sogenannten Mainzer Akzeptationsinstrument angenommen; doch eignete diesem nicht wie der pragmatischen Sanktion reichsgesetzliche Kraft, sondern die Durchführung blieb dem Landesfürstentum anheimgegeben, so daß in Deutschland dieses und nicht das Reich den Nutzen aus dem Konflikt der kirchlichen Gewalten zog. Auch in den nächsten Jahren wurde deutscherseits, wenn auch nicht ohne Schwankungen, die Neutralität aufrechterhalten. Sehr wichtig wurde es aber, daß es schließlich gelang, König Friedrich III. (1440—1493) für Eugen IV. zu gewinnen. Daß dies glückte, war nicht zum wenigsten dem Kanzler des Königs, Kaspar Schlick, und dem Enea Silvio Piccolomini zu danken; letzterer hatte im Dienst des Baseler Konzils und des Gegenpapstes gestanden, war aber dann 1442 in den Dienst der Reichskanzlei getreten und wirkte nun, nachdem ein Wandel in seinen Anschauungen erfolgt war, ebenso geschickt wie erfolgreich für den rechtmäßigen Papst. Sein Verdienst ist es vornehmlich, daß die Gefahren, die Eugen IV. aus seinem Vorgehen gegen die dem Baseler Konzil anhängenden Erzbischöfe von Köln und Trier zu erwachsen drohten, abgewendet wurden, indem auf dem Frankfurter Reichstag von 1446 der Kurfürstenbund, der sich wegen der Absetzung jener beiden gebildet hatte und scharfe Forderungen gegen Eugen IV. erhob, gesprengt wurde: Die Kurfürsten von Mainz und Brandenburg sowie einige weitere Fürsten traten nunmehr auf die Seite des Kaisers und des Papstes. Es folgten dann weitere Verhandlungen in Rom; sie führten Anfang Februar 1447 zum Abschluß der sogenannten Fürstenkonkordate; in ihnen gab der Papst die Zusage der Wiedereinsetzung der beiden Erzbischöfe, der Berufung eines neuen allgemeinen Konzils auf deutschem Boden, der Annahme der im Mainzer Akzeptationsinstrument enthaltenen Reformforderungen und der Gültigkeit der während der Neutralität erfolgten Pfründenverleihungen. Dem Abschluß der Fürstenkonkordate, die in vier päpstlichen Bullen niedergelegt waren, folgte die feierliche Obedienzerklärung seitens der deutschen Gesandten, die in Rom mit Jubel begrüßt wurde. Es war der **letzte Erfolg und die letzte Freude Eugens IV.**; wenige Tage später (23. Februar 1447) starb er.

Die Engelsburg (Castel San Angelo)
spielte in der Geschichte der Päpste, besonders im Mittelalter, eine große Rolle. Zur Zeit der Cäsaren waren hier die Gärten der Domitia; Kaiser Hadrian erbaute dort für sich und seine Nachkommen ein Mausoleum, das im Jahre 138 n. Chr. von Antoninus Pius vollendet wurde. Von Kaiser Aurelian in die Umfassungsmauer der Stadt aufgenommen, wurde die Engelsburg stark befestigt und das ganze Mittelalter hindurch als Festung und Gefängnis benutzt. Papst Bonifaz IX. ließ 1403 Außenwerke um die Burg anlegen, die von nun ab ein besonders starker Stützpunkt der päpstlichen Herrschaft wurde.

DIE RENAISSANCEPÄPSTE

Die Wahl **Nikolaus' V.** (1447—1455) leitet eine neue Periode in der Geschichte des Papsttums ein, eine Periode, die umstrahlt ist vom Glanz unvergänglicher Kunst und vom Ruhm unvergleichlichen Mäzenatentums, eine Periode, auf der aber auch tief dunkle Schatten lagern. Man hat gesagt, daß mit diesem Papst die christliche Renaissance den päpstlichen Thron bestiegen habe; und das ist richtig, daß mit ihm die enge Verbindung und die verständnisvolle Förderung der Renaissance anhebt, die das Recht gibt, vom Renaissance-Papsttum zu reden; man darf dabei aber nicht übersehen, daß schon in die Zeit des avignonesischen Papsttums dessen erste Beziehungen zu dieser neuen großartigen Kulturbewegung hinaufreichen, daß ferner unter Martin V. die ersten Humanisten in die päpstliche Kanzlei ihren Einzug hielten, und daß auch Eugen IV., den der lange Aufenthalt in Florenz in den Mittelpunkt der Renaissance geführt hatte, sich die Förderung der Künste angelegen sein ließ.

Nikolaus V., vor seiner Erhebung Tommaso Parentucelli, eines Arztes Sohn zu Sarzana an der ligurischen Küste, war in Florenz und im Dienst des Bischofs Albergati von Bologna mit den gefeiertsten Gelehrten der Zeit bekannt geworden, und damals schon erfüllte ihn die begeisterte Liebe für Kunst und Wissenschaft, der er bis

Papst Nikolaus V (1447—1455)
wußte in kluger Weise die durch das *Baseler Konzil* ungelösten *Wirren beizulegen und den von Basel aus proklamierten Gegenpapst Felix V. zur Abdankung zu bewegen.*

Nikolaus V
Tommaso Parentucelli, Italiener aus Sarzana
(Tuscien). 1447—1455

Kalixt III.
Alfons de Borja, Spanier aus Xativa (Katalonien).
1455—1458

zu seinem Lebensende treu blieb. Die Verdienste, die er sich als Legat zum **Frankfurter Reichstag** von 1446 um die Rückkehr Deutschlands unter die Obedienz Eugens IV. erworben, hatten ihm den Kardinalspurpur verschafft. Als Papst konnte er das damals glücklich begonnene Werk durch Abschluß des **Wiener Konkordates** (17. Februar 1448) vollenden, durch welches im allgemeinen die Bestimmungen des seinerzeit nur auf fünf Jahre abgeschlossenen Konstanzer Konkordates bezüglich des päpstlichen Stellenbesetzungsrechtes in Deutschland dauernd festgelegt wurden. Desgleichen hatte er die Freude, daß **das Schisma endgültig beigelegt** wurde; im April 1449 **entschloß sich Felix V. zur Resignation**, und gleichzeitig löste sich das Baseler Konzil auf, das seit der Anerkennung Eugens IV. durch Friedrich III. seine Sitzungen aus der Reichsstadt Basel nach Lausanne hatte verlegen müssen; es war in diesem seinem letzten Tagungsabschnitt zur völligen Bedeutungslosigkeit herabgesunken; und so war es eine reine Formensache, daß man zur Wahrung der Autorität der Synode in der letzten Sitzung die Wahl des „Tommaso von Sarzana, in seiner Obedienz Nikolaus V. genannt", zum Papst vollzog. Die nach so schweren Kämpfen und Wirren endlich erfolgte Wiederherstellung des Friedens und der Einheit der Kirche glaubte der Papst am besten durch Abhaltung eines großen Jubiläums feiern zu können, das im Jahre 1450 außergewöhnlich große Pilgerscharen nach Rom führte; während desselben fand die feierliche Kanonisation Bernhardins von Siena, des großen Bußpredigers, statt. Um die heilsamen Anregungen, die von diesem Jubiläum ausgingen, für das kirchliche Leben dauernd fruchtbringend zu gestalten, beschloß der Papst die Entsendung von Legaten, die in den einzelnen Ländern das Jubiläum verkünden und für die Reform der kirchlichen Verhältnisse wirken sollten. Nach Frankreich ging der Kardinal Estouteville, in Deutschland war mit großem, leider aber nicht nachhaltigem Erfolge Kardinal Nikolaus von Cues tätig. Im Jahre 1452 hat der Papst unter Entfaltung großen Prunkes **Friedrich III zum Kaiser gekrönt**; es war die **letzte Kaiserkrönung, die in Rom** vorgenommen wurde. Die letzten Lebensjahre Nikolaus' V. wurden durch die Verschwörung des Stefano Porcaro, die aber noch rechtzeitig aufgedeckt und unterdrückt werden konnte, und durch den Fall von Konstantinopel (29. Mai 1453) verbittert. Die Kunde von dem traurigen Untergange des byzantinischen Reiches und der Aufrichtung der Türkenherrschaft auf europäischem Boden rief im ganzen Abendland Schrecken hervor und veranlaßte den Papst, mit großem Eifer, aber angesichts der Uneinigkeit der Mächte leider erfolglos, die Vorbereitungen für ein Kreuzzugsunternehmen zu betreiben.

Das größte Ruhmesblatt im Pontifikat dieses vielseitig begabten, an geistigen Interessen reichen Papstes aber ist es, daß er sich in großzügiger Weise die **Förderung von Kunst und Wissenschaft** angelegen sein ließ, und dadurch, wie seine Grabschrift rühmt, für Rom ein goldenes Zeitalter begründete. „All mein Geld möchte ich für Bücher und Bauten ausgeben", so hatte er einst gesagt, danach handelte er auch als Papst. Berühmte Gelehrte und Literaten zog der Papst an die Kurie, an der ein förmlicher Musenhof erstand; sie wurden zumeist mit Übersetzung griechischer Schriftsteller beschäftigt und für ihre Tätigkeit mit fürstlicher Freigebigkeit gelohnt. Von weitreichender bleibender Bedeutung war des Papstes Tätigkeit als Büchersammler. Nicht bloß in Italien ließ er Handschriften sammeln und abschreiben; seine Gesandten gingen in die verschiedenen Länder, um solche zu suchen, sie zu kaufen oder doch Abschriften von ihnen zu nehmen. So wurde Nikolaus V. der eigentliche **Begründer der Vatikanischen Bibliothek**. Und nicht minder rühmlich und großartig ist, was Nikolaus zur Förderung der Künste getan hat: zahlreiche Kirchen Roms wurden aus traurigem Verfall wiederhergestellt, desgleichen die Mauern der Stadt; für den Neubau der Peterskirche und des Vatikans sowie die Neugestaltung des ganzen leoninischen Stadtviertels wurden von dem genialen Leo Battista Alberti gewaltige Pläne entworfen, die freilich nur zum kleinsten Teil zur Ausführung kamen. Allerdings muß der Altertumsfreund beklagen, daß jetzt wie in den folgenden Jahrzehnten die Monumentalbauten auf Kosten der antiken Bauwerke entstanden, denen unbekümmert und schonungslos das Material entnommen wurde. Unter den Malern, die vom Papst beschäftigt wurden, ist vornehmlich **Fra Giovanni Angelico da Fiesole** zu nennen; er schuf für die päpstliche Palastkapelle San Lorenzo die köstlichen Wandfresken, welche die Geschichte der beiden Martyrerdiakone Stephanus und Laurentius darstellen. Und es ehrt den Papst, daß nicht bloße Prunkliebe und eitles Streben nach Nachruhm die Triebkraft seines großzügigen Mäzenatentums waren. Wenn er auf seinem Sterbelager versicherte, daß das Bestreben, die Autorität des römischen Stuhles zu erhöhen, ihn geleitet habe, da das Volk nur durch die Größe dessen, was es sehe, in seinem schwachen Glauben bestärkt werde, so ist dem aufrichtig frommen Papst, dem „besten der Renaissancepäpste", Glauben zu schenken.

Papst Kalixt III. (1455—1458) betrieb eifrigst *einen Kreuzzug gegen die Türken*, die schon bis Belgrad vorgedrungen waren. Der vom Papst entsandte Legat *Johannes Capistranus* wußte das ungarische Heer zu solcher Tapferkeit zu entflammen, daß in der entscheidenden *Schlacht bei Belgrad ein glänzender Sieg über die Türken* erfochten wurde.

Ganz im Gegensatz zu Nikolaus V. stand sein Nachfolger **Kalixt III.** (1455—1458) der Renaissance kühl und gleichgültig gegenüber. Mit diesem Papst tritt die spanische Familie der Borja in die Geschichte des Papsttums ein. Der neue Papst hatte seine Laufbahn als Professor des Rechtes an der Universität Lerida begonnen; seine Verdienste um Beseitigung der letzten Reste des Schismas in Spanien hatten Martin V. veranlaßt, ihm das Bistum Valencia zu verleihen. — Das kurze Pontifikat des greisen Kalixt III. ist ganz erfüllt von den Bemühungen um Wiedereroberung Konstantinopels und **Abwehr der Türkengefahr**; ihr gegenüber die christlichen Fürsten aus ihrer Gleichgültigkeit aufzurütteln und zum einträchtigen Zusammenwirken zu bewegen, war das große Ziel, das der Papst, der in seiner spanischen Heimat

Papst Pius II. (1458—1464)
berief zum Juni 1459 einen Kongreß nach Mantua, um die *Fürsten Europas zu einheitlichem Widerstand gegen die neuerlich vordrängenden Türkenheere zu bewegen.* Da alle diese Bemühungen erfolglos blieben, gedachte er sich *selbst an die Spitze eines Kreuzheeres* zu stellen: in Ancona, wo sich die *Kreuzzugsflotte versammelt hatte, starb der Papst plötzlich vor Kummer über das Versagen des christlichen Abendlandes.*

im Haß gegen den Erbfeind der Christenheit aufgewachsen war, unablässig verfolgte. Um den Kreuzzug vorzubereiten, wurden vom Papste Legaten in die einzelnen Länder gesandt; von diesen hat Johannes Capistrano, der große Prediger aus dem Minoritenorden, mit besonderem Eifer gewirkt. Kalixt III. selbst rüstete mit großen Opfern — er gab selbst Wertstücke der päpstlichen Schatzkammer hin — eine Kriegsflotte aus, die aber, geführt vom Kardinal Scarampo, in den griechischen Gewässern nur kleinere Erfolge zu erzielen vermochte. Eine noch größere Enttäuschung war es für den Papst, daß es nicht gelingen wollte, der Widerstände, die sich vielerorts gegen das große Kreuzzugsunternehmen erhoben, Herr zu werden. In Deutschland murrte man gegen den Türkenzehnten, und die Pariser Universität appellierte wegen desselben gar an ein allgemeines Konzil. Erst als das türkische Heer gegen Ungarn vorrückte und das feste Belgrad schon der Übergabe nahe

Pius II.
Aenea Silvio Piccolomini, Italiener aus Siena.
1458—1464

Paul II.
Pietro Barbo, Italiener aus Venedig. 1464—1471

war, rafften sich die Ungarn auf; unter Führung des tapferen Johannes Hunyady, der durch den Kardinallegaten Juan de Carvajal und die feurigen Predigten Capistrans aufs hingebungsvollste unterstützt wurde, errangen sie im Juli 1456 einen glänzenden Sieg. Den Papst erfüllte die Kunde von dem Waffenerfolg mit großer Freude; er war überzeugt, daß den von ihm angeordneten Gebeten der Christenheit vornehmlich der Sieg zu danken sei. Doch zum Schmerz des Papstes wurde der Erfolg nicht ausgenützt infolge des Zwiespaltes und der selbstsüchtigen kleinlichen Interessenpolitik der Mächte. Da Hunyady und Capistran bald nach der Schlacht bei Belgrad starben, war es bald nur Georg Castriota, Fürst von Albanien, bekannter unter dem Namen S k a n d e r b e g, der, vom Papst nach Kräften unterstützt, mit ungebrochenem Mut gegen die türkische Übermacht ankämpfte. — Ein dunkler Schatten fällt auf das Pontifikat Kalixts III. wegen seines Nepotismus. Dieser Nepotismus war um so tadelnswerter, als sich unter den von ihm zu den höchsten Ehrenstellen und einflußreichsten Ämtern beförderten Nepoten zwar glänzend begabte, aber durchaus unwürdige sittenlose Männer befanden. Am bekanntesten ist von ihnen Rodrigo Borja geworden, der spätere Papst Alexander VI., der im jugendlichen Alter zum Kardinal und Vizekanzler der römischen Kirche erhoben wurde. — Da der Papst neben seinen Verwandten auch seine spanischen Landsleute sehr begünstigte und reich mit Stellen in Rom und dem Kirchenstaat versorgt hatte, kam es beim Tode des Papstes (6. August 1458) zu wilden Ausbrüchen des Volkshasses gegen die „Katalanen".

Nun wurde Enea Silvio Piccolomini zum Papst gewählt; wenn er sich **Pius II.** (1458—1464) nannte, dachte er schwerlich an den ersten Papst dieses Namens, sondern nach echter Humanistenart an den „pius Aeneas" des Vergil. In Siena als Sproß einer alten Adelsfamilie geboren, war der junge Piccolomini im Dienst des ausgezeichneten Kardinals Capranica nach Basel gekommen; hier geriet er bald in die oppositionellen Kreise hinein und stellte sich in die Dienste des Konzils und des Gegenpapstes Felix V. Nachdem er dann aber im Jahre 1442 in die Reichskanzlei eingetreten war, ging er auf die Seite Eugens IV. über. Die großen Verdienste, die er sich nun durch sein geschicktes Wirken für die Interessen der Kurie bei verschiedenen Anlässen, so bei Sprengung des Kurfürstenbundes (1446) erwarb, brachten ihm reiche Pfründen und schließlich die Erhebung zum Bischof seiner Vaterstadt (1450) ein. Pius II. ist so recht der typische Vertreter der Renaissancezeit. Ausgestattet mit glänzenden Geistesgaben, hat er als Dichter und geistvoller Schriftsteller, als Geschichtschreiber und Geograph, als Redner und Politiker, als gewandter Diplomat, als Humanist mit umfassendem Interessenkreis bedeutende Leistungen aufzuweisen. Dem Wechsel seiner kirchenpolitischen Stellung, auf den äußere Rücksichten nicht ohne Einfluß geblieben waren, ging parallel auch eine Änderung in der Lebenshaltung. Während er lange Jahre ein sittlich ungebundenes leichtfertiges Leben geführt hatte, dessen er sich gelegentlich sogar mit kecker Frivolität rühmte, und während in dieser Zeit auch seine Schriftstellerei stark erotischen Einschlag hatte, ist auch in dieser Hinsicht Mitte der vierziger Jahre bei ihm ein Wandel eingetreten; erst jetzt nahm er auch die höheren Weihen, und fortan ist seine Lebensführung durchaus einwandfrei gewesen; mit den Pflichten seines Berufes hat er es nun ernst genommen.

Da Pius II. früher eifrig, auch literarisch, die konziliaren Grundsätze der Baseler Synode verfochten hatte, und da man sich nun hierauf berief, als der Papst kraftvoll gegen alle national-kirchlichen und konziliaren Bestrebungen auftrat, hielt er es für angebracht, durch einen feierlichen Widerruf sich nochmals von seinen früheren irrigen Anschauungen loszusagen. Das geschah durch

Skanderbeg, König von Albanien, (1464—1468) wurde vom Papst Nikolaus V als „der Vorkämpfer und Schild der Christenheit gegen die Türken" gepriesen, von Papst Kalixt III. als „Athlet Christi" gerühmt. In vierundzwanzigjährigem Kampf und Sieg machte er Albanien zu einem für den Islam unüberwindlichen Bollwerk.

die berühmte Retraktationsbulle „In minoribus agentes" vom 26. April 1463; sie gipfelte in der Aufforderung: Aeneam reiicite, Pium recipite! Schon vorher hatte der Papst, als französischerseits wieder einmal mit der Appellation an ein allgemeines Konzil gedroht worden war, in der Bulle „Execrabilis" vom 18. Januar 1460 diesen, „in früheren Zeiten unerhörten Mißbrauch" unter Androhung der Exkommunikation verboten und derartige Berufungen für nichtig erklärt. — Gleich seinem Vorgänger wandte Pius II. dem Schutz der abendländischen Kultur gegenüber der Türkengefahr seine ganze Sorge zu. Bald nach Beginn seines Pontifikates berief der Papst die christlichen Fürsten zu einem Kongreß nach Mantua; in glänzender Rede legte er die Notwendigkeit eines gemeinsamen Kampfes gegen die Ungläubigen dar. Nach Überwindung vieler Schwierigkeiten wurde zwar der Türkenkrieg beschlossen, aber den Zusagen folgten keine Taten. Als dann die Entdeckung der reichen Alaungruben bei Tolfa dem Papst große Geldmittel an die Hand gab, begann der Papst angesichts weiterer bedrohlicher Fortschritte der Türken selbst zum Kreuzzug zu rüsten; und um die Fürsten von ihrer Lässigkeit und Gleichgültigkeit aufzurütteln und Begeisterung für das große Werk zu entfachen, beschloß er, sich selbst an die Spitze des Kreuzheeres zu stellen. Schon hatte er sich nach Ancona begeben, wo sich die Kreuzzugsflotte versammelte. Da ereilte den Papst der Tod (14. August 1464). Mit dem Tode des Papstes war das Kreuzzugsunternehmen noch vor seinem Beginn gescheitert; denn Pius II. war dessen Seele, dessen nie müde, treibende Kraft gewesen.

Während so die Kreuzzugspläne des Papstes zu keinem Erfolg führten, hatte er in anderer Hinsicht mehr Glück. Sein diplomatisches Meisterstück war es, daß es in langen schwierigen Verhandlungen gelang, von dem französischen König Ludwig XI. die Aufhebung der pragmatischen Sanktion von Bourges und die Rückkehr Frankreichs aus seiner halbschismatischen Stellung, in der es sich seit 1438 befand, unter die Obedienz Roms zu erreichen, und zwar ohne daß päpstlicherseits die Zugeständnisse gemacht wurden, die von Frankreich betreffs Änderung der italienischen Politik der Kurie, nämlich Anerkennung der französischen Ansprüche auf Neapel, erstrebt worden waren. So ist es des Papstes Verdienst, dessen leidenschaftliche Liebe zu seinem Vaterland mit Recht von neueren Historikern gerühmt wird, daß vorläufig der italischen Halbinsel fremde Einmischung erspart und die Freiheit gewahrt blieb.

Im Konklave wurde eine Wahlkapitulation aufgestellt, die vom neuen Papst die Fortführung des Türkenkrieges und Berufung eines allgemeinen Konzils binnen drei Jahren forderte, und außerdem die Beschränkung des Kardinalkollegiums auf 24 Mitglieder und Ausschluß der päpstlichen Nepoten aus demselben bis auf einen verlangte. Der neue Papst **Paul II.** (1464—1471), ein Schwestersohn Eugens IV., namens Pietro Barbo aus Venedig, hat alsbald die Wahlkapitulation, die in unwürdiger Weise die Vollgewalt des Trägers der Tiara einschränkte, abgeändert, und die wichtigsten Forderungen derselben sind nicht durchgeführt worden. Was die Türkengefahr betrifft, so fehlte es dem Papst zwar nicht an Interesse für deren Bekämpfung, aber dieses war bei weitem nicht so stark und sein Pontifikat beherrschend wie bei Pius II. Als der heldenmütige S k a n d e r b e g, der allein den Kampf gegen die immer weiter vordringende türkische Übermacht fortführte, hilfesuchend

Papst Paul II. (1464—1471)
unterstützte zwar nach seinen besten Kräften den gegen die Türken kämpfenden heldenmütigen K ö n i g S h a n d e r b e g von A l b a n i e n, vermochte jedoch in Abwehr der Türkengefahr keine dauernden Erfolge zu erzielen.

in Rom erschien, sind ihm nur Geldunterstützungen zuteil geworden.—Hatte die Abänderung und Nichtbeachtung der Wahlkapitulation eine dauernde Verstimmung zwischen dem Kardinalskollegium und dem Papst veranlaßt, so war die Mißstimmung gegen ihn in Humanistenkreisen noch schärfer. Gleich nach Beginn seines Pontifikates hatte nämlich Paul II. das Kollegium der Abbreviatoren in der päpstlichen Kanzlei, das sein Vorgänger reorganisiert hatte, aufgehoben; dadurch verloren zahlreiche Humanisten,

Papst Sixtus IV (1471—1484) ist ein typischer Vertreter des *außerordentlich verweltlichten Renaissancepapsttums* gewesen. *In großzügiger Weise förderte dieser den Prunk liebende Papst die Wissenschaften und die Kunst;* sein Andenken wird vor allem durch die nach ihm benannte *Sixtinische Kapelle* der Nachwelt erhalten bleiben.

die unter Pius in dasselbe aufgenommen worden waren, zum Teil auch ihre Aufnahme erkauft hatten, Amt und Unterhalt. Die Aufregung dieser Kreise wurde noch größer, als der Papst die römische Akademie aufhob, deren Mitglieder unter Leitung des Pomponius Laetus sich in ungesund übertriebenem Kultus des alten Rom und in halbheidnischem Gebaren gefielen; da auch der Verdacht einer Verschwörung gegen den Papst vorlag, schritt dieser energisch gegen dieselben ein. Das zog ihm noch mehr den bitteren Haß der Humanisten zu; sie rächten sich, indem sie, wie besonders Platina, einer der entlassenen Abbreviatoren, in seiner viel verbreiteten Papstgeschichte, ihn zu Unrecht als Feind von Kunst und Wissenschaft und grausamen Barbaren schmähten und so das Urteil über ihn bei Mit- und Nachwelt trübten. In Wirklichkeit war Paul II. zwar kein Humanist wie Nikolaus V. und Pius II., aber er förderte doch z. B. die ersten deutschen Drucker, die nach Italien gekommen waren, und er war selbst Kunstfreund, der mit Leidenschaft Bronzen, Kameen und Münzen sammelte; und Rom dankt ihm einen seiner herrlichsten Monumentalbauten, den Palazzo San Marco, gewöhnlich Palazzo di Venezia genannt.

Schon Pius II. hatte sich genötigt gesehen, die Prager Kompaktaten aufzuheben (31. März 1462), da die Böhmen wohl die ihnen in denselben gewährten Zugeständnisse sich zu nutze machten, sich aber an die beigefügten Bedingungen und Verpflichtungen nicht hielten. Gegen König Georg Podiebrad, der schon lange eine zweideutige Haltung eingenommen und nach Aufhebung der Kompaktaten den päpstlichen Legaten eingekerkert hatte, wurde in Rom der Prozeß wegen Ketzerei eingeleitet. Er fand unter Paul II. damit seinen Abschluß, daß Podiebrad seiner Würden entsetzt und die Untertanen von den ihm geleisteten Eiden entbunden wurden (1466). Aber der **Hussitenkönig** konnte sich in Böhmen bis zu seinem Tode behaupten, obwohl es der Kurie schließlich geglückt war, neben einer katholischen Partei im Lande auch König Matthias Corvinus von Ungarn zum Kampf gegen denselben zu gewinnen; ebensowenig gelang es, Böhmen in den Schoß der katholischen Kirche zurückzuführen.

Nach dem plötzlichen Tode Pauls II. bestieg der General des Franziskanerordens Francesco della Rovere als **Sixtus IV.** (1471—1484) den Papstthron. Man pflegt von seinem Pontifikat einen neuen, und zwar wenig erfreulichen Abschnitt der Papstgeschichte, das „Zeitalter des Verderbens" zu datieren; denn mehr noch, als es schon in den letzten Pontifikaten der Fall gewesen war, trat nunmehr das, was die vornehmste Sorge der Päpste hätte sein müssen, die Beschäftigung mit den religiösen und rein kirchlichen Aufgaben ihres hohen Amtes, in ganz unnatürlicher Weise zurück hinter rein weltlichen und politischen Bestrebungen. An dem harten Urteil, das diese verhängnisvolle Vernachlässigung der obersten Pflichten verdient, kann dadurch nichts geändert werden, daß diese Päpste durch ihre **hochsinnige Förderung der Künste und Wissenschaften** unvergänglichen Ruhm an ihren Namen geknüpft haben. In engstem wechselseitigem Zusammenhang mit dieser Verweltlichung des Papsttums steht die weitere Ausbildung des Nepotismus, der nunmehr alle Schranken überschreitet und zum förmlichen System erhoben wird.

So ist von der rein kirchlichen Tätigkeit Sixtus' IV. — abgesehen von der Förderung der Marienverehrung und der starken Begünstigung der Bettelorden — kaum etwas zu berichten. Den Plan eines Kreuzzuges gegen die Türken hat der Papst mit viel Eifer weiter verfolgt; es ist aber nichts Erhebliches erreicht worden, obwohl die Gefahr für Italien durch die allerdings vorübergehende Eroberung von Otranto (1480) bedrohlich geworden war. Daß nicht mehr geschah, war zu nicht geringem Teil durch den **Nepotismus** des Papstes verschuldet. In maßloser Weise hat Sixtus IV. sich die Erhöhung und Bereicherung seiner zahlreichen Verwandten angelegen sein lassen. Gleich im ersten Konsistorium wurden Giuliano della Rovere, der spätere Papst Julius II., eine geniale Kraftnatur, und Pietro Riario ins Heilige Kollegium aufgenommen, und als letzterer sich rasch durch sinnlose Verschwendungen und zügellose Ausschweifungen den Tod geholt, wurde dessen Bruder Girolamo, bisher ein Gewürzkrämer, Erbe in der Gunst des päpstlichen Oheims, auf den er einen unheilvollen Einfluß ausübte. Das Streben, diesem unwürdigen Menschen ein großes Fürstentum zu schaffen, hat den Papst

Papst Innocenz VIII. (1484—1492)
hat durch die Verweltlichung der päpstlichen Hofhaltung
eine schwere Verantwortung auf sich geladen.

tief in die Wirren der italienischen Territorialpolitik hineingezogen und mehrere Kriege verschuldet. Durch diesen Nepoten ist zum schweren Schaden des Ansehens des apostolischen Stuhles Sixtus IV. in die Paziverschwörung verwickelt worden: am 26. April 1478 wurde im Dom zu Florenz ein Mordanschlag gegen zwei Mitglieder der Familie Medici verübt, deren eines getötet wurde, während Lorenzo Medici, der eigentliche Leiter des florentinischen Staatswesens, nur verletzt wurde; an dem Komplott, das von der florentinischen Familie der Pazzi angezettelt war, ist auch der päpstliche Nepote, der ein Interesse an dem geplanten Umsturz in Florenz hatte, beteiligt gewesen. Was die wichtige Frage betrifft, wie weit der Papst an dem Mordanschlag beteiligt war, der übrigens seinen Zweck nicht erreichte, da die Herrschaft der Medici durch denselben nur gefestigt wurde, so dürfte feststehen, daß der Papst wohl die Staatsumwälzung gewünscht, den Mord aber abgelehnt hatte. Daß trotzdem das Verhalten des Papstes äußerst bedenklich war und ihm zu schwerem Vorwurf angerechnet werden muß, ist unzweifelhaft. An die mißlungene Verschwörung schlossen sich übrigens weitere kriegerische Verwicklungen an, in die auch der Papst hineingezogen wurde, da er wegen der strengen Bestrafung der Verschworenen, vor allem der Hinrichtung des beteiligten Pisaner Erzbischofs, und aus anderen Gründen das Interdikt über Florenz verhängt hatte; und auch im Innern des

   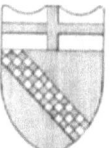

Sixtus IV.
Francesco della Rovere, Italiener aus Savona
(Piemont). 1471—1484

Innocenz VIII.
Giovanni Battista Cibo, Italiener aus Genua.
1484—1492

Kirchenstaates waren die Wirren groß, vor allem infolge der Fehden zwischen den Colonna und den Orsini. Eine neue Gefahr erhob sich, als der Erzbischof Andreas Zamometic von Granea bei Saloniki infolge eines Zerwürfnisses mit dem Papst die Wiedereröffnung des Baseler Konzils zu betreiben begann und anfangs auch verschiedentlich Unterstützung fand; schließlich ist aber doch der abenteuerliche Versuch gescheitert.

Treten so die schlimmen Seiten des Pontifikates Sixtus' IV., dem an sich große und gute Eigenschaften keineswegs fehlten, grell in den Vordergrund, so darf doch auch nicht verschwiegen werden, was es an Rühmlichem aufzuweisen hat: die großzügige Förderung von Kunst und Wissenschaft durch den Roverepapst. Durch ihn wurde die Vatikanische Bibliothek neu geordnet, vermehrt und dem allgemeinen Gebrauch eröffnet; Platina wurde mit ihrer Leitung betraut. Die von Paul II. verbotene römische Akademie konnte sich wieder auftun; und die Humanisten, die sich nun wieder in Rom zusammenfanden, erfreuten sich der freigebigen Unterstützung durch den Papst. Viel geschah für die Erneuerung und Verschönerung Roms, so durch den großen Neubau des Hospitals San Spirito. Vor allem aber hat Sixtus IV. seinem Namen Unsterblichkeit gesichert durch die nach ihm benannte herrliche Palastkapelle im Vatikan, die Sixtina, zu deren Ausschmückung die ausgezeichnetsten Bildhauer und Maler aus jenen Tagen der Hochblüte der Renaissance herangezogen wurden.

Dem Nachfolger Sixtus' IV. kommt in der Geschichte der Renaissance nicht die gleiche Bedeutung zu; es war der einem genuesischen Geschlecht entstammende Kardinal Giovanni Battista Cibo, der sich den Namen **Innocenz VIII.** (1484 bis 1492) beilegte. Er dankte seine Wahl dem Kardinal Giuliano della Rovere, der dann auch während des ganzen Pontifikates des wohlwollenden und nachgiebigen, ja schwächlichen Papstes maßgebenden Einfluß ausübte. Auch aus seiner Regierung läßt sich nicht viel Rühmliches berichten. Zu schweren Zerwürfnissen und langwierigen Kämpfen kam es mit Ferrante von Neapel. Als endlich gegen Ende des Pontifikates der Friede hergestellt wurde, ward er besiegelt durch eine Familienverbindung zwischen dem aragonesischen Herrscherhaus und der Familie des Papstes, dessen Vorleben zu schweren Beanstandungen in sittlicher Hinsicht Anlaß gibt. Schon vorher hatte sich Innocenz VIII. mit den Medici verbündet, und auch dieses Bündnis war durch eine Ehe des Sohnes des Papstes, Franceschetto, mit einer Tochter Lorenzo Medicis des Erlauchten gefestigt worden. Braucht es vieler Worte, um klarzulegen, welche b e d a u e r l i c h e   V e r w i r r u n g   s i t t l i c h e r   B e g r i f f e es war, daß erstmals der Sohn eines Papstes legitimiert wurde, und der Papst sich nicht scheute, in seinem Palaste seinen Kindern die Hochzeit auszurichten! Darf man sich da wundern, daß von diesem Papst nichts Ernstliches zur Hebung der kirchlichen Mißstände geschah, ja daß diese, zumal an der Kurie, sich weiter verschlimmerten?

Auch gegen die Türken ist durch Innocenz VIII. nichts von Bedeutung unternommen worden. Wie hätte es auch anders sein können, da der Papst den Prinzen Dschem, den Bruder des Sultans Bajazet II., dessen Auslieferung er mit vieler Mühe vom Großmeister des Johanniterordens erreicht hatte, in Rom gefangen hielt, und sich dafür vom Sultan erhebliche Summen zahlen ließ, da dieser in dem Prinzen einen gefährlichen Nebenbuhler fürchtete. Ein übles Andenken hat sich Innocenz VIII. schließlich auch geschaffen durch die von ihm am 5. Dezember 1484 erlassene Hexenbulle, die zwar keineswegs die Hexenverfolgungen erstmals veranlaßt hat, die aber doch diesem traurigen Wahn bedauerlichen Vorschub geleistet hat. —

Mit dem nun folgenden Pontifikat sind aber noch schlimmere Zeiten für die Kirche angebrochen, eine Zeit tiefster Erniedrigung und Schmach für den apostolischen Stuhl. Durch simonistische Machenschaften gelang es dem Kardinal Rodrigo Borja, sich die höchste Würde der Christenheit zu verschaffen. Durch seinen Oheim Kalixt III. war der neue Papst, **Alexander VI.** (1492—1503), in jungen Jahren ins Kardinalskollegium aufgenommen und aufs reichste mit einträglichen Pfründen und Ämtern ausgestattet worden. Er war ausgezeichnet durch hervorragende Begabung; die Zeitgenossen rühmen seine Klugheit und Gewandtheit, seine Geschäftserfahrung, seine

Papst Alexander VI. (1492—1503) belastete das Papsttum und damit die Kirche nicht nur durch seine sehr *beklagenswerte persönliche Lebenshaltung*, sondern auch durch seinen ungezügelten Nepotismus, der Italien und speziell das Gebiet des Kirchenstaates in ständige politische Verwickelungen stürzte.

glänzende Überredungsgabe und sein würdevolles Auftreten. Aber diesen trefflichen Eigenschaften, die jedem weltlichen Herrscher zur Zierde gereicht hätten, standen die bedenklichsten Mängel in seinem sittlichen Verhalten gegenüber. Rodrigo Borja hatte, auch an den laxen Begriffen der Zeit gemessen, einen sittenlosen Wandel geführt; vor allem beflecken sein Andenken die ehebrecherischen Beziehungen zu Vanozza de Cataneis, aus denen vier Kinder hervorgingen. Auch als Papst vermochte sich Alexander VI. nicht aus den Fesseln der Sinnlichkeit zu lösen. Und so sind seine gelegentlichen guten Vorsätze und Anläufe zur Besserung von kurzer Dauer gewesen. Ungemessen drängte sich immer wieder die Liebe zu den Seinigen vor; diese zu bereichern und erhöhen, besonders seine Kinder von der Vanozza, das

Papst Pius III. (1503)
starb schon nach 26 Tagen; als Kardinal hatte er sich stets als wahrer *Freund des deutschen Volkes* bewährt.

Haus der Borja zu dauernder Machtstellung emporzuführen, wurde der allbeherrschende Grundgedanke seines Pontifikates. So scheute sich der Papst nicht, seinen Sohn Juan, Herzog von Gandia, mit dem Herzogtum Benevent samt Terracina und Pontecorvo zu belehnen; und es ist traurig, daß nur ein Kardinal gegen diese unrechtmäßige Entfremdung von erheblichen Teilen des Kirchenstaates Einspruch erhob. Nepotistische Beweggründe haben auch die Politik des Papstes besonders gegenüber den italienischen Mächten beeinflußt. Die guten Beziehungen, in denen anfangs Alexander VI. zu Neapel stand, brachten ihn vorübergehend in eine schwierige Lage, als Karl VIII. von Frankreich Ansprüche auf Neapel erhob und mit seinem Heer siegreich Italien durchzog; der französische König nötigte den Papst zu einem Vergleich, der jenem vor allem das Durchzugsrecht durch den Kirchenstaat einräumte. Die großen Erfolge Karls VIII., der in wenigen Wochen das ganze Königreich erobert hatte, bewirkten aber die Bildung einer großen antifranzösischen Liga, der sich auch der Papst anschloß; die Franzosen mußten eilig Italien verlassen, das Haus Aragon konnte wieder von seinem unteritalischen Reich Besitz ergreifen. Wenige Jahre später aber trat ein schroffer Wechsel der päpstlichen Politik ein, der wiederum in nepotistischen Beweggründen wurzelte. Der Lieblingssohn des Papstes, Cesare Borja, ein rechter Con-

Pius III.
nach Ebermayer, Imagines Pontif. Rom.

dottiere, eine dämonische Verbrechernatur großen Stiles, dem schon in jungen Jahren das reiche Erzbistum Valencia sowie die Kardinalswürde verliehen worden war, wollte wieder den geistlichen Stand — er war Subdiakon — verlassen, um ein Fürstentum und die Hand einer Prinzessin zu erlangen. Da sich aber die Pläne einer Verschwägerung mit dem aragonesischen Hause, welche für Cesare die Nachfolge in Neapel ermöglichen sollte, zerschlugen, kam es zur Annäherung an Frankreich. Der neue französische König Ludwig XII. erhob Cesare Borja, der die Kardinalswürde niedergelegt hatte, zum Herzog von Valence und gab ihm eine französische Prinzessin zur Frau. Der Umschwung der päpstlichen Politik führte natürlich zur Verfeindung mit den bisherigen Verbündeten. Aber durch den Bund mit Frankreich gedeckt, konnten nun Cesare Borja und der Papst die Macht der großen Baronalgeschlechter des Kirchenstaates brechen und deren Gebiete in die Hand ihrer Familie bringen. Cesare Borja wurde zum Herzog der Romagna erhoben, zu deren Eroberung die Geldmittel der apostolischen Kammer mißbraucht wurden. Auch andere Verwandte des Papstes, so ein Sohn seiner Tochter Lukrezia, die übrigens, wenn auch keineswegs einwandfreien Wandels, doch besser war als ihr Ruf, wurde mit reichen Besitzungen ausgestattet. Und die Pläne Cesares und des Papstes gingen noch weiter auf Schaffung eines großen mittelitalienischen König-

Papst Julius II. (1503—1513)
war gleich bedeutend als *Staatsmann* wie als *Feldherr*. Als eine seiner wichtigsten Aufgaben betrachtete er die Wiederherstellung, Befestigung und Erweiterung des *Kirchenstaates*; durch dieses sein erfolgreiches Streben wurde er nach einem Worte Jakob Burckhardts *„der Retter des Papsttums"*.

reiches für den Papstnepoten, welche die Säkularisation des Kirchenstaates bedeutet hätte; sie sind nur durch den Tod Alexanders, der am 18. August 1503 wahrscheinlich an Gift starb, zunichte gemacht worden.

Es kann nicht wundernehmen, daß die schamlose Nepotenwirtschaft und das sittenlose Treiben an der Kurie zu scharfen Angriffen und beißendem Spott Anlaß gaben, und daß infolgedessen auch gegen die Person des so durchaus unwürdigen Papstes Stimmen der Mißachtung und Geringschätzung rege wurden. Und angesichts der schmachvollen Zustände wurde der Ruf nach Reform um so lauter. Unter den Bußpredigern jener Tage ragt hervor die eigenartige Persönlichkeit des Girolamo Savonarola, der seit 1489 dem Dominikanerkonvent von San Marco in Florenz angehörte und seit 1491 Prior desselben war. Dem hageren, aszetischen Dominikaner, dessen Predigten erfüllt waren vom Geist und der gewaltigen Bildersprache der Propheten, war eine ungewöhnliche Macht über die Gemüter gegeben; seine Erfolge im leichtlebigen Florenz waren außerordentlich. In seinen Bußpredigten geißelte Savonarola aber bald nicht nur mit wachsender Leidenschaftlichkeit die Zustände in Rom und an der Kurie, sondern er begab sich auch auf das Gebiet der Politik, und das wurde sein Verhängnis. Da Savonarola den Gedanken eines Bündnisses mit Frankreich vertrat, in dessen leichtfertigen König er das Werkzeug Gottes zur Reform der Kirche erblicken zu müssen vermeinte, trat er in Gegensatz zur damaligen Politik des Papstes. Unter dem Einfluß der zahlreichen Feinde, die sich Savonarola durch die von ihm nach Vertreibung der Medici in Florenz durchgeführte theokratisch-demokratische Verfassung gemacht hatte, wurde der kühne, seiner göttlichen Sendung bewußte Prediger zur Verantwortung nach Rom vorgeladen; er erschien nicht und beachtete auch nicht das nunmehr vom Papst erlassene Predigtverbot. Als dann der Papst schließlich nach langem Zögern über den Mönch von San Marco die Exkommunikation verhängte (13. Mai 1497), achtete er sie nicht, da er sie als erschlichen und ungültig ansah; er setzte seine Predigttätigkeit fort, ja er wirkte nun auf ein Konzil hin, durch das die Absetzung des Papstes erfolgen sollte. Da wandte sich aber die Stimmung der wankelmütigen Florentiner, die nun mit dem Interdikt bedroht wurden, wider ihn; Savonarola wurde gefangen gesetzt, und obwohl der Papst seine Auslieferung begehrte, machte man ihm in Florenz den Prozeß, bei dem auch die Folterung angewendet wurde; er endete mit seiner Verurteilung. Am 23. Mai 1498 wurde das Todesurteil wider ihn und zwei seiner Anhänger vollstreckt. So endete der edle Mönch, dessen Absichten rein und lauter waren, und dessen kirchliche Treue außer Zweifel steht. Die Maßlosigkeit seiner leidenschaftlichen, phantastischen Natur und sein Übergreifen auf das politische Gebiet sowie sein Ungehorsam gegen den Papst, dessen Wandel in so traurigem Gegensatz stand zu dem sittlichen Adel des aszetischen Dominikaners, haben seinen tragischen Untergang herbeigeführt.

Wie fest gegründet noch die Autorität des apostolischen Stuhles war, trotz der persönlichen Unwürdigkeit des Inhabers desselben, ergibt sich daraus, daß Spanien und Portugal den Schiedsspruch des Papstes anriefen, um den Streit über die von Christoph Kolumbus neuentdeckten Länder zu schlichten; so grenzte Alexander VI. am 3. Mai 1493 durch Festsetzung der berühmten Demarkationslinie die Interessensphären der beiden Reiche ab und schuf dadurch die Grundlage für eine friedliche Aufteilung der neuentdeckten Länder, in denen nun auch alsbald die Missionstätigkeit mit großem Eifer einsetzte. — Was schließlich des Papstes Verhältnis zur Kunst betrifft, so muß wenigstens der

Alexander VI.
Rodrigo Borja, Spanier aus Xativa (Katalonien).
1492—1503

Julius II.
Giuliano della Rovere, Italiener aus Savona (Piemont).
1503—1513

Ausmalung der Privatwohnung des Papstes, des Appartamento Borja, durch Pinturichio gedacht werden.

Nach dem Tode des Borgiapapstes erhob die Wahl des Kardinalkollegiums Francesco Piccolomini, einen Neffen Pius' II., auf den päpstlichen Stuhl; zu Ehren des Oheims nannte er sich **Pius III.** (1503). In den langen Jahren seines Kardinalates hatte er sich als Protektor der deutschen Nation stets als aufrichtigen Freund der Deutschen bewährt. Die frohen Erwartungen, mit denen man angesichts der bewährten Tüchtigkeit und Würdigkeit des Erwählten und seiner guten Vorsätze, das neue Pontifikat begrüßt hatte, konnten sich nicht erfüllen, da Pius schon nach 26 Tagen starb.

Im Konklave einigten sich die Stimmen der Wähler nicht ohne simonistische Umtriebe sehr rasch auf Kardinal Giuliano della Rovere, den Neffen Sixtus' IV.; er wählte den Namen **Julius II.** (1503—1513). War während seines Kardinalats sein Wandel derart gewesen, daß er, wie der der meisten Prälaten jener Zeit, zu ernsten Ausstellungen gerechten Anlaß bot, so hat er doch als Papst im Gegensatz zu Alexander VI. ein einwandfreies Leben geführt. Freilich, ein Hoherpriester und Seelenhirt ist auch er nicht gewesen; er war eine durchaus politisch gerichtete Persönlichkeit, ein König und Feldherr. An geistigen Fähigkeiten und körperlicher Leistungsfähigkeit überragte er, eine wahre Titanennatur, bei weitem das Durchschnittsmaß. Gewaltige Willenskraft, unbezähmbare Energie und rastlose Schaffenslust zeichneten ihn aus; der Beiname „Il Terribile", der ihm gegeben wurde, sollte das Außerordentliche und Überwältigende dieses Kraftmenschen zum Ausdruck bringen. — Das Programm seines Pontifikates war zunächt die Wiederherstellung, Befestigung und Erweiterung des Kirchenstaates — nicht zum Zweck der Bereicherung seiner Familie; denn von Nepotismus hielt sich der Papst im allgemeinen frei; der festgefügte Kirchenstaat sollte vielmehr dem päpstlichen Stuhle die Unabhängigkeit und ein auf sicherer Macht beruhendes Ansehen sichern. Mit eiserner Konsequenz und zielbewußt, nicht achtend all der sich entgegenstellenden Hindernisse, hat Julius II. dieses große Ziel verfolgt, und so wurde er wirklich der Wiederhersteller des Kirchenstaates und der Retter des Papsttums. Die Vorwürfe, die man dieserhalb dem Papst gemacht hat, gehen im Grunde darauf hinaus, daß man die Notwendigkeit der weltlichen Herrschaft der Päpste bestreitet, obschon gerade damals der weltliche Besitz als Stütze der geistlichen Gewalt schier unerläßlich erschien.

Die Lage im Kirchenstaat war beim Regierungsantritt Julius' II. überaus schwierig; aber das umsichtige und energische Vorgehen des Papstes führte bald einen Umschwung herbei. Es gelang ihm zunächst, dem gefährlichen Cesare Borgia die Macht zu entwinden; dessen Herzogtum kam wieder unter die unmittelbare päpstliche Herrschaft; im Jahre 1507 fand dann der Papstsohn in einer Fehde in Frankreich den Tod. Dann wurden Perugia, wo die Baglioni, und Bologna, wo die Bentivogli sich der Herrschaft bemächtigt hatten, durch des Papstes kühnes Vorgehen dem Kirchenstaat zurückgewonnen. Schwieriger war es, den Venetianern, deren Streben nach der Herrschaft über die Romagna ging, die Städte und Landstriche des Kirchenstaates wieder zu entreißen, deren sie sich in skrupelloser Ausnützung der Wirren der letzten Jahre im Kampfe gegen Cesare Borgia bemächtigt hatten. Da durch Verhandlungen gegenüber der Ländergier Venedigs nichts zu erreichen war, trat schließlich der Papst im März 1509 der Liga von Cambrai bei, zu der sich M a x i m i l i a n I., der seit 1508 mit des Papstes Zustimmung den Titel eines „e r w ä h l t e n r ö m i s c h e n K a i s e r s" angenommen hatte, mit dem französischen König und mit Spanien zusammengeschlossen hatte, um Venedig zur Herausgabe seiner Eroberungen zu zwingen. Durch die Truppen der Liga erlitten die Venetianer, über die Julius II. die große Exkommunikation verhängt hatte, bei Agnadello eine vernichtende Niederlage. Nun war Venedig zum Ausgleich mit dem Papst bereit. Gegen Herausgabe der widerrechtlich besetzten Gebiete der Romagna und Verzicht auf weitere Eingriffe in kirchliche Gerechtsame und Privilegien nahm der Papst die verhängten Zensuren zurück. Zur Vernichtung Venedigs seine Hand zu bieten, wie sie seine Bundesgenossen erstrebten, hatte Julius II. keinen Anlaß und kein Interesse.

Karl VIII., König von Frankreich regierte 1483—1498, ist durch seinen Kriegszug nach Neapel, das er ebenso wie Rom eroberte, lange Zeit für die Politik der italienischen Staaten bestimmend gewesen.

Was den Papst zu einem billigen Friedensschluß mit Venedig bewog, war die gefährliche Machtstellung Frankreichs in Italien, das Mailand in seine Gewalt, Florenz, Ferrara und Genua in Abhängigkeit gebracht und auch — allerdings ohne Erfolg — in Neapel seine Herrschaft aufzurichten versucht hatte; dadurch war die Unabhängigkeit des Papstes und Italiens aufs schwerste bedroht. Mit der ihm eigenen unbeugsamen Entschlossenheit und Furchtlosigkeit ging Julius II. nun an diese neue große, überaus schwierige Aufgabe. Der Bruch mit Frankreich wurde eingeleitet durch das Vorgehen des Papstes gegen seinen mit Frankreich verbündeten Vasallen, den Herzog Alfonso d'Este in Ferrara, der in päpstliche Hoheitsrechte und kirchliche Gerechtsame eingegriffen hatte; er wurde gebannt und seiner Lehen für verlustig erklärt. L u d w i g XII., aufs äußerste erbittert, begnügte sich daraufhin nicht mit kriegerischem Vorgehen; er wollte den Papst auch mit geistlichen Waffen schlagen. Eine französische Nationalsynode zu Tours (September 1510) beriet offen über die Maßnahmen, die man gegen den Papst zu ergreifen gedachte. Im Einvernehmen mit dem französischen König beriefen einige Kardinäle, die aus verschiedenen Gründen mit der Politik Julius' II. unzufrieden waren und sich nach Frankreich geflüchtet hatten, für den 1. September 1511 ein allgemeines Konzil nach Pisa. Auch Maximilian I., der wegen des Friedensschlusses des Papstes mit Venedig gegen diesen erbittert war,

war mit dem Konzilsplan einverstanden. Maximilian verfolgte damals überdies den abenteuerlichen Gedanken, sich nach dem Ableben Julius' II., mit dessen Tod man gerade einer schweren Krankheit wegen rechnete, sich der Tiara zu bemächtigen, um die beiden höchsten Würden der Christenheit in seiner Hand zu vereinen. Die Lage des Papstes war überaus bedrohlich; denn auch die kriegerischen Ereignisse hatten für ihn, der selbst im Feldlager weilte und den Feldzug leitete, eine ungünstige Wendung genommen; Bologna war an die Feinde verlorengegangen. Aber Julius II. ließ sich keineswegs entmutigen. Um seinen Gegnern die Waffe des Konzils aus der Hand zu schlagen, berief er selbst für den 19. April 1512 eine allgemeine Synode in den Lateran; die Berufungsbulle dieses 18. **allgemeinen Konzils** vom 18. Juli 1511 erklärte, daß nur die Kriegswirren und das Unglück Italiens bisher die Berufung verhindert hätten, zu der die Wahlkapitulation den Papst verpflichtet hatte. Die Berufung der Piseran Synode wurde vom Papst für null und nichtig erklärt. Trotzdem trat diese zusammen; bei sehr geringer Beteiligung wurden in Pisa, dann in Mailand einige Sitzungen abgehalten, aber irgend welche Bedeutung vermochte die Synode nicht zu erlangen; um ihre Beschlüsse kümmerte sich niemand.

Stärker be-

Papst Leo X. (1513—1521)
war ein ausgezeichneter *Staatsmann* und *Diplomat*, ein fein gebildeter, für alle schönen Künste hochbegeisterter Kirchenfürst. Um die Mittel zum *Ausbau der Peterskirche* zu gewinnen, ließ er einen Ablaß ausschreiben, der nicht zum geringsten die seit dem Oktober 1517 von *Luther* öffentlich betriebene *Abfallbewegung in Deutschland* auslöste.

König Ludwig XII.
folgte 1498 Karl VIII. in der Regierung; er starb 1515. Er berief gegen Papst Julius II. ein unrechtmäßiges Konzil nach Pisa.

sucht war des Laterankonzil; wenn Frankreich sich auch zurückhielt, so war um so wichtiger, daß schon in der 3. Sitzung Bischof Matthäus Lang von Gurk als Vertreter Kaiser Maximilians die Lossagung vom Pisanum und den Beitritt zum Laterankonzil erklärte; erst unter dem folgenden Pontifikat erschienen auch französische Prälaten, so daß damit die Pisaner Synode auch von Frankreich preisgegeben und das Schisma beseitigt war. Die fünfte allgemeine Lateransynode, die erst am 16. März 1517 geschlossen ward, hat eine Anzahl heilsamer Reformdekrete erlassen. Aber es fehlte am Wichtigsten: sie wurden nicht beachtet und nicht durchgeführt. Doch konnte das Tridentinum später auf dieselben bei seiner Reformarbeit zurückgreifen.

Um aber gegen die französische Bedrohung sich auch mit Waffengewalt sichern zu können, verband sich der Papst mit seiner bisherigen Feindin Venedig und mit Spanien, das ja gleichfalls ein dringendes Interesse an der Zurückdämmung der französischen Macht hatte, in der sogenannten Heiligen Liga (Oktober 1511). Das Waffenglück entschied gegen die Truppen der Liga; sie erlitten bei Ravenna (11. April 1512) eine schwere Niederlage. Aber der ausgezeichnete Feldherr der Franzosen war im Kampfe geblieben, und das Eingreifen der Schweizer in den Kampf, die unter der Führung des Kardinals Schinner standen, führte zu einer Wendung der Kriegslage; als nun auch Maximilian und England sich der Liga näherten, mußte das französische Heer aus Italien weichen. Die französische Herrschaft in Italien wurde beseitigt und damit war auch dieses große Ziel Julius' II. erreicht. Auf dem Kongreß zu Mantua erfolgte die Regelung der italienischen Verhältnisse: Florenz kam wieder unter die Herrschaft der Medici, Mailand unter die Sforza, Parma, Piacenza und Reggio wurden dem Kirchenstaat einverleibt. — Gegenüber den eben geschilderten Aufgaben, zu deren Lösung Julius II. die Zeitumstände wie auch die eigene Neigung und Veranlagung drängten, trat seine innerkirchliche Tätigkeit allzusehr zurück. Erwähnung verdient vor allem seine strenge Bulle vom 14. Januar 1504, die, durch die schlimmen Vorgänge bei der Wahl seines Vorgängers veranlaßt, **jede simonistische Papstwahl für nichtig erklärt** und die simonistischen Wähler mit den schwersten Kirchenstrafen bedroht.

Dadurch, daß Julius II. den Kirchenstaat wiederherstellte und nach Jakob Burckhardts Wort dadurch der „Retter des Papsttums" wurde, ist ihm der Rang unter den bedeutendsten Päpsten aller Zeiten gesichert. Es ist aber der beste Beweis für die **geniale Universalität dieses Papstes**, daß er inmitten all der politischen und kirchlichen Unruhen und Bedrängnisse in großartigster Weise die **Künste zu fördern** vermochte. Sein Pontifikat ist umstrahlt vom unsterblichen Glanz großzügigen Mäzenatentums. Die Namen Bramante, Michel-

Pius III.
Francesco Piccolomini, Italiener aus Siena.

Leo X.
Giovanni Medici, Sohn des Lorenzo, Florenz.
1513—1521

angelo und Raffael sind für immer dem Namen des großen Roverepapstes verbunden; er zog sie in seine Dienste und stellte ihnen in seinen Aufträgen die höchsten Aufgaben. Durch Bramante wurde der Riesenplan eines Neubaues der altehrwürdigen, aber baufälligen Peterskirche entworfen, der in Form eines gleicharmigen griechischen Kreuzes mit riesiger Zentralkuppel gedacht, an Ausdehnung und Pracht alle Kirchen des Erdkreises überstrahlen sollte; am 18. April 1506 nahm der Papst selbst die feierliche Grundsteinlegung vor. Auch im Vatikan wurden nach Bramantes Plänen großzügige Neubauten begonnen. Im Cortile di Belvedere wurden antike Skulpturen, darunter auch die damals in den Titusthermen ausgegrabene Laokoongruppe aufgestellt. In Rom selbst geschah viel zur Verschönerung der Stadt durch Neubauten und Straßenanlagen. — Während Raffael die als Stanzen bekannten Wohnräume des Papstes mit seinen herrlichen Fresken schmückte, schuf Michelangelo die gewaltigen Deckengemälde der Sixtinischen Kapelle. Dann sollte er noch zu Lebzeiten des Papstes ein riesiges Grabmonument desselben schaffen; in der ursprünglich geplanten Großartigkeit ist es nicht vollendet worden; nach vereinfachtem Plan ausgeführt, fand es seinen Platz in San Pietro in Vincoli; sein Hauptschmuck ist die weltberühmte Mosesstatue.

Mitten aus rastlosem Schaffen und neuen Plänen raffte der Tod Julius II. hinweg (20. Februar 1513). Ihm folgte nach kurzem Konklave der Sohn Lorenzos des Erlauchten Medici, Giovanni Medici als **Leo X.** (1513—1521); auf Betreiben seines Vaters war er von Innocenz VIII. schon im 14. Lebensjahre ins Kardinalskollegium aufgenommen worden; seine politische Laufbahn hatte begonnen, als Julius II. ihn als Legaten an die Spitze des Heeres stellte, das die Franzosen aus Italien vertreiben sollte; in der unglücklichen Schlacht von Ravenna geriet er selbst in die Gefangenschaft der Feinde; er vermochte aber zu entfliehen, und bald danach hatte er die Freude, daß seine Familie nach Florenz zurückkehren und ihre Herrschaft daselbst wieder aufrichten konnte. Leo X. war ein feingebildeter Mann, heiterem Lebensgenuß ergeben, ein freigebiger Gönner der Künstler und Gelehrten, prachtliebend und auf Erhöhung und Versorgung seiner Familie mehr als billig bedacht.

Wie schon erwähnt, ist unter Leo X. das **fünfte Laterankonzil** fortgesetzt worden; es gelang nunmehr, die letzten Reste des an das Pisaner Konziliabulum sich anschließenden Schismas zu beseitigen. Als **Franz I.**, der Nachfolger Ludwigs XII., durch den Sieg bei Marignano über die Schweizer Mailand wieder für Frankreich zurückgewonnen hatte, mußte der Papst Parma und Piacenza wieder abtreten; aber nachdem er sich rasch entschlossen hatte, einen Wechsel seiner Politik durch den Anschluß an Frankreich vorzunehmen, gelang es ihm, in einer persönlichen Zusammenkunft mit dem französischen König zu Bologna wichtige Zugeständnisse auf kirchenpolitischem Gebiet zu erzielen. Franz I. verzichtete auf die von Ludwig XII. wieder in Kraft gesetzte pragmatische Sanktion von

Bourges, und es wurde in den Grundzügen **ein Konkordat** vereinbart, das dann zugleich mit der Verurteilung der pragmatischen Sanktion vom Laterankonzil feierlich bestätigt wurde (19. Dezember 1516). Allerdings nötigte das Konkordat auch den Papst zu schwerwiegenden Opfern und Zugeständnissen; so erhielt die französische Krone das volle Ernennungsrecht für alle Konsistorialbenefizien (Bistümer und Abteien); dem Papst blieb nur das Besetzungsrecht auf Grund des Devolutionsrechtes und der Vakanz in curia, sowie eine beschränkte Anzahl von Provisionen; auch sollten alle Rechtsfragen, ausgenommen nur die causæ maiores, in Frankreich erledigt werden. Angesichts der großen Zugeständnisse, die das Konkordat dem französischen König einräumte, dem durch dasselbe eine weitgehende Herrschaft über die französische Kirche zugebilligt wurde, versteht man es sehr wohl, daß das Kardinalskollegium anfänglich große Bedenken hatte, dem Konkordat zuzustimmen. Aber andererseits war es doch ein nicht zu unterschätzender Erfolg, daß Frankreich die endgültige, päpstlicherseits so lange vergebens erstrebte Beseitigung der pragmatischen Sanktion, die auch nach ihrer formellen Aufhebung unter Pius II. maßgebend für die französische Kirchenpolitik geblieben war, gewährte und damit aus seiner halbschismatischen Stellung zur Anerkennung der päpstlichen Autorität zurückkehrte. Daß wirklich das Konkordat als Erfolg der Kurie gewertet werden darf, läßt sich am besten daraus entnehmen, daß **in Frankreich die Opposition gegen das Konkordat, das nun bis zur französischen Revolution die Rechtsgrundlage der Beziehungen zwischen Staat und Kirche** bildete, nicht verstummen wollte.

Nach Beilegung der Schwierigkeiten mit Frankreich kam es im Pontifikat Leos X. zu langwierigen Kämpfen um das Herzogtum Urbino. Dieses wollte der Papst dem Herzog Francesco della Rovere, einem Nepoten Julius' II., entziehen, da dieser im Einvernehmen mit Frankreich gestanden hatte, anstatt seinem päpstlichen Lehensherrn Heeresfolge zu leisten. Die Absicht des Papstes war es, das Herzogtum seinem Vetter Lorenzo Medici zu verleihen. Die Eroberung des Herzogtums machte aber große Schwierigkeiten und ver-

Maximilian I. (1459—1519) und seine Braut Maria von Burgund
Gegen den Willen seines Vaters Friedrich III. im Jahre 1486 zum römischen König gewählt, war Maximilian, „der letzte Ritter", eine der stärksten Stützen des Papstes Alexander VI. gegen die Pläne des französischen Königs Karl VIII.
(Das Bild ist ein Ausschnitt aus einer zeitgenössischen Zeichnung in Macke, Deutsche Geschichte.)

schlang große Geldsummen. Und mochte sich immerhin das Vorgehen gegen den Herzog juristisch wegen der Verletzung der Lehenspflicht rechtfertigen lassen, so wurde es doch als ungerecht und schmählich empfunden, zumal die Medici zur Zeit ihrer Verbannung die Gastfreundschaft des Urbinaten genossen hatten; über den eigentlichen Grund des Vorgehens gegen den Herzog konnte ja auch niemand im unklaren sein; das Herzogtum sollte eben dem Papstneffen verschafft werden. Die Verstimmung und der Unwille, die gegen den Papst auch in Kardinalkreisen um sich gegriffen hatten, reizten einen Kardinal, Alfonso Petrucci, der obendrein persönlich durch die Vertreibung seines Bruders aus Siena durch den Papst verletzt war, zu einem M o r d a n s c h l a g gegen denselben. Der Plan des Giftmordes wurde aber rechtzeitig entdeckt; Petrucci wurde hingerichtet, die drei mitverschworenen Kardinäle erkauften mit gewaltigen Geldsummen Verzeihung. Das Ereignis eröffnete einen trostlosen und erschreckenden Einblick in die tiefe Verderbtheit, die bis in die höchsten kirchlichen Kreise vorgedrungen war. Nach dem Gesagten wird man sich nicht wundern, daß von einer innerkirchlichen Wirksamkeit des Papstes, namentlich von einer Reformarbeit, so gut wie nicht die Rede sein konnte.

In das Pontifikat Leos X. fällt das Auftreten M a r t i n L u t h e r s. Das Vorgehen gegen denselben, das im einzelnen nicht frei von Schwankungen war, und auf das Rücksichten kirchenpolitischer Natur starken Einfluß ausübten, gipfelte in der Bannandrohungsbulle „Exurge Domine" vom 15. Juni 1520, durch die 41 Sätze aus Luthers Schriften zensuriert wurden, und, da der geforderte Widerruf nicht erfolgte, in der Verhängung des Bannes durch die Bulle „Decet Romanum Pontificem" vom 3. Januar 1521. Aber die Tragweite und ganze Gefährlichkeit der durch Luther in Deutschland hervorgerufenen Bewegung wie deren tiefste Ursachen hat der Papst nicht erkannt. Er war zu sehr in die politischen Wirren und Händel verstrickt; gerade in der Zeit, da die Sache Luthers die ganze Aufmerksamkeit des Oberhirten der Christenheit hätte in Anspruch nehmen müssen, beschäftigte ihn vornehmlich die Frage der Nachfolge im Kaisertum; man kann seiner Politik in dieser Frage den Vorwurf der Hinterhältigkeit nicht ersparen. Und nicht leichter wiegt die Anklage, daß der Medicipapst persönlich allzuviel allerlei Vergnügungen, dem Spiel, Theater, der Jagd und ästhetischen Genüssen ergeben war, so daß er die eigentlichen Aufgaben seines hohen Amtes aus den Augen verlor. In der Hinsicht ist es recht bezeichnend, daß die Zeitgenossen nicht von ihm als dem Papst, dem geistlichen Herrscher sprechen, sondern von dem Principe, dem Fürsten, dem Politiker, dem Mäzen der Künste. Wenn die Worte, die Leo X. nach seiner Wahl gesprochen haben soll: „Lasset uns das Papsttum genießen, da Gott es uns verliehen hat", nicht echt sein sollten, — sie kennzeichnen jedenfalls treffend seine Gesinnung und die ganze Tendenz seines Pontifikates. So war es eine schwere Prüfung für die Kirche, daß ein solcher Papst an ihrer Spitze stand, als die schwerste Krisis über sie hereinbrach. „Viele waren der Meinung", so schrieb damals Sigismondo Tizio, ein der Kirche treuergebener Kanonikus in Siena, „es stehe schlecht um die Kirche, da das Haupt derselben sich an Spiel, Musik, Jagd und Narrenpossen erfreut, statt weise an die Not der Herde zu denken und das Unglück derselben zu beweinen. Das Salz der Erde ist schal geworden, und nichts anderes bleibt übrig, als daß es hinausgeworfen und von den Menschen zertreten werde."

DAS PAPSTTUM IM ZEITALTER DER REFORMATION

Der große Gegensatz zwischen Frankreich und der habsburgischen Macht, der die ganze europäische Politik beherrschte, seit Karl V. die österreichisch-burgundischen und die spanisch-amerikanischen Länder in seiner Hand vereinte und dann noch die Kaiserwürde erlangt hatte, schlug seine Wellen auch in das Konklave, das nach dem ziemlich plötzlichen Tode Leos X. (1. Dezember 1521) zusammentreten mußte. Da keine der beiden sich schroff gegenüberstehenden Parteien für ihren Kandidaten die Zweidrittelmajorität zu erreichen vermochte, wurde einer der abwesenden Kardinäle, Kardinal Hadrian, Bischof von Tortosa, zum Papst erwählt. Hadrian, der seinen Namen als Papst beibehielt — er ist der sechste dieses Namens, — ist der letzte deutsche, zugleich aber auch der letzte nichtitalienische Papst. **Hadrian VI.** (1522 bis 1523), als schlichter Leute Kind zu Utrecht geboren, war von Kaiser Maximilian zum Erzieher seines Enkels, des späteren Karls V., berufen. Rasch stieg er dann, bald zu wichtigen politischen Sendungen verwen-

Papst Hadrian VI. (1522—1523) ist der letzte deutsche Papst gewesen. Wegen des Nachdruckes, mit dem er an Stelle der üppigen Verschwendungssucht mehrerer seiner Vorgänger äußerste Sparsamkeit und eine durchgreifende Reform der verweltlichten Kurie forderte, hat er sich in Rom und Italien heftige Gegnerschaft zugezogen.

Karl V., deutscher Kaiser und König von Spanien
(1500—1558)
im Jahre 1520 zu Aachen gekrönt, hatte in Deutschland mit der religiösen Zerklüftung zu kämpfen, der er weder durch Strenge noch durch Mäßigung und Verhandlungen Herr werden konnte.

det, zu kirchlichen Ehrenstellungen empor. Er war in Spanien als Statthalter Karls V. tätig, als ihn die Kunde von seiner Wahl erreichte. Nur das Pflichtgefühl ließ ihn im Vertrauen auf Gottes Hilfe die Wahl annehmen. Mit unnachsichtlicher Strenge begann Hadrian, der selbst durch Einfachheit, Schlichtheit und Frömmigkeit allen voranleuchtete, die Reform der verweltlichten Kurie. Äußerste Sparsamkeit und Zurückhaltung in Erteilung von Gnaden trat an die Stelle der sorglosen Freigebigkeit und üppigen Verschwendungssucht des Medicipapstes. Daraus erklärt sich der wütende Haß, mit dem der neue Papst bald verfolgt wurde, der allerdings auch aus der nationalen Abneigung gegen ihn als Deutschen Nahrung zog.

In die deutschen Verhältnisse griff Hadrian ein durch die Sendung des Nuntius Chieregati zu dem Reichstag, der für den 1. September 1522 nach Nürnberg berufen war. Der Auftrag des Legaten ging dahin, die endliche Durchführung des Wormser Ediktes zu fordern, durch das Luther in des Reiches Acht erklärt worden war. Mußte der Papst angesichts der Hartnäckigkeit Luthers darauf bestehen, so zeugte es von dem Ernst und der Einsicht des Papstes, daß er offen erklären ließ, alles, was mit Recht Anstoß erregt habe, aus dem Wege räumen zu wollen. Mit erstaunlicher, unerhörter Offenheit sprach nämlich die Instruktion des Legaten, die dieser den Reichsständen zur Kenntnis brachte, über die Gründe des Abfalls, über die Verderbnis der Kirche: Gott lasse die Verfolgung der Kirche geschehen wegen der Menschen und sonderlich der Priester und Prälaten Sünden; auch an der Kurie sei seit langem vieles Verabscheuungswürdige vorgekommen, und so habe sich die Krankheit vom Haupt auf die Glieder, von den Päpsten auf die Prälaten verpflanzt; ... deshalb sollst du in unserm Namen versprechen, daß wir allen Fleiß anwenden wollen, damit zuerst der römische Hof, von welchem vielleicht alle diese Übel ihren Anfang genommen, gebessert werde; dann wird, wie von hier die Krankheit gekommen ist, auch von hier die Gesundung beginnen. Daß dem Schritt des Papstes kein Erfolg beschieden war, da auf dem Reichstag die Durchführung des Wormser Ediktes wieder hinausgeschoben wurde, darob kann man den Papst nicht schelten; denn „nicht das Geständnis der Sünde entehrt, sondern die Sünde". Die Gegensätze waren inzwischen zu groß geworden, als daß sie noch hätten überbrückt werden können; auf seiten der Neuerer war man entschlossen, es zum Bruch kommen zu lassen.

Es war nicht bloß die Sorge um die Kirchenreform und wegen der **Neuerung in Deutschland**, die auf Hadrian lastete. Das gewaltige Ringen zwischen Franz I. von Frankreich und Karl V., das im Jahre 1521 begonnen hatte, dauerte fort, obwohl die Einigkeit der christlichen Nationen dringend nötig gewesen wäre gegenüber der **immer bedrohlicher werdenden Türkenmacht**. 1521 wurde Belgrad von ihnen gewonnen, 1522 Rhodus, das die kleine Schar der Johanniterritter mit Heldenmut lange verteidigt hatte. Unverdrossen hat Hadrian sich immer wieder bemüht, den Frieden zwischen den beiden mächtigen Gegnern herbeizuführen, damit dann mit vereinten Kräften der Erbfeind der Christenheit abgewehrt werden könne. Obwohl von beiden Parteien umworben, hielt der Papst dieses großen Zieles wegen trotz aller Schwierigkeiten an seiner unparteiischen Haltung fest. Erst als dem Papst die Aussöhnung zwischen dem Kaiser und Venedig gelang, gab dies Frankreich, das vergebens die Verständigung zu hintertreiben sich bemüht hatte, den Anlaß zum Bruch mit dem Papst, der nun mit dem Kaiser ein Defensivbündnis schloß. Wenige Wochen später starb Hadrian VI. (14. September 1523), allzu früh für die Kirche. Durch sein kurzes Pontifikat zog sich eine Kette von Unglücksfällen und Mißerfolgen. Aber diese entsprangen nicht seiner Schuld, sondern der Zeiten Ungunst. Darum darf eine gerechte geschichtliche Bewertung den letzten deutschen Papst nicht vom Standpunkt des Erfolges aus beurteilen; sie muß ihn werten nach dem Adel seiner Gesinnung, der Lauterkeit seines Wollens, der Reinheit seiner Absichten und seiner unwandelbaren Pflichttreue.

Aus dem Konklave, in dem wiederum der Gegensatz einer kaiserlichen und einer französischen Partei eine wichtige Rolle spielte, ging nach heftigem Wahlkampf ein Vetter Leos X., Kardinal Giulio de Medici, der bislang ein Freund des Kaisers gewesen war, als Papst hervor; er legte sich den Namen **Klemens VII.** (1523—1534) bei. Seine Wahl wurde allseitig mit großer Genugtuung und hoch gespannten Erwartungen begrüßt; denn als Kardinal hatte er sich durch seine staatsmännische

Papst Klemens VII. (1523—1534)
mußte es erleben, daß unter seinem Pontifikat die **Abfallbewegung** *nicht nur in* **Deutschland** *eine erschreckende Ausdehnung gewann, sondern auch die* **Schweiz** *und die* **nordischen Reiche***, schließlich sogar* **England***, sich von der katholischen Mutterkirche lossagten.*

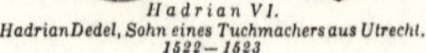

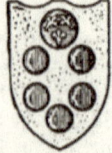

Hadrian VI.
Hadrian Dedel, Sohn eines Tuchmachers aus Utrecht.
1522—1523

Klemens VII.
Giulio de Medici, Sohn des Julian, Florenz.
1523—1534

Tätigkeit als Vizekanzler unter Leo X. berechtigtes Ansehen erworben. Unähnlich seinem Vetter Leo X., war Klemens in der Erfüllung seiner Amtspflichten äußerst gewissenhaft; voll Ernst und Arbeitsenergie widmete er sich, von bestem Willen erfüllt, den Geschäften, sich nur kärgliche Erholung gönnend. So bedeutete sein Pontifikat gegenüber der sorglosen Leichtfertigkeit eines Leo X. immerhin eine Wendung zum Besseren hin, wenn er auch im Gegensatz zu Hadrian VI. noch **viel zu sehr Politiker** — Politiker der Renaissance — und **viel zu wenig Reformpapst war.** Trotzdem sind die hohen Erwartungen, die man auf sein Pontifikat setzte, in keiner Weise erfüllt worden; trotz seiner mancherlei guten Eigenschaften war sein Pontifikat eines der unglücklichsten, das die Geschichte kennt. Die hauptsächlichste Ursache hierfür hat man in der ungewöhnlichen Unschlüssigkeit und Wandelbarkeit Klemens' VII. erblicken zu können vermeint, der, wenn etwas nicht nach Wunsch und seinen Berechnungen ging, kleinmütig und verzagt wurde, von den gefaßten Beschlüssen Abstand nahm und in unsicherem Hin- und Herschwanken den rechten Moment zum Handeln versäumte.

Das größte Unglück in seinem Pontifikat war, daß in diesen Jahren die **Abfallsbe-**

Papst und Kaiser im Krönungszuge zu Bologna
Als am 24. Februar 1530 *Papst Klemens VII. den Kaiser Karl V* zu Bologna feierlich krönte, da erhoffte man sich allgemein die Beendigung des schon so lange Deutschland verheerenden Religionskrieges. Es war die letzte Krönung eines deutschen Kaisers durch den Papst.

(Aus dem Kupferstichwerk von Hogenberg und Brenning. Im kgl. Kupferstich-Kabinett zu Berlin.)

Papst Paul III. (1534—1549) unterstützte nachdrücklich die schon bestehenden Orden; durch die Bestätigung des Jesuitenordens hat er dem neuzeitlichen Katholizismus den denkbar größten Dienst erwiesen. Als er ein allgemeines Konzil nach Trient einberief, schuf er damit die Grundlage für eine durchgreifende Kirchenreform.

wegung in Deutschland eine erschreckende Ausdehnung gewann, ja, daß sie über Deutschlands Grenzen hinaus auch die Schweiz und die nordischen Reiche erfaßte, und daß am Ende seiner Regierung auch England im Zusammenhang mit der Eheirrung Heinrichs VIII. sich von der katholischen Mutterkirche löste. Als Klemens VII. starb, hatte fast ein Drittel Europas sich von der katholischen Kirche losgesagt. Daß es dahin gekommen war, muß doch zum guten Teil dem zweiten Medicipapst zur Last gelegt werden; denn auch er hatte — allzu tief verstrickt in politische Unternehmungen — es unterlassen, seine ganze Kraft mit Hintansetzung aller weltlichen und dynastischen Rücksichten für die Kirchenreform einzusetzen, um so die große Abfallsbewegung zu beschwören; Machtund Besitzfragen verleiteten auch ihn gleich Leo X., die Hirtenpflichten zurückzustellen; beide Medicipäpste haben den tiefsten Grund des Übels nicht recht zu erkennen vermocht; darum griffen sie auch fehl in den Mitteln zu dessen Beseitigung.

Während Klemens VII. in der Zeit seines Kardinalates stets auf der Seite des Kaisers gestanden hatte, schloß er sich als Papst dem französischen König an, als diesem die Eroberung von Mailand geglückt war. Nachdem dann das Kriegsglück sich gewandt hatte und Franz I. in der unglücklichen Schlacht von Pavia (24. Februar 1525) selbst in die Hand Karls V. gefallen und zur Zustimmung zu den maßlosen Bestimmungen des Madrider Friedens (14. Januar 1526) genötigt worden war, führte die Furcht vor des Kaisers Übermacht alle Gegner desselben zu einem großen Bunde zusammen; besonders in Italien ersehnte man die Befreiung von der drückenden spanischen Fremdherrschaft. So trat denn auch der Papst der Heiligen Liga von Cognac (22. Mai 1526) bei. Vor Beginn der Feind-

Paul III.
Alexander Farnese, Römer. 1534—1549

Julius III.
Giovanni Maria del Monte, Römer. 1550—1555

seligkeiten haben sowohl der Papst als der Kaiser ihre Politik in Staatsschriften begründet, letzterer mit scharfen Angriffen auf den Papst, die in die Appellation an ein allgemeines Konzil ausklangen. Der Hauptangriff des kaiserlichen Heeres richtete sich zuerst gegen den Papst, der von seinen Bundesgenossen im Stich gelassen wurde. Am 6. Mai 1527 wurde Rom von den kaiserlichen Truppen erstürmt. Da dem Heer infolge des Todes des Konnetable Karl von Bourbon der Führer fehlte, kam es zu einer schonungslosen, grausamen **Plünderung der Ewigen Stadt** durch die verrohten Soldaten. Viele Kunstwerke und Handschriften sind bei diesem „Sacco di Roma", der das traurige Ende der römischen Renaissance bedeutete, vernichtet worden; auch Gotteshäuser, darunter sogar die Peterskirche, wurden entweiht; und den deutschen Landsknechten, unter denen viele Lutheraner waren, machte es besondere Freude, Papst und Kardinäle roh zu verspotten und Geistliche zu mißhandeln. Der Papst selbst geriet in die Gewalt des Siegers und wurde über ein halbes Jahr in der Engelsburg gefangen gehalten.

Zur **Aussöhnung zwischen Papst und Kaiser** kam es erst im Jahre 1529 in dem Vertrag von Barcelona. Dem Kirchenstaat wurden durch denselben einige kürzlich verlorene Gebiete wieder zugewiesen, und der Kaiser versprach dem Medicipapste die Beihilfe zur Restitution seiner Familie in Florenz; dafür erfolgte die Belehnung des Kaisers mit Neapel, und es wurde ihm die Kaiserkrönung versprochen. Das Einvernehmen erstreckte sich schließlich auch auf gemeinsames Vorgehen gegen die Neuerung in Deutschland und gegen die Türken. Im folgenden Jahre trafen dann Klemens VII. und Karl V. persönlich in Bologna zusammen. Am 24. Februar 1530 fand in San Petronio die feierliche Kaiserkrönung Karls V. statt.

Der Zwist zwischen Kaiser und Papst hatte der weiteren Ausdehnung und festeren Organisierung der Neuerung in

Martin Luther (1483—1546)
schlug am 31. Okt. 1517 an der Schloßkirche zu Wittenberg seine 95 Thesen an, die in kurzer Zeit eine allgemeine Abfallbewegung von der römischen Kirche in Deutschland auslösten.
(Nach einem Holzschnitt von Lukas Kranach d. Ä.)

Deutschland erheblich Vorschub geleistet; denn beide waren durch denselben in ihrer Aktionsfähigkeit aufs schwerste behindert worden, vor allem war dadurch Karl V. die Möglichkeit genommen, seinen Forderungen auf Durchführung des Wormser Ediktes Nachdruck zu verleihen. — Seit **Luther im Jahre 1518 an ein allgemeines Konzil appelliert** hatte, war die Konzilsfrage nicht mehr zur Ruhe gekommen; von den Reichstagen, wie zuletzt von dem zu Augsburg im Jahre 1530, wurde die Konzilsforderung übernommen und stets aufs neue wiederholt, und auch der Kaiser trat angelegentlich für Berufung einer allgemeinen Kirchenversammlung ein. Während des Pontifikates Klemens' VII. sind aber diese Konzilsbemühungen gescheitert. Die Schuld daran muß zu einem sehr erheblichen Teil dem Papst zur Last gelegt werden. Klemens VII. war dem Plan eines allgemeinen Konzils durchaus abgeneigt, und so hat er dem Drängen nach dem Konzil gegenüber die Berufung desselben stets hinauszuzögern gewußt. Diese Haltung des Papstes erklärt sich daraus, daß er in Erinnerung an die konziliare Bewegung des voraufgegangenen Jahrhunderts von einem Konzil mehr Schwierigkeiten und Schaden als Nutzen erwartete; sie war aber auch dadurch veranlaßt, daß dem tief in die politischen Wirren verstrickten Papst das Verständnis für die Größe der Gefahren abging, welche die an Luthers Namen anknüpfende Bewegung in sich barg, und daß überhaupt die religiös-kirchlichen Aufgaben gegenüber den politischen in unnatürlicher Weise in den Hintergrund traten.

Unter diesen Umständen konnte Ludwig von Pastor schreiben, es müsse als Glück für die Kirche bezeichnet werden, daß dem Medicipapst nicht eine längere Lebensdauer beschieden war. Am 25. September 1534 ist Klemens VII. gestorben; Ranke hat ihn den unheilvollsten aller Päpste genannt.

Die Pontifikate des ersten und mehr noch des zweiten Medicipapstes hatten gezeigt, daß es auf dem bisherigen Wege nicht mehr weiter ging, daß eine gründliche Umkehr vonnöten war, wenn die Kirche nicht noch größere Verluste treffen sollten. Die Bedeutung des folgenden Pon-

Ignatius von Loyola (1491—1556)
legte *1534* in Paris den Grundstock zum *Jesuitenorden,* dessen Regel *1540* durch Papst Paul III. feierlich bestätigt wurde.

tifikates **Pauls III.** (1534—1549) liegt nun darin, daß es — nach der kurzen Episode der Regierung des letzten deutschen Papstes — den Übergang bildet zu einer neuen, besseren und erfreulicheren Epoche in der Geschichte des Papsttums. In diesem Übergangscharakter des Pontifikates Pauls III. liegt es begründet, daß es einen zwiespältigen Charakter aufweist, indem die schlimmen, unkirchlichen Traditionen der Vergangenheit noch nicht überwunden sind, sondern noch mit den Strebungen einer neuen Zeit ringen. So ist Paul III. noch keineswegs ohne Einschränkung ein Papst der innerkirchlichen katholischen Reform gewesen. Das Vorleben des dem Geschlecht der Farnese entstammenden Papstes, der unter Alexander VI. ins Heilige Kollegium aufgenommen worden war, war nicht besser gewesen als das so vieler anderer Renaissanceprälaten. Und wenn dann auch schon in der Zeit seines Kardinalates eine Hinwendung zu sittlichem Ernst und kirchlicher Gesinnung eingetreten war, so hat er doch auch als

Der französische König Franz I., der bedeutendste politische Gegenspieler gegen die Politik des deutschen Kaisers Karl V.
(Nach einer Jugendarbeit von Leonardo da Vinci)

Papst die schlimmen Gewohnheiten eines damals so wenig passenden verweltlichten Treibens nicht völlig abzustreifen vermocht. Prunkvolle Feste wurden im Vatikan gefeiert, bei denen Possenreißer und Sängerinnen auftraten; man sah den Papst zu lärmenden Jagden ausziehen und an glänzenden Festlichkeiten seiner Nepoten teilnehmen. Der Hauptfehler Pauls III. war aber sein ungezügelter Nepotismus, sein Streben, seine Familie, Kinder und Enkel, zu erhöhen; so wurde des Papstes Enkel Ottavio Farnese mit Camerino und Nepi belehnt (1540), und im Jahre 1545 erhielt sein Sohn Pier Luigi Farnese Parma und Piacenza; zwei Enkel wurden ins Kardinalskollegium aufgenommen. Diese Familienpolitik hat die Kraft des Papstes ungebührlich in Anspruch genommen und ihn zum Schaden der kirchlichen Interessen in mancherlei Händel und politische Schwierigkeiten, vor allem in schwere Zerwürfnisse mit dem Kaiser, verstrickt.

Aber anderseits hat Paul III. doch in viel höherem Maße als seine Vorgänger den rein kirchlichen Angelegenheiten seine Fürsorge angedeihen lassen, und die innerkirchlichen Reformbestrebungen erfreuten sich seiner hingebenden, verständnisvollen Förderung. So hat er zunächst entscheidende Maßnahmen zur Reform der Kurie getroffen. Da infolge des seit Sixtus IV. stark verweltlichten Zustandes des Kardinalkollegiums die praktische Durchführung der Reformmaßnahmen die größten Schwierigkeiten machte, hat Paul III. durch mehrere Kardinalskreationen, in denen fast durchweg ausgezeichnete, durch Gelehrsamkeit und frommen, heiligmäßigen Lebenswandel ausgezeichnete Männer erhoben wurden, das Heilige Kollegium zu erneuern unternommen; es genügt, einige Namen zu nennen: Bischof Fisher von Rochester, Jacopo Simonetta, Gasparro Contarini, der seiner glänzenden Begabung und hervorragenden

Charaktereigenschaften wegen sich allgemein der höchsten Achtung erfreute, ferner Gian Pietro Caraffa, der Mitbegründer des Theatinerordens, Jacopo Sadoleto, Reginald Pole, Marcello Cervini, Federigo Fregoso, Tommaso Badia, Gregorio Cortese und der als Legat in Deutschland vielfach bewährte Giovanni Morone. So konnte man mit Recht urteilen, daß kaum jemals der oberste Senat der Kirche eine solche Vereinigung der edelsten, besten und geistvollsten Männer der Zeit gesehen habe wie das von Paul III. geschaffene Kardinalskollegium. Der Durchführung der Reform diente dann die Berufung einer neungliedrigen Reformkommission im Herbst 1536, von der die berühmte Denkschrift über die Verbesserung der Kirche (Consilium delectorum cardinalium et aliorum prælatorum de emendanda ecclesia) vorgelegt wurde, die mit großem Freimut und hohem sittlichem Ernst die Mißbräuche an der Kurie und in der Kirche sowie ihre Ursachen aufdeckte und tiefgreifende Maßnahmen zu deren Beseitigung forderte. Auf Grund der Denkschrift, die an dem aufrichtigen Reformwillen an der Kurie keinen Zweifel läßt, wurde auch mit der praktischen Ausführung der Reformvorschläge im einzelnen begonnen; vor allem aber lieferte das „goldene" Gutachten das Material und das Programm für die Reformarbeit des Tridentinischen Konzils.

Ein weiteres großes Verdienst des Farnesepapstes ist es, daß er die Reformbewegungen innerhalb der älteren Orden mit allem Eifer unterstützte und den damals neuentstehenden Orden, die von der unerschöpflichen Lebenskraft der katholischen Kirche Zeugnis gaben und zur inneren religiösen Erneuerung der katholischen Welt wertvollste Hilfe leisteten, seinen Schutz und seine Förderung angedeihen ließ, so

Papst Julius III. (1550—1555)
wurde durch das Heer des protestantischen Kurfürsten Moritz von Sachsen genötigt, die Arbeiten des Konzils von Trient zu unterbrechen. Für Deutschland ist seine Gründung des „Collegium Germanicum" in Rom von der segensreichsten Bedeutung geworden.

Kurfürst Moritz von Sachsen (1521—1553) war einer der gewalttätigsten Vorhämpfer der lutherischen Lehre. Durch sein Bündnis mit Frankreich verriet er Kaiser und Reich; mit Waffengewalt erwirkte er die Einstellung der Arbeiten des Konzils von Trient.

den Theatinern, Barnabiten, Somaskern, Ursulinen und dem Kapuzinerorden, der trotz schwerer Prüfungen und Krisen, die ihn anfänglich wiederholt in seiner Existenz bedrohten, bald zu großer Bedeutung emporstieg. Die Wirksamkeit all der genannten neubegründeten Orden sollte aber weit in den Schatten gestellt werden durch die von Ignatius von Loyola gestiftete Vereinigung von Regularklerikern, den Jesuitenorden. Und so ist der 27. September 1540, an dem Paul III. die Bestätigungsbulle der Gesellschaft Jesu „Regiminis militantis ecclesiæ" erließ, eine der wichtigsten Daten der Kirchengeschichte; auch weiterhin hat der Papst dem Jesuitenorden, dessen Anteil an der innerkirchlichen Reform des 16. Jahrhunderts und dessen Bedeutung für den ganzen neuzeitlichen Katholizismus nicht leicht überschätzt werden kann, sein Interesse und seine Gunst gewahrt.

Die Gefahren, die sich aus dem Übergreifen der Neuerung auf immer weitere Gebiete, namentlich auch in Frankreich und Italien, ergaben, veranlaßten die Einsetzung beziehungsweise Neuorganisation der römischen Inquisition oder des Heiligen Offiziums durch die Bulle „Licet ab initio" vom 21. Juli 1542. Die Aufgabe dieser aus sechs Kardinälen bestehenden, mit weitgehenden Vollmachten ausgestatteten Zentralbehörde sollte es sein, über die Reinerhaltung des Glaubens zu wachen und im Fall der Irrlehre oder des Verdachtes derselben gegen alle Beteiligten vorzugehen. Galt es mit Hilfe der Inquisition den Bestand der Kirche im Abendland zu schützen, so wurde vom Papst auch die Pflicht, für die Ausbreitung des christlichen Glaubens zu sorgen, keineswegs vernachlässigt. Die Missionstätigkeit, die damals, begünstigt durch die neuen Entdeckungen, infolge der hingebenden Wirksamkeit der Mendikantenorden und des Jesuitenordens, dessen Eintritt in die Missionsarbeit von epochemachender Bedeutung wurde, einen gewaltigen Aufschwung nahm, ist von ihm in dreifacher Hinsicht gefördert worden: „durch Unterstützung der Sendboten, durch Ausbau der Hierarchie und dadurch, daß er seinen Einfluß bei den Herrschern der betreffenden Länder für die Verbreitung des Christentumes in die Waagschale warf." (Ludwig von Pastor.)

Als das wichtigste Ereignis im Pontifikat Pauls III. muß es aber doch bezeichnet werden, daß unter ihm endlich das allgemeine Konzil von Trient eröffnet werden konnte und seine Arbeit begann, das Trienter Konzil, das der Hauptträger der kirchlichen Reform zu werden berufen war. Im Gegensatz zu Klemens VII. hat Paul III., der schon als Kardinal dem Konzilsgedanken durchaus geneigt war, von Anfang an sich aufrichtig und ernstlich um das Zustandekommen des so viel geforderten allgemeinen Konzils bemüht, das er mit Recht als seine Hauptaufgabe betrachtete. Daß trotzdem das Konzil, das von ihm zunächst nach Mantua (1536), dann nach Vicenza (1537) berufen worden war, erst nach wiederholter Verzögerung zusammentreten konnte, war vor allem durch die frivolen Intrigen Franz' I. von Frankreich verschuldet, sowie durch die ganze politische Entwicklung jener Jahre, die durch den Gegensatz zwischen dem französischen König und Karl V. maßgebend bestimmt war; zum guten Teil lag die Schuld aber auch an der ablehnenden Haltung der im Schmalkaldischen Bund geeinten protestantischen Fürsten, die früher so stürmisch nach einem Konzil verlangt hatten, und schließlich an der verfehlten Religionspolitik des Kaisers, der eine Zeitlang der trügerischen Hoffnung war, durch Religionsgespräche die religiöse Einheit Deutschlands herstellen zu können. So konnte erst durch die Bulle „Lætare Jerusalem" vom 19. November 1544 das Konzil berufen werden, und am 13. Dezember 1545 wurde die Synode im Dom von San Vigilio der alten deutschen Bischofsstadt Trient mit einem feierlichen Gottesdienst eröffnet. In das Pontifikat Pauls III. fällt nur die erste Periode des Konzils, die aber die bedeutungsvollste gewesen ist, sind doch in ihr neben einschneidenden Reformdekreten eine Reihe der wichtigsten dogmatischen Beschlüsse gefaßt worden; so wurde die Tradition als Glaubensquelle neben der Bibel erklärt, und der Kanon der Hl. Schrift wurde festgestellt; weitere dogmatische Dekrete des Konzils betrafen die Lehre von der Erbsünde sowie die allgemeine Lehre von den Sakramenten und die Lehre von der Taufe und Firmung. Den Höhepunkt erreichte das Konzil mit der sechsten Sitzung (13. Januar 1547), in der das berühmte allseitig als theologisches Meisterwerk anerkannte Dekret über die Rechtfertigung zur Verkündigung gelangte. — Schwere Zerwürfnisse zwischen Papst und Kaiser führten dann aber zur Verlegung des Konzils nach Bologna (11. März 1547) und schließlich zur Suspension und Auflösung der Synode.

Die Aufregungen, welche diese Entwicklung der Dinge mit sich brachte, dazu schwerer Ärger, den ihm die verwöhnten Nepoten bereiteten, beschleunigten den Tod des bis dahin, trotz seiner 82 Jahre, rüstigen Greises († 10. November 1549).

Aus dem Konklave, das sich infolge des Eingreifens der großen Mächte und deren gegensätzlicher Stellung zur Konzilsfrage fast ein Vierteljahr hinzog, ging schließlich der bisherige Konzilspräsident Kardinal Giovanni Maria del Monte infolge des Zusammenwirkens der französischen Partei mit den Anhängern der Farnese als Papst hervor. In dankbarer Erinnerung an Julius II., der ihm den erzbischöflichen Stuhl von Siponto verliehen hatte, nannte er sich **Julius III.** (1550—1555). Seine Wahl war nicht nach dem Sinn der streng kirchlichen Richtung; denn des neuen Papstes ganze Art zeigte, daß die schlimmen Traditionen der Renaissancepäpste noch keineswegs ausgestorben waren. Julius III. liebte prunkvolle Feste und Gastmähler; er zog auf die Jagd und hielt sich Hofnarren; er wohnte gewagten Schaustellungen bei und hielt sich auch nicht frei von Nepotismus; das größte Ärgernis erregte er dadurch, daß er den sittlich verkommenen, erst 17 Jahre alten Innocenzo del Monte ins Kardinalskollegium aufnahm. Aber anderseits war er doch nicht ohne Verständnis für die kirchliche Lage, und die Reformbestrebungen erfreuten sich seiner eifrigen Förderung. — Gemäß der in seiner Wahlkapitulation übernommenen Verpflichtung tat Julius III. sofort Schritte zur Wiederaufnahme des Trienter Konzils und ließ sich auch durch die Intrigen Heinrichs II. von Frankreich, der ebenso die Fortsetzung des Konzils wie die Einigung des Papstes mit Karl V. zu hintertreiben bemüht war, nicht beirren. Am 1. Mai 1551 wurde das Konzil von Trient mit der

11. Sitzung wieder eröffnet. Neben Reformdekreten waren es vor allem die hochwichtigen Dekrete über die Lehre von der heiligen Eucharistie, die nach eingehenden Beratungen zur Annahme gelangten. Die Konzilsarbeiten waren im erfreulichen Fortschreiten, und die Ankunft von Vertretern verschiedener deutscher protestantischer Stände, die den Bemühungen Karls V. zu danken war, erweckte frohe Hoffnungen: da nötigte der Verrat des Kurfürsten Moritz von Sachsen, dessen heranrückendes Heer das Konzil bedrohte, zur Unterbrechung des Konzils. Damit war ohne Schuld des Papstes die kirchliche Aufgabe seines Pontifikates gescheitert. Im Zusammenhang damit stand, daß auch den Bemühungen des Papstes, im Verein mit dem Kaiser dem mit Frankreich verbündeten Farnese Parma zu entreißen, der Erfolg versagt blieb.

Die „Villa di Papa Giulio" vor der Porta del Popolo in Rom, wurde 1553 von Vignola für Papst Julius III. erbaut. Heute ist in diesem prunkvollen Bau das äußerst sehenswerte Etruskische Museum untergebracht.

Daß infolge dieser Fehlschläge des Papstes Tatkraft eine erhebliche Einbuße erlitt, nimmt nicht wunder, aber die auf Ranke zurückgehende geläufige Vorstellung, als ob Julius III. von da an sich auf seiner prächtigen Villa vor der Porta del Popolo völlig seiner Neigung zum bequemen Leben hingegeben habe, ist nach Ludwig von Pastors Nachweisen nicht ganz zutreffend. So hat er auch nach der Vertagung des Tridentinums die Bemühungen um Kirchenreform, namentlich durch Inangriffnahme der Reform mehrerer Kurialbehörden wie der Datarie und Signatura gratiæ, fortgesetzt und den in der Kirche wirkenden Reformkräften sein tätiges Wohlwollen zugewandt, so dem Jesuitenorden, dessen Privilegien er bestätigte und ergänzte. Von großer, segensreicher Bedeutung für die Zukunft der katholischen Kirche in Deutschland wurde die Gründung des Collegium Germanicum in Rom durch den Papst (31. August 1552), das der Heranbildung frommer, wissenschaftlich wohlunterrichteter Priester deutscher Nation zu dienen bestimmt war. Die Leitung und der Unterricht in dem Kolleg wurde dem Jesuitenorden übergeben, dessen Stifter die treibende Kraft bei der Gründung gewesen war. — Julius III., der noch die Blütezeit der Renaissance in Rom erlebt hatte, wahrte sich stets lebhaftes Interesse für Kunst und Wissenschaft, konnte aber als Papst infolge der großen Finanznot der Kurie nur in bescheidenem Maße sich als Mäzen erzeigen. Die Erinnerung an ihn wird aufrechterhalten durch die von ihm erbaute, vor der Porta del Popolo gelegene prächtige Villa di Papa Giulio.

DAS PAPSTTUM IM ZEITALTER DER INNERKIRCHLICHEN REFORM UND DER GEGENREFORMATION

Die Wahl des neuen Papstes, des Kardinals Marcello Cervini, der seinen Namen nicht änderte und sich **Marcellus II.** nannte, war ein voller **Sieg der strengkirchlichen Reformpartei**; denn Cervini war wohl der ausgezeichnetste Mann, den das Hl. Kollegium aufwies, hervorragend durch seltene Geistesgaben und untadelhaften Lebenswandel. Unter Paul III. hatte er in verschiedenen wichtigen Stellungen, vor allem als Konzilspräsident in der ersten Periode des Tridentinums, die wertvollsten Dienste geleistet. So wurde seine Wahl begreiflicherweise mit den frohesten Erwartungen begrüßt, und die Anfänge des Pontifikates entsprachen denselben durchaus; sie zeigten, daß Marcellus II. vom ernstesten Reformwillen durchdrungen war. Aber schon n a c h 22 T a g e n s t a r b e r; die rastlose Tätigkeit und das niederdrückende Gefühl seiner schweren Verantwortung hatten ihm, der stets von zarter Gesundheit gewesen, den Rest der Kräfte geraubt. Sein Tod machte einen niederschmetternden Eindruck; Panvinius wandte auf ihn die Worte an, die Vergil einst von einem anderen Marcellus geschrieben: „Ihn wollte das Schicksal der Welt nur zeigen." Das Andenken des edlen Papstes wird durch die Missa papæ Marcelli Palestrinas wachgehalten.

Obwohl in dem nun folgenden Konklave die spanische Partei auf

Papst Marcellus II. (1555)
starb schon nach zweiundzwanzigtägigem Pontifikat.

Papst Paul IV (1555—1559)
arbeitete mit glühendem Eifer und großer Strenge für die innere Erneuerung der Kirche. Während seines Pontifikates kam es zu wiederholten scharfen Zusammenstößen mit der Weltmacht der Habsburger.

Anweisung des Kaisers die Wahl des Kardinaldekans Gian Pietro Caraffa zu hindern suchte, wurde dieser doch gewählt. **Paul IV.** (1555—1559), einem vornehmen neapolitanischen Adelsgeschlecht entsprossen, war durch Jahrzehnte einer der energischsten Vorkämpfer der kirchlichen Reformbewegung gewesen. Als Bischof von Chieti hatte er seit dem Jahre 1507 mit rücksichtsloser Energie an der Reform seines Bistums gearbeitet; dann hatte er unter Leo X. wichtige Legationsreisen nach Spanien und England ausgeführt; seinen Eifer für die innere Erneuerung der Kirche zu betätigen, hatte er dann weiter als Mitglied des Oratoriums der göttlichen Liebe, als Mitbegründer und erster Oberer des Theatinerordens und als Kardinal und Mitglied der Reformkommission von 1536 vielfache Gelegenheit gehabt. Sein Einfluß vornehmlich bewirkte im Jahre 1542 die Begründung der **römischen Inquisition**, für deren Einrichtung und Tätigkeit er seine ganze Kraft einsetzte. Als Paul IV. nun, ein Greis von 79 Jahren, den Stuhl Petri bestieg, war das Ziel das gleiche, dem seit Jahrzehnten sein ganzes Sinnen und Trachten gegolten hatte. — Die Last der Jahre hatte seine feurige Tatkraft und seinen eisernen Willen nicht gebeugt; aber die Jahre hatten ihm auch nicht die abgeklärte Ruhe und Besonnenheit des Alters gebracht; das jäh Aufbrausende seines Charakters, das Stürmische in seinem Handeln, das Schroffe und die verletzende Schärfe in seinen Äußerungen hatte er nicht abgelegt. Dazu kam, daß das Gefühl für seine Würde aufs höchste entwickelt war; er lebte in den Anschauungen eines Innocenz III.; dessen Ideale und Ansprüche auch auf politischem Gebiet zu verwirklichen, erachtete er als die seiner harrende Aufgabe, unbekümmert darum, daß die Zeiten seitdem ganz andere geworden waren.

Bei derartigen Anschauungen nimmt es nicht wunder, daß es im Pontifikat Pauls IV. zu den schärfsten **Zusammenstößen mit der Weltmacht der Habsburger** kam, zumal der Papst schon seit seiner Legation nach Spanien infolge einer damals erfahrenen Zurücksetzung mit Mißtrauen und Abneigung gegen die spanischen Habsburger erfüllt war. An Karls V. katholischer Gesinnung hegte er in Erinnerung an den Sacco di Roma und an den Versuch der Durchführung des kaiserlichen Interims die stärksten Zweifel. Dazu kam, daß ihm der Druck, den die spanische Fremdherrschaft auf Italien, be-

   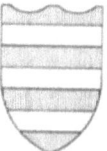

Marcellus II.
Marcello Cervini, Italiener aus Montepulciano.
1555

Paul IV
Gian Pietro Caraffa, Italiener aus Capriglio (Neapel).
1555—1559

sonders seine neapolitanische Heimat und damit auch auf Kurie und Kirchenstaat, ausübte, unerträglich dünkte. Dieser Gegensatz gegen die Habsburger, die zu bekämpfen ihm durch die Interessen der Kirche geboten, ja geradezu als Teil seines Reformprogramms erschien, führte ihn nun **an die Seite Frankreichs**, des Hauptfeindes der habsburgischen Macht, obschon dessen Politik offen die protestantischen Interessen förderte und mit den Türken im engsten Bund stand. Geradezu tragisch aber ist es, daß Paul IV. durch sein Bestreben, Spaniens Macht zu brechen, auch auf die Bahnen des Nepotismus geführt wurde; denn da er keinem Kardinal volles Vertrauen schenkte, meinte er nur in Familienangehörigen die zuverlässigen Persönlichkeiten zur Leitung der politischen Geschäfte finden zu können. So wurde unter anderem des Papstes Neffe Carlo Caraffa, ein ebenso fähiger wie gewissenloser und sittenloser Mensch, ein richtiger Condottiere, zum Kardinal erhoben und mit der Führung der Geschäfte betraut. In skrupelloser Weise wußte dieser den offenen **Bruch des Papstes mit der spanischen Weltmacht** herbeizuführen. Im Dezember 1555 unterzeichnete der Papst ein **Schutz- und Trutzbündnis mit Heinrich II. von Frankreich**. Im September 1556 eröffnete infolgedessen Herzog Alba den Krieg mit dem Vormarsch in den Kirchenstaat; **Philipp II.** hatte zuvor durch ein Gutachten der Löwener Universität sich versichern lassen, daß er, ohne seine Pflichten als katholischer König zu verletzen, dem drohenden Angriff durch Eröffnung der Feindseligkeiten zuvorkommen dürfe. Der Krieg, den Alba mit großer Zurückhaltung führte, verlief ungünstig für die päpstlichen Truppen und das französische Hilfsheer. Als Herzog Alba mit seinem Heer vor den Toren Roms erschien und die Gefahr eines zweiten Sacco di Roma drohte, kam es zu Friedensverhandlungen. Im Frieden zu Cave bei Palestrina (12. September 1557), in dem der Sieger sich sehr maßvoll zeigte, verpflichtete sich der Papst, das Bündnis mit Frankreich aufzugeben und künftig neutral zu bleiben; dafür erhielt er die kirchenstaatlichen Gebiete zurück; und Alba bezeugte im Namen des spanischen Königs dem Papst alle Unterwürfigkeit.

Nachdem die politischen Pläne Pauls IV. gescheitert waren, wandte er sich ganz der **Kirchenreform** zu, der durch den Kampf gegen Spanien doch erhebliche Hemmungen erwachsen waren. Das Konzil von Trient ist allerdings von ihm nicht fortgesetzt worden; er meinte, daß das Konzil zu langsam verfahre und zu viel Schwierigkeiten mit sich bringe; sicher erkannte er auch, daß Konzilsberatungen sich mit seiner herrischen, absolutistischen Art nicht vertragen würden. Aber er nahm selbst mit all der ihm zu Gebote stehenden Tatkraft die **Ausrottung der kirchlichen Mißstände** in die Hand; die Zahl der von ihm getroffenen Reformmaßnahmen ist groß; und sie wurden auch mit unerbittlicher Strenge durchgeführt. So wurde mit der Wiederherstellung der Residenzpflicht der Bischöfe endlich Ernst gemacht; und die herumschweifenden

Mönche wurden in ihre Klöster verwiesen; für die Reform verkommener Klöster, Beseitigung der Mißstände im Benefizialwesen und Einschränkung des Kommendewesens geschah viel. Um eine gründliche Reform der Kurie herbeizuführen, wurde eine Kommission eingesetzt, der gegenüber der Papst die „simonistische Ketzerei" als das Grundübel bezeichnete. Die Pönitentiarie und Datarie wurden reformiert. Bei der Kreation von Kardinälen waren, von vereinzelter nepotistischer Verirrung abgesehen, bei Paul IV. nur kirchliche Rücksichten maßgebend; auch Bitten von Botschaftern vermochten ihn nicht zu Zugeständnissen zu bewegen. Was die Papstwahl betrifft, so verbot Paul IV. zunächst unter schwerer Strafe jede Verhandlung über die künftige Papstwahl zu Lebzeiten des regierenden Papstes; durch eine weitere Bulle „Cum ex apostolatus officio" vom 15. Februar 1559 wurde die Wahl eines jeden, der irgend einmal vom Glauben abgewichen sei, für ungültig erklärt.

Papst Pius IV (1559—1565)
Das größte Verdienst dieses Papstes ist die von ihm 1562 eingeleitete *Fortsetzung des Konzils von Trient*, das nun auch in fast zweijähriger Arbeit seine grundlegenden Beratungen zum Abschluß brachte.

Bei dem Reformeifer des Papstes ist es selbstverständlich, daß sich die Orden, namentlich die Theatiner, seiner besonderen Fürsorge und Förderung erfreuten. Allerdings wurden andererseits auch einzelne Orden durch die Eigenwil'igkeit des Papstes in Schwierigkeiten gebracht, so der Jesuitenorden, dessen Eigenart durch den Befehl zur Einführung des gemeinsamen Chorgebetes und zu Änderungen in der Verfassung (Wahl des Generals nur auf drei Jahre) bedroht wurde.

Neben der Kirchenreform war die **Reinerhaltung des Glaubens und der Kampf gegen die Irr- und Ungläubigen** Pauls IV. vornehmste Sorge. Auf seinen Befehl mußte die Inquisition, zu deren Errichtung er einst den Anstoß gegeben hatte, mit einer Strenge vorgehen, die der Augustinergeneral Seripando gelegentlich als unmenschlich kennzeichnete. Der Inquisition wurde der Rang vor allen anderen Behörden eingeräumt; ihren wöchentlichen Sitzungen anzuwohnen, schien dem Papst wichtiger als alle anderen Geschäfte und Pflichten. Angesichts der Rücksichtslosigkeit, mit der die Inquisition, nicht achtend die von Christus gelehrte und geübte Pflicht der Liebe gegen die Irrenden, vorging, war es von schlimmen Folgen, daß deren Kompetenzen über den ursprünglichen Rahmen auch auf sittliche Vergehen, Gotteslästerung, Übertretung der Fastengebote und all das, was der Papst als simonistische Ketzerei bezeichnete, ausgedehnt wurde. Allzu oft richtete sich die Verfolgung der Inquisition gegen Unschuldige, da zu rasch haltlosen Denunziationen Gehör geschenkt wurde und schon Unvorsichtigkeiten einen genügenden Anlaß zum Einschreiten boten. Es kam auch zu Prozessen gegen Bischöfe und Kardinäle; am meisten Aufsehen erregte es, als der hochverdiente, durch mehrere Legationsreisen nach Deutschland bekannte Kardinal Giovanni Morone unter Nichtachtung der gesetzlichen Vorschriften wegen Verdachtes der Häresie gefangen gesetzt wurde; er ist dann, als nach Pauls IV. Tode eine Revision seines Prozesses stattfand, glänzend gerechtfertigt worden. So ist es nicht zu scharf geurteilt, wenn man von einem wahren Schreckensregiment des Papstes gesprochen hat; und man versteht es, daß nach seinem Tode das wütende Volk das Gebäude der Inquisition stürmte und verwüstete. Schonungslos war auch der Kampf, den die Inquisition gegen häretische Bücher aufnahm. Im Jahre 1559 wurde ein Verzeichnis häretischer Bücher veröffentlicht; es war der erste im Auftrag eines Papstes publizierte **römische Index**. Der Index und das ihm beigegebene Dekret

Heinrich II., König von Frankreich (1519—1559) unterstützte die protestantische Bewegung in Deutschland, um die kaiserliche Macht zu schwächen, gegen die er sogar die Türken zu Hilfe rief.

waren so streng, daß nach dem Zeugnis des heiligen **Petrus Canisius** seine Beobachtung, zumal in Deutschland, unmöglich war, und daß er dann wenige Jahre später außer Kraft gesetzt werden mußte.

Im Jahre 1558 ordnete Paul IV. einen Legaten an Ferdinand I. ab, der die päpstlichen Rechte bei der **Übernahme der Kaiserkrone** nach Karls V. Verzicht wahren sollte. Aber der Legat wurde von jeder Mitwirkung bei der Übernahme der Kaiserwürde durch Ferdinand ausgeschlossen, und in der Kaiserproklamation verpflichtete sich der neue Kaiser auf die Bestimmungen des Augsburger Religionsfriedens von 1555, die der Papst seinerseits als ungültig betrachtete. Paul IV., aufs äußerste darüber empört, erklärte nun sowohl die Abdankung Karls V. als die Nachfolge Ferdinands für ungültig, indem er hierfür in seltsamer Verkennung der tatsächlichen Verhältnisse ein Genehmigungsrecht beanspruchte. Zu weiterem Vorgehen des Papstes ist es nicht gekommen, man muß sagen: zum Glücke für die katholische Sache in Deutschland.

Im letzten Regierungsjahre des Papstes erfolgte der Sturz der päpstlichen Nepoten; er wurde nicht durch politische Gründe herbeigeführt, sondern erfolgte, als der in Weltfremdheit und Weltabgeschiedenheit lebende Papst von dem schändlichen Treiben und dem Willkürregiment seines Neffen Kunde erhielt. Aufs tiefste empört, ging nun der schmählich getäuschte Papst mit erbarmungsloser Strenge gegen die Nepoten vor; sie wurden ihrer Ämter entsetzt und aus Rom verbannt. Der Sturz der Nepoten Pauls IV. bedeutet zugleich das Ende des Nepotismus großen Stils, wie er seit Sixtus IV. so unsagbares Unheil angerichtet hatte. In der Folge ging das Streben der päpstlichen Nepotenfamilien nicht mehr nach Fürstentümern, sondern nur mehr nach Reichtum und Gleichstellung mit dem alten französischen Hochadel.

Am 18. August 1559 beendete der Tod das trotz aller Mißgriffe und Enttäuschungen doch bedeutungsvolle Pontifikat Pauls IV., dessen Verdienste als des ersten großen Reformpapstes unvergänglich sind.

Das K o n k l a v e zog sich infolge des spanisch-französischen Gegensatzes und mancherlei Intrigen fast vier Monate hin, und die Konklavebestimmungen wurden dabei so wenig beachtet, daß der neue Papst sich genötigt sah, zur Beseitigung der Mißbräuche die Bestimmungen Gregors X. bezüglich des Konklave einzuschärfen und namentlich die Abschließung desselben gegenüber der Außenwelt künftig sicherzustellen.

Der neue Papst **Pius IV.** (1559—1565) war der Kardinal Giovanni Angelo Medici, dessen aus Mailand stammende Familie mit den Florentiner Medicis nicht verwandt war. Wie die heitere, wohlwollende, lebensfrohe Persönlichkeit Pius' IV. im Gegensatz stand zu dem mönchisch ernsten, unzugänglichen Paul IV., so bedeutete auch das Pontifikat des neuen Papstes eine Umkehr von den Übertreibungen und extremen Einseitigkeiten seines Vorgängers; so hat Pius IV. alsbald, selbst ausgestattet mit hohem diplomatischem Geschick, die diplomatischen Beziehungen und das gute Einvernehmen mit dem Kaiserhofe wiederhergestellt. — Die größte und unvergänglichste Leistung des neuen Papstes war die Fortsetzung und der Abschluß des Trienter Konzils. Gemäß der in der Wahlkapitulation übernommenen Verpflichtung betrieb Pius IV. mit allem Eifer und mit der ganzen Lebhaftigkeit seines

Papst Pius V. (1566—1572)
betrieb mit denkbar größtem Nachdruck allüberall die schnelle und energische D u r c h f ü h r u n g d e r B e s c h l ü s s e d e s T r i e n t e r K o n z i l s. Auch gegen die das Abendland immer stärker bedrohenden T ü r k e n brachte er eine starke Heeresmacht zustande, die er aus eigenen Mitteln reichlich unterstützte.

sanguinischen Temperaments die Wiederaufnahme des Konzils; und wenn dessen Zusammentritt sich trotzdem verzögerte, so lag die Schuld an der Zwietracht und den einander widerstrebenden Forderungen der katholischen Hauptmächte sowie an den langwierigen Streitigkeiten über die Frage, ob das Konzil neu berufen oder fortgesetzt werden solle, und über die Autorität der bisherigen Konzilsbeschlüsse und die Stellung zu den Protestanten. So konnten erst im Januar 1562 die Arbeiten des Konzils in Trient wieder aufgenommen werden; und trotz großer Schwierigkeiten und teilweise äußerst kritischer Situationen, die zu überwinden das ganze Geschick des Papstes und seiner Vertrauensmänner, besonders auch des Konzilslegaten Morone, nötig war, wurden nunmehr die Konzilsberatungen einem glücklichen Ende zugeführt. Die dogmatischen Dekrete, die in dieser Konzilsperiode beraten und angenommen wurden, betrafen die Sakramentenlehre, soweit diese nicht schon in den früheren Perioden erledigt worden war; in

Königin Elisabeth von England (1533—1603)
begründete 1562 die anglikanische Staatskirche; unter ihrer Herrschaft hatten die Katholiken in den Staaten englischer Oberhoheit blutige Verfolgungen zu erdulden.

der letzten, 25. Sitzung am 3. und 4. Dezember 1563 wurden dann noch die dogmatischen Dekrete über das Fegefeuer, die Heiligenverehrung und den Ablaß angenommen. Außerdem hatte das Konzil eine Reihe wichtiger Reformdekrete verabschiedet. Durch die Bulle „Benedictus Deus" vom 26. Januar 1564 wurden von Pius IV., dem persönlich der glückliche Abschluß des Konzils nicht zum wenigsten zu danken war, die Konzilsbeschlüsse bestätigt und als Zeitpunkt für den Beginn der Verbindlichkeit der Reformdekrete der 1. Mai 1564 festgesetzt. Eine besondere, vom Papst bestellte Kardinalskommission sollte die **Ausführung der Konzilsbeschlüsse** überwachen. Die Bedeutung des Konzils von Trient, das „so heftig gefordert, so lange vermieden, gespalten, zweimal aufgelöst, von so vielen Stürmen der Welt erschüttert, bei der dritten Versammlung aufs neue voll Gefahren in allgemeiner Eintracht der katholischen Welt beendigt war" (Ranke), beruht darin, daß die katholische Lehre gerade in den von den Reformatoren am meisten bestrittenen Punkten klar und bestimmt dargelegt worden war, daß eine Reihe grober Mißstände beseitigt und die längst dringend nötige, ersehnte Reform angebahnt und ernsthaft durchzuführen begonnen wurde. **Die ganze Bedeutung des Tridentinums**, mit dem „eine neue Epoche in der Geschichte der katholischen Kirche beginnt" (L. v. Pastor), hat sich in den folgenden Jahrzehnten geoffenbart: es erwies sich als **die Quelle des neu belebten katholischen Bewußtseins und der neu gesammelten Kraft**, wie sie im Gegensatz zur bisherigen Schwäche und dem bisherigen Zurückweichen nunmehr im Zeitalter der Gegenreformation in Erscheinung traten, als Quellgrund der neuen Entfaltung kirchlicher Wissenschaft und des Aufblühens lebendigen kirchlichen Lebens. — Da schließlich alles auf rasche Beendigung des Konzils gedrängt hatte, wurde dem Papst die Durchführung verschiedener Aufgaben überlassen, die das Konzil selbst nicht mehr hatte erledigen können. Demgemäß wurde vom Papst auf Grund der Konzilsbeschlüsse ein ausführliches Glaubensbekenntnis zusammengestellt, die Professio fidei Tridentina, deren Ablegung bei der Übernahme eines Kirchenamtes zur Pflicht gemacht wurde. Auf Grund des Entwurfes, der von der vom Konzil eingesetzten Indexkommission ausgearbeitet worden war, wurde ferner von Pius IV. im Jahre 1564 ein neuer Index der verbotenen Bücher publiziert, dazu zehn allgemeine Regeln, die im allgemeinen bis zur Neuordnung des kirchlichen Bücherverbotes durch Leo XIII. („Officiorum ac munerum") in Geltung geblieben sind.

Fortgesetzte Gewalttätigkeiten der Nepoten seines Vorgängers nötigten den Papst zu drakonischem Vorgehen gegen dieselben; der Prozeß, der gegen sie eingeleitet wurde, endete mit ihrer Verurteilung zum Tode. Unter Pius V. erfolgte dann aber eine Revision des Prozesses und die Rehabilitierung ihres Gedächtnisses. Schon dieses rücksichtslose Vorgehen gegen die Nepoten Pauls IV. machte es Pius IV. unmöglich, im gleichen Stil den Nepotismus zu pflegen. Aber er hat doch auch seine Verwandten zu kirchlichen Ehrenstellen und reichen Pfründen befördert; so hat er seinen jugendlichen Neffen Carlo Borromeo zum Erzbischof von Mailand erhoben und ins Kardinalskollegium aufgenommen. Dessen lautere Persönlichkeit und segensreiches Wirken freilich könnte fast mit dem Nepotismus aussöhnen; denn was das Pontifikat seines Oheims an Gutem, namentlich an ernster Reformarbeit, aufzuweisen hat, ist vor allem das Werk dieses Nepoten, der als eigentlich geschäftsführender Kardinal seine außergewöhnlichen Regierungs- und Verwaltungstalente bewähren konnte, dessen musterhaft reines eigenes Leben, voll religiösen Eifers und strengster Askese, das beste Beispiel gab, und dessen Eigenschaften nach Rankes Wort ersetzten, was die Strenggesinnten am Oheim hätten vermissen können; er ist in Wahrheit „der gute Genius Pius' IV." gewesen. — In der Regierung des Kirchenstaates hatte Pius IV. keine glückliche Hand. Die Steuerlasten, die er dem durch Kriegswirren ausgesogenen Lande auferlegte, waren drückend; doch hängt mit der dadurch hervorgerufenen Mißstimmung eine Verschwörung gegen das Leben des Papstes nicht zusammen; das mißlungene Attentat war von überspannten Köpfen geplant worden.

Papst Gregor XIII. (1572—1585)
Der heute noch in Anwendung stehende Kalender ist auf die von Papst Gregor XIII. betriebene Reform des um zehn Tage zurückgebliebenen julianischen Kalenders zurückzuführen.

 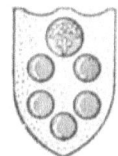  

Pius IV
Giovanni Angelo Medici, Italiener aus Mailand.
1559—1565

Pius V.
Michele Ghislieri, Italiener aus Bosco (Piemont).
1566—1572

Unter dem Einfluß des Kardinalnepoten Carlo Borromeo vereinigte sich die Mehrzahl der Stimmen im Konklave auf den Kardinal Michele Ghislieri. Auch als Papst behielt **Pius V.** (1566—1572) das einfache streng asketische Leben bei, das er als Dominikaner geführt hatte. Das Volk, das ihm bald in begeisterter Verehrung anhing, meinte, noch nie habe es einen so frommen Papst gegeben; es war hingerissen, „wenn es ihn in den Prozessionen sah, barfuß und ohne Kopfbedeckung, mit dem reinen Ausdruck einer ungeheuchelten Frömmigkeit im Gesicht". So gütig und leutselig Pius V. an sich war, so unerbittlich hart und streng zeigte er sich, wo es sich um seine Grundsätze oder um Vergehen gegen die Kirchenzucht handelte; da wurden z. B. alle Vergehungen wie etwa Entweihung des Sonntags und Gotteslästerungen mit drakonischen Strafen geahndet; man mußte ihm oft vorhalten, er habe es nicht mit Engeln, sondern mit Menschen zu tun. Von Nepotismus war natürlich unter ihm keine Rede; nur ein Neffe wurde von ihm zum Kardinal erhoben, weil man ihm sagte, dies gehöre zu einem vertraulicheren Verhältnis zu den Fürsten. Aber er wurde nur sehr kärglich ausgestattet, wie auch der päpstliche Haushalt sehr vereinfacht wurde; und in einer Bulle verbot Pius V. unter Androhung schärfster Strafen für die Zukunft jede Belehnung mit irgendeinem Besitztum der Kirche.

Die Bedeutung des Pontifikates Pius' V. hat man treffend dahin charakterisiert. daß durch ihn das Papsttum der Leiter und Träger der katholischen Reformation wurde (Pastor), daß das Zeitalter der Gegenreformation mit dem fünften Pius erst in sichtbaren und greifbaren Leistungen seinen wirklichen Anfang genommen hat. — Die erste Sorge des Papstes galt der Durchführung der Trienter Konzilsbeschlüsse. Schon 1566 erschien der vom Konzil angeregte Catechismus Romanus, der zunächst für den Gebrauch der Pfarrer bestimmt war. Auch das vom Tridentinum begonnene Werk der Brevierreform wurde durch Pius V. glücklich beendet. 1568 erschien das verbesserte Breviarium Romanum; die der Ausgabe vorausgestellte Bulle „Quod a nobis" verbot alle andern in Gebrauch befindlichen Breviere, sofern sie nicht schon länger als zweihundert Jahre im Gebrauch waren. Die gleichen Bestimmungen wurden getroffen bezüglich des Missale Romanum, das 1570 erschien. In diesen liturgischen Reformen zeigt sich das auch sonst im Pontifikat Pius' V. scharf hervortretende Bestreben, die kirchlichen Institutionen zu vereinheitlichen. — Die Hauptbemühung des Papstes war gerichtet auf die Reinerhaltung und Verteidigung des Glaubens; im Kampf hierfür entfaltete Pius V. den gleichen Feuereifer wie einst Paul IV. Gleich diesem ging er mit äußerster Strenge ohne Ansehen der Person vor. Daß er gegen die Häresie auch mit Gewaltmitteln einschritt, so etwa durch Stellung von Hilfstruppen gegen die Hugenotten, wird ihm oft verargt; es erscheint aber weniger verwunderlich, wenn man bedenkt, daß Pius V. sich damit durchaus im Rahmen

Petersplatz und Peterskirche im Jubiläumsjahr 1575,
da Papst Gregor XIII. von der Loggia der Peterskirche aus den Jubiläumssegen erteilt.
(Nach einem zeitgenössischen Stich.)

*Gregor XIII.
Ugo Buoncompagni. Italiener aus Bologna.
1572—1585*

noch herrschender Zeitanschauungen hielt. Der Gedanke, angesichts der Zeitverhältnisse auf die Staaten Rücksicht zu nehmen und politischen Erwägungen auf seine Maßnahmen Einfluß zu gewähren, lag dem Papst fern, dessen ganzes Wirken sich in schroffstem Gegensatz zum Renaissancepapsttum auf die eigentlichen Aufgaben des Papsttums konzentrierte. So wurde von ihm eine neue erweiterte Fassung der Bulle „In coena Domini" publiziert und als allgemein rechtsverbindliches kirchliches Strafgesetz proklamiert. Unter dieser Bulle, die gewöhnlich als Abendmahls- oder Nachtmahlsbulle bezeichnet wird, versteht man eine im Lauf der Zeit erweiterte Sammlung von Exkommunikationssentenzen, die seit Urban V. (1364) alljährlich am Gründonnerstag (Coena Domini) verkündet wurden. Pius V. erklärte nun, daß die Geltung dieser dem Papst reservierten Zensuren nicht von der jährlichen Publikation abhängig sei. Die auf den mittelalterlichen Rechtsanschauungen ruhenden Ansprüche, die in der Bulle ihren Ausdruck fanden, führten damals, wie auch weiterhin, namentlich im 18. Jahrhundert, zu mancherlei Protesten seitens der Staaten, in denen das Staatskirchentum wie in Spanien und Venedig zur vollen Entfaltung gekommen war, und zu Konflikten mit denselben; nachdem die Publikation der Bulle verschiedentlich als in staatliche Rechte eingreifend und zum Aufruhr reizend verboten worden war, wurde seit 1770 die Verlesung derselben eingestellt; die Rechtskraft derselben ist aber erst 1869 durch Pius IX. aufgehoben worden.

Bis auf Pius V. hatte man in Rom gezögert, gegen die Königin **Elisabeth von England** mit den Strafmitteln der Kirche vorzugehen, obwohl über ihre Haltung in religiöser Hinsicht längst schon kein Zweifel mehr möglich war; es waren vorwiegend politische Gründe, vor allem die Rücksicht auf den spanischen König, der immer noch auf friedlichem Wege England zur katholischen Kirche zurückführen zu können vermeinte, welche diese Zurückhaltung veranlaßten. Von Pius V. war nicht zu erwarten, daß er gleich seinem Vorgänger diese Politik ängstlichen Zuwartens fortsetzen würde, zumal dadurch das allmähliche Hinübergleiten der Mehrheit des englischen Volkes zur Neuerung begünstigt wurde. So wurde denn am 25. Februar 1570 Elisabeth durch die Bulle „Regnans in excelsis" mit dem Anathem belegt, der Herrschaft für verlustig erklärt und die Untertanen vom Treueid entbunden; es war das letzte Mal, daß seitens der Kurie das Absetzungsurteil gegen einen regierenden Fürsten ausgesprochen wurde. Die Folge der Bannbulle war, daß für die englischen Katholiken nunmehr eine schwere Zeit der Verfolgung und Entrechtung begann, da nunmehr der Gehorsam gegen den Papst als staatsgefährlich und hochverräterisch galt. — Den **deutschen Katholiken**, deren Lage angesichts der stark zum Protestantismus hinneigenden Haltung Kaiser Maximilians II. besonders erschwert war, ließ Pius V., beraten von **Petrus Canisius**, in verschiedener Hinsicht seine besondere Fürsorge angedeihen; und da zeigte sich, daß der Papst bei

*Der hl. Karl Borromäus
geb. 1528, 1560 Kardinal und
Erzbischof von Mailand. † 1584.
war einer der getreuesten Berater
des Papstes Pius IV
[Muntz, Histoire de l'art pendant la Renaissance.]*

aller unbeugsamen Strenge in Wahrung kirchlicher Rechts- und Grundsätze doch auch kluge Nachsicht und Entgegenkommen bei Durchführung seiner Bestimmungen walten ließ, wo dies möglich war.

In den letzten Jahrzehnten war die **Macht der Osmanen** in stetem bedrohlichem Vordringen gewesen. Die habsburgische Herrschaft in Ungarn wurde von ihnen schwer bedrängt, die venetianischen Besitzungen fielen bis auf wenige Reste in ihre Hand, und im Jahre 1570 wurde Cypern, das letzte Bollwerk der Christen im östlichen Mittelmeer, erobert. Hatten schon die Vorgänger Pius' V. in Wahrung rühmlichster Traditionen des Papsttums den Kreuzzugsgedanken lebendig zu erhalten und die abendländische Christenheit gegen den Erbfeind zu einen sich bemüht, so lebte in Pius V. die religiöse Glut und Begeisterung der ersten Kreuzfahrer wieder auf. Seiner Tatkraft und seinen unablässigen Bemühungen gelang es, ungeachtet aller Schwierigkeiten, Spanien und Venedig zu gemeinsamem Vorgehen gegen die Türken zu bewegen; er selbst stellte Geldmittel und die Flotte des Kirchenstaates zur Verfügung. Und so kam es, wie Ranke sagt, zu dem glücklichsten Kampftag, den die Christenheit je gehalten: am 7. Oktober 1571 wurde **die türkische Flotte im Golf von Lepanto vernichtend geschlagen.** Mit unermeßlichem Jubel wurde die Kunde von der Niederlage der Türken in der ganzen christlichen Welt aufgenommen. Der Sieg war ein Triumph des Papstes, der noch einmal, zum letzten Male, es verstanden hatte, die auseinanderstrebenden Interessen der romanischen Völker zum einheitlichen Kampf gegen den gemeinsamen Feind zusammenzufassen und dadurch Südeuropa vor der osmanischen Eroberung zu retten. Leider aber ist der schöne Erfolg nicht ausgenützt worden. Glücklicherweise hat der Papst es nicht erlebt, wie das Werk, das ihm zu danken war, infolge der Zwietracht zwischen Spanien und der Markusrepublik wieder der Zerstörung anheimfiel. Pius V. starb am 1. Mai 1572 im Ruf der Heiligkeit; es ist bislang der letzte Papst, der — durch Klemens XI. im Jahre 1712 — kanonisiert wurde; sein Fest wird am 5. Mai begangen.

Im Konklave ersuchte Granvella im Auftrage Philipps II. von Spanien den Kardinal Alessandro Farnese, der große Aussicht hatte, gewählt zu werden, diesmal von den Bemühungen um die Tiara Abstand zu nehmen; das war zwar keine formelle Exklusion, kam aber in der Wirkung einer solchen gleich. Gewählt wurde nun Kardinal Ugo Buoncampagni, der vordem lange an der berühmten Universität seiner Vaterstadt Bologna als gefeierter Rechtslehrer gewirkt hatte; er nannte sich **Gregor XIII.** (1572—1585). In seinem Charakter und seinem Vorleben, das vor dem Eintritt in den geistlichen Stand nicht einwandfrei gewesen war, stand er Pius IV. näher als seinem unmittelbaren Vorgänger Pius V. Aber als Papst bewegte sich Gregor XIII. doch durchaus im Rahmen Pius' V.; ihn hatte er sich zum Vorbild erkoren. Es zeigte sich im persönlichen Verhalten des Papstes, das untadelhaft war und auch den Nepotismus vermied, wie in seinen Regierungsmaßnahmen der mächtige Einfluß der inzwischen völlig zur Herrschaft gekommenen Gegenreformation, die einen Rückfall in frühere schlimme Gewohnheiten unmöglich machte. So führte er die namentlich im voraufgegangenen Pontifikat mit stürmischer Kraft begonnene Entwicklung in den gegebenen Bahnen mit Eifer und Umsicht fort. Das erfolgreiche **Vordringen der gegenreformatorischen Kräfte,** die sich nun überall in vollster Wirksamkeit zeigen, hat Gregor XIII. in mannigfacher Weise nachdrücklich gefördert.

Als früherer Professor der Rechtswissenschaft bewies Gregor XIII. auch als Papst der Wissenschaft reges Interesse; für Hebung des Unterrichtes und Unterstützung unbemittelter Studierender wandte er beträchtliche Geldmittel auf. Das war aber nicht nur eine persönliche Liebhaberei des Papstes, sondern diese Fürsorge entsprang der klaren Erkenntnis, daß **die Heranbildung eines wohlunterrichteten sittenreinen Klerus** damals mehr denn je eine Lebensfrage für die Kirche bildete. Seiner besonderen Förderung erfreuten sich die Kollegien des Jesuitenordens, dessen Arbeitsgebiete und Erfolge im ständigen Wachstum begriffen waren; eine stattliche Zahl solcher Kollegien ist durch ihn gegründet oder reich unterstützt worden. So kann Gregor XIII. vor allem als zweiter Stifter des Collegium Romanum bezeichnet werden, dessen Bestand er durch große Fundationen sicherte; die mit dem Kolleg verbundene theologische und philosophische Fakultät führt noch heute nach ihm die Bezeichnung Universitas Gregoriana. Durch reiche Dotation wurde auch das unter Julius III. begründete, aber in schwerer Not befindliche Collegium Germanicum auf sichere Grundlagen gestellt und ihm das Collegium Hungaricum (1580) angegliedert, so daß es nunmehr einen raschen Aufschwung nehmen und in der Folge der deutschen Kirche eine lange Reihe ausgezeichneter Männer zu schenken vermochte, die segensreich in den verschiedensten wichtigen Stellen wirkten. — Vom Papst selbst wurde ferner im Jahre 1577 das Collegium Græcum begründet, das tüchtige Priester des griechischen Ritus heranbilden sollte, die dann unter ihren unierten Landsleuten wirken und für die Wiedervereinigung der schismatischen Griechen tätig sein sollten. Sehr wichtig ist dann ferner die Stiftung des englischen Kollegs in Rom geworden, dessen Leitung die Jesuiten übernahmen; die Zöglinge desselben, das bald den Ehrennamen „Seminarium martyrum" erhielt, verpflichteten sich, nach ihrer Ausbildung nach England zu gehen, wo seit der Verhängung des Bannes über Elisabeth die Gesetzgebung die völlige Ausrottung der Katholiken erstrebte, um dort unter steter Lebensgefahr für die Erhaltung des katholischen Glaubens zu wirken.

Unvergänglichen Ruhm hat Gregor XIII. an seinen Namen durch **die Kalenderreform** geknüpft. Frühere Versuche einer solchen seitens verschiedener Päpste und zuletzt des Tridentinums hatten nicht zum Ziel geführt. Der Papst berief eine Kommission zur Beratung der Reform, in der neben dem Kardinal Sirleto auch der deutsche Jesuit Clavius (Klau) eifrig mitarbeitete. Nach Befragung fast sämtlicher christlicher Fürsten und Universitäten wurde dann vom Papst in einer Bulle vom 24. Februar 1582 dekretiert, daß zur Behebung der durch den julianischen Kalender entstandenen Differenz zwischen dem bürgerlichen und dem astronomischen Jahre auf den 4. Oktober dieses Jahres gleich der 15. folgen und künftig in vierhundert Jahren drei Schalttage ausfallen sollten. Seitens der protestantischen Fürsten wurde die Reform, namentlich in Deutschland, aus Haß gegen das Papsttum nicht angenommen, so daß eine große Verwirrung im bürgerlichen Leben entstand. Erst im 18. Jahrhundert bequemte man sich zur Annahme der gregorianischen Kalenderverbesserung.

Vielfach zum Vorwurf gemacht wird Gregor XIII. die Haltung, die er auf die Kunde von der **Bartholomäusnacht** (23./24. August 1572) eingenommen hat. Katharina Medici, die herrschsüchtige Mutter Karls IX. von Frankreich (1560—1574), suchte den Admiral Coligny, einen Führer der Hugenotten, aus dem Wege zu räumen, da er durch seinen Einfluß auf ihren Sohn ihre eigene Stellung gefährdete, und da dessen Bestrebungen, durch eine Verbindung mit den aufrührerischen Niederlanden Frankreich aufs neue in Konflikt mit Spanien zu bringen, ihrer eigenen damaligen Politik zuwiderliefen. Das Mißlingen des Attentates ließ in ihr den raschen Entschluß reifen, sich unter dem Vorgeben, daß das öffentliche Wohl dies fordere, aller Häupter der Hugenotten zu entledigen, die gerade anläßlich der Hochzeit von Katharinas jüngster Tochter Margarete von Valois mit Heinrich von Navarra in Paris versammelt waren. So kam es zum Blutbad in der Hauptstadt in der Nacht vom 23. zum 24. August, dem vor allem Coligny zum Opfer fiel; weitere Massakres in der Provinz dauerten bis in den Oktober; daß die Morde, die zunächst durch politische Gründe veranlaßt waren, eine solche Ausdehnung gewannen — die Zahl der Opfer beträgt wohl an die fünftausend —, hat allerdings die durch die vorangegangenen Kämpfe gesteigerte religiöse Erregung mitverschuldet. In Rom hat man auf die Kunde von diesen unbedingt zu verurteilenden Ereignissen, die übrigens der katholischen Sache keineswegs Nutzen gebracht haben, ein feierliches Te Deum gehalten, und der Papst ließ zur Erinnerung an den Tag der Bluthochzeit eine Medaille prägen und der königlichen Familie seine Glückwünsche übermitteln. Diese dem Papst sehr verübelte Haltung erklärt sich daraus, daß seitens des französischen Hofes das blutige Vorgehen als die notwendige Unterdrückung einer Verschwörung gegen das Königshaus hingestellt wurde, und daß man in Rom meinte, den Sieg der katholischen Sache feiern zu müssen. Der scheinbare Erfolg ließ zunächst alle Gedanken darüber, wie er zustande gekommen war, zurücktreten.

Auch sonst erwies sich Gregor XIII. als durchaus in den Anschauungen seiner Zeit befangen, über die er sich nicht zu erheben vermochte. Das gilt insbesondere von seinem Verhalten gegen Elisabeth von England; er erstrebte den Sturz der von Pius V. gebannten Königin; darum drängte er den spanischen König unablässig zu einer Invasion Englands und unterstützte eine — allerdings bald niedergeworfene — Aufstandsbewegung in Irland. Der Papst hat sogar den Meuchelmord als politisches Kampfmittel gegen die englische Königin, die, weil mit dem Bann belegt und abgesetzt, ihm als Usurpatorin galt, theoretisch verteidigt. Ein Brief seines Kardinalstaatssekretärs ergibt dies deutlich; in ihm heißt es, daß, wenn

König Philipp II. von Spanien (1527—1598) stand jahrelang in erbittertem Streite gegen Papst Paul IV

*Rudolf II. von Habsburg (1552—1612)
seit 1576 deutscher Kaiser, war sehr darauf bedacht, in seinen
Erblanden eine Restauration des Katholizismus durchzuführen, scheiterte aber an dieser Aufgabe in jeder Beziehung.*

jemand Elisabeth von England, welche die Ursache so großen Schadens für den katholischen Glauben sei, aus der Welt schaffe in gebührlicher Absicht, Gott damit zu dienen, er nicht nur nicht sündige, sondern sogar ein Verdienst erwerben würde. Nun hat allerdings der Papst nicht selbst Mörder angestiftet und ausgesandt, aber er hat doch Verschwörungen gegen das Leben Elisabeths, von denen er Kenntnis erhielt, nicht unterdrückt, sondern ihnen moralische Unterstützung geliehen. Fragt man, wie sich diese schlimme Verirrung der grundsätzlichen Billigung des politischen Meuchelmordes erkläre, so weist die neueste Forschung nicht ganz unberechtigt darauf hin, daß hierin Gregor XIII. wie in der Politik, so auch in der politischen Moral dem Einfluß Spaniens in so trauriger Weise erlegen sei. „Unedle Triebe lagen nicht in seinem Charakter; doch es gibt Fälle, in denen Mangel an Größe zur Schuld wird. Nur ein großer Mann hätte es vermocht, in diesen Jahren, während der Fieberhitze der Gegenreformation, das Papsttum über dem Niveau dieser Zeit zu erhalten." (A. O. Meyer.)

Während des Pontifikates Gregors XIII. schien sich die Aussicht zu eröffnen, daß S c h w e d e n zur katholischen Kirche zurückkehren würde; Johann III. (1568—1592) neigte persönlich zum Katholizismus, und zudem eröffneten sich ihm als Gemahl einer polnischen Prinzessin Aussichten auf den polnischen Thron. Gregor XIII., voll froher Hoffnungen, sandte den Jesuiten Antonio Possevin nach Stockholm; der König trat auch zur katholischen Kirche über; aber dem vielverheißenden Anfang entsprach der Fortgang nicht, da man in Rom auf die Wünsche des Königs bezüglich Konzessionen nicht einging und die antikatholische Stimmung im Lande wuchs, und da obendrein die polnischen Pläne des Königs sich zerschlugen. — Auch die Mission Possevins nach R u ß l a n d, welche die Herbeiführung der Union bezweckte, blieb im allgemeinen erfolglos; aber durch seine persönliche Tätigkeit und durch seine Kontroversschriften konnte Possevin doch die Union von Brest vom Jahre 1596 vorbereiten, in der die seit 1386 der polnischen Herrschaft unterstehenden Ruthenen sich mit der römischen Kirche vereinigten.

Eine besondere Aufmerksamkeit wandte Gregor XIII. den k i r c h l i c h e n V e r h ä l t n i s s e n D e u t s c h l a n d s zu. Hier hatte inzwischen ein bedeutsamer Umschwung sich angebahnt. Die Stoßkraft des Protestantismus, der auch nach dem Augsburger Religionsfrieden, teilweise unter Verletzung des Reservatum ecclesiasticum zugunsten der geistlichen Fürstentümer, zunächst noch weitere Eroberungen gemacht hatte, war durch innere Zwistigkeiten und infolge des Vordringens des Kalvinismus erlahmt, während andererseits der Katholizismus durch das Trienter Konzil innerlich gestärkt und gekräftigt war. So konnte kräftig die Gegenreformation einsetzen. Die katholischen Fürsten machten nun auch ihrerseits von dem ihnen im Augsburger Religionsfrieden zugesprochenen jus reformandi Gebrauch; die Bayernherzöge, namentlich Albrecht V., hatten den Anfang gemacht (1564); ihrem Beispiel folgten der Fürstabt Balthasar von Dernbach im Stift Fulda, Kurfürst Daniel Brendel von Mainz, Bischof Julius Echter von Mespelbrunn von Würzburg, Theodor Fürstenberg von Paderborn und andere Fürsten, seit dem Regierungsantritt Rudolfs II. (1576) auch die Habsburger.

Das „Casino di Pio IV" ist das Landhaus, das sich Pius IV. in den Jahren 1558—1562 gegenüber dem Cortile di Belvedere im südlichen Teile der vatikanischen Gärten erbauen ließ. Burckhardt nennt dieses Bauwerk „den schönsten Nachmittagsaufenthalt, den die neuere Baukunst geschaffen hat". Dieses Landhaus Pius' IV. ist der einzige fast vollständig erhaltene Profanbau aus der Zeit des Überganges von der Renaissance zum Barockstil; es ist für ihn vielfach antikes Material verwendet worden.
(Eine Abbildung des prachtvollen Innenhofes auf S. 411)

Alle Bestrebungen, weitere Verluste wie die durch den Abfall des Erzbischofs Gebhard Truchseß von Waldburg drohende Säkularisation des Kölner Erzstiftes abzuwehren, die katholische Kirche in Deutschland innerlich zu kräftigen und Verlorenes zurückzugewinnen, haben durch den Papst hingebende, nachhaltige Unterstützung erfahren. Eine eigens gebildete Congregatio Germanica, in die mit den deutschen Verhältnissen vertraute Kardinäle berufen wurden, hatte sich mit Gutachten über die deutschen Angelegenheiten zu befassen und die Durchführung der Trienter Konzilsbeschlüsse in Deutschland zu überwachen. Von großer Wichtigkeit wurde auch der Ausbau der diplomatischen Vertretungen des apostolischen Stuhles, indem Nuntiaturen in Köln, Graz und in Luzern geschaffen wurden.

Erwähnenswert ist schließlich, daß Gregor XIII. im Jahre 1582 eine verbesserte Ausgabe des Corpus juris canonici herausgeben ließ, an der er selbst vor seinem Pontifikat mitgearbeitet hatte, und daß ihm die Erbauung des Quirinals, der späteren Sommerresidenz der Päpste, zu danken ist.

SIXTUS V.

Gregors XIII. Nachfolger wurde Kardinal Felice Peretti, als Papst **Sixtus V.** (1585-1590). Er war armer Leute Kind, die in der Nähe von Ancona wohnten; der Knabe mußte das Obst in dem Pachtgarten des Vaters bewachen und Schweine hüten. Einem Onkel im nahen Franziskanerkloster zu Montalto hatte er es zu verdanken, daß er Unterricht empfing. Er trat dann selbst in den Franziskanerorden ein; seine hervorragende Begabung, vor allem auch seine Predigttätigkeit, ließ ihn rasch emporsteigen. Als Generalvikar seines Ordens ging Felice Peretti mit durchgreifender Energie an die ihm von Pius V. übertragene Aufgabe der Reform seines Ordens. Pius V., dessen Zuneigung er sich in hohem Maße erworben hatte, erhob ihn zur bischöflichen Würde und nahm ihn ins Kardinalskollegium auf. Dagegen hielt ihn Gregor XIII. infolge persönlicher Abneigung von den Geschäften völlig fern. Infolge dieser erzwungenen Untätigkeit war er der Öffentlichkeit so gut wie unbekannt. Um so größer war die Überraschung der Welt, als Sixtus V. sich nun vom ersten Tage seines Pontifikates an als ein Herrschergenie erwies, wie es nur selten eines gegeben hat. Es ist, als ob die lange zurückgedämmte Schaffenskraft und die aufgespeicherte gewaltige Willensenergie nun mit elementarer Wucht überschäumend durchbräche, um das Versäumte mit vervielfältigter, zielbewußter Energie und Arbeitsfreudigkeit nachzuholen. Und die Zeitlage erforderte damals eine willensstarke, unbeugsame Persönlichkeit, um die Würde und Unabhängigkeit des Hl. Stuhles zu wahren.

Seine Herrschernatur zeigte sich zunächst in der rücksichtslosen Strenge, mit der er als **Landesherr im Kirchenstaat** Ordnung schuf: es handelte sich vor allem um die **Beseitigung des Banditenwesens**, das in der letzten Zeit unerträglich geworden war. Bisher war es nicht möglich gewesen, diesem Unwesen zu steuern, da die Polizeimacht

Papst Sixtus V. (1585—1590)
Der heutige Charakter Roms als „Stadt des Barock", mit all ihren wunderbaren Bauten und Anlagen, ist vor allem der Bautätigkeit Sixtus' V. zu verdanken.

des Kirchenstaates dazu nicht ausreichte und die Bevölkerung die Banditen aus Furcht vor deren Gewalttätigkeiten unterstützte, die obendrein im Notfalle über die Grenzen flüchteten, um dann bei nächster Gelegenheit zurückzukehren. Besonders schlimm war das Bandenwesen unter Gregor XIII. geworden. Um die Mittel zu gewinnen für seine großzügige Wirksamkeit im Dienste der kirchlichen Reform und Restauration, mußte dieser Papst auf Schaffung neuer Einnahmequellen bedacht sein; er suchte sie zu gewinnen durch eine Revision der Besitztitel im Kirchenstaat; konnten diese nicht urkundlich glaubhaft gemacht werden, so erfolgte die Konfiskation der betreffenden Güter zugunsten der apostolischen Kammer. Die von diesen an sich durchaus berechtigten Konfiskationen Bedrohten, besonders die großen Adelsgeschlechter, in deren weitausgedehntem Grundbesitz die Souveränität der Päpste zu bloßem Schein herabgesunken war, verbündeten sich nun mit den Banditen; Mitglieder der vornehmsten Adelsgeschlechter setzten sich an die Spitze der plündernden Räuberbanden, und das ganze Land geriet in Gärung. Gregor XIII. hatte trotz verschiedener Maßnahmen nicht die Ordnung wieder herzustellen vermocht. Erst Sixtus V. gelang es, durch eine doppelte Maßregel den unhaltbaren Zuständen ein Ende zu machen. Vom ersten Tage seines Pontifikates an wurden alle Schuldigen samt ihren Helfershelfern mit unerbittlicher Strenge und mit einer Konsequenz bestraft, die sich durch keine Rücksicht auf Personen oder Gefühlsstimmungen beeinflussen ließ. Schon am Krönungstage wurden vier Personen, die gegen das Verbot Waffen getragen hatten, an einem Galgen an der Engelsbrücke gehängt. Auf die Köpfe der Banditen wurden Preise gesetzt, die aber von deren Angehörigen oder deren Heimatgemeinden gezahlt werden mußten. Um unter den Banditen Uneinigkeit hervorzurufen, wurde für die Einlieferung von Genossen Straflosigkeit zugesichert; und die Herren oder die Gemeinden mußten den Schaden selbst ersetzen, der durch die Banditen in ihrem Gebiet angerichtet wurde. So hatten alle ein großes persönliches Interesse am Aufhören der Räubereien, und kostspielige Expeditionen gegen die Räuber, wie sie Gregor XIII. organisiert hatte, erübrigten sich. Kein Tag verging nun ohne Hinrichtungen, allenthalben sah man in Feld und Wald auf Pfählen Banditenköpfe stecken. Sicher hatte diese Justiz etwas Barbarisch-Orientalisches an sich, aber die Beseitigung des großen Übels war wohl nur auf diese Weise zu erreichen. Daß der Papst rasch zum Ziele kam, verdankte er dann der weiteren Maßnahme, daß er den Banditen alle rückwärtigen Verbindungen abschnitt, indem er mit den Nachbarstaaten Abmachungen traf, die ihr Übertreten auf diese Gebiete verhinderten. So war binnen zwei Jahren das Übel ausgerottet, und Sixtus freute sich, wenn ihm Gesandte berichteten, sie seien in seinem Staat allenthalben durch sicheres, friedliches Land gereist.

Sixtus V
Felice Peretti, Italiener aus Grottamare.
1585—1590

Nach der Wiederherstellung geordneter Verhältnisse im Kirchenstaat war des Papstes weitere Sorge die **Förderung von Ackerbau und Gewerbe** (Seidenraupenzucht!) und die **Ordnung der Finanzen**. Als Sixtus V. die Regierung antrat, waren die öffentlichen Kassen leer, ja die Einkünfte im voraus verpfändet. Als er nach fünf Jahren starb, lag in der Engelsburg ein Schatz von mehr als vier Millionen Goldscudi. Diese gewaltige Geldsumme war nicht nur infolge der Ersparnisse zusammengekommen, welche durch die mönchische An-

Der Petersplatz bei der Krönungsfeier Sixtus' (1585) (Bibliotb. Vatic.)

spruchslosigkeit und Einfachheit der Hofhaltung des Papstes ermöglicht wurden, sondern auch durch andere Maßnahmen. Vor allem hat der Papst die im Kirchenstaat wie in anderen italienischen Staaten damals bestehende Gewohnheit des Ämterkaufes weiter ausgebildet durch Erhöhung der Preise für käufliche Ämter und durch Neuschaffung käuflicher Stellen; ferner wurden auch Steuern und Abgaben erhöht. Zunächst war nun freilich diese Finanzpolitik sehr erfolgreich, aber auf die Dauer mußte diese starke Belastung des Landes doch üble Folgen nach sich ziehen.

Die gewaltigen Geldmittel, die dem Papst durch seine Finanzpolitik zuflossen, wurden von ihm — von der Aufsammlung des Schatzes abgesehen — zu einer großartigen Bautätigkeit verwendet; für deren Beurteilung ist es wichtig, im Auge zu behalten, daß es religiöse Gesichtspunkte waren, die den Papst bei der Planung und Ausgestaltung dieser Bauten leiteten. Durch Sixtus V. ist die Neugestaltung Roms erfolgt, durch ihn erhielt die Ewige Stadt den Charakter als Stadt des Barock, den sie im allgemeinen sich bis in die neueste Zeit gewahrt hat. Vor allem sorgte der Papst durch Schaffung großartiger Wasserleitungen — besonders der nach ihm benannten Acqua Felice — dafür, daß Rom mit ausgezeichnetem Wasser reichlich versehen wurde und daß auch die Hügel mit Wasser versorgt wurden; infolgedessen sind nun auch diese hochwasserfreien Stadtviertel der Bebauung erschlossen worden. Von den großartigen Bauten Sixtus' V. sind zu nennen: die heutige Papstwohnung im Vatikan, die vatikanische Bibliothek, der Lateranpalast, die Scala santa, die Spanische Treppe. Besonders bekannt ist auch die Aufrichtung des Obelisken des Nero in der Mitte des Petersplatzes. Die größte Tat aber war die Vollendung der gigantischen Kuppel von St. Peter nach den Plänen Michelangelos. Unvergängliche Verdienste hat sich Sixtus V. durch diese Bauten um Rom erworben; es ist dabei nur zu bedauern, daß ihm, wie der ganzen Zeit, die Pietät gegen die ehrwürdigen Ruinen des Altertums und der altchristlichen Zeit fehlte.

An den Namen Sixtus' V. knüpft sich ferner die Neuorganisation des Kardinalkollegiums und der Kurienverwaltung. Durch die Konstitution „Postquam verus ille" vom 3. Dezember 1586, die bis heute in Geltung geblieben ist, ordnete er an, daß die Zahl der Kardinäle nach dem Vorbild der 70 Ältesten des Moses (IV. Moses 11, 16) siebzig betragen sollte, und zwar 6 Bischöfe, 50 Priester und 14 Diakone. — Die seit dem Mittelalter übliche Praxis, daß alle wichtigen Angelegenheiten an der Kurie (causæ arduæ et maiores) unter Vorsitz des Papstes im Konsistorium, d. h. der Vollversammlung der in Rom anwesenden

Kardinäle, erledigt wurden, erwies sich je länger je mehr als unpraktisch: das Konsistorium war ein zu schwerfälliger und umfangreicher Verwaltungsapparat. Unter diesen Umständen lag es nahe, das Konsistorium in verschiedene Ressorts aufzulösen und diesen einen fest umgrenzten Geschäftskreis mit einer bestimmten Anzahl von Kardinälen als Mitglieder zuzuweisen. So sind zunächst zeitweilig Kardinalskongregationen zur Erledigung bestimmter Aufgaben bestellt worden. Paul III. hat dann im Jahre 1542 in dem Sant Uffizio, der Inquisition, die erste ständige Kardinalskongregation geschaffen. Diese Anfänge neuer Behörden hat Sixtus V. weiter ausgestaltet; und er hat nach einem systematischen Plan eine Neuorganisation der Kurie vorgenommen, indem er durch die Bulle „Immensa æterni Dei" vom 22. Januar 1587 fünfzehn Kardinalskongregationen schuf bzw. organisierte, denen künftig die regelmäßige Leitung der ihnen zugewiesenen kirchlichen Angelegenheiten obliegen sollte. Während einigen dieser Kongregationen die Verwaltung und Justiz des Kirchenstaates übertragen war, waren die meisten für die Verwaltung der Gesamtkirche bestimmt. Von einzelnen Änderungen abgesehen, die im Laufe der Zeit an der Behördenorganisation der Kurie durch Trennung oder Vereinigung und Neubegründung von einzelnen Kongregationen vorgenommen wurden, ist bis zur Kurienreform Pius' X. an der Grundlage der Organisation Sixtus' V. nicht gerüttelt worden.

Auf dem Trienter Konzil hatte die mit einer Revision des Vulgatatextes betraute Kommission ihre Arbeit nicht beenden können, und so war diese auf Beschluß des Konzils in Rom unter Pius V. und Gregor XIII. fortgesetzt worden. Sixtus V. drängte sofort auf raschen Abschluß der Arbeit. Als ihm dann nach eifrigster Arbeit das Werk überreicht wurde, hat Sixtus V. in seinem übergroßen Interesse und mit der ihm eigenen Gewalttätigkeit den von der Kommission festgestellten Text nochmals revidiert und sogar selbst die Korrektur der Druckbogen übernommen. In der Bulle „Aeternus ille" vom 1. März 1590 hat Sixtus feierlich diese seine Edition, mit der weder die Kommission noch sonst jemand zufrieden war, als die authentische Vulgata des Tridentinums erklärt und deren ausschließlichen Gebrauch angeordnet. Aber da Sixtus bald darnach starb, wirkte die Kommission auf die Zurückziehung und eine Korrektur der Sixtinischen Ausgabe hin; auf den Rat Bellarmins wurde eine neue Kommission mit dieser Aufgabe betraut; unter Klemens VIII. erschien dann im Jahre 1592 diese verbesserte Neuausgabe, die sogenannte Vulgata Clementina, auf deren Titel aber der Name Sixtus' V. beibehalten wurde.

Heinrich III., König von Frankreich (1551—1589) war der letzte seines Stammes aus dem Hause Valois. Seine Politik wurde ebenso wie sein zügelloser Lebenswandel von Papst Sixtus V. schärfstens verworfen.

In der äußeren Politik war der Leitstern des Handelns des Papstes das Streben, die Autorität des Papsttums und der Kirche frei von weltlicher Bevormundung zu begründen. Sixtus V. wollte, ähnlich wie seine großen Vorgänger im Mittelalter, über den weltlichen Mächten seine Stellung nehmen, väterlich wohlwollend und gerecht gegen die Gläubigen aller Nationen ohne Bevorzugung oder Benachteiligung der einen oder der andern (P. Herre). Aber die realen Verhältnisse haben doch den Papst zu einer Praxis genötigt, die nicht immer mit diesem Ideal in Einklang stand.

Die Aufmerksamkeit des Papstes wurde vor allem durch die **Entwicklung der Dinge in Frankreich** in Anspruch genommen; schien es doch, als ob dieses Land, die älteste Tochter der Kirche, dem Katholizismus völlig verloren gehen sollte. Denn da der letzte Valois Heinrich III. (1574—1589) kinderlos blieb, drohte die Thronfolge des Heinrich von Bourbon-Navarra, der zwar bei seiner Vermählung mit des Königs Schwester in der Bartholomäusnacht seinen protestantischen Glauben abgeschworen hatte, dann aber sich wieder dem protestantischen Bekenntnis zugewandt hatte. Sixtus V. sprach daher den Bann über **Heinrich von Navarra** aus und erklärte ihn aller Ansprüche auf die Krone für verlustig. Dieses Vorgehen des Papstes bewirkte eine Annäherung an Spanien, wobei aber der Papst sorgsam darauf bedacht war, auch den Schein einer Abhängigkeit von der spanischen Weltmacht zu vermeiden. Denn **die Politik Philipps II.** verfolgte das Ziel, die Liga, die sich in Frankreich unter der Führung der Guise zum Schutze der katholischen Religion gebildet hatte, zu fördern und zum Siege zu führen. Das stimmte natürlich überein mit den Plänen des Papstes, dessen ganzes Sinnen darauf gerichtet war, die vom katholischen Glauben abgefallenen Länder zu diesem zurückzuführen. Aber Sixtus dachte hierbei vor allem an die Wiedergewinnung **Englands**, in dessen aufstrebender Macht er den eigentlichen Rückhalt des Protestantismus erblickte. Darum drängte er unablässig, daß Spanien den geplanten großen Schlag gegen England führe, und darum erfüllte ihn das wiederholte Aufschieben des Unternehmens mit Zorn und Bitterkeit. Als dann im Jahre 1588 endlich die spanische Flotte zum Angriff gegen England auslief, da erlitt die Armada vernichtende Niederlagen; England gewann die Seeherrschaft. Dieser Ausgang des Unternehmens wurde die „Peripetie nicht nur für die Entwicklung Spaniens selbst, sondern auch für die Beurteilung, die es als Hort des Katholizismus genoß" (Herre), damit aber auch für die Stellungnahme des Papstes. Ihm war

Der Obelisk Sixtus' V. inmitten des Petersplatzes (Biblioth. Vatic.)

es nun klar, daß mit dem Versagen der Leistungsfähigkeit der spanischen Weltmonarchie auch die von ihr beanspruchte und ihr eingeräumte Sonderstellung aufhören müsse; es lockerte sich infolgedessen der Bund zwischen Papst und Philipp II. Als dann aber Heinrich III. ermordet wurde (1589), und der vom Papst exkommunizierte Heinrich von Navarra Thronerbe wurde, sah sich Sixtus V. zunächst wieder zur Stellungnahme an der Seite Spaniens genötigt; schien es doch, als ob jetzt Frankreich wirklich der katholischen Kirche verloren gehen sollte. Aber die Entwicklung der Dinge in Frankreich schlug doch andere Bahnen ein. Es mehrte sich auch unter den Katholiken Frankreichs die Zahl derer, die in Heinrich IV. den legitimen Thronfolger sahen. Das veranlaßte den Papst, eine abwartende Haltung einzunehmen und von einer direkten Unterstützung der Liga abzusehen. Bestimmend für die Richtung seiner Politik wurde es, daß der Herzog von Luxemburg als Vertreter der katholischen Anhänger des Navarra in Rom erschien, um deren Anhänglichkeit an den Ketzer zu rechtfertigen, und erklären konnte, daß der Übertritt des Königs zur katholischen Kirche bevorstehe. Diese abwartende und damit dem Navarra günstige Haltung Sixtus' V. hat auf spanischer Seite grenzenlose Empörung und schärfsten Widerspruch hervorgerufen; es kam zu leidenschaftlichen Auftritten zwischen dem Papst und dem spanischen Botschafter Olivares, der verlangte, daß alle Anhänger Navarras gebannt und dieser selbst für regierungsunfähig erklärt werden solle; sonst werde der katholische König sich von der Obedienz des Papstes lossagen, da er nicht dulden könne, daß die Sache Christi zugrunde gerichtet werde. Sixtus V. ließ sich aber nicht beirren. „Wir wollen den Frieden in Frankreich herstellen, und zwar ohne uns zu Gehilfen fremden Ehrgeizes zu machen," — das war sein Standpunkt. Mit untrüglichem staatsmännischem Scharfblick erkannte er, daß nur bei seiner Politik, welche die Erhaltung des Gleichgewichtes unter den katholischen Mächten erstrebte, die unbedingt nötige Selbständigkeit von Kirche und Papsttum, die durch die spanische Weltmacht, die auch über Ober- und Unteritalien gebot, aufs schwerste bedroht war, für die Zukunft gesichert war.

Wäre, wie Philipp II. es erstrebte, Frankreich als starker selbständiger Staat beseitigt worden und in irgendwelche Abhängigkeit von Spanien gekommen, dann wäre allerdings dem Papst nur die Rolle eines Kaplans des katholischen Königs übrig geblieben. Die Ereignisse haben dem Papst recht gegeben; ihm selbst war es freilich nicht beschieden, das Ziel zu erreichen. Den furchtbaren Anstrengungen und Aufregungen dieser Monate war sein Körper nicht gewachsen, er brach zusammen; am 27. August 1590 ereilte ihn der Tod. Mit ihm sank **einer der größten und genialsten Päpste** ins Grab, die je den Stuhl Petri geziert haben.

Papst-Bildnisse
aus *Ebermayers* Papstkatalog „Imagines Pontif. Rom in gemmis caelatae".

DAS PAPSTTUM
IM ZEITALTER DES DREISSIGJÄHRIGEN KRIEGES

Im Konklave nach dem Tode Sixtus' V. gab Kardinal Madruzzo, der Führer der spanischen Partei, eine Liste von fünf Kandidaten bekannt, die von Spanien gewünscht wurden; es ist der erste Fall einer offenen Inklusion. Es wurde auch tatsächlich einer der fünf Genannten gewählt, Kardinal Giambattista Castagna; aber dieser — als Papst **Urban VII.** — starb schon nach 14 Tagen. In der Zeit der nun folgenden Vakanz ist, wie es scheint, die berühmte P a p s t w e i s s a g u n g d e s h l. M a l a c h i a s entstanden, die dann der Benediktiner Arnold von Wion im Jahre 1595 in seinem Werk Lignum vitæ, einer Legendensammlung, veröffentlichte. Der Zweck der Prophetie, die in 111 kurzen Sinnsprüchen eine Charakteristik der Päpste von Cölestin II. (1143) bis zum letzten Papst gibt, ist ebensowenig aufgehellt wie die Persönlichkeit des Verfassers; sicher ist nur, daß wir in derselben eine Fälschung vor uns haben, die mit dem hl. Malachias, Erzbischof von Armagh, einem Zeitgenossen des hl. Bernhard, nichts zu tun hat.

In dem von leidenschaftlichen Kämpfen durchtobten neuen Konklave, das fast zwei Monate dauerte, wurde schließlich, wiederum den spanischen Wünschen entsprechend, Kardinal Nikolaus Sfondrato gewählt, der den Namen **Gregor XIV.** (1590—1591) annahm. Der Papst, ausgezeichnet durch große persönliche Frömmigkeit und asketischen Wandel, schloß sich im Gegensatz zur klugen und vorsichtigen Politik Sixtus' V. völlig der spanischen Politik Frankreich gegenüber an, indem er eifrig die Liga unterstützte und Heinrich von Navarra bekämpfte. Als er nach zehn Monaten starb, wurde **Innocenz IX.** sein Nachfolger, der aber, ein hinfälliger Greis, schon nach zwei Monaten ins Grab sank.

Binnen anderthalb Jahren war nun zum vierten Male der päpstliche Stuhl verwaist. Angesichts der schweren Zeitlage war man nun auf die Wahl eines Kandi-

Papst Urban VII. (1590)
starb schon nach nur vierzehntägigem Pontifikat.

daten bedacht, dessen Pontifikat eine längere Dauer erwarten ließ. Gewählt wurde schließlich der einem vornehmen florentinischen Geschlecht entstammende Kardinal Ippolit Aldobrandini, der sich **Klemens VIII.** nannte (1592—1605). Das Leben des neuen Papstes war von vorbildlichem Ernste und tiefer Frömmigkeit; wie er voll Gewissenhaftigkeit seine priesterlichen Pflichten erfüllte, so lag er auch, freilich viel durch Kränklichkeit gehemmt, mit Eifer den Pflichten seines hohen Amtes ob, nur daß durch seine häufigen Erkrankungen und seine übertriebene Gewissenhaftigkeit, seine Umständlichkeit und seinen Mangel an Entschlußfähigkeit die Erledigung der Geschäfte vielfach verzögert wurde. Immerhin kann man Klemens VIII. den großen Päpsten der Gegenreformation, einem Pius V. und Sixtus V., anreihen. Denn wenn auch seine Verschwendungssucht und sein Nepotismus harten Tadel verdient, so ist doch sein Wirken bedeutend gewesen. „Dank seiner persönlichen Veranlagung vermochte er die von der historischen Entwicklung der Kirche zugewiesene Aufgabe nach langen Wirrnissen und tiefgehenden Konflikten zu lösen. Selten waren Persönlichkeit und Sache so eins wie in seinem Pontifikat. Auf der einen Seite volle Entfaltung der kirchlichen Ansprüche, auf der andern die Fähigkeit, sie zum endgültigen Siege zu führen" (Herre). Mit vorsichtiger Zurückhaltung und ängstlicher Bedächtigkeit ging der Papst an die Lösung der seiner harrenden Aufgaben, aber gerade dadurch sicherte er sich die Erfolge.

Die wichtigste Frage, mit der sich Klemens VIII. zu beschäftigen hatte, war die französische. Mit dieser aber verband sich aufs engste **die Stellung zur spanischen Großmacht**, deren übermächtiger Einfluß in all den Konklaven sich immer wieder gezeigt hatte; bezog doch ein erheblicher Teil des Heiligen Kollegiums von Spanien Pensionen. Diesen Einfluß galt es zu brechen, um die Selbständigkeit und Unabhängigkeit des Papstes und der Kirche wieder herzustellen; der Papst wollte nicht der Kaplan des spanischen Königs sein. Daher schlug er in seiner Politik Bahnen ein, wie sie Sixtus V. erstmals vorgezeichnet hatte. Da Heinrich IV. von Navarra noch nicht zum katholischen Glauben übergetreten war, hielt der Papst die Beziehungen zur Liga aufrecht; aber er dachte nicht daran, die speziellen Pläne Spaniens zu unterstützen, das die Infantin Isabella, eine Enkelin Heinrichs II., auf den französischen Thron bringen wollte. Als dann Heinrich IV. im Juli 1593 den entscheidenden Schritt tat,

Heinrich IV., König von Frankreich (1553—1610) erließ 1598 das Edikt von Nantes, in dem er den Ansprüchen der Hugenotten weitgehend entgegenkam.

daß er das katholische Glaubensbekenntnis ablegte, zögerte der Papst zunächst mit der Absolution. Das war politisch klug; denn die Absolution Heinrichs IV. mußte zum Bruch mit Spanien, das unbeirrt seine Pläne weiter verfolgte, führen, und Heinrich konnte das gegen ihn noch bestehende Mißtrauen allmählich beseitigen und seine Stellung festigen. Am 17. Dezember 1595 ist dann die Absolution des französischen Königs erfolgt. Damit war nun die Grundlage geschaffen zur Herstellung des politischen Gleichgewichtes. Frankreich, das in den letzten Jahrzehnten durch die Religionskriege gelähmt gewesen, wurde nun wieder ein Faktor der europäischen Politik und ein Gegengewicht gegen Spanien. Das war aber auch für das Papsttum ein wesentlicher Gewinn: es stand nun endlich Spanien viel freier und selbständiger gegenüber. Diese

Papst Gregor XIV (1590—1591)

wiedererrungene politische Selbständigkeit des Papstes fand darin ihren Ausdruck, daß Klemens VIII. im Jahre 1598 den Frieden zwischen Spanien und Frankreich vermittelte. Für Frankreich selbst aber war mit der endlichen Herstellung des religiösen Friedens die Voraussetzung geschaffen für ein Aufblühen regen religiösen Lebens.

Klemens VIII. glückte auch eine wesentliche **Erweiterung des Kirchenstaates**. In Ferrara, das seit den Tagen der Mathilde von Tuscien der Kirche lehenspflichtig war, herrschte die Familie der Este. Als nun Herzog Alfons II. im Jahre 1597 ohne direkte Leibeserben starb, wurde das Herzogtum als heimgefallenes Lehen vom Papst eingezogen; die Ansprüche, die eine auf einen unehelichen Sohn Alfonsos I. zurückgehende Nebenlinie erhob, gelang es mit französischer Unterstützung abzuweisen; sie behielt nur die Reichslehen Modena und Reggio. — Seit 1592 waren die **Türken** wieder in bedrohlichem Vordringen, in Ungarn waren sie bis fast an die österreichische Grenze vorgedrungen, Kroatien und Dalmatien waren in ihre Hand gefallen; sie konnten nunmehr zugleich Wien und Oberitalien bedrohen. Klemens VIII. war der einzige Fürst, der sich klar bewußt war, daß die Niederwerfung der Türken nötig war, um die Kultur des Abendlandes zu retten. Aber alle Bemühungen des Papstes, eine große Liga zum Kampf gegen die Türken zusammenzubringen, hatten wenig Erfolg. Schließlich hat der Papst selbst eine kleine Armee aufgestellt und unter Führung eines Verwandten nach Ungarn geschickt; das Heer konnte aber nur kleine Erfolge erringen.

Klemens VIII., der dem französischen König die Aufnahme in die katholische Kirche hatte gewähren können, hat lange die Hoffnung gehegt, daß **Jakob VI.**

Urban VII.
Giambattista Castagna. Römer.

Gregor XIV.
Nikolaus Sfondrato. Italiener aus Cremona.
1590—1591

von Schottland, der Sohn der Maria Stuart, dem Beispiel des Bourbonen folgen werde. Denn sowohl infolge persönlicher Neigungen und Einflüsse, als auch aus politischen Gründen war er mit den entschiedensten Gegnern Englands, mit Rom und Spanien, in Verbindung getreten, da er Unterstützung seiner Ansprüche auf den englischen Thron erhoffte. Als dann Jakob nach dem Tode Elisabeths (1603) ohne Schwierigkeit den englischen Thron besteigen konnte, trat zwar eine Besserung der traurigen Lage der entrechteten englischen Katholiken ein, aber das war nur vorübergehend; bald wurden die Strafgesetze gegen die Katholiken wieder durchgeführt und nach der mißglückten Pulververschwörung (1605) sogar noch verschärft. Auch die Aussichten auf Rückkehr zur katholischen Kirche, die der doppelzüngige und hinterhältige König dem Papst gemacht hatte, und mit denen er denselben hingehalten hatte, erwiesen sich als trügerisch.

Aus der Neigung des Papstes, in der Politik über den Parteien Stellung zu nehmen, ist zum Teil wenigstens seine Haltung in der **theologischen Kontroverse** zu erklären, die damals aufs stärkste die Gemüter bewegte. Es handelte sich um das Problem des Verhältnisses der Gnade Gottes zur Willensfreiheit.

Maria Stuart, Königin von Schottland.
(1542—1587)
stand nicht zum wenigsten wegen ihres katholischen Bekenntnisses im Widerspruch gegen Elisabeth von England, die sie 18 Jahre lang gefangen hielt und am 18. Februar 1587 enthaupten ließ.

Der spanische Jesuit Molina hatte dasselbe in einem großen Werke (1588) erörtert und dadurch den Widerspruch der Dominikaner unter Führung des Domenico Bañez herausgefordert, die Molina ein Abweichen von den Lehren des hl. Thomas vorwarfen; so wurden die Gegensätze der Doktrinen auch zu Gegensätzen der beiden Orden. Der Kampf nahm infolgedessen so heftige Formen an, daß der Papst beiden Orden die Verteidigung der strittigen Lehren verbot und eine besondere Kommission, die Congregatio de auxiliis gratiæ (1598), zur Prüfung der Kontroverse einsetzte. Die Kommission kam zwar mehrfach zur Verurteilung des Molina, aber der Einfluß der Jesuiten wußte die Bestätigung der Verurteilung durch den Papst, der selbst mehr Jurist als Theologe war, zu verhindern; schließlich ist die langwierige Arbeit ohne Resultat geblieben, da Paul V. im Jahre 1607 die Kongregation auflöste, ohne daß eine Entscheidung ergangen wäre.

Sein Interesse für die Wissenschaft zeigte Klemens VIII. dadurch, daß er mehrere ausgezeichnete Gelehrte in das Kardinalskollegium aufnahm. Von diesen sind zu nennen der Jesuit Bellarmin; dessen bedeutendste Schriften sind, abgesehen von Streitschriften zu den kirchenpolitischen Kontroversen der Zeit, ein vielverbreiteter Katechismus und das Werk „De Romano Pontifice", in dem bezüglich des Verhältnisses von Staat und Kirche die Lehre von der potestas indirecta entwickelt wird. Neben Bellarmin ist damals Cesare Baronio das hervorragendste Mitglied des Hl. Kollegiums gewesen. Er war Mitglied des Oratoriums des hl. Philipp Neri; auf dessen Anregung hin schrieb er gegen die Magdeburger Centuriatoren die Annales ecclesiastici, die in annalistischer Form auf Grund eines reichen Aktenma-

Papst Innocenz IX. (1591)

terials die Kirchengeschichte bis auf Innocenz III. in zwölf starken Foliobänden darstellen.

Als Klemens VIII. am 5. März 1605 starb, folgte ihm Kardinal Ottaviano de Medici als **Leo XI.**, der aber schon nach 25 Tagen starb. Nun wurde, nachdem die Erhebung des Kardinals Baronius am spanischen Widerspruch gescheitert war, Kardinal Camillo Borghese gewählt, der sich **Paul V.** (1605—1621) nannte. Dieser, ein Mann von der Geistesart Gregors VII., ausgezeichnet durch hohen sittlichen Ernst und einen starken, unbeugsamen Willen, durch seine kanonistischen Studien erfüllt von dem Gedanken der Vollgewalt des apostolischen Stuhles, wie sie durch die großen Päpste des Mittelalters ausgebildet worden, war entschlossen, die päpstliche Macht nicht nur in dem überkommenen Umfang zu erhalten, sondern auch möglichst auf die im Mittelalter erreichte Höhe zurückzuführen.

Dieses Streben des Papstes, die Ansprüche der Kirche mit rücksichtsloser Strenge durchzusetzen, hat ihn bald in Streit mit seinen italienischen Nachbarn gebracht; vor allem kam er in scharfen Konflikt mit Venedig. Die Republik der Lagunenstadt hatte von jeher ihr Ideal der Staatshoheit auf Kosten der kirchlichen Freiheit und Unabhängigkeit zu realisieren gesucht. Kurz vor der Thronbesteigung Pauls V. hatte der Doge Marino Grimani mit dem Senat einige Gesetze erlassen, die den Streit zum Ausbruch brachten. In diesen war bestimmt, daß Kirchengüter, die pachtweise Laien überlassen waren, nie wieder in den unmittelbaren Besitz der Eigentümer übergehen sollten; ferner wurde die Erbauung von Kirchen und Klöstern sowie die Einführung neuer Bruderschaften

Innocenz IX.
Johann Anton Fachinetti. Italiener aus Bologna.
1591

Klemens VIII
Ippolit Aldobrandini, Italiener aus Florenz.
1592—1605

und Orden innerhalb des venetianischen Staatsgebietes von der Genehmigung des Senates abhängig gemacht; schließlich wurde der Verkauf von Liegenschaften, deren Vererbung oder Schenkung an geistliche Personen oder Korporationen verboten. Zum offenen Ausbruch kam der Konflikt, als die Republik zwei Geistliche unter der Anklage schändlicher Verbrechen einkerkern und ohne Rücksicht auf das Privilegium fori vor das weltliche Gericht stellen ließ. Als Paul V. die Auslieferung der beiden Gefangenen und die Zurücknahme der kirchenfeindlichen Gesetze verlangte, lehnte die stolze Republik, beraten von dem Servitenmönch Paolo Sarpi, der zum Konsultor in theologisch-kanonistischen Fragen ernannt worden war, diese Forderungen ab. Darauf schritt der Papst zu der angedrohten Verhängung der Exkommunikation über den Dogen und den Senat und des Interdiktes über das ganze venetianische Gebiet (April 1606). Die Republik beharrte aber auf ihrem Standpunkt. Die Veröffentlichung und Beobachtung der päpstlichen Zensuren wurde untersagt und den Geistlichen die weitere Abhaltung des Gottesdienstes zur Pflicht gemacht. Bei dem straffen Gewaltregiment, wie es in Venedig seit langem in kirchlichen Dingen in Übung war, fügte sich auch der Klerus; nur die neugegründeten Orden der Gegenreformation, Theatiner, Kapuziner, Jesuiten, gehorchten dem päpstlichen Interdikt und wurden daher aus dem Gebiet von Venedig ausgewiesen und ihre Güter eingezogen. Von beiden Seiten wurde in Streitschriften der Rechtsstandpunkt verfochten. Während Paolo Sarpi geschickt und rührig, aber auch voll Hohn und Haß gegen die Kurie, die Sache Venedigs im Sinne des hier herrschenden Staatskirchentums führte, traten Bellarmin und Baronius für den Papst und das herkömmliche Recht in die Schranken. Es war eine große Enttäuschung für den Papst, daß sein Interdikt so gut wie keine Beachtung fand. Durch Vermittlung von Frankreich und Spanien wurde schließlich der Friede wieder her-

Kurfürst Maximilian von Bayern (1573—1651) stand an der Spitze der katholischen Reichsstände, die in ihrer „Liga" den Kampf gegen die protestantische „Union" aufnahmen und erfolgreich durchführten.

Papst Klemens VIII. (1592—1605) vermochte dank seiner klugen staatsmännischen Haltung ganz besonders nachdrücklich für den Frieden zwischen Frankreich, Spanien und England zu wirken. Daß die Türken dank der jahrelangen Uneinigkeit der christlichen Fürsten bis fast vor Wien vorzudringen vermochten, war sein größter Schmerz.

gestellt. Die Republik erklärte sich bereit, die beanstandeten Gesetze nicht anzuwenden, allerdings nur mit den zweideutigen Worten: der Senat werde in bezug auf die Gesetze mit der Mäßigung und Frömmigkeit verfahren, welche der Republik stets eigen gewesen seien. Die beiden Geistlichen wurden dem Papst ausgeliefert; die Rückkehr der Jesuiten wurde aber nicht gestattet. So hatte Paul V. keineswegs einen Sieg errungen. Es war das letzte Interdikt, das päpstlicherseits über ein ganzes Staatswesen verhängt wurde.

Während des Pontifikates Pauls V. haben sich die religiösen Gegensätze in Deutschland immer mehr verschärft. Dem Zusammenschluß der neugläubigen Reichsstände in der Union (1608) unter Führung des kalvinischen Kurfürsten Friedrich IV. von der Pfalz folgte die Bildung der katholischen Liga, deren Leitung der energische Herzog Maximilian I. von Bayern übernahm. Beide Parteien standen gerüstet einander gegenüber. Als dann im Zusammenhang mit dem böhmischen Aufstand (1618) der Kampf ausbrach, beeilte sich der Papst, sowohl Kaiser Ferdinand als die Liga mit ansehnlichen Subsidien zu unterstützen. Dem Kaiser wurde auch ein dreijähriger Zehnt von allen kirchlichen Benefizien Italiens gewährt. Der glänzende Sieg des Habsburgers über den Winterkönig am weißen Berg bei Prag erfüllte den Papst mit größter Freude; er selbst hielt in der deutschen Nationalkirche einen feierlichen Dankgottesdienst ab.

Unter Paul V., der selbst kunstsinnig und kunstliebend war, wurde der Bau der Peterskirche beendet; um mit dem Neubau die ganze Fläche der alten Basilika zu bedecken, wurde dem Zentralbau ein Langschiff vorgelagert. Der Ausbau desselben und der Bau der mächtigen Fassade erfolgte durch Carlo Maderna. — Vom Nepotismus hielt sich der Papst nicht frei; die Familie der Borghese ist durch ihn zu einer der reichsten des Kirchenstaates gemacht worden. — Durch Paul V. erfolgte die Bestätigung der Statuten der von Philipp Neri gegründeten Oratorianer. Auch das französische Oratorium, das der spätere Kardinal Bérulle im Jahre 1611 nach dem Vorbild des italienischen Oratoriums gegründet hatte, ist durch ihn bestätigt worden.

Pauls V. Nachfolger wurde **Gregor XV.** (1621—1623), vorher als Alessandro Ludovisi Erzbischof von Bologna. Die eigentliche Leitung der Geschäfte lag in der Hand des Neffen Lodovico Ludovisi, da der Papst ein schwächlicher, hin-

Leo XI.
Ottaviano de Medici, Italiener aus Florenz. 1605

Paul V
Camillo Borghese, Römer. 1605—1621

fälliger Greis war. Auch die Feinde dieses Nepoten, der freilich von Fehlern nicht frei war, mußten den großen Eifer und das hervorragende Geschick anerkennen, das er hierbei offenbarte. Infolgedessen kommt dem, wenn auch kurzen, Pontifikat Gregors XV. eine hohe Bedeutung zu.

Die Mißstände, die sich in den letzten Konklaven gezeigt hatten, gaben dem Papst Anlaß, durch die Bullen Aeterni Patris (23. November 1621) und Decet Romanum Pontificem (12. März 1622) neue Bestimmungen für die Papstwahl zu treffen. Als Regel wurde die geheime Wahl durch Stimmzettel in zweimal täglich abzuhaltenden Skrutinien vorgeschrieben und im einzelnen das Zeremoniell der Wahl festgelegt. Wenn auch das Verbot von Abmachungen über Inklusion und Exklusion zunächst nicht Beachtung fand, wenn vielmehr gerade in der Folgezeit das Recht der Exklusive sich ausbildete und festigte, so sind im allgemeinen doch die von Gregor XV. getroffenen Anordnungen in Kraft geblieben.

Hatte sich schon Paul V. die Sache des Kaisers und der Liga angelegen sein lassen, so tat dies Gregor XV. mit wahrem Ungestüm. Er sah in dem Kampf in Deutschland einen Religionskrieg; und wenn es galt, dem Katholizismus zum Siege, der Ketzerei zum Untergang zu verhelfen, entbrannte er vor glühendem Eifer. Die Hilfsgelder, die der Kaiser und die Liga erhielten, wurden von ihm sofort erhöht. Besonders eifrig trat der Papst für die Übertragung der Kur an Bayern ein. Für die hingebende Unterstützung zeigte sich Kurfürst Maximilian dadurch dankbar, daß er dem Papst die kostbare, besonders an wertvollen Handschriften reiche Heidelberger Bibliothek schenkte. Gregor XV. schätzte den Erwerb der Bibliotheca Palatina für eines der glücklichsten Ereignisse seines Pontifikates.

Wie die anderen großen Päpste der Gegenreformation hat auch

Generalleutnant Graf von Tilly (1559—1632) führte das Heer der „Liga" von Sieg zu Sieg und schuf die Grundlage für das Restitutionsedikt des Kaisers Ferdinand, das die Katholiken wieder in den Besitz der ihnen unrechtmäßig genommenen Besitztümer brachte.
(Nach einem Ölgemälde von Hans Werl [?] im National-Museum München.)

Gregor XV. der **Heidenmission** seine eifrige Förderung angedeihen lassen. Sein Hauptverdienst ist die Organisierung der Mission durch die **Gründung der Congregatio de propaganda fide** als einer Zentralbehörde, durch die all die bisher selbständigen Missionsunternehmungen der verschiedenen Orden in einer höheren einheitlichen Leitung an der Kurie zusammengeschlossen wurden. Einen Vorläufer der Propaganda bildete die dreigliederige, durch Gregor XIII. im Jahre 1575 eingesetzte Kardinalskommission, die im Anschluß an die von diesem Papst begründeten Nationalkollegien die Leitung der Orientmissionen übernehmen sollte. Gregor XV. hat nun diese zentrale Leitung auf das gesamte Missionswesen ausgedehnt, wie dies von mehreren Missionsschriftstellern angeregt worden war. Begründet wurde die Congregatio de propaganda fide am Epiphanietag des Jahres 1622; ihre Rechte und Aufgaben wurden umschrieben in der Bulle „Inscrutabili divinæ providentiæ" vom 22. Juni desselben Jahres. Die Kongregation erhielt das Aufsichtsrecht über sämtliche Missionen; sie übernahm für die terræ missionis als einzige Behörde,

Papst Leo XI.

die den Papst als den ausschließlichen Ordinarius dieser Länder in seiner Tätigkeit unterstützt, all die Aufgaben, in die für die provinciæ sedis apostolicæ all die übrigen Kongregationen sich teilten. Um die außerordentliche Bedeutung der Propaganda zu erkennen, ist zu beachten, daß als Missionsgebiete nicht nur die Heidenländer galten, sondern auch die Länder Europas, in denen durch die Reformation die kirchliche Hierarchie zerstört war und die Katholiken in die Minderheit gedrängt waren, so England, Irland, die Niederlande, die nordischen Reiche und Norddeutschland. Der Papst sorgte auch für die nötigen Einkünfte der Propaganda; sein Nachfolger hat dann noch das **Propagandakolleg** geschaffen, das der Ausbildung von Heidenmissionären dient, sowie die berühmte **Propagandadruckerei**. — Zu erwähnen ist noch, daß Gregor XV. eine Anzahl Kanonisationen vornahm, so von mehreren Mitgliedern des Jesuitenordens wie Igna-

Gustav Adolf König von Schweden, (1594—1632) griff 1630 aus rein politischen Gründen, aber naturgemäß zugunsten der Protestanten, in den Dreißigjährigen Krieg ein.

  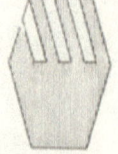 

Gregor XV
Alessandro Ludovisi, Italiener aus Bologna.
1621—1623

Urban VIII.
Maffeo Barberini, Italiener aus Florenz.
1623—1644

tius und Franz Xaver, außerdem die der hl. Theresia und des hl. Philippus Neri.

Trotz der Bestimmungen Gregors XV. gab der spanische Gesandte im Konklave zwei Kardinälen die Exklusive durch die Erklärung, sie seien seinem Herrn nicht genehm. Es wurde dann Kardinal Maffeo Barberini gewählt, der wohl in Erinnerung an Urban II. den Namen **Urban VIII.** annahm (1623—1644). Bei dem verhältnismäßig noch jugendlichen Alter des Papstes — er zählte 56 Jahre — und bei seiner Rüstigkeit war eine lange Regierung zu erwarten. Das ermöglichte ihm ein bahnbrechendes und nachhaltiges Eingreifen in die Zeitgeschichte, besonders in den Dreißigjährigen Krieg. Fast gleichzeitig mit dem Regierungsantritt Urbans VIII. übernahm Armand du Plessis Kardinal Richelieu, einer der hervorragendsten Staatsmänner der neueren Zeit, die Leitung der französischen Politik, entschlossen, die Machtstellung der Habsburger zugunsten Frankreichs zu brechen. Es mußte zum guten Teil von der Stellungnahme des Papstes abhängen, ob die kühnen Pläne Richelieus gelangen oder scheiterten.

Unter Urban VIII. erfuhr der Kirchenstaat eine nicht unerhebliche Erweiterung. Als nämlich im Jahre 1631 das Geschlecht der Rovere erlosch, denen Julius II. nach dem Aussterben der Montefeltro die Herrschaft über Urbino zugewendet hatte, wurde dieses Herzogtum als erledigtes Lehen eingezogen und der unmittelbaren päpstlichen Herrschaft unterstellt. Damit hatte der Kirchenstaat seine größte Ausdehnung erreicht.

Im Jahre 1627 starb der Herzog von Mantua, Vincenzo II. Gonzaga, ohne Leibeserben. Nächstberechtigter Erbe war Karl Gonzaga, der durch die Vermählung seines Vaters mit der Erbin von Nevers und Rethel

Papst Paul V. (1605—1621) vollendete den Bau der Peterskirche. In die Wirren der in Deutschland entbrannten Religionskriege griff er nachdrücklichst durch Unterstützung der kathol. Liga ein.

Papst Gregor XV (1621—1623)
traf strenge Bestimmungen für die künftigen Papstwahlen. Um die katholische Weltmission hat er sich durch die Gründung der „Kongregation zur Verbreitung des Glaubens" unvergängliche Verdienste erworben.

französischer Pair geworden war. Der Kaiser, dem die Belehnung mit Mantua zustand, da es Reichslehen war, wollte nun Karl von Nevers als französischen Vasallen von der Erbfolge ausschließen; er unterstützte die Ansprüche des Herzog von Guastalla, der einer entfernten Seitenlinie der Gonzaga entstammte. Urban VIII., dem eine weitere Verstärkung der spanischen Macht in Italien unerträglich dünkte, setzte sich im Verein mit Frankreich für Karl von Nevers ein. Auf dem Regensburger Kurfürstentag von 1630 mußte schließlich der Kaiser unter dem Druck Frankreichs und der Liga nachgeben und in die Belehnung des Herzogs von Nevers mit Mantua einwilligen.

Viel erörtert und sehr verschieden beurteilt wurde bislang die Haltung, welche Urban VIII. in der ersten Hälfte des Dreißigjährigen Krieges gegenüber den beiden feindlichen Parteien eingenommen hat. Schon zu Lebzeiten des Papstes sind darob von beiden Seiten scharfe Anklagen gegen ihn erhoben worden. So kam es, als die katholische Sache in Deutschland durch die Erfolge Gustav Adolfs aufs schwerste gefährdet schien, zwischen dem Papst und dem als kaiserlichen Botschafter nach Rom entsandten Kardinal Pazmany, dem eigentlichen Wiederhersteller der katholischen Kirche in Ungarn, zu erregten Auseinandersetzungen, in deren Verlauf der Kardinal dem Papst vorwarf, er habe nicht nur negativ durch seine Untätigkeit die Niederlage des Katholizismus verschuldet, sondern auch positiv durch Begünstigung des französisch-schwedischen Bündnisses zu den Fortschritten Gustav Adolfs beigetragen, so daß die Protestanten sich brüsteten, Seine Heiligkeit wünsche längst die Niederlage des Hauses Österreich. Und in ähnlichen Bahnen bewegten sich die Auffassungen der neueren Forschung unter dem Einfluß von Ranke und Gregorovius. Allerdings machte man sich neuerdings nicht mehr alle Anklagen gegen Urban VIII. zu eigen; so ließ sich die Behauptung der freundlichen Hinneigung des Papstes zu Gustav Adolf nicht aufrechterhalten, da er in Wirklichkeit den Kaiser zum Tode Gustav Adolfs, „dieses erbittertsten Feindes", beglückwünschte und anläßlich des Todes des Schwedenkönigs eine Dankfeier in der Anima abhielt. Aber es blieb doch die Anschauung herrschend, daß des Papstes Politik dem Kaiser und den spanischen Habsburgern durchaus abgeneigt, ja direkt feindlich war, daß er allzusehr sich in das Schlepptau der Politik von Richelieu und dessen politischen Gehilfen, des

Kapuziners P. Joseph, der „grauen Eminenz", nehmen ließ, vor allem im Interesse des Kirchenstaates, dessen Unabhängigkeit ungeschmälert aufrechtzuerhalten ihm als wichtigste Pflicht erschien; denn diese Unabhängigkeit, die bei einer weiteren Steigerung der habsburgischen Macht aufs äußerste bedroht erschien, betrachtete er als unerläßliche Grundlage und Vorbedingung für seine innerkirchliche Tätigkeit. Aber auch diese Auffassung läßt sich nun nicht mehr halten; denn aus neu zugänglich gewordenen archivalischen Quellen ergibt sich ein erheblich anderes Bild. Danach hat Urban VIII. sich keineswegs mit dem Bündnis zwischen Frankreich und Schweden abgefunden, sondern sobald er von ihm zuverlässig erfuhr, hielt er nicht mit der Mißbilligung und Verurteilung desselben zurück und bemühte sich angelegentlich um dessen Auflösung. Unablässig hat der Papst in den Krisenjahren 1631—1635 dahin gewirkt, daß es zu einer Aussöhnung zwischen den Habsburgern und Bourbonen käme, damit so der Friede in Europa wiederhergestellt, die Lage des Katholizismus in Deutschland erleichtert und die Ruhe Italiens gesichert werde. Darum aber war Urban VIII. sorgsam bedacht, jede Parteinahme zugunsten einer der beiden Parteien zu vermeiden und strenge Neutralität zu wahren; das glaubte er seiner Stellung als gemeinsamer Vater der Christenheit schuldig zu sein, und zeigte so, daß er sich der Verpflichtungen eines solchen padre commune, wie er sich gern bezeichnete, wohl bewußt war. Es ist wohl zu verstehen, daß diese Haltung keineswegs den Beifall der beiden gegnerischen Parteien fand, die bemüht waren, den Papst zu klarer Stellungnahme in ihrem Interesse zu bewegen, sondern zu mancherlei Angriffen und Verdächtigungen Anlaß bot. Erfolg ist diesen Ausgleichsbemühungen des Papstes und der in seinem Auftrag unermüdlich tätigen päpstlichen Diplomatie zunächst nicht beschieden gewesen; im Mai 1635 brach der offene Krieg aus. Unentwegt aber hielt der Papst an dem Plan eines Friedenskongresses fest und arbeitete so dem schließlichen Zusammentritt desselben vor. — Immerhin drängt sich aber die Frage auf, welche Wendung der Krieg in Deutschland hätte nehmen können, wenn dem Kaiser und dem bayerischen Kurfürsten im entscheidenden Augenblick die Millionen aus dem Schatz Sixtus' V. zur Verfügung gestanden hätten, die der Papst, der persönlich unzweifelhaft mit seinen Sympathien mehr nach der französischen Seite neigte, nutzlos in der Engelsburg liegen ließ.

Mag immerhin diese bewußte wohlerwogene Stellungnahme des

Kardinal Richelieu (1585—1642) war der leitende Minister Frankreichs unter Ludwig XIII. Nicht zum geringsten unterstützte er die protestantischen deutschen Fürsten im Kampfe gegen den Kaiser und den Katholizismus.

Papst Urban VIII. (1623—1644) war erfolgreich für die Befestigung und Erweiterung des Kirchenstaates tätig; seine Stellungnahme zum Dreißigjährigen Religionskrieg in Deutschland ist mit Recht viel umstritten.

Papstes über den Parteien nicht allseitig verstanden und gebilligt werden, jedenfalls würde man dem Papste, der, eigenwillig und von höchstem Selbstbewußtsein erfüllt, in seiner Politik ganz selbständig verfuhr, ohne das Kardinalskollegium zu Rate zu ziehen, unrecht tun, wollte man an seiner aufrichtigen Begeisterung für den Sieg des Katholizismus zweifeln. Urban VIII. haßte die Häresie gleich seinen Vorgängern, er jubelte über den Fall der Hugenottenfeste La Rochelle und die Eroberung Magdeburgs durch Tilly. Der Papst war überzeugt, daß seine Haltung den Interessen der katholischen Kirche diene. Es kommt hinzu, daß nach der Auffassung des Papstes wie Richelieus es sich bei dem Kampf Ferdinands II. mit den Protestanten nicht um einen Religionskrieg handelte. Das war freilich ein verhängnisvoller Irrtum; in einem Zeitalter, da politische und religiöse Interessen so unentwirrbar miteinander verbunden waren, könnte es schwerlich ein politisches Ereignis geben, das nicht auf religiösem Gebiet die bedeutsamsten Folgen nach sich zog. Die Entwicklung zeigte denn auch bald, daß es unmöglich war, dem Fortschritt der Protestanten nach Belieben Einhalt zu tun. Die Macht, zu der Richelieu den Protestanten in dem Augenblick verhalf, da sie verloren schienen, war nicht mehr zurückzudämmen; sie hat sich dann bei den Friedensverhandlungen in sehr schmerzlicher Weise für die Katholiken geltend gemacht. Als der Papst dann über die überraschenden Fortschritte der Protestanten in Unruhe geriet, da war es zu spät, und seine Mahnungen an Richelieu waren nun vergebens; sie wurden von diesem gar nicht ernst genommen.

Da Urban VIII. der Unabhängigkeit und Selbständigkeit des Kirchenstaates so hohen Wert beimaß und besonderen Nachdruck auf seine Stellung als Landesherr desselben legte, bemühte er sich angelegentlich um Stärkung der Heeresmacht und um die Hebung der Verteidigungskraft des Kirchen-

Kaiser Ferdinand II. (1578—1637) stellte im Kampfe gegen Friedrich V. von der Pfalz die Herrschaft des Katholizismus in Böhmen, Mähren und Österreich wieder her.

Medaille von Peter de Pomeis, 1620, k. k. Münzsammlung Wien

Die Kolonnaden des Petersplatzes,
deren Anlage unter Papst Urban VIII. begonnen wurde. *(Ein Bild des Tabernakels über dem Grabe des hl. Petrus, von dem unten die Rede ist, steht auf Seite 1.)*

staates; so wurden Festungswerke, Arsenale und Waffenplätze angelegt und eifrig Kanonen gegossen. Daß das Metall für diese durch Verwüstung antiker Kunstschätze gewonnen wurde, hat dem Papst einen üblen Ruf in der Kunstgeschichte verschafft. Trotz all dieser überaus kostspieligen kriegerischen Rüstungen war aber von militärischen Erfolgen keine Rede, als Urban VIII. in den letzten Jahren seiner Regierung mit Parma einen durch seine Nepoten verschuldeten Krieg führen mußte.

Unter dem Pontifikat und unter der persönlichen Teilnahme des Papstes, der selbst eine besondere Vorliebe für klassische Literatur hatte und sich gern in lateinischen Hymnen und Gedichten versuchte, wurde **eine erneute Revision des Breviers** vorgenommen, bei der vor allem die schönen alten Hymnen in klassische Versmaße umgedichtet und modernisiert wurden — ein Verfahren, das allgemein bedauert wird. Auch eine Neuregelung des Festkalenders wurde vorgenommen, bei der einzelne Feste wegfielen und die Neueinführung von solchen verboten wurde.

Die vom Papst innerhalb und außerhalb Roms entfaltete **Bautätigkeit** war groß. So wurde unter ihm durch Carlo Maderna die Anlage der Kolonnaden des Petersplatzes begonnen, und über dem Petrusgrab schuf Bernini das riesenhafte Tabernakel. Den Kardinälen wurde von Urban VIII. der Titel Eminenz verliehen, um sie dadurch den geistlichen Kurfürsten und dem Großmeister des Johanniterordens gleichzustellen. In sein Pontifikat fällt auch der berühmte und berüchtigte **Galileiprozeß** (1633). Vor der Inquisition angeklagt, verstand sich Galilei auf die Drohung mit der Folter dahin, das von ihm verteidigte kopernikanische Weltsystem als irrig abzuschwören.

Harten Tadel hat mit vollem Recht der **Nepotismus** des Papstes gefunden. Urban VIII. überschüttete seine Verwandten geradezu mit Einkünften; er kaufte ihnen rings um Rom einen gewaltigen Landbesitz zusammen, so daß die Barberini bald die größten Grundbesitzer im Kirchenstaat waren.

DER NIEDERGANG DER PÄPSTLICHEN MACHTSTELLUNG IM ZEITALTER DES ABSOLUTISMUS

Aus dem Konklave nach Urbans Tode (29. Juli 1644) ging trotz der Gegenbemühungen des leitenden französischen Staatsmannes, des Kardinals Mazarin, Kardinal Giambattista Pamphili als Papst hervor; es ist **Innocenz X.** (1644—1655).

Nepotismus im gewöhnlichen Sinne kann man seinem Pontifikat weniger zum Vorwurf machen; bei seinem scharfen Vorgehen gegen die Nepoten seines Vorgängers konnte er selbst nicht gut in gleichem Maße Nepotismus treiben. Aber die Formen, die der Einfluß seiner Verwandten unter ihm annahm, waren noch mehr dazu angetan, Anstoß hervorzurufen und dem Ansehen des Papsttums schweren Schaden zuzufügen. Unter ihm hat nämlich die Witwe seines Bruders, Donna Olympia Maidalchini, den größten Einfluß ausgeübt. Sie war die mächtigste Person an der Kurie, so daß Kardinäle, Fürsten und Bittsteller bei ihr sich in Gunst zu setzen mühten. In ihrer Herrschsucht überwarf sich Olympia mit den andern Verwandten, und der Papst war zu schwach, um den unerquicklichen Zuständen ein Ende zu machen; Olympia beherrschte ihn vollständig. Wenn allerdings Gregorio Leti in seiner Biographie Olympias deren Verhältnis zum Papst als ein unsittliches hinstellt, so ist das eine haltlose Behauptung; schon Ranke hat diese Biographie als einen aus apokryphen Nachrichten und chimärischen Dichtungen zusammengewobenen Roman hinreichend gekennzeichnet. Daß aber durch den ungemessenen Einfluß dieser Frau auf das Pontifikat Innocenz' X. ein schwerer Makel fällt, bleibt bestehen. Davon abgesehen, ist aber seine Regierung keineswegs unbedeutend und unrühmlich gewesen.

Unter dem Pontifikat Innocenz' X. ist nach langen Verhandlungen **der Dreißigjährige Krieg durch den Westfälischen Frieden zum Abschluß gekommen.** Da durch denselben vielfach kirchliche Rechte verletzt wurden, so durch Aufhebung von Bistümern und umfangreiche Säkularisation von Kirchengut, hatte schon der päpstliche Kardinallegat Fabius Chigi gegen den Frieden protestiert. Am 26. November 1648 wiederholte der Papst selbst diesen Protest in der Bulle „Zelo domus Dei" und erklärte die Bestimmungen des Friedens für null und nichtig. In Voraussicht dieses päpstlichen Einspruches war in dem Friedensinstrument festgesetzt worden, daß jeder Einwand und Widerspruch gegen die Bestimmungen desselben nichtig sein sollte. Tatsächlich blieb auch der päpstliche Protest ohne praktische Wirkung. Dagegen konnte Innocenz X., glücklicher als sein Vorgänger, seine Ansprüche gegenüber dem Herzog von Parma durchsetzen.

Die wichtigste Entscheidung, die Papst Innocenz X. getroffen hat, war die **Verurteilung des Jansenismus.**

Durch die dogmatischen Aufstellungen der Reformatoren waren die katholischen Theologen veranlaßt worden, sich mit den angegriffenen katholischen Lehren und deren Begründung näher zu beschäftigen. So rückte nunmehr die Frage des Urstandes des Menschen vor dem Sündenfall und die der Gnade in den Vordergrund des Interesses. Da es sich hier um sehr schwierige Probleme handelte, wie das Verhältnis von Gnade und Willensfreiheit, so führten die näheren Untersuchungen zu Kontroversen, vor allem zu den großen Gnadenstreitigkeiten, die vom Tridentinum bis weit ins 18. Jahrhundert hinein die Gemüter aufs stärkste bewegten. Schon Pius V. hatte im Jahre 1567 79 Sätze aus den Schriften des Michael Bajus, der an der Universität Löwen wirkte, verurteilt. Diese Kontroverse ist aber ebenso wie die an den Namen des Jesuiten Molina anknüpfende, die zur Einsetzung der Congregatio de auxiliis gratiæ durch Klemens VIII. führte, nur ein Vorläufer des großen Gnadenstreites, der nach dem Löwener Professor Kornelius Jansenius († 1638) als Jansenismus bezeichnet wird. Aus seinem Nachlaß wurde von seinen Freunden seinem Wunsche gemäß sein Lebenswerk „Augustinus" im Jahre 1640 veröffentlicht, das alsbald den Anstoß zu den leidenschaftlichsten Auseinandersetzungen bot. Während das Werk, das die Gnadenlehre des hl. Augustinus darstellen und neu zu Ehren und zur Geltung bringen wollte, bei den immer noch zahlreichen Anhängern des Bajus und den Freunden des Jansenius begeisterte Aufnahme fand, wurde es von den Jesuiten, gegen deren Molinismus es vornehmlich Stellung nahm, auf das schärfste angegriffen und die in demselben enthaltenen Irrtümer festgestellt. Das Verbot, das Werk zu lesen, das durch die Inquisition und durch Urban VIII. (1642) erging, blieb ohne Wirkung. Nicht nur in Löwen, sondern auch in Frankreich fand Jansenius, durch dessen Verurteilung manche auch den hl. Augustinus verdammt glaubten, eifrige Verteidiger. Hier waren der Abt Du Verger de Hau-

Papst Innocenz X. (1644—1655)
hat sein Pontifikat vorwiegend durch seine Verurteilung des Jansenismus bemerkenswert gemacht.

Innocenz X.
Giambattista Pamphili, Römer. 1644—1655

Alexander VII.
Fabio Chigi, Italiener aus Siena. 1655—1667

ranne von St. Cyran, die Zisterzienserinnen von Port Royal und der Doktor der Sorbonne Antoine Arnauld seine Vorkämpfer; letzterer schrieb neben zwei Apologien des Jansenius die Schrift „De la fréquente communion" (1643), in der er die Sittenlehre der Jesuiten und besonders auch die von ihnen empfohlene Praxis der öfteren Kommunion angriff. Unter diesen Umständen konnten die Gegner des Jansenius die beantragte Verurteilung von Sätzen aus dem „Augustinus" nicht durchsetzen, und durch den französischen Episkopat wurde die Entscheidung Roms angerufen. Nach sorgsamer Prüfung durch eine Kommission fällte Innocenz X. die Entscheidung durch die Bulle „Cum occasione impressionis libri" vom 31. Mai 1653. Durch diese wurden fünf Sätze aus dem „Augustinus" als häretisch verurteilt; in diesen war die Unmöglichkeit, alle Gebote Gottes zu halten, die Unwiderstehlichkeit der inneren Gnade und die Verträglichkeit der inneren Nötigung mit der Willensfreiheit behauptet und die katholische Lehre, daß der Mensch der Gnade widerstehen könne, und daß Christus für alle Menschen gestorben sei, als Irrtum hingestellt. — Die päpstliche Entscheidung hat nicht, wie man wohl gehofft hatte, den Streit beendet; es begannen vielmehr erst jetzt die jansenistischen Wirren und Streitigkeiten mit besonderer Heftigkeit. Die Jansenisten nahmen nämlich zwar die päpstliche Bulle an, aber sie halfen sich in ihrer Verlegenheit dadurch, daß sie zwar zugaben, daß der Papst das Recht habe, Glaubensentscheidungen über bestimmte Sätze zu fällen, und daß die zensurierten Sätze falsch und verwerflich wären; aber ebenso entschieden bestritten sie, daß Jansenius wirklich diese Sätze in dem verwerflichen Sinn in seinem Werk gelehrt habe. Dieser Ausflucht gegenüber — der berühmt gewordenen Unterschreibung der quæstio iuris und quæstio facti — bestätigte der Nachfolger Innocenz' X. die von diesem getroffene Entscheidung und betonte, daß jene fünf Sätze dem Werk des Jansenius entnommen und in dem von diesem beabsichtigten Sinn verworfen wären. Auch damit ist aber der Streit nicht zur Ruhe gekommen.

Wie schon sein Vorgänger, verweigerte auch Innocenz X. dem König Johann IV. von Portugal, das sich 1640 wieder von Spanien losgerissen hatte, aus Rücksicht auf Spanien den Empfang einer Gesandtschaft, die ihm die Obedienzerklärung Portugals überbringen wollte. Da er dem König die Anerkennung verweigerte, bestritt er ihm auch das Recht, für die erledigten Bistümer Kandidaten zu präsentieren.

Innocenz X., dessen Charakterzüge die Meisterhand des Velasquez mit unheimlicher Treue und Lebendigkeit in dem berühmten Porträt im Palazzo Doria festgehalten hat, starb am 5. Januar 1655. Olympia, die Hunderttausende von Scudi durch ihren päpstlichen Schwager erhalten hatte, wollte nun nicht einmal die Kosten der Bestattung übernehmen; zynisch erklärte sie, sie sei eine arme Witwe. So wurde schließlich der Papst ganz einfach und kärglich ohne all die hergebrachten Feierlichkeiten bestattet, nachdem ein Kanonikus von St. Peter den Lohn für die Leichenträger gegeben hatte.

Papst Alexander VII. (1655—1667)
hatte sich als Kardinal und langjähriger Nuntius in Köln als ein geschickter Vertreter kirchlicher Interessen erwiesen. Als Papst überließ er die Führung der politischen Geschäfte erstmals in größerem Umfang dem von Urban VIII. eingerichteten päpstlichen Staatssekretariat.

Klemens IX.
Giulio Rospigliosi, Italiener aus Pistoja.
1667—1669

Klemens X.
Emilio Altieri, Römer. 1670—1676

Das Bild, welches das Konklave diesmal bot, wich insofern von den früheren ab, als es keine von den Nepoten des vorigen Papstes geführte Partei gab. Erst nach einem Vierteljahr kam die Wahl des Kardinals Fabio Chigi zustande. **Alexander VII.** (1655—1667), wie er sich nannte, hatte sich in seiner langen Tätigkeit als Nuntius in Köln (1639—1651) durch seine Geschäftsgewandtheit, Gelehrsamkeit und sein tugendhaftes Privatleben den besten Ruf erworben. Die Hoffnung, daß er, der sich stets scharf gegen die Mißbräuche, besonders den Nepotismus, in den letzten Pontifikaten ausgesprochen hatte, in der Hinsicht ein anderes Regiment führen würde, war für seine Erhebung maßgebend gewesen. Tatsächlich verbot er auch zunächst seinen in Siena lebenden Verwandten, nach Rom zu kommen. Es zeigte sich aber bald, daß die schlimme Gewohnheit des Nepotismus zu tief gewurzelt war, als daß sie sich mit einem Mal hätte beseitigen lassen. Man stellte dem Papst vor, daß es unziemlich sei, wenn Verwandte des Papstes einfache Bürger wären, und daß fremde Gesandte zu einem päpstlichen Verwandten mehr Vertrauen haben würden als zu einem anderen Minister. Daraufhin hat der Papst seine Verwandten nach Rom berufen und sehr reich mit einträglichen Ämtern und fürstlichen Besitzungen ausgestattet. Immerhin aber war der Einfluß der Nepoten unter ihm nicht so übermäßig groß wie früher. Denn die Staatsgeschäfte überließ der Papst der Congregazione di Stato, deren Anfänge in die Zeit Urbans VIII. hinaufreichen, während er selbst lieber seinen schöngeistigen literarischen Neigungen nachging; er hatte selbst ein Bändchen lateinische Gedichte veröffentlicht und liebte den Umgang mit Gelehrten.

Eine besondere Freude und Genugtuung war es für den Papst, daß Königin Christine von Schweden, Gustav Adolfs Tochter, nachdem sie die Krone niedergelegt hatte, in Innsbruck zur katholischen Kirche übertrat; als sie dann nach Rom kam, bereitete Alexander VII. ihr einen prunkvollen Empfang. — Während des Papstes Beziehungen zu Venedig gut waren und er die Rückberufung der seit 1606 aus dem Gebiet der Republik verbannten Jesuiten erwirkte, war das Verhältnis zu Frankreich, das ja seiner Wahl widerstrebt hatte, schlecht. Zum offenen Konflikt kam es, als bei Reibungen zwischen der korsischen Leibwache des Papstes und dem Gefolge des französischen Gesandten, des Herzogs von Créqui, der schon früher mit den päpstlichen Nepoten wegen Etikettefragen in Differenzen gekommen war, einige Leute des Herzogs getötet, dieser selbst bedroht worden war. **Ludwig XIV.** ging daraufhin sehr schroff vor: der päpstliche Nuntius wurde aus Frankreich ausgewiesen, Avignon und Venaissin wurden besetzt und Truppen nach Italien gesandt. So mußte der Papst in den demütigenden Vertrag von Pisa (1664) einwilligen, in dem alle Forderungen Frankreichs, wie die Entsendung von zwei Kardinälen nach Paris, die um Entschuldigung bitten sollten, bewilligt wurden.

Obwohl Kardinal Giulio Rospigliosi als Staatssekretär in Diensten des franzosenfeindlichen Alexander VII. gestanden und der eigentliche Leiter von dessen

Politik gewesen war, wurde er doch nach dessen Tode als Kandidat Frankreichs zum Papst gewählt; als solcher nannte er sich **Klemens IX.** (1667—1669). Übermütig und mit starker Übertreibung schrieb der französische Botschafter nach Paris: „Der König ernennt nicht selbstherrlicher den Vorstand der Kaufmannsgilde, als er diesmal den Papst ernannt hat." Seit langem war Klemens IX., dem allgemein Sittenreinheit, Herzensgüte und Mäßigung nachgerühmt wird, der erste Papst, der in der Begünstigung seiner Nepoten wirklich Maß hielt. Er brach auch mit der Gepflogenheit, beim Antritt des Pontifikates einen

Papst Klemens IX. (1667—1669) versuchte wieder einmal mit besonderem Nachdruck, wenn auch ohne durchgreifenden Erfolg, die christlichen Fürsten des Abendlandes gegen die immer bedrohlicher werdende Türkengefahr zu einigen.

Wechsel in den Beamtenstellen vorzunehmen; von einigen wenigen Stellen abgesehen, bestätigte er alle Beamten, die er vorfand.

Als im Jahre 1665 Philipp IV. von Spanien starb und als Erben ein unmündiges Kind von vier Jahren hinterließ, erhob neben den österreichischen Habsburgern auch Ludwig XIV. Erbansprüche, obwohl er bei seiner Vermählung mit Philipps Tochter diesen ausdrücklich entsagt hatte, und drang mit Heeresmacht in die spanischen Niederlande. Der Zusammenschluß von England, Holland und Schweden bewog Frankreich aber zum Einlenken. Es kam zum Frieden von Aachen (1668). An der Friedensvermittlung hatte sich auch Klemens IX., der das Einvernehmen zwischen Frankreich und dem Hl. Stuhle wiederherstellte, eifrig beteiligt; er bemühte sich vor allem deswegen um den Frieden, weil seit der Mitte des 17. Jahrhunderts die Türkengefahr wieder besonders bedrohlich ge-

Innocentius XI.
Benedetto Odescalchi, Italiener aus Como.
1676—1689

Alexander VIII.
Pietro Ottoboni, Italiener aus Venedig.
1689—1691

worden war, indem die Angriffe der Türken sich nicht nur gegen die habsburgischen Lande, sondern auch gegen das in venetianischem Besitz befindliche Kreta richteten. Obwohl nach dem Aachener Frieden den Mahnungen des Papstes gemäß französische und kaiserliche Hilfstruppen nach Kreta abgingen, mußte Kandia doch nach tapferer Verteidigung den Türken übergeben werden (6. September 1669). — Unter dem Pontifikat Klemens' IX. konnten endlich in Portugal geordnete kirchliche Verhältnisse hergestellt und namentlich die Bischofsstühle besetzt werden, nachdem Spanien im Vertrag zu Lissabon die Unabhängigkeit Portugals und seiner Kolonien anerkannt hatte. — An den Namen des Papstes knüpft sich auch der sogenannte Klementinische Friede in den jansenistischen Streitigkeiten. Als nämlich Alexander VII. von allen französischen Geistlichen die Unterzeichnung eines Formulares gefordert hatte, in dem der Gehorsam gegen die bisher gegen Jansenius erlassenen päpstlichen Konstitutionen und die Verurteilung der fünf jansenistischen Sätze ausgesprochen war, hatten vier Bischöfe die Unterschrift verweigert. Unter Klemens IX. kam es nun infolge des Entgegenkommens des Papstes zu einer Vereinbarung und Unterwerfung der Bischöfe, die aber nicht recht aufrichtig war.

In dem langwierigen, fünf Monate dauernden Konklave nach Klemens' IX. Tode (9. Dezember 1669) einigte man sich schließlich auf den achtzigjährigen Kardinal Altieri, der sich aus Erkenntlichkeit gegen seinen Vorgänger **Klemens X.** nannte (1670—1676). Bei seinem hohen Alter überließ der friedliebende, fromme und wohltätige Papst die Regierungsgeschäfte fast gänzlich seinem Adoptivneffen, dem Kardinal Paluzzo Paluzzi-Altieri. Man kann nicht sagen, daß dieser von der in seine Hand gelegten Macht mit dem nötigen Geschick Gebrauch gemacht hätte; so haben sich namentlich die Beziehungen der Kurie zu Frankreich wieder sehr verschlechtert. Rühmlich ist es, daß der Papst den Polenkönig in den schweren Kämpfen gegen die Türken freigebig unterstützte,

Kaiser Leopold I. (1640—1705)
führte die Kämpfe gegen die Türken in Ungarn und Österreich zu einem siegreichen Ende.

Papst Klemens X. (1670—1676) unterstützte den Polenkönig Johannes Sobieski in seinen Kämpfen gegen die Türken.

und daß er — trotz der geringen Aussichten auf Gelingen — bemüht blieb, eine große Liga gegen die Türken zusammenzubringen. Obschon von Anfang an bei der neuen Papstwahl die Kandidatur des Kardinals Benedetto Odescalchi im Vordergrund stand, konnte er erst nach zwei Monaten, als Ludwig XIV. den Widerstand gegen seine Wahl aufgegeben hatte, als **Innocenz XI.** (1676—1689) den päpstlichen Stuhl besteigen. Nicht unähnlich einem Sixtus V., hat der neue Papst mit großer Entschiedenheit eine Reform des namentlich finanziell zerrütteten, dem Bankrott nahen Kirchenstaates vorgenommen. Es gelang ihm bald, das Mißverhältnis zwischen Einnahmen und Ausgaben zu beseitigen. Das war nur dadurch möglich, daß der Papst in seiner Hofhaltung weise Sparsamkeit einführte. Wie er ferner die seit langem geübte Unsitte des Ämterkaufes nach Kräften einschränkte und beseitigte, so hielt er sich auch von Nepotismus völlig frei. Der ausgezeichnete Papst, der selbst einen Lebenswandel von vorbildlicher Reinheit und Strenge führte, traf eine Reihe heilsamer Reformmaßnahmen, um die Sittenzucht bei Klerus und Laienwelt zu heben. Dieser Ernst und diese Sittenstrenge veranlaßten ihn — wie vor ihm schon Alexander VII. —, eine lange Reihe zu laxer Sätze aus den Moralwerken verschiedener Jesuiten zu verurteilen. Anderseits zensurierte der Papst aber auch zahlreiche Propositionen aus den Schriften des spanischen Weltpriesters und Mystikers Michael Molinos; denn die von diesem in seiner Schrift „Guida spirituale" vorgetragenen Theorien, daß die wahre christliche Vollkommenheit in einer völligen Ruhe und Passivität der Seele bestehe, so daß kein eigenes Tun und

Streben mehr angebracht sei — man bezeichnet die Lehre als Quietismus —, drohte viel Verwirrung anzurichten.

Das große, bis zum letzten Atemzug festgehaltene Ziel der Politik des Papstes war die **Vertreibung der Türken aus Europa**. Unermüdlich war er in seinen Bemühungen, die Eintracht der christlichen Herrscher um dieser großen Aufgabe willen herzustellen, unermüdlich in der Gewährung von Geldsummen, durch die Österreich überhaupt erst die Kriegführung ermöglicht wurde. Dem Papst war es zu danken, daß im Jahre 1683 ein Bündnis des Polenkönigs mit Österreich trotz der französischen Intrigen zustande kam. Noch in dem gleichen Jahre begann der furchtbare türkische Angriff; Wien wurde belagert. Aber der glänzende Sieg der vereinten deutschen und polnischen Truppenmacht am Kahlenberg rettete das Abendland vor dem letzten gewaltigen Ansturm der Osmanen. Und in den folgenden Jahren wurde in ruhmvollen Feldzügen Ungarn wieder in den Besitz des Hauses Habsburg gebracht. An diesen großen Erfolgen hatte der Papst einen hervorragenden Anteil; er hatte nicht nur die kriegerischen Unternehmungen mit Geld reich unterstützt, sondern auch gegen die französischen Bemühungen Polen beim Bündnis mit dem Kaiser festgehalten und Venedig zur Teilnahme an der Türkenbekämpfung bewogen.

Innocenz XII.
Antonio Pignatelli, Italiener aus Neapel.
1691—1700

Schwer waren die durch das ganze Pontifikat sich hinziehenden Kämpfe, die Innocenz XI. mit **Ludwig XIV.** durchzufechten hatte; mußte doch das vom französischen König vertretene Prinzip der Staatsallmacht notwendig zum Konflikt mit dem Papsttum führen. Der erste Zusammenstoß war schon im Jahre 1673, also noch im Pontifikat Klemens' X., erfolgt, als Ludwig XIV. durch ein Edikt das Regalienrecht auf das ganze französische Staatsgebiet ausdehnte. Dieses Regalienrecht bestand darin, daß dem König während der Erledigung eines Bistums dessen Einkünfte zufielen und durch ihn die Besetzung der Benefizien bischöflicher Kollatur mit Ausnahme der Pfarreien erfolgte. Während dieses Recht seinem Ursprung und Namen nach mit dem Objekt, den Lehensgütern

Papst Innocenz XI. (1676—1689)
verwendete alle seine Staatskunst darauf, daß trotz aller französischen Intrigen im Jahre 1683 ein Bündnis des Polenkönigs mit den Habsburgern gegen die Türken zustande kam; daß das von türkischen Truppen schwer bedrängte Wien vor dem letzten gewaltigen Ansturm der Osmanen gerettet werden konnte, ist hauptsächlich das Verdienst dieses Papstes.

Papst Alexander VIII. (1689—1691)
erreichte unter seinem Pontifikat eine gewisse Besserung in den Beziehungen zwischen der *Kurie und Frankreich*, die unter seinem Vorgänger wegen der „*gallikanischen Artikel*" ernstlich getrübt worden waren.

Innocenz XII.
nach Flormayer, Imagines
Pontif. Rom.

(Regalien), zusammenhing, an dem es ausgeübt wurde, faßte man später entsprechend der weiteren Ausbildung staatskirchlicher Ideen dasselbe als Königsrecht (jus regis), als Kronrecht und Souveränitätsrecht auf, das demgemäß im ganzen Staatsgebiet und nicht nur für einzelne Reichsteile Geltung haben müsse. Als nun das erwähnte Edikt das Regalienrecht auf die bisher demselben nicht unterstehenden Erzbistümer und Bistümer — es handelte sich vornehmlich um solche im Süden Frankreichs — ausdehnte, fügte sich der französische Episkopat; nur zwei hervorragende Bischöfe jansenistischer Richtung appellierten, als sie gemaßregelt wurden, an den Papst. Dieser nahm sich ihrer an und forderte in mehreren Breven den König auf, das Edikt zurückzunehmen und die Freiheit der Kirche nicht anzutasten. Die Maßnahmen des apostolischen Stuhles wurden nun namentlich in den Kreisen des höheren Klerus als Eingriff in die Rechte und Freiheiten der gallikanischen Kirche zurückgewiesen. Auf deren Verlangen berief Ludwig XIV. im Jahre 1681 eine Generalversammlung des Klerus (assemblée générale du clergé de France) zusammen. Hier wurde die Deklaration der von Bossuet, Bischof von Meaux, formulierten sogenannten „Freiheiten der gallikanischen Kirche" angenommen; die vier gallikanischen Artikel leugnen die Gewalt des Papstes über die Fürsten in weltlichen Dingen, halten fest an den Konstanzer Dekreten bezüglich der Autorität der allgemeinen Konzilien über den Papst; sie lehren ferner, daß die Ausübung der päpstlichen Gewalt durch die kirchlichen Kanones geregelt sei, und daß die Gewohnheiten der gallikanischen Kirche ungeschmälert zu achten seien, und erklären schließlich päpstliche Entscheidungen in Glaubenssachen nur für unabänderlich, wenn der Konsens der Kirche hinzukomme.

Die Kriegserklärung, die in der Annahme der vom König sofort bestätigten gallikanischen Artikel lag, beantwortete Innocenz XI. damit, daß er allen von Ludwig XIV. für erledigte Bischofsstühle präsentierten Kandidaten die Bestätigung verweigerte, wenn sie an der Versammlung von 1682 teilgenommen hatten, so daß bis 1688 schon fünfunddreißig Bistümer unbesetzt waren. — Je schärfer sich der Konflikt des Königs mit der Kurie zuspitzte, desto eifriger posierte dieser in der Rolle des Hüters und Vorkämpfers des katholischen Glaubens. Er hob vor allem nach verschiedenen anderen Maßnahmen gegen die Hugenotten im Jahre 1685 das Edikt von Nantes vom Jahre 1598 auf, das diesen freie Religionsübung zugestanden hatte; dünkte es doch dem „Sonnenkönig" wie eine Verletzung seiner königlichen Würde, daß in seinem Staat zahlreiche Untertanen seinen Glauben für irrig hielten. Wenn Ludwig aber gemeint hatte, dadurch den Papst versöhnen und zu den gewünschten Zugeständnissen bewegen zu können, so täuschte er sich. Wohl erkannte Innocenz XI. die vom König der Kirche

König Philipp IV. von Spanien
(1605—1665)

Papst Innocenz XII. (1691—1700)
brachte die Streitigkeiten mit Frankreich vollends zum Abschluß. Die während seines Pontifikates aufs heftigste entflammten Wirren um die spanische Erbfolge stellten an seine Staatskunst die allergrößten Anforderungen.

geleisteten Dienste an, aber mit der durch Waffengewalt erzwungenen Bekehrung der Hugenotten und den Gewalttaten gegen sie war er nicht einverstanden, und ein Nachgeben in der Regalienfrage und in Sachen der gallikanischen Freiheiten kam bei ihm nicht in Frage. — Bald gesellte sich ein neuer Streit hinzu. Der Papst wünschte die **Aufhebung des Asylrechtes der fremden Gesandten in Rom**; denn dadurch, daß diese das Recht in Anspruch nahmen, in ihren Gesandtschaftsgebäuden und deren Umkreis den von der römischen Justiz Verfolgten Zuflucht zu gewähren, war jede geordnete Polizeiverwaltung und Rechtspflege gehemmt und den schlimmsten Mißbräuchen und Unordnungen Tür und Tor geöff-

Johannes Sobieski
König von Polen, Führer der christlichen Heere, die 1683 Wien entsetzten und damit endgültig die Türkengefahr vom Abendland abwehrten.

net. Während nun die übrigen Staaten dem durchaus berechtigten Wunsch des Papstes gemäß auf die Quartierfreiheit verzichteten, weigerten sich Venedig und Ludwig XIV., das zu tun. Innocenz XI. erklärte nun, keinen Gesandten mehr anerkennen zu wollen, der nicht zuvor diesem Recht entsagt habe, und bedrohte die künftige Inanspruchnahme des Asylrechtes mit dem Bann. Als trotzdem der neue französische Gesandte Marquis de Lavardin mit einem Gefolge von 800 Bewaffneten in Rom erschien, um mit Nachdruck die Quartierfreiheit in Anspruch zu nehmen (November 1687), bannte ihn der Papst und belegte die französische Nationalkirche San Luigi dei Francesi mit dem Interdikt. Daraufhin ergriff Ludwig XIV. scharfe Repressalien: der päpstliche Nuntius wurde wie ein Gefangener behandelt, die Grafschaft Avignon wiederum besetzt. Aber diese Gewaltmaßnahmen und die Drohungen mit Appellation an ein allgemeines Konzil konnten Innocenz nicht zur Nachgiebigkeit bewegen. Erst in den folgenden Pontifikaten sind die Differenzen beigelegt worden.

In das Pontifikat Innocenz' XI. fällt der durch die katholisierenden Neigungen und die absolutistischen, auf Beseitigung der englischen Parlamentsherrschaft abzielenden Bestrebungen Jakobs II. hervorgerufene **Sturz der Stuarts** und die Revolution von 1688. So wenig der Papst mit dem Vorgehen gegen die Hugenotten einverstanden gewesen, so wenig billigte er die unklugen Maßnahmen, durch die Jakob II. die katholische Sache in seinem Reiche fördern zu können vermeint hatte. Was die Stellung des Papstes zu dem Plan **Wilhelms III. von Oranien** betrifft, nach England überzusetzen, um Jakob II. die Krone zu entreißen, so ist neuerdings wiederholt behauptet worden, daß er um das Unternehmen, das politisch wie kirchenpolitisch von folgenschwerster Bedeutung war, wußte und zu seiner Förderung beigetragen hat. Diese auf den ersten Blick auffällige Politik des Papstes, die scheinbar den katholischen

Interessen zuwiderlief, glaubte man zum Teil aus der Franzosenfeindlichkeit des Papstes erklären zu können; vor allem aber meinte man sie verständlich machen zu können, indem man darauf hinwies, der Papst habe eingesehen, daß die unkluge Rekatholisierungspolitik Jakobs II. in England unter den damaligen Verhältnissen aussichtslos sei, und daß ein Sieg Jakobs II., der sich aufs engste an Frankreich anschloß, das bedrohliche Übergewicht Frankreichs noch mehr verstärken würde; dadurch aber wären die gallikanischen, im Grunde auf eine Nationalkirche und ein Schisma zusteuernden Tendenzen in Frankreich und dann wohl auch in England noch mehr gekräftigt und noch gefährlicher geworden. Es wären dann also wohlerwogene kirchliche Interessen gewesen, aus denen die bedeutungsvolle Stellungnahme Innocenz' XI. zu dem Unternehmen des Oraniers erfolgte wäre, das die europäische Politik in neue Bahnen lenken sollte. Indessen scheint es durch die neueste Forschung sichergestellt zu sein, daß Innocenz XI. nichts von dem Unternehmen des Oraniers gewußt hat; eine Unterstützung Jakobs II. durch Geldhilfe war dem Papst allerdings nicht möglich.

Nach heiligmäßigem Leben starb Innocenz XI., der auch von nichtkatholischer Seite als eine der idealsten Gestalten der Papstgeschichte gerühmt wird. Sein Beatifikationsprozeß ist unter Klemens XI. eingeleitet, dann aber nicht zu Ende geführt worden.

Es folgte das kurze Pontifikat des einem venetianischen Geschlecht entstammenden Kardinals Pietro Ottoboni, als Papst **Alexander VIII.** (1689—1691). Das Andenken dieses persönlich wohlwollenden und wohltätigen Papstes, der wegen der gewährten Steuernachlässe im Kirchenstaat sich großer Beliebtheit erfreute, ist dadurch getrübt, daß er in schroffem Gegensatz zu seinem Vorgänger wieder in Nepotismus verfiel und seine Verwandten überreich mit Stellen und Einkünften bedachte; rühmlicher ist es, daß er die an Handschriften reiche Bibliothek der Königin Christine von Schweden ankaufte und der vatikanischen Bibliothek einverleibte. In den Beziehungen zu Frankreich trat unter seinem Pontifikat infolge seiner Nachgiebigkeit, so besonders bezüglich der Ernennung französischer Kardinäle, eine gewisse Entspannung ein, so daß Ludwig XIV. Avignon zurückgab und auf das Asylrecht verzichtete; doch beigelegt war der Konflikt noch nicht, da Alexander gleich seinem Vorgänger die Ausdehnung des Regalienrechtes und die Deklaration von 1682 für ungültig erklärte.

Der Gegensatz einer spanisch-kaiserlichen und einer französischen Partei im Kardinalskollegium hatte zur Folge, daß sich die Neuwahl fast ein halbes Jahr hinzog. Die Unordnungen und Unruhen, die dadurch veranlaßt waren, bewirkten schließlich die Einigung auf einen Kompromißkandidaten, den Neapolitaner Antonio Pignatelli, der aus Dankbarkeit gegen Innocenz XI. sich den Namen **Innocenz XII.** (1691—1700) beilegte. Gleich seinem Gönner und Vorbild hielt sich der Papst nicht nur persönlich frei von Nepotismus; er wollte auch für die Zukunft den Nepotismus unmöglich machen und erließ daher die Bulle „Romanum decet pontificem" vom 22. Juni 1692, durch welche bestimmt wurde, daß nur e i n Nepote um seiner Verdienste willen zum Kardinal erhoben werden dürfe, die Einkünfte desselben aber 12 000 Scudi nicht übersteigen dürften. Diese Bulle, auf die alle Kardinäle, auch die zukünftigen, vereidigt werden sollten, hatte den großen Erfolg, daß durch sie e n d l i c h d e m s o v e r h ä n g n i s v o l l e n N e p o t i s m u s d e r P ä p s t e e i n Z i e l g e s e t z t wurde. Eine weitere Bulle verbot die Aufstellung von Wahlkapitulationen im Konklave. — Gleich Innocenz XI. sorgte er auch für die Herbeiführung geordneter und sicherer

Zustände im Kirchenstaat; seine sparsame Finanzwirtschaft ermöglichte ihm, ohne Zerrüttung des Staatshaushaltes, den ärgerlichen Ämterkauf abzustellen.

Unter der Regierung Innocenz' XII. sind die Streitigkeiten mit Frankreich vollends beigelegt worden. Die zahlreichen vakanten Bistümer in Frankreich wurden besetzt, nachdem die Verpflichtung, die gallikanischen Artikel zu lehren, aufgehoben war. Freilich haben die gallikanischen Ideen auch weiter einen verhängnisvollen Einfluß ausgeübt. Daß Ludwig XIV. nunmehr der Kurie vor allem durch Aufhebung der Verpflichtung auf die Deklaration von 1682 Entgegenkommen bewies, erklärt sich daraus, daß dem französischen König aus politischen Gründen ein gutes Einvernehmen mit der Kurie dringend erwünscht erschien. Seit Jahren schon beschäftigte die Frage der spanischen Erbfolge aufs angelegentlichste die europäischen Kabinette. Da der geistes- und körperschwache spanische König Karl II. kinderlos war, erhoben Kaiser Leopold und Ludwig XIV., die beide mit Schwestern Karls II. vermählt waren, Erbansprüche, ersterer für seinen zweiten Sohn, Erzherzog Karl, letzterer für seinen Enkel Philipp. In Rom war anfangs auch unter Innocenz XII. die Stimmung Frankreich durchaus abgeneigt, aber allmählich vollzog sich in der Hinsicht ein Umschwung. Dieser ist durch das Geschick der französischen Diplomatie und nicht minder durch das in mancher Hinsicht sehr ungeschickte Verhalten österreichischerseits herbeigeführt worden. So wirkte die Schaffung einer neuen Kurwürde für Hannover verstimmend in Rom, weil man schlimme Rückwirkungen auf die katholische Kirche in Deutschland fürchtete; dann rief das anmaßende, die Ehrfurcht dem Papst gegenüber verletzende Auftreten des kaiserlichen Gesandten in Rom, des Grafen Martinitz, Empörung hervor; dieser veröffentlichte nämlich ein kaiserliches Edikt, das eine Untersuchung der Rechte und des Besitzstandes aller Reichsvasallen in Italien anordnete, eine Maßnahme, in welcher der Papst ein Eingreifen in seine Souveränitätsrechte erblickte; der Gesandte beanspruchte auch wiederum das Asylrecht. Trotz dieses Stimmungsumschwungs in Rom hat Innocenz XII. aber keineswegs ohne weiteres die französischen Ansprüche in der spanischen Erbfolgefrage unterstützt. So billigte es der Papst durchaus, daß Karl II. den bayerischen Kurprinzen Joseph Ferdinand zum Erben eingesetzt hatte, und dessen vorzeitiger Tod (1699) rief in Rom aufrichtige Trauer und Besorgnis hervor. Nach dessen Tode wurde aber die bisherige neutrale Haltung zwischen der französischen und der österreichischen Partei mehr und mehr zugunsten der französischen Ansprüche aufgegeben. Als Karl II. in einem vertraulichen Schreiben dem Papst seine schwierige Lage in der Erbfrage darlegte und um Rat bat, hat sich letzterer dem Vorschlag des spanischen Staatsrates angeschlossen, der auf Betreiben des sehr einflußreichen Kardinalprimas Portocarrero sich für die Einsetzung des französischen Prinzen Philipp von Anjou zum Erben des gesamten ungeteilten spanischen Reiches, also einschließlich der Nebenländer, ausgesprochen hatte; der Papst erklärte, daß diese Lösung der Erbfolge am besten den allgemeinen und den kirchlichen Interessen Rechnung trage. Entsprechend dem Ratschlag des Papstes hat dann Portocarrero den König wenige Wochen vor dessen Tode (1. November 1700) bewogen, in seinem Testament den französischen Prinzen zu seinem Erben einzusetzen.

Gegen Ende des 17. Jahrhunderts waren ähnliche quietistische Anschauungen, wie sie Michael Molinos vertreten hatte, auch in Frankreich verbreitet; sie wurden von Madame de la Mothe Guyon und ihrem Seelenführer, dem Barnabitenmönch de la Combe, in verschiedenen Schriften vorgetragen. Größere Bedeutung gewann die Persönlichkeit der edlen Frau, als zwei der ausgezeichnetsten Bischöfe Frankreichs zu deren Anschauungen in gegensätzlicher Weise Stellung nahmen. Als Erzbischof F é n e l o n von Cambrai in der Schrift ‚Explication des maximes des saints sur la vie intérieure‘ sich die Auffassung der Guyon über die heilige

Bronzestatue Innocenz X. von Algardi, im Palazzo dei Conservatori auf dem Kapitol zu Rom.

Gleichgültigkeit und Uninteressiertheit der Liebe zu Gott zu eigen machte, trat B o s s u e t, der berühmte Kanzelredner, gegen ihn in die Schranken. Der Streit wurde schließlich der Kurie zur Entscheidung unterbreitet, und Innocenz XII. zensurierte durch ein Schreiben vom 12. März 1699 23 Sätze aus der Schrift Fénelons. Dieser beeilte sich, sich der Entscheidung zu unterwerfen.

DER TIEFSTAND DES PÄPSTLICHEN ANSEHENS IM JAHRHUNDERT DER AUFKLÄRUNG

Der blutige Kampf um das spanische Erbe, der mit Beginn des 18. Jahrhunderts ausbrach, hatte sein unblutiges Vorspiel in dem erbitterten Ringen der österreichischen und spanischen Einflüsse in dem Konklave, das nach dem Tode Innocenz' XII. zusammentrat. Nachdem die ausgesprochenen Kandidaten der einen Partei von der andern abgelehnt waren, einigte man sich auf den Kardinal Francesco-Albani. Dem neuen Papst **Klemens XI.** (1700—1721) war eine lange Regierung beschieden, aber trotzdem ihm die politische Geschicklichkeit nicht fehlte, war sein Pontifikat reich an Enttäuschungen und Schwierigkeiten. Persönlich von untadelhaftem Wandel, liebenswürdig und vom besten Willen beseelt, besaß er doch nicht den Scharfblick, die rasch zupackende Initiative und die kraftvolle Ausdauer, wie sie die äußerst schwierigen Zeitläufte erfordert hätten. — Viel Ungelegenheiten erwuchsen dem Papst aus dem s p a n i s c h e n E r b f o l g e k r i e g e, dessen Ausbruch er vergebens zu verhindern suchte. In diesem bemühte er sich eine neutrale Haltung einzunehmen, neigte aber doch mehr der französischen Seite zu. Seine Beziehungen zu Kaiser Leopold waren von Anfang an durch mancherlei Zwischenfälle getrübt. So erhob der Papst Widerspruch gegen die Annahme der Königskrone durch den Kurfürsten Friedrich I. von Brandenburg, welcher der Kaiser zugestimmt hatte, um sich Brandenburgs wertvolle militärische Hilfe für die kommenden Kämpfe zu sichern; der Einspruch der Kurie war vor allem dadurch begründet, daß der Königstitel sich auf das säkularisierte Ordensland Preußen gründete; weitere Folgen hatte der Protest nicht.

Die Hoffnung des Papstes, die Verheerungen des Krieges von Italien und dem Kirchenstaat fernhalten zu können, erfüllte sich nicht. Nach den glänzenden Erfolgen des Prinzen Eugen in Oberitalien (1706), der die Franzosen aus Oberitalien vertrieb, wurden Parma und Piacenza, die der päpstlichen Lehenshoheit unterstanden, von kaiserlichen Truppen besetzt und diesen Gebieten Kriegssteuern auferlegt. Die Verletzung seiner Rechte veranlaßte den Papst, über die beteiligten kaiserlichen Heerführer den Bann auszusprechen. Dessen ungeachtet mußte Klemens XI. auch den Durchzug kaiserlicher Truppen durch den Kirchenstaat dulden, die Neapel erobern sollten, wo sich die Bourbonen festgesetzt hatten. Als dieses Unternehmen mit leichter Mühe geglückt war, ließ Joseph I., der im Jahre 1705 seinem Vater Leopold nachgefolgt war, auf Betreiben der italienischen Fürsten den Papst auch weiterhin rücksichtslos seine Obmacht fühlen. Comacchio wurde besetzt, Ferrara bedroht, alle Geldsendungen von Neapel und Mailand nach Rom verhindert. Und als der Papst seinerseits trotz dringenden Abratens eines Teils des Kardinalkollegiums mit Waffengewalt sich zu wehren anschickte, wurden weitere Gebiete des Kirchenstaates besetzt; die päpstlichen Truppen, die schlecht geführt und überhaupt in kläglicher Verfassung waren, hielten nirgends stand. Als das feindliche Heer sich immer mehr Rom näherte,

Papst Klemens XI. (1700—1721)
vermochte den spanischen Erbfolgekrieg nicht zu verhindern; seine internationale Stellung war dadurch sehr erschwert, daß die Streit führenden Parteien auf jede Meinungsäußerung des Papstes irgendwie kirchenpolitisch reagierten.

Klemens XI.
Francesco-Albani, Italiener aus Urbino.
1700—1721

Innocenz XIII.
Michelangelo Conti, Sohn des Herzogs von Poli, Römer. 1721—1724

mußte der Papst auf die ihm vorgelegten Friedensbedingungen eingehen (15. Januar 1709). Sie waren mit Mäßigung aufgestellt: die kaiserlichen Truppen räumten den Kirchenstaat, nur Comacchio blieb weiter von diesen besetzt; bezüglich Parmas und Piacenzas sollte in besonderen Konferenzen eine Entscheidung der Streitfragen gesucht werden. Vor allem aber mußte der Papst in die Anerkennung der Erzherzogs Karl als des rechtmäßigen Erben der spanischen Krone einwilligen.

Als dann endlich die Friedensschlüsse von Utrecht (1713) und Rastatt (1714) dem spanischen Erbfolgekriege ein Ende machten, wurde Sizilien als Königreich dem Herzog Amadeus II. von Savoyen gegeben; die gerechten Ansprüche des Papstes als Oberlehensherr blieben hierbei völlig unbeachtet; ein Beweis, mit welch kränkender Rücksichtslosigkeit der Fürstenabsolutismus jener Zeit das Papsttum behandeln zu dürfen glaubte. Mit dem neuen Herrscher Siziliens kam die Kurie bald in einen scharfen Konflikt, weil dieser ohne weiteres die alten weitgehenden, unter der Bezeichnung Monarchia Sicula zusammengefaßten kirchlichen Privilegien für sich in Anspruch nahm. Als der Papst dieserhalb mit der Verhängung kirchlicher Zensuren vorging, wurden vom König alle Geistlichen, die sich dem Interdikt unterwarfen, des Landes verwiesen; sie suchten zumeist im Kirchenstaat Zuflucht. Schließlich hob Klemens XI. durch eine Bulle vom 20. Februar 1715 die Monarchia Sicula auf; der König aber bestritt die rechtliche und faktische Geltung der Bulle und nahm auch weiter die herkömmlichen Privilegien in Anspruch. Erst als wenige Jahre später (1720) die savoysche Herrschaft über Sizilien ihr Ende nahm, wurden die Differenzen gütlich beigelegt.

In betrübender Weise hatten diese politischen Verwicklungen gezeigt, wie schwer die politische Machtstellung, die Selbständigkeit und das Ansehen des päpstlichen Stuhles erschüttert und im Niedergang war. Von dieser Minderung des päpstlichen Ansehens ist auch das kirchliche und religiöse Gebiet nicht verschont geblieben. Das trat im Pontifikat Klemens' XI. zutage in den **jansenistischen Streitigkeiten**, die nun mit neuer Heftigkeit wieder auflebten, nachdem sie durch den Regalienstreit und den Kampf um die gallikanischen Freiheiten eine Zeitlang zurückgedrängt worden waren. Der Streit kam dadurch erneut zu heftigem Ausbruch, daß die Sorbonne auf die Anfrage, ob einem Priester die Lossprechung erteilt werden könne, der die von der Kirche verdammten fünf jansenistischen Sätze verurteile, aber sich nicht darüber klar sei, ob diese Sätze auch wirklich im Werke des Jansenius enthalten seien und daher darüber nur ehrerbietiges Stillschweigen beobachten wolle, in bejahendem Sinne antwortete. Darob gab es große Erregung in Frankreich, und da auch durch die Verurteilung jener Entscheidung der Streit nicht zur Ruhe kam, bestätigte Klemens XI. durch die Bulle Vineam Domini vom 16. Juli 1705 nochmals ausdrücklich die Entscheidungen seiner Vorgänger gegen den Jansenismus und erklärte, das sogenannte fromme Stillschweigen genügte nicht, man müsse auch mit dem Herzen die im Buch des Jansenius enthaltenen Sätze verdammen. Nicht ohne Schwierigkeiten wurde die Bulle in Frankreich angenommen, und keineswegs allgemein; das führte dann zur Aufhebung und rohen Zerstörung des Klosters von Port Royal, bei der mit Rücksichtslosigkeit und Gewalttätigkeit vorgegangen wurde. Bald kam es zu neuem erbitterten Streit. Der gelehrte Oratorianer Paschasius Quesnel hatte eine französische Übersetzung des Neuen Testamentes mit erbaulichen Betrachtungen (réflexions morales) herausgegeben, die von dem Bischof de Noailles, der bald danach Erzbischof von Paris und Kardinal wurde, die Approbation erhalten hatte, und die zunächst mit

Papst Innocenz XIII. (1721—1724) erteilte *Kaiser Karl VI.* Investitur für das Königreich Neapel, vermochte dadurch jedoch nicht zu verhindern, daß der Kaiser widerrechtlich die Herzogtümer Parma und Piacenza an den spanischen Infanten Don Carlos übergab.

vielem Beifall aufgenommen worden war. Da aber die moralischen Reflexionen jansenistische Gedanken enthielten, wurde das Werk namentlich seitens der Jesuiten angegriffen und von einigen französischen Bischöfen verboten. Daraufhin hat auch Klemens XI. in einem Breve (1708) Lektüre und Verbreitung desselben verboten. Dieser Verurteilung widersetzten sich aber die französischen Parlamente und die Jansenisten unter Führung des Kardinalerzbischofs de Noailles von Paris. Auf Ansuchen Ludwigs XIV. wurde nun die ganze Angelegenheit genau untersucht; das Resultat der sorgfältigen Prüfung war die Konstitution „Unigenitus" vom 8. September 1713, durch die 101 Sätze aus dem Buch Quesnels verurteilt wurden. Kardinal de Noailles zog nun zwar seine frühere Approbation von Quesnels „Neuem Testament" zurück, aber mit einer Minderheit von Bischöfen weigerte er sich, die Bulle ohne weitere nähere Erklärungen des apostolischen Stuhles anzunehmen. So dauerten die Wirren fort; ja, als nach dem Tode Ludwigs XIV. die Regentschaft des Herzogs Philipp von Orleans folgte, der eine zurückhaltende schwankende Stellung einnahm, verschlimmerte sich die Lage noch. Im Jahre 1717 appellierten sogar einige Bischöfe von der Konstitution „Unigenitus" an ein allgemeines Konzil, und diesem Schritt

   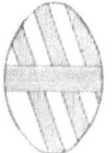

Benedikt XIII.
Peter Franz Orsini-Gravosa, Sohn des Herzogs
Ferdinand, Römer. 1724—1730

Klemens XII.
Lorenzo Corsini. Italiener aus Florenz.
1730—1740

schlossen sich bald weitere Bischöfe, die Sorbonne und andere theologische Fakultäten an. So entstand die Partei der Appellanten. Durch die Bulle Pastoralis officii vom 28. August 1718 verhängte der Papst die Exkommunikation über die Appellanten, aber trotzdem dauerte die Opposition fort. Erst nachdem Kardinal de Noailles nach langem Zögern kurz vor seinem Tode sich unterworfen hatte, verlor der Jansenismus allmählich an Bedeutung, und die große Gefahr eines Schismas war nunmehr beseitigt.

Am 19. März 1721 starb Klemens XI. Es muß ihm nachgerühmt werden, daß er getreu der Haltung seines Vorgängers, sich die Abwehr der Türkengefahr mit großem Eifer angelegen sein ließ, daß er ferner für **Hebung der Kloster- und Kirchenzucht** heilsame Bestimmungen traf, und daß er für Kunst und Wissenschaft stets ein reges Interesse und eine offene Hand hatte.

Der Papstnepote Hannibal Albani versuchte im Konklave, gestützt auf eine starke Partei von Kreaturen seines verstorbenen Oheims, die Wahl des Staatssekretärs Fabricio Paolucci durchzusetzen. Nachdem diesem aber von österreichischer Seite durch den Kardinal Althan die Exklusion gegeben war, wurde Kardinal Michelangelo Conti gewählt, der in Erinnerung an den seiner Familie entstammenden Innocenz III. sich den Namen **Innocenz XIII.** (1721—1724) beilegte. Sein kurzes Pontifikat ist ziemlich ruhig verlaufen, und manche Schwierigkeiten, die unter seinem Vorgänger unerledigt geblieben waren, wurden beigelegt. So wurde nun Karl VI. mit Sizilien, das seit 1720 unter die Herrschaft der österreichischen Habsburger gekommen war, belehnt, wobei der Papst klugerweise die Frage der Monarchia Sicula auf sich beruhen ließ. Trotzdem übergab der Kaiser, dem Wunsche von Elisabeth Farnese folgend, die seit 1714 mit Philipp V. von Spanien vermählt war, die Herzogtümer Parma und Piacenza an den spanischen Infanten Don Carlos; der Protest des Papstes, daß die Belehnung unter Mißachtung der alten päpstlichen Oberlehensherrschaft erfolgte, war vergebens.

Der Nachfolger Innocenz' XIII., der nach neunwöchigem Konklave gewählt wurde, stammte aus der herzoglichen Familie Orsini-Gravosa, und war schon früh gegen den Willen der Eltern in den Dominikanerorden eingetreten. Als Papst nannte er sich anfänglich Benedikt XIV., aber da Benedikt XIII. (Pedro de Luna) Gegenpapst gewesen war, änderte er bald den Namen in **Benedikt XIII.** (1724—1730) um. Das strenge einfache Leben eines Ordensmannes, das er als langjähriger Erzbischof von Benevent geführt hatte, behielt er auch nach seiner Erhebung auf den päpstlichen Stuhl bei; es blieb seine liebste Beschäftigung, kirchliche Funktionen vorzunehmen; so sind durch ihn auch mehrere Kanonisationen erfolgt, wie die des **Aloysius Gonzaga** und des **Johannes von Nepomuk**, und es nimmt nicht wunder, daß der Papst um die Aufrechterhaltung und Wiederherstellung der kirchlichen Disziplin — so auf dem wichtigen

Papst Benedikt XIV. (1740—1758),
dessen wissenschaftliche Schriften ein glänzendes Zeugnis von seiner eigenen Gelehrsamkeit sind, war besonders für die gründliche Ausbildung des Klerus besorgt. Für ein gutes Einvernehmen zwischen der Kirche und den weltlichen Fürsten machte er mancherorts weitestgehende Zugeständnisse.

Benedikt XIV.
Prosper Lambertini, Italiener aus Bologna.
1740—1758

Klemens XIII.
Carlo della Torre de Rezzonico, Italiener aus Venedig.
1758—1769

Provinzialkonzil im Lateran (1725) — sich bemühte und strenge Erlasse gegen die Prunksucht und Üppigkeit der Kardinäle erließ, ohne freilich viel Erfolg zu haben. In sein Pontifikat fällt, wie schon angedeutet, die Beendigung der jansenistischen Streitigkeiten. Als politischer Erfolg verdient Erwähnung, daß im Jahre 1725 Comacchio, das seit 1708 durch kaiserliche Truppen besetzt war, dem Kirchenstaat zurückgegeben wurde. Auch die Frage der Monarchia Sicula wurde nunmehr geregelt, allerdings nur dadurch, daß sich der Papst zu sehr weitem Entgegenkommen verstand. — Ein schwerer Schatten fällt dadurch auf das Pontifikat Benedikts XIII., daß er sein volles Vertrauen und einen fast unbeschränkten Einfluß dem Nicola Coscia schenkte, der schon in Benevent zu seiner Umgebung gehört hatte. Dieser Coscia, ein Mann niederster Herkunft, zugleich aber auch ein Mensch niedrigster Gesinnung, habgierig und gewissenlos, wurde von ihm trotz des Einspruchs der Kardinäle ins Heilige Kollegium aufgenommen. Ungehindert von dem allzu vertrauensseligen und weltunerfahrenen Papste führte Coscia nun eine schamlose Günstlingswirtschaft, durch die der Kirchenstaat bedrückt und ausgesogen und die päpstlichen Finanzen noch mehr in Unordnung gebracht wurden; durch die Bestechlichkeit Coscias wurde es auch zum guten Teil verschuldet, daß die Differenzen mit fremden Staaten, wie Sizilien und auch Piemont, so wenig zugunsten der Kurie beigelegt wurden. Unter dem folgenden Pontifikat wurde dem verbrecherischen Menschen verdientermaßen der Prozeß gemacht; er wurde seiner Würden entsetzt und zu zehnjährigem Gefängnis und Ersatz der erpreßten Summen verurteilt.

Aus dem langwierigen Konklave ging Kardinal Lorenzo Corsini als Papst **Klemens XII.** (1730—1740) hervor. Der neue Papst, der in langer ehrenvoller Laufbahn sich vielfältig bewährt hatte, zählte bei seiner Erhebung schon 78 Jahre und erblindete bald. Durch die Bestrafung Coscias erwarb er sich gleich bei Beginn seiner Regierung ein großes Verdienst. Politische Erfolge waren Klemens XII. angesichts der immer feindseligeren Haltung der bourbonischen Höfe gegenüber der römischen Kurie nicht beschieden. Ein venezianischer Gesandter war es, der in diesen Jahren es als etwas Widernatürliches bezeichnete, „wenn man die katholischen Regierungen sämtlich in so großen Zwistigkeiten mit dem römischen Hofe erblickt, daß sich keine Versöhnung denken läßt, die nicht diesen Hof an seiner Lebenskraft verletzen müßte. Sei es größere Aufklärung, wie so viele annehmen, oder ein Geist der Gewalttätigkeit gegen die Schwächeren, gewiß ist es, daß die Fürsten mit raschen Schritten darauf losgehen, den römischen Stuhl seiner weltlichen Gerechtsamen zu berauben."

So kamen Parma und Piacenza nach dem Aussterben der Farnese (1731) trotz des Protestes des Papstes, der als Oberlehensherr die Herzogtümer als erledigte Kirchenlehen einziehen wollte, an Don Carlos, den Sohn Philipps V. von

Spanien. Und als dann Don Carlos im Jahre 1734 auch Neapel in seinen Besitz brachte, begann unter Leitung des von dem neuen König ernannten Ministers Tanucci, den man als den feindseligsten Minister bezeichnet hat, dem die Kurie jemals in einem katholischen Staate begegnet ist, eine Politik sich stets erneuernder Herausforderungen und böswilliger Übergriffe. Kaum weniger rücksichtslos und maßlos in ihren kirchenpolitischen Forderungen war die spanische Regierung, trotzdem ihr im Konkordat von

*Klemens XIV
Lorenzo Ganganelli, Italiener aus
S. Angelo in Vado (Umbrien).
1769—1774*

1737 große Zugeständnisse gemacht wurden. — Nicht uninteressant ist es, daß Klemens XII. in einer Bulle an die Protestanten in Sachsen, deren Herrscherfamilie inzwischen katholisch geworden war, zusicherte, daß sie im Falle des Rücktritts zur katholischen Kirche im ungestörten Besitz der säkularisierten Kirchengüter bleiben sollten; daß die Aufforderung ohne Erfolg blieb, braucht kaum gesagt zu werden. Ein gutes Andenken hat sich der Papst gesichert als hochsinniger Gönner der Künste und Wissenschaften und durch die großartigen Bauten (z. B. die Fassade der Lateranbasilika), zu denen er den Auftrag gab. In der von ihm erbauten prachtvollen Corsini-Kapelle der Lateranbasilika hat er seine Grabstätte gefunden.

Infolge des Druckes der Mächte, die gegenseitig die ihnen unerwünschten Kandidaturen bekämpften und ausschalteten, zog sich das Konklave sechs Monate hin. Wider alles Erwarten wurde schließlich Kardinal Prosper Lambertini zum Papst gewählt, der selbst nicht im mindesten an seine Erhebung gedacht hatte. Es war eine glückliche Wahl, die man mit **Benedikt XIV.** (1740—1758) getroffen hatte. Der neue Papst, der einem angesehenen Geschlechte zu Bologna entstammte, hatte sich eine gründliche theologische und kanonistische Bildung angeeignet und war dann als Konsultor und Sekretär verschiedener Kongregationen an der Kurie tätig gewesen. Als Erzbischof von Ancona, seit 1731 seiner Vaterstadt Bologna, hat er es mit seinen Hirtenpflichten sehr ernst genommen und sich um seinen Sprengel sehr verdient gemacht. Trotz der umfassenden Amtstätigkeit hatte er Zeit gefunden zu einem ausgedehnten wissenschaftlichen Schaffen. Wir verdanken seiner Feder mehrere historische und kanonistische Werke von bleibendem wissenschaftlichem Wert, so das klassische Werk über die Kanonisation („De servorum Dei beatificatione et canonisatione"), Arbeiten über das Meßopfer und die Feste des Herrn und zu Ehren Marias, schließlich das berühmte Werk über die Diözesansynode. Auch als Papst sam-

*Papst Klemens XIII (1758—1769)
leistete gegenüber den immer heftiger werdenden Angriffen aller Kirchenfeinde gegen den Jesuitenorden den nachhaltigsten Widerstand; „er wolle lieber alles verlieren, als Gott mißfallen und an dem bei seiner Erhebung geleisteten Eide zum Verräter werden", antwortete er, als mächtige Fürsten von ihm die Aufhebung des Jesuitenordens verlangten.*

melte er gern Gelehrte um sich und blieb im Briefwechsel mit gelehrten Freunden aus früheren Tagen.

Ist Benedikt XIV. unzweifelhaft wohl der gelehrteste aller Päpste gewesen, so war er auch ausgezeichnet durch Frömmigkeit, Herzensgüte und bezwingende Liebenswürdigkeit. Im Verkehr leutselig und zu Scherzen, gelegentlich auch zum Sarkasmus geneigt, war er streng gegen sich selbst und tadellos in seinem Wandel. Neben diesen rein menschlichen Tugenden, die seine große Beliebtheit erklären, fehlten ihm aber auch die Herrschertugenden keineswegs. Mit klarem Blick erkannte er, wie ungünstig sich seit langem die Lage der Kirche und des Papsttums gestaltet hatte, einmal durch die sich mehr und mehr festigende Macht des Staatskirchentums als einer Folge der absolutistischen Staatsentwicklung, dann dadurch, daß eine dem Christentum fremd, ja feindlich gegenüberstehende Weltanschauung und unkirchliche Gesinnung in dieser Zeit der Aufklärung immer mehr Verbreitung und Einfluß gewonnen hatte. Benedikt XIV. wußte aber auch aus diesem Einblick in die tatsächliche Lage die nötigen Folgerungen zu ziehen, indem er sich bei seinen Maßnahmen von wohlüberlegter Mäßigung und von weiser Nachgiebigkeit leiten ließ, ohne doch den Grundsätzen und der Würde des apostolischen Stuhles zu viel zu vergeben. So war er der rechte Papst für die schwierige Zeit.

Große Verdienste hat sich Benedikt XIV. um den Kirchenstaat erworben, dessen Finanzlage sich sehr traurig gestaltet hatte. Der Papst schuf Abhilfe, indem er in seiner Hofhaltung und in der Verwaltung größte Sparsamkeit einführte und besonders das Heeresbudget stark herabsetzte; letztere Maßnahme war trotz der politisch so bewegten Zeit durchaus angebracht; denn schließlich konnte der Kirchenstaat mit den zu Gebote stehenden Kräften überhaupt nicht wirksam verteidigt werden. Auch um Besserung der wirtschaftlichen Verhältnisse im Kirchenstaat bemühte sich der Papst durch Förderung von Ackerbau und Handel. Wenn diesen Bemühungen kein durchgreifender Erfolg beschieden war, so ist die Hauptschuld darin zu suchen, daß die kirchenstaatlichen Gebiete durch den österreichischen Erbfolgekrieg stark in Mitleidenschaft gezogen wurden. Benedikt XIV. hatte sich, als der bayerische Kurfürst Karl Albert als Karl VII. zum deutschen Kaiser gewählt worden war (24. Januar 1742), zu demselben freundlich gestellt und ihn anerkannt. Als dieser schon 1745 starb, blieb der Papst gegenüber den verschiedenen Kandidaten für die Kaiserkrone neutral. Nach der Kaiserwahl des Großherzogs Franz von Toskana, des Gemahls der Maria Theresia (13. September 1745), bemühte man sich von seiten Frankreichs, dessen Anerkennung durch den Papst zu verhindern oder doch möglichst hinauszuschieben, so wie Frankreich früher auch die Anerkennung Maria Theresias als Königin von Ungarn und Böhmen und Erbin der österreichischen Lande, allerdings vergebens, zu hintertreiben bestrebt gewesen war. Aber obschon Franz I. als Großherzog von Toskana ein wenig angenehmer, zu Übergriffen geneigter Nachbar des Kirchenstaates gewesen war, wurde seine Anerkennung als Kaiser nur dadurch um einige Monate verzögert, daß er diese zunächst nicht in der üblichen Form nachgesucht hatte. Es war klug von Benedikt XIV., daß er nicht, wie Frankreich und Spanien es wünschten, im äußersten Widerstand gegen die Anerkennung Franz' I. verharrte; denn bei dem Friedensschluß zu Aachen (1748) haben dann auch diese beiden Großmächte Franz I. als deutschen Kaiser anerkannt. Mochte der Papst demnach mit seinen Sympathien mehr auf seiten der Gegner der österreichischen Habsburger stehen, so hat er doch die Pflichten der

Neutralität durchaus gewahrt. Aber trotzdem wurde das kirchenstaatliche Gebiet von den Österreichern als Aufmarschgebiet gegen die spanisch-neapolitanischen Truppen bei der geplanten Eroberung Neapels benützt; schließlich wurde es sogar Kriegsschauplatz und hatte dadurch schwer zu leiden. —

Größere Konflikte kirchenpolitischen Charakters sind während des Pontifikates Benedikts XIV. vermieden worden. Das war allerdings nur dadurch möglich, daß der Papst in kluger Realpolitik den veränderten Zeitverhältnissen Rechnung trug und nicht starr an den doch längst unhaltbar gewordenen mittelalterlichen Ansprüchen der Kurie und zu weitgehenden kirchlichen Privilegien festhielt, sondern in seinem Entgegenkommen bis an die Grenzen des Möglichen ging. Es war immerhin vorzuziehen, daß der Papst seinerseits Zugeständnisse machte und preisgab,

Papst Benedikt XIII. (1724—1730) war nachdrücklichst um die Aufrechterhaltung und Wiederherstellung der kirchlichen Disziplin bemüht.

was unter den veränderten Verhältnissen nicht zu halten war, als daß derartige kirchliche Ansprüche einfach seitens der Staaten eigenmächtig und gewaltsam beseitigt wurden. So sind gleich nach Beginn seines Pontifikates die langwierigen Streitigkeiten mit Neapel durch ein Konkordat (2. Juni 1741) beigelegt worden, in dem die bis dahin hartnäckig festgehaltenen Privilegien der kirchlichen Steuerfreiheit und des besonderen Gerichtsstandes des Klerus fast völlig preisgegeben waren. Auch mit Sardinien kam es nun endlich zu Vereinbarungen, in denen dem König die Besetzung der Pfründen in seinem Reich und das Vikariat über die daselbst gelegenen Lehen überlassen wurde. Mit Spanien wurde im Jahre 1753 ein Konkordat abgeschlossen, welches dem König das Recht der Besetzung aller Benefizien gewährte, so daß der gesamte spanische Klerus in völlige Abhängigkeit von der Krone geriet; nur die Verleihung von zweiundfünfzig Stellen blieb dem Papst vorbehalten. Ähnliche Rechte erhielt der König von Portugal, der außerdem durch den Titel eines rex fidelissimus (allergläubigster König) ausgezeichnet wurde. — Auch mit den nichtkatholischen Regierungen wußte Benedikt durch seine maßvolle Haltung in bessere Beziehungen zu kommen. So wurde von ihm Friedrich dem Großen, der mit Schlesien das erste größere katholische Territorium für Preußen erwarb, der bis dahin päpstlicherseits verweigerte Königstitel zuerkannt.

Die wohlerwogene Rücksichtnahme auf Zeitforderungen und Zeitbedürfnisse zeigen auch des Papstes Bestimmungen über Verminderung der allzu zahlreichen

Feiertage, und seine zunächst für Holland und Belgien bestimmte, bald aber auch auf andere Gebiete mit gemischter religiöser Bevölkerung ausgedehnte Verfügung bezüglich der gemischten Ehen („Matrimonia quæ" vom 4. November 1741, die sogenannte Benedictina), nach der diese auch ohne Innehaltung der vom Tridentinum vorgeschriebenen Form gültig sein sollten. Die wohlüberlegte Milde des Papstes verrät sich auch in der durch die Nachwirkungen der jansenistischen Wirren nötig gewordenen Enzyklika an die französischen Bischöfe, die bestimmte, daß nur diejenigen, die offen als Gegner der Konstitution „Unigenitus" hervorgetreten wären, vom Sakramentenempfang auszuschließen wären. — Eine scharfe Maßnahme wurde dagegen wider die Geheimgesellschaften getroffen, die eine immer größere Gefahr für die Kirche wurden, indem er die Freimaurerei verbot. Die von dieser Seite drohenden Gefahren waren auch mitbestimmend für das Bestreben des Papstes, mit den Höfen ein gutes Einvernehmen zu wahren; wurde doch dadurch ein Bund der Kronen mit diesen Gesellschaften vermieden, der bei einem Bruch mit der Kurie nicht zu hindern gewesen wäre.

Während des Pontifikates Benedikts XIV. begann sich das Schicksal des Jesuitenordens anzubahnen. Der leidenschaftliche Haß, mit dem er damals von verschiedenen Seiten angegriffen wurde, floß aus verschiedenen Quellen; er war einmal veranlaßt durch die überragende Stellung, die sich der Orden durch seine weitumfassende vielseitige Wirksamkeit in der Kirche errungen hatte; für die Vertreter der Aufklärung, die immer mehr die Herrschaft über die Geister gewann, war er als der energischste Vertreter des Autoritätsgedankens und Dogmenglaubens der Hauptfeind; dann schuf ihm der große Einfluß, den er an den Höfen auch auf politischem Gebiet besaß und der nicht immer mit dem nötigen Takt ausgenützt worden war, viele Gegner; diese wandten sich auch gegen das Unterrichtsmonopol, das der Orden durch sein weitverzweigtes Unterrichtswesen in hohem Maße besaß. Auch innerhalb der Kirche hatte sich der Orden durch seinen scharfen Kampf gegen jansenistische und gallikanische Tendenzen erbitterte Feinde geschaffen. Es darf ferner nicht verschwiegen werden, daß eine gewisse Erschlaffung des Ordensgeistes ebenso wie der Reichtum des Ordens und seine Beteiligung an Handelsgeschäften Anlaß zu Angriffen bot. Schließlich hatten nicht einwandfreie Doktrinen einzelner Ordensmitglieder in ihren Moralwerken und ernste Bedenken gegen die Missionsmethode des Ordens in Indien und China schon wiederholt die Päpste zum Einschreiten genötigt. So hatte zuletzt auch Benedikt XIV., den man nicht gerade als Freund der Jesuiten bezeichnen kann, durch zwei Bullen (1742 und 1744) die Beobachtung der chinesischen und malabarischen Bräuche verbieten müssen. Angesichts der zahlreichen Angriffe auf den Orden gab dann der Papst gegen Schluß seines Pontifikates seine Einwilligung, daß zwecks Herbeiführung einer Reform der Gesellschaft Jesu der Kardinal Saldanha, Patriarch von Lissabon, mit der Visitation der Jesuitenniederlassungen in Portugal betraut wurde.

Unter diesen Umständen beherrschte die Jesuitenfrage die beiden folgenden Pontifikate.

Nachfolger Benedikts XIV. wurde Kardinal della Torre de Rezzonico als **Klemens XIII.** (1758—1769). Das Pontifikat dieses milden frommen Papstes ist ausgefüllt von Bemühungen, den Jesuitenorden gegen den immer heftiger werdenden Ansturm seiner Feinde zu schützen und zu verteidigen. In Portugal ging Saldanha mit Überschreitung seiner Vollmachten aufs schroffste gegen den Orden vor; er stand hierbei unter dem Einfluß des leitenden portugiesischen Staatsmannes, des Marquis de Pombal, der als fanatischer Feind der Jesuiten deren Untergang herbeizuführen aufs eifrigste bestrebt war. Ein willkommener Anlaß zum Vorgehen fehlte nicht. Durch einen Vertrag mit Spanien (1750) waren mehrere von Jesuiten geleitete Reduktionen in Paraguay an Portugal abgetreten worden; als nun die Eingeborenen diese zu hoher Kultur gebrachten Gebiete verlassen und sich in unerschlossenen Gegenden neu ansiedeln sollten, weigerten sich die Indianer und der nun ausbrechende Kleinkrieg, für den man die Jesuiten verantwortlich machte, war für die portugiesischen Truppen verlustreich. Diese Vorgänge gaben Pombal Gelegenheit, durch aufreizende Flugschriften über dieselben die Öffentlichkeit gegen den Orden zu erregen. Schließlich wurde ein Mordanschlag auf den König, der ohne Beweis den Jesuiten zugeschrieben wurde, zum Vorwand genommen, die Jesuiten aus Portugal auszuweisen und in den Kirchenstaat abzuschieben (1759); eine Anzahl Patres wurden zurückbehalten und jahrelang eingekerkert, das Ordensvermögen wurde konfisziert. Die Bemühungen des Papstes zugunsten der Jesuiten waren vergebens gewesen; ja, im Zusammenhang mit dem Vorgehen gegen dieselben wurde auch der päpstliche Nuntius aus Portugal ausgewiesen, und für zehn Jahre blieben die diplomatischen Beziehungen der Kurie mit Portugal abgebrochen.

Dem Vorbild Portugals im Vorgehen gegen die Jesuiten folgte Frankreich. Hier war die Feindschaft gegen den Orden in den jansenistisch gesinnten Kreisen und in der von den Aufklärungsideen beherrschten gebildeten Welt längst tief gewurzelt. Den willkommenen Anlaß zum offenen Kampf gegen den Orden bot der Fall des Jesuitenpaters Lavalette auf Martinique, der sich in unglückliche Handelsspekulationen eingelassen hatte, die zur Zahlungsunfähigkeit geführt hatten. Die Sache endete damit, daß sämtliche Jesuitenkollegien in Frankreich durch das Pariser Parlament aufgehoben wurden (1762). Der bedauerliche Versuch eines Teils der Jesuiten, durch Annahme der Deklaration von 1682 das Schicksal abzuwenden, hatte ebensowenig Erfolg wie der Vorschlag des französischen Königs, durch Änderung der Ordensverfassung, besonders durch die Bestellung eines besonderen Generalvikars für Frankreich, den Fortbestand des Ordens zu sichern; denn der Ordensgeneral Ricci sowohl als der Papst lehnten jede Änderung ab; letzterer erklärte: Sint ut sunt, aut non sint!

Die Unterdrückung des Jesuitenordens in Frankreich gab Klemens XIII. den Anlaß, durch eine besondere Bulle „Apostolicum pascendi munus" vom 8. Januar 1765 den Orden nochmals feierlich zu bestätigen und ihm die höchsten Lobsprüche zu spenden. Die gutgemeinte Bulle war verfehlt; sie hatte keinen Erfolg, reizte vielmehr die Feinde des Ordens zum weiteren Vorgehen; ihre Verbreitung wurde in mehreren Staaten verboten. — Im Jahre 1767 erfolgte auf Betreiben des Ministers Aranda die Ausweisung der Jesuiten aus dem spanischen Königreich und den Kolonialgebieten. Im gleichen Jahre setzte Minister Tanucci die Vertreibung des Ordens aus dem Königreich beider Sizilien durch. Als dann im folgenden Jahre als letzter der bourbonischen Staaten das kleine Parma mehrere mit dem geltenden kanonischen Recht unverträgliche Gesetze erließ, und der Papst als Oberhaupt der Kirche und Oberlehensherr diese in einem scharfen Breve für nichtig erklärte, wurden nun auch aus Parma die Jesuiten vertrieben. Und der Schritt des Papstes gab obendrein Anlaß zu weiteren Demütigungen derselben; denn die anderen bourbonischen Höfe erklärten sich mit Parma solidarisch, Frankreich besetzte Avignon und Venaissin, Neapel, Benevent und Ponte Corvo. Schließlich stellten die Kabinette drohend die Forderung auf Aufhebung des Jesuitenordens. Ehe Klemens XIII. mit dem Kardinalskollegium im Konsistorium zu diesem Verlangen Stellung nehmen konnte, starb der vielgeprüfte Papst.

Erwähnenswert aus seinem Pontifikat ist noch, daß er das Werk des Trierer Weihbischofs Nikolaus Hontheim zensurierte (1763), in welchem dieser durchaus gallikanische Ideen entwickelte und im Interesse der Wiedervereinigung der getrennten Kirchen die Theorie vertrat, daß dem Papst nur ein Ehrenprimat, nicht aber ein Jurisdiktionsprimat gebühre.

Unter dem Druck der bourbonischen Höfe, die rücksichtslos das von ihnen beanspruchte Recht der Exklusive zur Anwendung brachten, wurde der dem Orden der Franziskanerkonventualen angehörende Kardinal Lorenzo Ganganelli zum Papst gewählt; er nannte sich **Klemens XIV.** (1769—1774). Daß er sich vor seiner Wahl durch eine geheime Zusage zur Aufhebung des Jesuitenordens verpflichtet habe, wie bald behauptet wurde, ist nicht richtig. Der neue Papst, ein würdiger frommer Mann, lebhaft interessiert für Kunst und Wissenschaft, der aber, eigenwillig und mißtrauisch, alles selbst ohne den Rat der Kardinäle zu entscheiden liebte, war schon während des Pontifikates seines Vorgängers für eine Politik der Nachgiebigkeit und Versöhnung gegenüber Parma eingetreten. Und so hat er auch als Papst von Anfang an und nicht ohne Erfolg sich um ein gutes Einvernehmen mit den Höfen bemüht. Was den Kirchenstaat betrifft, so war er eifrig darauf bedacht, der trostlosen Finanzlage zu steuern und einen Aufschwung der wirtschaftlichen Verhältnisse durch Versuche, eine Industrie zu schaffen, herbeizuführen; doch blieben diese Bestrebungen ohne rechten Erfolg. — Den ersten Beweis seiner entgegenkommenden Haltung gab der Papst dadurch, daß er die Verlesung der Abendmahlsbulle einstellen ließ. Dann wurden die Differenzen mit Parma beigelegt und die Beziehungen zu Portugal wieder angeknüpft; in beiden Fällen war das erstrebte Ziel nur durch weites Entgegenkommen zu erreichen gewesen. Durch die Bemühungen um ein gutes Einvernehmen mit den Kabinetten hoffte der Papst auch dem unausgesetzten Drängen derselben auf A u f h e b u n g d e s J e s u i t e n o r d e n s ausweichen zu können, aber diese Erwartung trog. Schon im ersten Jahre seines Pontifikates hatte sich der Papst zu einem Schreiben an den spanischen König verstehen müssen, in dem er der Möglichkeit und eventuellen Geneigtheit, den diesbezüglichen Wünschen der Regierungen nachzukommen, Ausdruck gab. Nach langem Zögern und reiflicher Überlegung schritt schließlich Klemens XIV. zur Aufhebung des Jesuitenordens. Sie wurde eingeleitet durch vorbereitende Schritte wie das Verbot, Novizen aufzunehmen, und durch die Schließung mehrerer Kollegien im Kirchenstaat. Die Aufhebung selbst erfolgte durch das Breve „Dominus ac redemptor noster" vom 21. Juli 1773. Das Breve erinnert eingangs daran, daß die Päpste schon früher Orden, die ihrem Zweck nicht mehr entsprachen, aufgehoben hätten. Dann werden die gegen den Jesuitenorden erhobenen Vorwürfe wiedergegeben und die Bemühungen früherer Päpste um Reform des Ordens aufgeführt. Die päpstliche Entscheidung, die Gesellschaft Jesu kraft apostolischer Vollgewalt aufzuheben, ward damit begründet, daß dieselbe nicht mehr wie früher die reichen Früchte bringen und Nutzen stiften könne, und daß bei ihrem Fortbestehen der Friede der Kirche nicht wiederhergestellt werden könne. Wenn der Papst dann erklärt, andere Gründe für seine Maßnahmen in seinem Herzen verschlossen halten zu müssen, so ist dabei sicher nicht an Verbrechen und Schuld des Ordens zu denken, da der Aufhebung kein kanonischer Prozeß vorausgegangen war.

Die Durchführung des Aufhebungsbreves ist im Kirchenstaat nicht ohne Härte

Papst Klemens XIV. (1769—1774)
glaubte dem Druck der bourbonischen Höfe, die immer rücksichtsloser die *Aufhebung des Jesuitenordens* verlangten, des Friedens der Kirche halber nicht länger widerstehen zu dürfen. Daß diese nur aus politischen Gründen getroffene Entscheidung ausschließlich den Interessen des *staatlichen Umsturzes und kirchlicher Knechtung* gedient hatte, bewies vor allem das Erstarken der revolutionären Bewegungen in allen romanischen Ländern.

erfolgt; der Ordensgeneral wurde mit hervorragenden Mitgliedern des Ordens in der Engelsburg in strengem Gewahrsam gehalten. Allenthalben wurden die Jesuitenkollegien aufgelöst. Nur Friedrich der Große und Katharina II. von Rußland sicherten dem Orden in ihren Gebieten den Fortbestand. In den gebildeten Kreisen Europas, in denen damals die Gedanken der Aufklärung die unbedingte Herrschaft besaßen, wurde die Aufhebung des Ordens mit Jubel begrüßt, während das Volk sich im allgemeinen teilnahmslos verhielt. Nachdem so der Papst sich den Wünschen der bourbonischen Höfe gefügt hatte, wurden ihm endlich die unter seinem Vorgänger besetzten kirchenstaatlichen Gebiete von Frankreich und Neapel zurückgegeben. -- Ein Jahr nach Aufhebung des Jesuitenordens ist Klemens XIV. gestorben.

Nichts kann deutlicher und eindringlicher d e n N i e d e r g a n g d e r M a c h t u n d d e s A n s e h e n s d e s P a p s t t u m s veranschaulichen als die dem Papst abgenötigte Aufhebung dieses Ordens, dem an Macht und Einfluß kein anderer in der neueren Zeit gleichgekommen ist, und der in mehr als einer Hinsicht für die gesamte kirchliche Entwicklung seit dem Tridentinum bestimmend gewesen war. So mochte es den Anschein haben, als ob den der Kirche feindlichen Mächten der erhoffte endgültige Sieg und Triumph über Kirche und Papsttum beschieden sei. Als der Nachfolger Klemens' XIV., Papst **Pius VI.** (1775—1799), nach vielen Prüfungen und Demütigungen von den Machthabern der französischen Revolution aus Rom fortgeschleppt z u V a l e n c e i n d e r V e r b a n n u n g s t a r b, da jubelten die Gegner des Papsttums, daß mit Pius VI. auch das Papsttum gestorben sei. Aber die Entwicklung im Laufe des 19. Jahrhunderts hat in gleicher Weise die Hoffnungen der Feinde und die Befürchtungen der Freunde von Kirche und Papsttum zu nichte gemacht; denn trotz aller Bedrängnisse, die auch im 19. Jahrhundert nicht gefehlt haben, ist in der Zeit von der französischen Revolution bis zu unseren Tagen das Papsttum und die Kirche aus innerer und äußerer Ohnmacht zu imponierender Machtstellung und zu einem unbestrittenen Ansehen emporgestiegen, ein Umschwung in der Lage des Papsttums, den im Ausgang des 18. Jahrhunderts niemand für möglich gehalten hätte.

ZWEITES BUCH

GESCHICHTE DER PÄPSTE VON DER FRANZÖSISCHEN REVOLUTION BIS ZUR GEGENWART

VON PROFESSOR DR. KLEMENS LÖFFLER
DIREKTOR DER UNIVERSITÄTSBIBLIOTHEK ZU KÖLN

KÄMPFE UND LEIDEN PIUS' VI. UND PIUS' VII.

PIUS VI. UND DIE FRANZÖSISCHE REVOLUTION

Die große französische Revolution, durch die das ganze Kulturleben Europas umgestaltet worden ist, hat auch Kirche und Papsttum mit den stärksten Schlägen getroffen. Bei der engen Verbindung, in der Staat und Kirche bis dahin gestanden hatten, konnte das nicht anders sein.

Die geistige Revolution, eine unverdient so genannte Philosophie, predigte gegen Christentum und Papsttum schon länger den Vernichtungskampf. „Écrasez l'infâme! Rottet sie aus, die Veruchte!" war Voltaires Gebet für die Kirche. Die Priester nannte er die schlimmsten Feinde des Königtums, die „Philosophie" die beste Stütze wider ihre Übergriffe. Daß dem Staate die Herrschaft über die Kirche gebühre, verstand sich für ihn von selbst. „Wie kann man wohl in einem Hause zwei Herren dulden, den Hausvater und den Hauslehrer, der von jenem besoldet wird?" Montesquieu, der in seinen „persischen Briefen" eine Karikatur der Kirche zeichnete, spottete über den „Zauberer, der die Leute glauben machte, daß drei eins und das Brot, das man verspeise, dennoch kein Brot, Wein, den man trinke, dennoch kein Wein sei". Rousseau warf — sonst gemäßigter, in diesem Punkte aber mit Voltaire einig — dem Christentum vor, es

Papst Pius VI. (1775—1799) leitete die Kirche Christi während der zutiefst einschneidenden Epochen der französischen Revolution; aus Rom gefangen fortgeschleppt, starb er zu Valence in Frankreich in der Verbannung.

gebe „den Menschen zwei Gesetzgebungen, zwei Herrscher und ein doppeltes Vaterland, welche ihnen Pflichten auflegen, die miteinander in Widerspruch stehen und es den Menschen unmöglich machen, zu gleicher Zeit fromm zu sein und gute Bürger". Von Diderot, einem der Bearbeiter der französischen Enzyklopädie, die alles, was nicht in Zeit und Raum liegt, aus dem menschlichen Gesichtskreise ausschließt, stammt das entsetzliche Wort: „Die Welt wird nicht eher glücklich, als bis der letzte König mit den Gedärmen des letzten Priesters erwürgt ist." Er legt es allerdings einem andern in den Mund. Holbachs „System der Natur", das Hauptwerk des französischen Materialismus, bezeichnete die Religion als die Hauptursache alles menschlichen Elends und wehklagte über die Verblendung der Menschen, sich durch Illusionen zum Spielzeug der Priester zu machen und durch den Wahnsinn der Religion die Tyrannei mit einem Nimbus der Heiligkeit zu schmücken. Und der „sogenannte Statthalter Christi" wurde in der Schrift „De l'imposture sacerdotale" für einen „gefährlichen Betrüger, einen Plagegeist der Staaten, einen Widersacher der Fürstenmacht und des Völkerfriedens" erklärt.

Was aus solchen Lehren folgen mußte, wurde 1780 in einer Denkschrift ahnungsvoll ausgesprochen: „Noch einige Jahre des Schweigens und Schwankens, und wir werden nichts um uns sehen als Ruinen."

Das Papsttum befand sich am Vorabend der Revolution in einem Zustande der Schwäche, der gewiß niemand ahnen ließ, daß es sich aus tiefer Erniedrigung im nächsten Jahrhundert zu einer Macht und Bedeutung erheben würde, wie es sie niemals vorher gehabt hat.

Auf dem Stuhle Petri saß seit dem 15. Februar 1775 der vornehme, gebildete und milde **Pius VI.** (Giovanni Angelo Braschi, geb. 1717 in Cesena, 1773 Kardinal geworden). Er hat sich um Rom und den Kirchenstaat sehr verdient gemacht. Die Stadt wurde verschönert, das von seinem Vorgänger begonnene vatikanische Museum (Pio-Clementinum) vollendet, die Via Appia hergestellt, ein beträchtlicher Teil der Pontinischen Sümpfe ausgetrocknet, der Hafen von Ancona verbessert.

Auch in der Kirchenregierung bewährte Pius rühmlichen Eifer. Aber er hatte einen beständigen Kampf zu führen gegen die Angriffe auf das kirchliche Herkommen und gegen die Versuche, die Kirche, die früher die Staaten zu ihren Füßen gesehen hatte, zur dienenden Magd des absoluten Staates zu machen. Schon unter seinem zweiten Vorgänger hatte der Trierer Weihbischof Hontheim als Justinus F e b r o n i u s im Anschluß an die gallikanischen Grundsätze von 1682[1] die monarchisch-absolute Regierung der Kirche durch den Papst angegriffen, ihm nur einen Ehrennamen (primatus honoris, nicht iurisdictionis) zuerkannt und gefordert, daß die Rechte, die das Papsttum erst im Mittelalter und besonders durch Pseudo-Isidor hinzugewonnen habe, wieder beseitigt würden. Zwar gelang es Pius, den Verfasser, als er endlich bekannt wurde, zum Widerruf zu bewegen, aber die geistlichen Kurfürsten machten sich in der E m s e r P u n k t a t i o n 1786 seine Ideen zu eigen und verlangten, das Papsttum solle sich auf die Rechte beschränken, die es in den ersten drei Jahrhunderten gehabt habe. Berufungen und Dispensgesuche nach Rom sollten abgeschafft werden, Erzbischöfe und Bischöfe in ihren Sprengeln selbst die höchste Instanz sein und päpstliche Bullen und Erlasse erst durch die Zustimmung und Veröffentlichung der Bischöfe Gültigkeit erlangen. Da der Papst fest blieb und auch manche Bischöfe den Machtgelüsten ihrer Metropoliten entgegentraten, hatten die

[1] Vgl. S. 332.

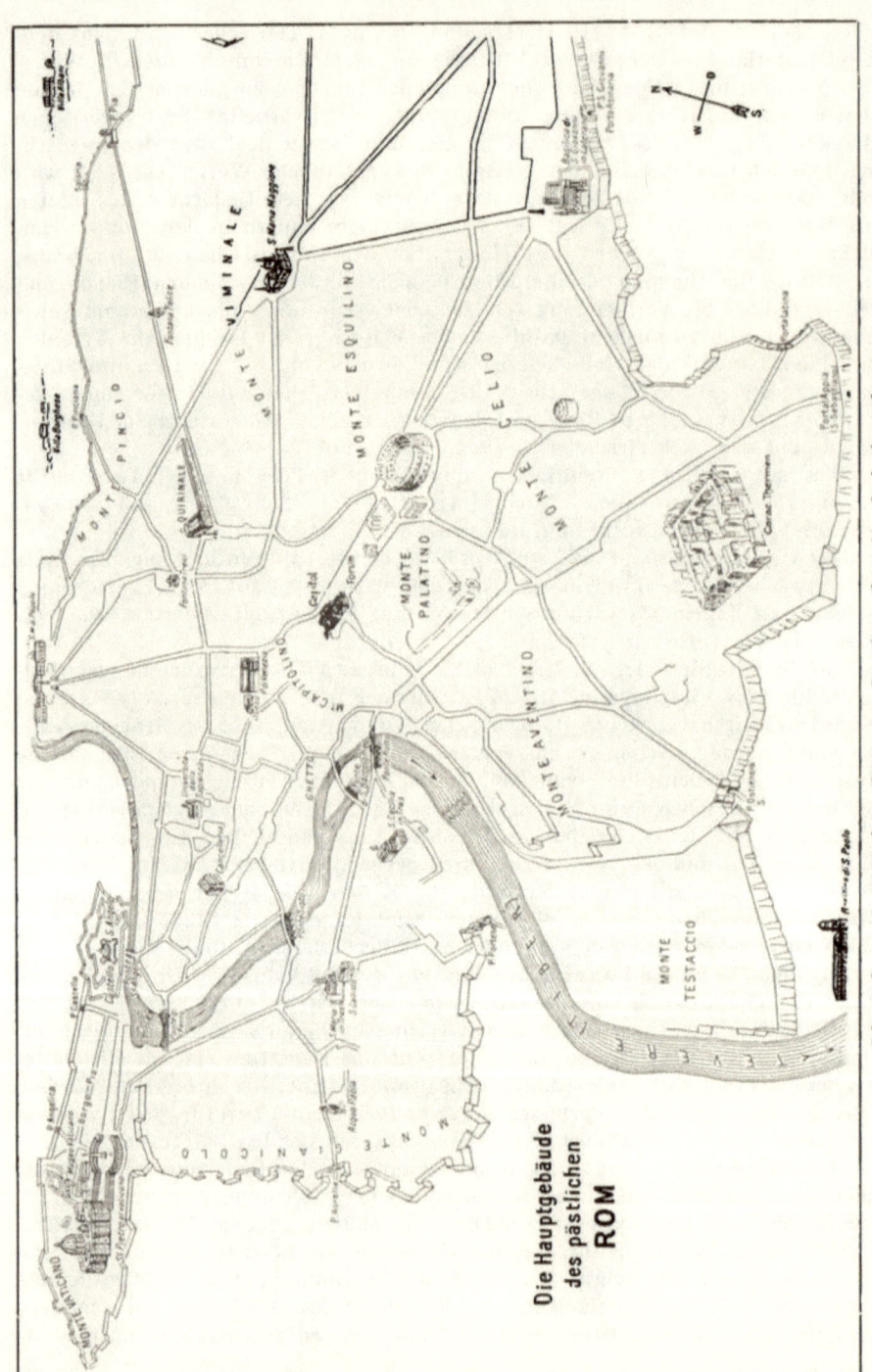

Plan des päpstlichen Rom zu Beginn des 19. Jahrhunderts

Emser Artikel kein wesentliches Ergebnis. Noch weiter ging die Synode von Pistoja im Großherzogtum Toskana (1786) unter dem Bischof Ricci, die geradezu die Lehren der Jansenisten und die gallikanischen Sätze annahm.

Mit J o s e p h II. hatten die febronianischen und aufgeklärten Ideen sogar den Kaiserthron bestiegen. Er stellte die päpstlichen Erlasse und bischöflichen Verordnungen unter das landesherrliche Plazet, ließ die Bischöfe ohne päpstliche Fakultäten von dem Ehehindernis des dritten und vierten Grades der Blutsverwandtschaft dispensieren, hob zahlreiche Klöster auf, ersetzte die bischöflichen Seminarien durch aufgeklärte Generalseminarien und räumte als „Bruder Sakristan", wie ihn Friedrich der Große nannte, mit Feiertagen, Wallfahrten, Prozessionen, Bruderschaften, gottesdienstlichen Einrichtungen gründlich auf. Als der Papst, der wegen seiner gewinnenden Persönlichkeit il persuasore genannt wurde, selbst nach Wien reiste, um den Kaiser zu größerer Rücksicht auf die kirchlichen Gerechtsame zu bewegen, fand er nicht nur kein Entgegenkommen, sondern mußte sich von dem Minister Kaunitz sogar schnöde Mißachtung gefallen lassen.

Nach all diesen unentschiedenen Kämpfen brachen nun die Fluten der R e v o l u t i o n herein und rissen die alte kirchliche Ordnung vollends mit sich fort. Mit den Feudallasten fiel 1789 auch der ein Jahrtausend alte Kirchenzehnte. Die „Menschenrechte" enthielten auch die Gewissens- und die Kultfreiheit; mit religiösem Zwang und Staatsreligion war es für immer zu Ende. Zur Erleichterung der Finanznot wurde erst das Kirchensilber in Anspruch genommen, dann auf Talleyrands Vorschlag der Nation das gesamte Kirchengut zur Verfügung gestellt. Die Klöster wurden aufgehoben. Die Geistlichkeit ganz mit der neuen Gestaltung der Dinge zu verbinden, war der Zweck der Kirchenverfassung, der C o n s t i t u t i o n c i v i l e d u c l e r g é 1790. Danach sollte jedes von den neuen 83 Departements eine Diözese umfassen. Von 136 Bischöfen mußten also 53 entlassen werden. Die Autorität eines fremden Bischofs (also auch des Papstes) sollte kein französischer Bürger anerkennen. Nur die Glaubensgemeinschaft mit dem sichtbaren Oberhaupte der Kirche sei zu erhalten. Die Kirchenämter sollten nach altchristlicher Sitte durch Wahl besetzt werden. Solche ohne Seelsorge (Dignitäten, Priorate, Kanonikate und Benefizien an Dom- und Kollegiatkirchen) wurden aufgehoben. Nach Beschluß der Nationalversammlung hatten alle Geistlichen im öffentlichen Kirchendienst die neue Verfassung zu beschwören. Sonst müßte, wie Mirabeau in einer seiner Sturmpredigten ankündigte, die Nation daran verzweifeln, daß die Priester noch brauchbare Bürger werden könnten und alle Kirchenämter für erledigt erklären. Aber nur vier Bischöfe, drei Weihbischöfe und etwa ein Viertel des niederen Klerus leisteten den Eid. Die katholische Gesinnung bewährte ihre Macht. Ein tiefer Riß spaltete nun die französische Kirche. Den eidverweigernden Geistlichen wurde Gehalt und Pension entzogen und ihnen schließlich sogar der Aufenthalt im Lande unmöglich gemacht. 40 000 wanderten in die Fremde. Die konstitutionellen entwickelten sich dagegen weiter, und gegen 2000, darunter einige Bischöfe, schritten zur Ehe.

Nachdem sich der P a p s t zunächst abwartend verhalten hatte, verwarf er durch das Breve „Caritas, quae docente Paulo" vom 13. April 1791 die Beschlüsse der Nationalversammlung, suspendierte die vereidigten Geistlichen und belobte die treugebliebenen. Für die ausgewiesenen sorgte er nach Möglichkeit und nahm viele in den Kirchenstaat auf.

Die Antwort der Franzosen war zunächst, daß man eine den Papst darstellende

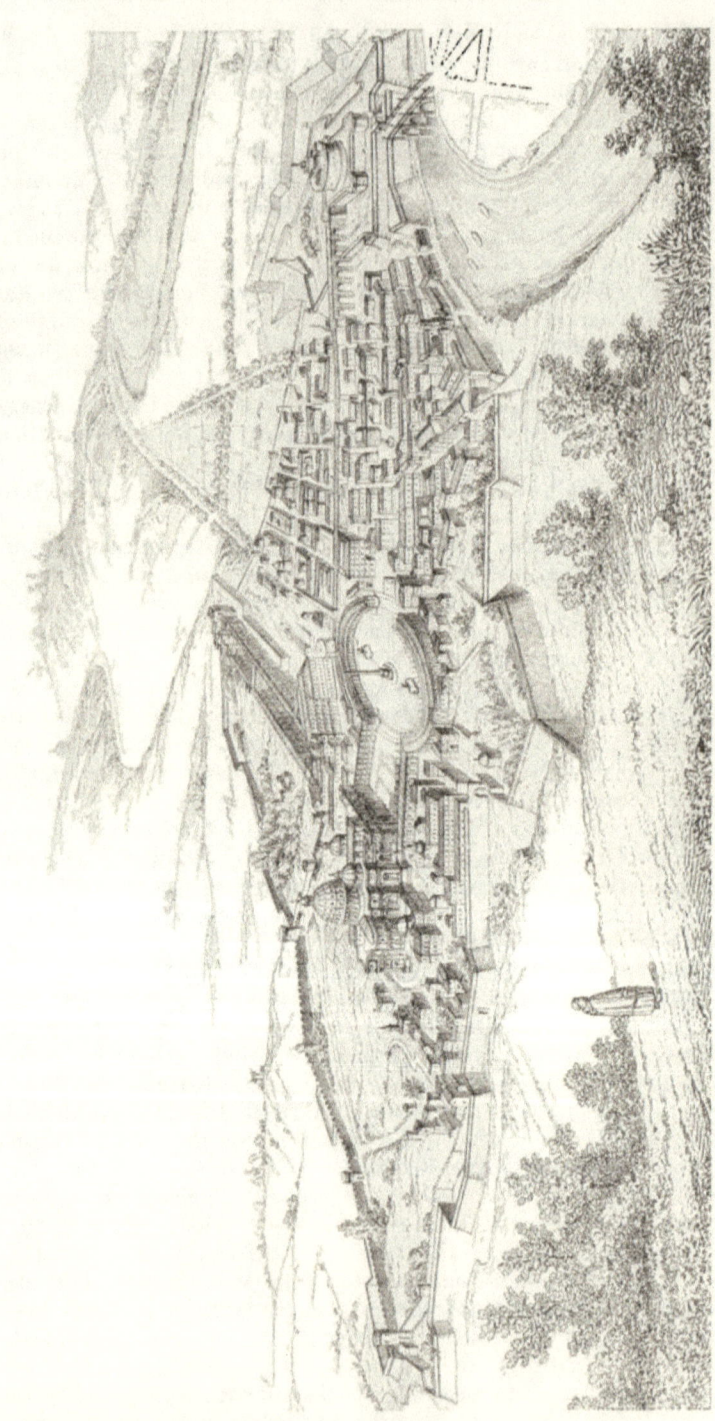

Das Petersviertel oder die Leostadt („Leonina") aus der Vogelschau

Puppe mit dem Breve in der Hand verbrannte und die päpstlichen Besitzungen in Frankreich, Avignon und Venaissin, wegnahm, wogegen der Papst protestierte. Im September 1792 wurden gegen 200 Priester und drei Bischöfe im Karmeliterkloster in Paris niedergeschossen und die bloß verwundeten einzeln erschlagen. Das Königtum schaffte Frankreich ab und forderte am 1. Oktober den Papst auf, die alte römische Republik wiederherzustellen. Man wollte dem heiligen Petrus in der vatikanischen Basilika die rote Jakobinermütze auf das Haupt setzen. In Rom war aber das Volk damals entschieden antifranzösisch. Der Gesandtschaftssekretär Hugo Basseville wurde, als er sich am 13. Januar 1793 mit der dreifarbigen Kokarde auf dem Korso sehen ließ, von der tobenden Menge unter dem Rufe: „Es lebe St. Peter!" überfallen und starb nach zwei Tagen an seinen Wunden. Die Republikaner schrien nach Rache.

Am 21. Januar 1793 fiel das Haupt Ludwigs XVI. unter dem Beil des Henkers. Da hielt der Papst eine feierliche Allokution und lud zu einem Trauergottesdienste für den unglücklichen König ein, der wegen seiner Anhänglichkeit an den katholischen Glauben und die Kirche dem Hasse ihrer Feinde zum Opfer gefallen sei.

Im Herbst 1793 schritt die Revolution zur Abschaffung des Christentums fort, und mit ihm fiel auch die christliche Sitte. Der Kultus der Vernunft wurde proklamiert und jeder andere verboten. Ganz ausgestorben ist die Religion freilich auch in diesen Jahren nicht, nicht einmal in Paris selbst, und einige unvereidigte Priester fanden immer noch Wege, das religiöse Bedürfnis zu befriedigen. 1794 wurde auf Robespierres Antrag trotz des Widerspruchs seiner Genossen, die sagten, er bringe sie um zehn Jahre zurück, das Dasein Gottes und die Unsterblichkeit der Seele vom französischen Volke wieder anerkannt, 1795 sogar die Freiheit des Kultus dekretiert, und die noch nicht veräußerten Kirchen wurden wieder geöffnet.

1796 bot sich endlich der Republik die Gelegenheit, sich am Papste zu rächen. Bonaparte erfocht in Italien seine glänzenden Siege gegen Österreich und stürzte sich auf den schwachen Kirchenstaat. Ohne Schwertstreich fielen ihm Bologna, Ferrara, Ravenna, Imola, Faenza zu. In dem Waffenstillstande von Bologna mußte der Papst die Legationen von Bologna und Ferrara abtreten, die Festung von Ancona übergeben, die Zahlung von 21 Millionen Lire und die Auslieferung von 500 wertvollen Handschriften und 100 Kunstwerken versprechen. Die harten Bedingungen verleiteten den Papst, mit Österreich anzuknüpfen und mit Neapel ein Bündnis zu schließen, aber im Frühjahr 1797 brach Bonaparte in den Kirchenstaat ein und nötigte den Papst zu dem teuren Frieden von Tolentino, wonach der Papst auf Avignon und Venaissin verzichtete, Bologna und Ferrara nebst der Romagna abtrat und zu den vom Waffenstillstande her schuldigen noch weitere 15 Millionen Lire zahlen mußte. Die schönsten Kunstwerke, der Apoll von Belvedere, die Laokoongruppe und was von Raffael nicht an den Wänden saß, wurden nach Paris geschleppt. Die vom Kirchenstaate losgerissenen Gebiete wurden zu der neuen cisalpinischen Republik geschlagen.

Aber mit diesen Opfern war die Republik noch nicht zufrieden. Bonaparte meinte, Rom könne ohne Bologna, Ferrara, die Romagna und die 30 Millionen nicht länger bestehen; „diese alte Maschine würde von selbst aus dem Leim gehen, und einer der Direktoren der Republik schrieb an den Direktor in Mailand: „Dieses alte Götzenbild wird vernichtet werden; so will es die Freiheit

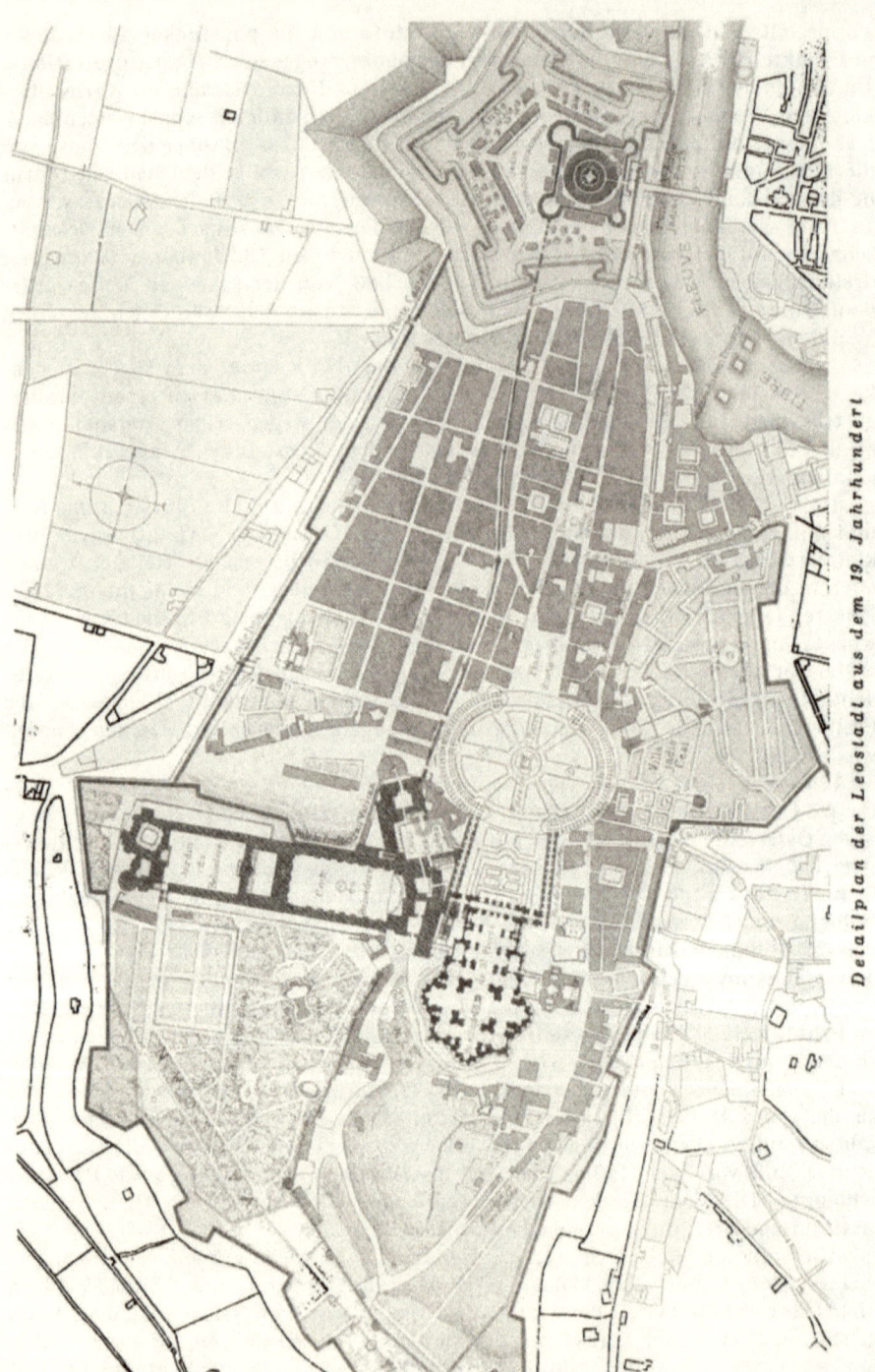

Detailplan der Leostadt aus dem 19. Jahrhundert

und die Philosophie. Aber die Politik allein kann bestimmen, wann und wie. Es ist zu wünschen, daß Pius VI. noch zwei Jahre lebe, damit die Philosophie Zeit habe, ihr Werk zu vollenden und diesen Lama Europas ohne Nachfolger zu lassen. Es ist der Wille des Direktoriums, daß, wenn die Zeit gekommen ist, der Papst gänzlich untergehe und seine Religion mit ihm begraben werde."

Der französische Gesandte in Rom, Joseph Bonaparte, Napoleons Bruder, hatte den Auftrag, die republikanische Partei, die dort ihr Haupt erhob, zu begünstigen. Am 28. Dezember 1797 sammelten sich einige Hundert Aufrührer vor seiner Wohnung mit den Rufen: „Freiheit! Es lebe die Republik! Nieder mit dem Papst!" Der junge, übermütige General Duphot ging hinunter, um sich an ihre Spitze zu stellen, und wurde dabei von dem päpstlichen Militär, das einschritt, erschossen. In Paris, wo man schon auf die Gelegenheit wartete, der päpstlichen Herrschaft ein Ende zu machen, forderte die offizielle Zeitung das Volk auf, Tränen zu vergießen, „weil einer seiner ausgezeichnetsten Generäle von den meuchelmörderischen Händen römischer Priester gefallen sei". General Berthier wurde nach Rom geschickt. Am 10. Februar 1798 rückte er ein, und die Stadt wurde ihm übergeben. Am 15. wurde die Republik proklamiert. Auf dem Forum erklärten dreihundert „Patrioten" den Papst für abgesetzt. Es wurde eine provisorische Regierung von sieben Konsuln eingesetzt. Dann zog man auf das Kapitol, wo ein Freiheitsbaum errichtet ward und Berthier eine Rede verlas, worin er die Geister des Cato, Pompeius, Brutus, Cicero und Hortensius anflehte, die Huldigung entgegenzunehmen. Vierzehn Kardinäle zogen festlich zur Peterskirche, wo ein Tedeum für die Wiederherstellung der römischen Republik gesungen wurde. Die Reiterstatue Mark Aurels und der Erzengel Michael auf der Engelsburg bekamen die dreifarbige Kokarde.

Den Papst sollte Berthier eigentlich entfliehen lassen, damit man nicht Hand an ihn zu legen brauchte. Da Pius sich aber weigerte, seine Herde zu verlassen, und bei den Gräbern der Apostelfürsten ausharren wollte, so fürchtete man einen Aufstand zu seinen Gunsten, und Berthier erhielt Befehl, ihn hinwegzuführen. Vergebens bat der Achtzigjährige, man möchte ihn in Rom sterben lassen. „Vous mourrez partout, sterben können Sie überall", wurde ihm geantwortet. Ohne jede Vorbereitung wurde der schwache und kranke Greis in einen Postwagen gesetzt und erst nach Siena, dann (am 30. Mai 1798) nach der Kartause bei Florenz gebracht. Als 1799 der zweite Koalitionskrieg begann, wurde er über Parma, Tortona und Turin fortgeschleppt, auf einer Bahre über den Mont Genèvre getragen und nach Briançon, Grenoble und endlich Valence gebracht, wo er am 14. Juli todmatt ankam. Trotzdem wollte man ihn auch dort nicht lassen, sondern nach Dijon weiterführen, als ein sanfter Tod seinen Leiden ein Ende machte (29. August 1799). Die sogenannte Weissagung des Malachias über die künftigen Päpste (aus dem Jahre 1590), die ihn „peregrinus apostolicus" nennt, behielt diesmal recht: er starb als Gefangener in der Fremde. Seine kleine Habe wurde als französisches Nationaleigentum verkauft und seine Leiche erst vier Monate später auf Weisung Napoleons bestattet.

Das Papsttum schien nun wirklich vernichtet zu sein. Leichenreden wurden ihm gehalten und Grabsteine gesetzt. Sein Schicksal schien durch jene Statue vor der Engelsburg ausgedrückt, auf der die Göttin der Freiheit die Tiara unter die Füße trat.

PIUS VII. UND NAPOLEON

Die Feinde des Papsttums bekamen unrecht: es bewährte sich als eine geistige Macht, die nicht an den Besitz von Rom gebunden ist. Pius VI. hatte am 13. November 1798 bestimmt, daß das Konklave für seinen Nachfolger aus Rücksicht auf die Zeitverhältnisse sich dort versammeln sollte, wo sich gerade die meisten Kardinäle aufhalten oder diese es am geeignetsten finden würden. Unter österreichischem Schutze wurde daher in Venedig im Benediktinerkloster San Giorgio maggiore von 35 Kardinälen die Papstwahl vorgenommen. Sekretär des Konklaves wurde Ercole Consalvi, der später unter dem neuen Papste die politische Hauptrolle spielen sollte. Die kritische Lage hätte eine rasche Wahl wünschenswert gemacht. Sie zog sich aber vom 1. Dezember bis 14. März hin, weil Österreich, dessen Interessen der

Papst Pius VII. (1800—1823)
bewies sich als würdiger Nachfolger seines großen Vorgängers. Sein Pontifikat war mit größter Umsicht, aber auch mit unerschütterlicher Festigkeit auf die Wiederherstellung der kirchlichen Ordnung in den zerrütteten Staaten Europas gerichtet. Selbst eine viereinhalbjährige Gefangenschaft, mit der Napoleon Pius VII. bedrängte, vermochte die Standhaftigkeit des Papstes nicht zu brechen.

(Ub'ges Bild nach einem Gemälde von J. L. David, Original im Louvre, Paris)

Kardinal Herzan vertrat, Intrigen stiftete. Es wünschte den Kardinal Mattei, der ihm die Legationen überlassen sollte. Der Kandidat der streng kurialistischen Partei war dagegen Bellisomi, Bischof von Cesena, von dem man annahm, daß er die Rechte des Kirchenstaates festhalten würde. Einige Kardinäle bildeten endlich die Partei der Unentschiedenen.

Man einigte sich schließlich auf Barnabà Luigi Grafen Chiaramonti, Bischof von Imola. Geboren 1740 (nicht 1742) in Cesena, war er sechzehnjährig in den Benediktinerorden eingetreten und von Pius VI., der mit ihm entfernt verwandt war, zum Titularabt von San Callisto, später zum Bischof von Tivoli, dann zum Bischof von Imola, 1785 zum Kardinal ernannt worden. Er war charaktervoll und fest, aber auch milde und wohltätig. Viele französische Priester hatten gastliche Aufnahme bei ihm gefunden. Die Hälfte seines Einkommens schenkte er stets den Armen. Bekannt geworden war er durch sein Verhalten gegen die Franzosen 1797. Er war nicht geflohen, sondern ruhig in seinem Sprengel geblieben und hatte eine „Revolutionspredigt" gehalten, in der er ausführte, daß die demokratische Regierung der cisalpinischen Republik dem Evangelium nicht widerstreite, und seine Gläubigen ermahnte: „Werdet ganze Christen, dann werdet ihr auch gute Demokraten. Folget dem Gehorsam und der Demut des Erlösers nach, indem ihr euch den Gesetzen und der gesetzlichen Obrigkeit unterwerfet!" Napoleon hat die Predigt eine Jakobinerrede genannt. Ranke dagegen findet, daß sich der Bischof „über die Leidenschaften des Tages erhaben zeigte und den wilden Republikanern weislich vorhielt, daß die Tugend das Prinzip der Republik sei, daß die christliche Religion selber Verbrüderung fordere". Der französische Erzbischof Kardinal Maury und der Kardinal Ruffo von Neapel sollen gerade dieser Rede wegen die Kandidatur Chiaramontis auf die Bahn gebracht haben, weil sie hofften, er würde es verstehen, sich den neuen Verhältnissen anzupassen.

Der neue Papst nannte sich aus Dankbarkeit gegen seinen Vorgänger Pius VII. und rüstete sich sofort zur Reise nach dem eigentlichen Sitze des Papsttums.

Rom hatte inzwischen die neue Freiheit nur wenig genießen können. Die französischen Kommissare erpreßten von den Einwohnern in schamloser Weise Geld und Geldeswert. Das Geldhergeben schien der Hauptzweck der römischen Republik zu sein, die neben der französischen Militärherrschaft gar keine Rolle spielte. Als sich die zweite Koalition zu bilden begann, machte König Ferdinand von Neapel einen verfrühten Einfall und zog in Rom ein. Sein ungeschickter General Mack wurde aber trotz seiner Übermacht von den Franzosen wiederholt geschlagen und das Königreich selbst in die parthenopäische Republik verwandelt. Vandalische Zerstörungssucht, Plünderung der Kunstsammlungen, Museen und Bibliotheken, Teuerung und Hunger — das war die französische Freiheit in Rom. 1799 machten die Siege der Österreicher und das Einrücken der Russen in Italien den Republiken ein Ende. Rom und sein Gebiet wurde von den Neapolitanern besetzt, deren Wirtschaft allerdings nicht besser war. Des nördlichen Kirchenstaats hatten sich die Österreicher bemächtigt. Beide wollten behalten, was sie hatten. Aber Napoleons Sieg bei Marengo hatte die Folge, daß der Papst Rom und sein Gebiet und das Territorium bis Fano ohne Mühe zurückerhielt.

Am 3. Juli 1800 hielt Pius, vom Jubel des Volkes begrüßt, seinen Einzug in Rom.

„Kein Racheakt, keine gehässige Verfolgung befleckten die Rückkehr der päpstlichen Regierung." So sagt der preußische Legationsrat Bartholdy, und

Gesamtansicht der Leostadt vom Tiber aus
Die Brücke im Vordergrund ist der Ponte San Angelo, geradeaus im Hintergrunde
die Kuppel der Peterskirche, rechts die Engelsburg.

das ist das allgemeine Urteil. Die Finanzen wurden nach Möglichkeit geordnet und die Verwaltung des Restes, der vom Staate übrig blieb, wieder aufgerichtet.

Staatssekretär wurde C o n s a l v i, der Sekretär des Konklaves gewesen war. Einen geeigneteren hätte Pius nicht finden können. Sie ergänzten sich aufs glücklichste. Der Papst hatte als Mönch und auch als Bischof fern von der Welt und ihrem Treiben gelebt und sich um Politik und Diplomatie wenig gekümmert. Consalvi war dagegen vertraut mit diesen Dingen wie wenige und bewährte sich als der beste geistliche Staatsmann des Jahrhunderts. Die Römer nannten ihn seiner liebenswürdigen, feinen Höflichkeit und seiner Überredungskunst wegen die Sirene. Er verband aber damit staatsmännische Klugheit und Zähigkeit in wesentlichen, Nachgiebigkeit in unwesentlichen Dingen. Geboren 1757 in Rom, ausgebildet in dem trefflichen Kollegium des Kardinals Heinrich von York in Frascati und dort dessen liebster Zögling, hatte er sich, obwohl der älteste Sohn seiner Familie, früh für den geistlichen Stand entschieden und 1776 bis 1781 an der kirchlichen Akademie in Rom die üblichen Studien zurückgelegt. Seine Fähigkeiten und weltmännischen Manieren ließen ihn in der Prälatur rasch emporsteigen. Seit 1792 war er weithin berühmter Uditore der Rota. Während der Herrschaft der Revolution in Italien wurde er wiederholt eingekerkert. Schon in Venedig ernannte ihn Pius VII. zum Prostaatssekretär und verlieh ihm nach der Rückkehr nach Rom den Purpur.

Der L u n e v i l l e r F r i e d e n (1801) stellte den Kirchenstaat wieder her, wie er nach dem Frieden von Tolentino gewesen war. Das übrige blieb bei der cisalpinischen Republik, die nun die italienische hieß.

Im übrigen aber änderte sich die Lage des Papstes wesentlich. Bonaparte, seit 1799 erster Konsul, wollte seinen Staat durch W i e d e r h e r s t e l l u n g d e r f r a n z ö s i s c h e n K i r c h e beruhigen und die bürgerliche Ordnung wieder auf religiöse Grundlagen gründen. Als er 1800 in Mailand eingezogen war, hielt er an die Geistlichkeit eine Ansprache, in der er diese Absicht ankündigte. Frankreich habe, belehrt durch seine Leiden, endlich erkannt, daß die katholische Religion der einzige Anker sei, der ihm in der Gärung der Zeiten wieder Halt und

Festigkeit geben und es aus den Stürmen erretten könne. Bald trat er mit dem Papst selbst in Unterhandlung. An Schwierigkeiten fehlte es freilich nicht. Konstitutionelle und legitime Bischöfe, vereidigte und unvereidigte Priester, die Abneigung ungläubiger Offiziere und „Philosophen" und der Einfluß der regierungsfeindlichen Royalisten standen sich bei den Verhandlungen gegenüber. Um einen Druck auf Rom auszuüben, kokettierte Napoleon eine Zeitlang mit dem Plane einer gallikanischen Kirche und tat so, als wollte er sich auf den konstitutionellen Klerus stützen, der im Juli und August 1801 in Paris ein „Konzil" abhielt und erklärte, es sei gar keine Spaltung in der Kirche, und man bedürfe zu ihrer Ordnung des Papstes nicht. In diesem Punkte war Napoleon doch anderer Meinung. Was er vom Papste haben wollte, schrieb er ihm am 27. Juli 1801: die Kirche würde an Frankreich die Stütze finden, deren sie bedürfe, wenn sie nur den Gehorsam gegen die bestehende Gewalt ihren Gläubigen zur Pflicht mache. Lafayette erriet ganz richtig seine geheimen Gedanken, als er ihm sagte: „Gestehen Sie nur! Die kleine Krönungsflasche soll über Ihrem Haupte zerbrochen werden. Das ist's, was Sie wollen." Er brauchte den Papst, um Kaiser zu werden, und hoffte zugleich, „durch ein Mittel oder das andere die Leitung des Papstes an sich zu bringen — und alsdann welch ein Einfluß"! „Gäbe es keinen Papst, man müßte einen machen," hat er einmal gesagt.

Nachdem die Verhandlungen mehrfach dem Scheitern nahe gewesen waren, kam das K o n k o r d a t endlich am 15. Juli 1801 zwischen Consalvi und Joseph Bonaparte zum Abschluß. Es hebt an mit der Erklärung, daß der Katholizismus die Religion der Mehrzahl der französischen Bürger sei. Eine Staatsreligion wollte Napoleon nicht mehr anerkennen. Die Bistümer sollten neu begrenzt werden. Es wurden 60 Bistümer, darunter 10 Metropolen, umschrieben. Die beeidigten Bischöfe nötigte die Regierung, die unbeeidigten der Papst zur Abdankung. Beide streitenden Parteien wurden also zunächst geopfert, um später eine Auswahl treffen zu können. Von den alten unbeeidigten Bischöfen lebten noch über 80. 44 davon folgten dem Wunsche des Papstes und entsagten. Die übrigen antworteten teils unentschieden, teils protestierten sie, riefen ein allgemeines Konzil an und beteten für die Bekehrung des Papstes. Durch die sehr verschieden aufgenommene Suppressionsbulle vom 29. November 1801 wurden alle nicht einwilligenden Bischöfe entsetzt. Die Bischöfe der neuen 60 Diözesen sollten nach Verabredung teils aus der Zahl der alten Bischöfe, teils aus Priestern, zum vierten Teile aus den konstitutionellen Bischöfen genommen werden. Letztere wurden natürlich von der Regierung begünstigt, und der von Rom verlangte Widerruf wurde durch die Milde und Schwäche des Legaten Caprara nicht so streng genommen, so daß sich manche rühmten, keinen geleistet zu haben. Der erste Konsul erhielt, wie früher der König, das Recht, die Bischöfe zu ernennen. Der Papst sollte ihnen die kanonische Institution erteilen. Die Bischöfe hatten der Regierung den Treueid zu leisten. Die Pfarrer zu ernennen wurde Recht der Bischöfe; natürlich nur der Regierung genehme Personen. Statt der Herausgabe der Kirchengüter, die Rom nicht erreichen konnte, wurde Staatsbesoldung aller Geistlichen versprochen. Sie fiel allerdings recht bescheiden aus.

Der G e w i n n, daß die Kirche in Frankreich wieder festen Fuß faßte — und ein großer Gewinn war das gewiß — mußte t e u e r e r k a u f t werden. Die ganze Geistlichkeit Frankreichs war völlig von der Regierung abhängig gemacht, und wie Napoleon die Stellung der Kirche haben wollte, zeigt Artikel 6, der die Geistlichen zu einer Art Gendarmen macht: sie sollen alles anzeigen, was sie der

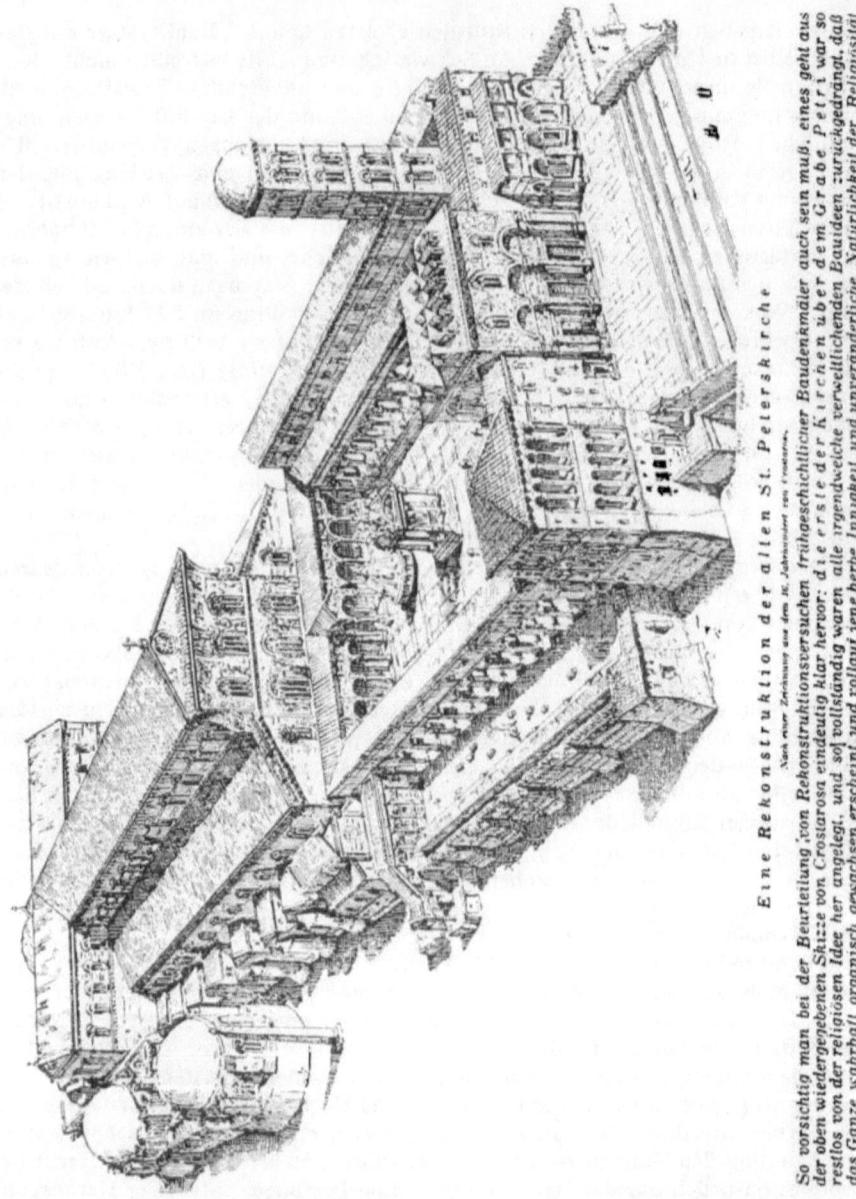

Eine Rekonstruktion der alten St. Peterskirche
Nach einer Zeichnung aus dem IX. Jahrhundert von Crostarosa.

So vorsichtig man bei der Beurteilung von Rekonstruktionsversuchen frühgeschichtlicher Baudenkmäler auch sein muß, eines geht aus der oben wiedergegebenen Skizze von Crostarosa eindeutig klar hervor: die erste der Kirchen über dem Grabe Petri war so restlos von der religiösen Idee her angelegt, und so vollständig waren alle irgendwelche verweltlichenden Bauideen zurückgedrängt, daß das Ganze wahrhaft organisch gewachsen erscheint und vollauf jene herbe Innigkeit und unveränderliche Natürlichkeit der Religiosität besitzt, deren hohe seelische Stimmung von keiner späteren Zeit mehr erreicht wurde.

Regierung Nachteiliges in Erfahrung bringen können. Bedenklich war auch, wie Ranke stark betont hat, daß der Papst den Verkauf der geistlichen Güter anerkannte und sich so gleichsam den revolutionären Prinzipien unterwarf und den Umsturz der alten Kirche vollendete.

Das Konkordat wurde verschieden aufgenommen. Jubel und Unzufriedenheit hielten sich, wie es scheint, ziemlich das Gleichgewicht. Unzufrieden waren die Legitimisten und Freidenker, und in Italien ging ein Vers um, der den sechsten

Pius mit dem siebten verglich: hätte jener, um den Glauben zu retten, seinen Thron verloren, so hätte dieser, um den Thron zu retten, den Glauben aufgegeben.

Seinen Vorteil verstärkte Napoleon noch durch die organischen Artikel. Was er vom Papste durch Vertrag nicht hatte erreichen können, machte er da zum Bestandteil der Staatsverfassung. Für alle päpstlichen Bullen und Breven, für Zulassung eines päpstlichen Legaten, für die Annahme von Dekreten auswärtiger, auch der allgemeinen Konzilien, für die Abhaltung von National- und Provinzialkonzilien wurde die Zustimmung der Regierung festgesetzt. Die Professoren an den Priesterseminarien mußten sich auf die gallikanischen Artikel verpflichten[2] und deren Lehren vortragen. Gegen kirchliche Entscheidungen durfte der Staatsrat angegangen werden. Auch wurde die bürgerliche Ehe eingeführt, die kirchliche Trauung freigestellt, der Pfarrer aber verpflichtet, nur nach Abschluß der bürgerlichen Ehe zu trauen.

Gegen die organischen Artikel protestierte der Papst, mußte sie aber ertragen.

Der Wiederhersteller der katholischen Kirche in Frankreich, der nicht wenig damit großtat, trug gleich darauf das meiste dazu bei, daß die Kirche in Deutschland durch den Verlust der geistlichen Fürstentümer und aller Güter der Stifte, Abteien und Klöster zahlreiche Machtmittel einbüßte und geschwächt wurde (Reichsdeputationshauptschluß von 1803).

Trotzdem und trotz allen gewichtigen Bedenken einiger katholischer Mächte und der Kardinäle entschloß sich der Papst 1804, der Einladung Napoleons zu folgen und seiner Kaiserkrönung die kirchliche Weihe zu geben. Er hoffte dabei, manche Vorteile für Kirche und Kirchenstaat, vielleicht den Verzicht auf die organischen Artikel und die Rückgabe der Legationen und der Romagna erreichen zu können. Es scheint auch, daß Napoleon dergleichen in Aussicht gestellt hatte. Die Reise über Florenz, Turin, den Mont Cenis, Lyon gestaltete sich zu einem Triumphzuge. Weniger zufrieden konnte der Papst mit der Behandlung bei Napoleon selbst in Fontainebleau und Paris sein. Consalvi hat später, allerdings in erbitterter Stimmung, gesagt: „Man ließ den Papst nach Paris galoppieren wie einen Hauskaplan, der von seinem Hausherrn Befehl hat, Messe zu lesen." Die Feier war am 2. Dezember, nachdem auf Verlangen des Papstes ganz im geheimen die kirchliche Trauung Napoleons mit Josephine Beauharnais nachgeholt worden war. Gegen alle Verabredung ließ sich Napoleon nur salben und segnen, die Krone aber nahm er dem Papste aus der Hand und setzte sie sich selber auf. Er wollte das Zeichen der höchsten Gewalt nur sich selbst verdanken. De Maistre fand, der Papst möge nur „in seiner Selbsterniedrigung so weit gehen, sich zum Policinello ohne weitere Konsequenzen zu machen". Von dem, was er wünschte und beabsichtigte, erreichte Pius gar nichts. Vielmehr war der Kaiser gerade jetzt auf der Höhe seiner staatskirchlichen Pläne. „Die konstituierende Versammlung hatte sich von dem Papste loszureißen gesucht, das Direktorium hatte ihn zu vernichten gewünscht, Bonapartes Sinn war, ihn zu behalten, aber zugleich ihn zu unterjochen, ihn zu einem Werkzeuge seiner Allgewalt zu machen."[3] Er dachte, ihn als seinen Hofkaplan in Frankreich zu behalten, und ließ ihm Avignon oder Paris als Residenz vorschlagen. Aber der Papst antwortete, niemals würde er freiwillig darauf eingehen, und wollte man Gewalt anwenden, so werde man in Paris nichts haben wie einen „armen Mönch namens Barnabas Chiaramonti"; denn er habe für solche Fälle seine Resignation in Rom zurückgelassen, und man würde dort sofort einen neuen Papst

---

[1] Vgl. S. 332. — [3] Ranke.

*Das Innere der alten Peterskirche
nach einem Fresko in der Kirche S. Martino ai Monti*

wählen. In ziemlich abgekühlter Stimmung verabschiedeten sich Kaiser und Papst, und beide reisten getrennt nach Italien, Napoleon, um sich die Königskrone von Italien aufzusetzen. Der Kaiser sah das Volk überall in Freude und Jubel, der Papst auf den Knien. In Florenz stellte sich dem Papste Scipio Riccio vor, der Vater der Synode von Pistoja[1], die Pius VI. 1794 durch die Bulle „Autorem fidei" verurteilt hatte, und machte seinen Frieden mit der Kirche.

Sehr bald kam es nun zu ärgerlicher **Spannung zwischen Napoleon und dem Papste**. Der Kaiser ordnete, ohne den Papst zu fragen, die

[1] Vgl. S. 352.

kirchlichen Angelegenheiten Italiens, ernannte Bischöfe, verbot ihnen, sich in Rom weihen zu lassen, hob die Klöster auf, verwendete die kirchlichen Güter zur Staatsschuldentilgung usw. Daß der Papst sich weigerte, die Ehe seines Bruders Jérôme mit der Miß Patterson zu trennen, nahm er ihm sehr übel. 1805 ging er zu offener Feindseligkeit über, indem er bei Beginn des dritten Koalitionskrieges Ancona besetzen ließ. Auf den päpstlichen Protest spielte sich der Sieger von Austerlitz als kaiserlicher Protektor über den Heiligen Stuhl auf; er sei wie seine Vorfahren von der zweiten und dritten Dynastie (die Karolinger und die Kapetinger) der älteste Sohn der Kirche, der das Schwert führe, um sie zu beschützen. Bald darauf stellte er sich als Nachfolger Karls d. Gr. vor. Der Kirchenstaat sei eine Schenkung Karls, also habe der Papst die Pflicht, sich von der Politik des „römischen Kaisers" nicht zu trennen. „Meine Feinde müssen auch die Ihrigen sein." Zugleich mußte sein diplomatischer Vertreter, sein Onkel, Kardinal Fesch, verlangen, der Papst solle alle Ketzer, die Russen, Schweden, Engländer ausweisen und ihren Schiffen seine Häfen verschließen. Napoleon erhielt darauf die Belehrung, er sei nicht Kaiser von Rom, sondern Kaiser der Franzosen; den Titel „römischer Kaiser" führe der deutsche König, und zwei Herrscher könnten ihn nicht gleichzeitig haben. Der Papst sei der allgemeine Hirte, der Vater aller, der Diener des Friedens und müsse nicht allein mit den Katholiken, sondern auch mit den „Ketzern" Frieden halten; „er müsse Aaron sein, der Prophet Gottes, nicht Israel, dessen Hand wider jedermann und jedermanns Hand wider ihn". Er schloß mit würdigem Ernste: „Lieber werden Wir allem Mißgeschick Uns unterziehen, als Unserer hohen Würde Uns dadurch unwürdig zeigen, daß Wir von den Wegen abweichen, die Unser Gewissen Uns vorschreibt."

Als Napoleon seinen Bruder Joseph zum Könige von Neapel machte und Consalvi dagegen an die alte Oberlehnshoheit des Papstes über Neapel erinnerte, drohte der Kaiser, den Staatssekretär von Rom wegführen zu lassen, und ging nun gerade auf sein Ziel los: der Papst erfuhr eines Tages aus dem Moniteur, daß der Kaiser Benevent und Pontecorvo, zwei päpstliche Enklaven im Neapolitanischen, an Talleyrand und Bernadotte verschenkt habe. Talleyrand ließ alsbald alle Klöster seines Herzogtums aufheben. Consalvi reichte einen Protest ein, der ganz unbeachtet blieb, und trat dann von seinem Posten zurück. Als auch die weiteren Versuche, den Papst von seiner Neutralität abzubringen und seine moralische Unterstützung gegen die Feinde zu gewinnen, gescheitert waren, wurden Napoleons Forderungen immer dreister: er wollte ein Drittel der Kardinäle ernennen und verlangte Salbung und Krönung des Königs von Neapel, Einführung des Code Napoléon, Anerkennung der gallikanischen Freiheiten, der organischen Artikel und eines unabhängigen französischen Patriarchen, Aufhebung des Zölibats und aller geistlichen Orden. Dies unverschämte Ultimatum mußte natürlich abgelehnt werden, und Napoleon ließ nun am 2. Februar 1808 durch General Miollis Rom besetzen. Dieser rückte unter dem Vorwande ein, bloß durch den Kirchenstaat nach Neapel ziehen zu wollen. Die Franzosen schalteten mit der größten Willkür: das päpstliche Militär wurde einfach mit dem französischen vereinigt, die Engelsburg besetzt, die mißliebigen Kardinäle abgeführt oder ausgewiesen. Das verletzende Auftreten des Generals zeigt sein Tagesbefehl an die römische Garnison vom 27. März: „Se. Majestät der Kaiser und König bezeugt den Truppen Sr. Heiligkeit seine Zufriedenheit. Ihr werdet künftig weder von Priestern noch von Weibern Befehle erhalten. Soldaten müssen von Soldaten befehligt werden. Der Kaiser wird euch Generäle geben, welche ihre Tapferkeit würdig gemacht hat, euch zu führen." Die diplomatischen Beziehungen wurden abgebrochen. Als Pius auch jetzt nicht nachgab, vereinigte Napoleon am 2. April 1808 vier weitere päpstliche Provinzen „fürewige Zeiten" mit dem Königreich Italien, weil sich der weltliche Souverän von Rom beharrlich weigere, die Engländer zu bekriegen, und widerrief die pippinische und karolingische Schenkung, die zum „Besten des Christentums, nicht aber zum Vorteile der

Die Statue des hl. Petrus aus der alten Basilika, die jetzt in den Grotten des Vatikans steht.

Feinde unserer heiligen Religion gemacht worden sei". Neue Gewalttaten folgten. Verhaftungen und Deportationen päpstlicher Beamten, die Staatssekretäre nicht ausgenommen, waren an der Tagesordnug. Seit dem 6. September 1808 war der Quirinal mit Wachen umstellt, und der Papst und sein Staatssekretär sahen sich als Gefangene an. Endlich fiel der entscheidende Hauptschlag durch das Dekret: „In unserm kaiserlichen Feldlager zu Wien, den 17. Mai 1809. In Erwägung, daß, als Kaiser Karl der Große, Kaiser der Franzosen und unser erhabener Vorfahr, den Bischöfen von Rom verschiedene Ländereien zum Geschenk gab, er ihnen solche unter dem Titel eines Lehens einräumte, um seiner Untertanen Ruhe zu sichern und ohne daß deshalb Rom aufhörte, einen Teil seines Reiches auszumachen; in Erwägung, daß seit dieser Zeit die Vereinigung der geistlichen und weltlichen Macht wie noch in diesem Augenblick die Quelle steter Zwistigkeiten gewesen ist, daß die Päpste sich des Einflusses der einen nur zu oft bedient haben, um die Anmaßung der andern zu unterstützen und daß auf diese Weise die geistlichen Angelegenheiten, die ihrer Natur nach unveränderlich sind, mit den weltlichen vermischt worden sind, die nach den Umständen und der Zeitpolitik wechseln; in Erwägung endlich, daß alles, was wir um die Sicherheit unserer Armeen, die Ruhe und das Wohl unserer Völker sowie die Würde und Unverletztheit unseres Reichs mit den weltlichen Forderungen der souveränen Päpste zu vereinigen vorgeschlagen haben, vergebens gewesen ist, haben wir verordnet und verordnen wie folgt: 1. Die päpstlichen Staaten sind mit dem französischen Reiche vereinigt. 2. Die Stadt Rom, der erste Sitz der Christenheit, berühmt durch die Erinnerungen, die sie zurückruft, und die Denkmäler, die sie aufbewahrt, wird zu einer kaiserlichen und freien Stadt erklärt. Ihre Regierung und Verwaltung wird durch ein Dekret geordnet werden. 3. Die Denkmäler römischer Größe sollen auf Kosten unseres Schatzes aufbewahrt und erhalten werden. 4. Die öffentliche Schuld wird für eine Reichsschuld erklärt. 5. Die wirklichen Einkünfte des Papstes sollen sich auf zwei Millionen belaufen und frei von jeder Last und Abgabe sein. 6. Die Besitzungen und Paläste des Heiligen Vaters sollen keiner Auflage, Gerichtsbarkeit, Untersuchung unterworfen sein und übrigens besondere Befreiungen genießen." An den Papst schrieb der Kaiser später: „Sie werden genug Geschäfte haben, wenn Sie sich auf die Leitung der Seelen beschränken. Schon lange haben die Päpste sich in das gemischt, was sie nichts anging, und darüber die wahren Interessen der Kirche vernachlässigt. Ich erkenne Sie als mein geistliches Haupt, aber ich bin der Kaiser. Rom ist unwiderruflich ein Teil meines Reiches."

Am 10. Juni 1809 wurde das Dekret auf den Hauptplätzen Roms bekannt gemacht und unter Kanonendonner das päpstliche Wappen von der Engelsburg herabgenommen und die Trikolore aufgezogen. Der Papst erließ einen Protest in italienischer Sprache und unterzeichnete zugleich die Bannbulle gegen die „Räuber des Patrimoniums Petri, ihre Auftraggeber, Gönner, Berater und Vollstrecker", ohne dabei Napoleons Namen zu nennen. Trotz der Vorsicht der Franzosen gelang es, das gewaltige Schriftstück mit seinen großen Lettern an den herkömmlichen Stellen, besonders an den drei Hauptkirchen, anzuschlagen.

Mit den weiteren Schritten war Joachim Murat, König von Neapel, beauftragt. „Wenn der Papst gegen den Geist seines Standes und des Evangeliums die Revolte predigt und sich der Immunität seiner Wohnung bedienen will, um Zirkulare drucken zu lassen, muß man ihn arretieren," schrieb Napoleon. Murat und Miollis beschlossen darauf, den P a p s t durch General Radet, den Gendarmeriechef, g e f a n g e n n e h m e n zu lassen. In der Nacht vom 5. zum 6. Juli morgens nach 2½ Uhr drang Radet mit Militär in den Quirinal ein. Die Schweizergarde hatte Befehl, keinen unnützen Widerstand zu leisten. Die inneren Türen wurden eingeschlagen, und Radet stand dem Papste gegenüber. Der General dachte in diesem Augenblicke, wie er später erzählte, an seine erste Kommunion und blieb einige Minuten befangen und schweigend stehen; die Grenadiere präsentierten und fielen auf die Knie. Endlich faßte sich Radet und erklärte, er solle den Papst zum Verzicht auf seine weltliche Herrschaft zwingen oder ihn zu Miollis bringen. Der Papst erwiderte, er könne nicht hergeben, was ihm nicht gehöre, er sei bloß Verwalter des Kirchenstaats. Darauf wurde er mit dem Staatssekretär Pacca zu einem bereitstehenden Wagen geführt und hineingesetzt. Statt zu Miollis ging es gleich zur Stadt hinaus, wo Postpferde warteten. Radet entschuldigte sich wegen seiner Notlüge. Der Papst hatte noch so viel Humor, daß er über die gemeinsame Reisekasse von 35 Bajocci (nicht einem halben Taler) scherzen konnte. Trotz der drückenden Hitze blieben die Vorhänge heruntergelassen, damit der Papst nicht erkannt würde, so daß die Insassen fast ohne Luft waren. Gegen Mittag nahm der Papst in einem schmutzigen Gasthause einen Imbiß. Seinen Durst mußte er aus einem Wasser stillen, das neben der Straße lief. So ging die Reise von 4 Uhr früh bis 11 Uhr abends. In einem elenden Wirtshause wurde übernachtet. Fieber und Gallenergüsse quälten den Papst. Am 8. Juli abends kam der Papst in der Certosa bei Florenz an und wurde in das Zimmer geführt, das zehn Jahre früher Pius VI. bewohnt hatte. Trotz völliger Erschöpfung wurde er nach ein paar Stunden geweckt und mußte wieder in den Wagen steigen. Über Genua, Alessandria, den Mont Cenis wurde er nach Grenoble gebracht, wo er am 21. Juli ankam. Von dort wurde er nach Valence, dann nach Avignon und endlich nach Savona (15. August) geschleppt, wo er bewacht und beständig von kaiserlichen Agenten bedrängt wurde, auf die weltliche Herrschaft zu verzichten und in Paris Wohnung zu nehmen.

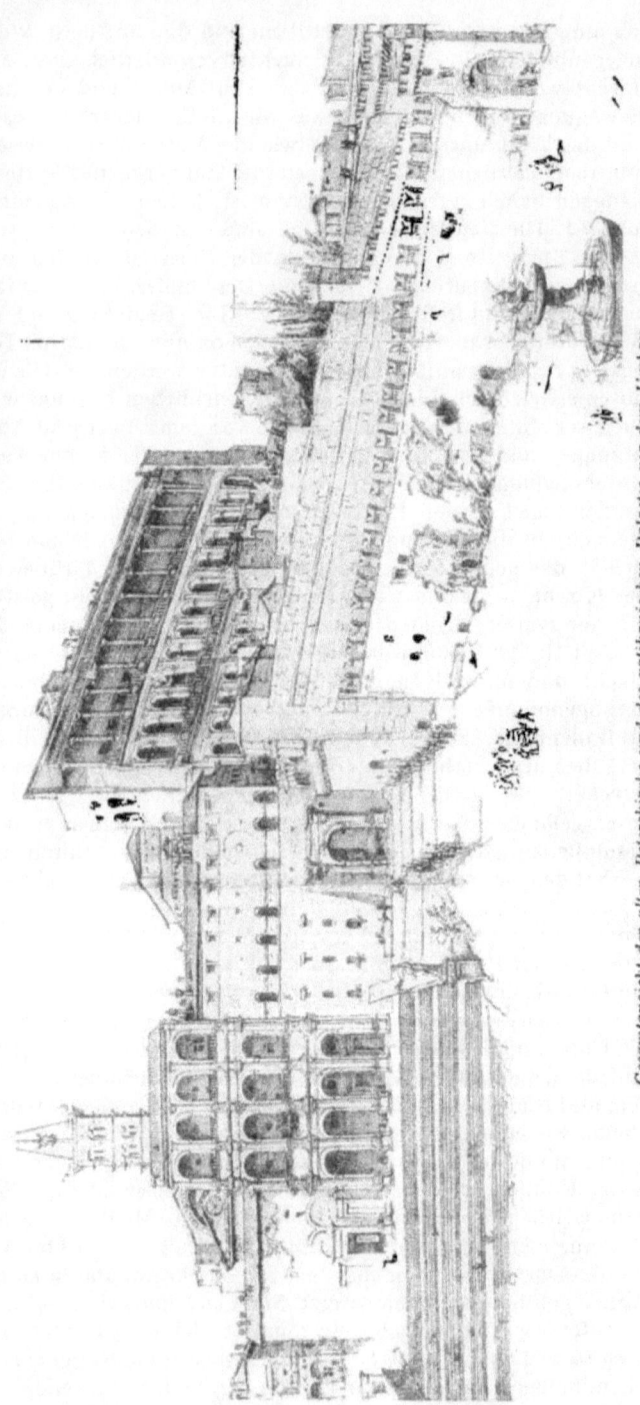

Gesamtansicht der alten Peterskirche und des vatikanischen Palastes vor dem Umbau

Am 17. Februar 1810 vereinigte ein Senatsbeschluß das Patrimonium Petri mit dem Kaiserreiche. Alle Orden und 17 Bistümer wurden bald darauf aufgehoben. Nach den **Absichten Napoleons** sollte stets ein kaiserlicher Prinz in Rom residieren, der französische Kronprinz den Titel König von Rom führen, der Papst dem Kaiser den Eid leisten und sich abwechselnd in Rom und Paris aufhalten. Jeder künftige Papst sollte die gallikanischen Artikel beschwören. Die Kardinäle und päpstlichen Behörden sollten in Paris ihren Sitz haben.

Die Kardinäle mußten schon Ende 1809 nach Paris reisen, wo sie Napoleon besser überwachen wollte. Auch rechnete er mit dem Tode des Papstes. Als Napoleon am 1. und 2. April 1810 mit Maria Luise von Österreich Hochzeit hielt, waren neunundzwanzig Kardinäle in Paris. Dreizehn davon blieben der kirchlichen Trauung fern, weil der Papst die Trennung der ersten Ehe nicht billigte. Der Kaiser war erbost, besonders auf Consalvi, der „seine Nachfolger illegitim machen" wolle, und drohte, ihn erschießen zu lassen. Die Rebellen wurden „dekardinalisiert", zu „schwarzen Kardinälen" gemacht, ihres Einkommens beraubt und in verschiedene Städte verbannt. Consalvi kam nach Reims und hat in dieser Lage und Stimmung seine Memoiren geschrieben.

Der **Papst lebte als Gefangener in Savona** und lehnte jeden Hofstaat und die ihm angebotenen zwei Millionen ab. „Ich bin alt und ohne jede Bedürfnisse. Ich will weder eine Pension noch Ehrenbezeugungen haben. Die Almosen der Gläubigen sind für mich hinreichend; es hat andere Päpste gegeben, die ärmer waren als ich." Napoleon konnte also einstweilen nicht hoffen, ihn fügsam zu machen, und Pius hatte noch ein Mittel des Widerstandes, das dem Kaiser unangenehm fühlbar wurde und seine ganze kirchliche Ordnung bedrohte: er versagte allen von dem exkommunizierten Kaiser neuernannten Bischöfen die kanonische Einsetzung. Das Konkordat bestimmte keine Frist dafür. Schleiermacher hat (nach Hase) damals das Wort hingeworfen, der Papst sei der einzige rechte Protestant gegen Napoleon. Pius soll es erfahren und sich darüber gefreut haben.

„Sonderbarer Kampf", meint Ranke, „zwischen dem, der die Welt bemeisterte, wie nie ein anderer, und einem armen Gefangenen. Der eine in dem Genuß allen Glanzes und aller Gewalt, die die Erde zu geben vermag, voll Verschlagenheit und Kühnheit, Scharfsinn und Entschlossenheit, verbündet mit allen Kräften, welche den Menschen gebieten, immer ohne Wanken, sein Ziel vor Augen, der andere, nachdem man ihn eine Zeitlang mit auffallender Sorgsamkeit behandelt hatte, bald darauf der Gemeinschaft mit der Welt beraubt, abgeschnitten von jedermann, völlig vereinsamt. Und doch war allein sein Dasein eine Macht. Nicht mit den offenbaren, aber mit den geheimen inneren Kräften, die ihm die alte Gewohnheit des Glaubens und der Verehrung so lange Jahrhunderte daher in der ganzen katholischen Christenheit von selber zuwandte, war er verbündet. Aller Augen sahen nach ihm hin; sein Widerstand gegen die Gewalt, sein Leiden, das man um so mehr mitfühlte, da es ein allgemeines war, hatte sein Ansehen unendlich vermehrt und es mit dem Glanze des Märtyrertums umgeben."

Wie sehr die Haltung des Papstes selbst in der Umgebung Napoleons wirkte, zeigte sich, als der Kaiser seinem Onkel Fesch das Erzbistum Paris anbot und dieser es ablehnte. Der geschmeidige Kardinal Maury ließ sich bereiter finden und maßte sich die erzbischöflichen Funktionen an. Der protestierende Kapitelsvikar wurde in harte Gefangenschaft gesetzt. Die nichtbestätigten Bischöfe ernannte Napoleon auf Maurys Rat zu Kapitularvikaren. Der Papst, der im Dezember 1810 die Verwaltung der Diözesen vor der päpstlichen Bestätigung

*Das Atrium der alten Peterskirche
nach einem Stich von Domenico Tasselli.*

für unkirchliche Usurpation erklärte, wurde durch unwürdige Verschärfung der Gefangenschaft gestraft; man nahm ihm Bücher, Feder und Tinte und sogar den Fischerring.

Das Volk aber wollte von den aufgedrungenen Hirten nichts wissen, und die Zahl der verwaisten Diözesen wurde immer größer. Napoleon wütete gegen das „Pfaffengeschmeiß" und füllte die Gefängnisse mit ihm.

Eine R e i c h s s y n o d e sollte schließlich seine Kirchenpolitik mit dem Nimbus der Gesetzlichkeit umgeben. Sie wurde am 25. April 1811 einberufen. Drei ergebene Bischöfe wurden nach Savona geschickt, um dem Papste die Berufung der Synode und die drohende Aufhebung des Konkordats anzuzeigen. Der Kaiser könne es nur aufrechterhalten, wenn der Papst binnen drei Monaten den ernannten Bischöfen die Bestätigungsbulle ausfertige oder sonst der Metropolitan dem Suffragan und umgekehrt die Institution erteilen dürfe. Wenn der Papst den Eid des Gehorsams gegen den Kaiser leiste, könne er nach Rom zurückkehren. Sonst solle er in Avignon residieren, müsse aber die gallikanischen Freiheiten anerkennen. Nicht nur die Bischöfe, sondern auch der Präfekt setzten nun mit Drohungen und Überredungen dem Papste so zu, daß er in einen unruhigen Fieberzustand geriet, nachts nicht schlafen konnte und tags matt war. Müde gehetzt, in einem Zustande des Rausches, wie er selbst sich ausdrückte, ging er endlich — freilich nur mündlich — auf eine Zusatzbestimmung zum Konkordat ein und versprach, den Bischöfen in sechs Monaten nach der Ernennung die Bestätigung zu erteilen. Als die Bischöfe abgereist waren, reute ihn seine Nachgiebigkeit, und er verfiel in eine wahre Betäubung.

Napoleon genügte das mündliche Zugeständnis nicht einmal und er ließ am 17. Juni das Konzil eröffnen. Unter seinen 106 Mitgliedern waren 31 italienische und sechs deutsche Bischöfe. Die kaiserliche Botschaft war ein Kriegsmanifest mit den stärksten Ausfällen auf den Papst. Aber so unsicher und charakterlos die Haltung der Versammlung war, für Napoleons Absichten war doch nur ein kleiner Kreis von ihr gewonnen. Der Weihbischof von Münster, Kaspar Maximilian Droste zu Vischering, beantragte, man solle in der Antwortadresse den Kaiser vor allem ersuchen, den Papst in volle Freiheit zu setzen. Das Konzil hatte gar kein Ergebnis. Es erbat sich die Erlaubnis, wegen der Besetzung der Bistümer mit dem Papste zu verhandeln, und als ihm dann Napoleon einen Entwurf vorlegte, den es sich aneignen sollte, erklärte es sich für inkompetent und wurde am 10. Juli suspendiert. Das übliche Nachspiel war, daß drei Oppositionsbischöfe in strenges Gefängnis kamen. Ehe das Konzil wieder zusammentrat, bearbeitete man die Prälaten einzeln. „Unser Wein wurde nicht gut befunden auf der Tonne; auf Flaschen ist er besser," sagte Maury. Am 5. August wurde denn auch ein Dekret angenommen, wonach der Papst binnen sechs Monaten die Bestätigung der Bischöfe erteilen sollte. Sonst könne es der Metropolit oder der älteste Bischof der Provinz tun. Eine Deputation von Bischöfen und fünf „roten" Kardinälen ging nach Savona und erreichte durch ihr Drängen tatsächlich ein Breve, das zustimmte mit dem Zusatze, daß der Metropolit die Institution nur im Namen des Papstes erteile und alle authentischen Urkunden darüber ihm zusende und zugleich den Gehorsam gegen die römische Kirche mit den Worten des zweiten Konzils von Lyon einschärfe.

Aber Napoleon, der außerdem den Verzicht auf den Kirchenstaat erwartet hatte, war damit nicht zufrieden und tat, als habe er das Breve nicht erhalten. Das Konkordat erklärte er für aufgehoben, und das Konzil wurde im Oktober ohne jede Schlußfeier entlassen.

Später auf St. Helena hat er ausgemalt, was er getan hätte, wenn er aus Rußland als Sieger wiedergekommen wäre. Er hätte den Papst in Paris mit Pracht und Huldigungen umgeben, um ihn die weltliche Macht gar nicht vermissen zu lassen, und hätte selbst „sowohl die religiöse als die politische Welt regiert. Das wäre ein neues Mittel gewesen, um alle mit dem Kaiserreiche verbündeten Staaten fester zu verknüpfen und den Frieden aufrechtzuerhalten". Seine Konzilien wären die Repräsentation der ganzen Christenheit gewesen, die Päpste nur die Präsidenten. Er, der Kaiser, hätte diese Versammlungen berufen und geschlossen, die Beschlüsse wie Konstantin und Karl d. Gr. genehmigt und veröffentlicht. „Diese Oberherrlichkeit ist den Händen der Kaiser dadurch entglitten, daß sie den Fehler begingen, den Papst zu weit weg von sich wohnen zu lassen."

Der Gedanke, doch noch einmal „die beiden Schwerter" führen zu sollen, begleitete ihn auf dem Wege nach Moskau. Von Dresden aus erteilte er im Mai 1812 Befehl, den Papst nach Frankreich zu bringen, angeblich, weil englische Schiffe in der Nähe von Savona kreuzten. Unerkannt, im schwarzen Priesterrocke mußte Pius vom 10. bis 20. Juni unter unsäglichen Martern und Quälereien die Reise nach Fontainebleau machen. Dort angekommen, mußte er mehrere Wochen das Bett hüten, so schlecht befand er sich. Dann mußten ihn die „roten" Kardinäle und die ergebenen Bischöfe fleißig besuchen, um ihn für die neuen Opfer willig zu machen.

Während des Neubaues der Peterskirche

Den Ausgang des russischen Feldzuges sahen die kirchlichen Kreise für ein Gottesgericht an. Napoleon hatte einst gespottet, die Exkommunikation könne nicht bewirken, daß seinen Soldaten die Waffen aus den Händen fielen. „Gott der Herr", so schreibt Kardinal Pacca in seinen Denkwürdigkeiten, „ließ es nun doch geschehen. Im Dezember kam Napoleon nach Fontainebleau zurück. Jetzt schien ihm eine Versöhnung mit dem Papste von großem Nutzen und er hoffte, auf die Katholiken in Frankreich und in Deutschland damit guten Eindruck zu machen. Er gratulierte dem Papste zum neuen Jahre und versicherte ihn seiner Freundschaft. Am 19. Januar erschien der Kaiser selbst in Fontainebleau und umarmte und küßte den Papst, als wenn nichts geschehen wäre. Daß Pius geneigt war, ihm entgegenzukommen, wußte er aus den Verhandlungen, die schon vorher einige Kardinäle geführt hatten. Nach fünftägigen Besprechungen zwischen Papst und Kaiser wurden am 25. Januar 1813 elf Präliminarartikel zu einem neuen Konkordate unterzeichnet, die Napoleon freilich nachher als neues **Konkordat von Fontainebleau** bekannt machte. Danach sollte der Papst die vom Kaiser in Frankreich und Italien ernannten Bischöfe binnen sechs Monaten bestätigen, wo nicht, sollte es statt seiner der Metropolit oder älteste Bischof der Provinz tun dürfen. In Frankreich und Italien wurden dem Papste zehn Bistümer überlassen, um sie nach seinem Gutdünken zu besetzen. Die sechs suburbikarischen Bistümer wurden wiederhergestellt. Die noch nicht veräußerten Domänen des Papstes sollten durch seinen Geschäftsträger verwaltet werden, die veräußerten bis zu einem Betrage von zwei Millionen Franks Einkommen ersetzt werden. Die ausgewiesenen Kardinäle wurden zurückgerufen, die gefangenen freigegeben. Noch am selben Abend bestätigte der Kaiser dem Papste in einem Briefe, daß er auf die Souveränität über die römischen Staaten und seine Rechte und Ansprüche nicht verzichtet habe. „Bei meiner Verhandlung mit dem Papste habe ich denselben bloß in seiner Eigenschaft als Haupt der Kirche in geistlichen Dingen im Auge gehabt." Pacca hält das für einen neuen, beleidigenden Spott, andere finden den Brief „einfach, wahr und stolz". In der Festsetzung des päpstlichen Einkommens und in der Ernennung auch der italienischen Bischöfe durch den Kaiser lag aber doch ein indirekter Verzicht.

Der Kaiser ließ das Konkordat im ganzen Reiche bekannt machen und in allen Kirchen Tedeum singen. Um den Papst dagegen sammelten sich die wieder frei gewordenen Kardinäle und sahen sich die Bestimmungen näher an. Die Mehrzahl fand sie unvereinbar mit der Hoheit und Unfehlbarkeit des Papstes und war für den W i d e r r u f. Der Papst selbst bereute seine Unterschrift längst. Er sprach zu Pacca von den Leiden, die er erduldet habe. „Aber am Ende haben wir uns befleckt. Ich habe keine Ruhe, weder bei Tage noch bei Nacht. Ich kann kaum soviel Speise zu mir nehmen, als nötig ist, um zu leben. Ich werde in Raserei sterben wie Klemens XIV." Consalvi schlug vor, der Papst solle selbst an Napoleon schreiben. Am 24. März wurde der Brief abgeschickt. Der Papst bekannte darin, daß er von Gewissensbissen und Reue geplagt sei und seit der Unterzeichnung des Konkordats weder Ruhe noch Frieden gehabt habe. Er beklage das gegebene Ärgernis und widerrufe seine Zugeständnisse wie einst Paschalis II. Heinrich V. gegenüber getan habe. Dem Papste war damit eine große Last von der Seele genommen; Heiterkeit, Schlaf und Appetit kehrten wieder. Er lebte wieder auf.

Napoleon soll gesagt haben: „Wenn ich nicht einige dieser Priester in Fontainebleau einen Kopf kürzer mache, werden wir nicht ins reine kommen." Aber „die Fenster einschlagen" wollte er doch nicht, sondern ließ strengstes Geheimnis über das päpstliche Schreiben bewahren, um je nach den Umständen sagen zu können, er habe es empfangen oder nicht empfangen. Als wenn nichts geschehen sei, veröffentlichte er das Konkordat als Reichsgesetz. Der Papst dagegen erließ am 9. Mai 1813 eine Verfügung an die Kardinäle, in der er jede durch die Metropoliten erteilte Institution für nichtig, die Eingesetzten für Eindringlinge, die Konsekrierenden für Schismatiker erklärte.

Die Niederlagen des Jahres 1813 drängten Napoleon zum Frieden. Er bot dem Papste die „Departements" Rom und Trasimeno und die Rückkehr nach Rom an, wenn er seine Einwilligung dazu gebe. Pius wollte sich aber nicht darauf einlassen und mußte deshalb nach Savona zurückkehren. Erst am 10. März 1814, als schon ganz Italien verloren und halb Frankreich in Feindeshand war, ließ der Kaiser endlich den Papst in Freiheit setzen. Am 25. März langte dieser nach viereinhalbjähriger Gefangenschaft am Taro an, wo sich Franzosen und Österreicher gegenüberstanden. Der österreichische Oberst holte ihn herüber und warf sich jubelnd ihm zu Füßen. Österreicher und Franzosen knieten nieder, und Pius spendete ihnen den Segen. Die Reise nach Rom war ein Triumphzug. Am 24. Mai zog Pius ein.

Als Napoleon 1815 von Elba entwich, machte M u r a t den Versuch, ganz

Italien für sich zu gewinnen. Er brach mit 50000 Mann in den Kirchenstaat ein, und Pius VII. mußte nach Genua fliehen. Am 30. März erließ Murat seine Proklamation an die Italiener: „Die Stunde ist gekommen, wo sich die Schicksale Italiens erfüllen sollen. Die Vorsehung ruft euch, eine unabhängige Nation zu

Peterskirche und Petersplatz in einer Festdekoration des 17. Jahrhunderts
(Nach einem zeitgenössischen Stich)

sein. Von den Alpen bis zur Meerenge der Scylla ertönt ein Ruf: die Unabhängigkeit Italiens!" Aber Italien sehnte sich jetzt nach Ruhe und Frieden. Murat wurde von den Österreichern geschlagen und mußte aus Italien weichen. Der Papst konnte am 7. Juni 1815 nach Rom zurückkehren.

Consalvi war inzwischen in London und Wien für die **Wiederherstellung des Kirchenstaates** tätig gewesen und hatte sein ganzes diplomatisches Genie aufbieten müssen, um der Schwierigkeiten Herr zu werden. In der klassischen Note vom 23. Oktober 1814 hatte er den Kaiser Franz I. als Schirmherrn der Kirche aufgefordert, dem Papste die geraubten Länder wieder zu verschaffen und zugleich den Engländern und Russen einleuchtend dargelegt, daß der Papst gerade darum, weil er mit ihnen nicht habe brechen wollen, so viel habe leiden müssen. Aber Österreich wollte die Legationen haben, und Preußen wünschte, daß der König von Sachsen, dessen Land es einverleiben wollte, dort entschädigt würde. Doch dem päpstlichen Diplomaten gelang, wie Talleyrand bewundernd sagte, der „kühnste und schönste Zug, der auf dem grünen Tische gemacht ist". Die **Wiener Schlußakte** vom 9. Juni 1815 gab dem Papste seinen ganzen früheren Besitz wieder mit alleiniger Ausnahme von Avignon und Venaissin, die französisch blieben, und eines kleinen, am linken Po-Ufer gelegenen ferraresischen Gebietes, das an Österreich fiel.

Gegen diese „Beraubung" erhob man zwar in Rom vergeblichen Protest, im übrigen aber glaubte Pius mit der Hochachtung, die die Wiener Diplomaten der „ältesten und legitimsten Monarchie Europas" bezeigt hatten, und sogar mit den guten Diensten, die ihm die nichtkatholischen Fürsten, der Kaiser von Rußland, der König von Schweden, der Prinzregent von England, der König von Preußen, geleistet hatten, ganz zufrieden sein zu können.

NEUORDNUNG DES KIRCHENSTAATES

PIUS' VII. UND CONSALVIS AUSGANG

Daß die Wiener Beschlüsse für Italien den Keim leidvoller Kämpfe und Wirren in sich trugen, hat Pius gewiß nicht geahnt. Napoleon wird mit einem gewissen Rechte noch heute als erster Begründer der italienischen Einheit angesehen, er hatte dem Lande gleiches Recht und nie gekannte Freiheit geschenkt. In Wien wurden „die Völker wie auf einem Markte die Herden verschachert und verhandelt." Vaterland hieß, wie Österreich später in den italienischen Schulen lehren ließ, nicht bloß das Land, in dem man geboren, sondern auch das, dem man einverleibt war. Von den acht Staaten, in die Italien zerrissen wurde, hatte nur ein einziger eine nationale Dynastie, und der größte Teil der Halbinsel war dem Hause Habsburg zu Füßen gelegt. Es war das Verhängnis des Kirchenstaats, daß er mit dieser Ordnung der Dinge, die den berechtigten Wünschen der Nation entgegenstand, solidarisch und unlösbar verknüpft wurde.

Die nächste Sorge des Papstes und mehr noch des Staatssekretärs Consalvi war die Neueinrichtung des Kirchenstaates. Aber die Aufgabe, zwischen den früheren Einrichtungen und den napoleonischen das richtige Verhältnis herzustellen, war so schwierig, daß sich ihr selbst ein solches staatsmännisches Talent wie Consalvi nicht gewachsen zeigte. Das Motuproprio von 1816, das die Verfassung des Kirchenstaates neu ordnete, hob gleich im Eingange als Fügung der Vorsehung hervor, daß durch die Zwischenherrschaft alle provinzialen und städtischen Vorrechte abgeschafft und Einheit und Rechtsgleichheit eingeführt seien, denn eine Regierung sei um so vollkommener, je mehr sie sich dem System der Einheit nähere. Aber jene örtlichen Sondereinrichtungen und Vorrechte der Gemeinden aufgehoben sein lassen und doch einen absoluten Beamtenstaat nach französischem Muster schaffen, wie man es jetzt tat, das mußte den Staat und das Papsttum in neue Verwicklungen führen. Das „bedachte nämlich", wie Döllinger richtig hervorhebt, „Consalvi nicht, daß eine absolute Regierung nur dadurch erträglich werde, nur dann nicht unter der Last der ungeheuren Verantwortlichkeit erliege, wenn sie ein mannigfach gegliedertes, durch Sitte und Herkommen geschütztes Leben, untergeordnete, aber in ihrer Sphäre frei sich bewegende Kreise duldet und anerkennt. Seine gepriesene Einheit und Gleichförmigkeit war destruktiv, und auch er sollte die Erfahrung machen, daß es weit leichter sei zu zerstören als aufzubauen, als etwas Lebenskräftiges in den öffentlichen Verhältnissen zu schaffen." Das Land wurde in 17 Delegationen oder Legationen (wenn der Leiter ein Kardinal war) eingeteilt. Ein bloß beratender und von Rom aus ernannter Rat stand den Delegaten oder Legaten zur Seite. Die Magistrate wurden ebenfalls ernannt. Die Regierung griff also in die untersten Kreise der Verwaltung, in das gesamte Gemeindewesen, unmittelbar ein. Die höhere Verwaltung und Rechtsprechung war dem Klerus vorbehalten. Dadurch bekam er zu seinem Schaden viele Mitglieder ohne geistlichen Beruf, und anderseits standen die römischen Abbaten,

„mehr abgerichtet als gebildet", den Interessen und Forderungen des bürgerlichen Lebens verständnis- und hilflos gegenüber. Über dies „Priesterregiment" und den Ausschluß der Laien von jeder höheren Laufbahn herrscht seitdem immer wiederkehrende Klage, und deshalb gehörten auch gerade die vornehmeren und gebildeten Stände zu den Unzufriedenen. Den subalternen Laienbeamten ist dagegen stets vorgeworfen worden, daß sie es in Bestechlichkeit und Unzuverlässigkeit mit dem russischen Beamtentum aufnähmen. In der Rechtspflege kam es zu unglaublicher Verwirrung, weil der Legat Rivarola schon vor der Rückkehr des Papstes das französische Recht und die Prozeßordnung abgeschafft hatte. Das kanonische Recht und die vielen in ihrer Masse verwirrenden päpst-

Ein Plan Bernini den Neubau der Peter

lichen Verfügungen älterer Zeit waren dem modernen Leben nicht mehr anzupassen, und was noch zu gelten habe, was nicht, darüber herrschte peinliche Unsicherheit.

Einzelne Einrichtungen Consalvis zeigten sich übrigens zweckmäßig und wohltätig, und es muß bei der Beurteilung seines staatsmännischen Wirkens außerdem bedacht werden, daß er selbst vielleicht vielfach erkannte, wo der Schaden lag, aber nicht durchdringen konnte. Denn die Revolutionspartei und die reaktionären Zelanti leisteten ihm gleichmäßig Widerstand; jenen ging er nicht weit genug, diesen war er zu liberal. Und Consalvi war nach Rankes Urteil „mehr geschmeidig und vielseitig als kraftvoll und von schöpferischem Genius".

Die Geltung des Papsttums nach außen, über seinen kleinen Staat hinaus fand in der Zeitrichtung neue, starke Stützen. War die Revolution antireligiös gewesen, so mußte die Restauration religiös und kirchlich sein. Der Papst wurde, und nicht nur von Katholiken, sondern auch von Protestanten, gefeiert als Träger der religiösen und konservativen Richtung. Und mehr noch als die nicht immer ganz aufrichtige und zum Teil bloß von der Sorge um die Erhaltung der Ordnung und des „knechtischen Geistes" geleitete Politik kamen die Ideen der Dichter und Denker der Romantik dem Papsttum entgegen. Novalis sah das Heil in einer „dauerhaften Kirche, die alle nach dem Überirdischen durstigen Seelen in ihren Schoß aufnimmt und das alte Füllhorn des Segens wieder über die Völker ausgießt". Friedrich Schlegel, der „in der Vergangenheit nach einer Arznei für die Zukunft suchte", hielt sich an Kaisertum, Papsttum und Rittertum und fand das Ideal im einträchtigen Zusammenwirken von Kaiser und Papst. Der klassische Vertreter aber der Verherrlichung des Papsttums ist Graf Joseph de Maistre in seinem Buche „Vom Papste" (1819). Er ist strengster Absolutist. Jede Regierung, die weltliche wie die geistliche, muß monarchisch und absolut sein, sonst ist sie überhaupt keine Regierung. Was in der weltlichen die Souveränität bedeutet, das ist auf sittlichem und religiösem Gebiete die päpstliche Unfehlbarkeit. Da den weltlichen Fürsten die Verheißung der Gerechtigkeit nicht gegeben ist, so ist der Papst, der als Statthalter Christi die Gerechtigkeit in sich trägt, der über Fürsten und Völkern stehende Mittler. Die Herausgeber der von Fr. Schlegel veranlaßten deutschen Übersetzung sind der Meinung: „Ohne den Papst gibt es kein Christentum mehr, und die gesellschaftliche Ordnung ist unausbleiblich in ihrem Herzen verwundet."

Schon Novalis prophezeite auch, daß der Jesuitenorden, „der jetzt (1800) in armseliger Gestalt an den Grenzen Europas schläft, von dorther sich mit neuer Gewalt über seine alte Heimat verbreiten werde". In der Tat war es einer der ersten Schritte des restaurierten Papstes, daß er die „starken und bewährten Steuerleute, die sich selbst darboten, um in den heftigen Stürmen, die das Schifflein Petri umbrausten, die tobenden Meereswogen zu brechen", durch die Bulle „Sollicitudo omnium" vom 7. August 1814 wieder ganz in den Dienst der Kirche stellte, nachdem der Orden schon 1801 in Rußland und 1804 in Neapel wieder eingeführt worden war. Er hat bekanntlich auf die Entwicklung des Katholizismus im 19. Jahrhundert den größten Einfluß gehabt, und seine Erneuerung ist daher die wichtigste Tat dieses Papstes.

Die wachsende Geltung des Papsttums zeigte sich in den günstigen Konkordaten mit Spanien, Sardinien, Frankreich, Bayern, Neapel und Preußen. Die Kurie hat nie größeres Entgegenkommen gefunden. An Gütern, weltlichem Einfluß und Selbständigkeit war freilich sehr viel unwiederbringlich verloren,

*Das Projekt Michelangelos
zum Umbau der Peterskirche nach einer Zeichnung
in der vatikanischen Bibliothek.*

und das Fortleben des Staatskirchentums mit seinen ausgedehnten kirchlichen Hoheitsrechten machte die Lage der Kirche ziemlich prekär.

In Deutschland machte die kirchenrechtliche Restauration der katholischen Kirche ziemliche Schwierigkeiten. Consalvi war auf dem Wiener Kongresse mit dem Antrage, die Sache durch ein gemeinsames Konkordat zu regeln, nicht durchgedrungen, und an die Stelle des alten deutschen Reiches war der deutsche Bund getreten. So wurden Verhandlungen mit den einzelnen Regierungen nötig.

Mit Bayern wurde 1817 abgeschlossen. Die Diözesen (zwei Erzbistümer mit je drei Suffraganbistümern) wurden genügend und gut ausgestattet errichtet und die Herstellung und Dotation einiger Klöster zugesagt. „In Rücksicht auf diese Förderung geistlicher Dinge" ward dem Könige die Ernennung der Bischöfe überlassen. Das Religionsedikt mit seinen staatskirchlichen Bestimmungen (Placet, Rekurs ab abusu usw.), das man in Bayern erließ, führte freilich zu neuen Schwankungen und fast zum Bruche, bis der König 1821 die Erklärung von Tegernsee abgab.

Mit den andern oberdeutschen Staaten gelang es nicht, ein Konkordat zustande zu bringen, sondern es kam nur zu einer neuen Einteilung der Diözesen: Die Zirkumskriptionsbulle „Provida sollersque" von 1821 bildete die oberrheinische Kirchenprovinz mit dem Erzbistum Freiburg und den Bistümern Mainz, Rottenburg, Fulda, Limburg. Die spätere Ergänzungsbulle „Ad dominici gregis custodiam" von Leo XII. (1827) sprach den Domkapiteln das Recht der Bischofswahl zu, den Regierungen das Recht, von der Kandidatenliste alle Namen bis auf drei zu streichen.

Um so rascher und günstiger kamen die Verhandlungen mit Preußen voran, dem wegen seiner neuen Erwerbungen katholischen Gebietes an einer Regelung der kirchlichen Verhältnisse viel gelegen war. Die Bischofswahl ist den Kapiteln überlassen; sie sollen aber nur würdige und dem König genehme Personen vorschlagen, und ein königlicher Wahlkommissarius wirkt mit. Die Konfirmation und Institution vollzieht der Papst. Man war damals auf beiden Seiten der Meinung, daß sowohl die Ansprüche des Staates als die gerechten Wünsche der Katholiken befriedigt seien. Durch die Bulle „De salute animarum" (1821) erhielt Preußen zwei Kirchenprovinzen, Köln mit den Bistümern Trier, Münster und Paderborn und Gnesen-Posen mit Kulm und als exemte Bistümer Breslau und Ermland.

In Frankreich suchten die zurückgekehrten Bourbonen das napoleonische Konkordat[3] zu beseitigen. Das neue von 1817 war eine Erneuerung desjenigen von 1516. Die organischen Artikel schaffte es ab, stellte eine Anzahl Bistümer wieder her und stattete die Bistümer, Domkapitel, Seminarien und Pfarreien wieder mit liegenden Gütern und Staatsrenten aus. Aber am Widerspruch der Kammern scheiterte es, und so dauerte, abgesehen von der Vermehrung der Bistümer, das Konkordat von 1801 bis 1905 fort.

Auch freundliche persönliche Beziehungen zu den Fürsten wurden gepflegt; Kaiser Franz I., der König von Preußen, der spätere König von Dänemark, der König von Neapel weilten als Gäste in der Ewigen Stadt. Die Verehrer von Kunst und Wissenschaft — z. B. die deutschen Maler Overbeck, Cornelius, Veit und Schadow — strömten ebenfalls dort zusammen. Da Consalvi Rom wenigstens zu einer Weltstadt der Kunst machen wollte, da es die Herr-

[3] Vgl. S. 360.

Petersplatz mit Peterskirche und vatikanischem Palast,
der weite Platz eingerahmt von den 19 Meter hohen Säulenhallen Berninis, nach einem Stich aus dem
18. Jahrhundert.
Der Obelisk trägt die Inschrift „Christus siegt, Christus herrscht, Christus regiert"

scherin der Welt nun einmal nicht mehr sein könne, so geschah unter Pius VII. mancherlei zur Verschönerung der Stadt und zur Sammlung, Erhaltung, Verwertung und würdigen Aufstellung der Denkmäler.

Alle diese Erfolge schienen Pius entschädigen zu sollen für die erduldeten Leiden. Aber eins war ihm nicht beschert, der innere Friede. Die w a c h s e n d e G ä r u n g i m I n n e r n u n d d a s G e h e i m b ü n d l e r w e s e n machten der päpstlichen Regierung Sorgen genug. Der Kampf gegen den Absolutismus kam, einmal begonnen, nicht wieder zur Ruhe, und die Einheitsbestrebungen machten sich mit der Zeit um so stärker geltend, je zäher die Regierenden sich an die Abmachungen von 1815 klammerten. Die Ausbreitung der geheimen Gesellschaften war eine Folge des andauernden, unvernünftigen Druckes und der Unmöglichkeit, auch berechtigte Unzufriedenheit zu äußern. Die „C a r b o n a r i a", so genannt, weil sie (wie die Freimaurer vom Maurerhandwerk) ihre Symbole und Bezeichnungen dem Köhlerleben entnahm, war schon während der Fremdherrschaft im Königreiche Neapel entstanden mit dem Ziele, die Franzosen aus Italien zu vertreiben. Jetzt schrieb sie „das einige Italien" auf ihre Fahne, womöglich als freie Republik oder wenigstens als Bund freier Republiken. Zahlreich war sie in Piemont. Im Kirchenstaate suchte sie schon 1817 einen Aufstand gegen den „verbrecherischen Priestertyrannen" zu erregen. In Neapel hatte sie um 1820 etwa 20 000 Mitglieder. Während der Militärrevolutionen in Neapel und Sardinien (1820/21) kam es auch im Kirchenstaate zu U n r u h e n, aber Consalvi, der Kaltblütigkeit und Festigkeit mit Milde zu verbinden wußte, wurde ihrer Herr, und der Anblick des österreichischen Heeres, das den Po überschritt, erstickte die Bewegung völlig. 1821 erließ Pius gegen die Carbonari eine Verurteilung ihres ganzen Treibens. Ihnen standen die S a n f e d i s t e n (Ver-

Pius VI.
Giovanni Angelo Braschi. Italiener aus Cesena.
1775—1799

Pius VII.
Barnabà Luigi Chiaramonti, Italiener aus Cesena.
1800—1823

teidiger der santa fede, des heiligen Glaubens) gegenüber. Der Name stammt von den aus guten und schlechten Elementen zusammengewürfelten Scharen, die der Kardinal Ruffo zur Zeit der „parthenopäischen Republik" für die Sache des neapolitanischen Königtums sammelte. Im Kirchenstaate bezeichnet er die Feinde des Liberalismus. Daß die Regierung einen reaktionären Geheimbund der Sanfedisten gegen die Carbonari gestiftet habe, ist nicht nachweisbar.

Die guten Ratschläge, die im Mai 1821 von den Großmächten den italienischen Höfen erteilt wurden, da sie die Ursache der Unruhen in den Mängeln der Verwaltung und Justiz erblickten, wollte Consalvi nicht annehmen, weil der Papst nicht auf gleicher Stufe mit Toskana oder Modena stehe, aber Niebuhr hatte recht, wenn er prophezeite, der Kirchenstaat würde sich später einer Einmischung unter ganz anderen Formen unterwerfen müssen.

In den letzten Jahren kam es zu einem Konflikt mit Spanien, wo die Revolution die Jesuiten vertrieb, die geistliche Gerichtsbarkeit beschränkte und die meisten Klöster unterdrückte. Als die Kurie protestierte, untersagten die Cortes die Geldsendungen nach Rom. Den papstfeindlichen Kanonikus Villanueva schickten sie als Gesandten nach Rom, und als ihn der Papst nicht annahm, erhielt der päpstliche Nuntius in Madrid seine Pässe. Im April wurde aber die Revolution durch französische Truppen niedergeworfen, und der König nahm alle Maßregeln zurück, die unter dem Drucke der Radikalen ergangen waren. In Portugal schritt man zu ähnlichen Neuerungen. Aber auch hier fand durch Dom Miguel der kirchenfeindliche Liberalismus ein Ende.

Pius VII. starb am 20. August 1823, nachdem er in allen Wechselfällen seiner langen Regierung sich immer gleich an Milde und Güte geblieben war. Er ist „ein Lamm, wahrhaft ein guter Mensch, ein Engel von Güte", hatte Napoleon von ihm gesagt, und das Gebot der Feindesliebe konnte der Papst so gut erfüllen, daß er es fertig brachte, 1817 in einem Briefe an Consalvi Savona und Fontainebleau als „geistige Verirrungen oder Übereilungen" zu bezeichnen. Den Napoleoniden gewährte er im Kirchenstaate ein Asyl.

Mit dem Tode des Papstes war auch das Regiment seines „liberalen" Staatssekretärs zu Ende, und schon am 24. Januar 1824 folgte Consalvi seinem Gebieter, der ihm trotz allen Anfeindungen immer sein Vertrauen und seine Gewogenheit bewahrt hatte.

LEO XII. UND PIUS VIII.

Die Zelanti wollten einen Papst haben, dessen „Politik ebenso strenge wäre wie sein Dogma". Ihr Kandidat war bei der nächsten Papstwahl der Bischof Severoli von Viterbo, gegen den aber Österreich die Exklusive anwandte. Gewählt wurde am 28. September 1823 auf Severolis Vorschlag ein anderes Mitglied derselben Partei, Annibale della Genga, geboren 1760 auf dem Schlosse della Genga bei Spoleto. Er war (1794 und 1805—1807) Nuntius und Legat in Deutschland gewesen und hatte damals nicht im besten Rufe gestanden. Seit 1816 war er Kardinal und Bischof von Sinigaglia. Er nannte sich **Leo XII.** und regierte von 1823—1829. Als Papst war er fromm und ernst.

In seinem Inthronisationsrundschreiben (1824) verurteilte er den „Tolerantismus" oder „Indifferentismus",

Papst Leo XII. (1823—1829)
versuchte mit kluger Mäßigung und sorgsamer Rücksicht auf die Strömungen seiner Zeit die Stellung des päpstlichen Stuhles sowohl im Kirchenstaat als in den Staaten Europas wieder zu festigen.

Leo XII.
Graf Annibale della Genga, Italiener aus Genga (Spoleto). 1823—1829

Pius VIII.
Francesco Saverio Castiglioni, Italiener aus Cingoli (Marche). 1829—1830

die Lehre, daß sich der Mensch ohne Nachteil für sein Seelenheil einer beliebigen Religionsgemeinschaft anschließen könne, und warnte, wie es auch Pius VII. (Juni 1816) schon getan hatte, vor den Bibelgesellschaften, da sie die Heilige Schrift in entstellten Übersetzungen verbreiteten. Die Konstitution „Quo graviora" vom 13. März 1825 richtete sich gegen die geheimen Gesellschaften der Freimaurer und der Carbonari.

Consalvi war von früher her Leos Gegner. Als Papst wollte aber Leo den Rat des Staatssekretärs seines Vorgängers hören, und Consalvi gab ihm kurz vor seinem Tode einen Überblick über die einzelnen Länder und die Beziehungen zu ihnen. Was er zu empfehlen hatte, war natürlich seine eigene diplomatische Art: kluge Mäßigung und Rücksicht auf die vorhandenen Zustände. Dafür konnte er allerlei günstige Aussichten eröffnen.

In der auswärtigen Politik hatte Leo XII. in der Tat manche Erfolge. Er wünschte lebhaft, „das Papsttum an der Wiederbelebung des katholischen Gedankens teilnehmen zu lassen" und seiner Entfremdung von den Völkern ein Ende zu machen. Staat und Kirche sollten friedlich zusammenwirken, damit sich die Kirche ihrer inneren Entfaltung widmen könnte. Deshalb vermied er es, über die bürgerlichen Angelegenheiten zu bestimmen, erkannte die bestehenden Staatsformen an und mahnte die Bischöfe zur Ruhe und Mäßigung und zum Verständnis ihrer Zeit. So trat er — nicht zur Freude Spaniens — mit den südamerikanischen Republiken, die sich von ihrem Mutterlande getrennt hatten, in Verbindung und konnte 1827 die südamerikanische Kirche neu ordnen. Die Emanzipation der englischen Katholiken, auf die ihn auch Consalvi besonders hingewiesen hatte, wurde kräftig gefördert. Die Emanzipationsakte, durch die den Katholiken der Zutritt zum Parlamente und zu den höheren Staatsämtern eröffnet wurde (1829), erlebte er allerdings nicht mehr. Mit Hannover (1824) und den Niederlanden (1827) schloß er Konkordate. Die oberrheinische Kirchenprovinz wurde neugeordnet[6] und dabei der aufklärerische und febronianistische Bistumsverweser von Konstanz, Ignaz Heinrich von Wessenberg, mit seinen nationalkirchlichen Plänen durch Auflösung des Bistums beseitigt (1827). Besondere Aufmerksamkeit wandte Leo Frankreich zu; mit Österreich hatte er ein vertrauliches Verhältnis, und auch mit den übrigen Regierungen stand er in gutem Einvernehmen. Den Zaren Alexander pries er als das Muster der Könige.

Auch unter ihm noch kam außer den Regierungen die immer noch tonangebende französische Literatur dem Papsttum entgegen. Félicité de Lamennais erklärte es für die Quelle nicht nur aller kirchlichen Jurisdiktion, sondern aller Autorität überhaupt, auch der weltlichen Macht und Souveränität, als die lebendige Tradition der Menschheit. Er stand, wie Wiseman sagt, auf dem Gipfel seines Ruhmes und galt für einen der genialsten Vertreter nicht nur der Sache des Glaubens, sondern auch der strengsten römischen Grundsätze, als er

---
[6] Vgl. S. 378.

1824 nach Rom kam. Leo nahm ihn glänzend auf, hängte sein Bild in sein Schlafzimmer, beschenkte ihn reichlich und wollte ihn sogar zum Kardinal machen. Nach seiner Rückkehr begann Lamennais den Vernichtungskampf gegen den Gallikanismus' und wurde für Frankreich der eigentliche Begründer des „Ultramontanismus".

1825 wurde das **Jubeljahr** gefeiert, das unter Pius VII. nicht hatte stattfinden können. Zahlreiche Pilger aus aller Welt fanden sich in der Hauptstadt der Christenheit ein. Der Papst selbst war die Seele des Werkes. Er brachte trotz manchen Widerspruches mit Kraft und Ausdauer seinen Plan zur Ausführung, schritt trotz seiner Schwäche und Kränklichkeit barfüßig und betend an der Spitze seines Volkes in den Prozessionen einher, wohnte den Missionspredigten bei und bediente täglich in seinem Palaste zwölf Pilger.

Besondere Sorge widmete der Papst den orientalischen und anderen **Missionen**.

Weniger Glück hatte Leo XII. in der **Regierung des Kirchenstaates**. Consalvis geschickt abwägende Politik wurde hier nicht fortgesetzt, sondern strenge **Reaktion** trat an ihre Stelle. Der Papst entfaltete den größten Eifer und unermüdliche Tätigkeit, aber durch seine Strenge und sein Mißtrauen verdarb er es mit allen und hatte in der

Papst Pius VIII. (1829—1830)

Das nur eineinhalbjährige Pontifikat Pius' VIII. ist besonders durch die Entschiedenheit bedeutungsvoll geworden, mit der dieser Papst der preußischen Regierung gegenüber den katholischen Standpunkt in der Ehefrage verteidigte.

(Nach einer Lithographie von Schetz.)

' Vgl. S. 332 u. 362.

Wahl wichtiger Beamten eine unglückliche Hand. Der Legat Rivarola, der in der Romagna gegen die geheimen Gesellschaften einschreiten sollte, verurteilte in rascher und wohl allzu rascher Justiz auf einmal 508 Personen: 7 zur Todesstrafe, 13 zu lebenslänglicher, 41 zu 3 bis 20jähriger Zwangsarbeit, 6 zu lebenslänglicher Festungshaft, 53 zu Festungshaft bis zu 20 Jahren, 2 zum Exil. 229 wurden unter strenge, 157 unter mildere Polizeiaufsicht gestellt. Jene, vom precetto politico di prima classe Betroffenen durften ihr Haus nur zu bestimmten Tagesstunden verlassen, mußten sich alle vierzehn Tage bei der Polizei melden, alle vier Wochen beichten und sich durch Beichtzettel darüber ausweisen, jedes Jahr drei Tage in einem Kloster Exerzitien machen. Wer dagegen verstieß, mußte auf dreijährige öffentliche Zwangsarbeit gefaßt sein. Nach solcher Strenge versuchte es Rivarola etwas sanfter und verfiel u. a. auf die eigenartige Idee, Heiraten zwischen Carbonari und Sanfedisten (Hunden und Katzen, wie das Volk sagte) zu stiften. Ein Attentat nötigte ihn endlich zur Flucht, und er wurde seiner Stelle enthoben. Sein Nachfolger füllte anfangs die Gefängnisse und fällte sieben Todesurteile, dann aber lud er gegen Straffreiheit zu freiwilligem Geständnis ein, und viele holten sich auch Verzeihung.

Reaktionär waren auch die **Änderungen in der Staatsverwaltung**, die 1824 und 1827 vorgenommen wurden. So wurden die Provinzialräte abgeschafft und die bischöfliche Gerichtsbarkeit wieder hergestellt. Die schon unter Pius VII. geplante Ausarbeitung eines bürgerlichen und eines Strafgesetzbuches kam dagegen nicht zustande.

Einzelne Maßregeln waren allerdings **zweckmäßig und nützlich**. Besonders hervorzuheben ist die Neuordnung des Unterrichtswesens durch die Bulle „Quod divina sapientia" vom 28. August 1824. Rom und Bologna erhielten Universitäten ersten Ranges mit je 38 Lehrstühlen, Ferrara, Perugia, Camerino, Macerata und Fermo solche zweiten Ranges mit 17 Professuren. Zur Beaufsichtigung des Unterrichtswesens wurde die Kongregation der Studien gegründet, die die Lehrstühle zu besetzen und die Disziplin, Sittlichkeit und Lehrweise aller Universitäten und Schulen zu überwachen hatte. Den Vorlesungen war ein gedrucktes Handbuch zugrunde zu legen, das eine halbe Stunde lang erklärt wurde; die übrige Zeit wurde zum Abfragen und Üben verwendet. Sehr langsam vorwärts ging es mit dem Volksunterrichte. Erst jeder fünfzigste Einwohner des Kirchenstaates besuchte damals die Schule.

Das Banditentum wurde bekämpft, der Bettel durch Almosenkassen und Arbeitshäuser eingeschränkt, die Steuern herabgesetzt, das Finanzwesen geordnet, Hospitäler gegründet, überreich dotierte Sinekuren aufgehoben und die Beamten strenger kontrolliert.

Anderes war **kleinlich** und ging viel zu weit, wie die Verordnungen gegen die Theater und die Weinhäuser, in denen nur Wein verkauft, aber nicht getrunken werden sollte, die Einsperrung der Juden in das Ghetto usw.

Wie der Papst einfach, fast ärmlich und streng lebte, so suchte er auch in das leichte Leben Roms größeren Ernst zu bringen. Aber er hatte davon nur den Dank, daß nach seinem Tode am 10. Februar 1829, kurz vor dem Karneval, das Volk spottete: „Drei Übel fügt' uns zu der Heilige Vater: — Er nahm die Krone an, lang leben tat er, — Den Karneval im Tod verdorben hat er".

Ranke, der damals in Rom war, fällt über ihn das Urteil: „Gewiß, er hatte gute Absichten; er suchte nichts für sich selber; er bestritt seine Tafel mit einem Scudo des Tages. Allein neu in den Geschäften, wie er war, erfüllt von Doktrinen, ohne rechte Vorbereitung, ohne wahre Kenntnis der Sachen, beging er viele Mißgriffe. Was durch Consalvi ja noch zustande gekommen war, ging nun wieder zugrunde. Auch andere Päpste haben sich verhaßt gemacht, aber einige Anhänger hatten sie immer. Leo XII. war bei allen verhaßt, vom Prinzen bis zum Bettler; niemand war sein Freund." Der Staatssekretär Bernetti, der 1828 an die Stelle des altersschwachen Somaglia trat, war dagegen welt- und geschäftsgewandt, und der französische Gesandte Chateaubriand weiß uns sogar zu erzählen, daß er an die Möglichkeit dachte, selbst noch das Ende der weltlichen Macht des Papsttums zu erleben. Wenn das wahr ist, hätte man schon damals in Rom angefangen, die Zeichen der Zeit richtig zu deuten.

Francesco Saverio Castiglioni, geboren 1761 in Cingoli, 1800 Bischof von Montalto, bald darauf von Cesena, seit 1816 Kardinal, seit 1822 Bischof von Frascati und Großpönitentiar, der am 31. März 1829 als **Pius VIII.** folgte, aber schon am 30. November 1830 starb, konnte in der kurzen Zeit, die ihm beschieden war, keine tieferen Spuren hinterlassen. Er war wie Pius VII. mild, gelehrt, gemäßigt und gewissenhaft. Frankreich und Österreich hatten keinen Zelante, sondern einen maß- und rücksichtsvollen Papst gewünscht, und diesem Wunsche entsprach der Gewählte. In seiner einzigen Enzyklika „Traditi humilitati" vom 24. Mai 1829 bezeichnete auch er als die Hauptursachen des Verfalls der Religiosität und der politischen und sozialen Ordnung die Gleichgültigkeit in Glaubenssachen, das Treiben der Bibelgesellschaften, die Angriffe gegen die Heiligkeit des Ehebandes und gegen die Dogmen und Einrichtungen der Kirche, besonders auch die geheimen Gesellschaften. In dem Einfluß der Freimaurer auf den Unterricht und die studierende Jugend und in der Zügellosigkeit der heranwachsenden Jugend sah er die ernstesten Gefahren und die Vorboten neuer Stürme. Unter ihm regierte ziemlich eigenmächtig der österreichisch gesinnte Staatssekretär Albani. In dies kurze Pontifikat fällt die Emanzipation der englischen Katholiken[8], das Breve an den Erzbischof von Köln über die gemischten Ehen (1830)[9], das später für das Verhältnis zu Preußen wichtig wurde, und die Staatsumwälzung in Frankreich, die Pius VIII. zögernd anerkannte. In Schmerz und Sorge schied er von der Welt.

Das Denkmal Pius' VI. vor dem Grabe des hl. Petrus in der Peterskirche zu Rom.

[8] Vgl. S. 382; sehr ausführlich und quellenmäßig behandelt bei Schmidlin, Papstgeschichte der neuesten Zeit, 1933, S. 474—510.

[9] Es bestimmt, daß gemischte Ehen nur dann kirchlich eingesegnet werden dürfen, wenn katholische Kindererziehung versprochen wird; sonst darf der Pfarrer nur passive Assistenz leisten.

GREGOR XVI.

Unter dem Drohen der Revolution fand das Konklave statt. Trotzdem währte es über zwei Monate. Den Ausschlag gab schließlich, nachdem Giustiniani an der Exklusive Spaniens gescheitert war, der Einfluß Metternichs. Dieser wünschte einen kräftigen, absolutistisch gesinnten, „der politischen Tollheit des Zeitalters" nicht nachgebenden Papst, der für einige Jahre als Wellenbrecher gegen Demokratie und Revolution, besonders im Kirchenstaate selbst, dienen sollte. So, als Mann der Gegenrevolution und Anhänger Österreichs wurde am 2. Februar 1831 Bartolomeo Cappellari aus dem Kamaldulenserorden, geboren am 28. September 1765 in Belluno, 1805 Abt des Gregoriusklosters seines Ordens in Rom, nach der Auflösung des Ordens Lehrer in Murano und Padua, nach der Restauration Generalprokurator seines Ordens, seit 1825 Kardinal, seit 1826 Präfekt der Propaganda, zum Papste gewählt.

Er hatte als Pater Mauro die allgemeine Aufmerksamkeit auf sich gezogen, als er während der Gefangenschaft Pius' VI. 1799 in der Schrift „T r i u m p h d e s H e i l i g e n S t u h l e s und der Kirche über die Angriffe der Neuerer" die monarchische Verfassung der Kirche und die Souveränität und Unfehlbarkeit der Päpste aus Schrift, Tradition und Geschichte zu beweisen suchte und einen nahen Triumph in Aussicht stellte, da es leichter sei, die Sonne zu zerstören als die Kirche. Was er damals geschrieben hatte, gedachte er als Gregor XVI. zu verwirklichen.

Er war nicht nur in den scholastischen, sondern auch in den realen Wissenschaften wohl bewandert. Aber von der neuen Zeit wollte er nichts wissen.

Sein P r i v a t l e b e n war sehr einfach, mäßig und bedürfnislos. Er wurde kein Fürst, sondern blieb der einfache Mönch, der er gewesen. Wiseman, der spätere Kardinal, der mit ihm gut bekannt war, rühmt die Schlichtheit und Liebenswürdigkeit seines Wesens. Auch Hurter, der Geschichtschreiber Innocenz' III., der kurz vor seiner Konversion eine Audienz bei ihm hatte, preist seine würdevolle Heiterkeit, unbeschreibliche Freundlichkeit, milde Ruhe, die Einfachheit seiner Person und Umgebung, seine hohe, ungesuchte, anspruchslose Würde.

Noch ehe die Wahl bekannt war, brach in Bologna und bald darauf in Umbrien und den Marken die seit den Pariser Julitagen drohende R e v o l u t i o n aus. Denn auf beides, die Erhebung des revolutionären Prinzips in Frankreich und die Sedisvakanz, hatte man bloß gewartet. Die päpstlichen Beamten wurden vertrieben, die Kassen beschlagnahmt und provisorische Regierungen eingesetzt. Auch in Rom kam es am 12. Februar zu einem Revolutionsversuche, aber man wußte ihn zu dämpfen. Gegen die auswärtigen Aufständischen dagegen rief der Papst die Hilfe Österreichs an. Die Deputierten der aufständischen Städte, die am 26. Februar 1831 zu einem „italienischen Nationalkongreß" in Bologna zusammentraten, die Priesterherrschaft als der Bibel zuwiderlaufend erklärten und eine Föderativrepublik in Aussicht nahmen, rechneten auf die Hilfe des französischen „Bürgerkönigs". Dieser überließ sie aber ihrem Schicksale. Am

21. März rückten die Österreicher in Bologna ein, und Ende des Monats waren sie mit dem Aufstande fertig.

Hatten die Revolutionäre das Prinzip der Nichtintervention bei den Großmächten vergebens angerufen, so hatten auf diese die Klagen über die Mißstände der päpstlichen Regierung doch einigen Eindruck gemacht. Im April und Mai hielten die Vertreter der Großmächte in Rom selbst Konferenzen und legten am 31. Mai ein von dem preußischen Gesandten v. Bunsen redigiertes Memorandum vor. Außer einer Amnestie wurden Reformen, und zwar nicht nur in den aufständischen, sondern auch in den treugebliebenen Landesteilen und Beteiligung des Laienelements an Verwaltung und Justiz gefordert, ferner Wiederherstellung der von Leo XII. aufgehobenen Provinzialräte, Selbstverwaltung der Gemeinden, Einsetzung eines aus Laien zu bildenden Staatsrates und einer Finanzkonsulta und endlich „Garantien gegen die Veränderungen, die ein Wahlreich mit sich bringt". Die Kurie konnte im Grunde darauf hinweisen, daß es in den anderen Staaten Italiens auch nicht besser sei, und sie hätte auch wohl Rußland und Preußen einladen können, gefälligst vor der eigenen Tür zu kehren. Indessen ließ sie sich doch zu einigen Reformversuchen herbei. So wurde der

(Delaroche pinx.) *Papst Gregor XVI. (1831—1846)* (Henriquel-Dupont sculp.)

stellte den freigeistigen Strömungen der Zeit auf politischem ebenso wie auf kirchlichem Gebiete die unantastbaren Grundsätze des Christentums gegenüber. Der Haß der Revolutionäre ganz Europas konzentrierte sich besonders in den letzten Jahren seiner Regierung auf eine planmäßige Unterwühlung der päpstlichen Autorität im Kirchenstaate.

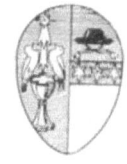

Gregor XVI.
Bartholomäus Albert Cappellari. Italiener aus Belluno. 1831—1846

mißliebige Uditore santissimo abgeschafft, der, nach Guizot „un monument monstrueux d'iniustice et d'absurdité", unbegrenzte Zivil- und Kriminalgerichtsbarkeit hatte, jeden Prozeß unterbrechen und die Urteile kassieren konnte. Die Bildung eines Staatsrates aus Laien wurde abgelehnt. Provinzial- und Munizipalräte wurden zwar bewilligt, aber sie sollten nicht gewählt, sondern von der Regierung ernannt werden und nach Ablauf der Amtszeit selbst einen von der Regierung zu bestätigenden Nachfolger wählen.

Diese sogenannten Reformen waren also mehr administrativer als politischer Art, und in den Legationen kam es gegen Ende des Jahres zu n e u e n U n r u h e n. Die päpstlichen Truppen drangen, nachdem sie im Januar die Rebellen geschlagen hatten, vor, aber sie und die Sanfedisten ließen sich nun so grobe Exzesse zuschulden kommen, daß der nach Bologna entsandte Legat Albani sich nicht anders zu helfen wußte, als abermals die Hilfe der Österreicher anzurufen, die am 28. Januar 1832 Bologna wieder einnahmen. Der österreichischen Intervention folgte das „nichtswürdige Gaukelspiel" einer französischen: im Februar wurde Hafen und Stadt Ancona besetzt. Die Franzosen wollten der österreichischen Vormacht in Italien einen Stoß versetzen und den Liberalen gegenüber den Schein retten, als wollten sie „die italienische Freiheit" beschützen. Dem Papste versicherte Ludwig Philipp, die Erhaltung der weltlichen Macht und Integrität seiner Staaten sei das Hauptziel seiner Politik.

Sieben Jahre blieben nun die Österreicher und Franzosen im Kirchenstaate, in dem allmählich wieder Ruhe eintrat. Von Reformen war nun freilich keine Rede mehr. Unter dem Schutze der fremden Bajonette führte die Regierung ein System ein, das sie mit der Zeit um jeden Einfluß auf die besseren Volkskreise bringen mußte. Gegen die Liberalen wurde in Prozessen laut Vorschrift des Staatssekretärs Bernetti immer die höchste gesetzliche Strafe verhängt. Die Sanfedisten[10] nahm man als ständige Miliz (militi centurioni) in Dienst. Der sonst maßvolle Massimo d'Azeglio führt bittere Klage darüber, daß „dies verruchte Gesindel ungestraft sein Wesen treibt, indem es diejenigen, die ihm als Liberale oder Freimaurer oder Carbonari gelten, herausfordert, mit Schlägen traktiert oder auch verwundet und tötet". Der Staatssekretär L a m b r u s c h i n i, der 1836 an die Stelle Bernettis trat, verschärfte noch, soweit es möglich war, die Maßregeln gegen die Liberalen. Er war bekannt durch seine strengen Sitten und seine stahlharte Unbeugsamkeit. „Die Legitimität war seine natürliche Religion", sagt Petruccelli della Gattina; „Frankreich galt ihm als das Karthago, das zerstört werden müsse, Italien als ein aufrührerisches und atheistisches Land, das durch Zucht, Gewalt und Strafe wieder zum Gehorsam zurückzubringen sei."

Es war ein großer Fehler, daß man zwischen dem Radikalismus, der den Umsturz der Kirche und aller italienischen Regierungen betrieb, und einem gemäßigten Liberalismus keinen Unterschied machte. Die U n z u f r i e d e n h e i t d e r g e b i l d e t e n S t ä n d e wurde immer größer, während man durch extreme Maßregeln nach mittelalterlicher Art die Herrschaft des kanonischen Gesetzes in bürgerlichen Dingen durchsetzte. So wurde z. B. der Genuß von Fleischspeisen an Freitagen polizeilich bestraft, ja mit Gefängnis geahndet und

[10] Vgl. S. 379 f..

Das Petersviertel: Peterskirche, Petersplatz, Vatikan und vatikanische Gärten aus der Vogelschau

die Anzeige solcher Sünde unter Androhung von Kirchenstrafen zur Pflicht gemacht.

Gewiß, man darf diese Dinge nicht zu sehr unter dem modernen Gesichtswinkel betrachten. Der Kirchenstaat stand mit seinem reaktionären Regierungssystem keineswegs allein. Es herrschte damals in fast ganz Europa, und das meiste, was der gregorianischen Verwaltung schuld gegeben wurde, war in allen italienischen Staaten, Piemont nicht ausgenommen, ebenso oder noch schlimmer. Man warf der Regierung vor, daß „alles, was nur entfernt als F o r t s c h r i t t gedeutet werden konnte, im Kirchenstaate v e r f e h m t blieb, so die Eisenbahnen, die Kettenbrücken, die Gasbeleuchtung", und dem Kardinal Mastai, dem späteren Papste Pius IX., wird die sarkastische Äußerung zugeschrieben, seines Wissens liefen die Fortschritte der Wissenschaften, Künste und Industrie der Theologie nicht zuwider. Indessen kann man doch nicht sagen, daß nichts zur Hebung des allgemeinen Wohlstandes geschehen sei. Für öffentliche Anstalten, Bauten, Ausgrabungen wurden große Summen verwendet, zur Wiederbelebung des Ackerbaues in der Umgebung Roms manches getan, Land- und Wasserstraßen angelegt, Flußregulierungen, Hafenverbesserungen und andere Arbeiten zur Belebung von Gewerbe und Handel in Angriff genommen.

In weltlichen Angelegenheiten regierte L a m b r u s c h i n i ziemlich unumschränkt. Der Papst selbst, der als persönlich milde und wohlwollend geschildert wird[11], hatte nach einer gut verbürgten Äußerung ein Gefühl für die wachsende Unhaltbarkeit der inneren Politik. Er sagte im Jahre 1843: „Die bürgerliche Verwaltung der römischen Staaten bedarf einer großen Reform, aber ich war zu alt, als man mich zum Papste wählte; ich glaubte nicht so lange zu leben und hatte nicht den Mut, die Arbeit anzufangen. Denn wer sie beginnt, der muß sie durchführen. Jetzt bleiben mir nur noch sehr wenige Jahre oder Tage zu leben. Nach mir wird man einen jüngeren Papst wählen; ihm wird es zufallen, diese Tat zu vollbringen, ohne die man nicht fortexistieren kann." Aus dem Jahre 1837 berichtet dagegen Bunsen die Äußerung: „Wenn sie (die Untertanen) den Priestern nicht gehorchen wollen, werden sie die Österreicher auf den Hals kriegen."

Gregors L e i t u n g   d e r   K i r c h e läßt von solcher Zaghaftigkeit und solchem Schwächegefühl nichts spüren. In dem Rundschreiben „Mirari vos" vom 15. August 1832 setzte er sich ähnlich wie später Pius IX. im Syllabus mit der neuen Zeit und ihren Forderungen auseinander. Das Bild, das er von ihr entwirft, ist in sehr dunkeln Farben gehalten: Triumph der Bosheit und Zügellosigkeit und der anmaßenden Wissenschaft, Verachtung des Heiligen, Verbreitung aller möglichen Irrtümer, Angriffe auf den Stuhl Petri, Bekämpfung der göttlichen Autorität der Kirche, ein „greuliches Echo neuer, unerhörter, den katholischen Glauben offen und ruchlos bekämpfender Meinungen" in Akademien und Schulen, häßlichste Sittenverderbnis, das Treiben der geheimen Gesellschaften mit ihrer Gottlosigkeit und Blasphemie — das sind die Übel, die ihm seine Umschau zeigt. „Da Wir aber", fährt er fort, „auf eine Stelle berufen sind, wo es nicht allein ziemt, diese unzähligen Übel zu beklagen, sondern auch ihnen nach Kräften zu widerstreben, so fliehen Wir zur Hilfe eures Glaubens und rufen eure Sorgfalt für das Heil der katholischen Herde an. Denn Unser Amt ist es, die Stimme zu erheben, damit der Eber nicht in den Weinberg breche, der Wolf nicht die Herde erwürge. Kämpfen Wir daher in der Einheit des Geistes für Unsere gemeinsame oder vielmehr Gottes Sache." Um den Kampf zu bestehen, ist es vor allem notwendig, sich

[11] Vgl. S. 386.

Gesamtansicht von Petersplatz und vatikanischem Palast in der heutigen Gestalt

fest an den Mittelpunkt, den Stuhl Petri, anzuschließen und an den Satzungen der Kirche treulich festzuhalten. „Wahrhaft absurd ist es, eine Erneuerung und Wiedergeburt der Kirche zu verlangen, als wenn sie einem Mangel oder einer Verdunkelung ausgesetzt sein könnte." Das heißt, sie von der Würde einer göttlichen Institution zu einer menschlichen herabsetzen. Sehr bekümmert ist der Papst über die Angriffe auf den Priesterzölibat, zu denen sich die schändlichsten Philosophen der Zeit mit einigen schlechten Priestern zusammentun, und auf die Heiligkeit der Ehe, über die das Volk eifrig belehrt werden muß. Er fordert ferner zum Kampfe auf gegen den Indifferentismus.[12] „Aus diesem schmutzigen Quell des Indifferentismus fließt jene absurde und irrige Lehre oder vielmehr der Wahnwitz, daß jeder Gewissensfreiheit haben müsse, und diesem unheilvollen Irrtum bereitet den Weg jene unnütze Freiheit der Meinungen, die zum Verderben von Staat und Kirche weit umher grassiert, indem einige die Dreistigkeit haben, zu sagen, es komme dabei etwas Nützliches für die Religion heraus. . Daher das Verderben der Seelen, die Verführung der Jünglinge, die Verachtung der Gesetze, wie es durch die Erfahrung aller Völker bekannt ist, daß die blühendsten Staaten durch dieses eine Übel zugrunde gegangen sind, durch die Denk- und Redefreiheit und die Reformsucht. Hierher gehört auch jene schändliche, nicht genug zu verabscheuende Freiheit der Presse, die einige zu fordern wagen." Durch sie werden Irrtümer wie ein Fluch verbreitet. Der Index der verbotenen Bücher ist heilsam und die Zensur sehr nützlich. Auch der Staat wird von solchen Plagen betroffen. Der Gehorsam und die Treue gegen die Fürsten werden untergraben. Es sind Menschen aufgetreten, die alle Rechte der Regenten angreifen und unter dem Scheine der Freiheit den Völkern das Joch der Knechtschaft bringen wollen. Schließlich werden die Bischöfe ermahnt, standhaft allen Neuerungen zu widerstehen, und die Fürsten, jene zu unterstützen, da die Ruhe der Staaten von dem Heile der Kirche abhänge.

Durch die Enzyklika wurden zugleich L a m e n n a i s' und seiner Zeitschrift (Avenir) anstößige Lehren, wie die von der Notwendigkeit der Trennung von Staat und Kirche, verworfen und 1834 dessen Gegenschrift „Paroles d'un croyant" verurteilt. Unter Leo XII. war Lamennais nahe daran gewesen, zum Kardinal ernannt zu werden, aber unter dem Einflusse der Julirevolution und des Bürgerkönigtums war er in seinen Ansichten immer weiter fortgeschritten und forderte, daß sich die Kirche die sozialistische Idee zu eigen mache, sich vom Staate ab- und der Gesellschaft zuwende. Gregor XVI. war weit entfernt davon, den demokratischen Zug der katholischen Bewegung zu verstehen und zu würdigen. Der ehemalige Apologet des Christentums und des Papsttums predigte nun den offenen Umsturz, um „die Völker aus der Knechtschaft der Priester und der Tyrannen zu befreien".

Auch die Lehren des in der deutschen Theologie hochangesehenen, 1831 verstorbenen Bonner Professors Georg H e r m e s wurden 1835 verurteilt. Hermes stellte, von Kant und Fichte beeinflußt, den ernstlichen praktischen Zweifel an die Spitze der theologischen Spekulation und suchte durch Überwindung dieses Zweifels zum Glauben zu gelangen, das Dasein Gottes zu begründen, die Möglichkeit und Erkennbarkeit einer Offenbarung in Schrift und Tradition rein vernunftmäßig zu beweisen. Die Theorie überschätzt also die Kraft der Vernunft auf Kosten des Glaubens.

Den Abbé B a u t a i n, Professor in Straßburg, der umgekehrt der Vernunft

[12] Vgl. S. 381 f.

Die Fassade der Peterskirche,
wie sie sich präsentiert, wenn man sie von der Mitte des Petersplatzes aus sieht. Zwischen dem statuengekrönten Gesimse und der Kuppel dehnt sich das gewaltige flache Dach der Peterskirche, auf dem mancherlei kleine Wohngebäude für Bedienstete der Vatikan-Stadt errichtet sind.

die Fähigkeit absprach, Gott zu erkennen und alle religiöse Erkenntnis auf die Offenbarung zurückführte, traf in demselben Jahre dasselbe Schicksal.

Gegen die in Preußen übliche Praxis in Sachen der gemischten Ehen[13] wurde eingeschritten, und im Kampfe mit der Regierung (Kölner Kirchenstreit) blieb der Papst Sieger. Der neue König Friedrich Wilhelm IV. setzte die beiden Erzbischöfe, v. Droste-Vischering von Köln und v. Dunin von Posen, die wegen ihres Gehorsams gegen das päpstliche Breve von 1830 in Festungshaft saßen, in Freiheit, gestattete den Bischöfen freien Verkehr mit Rom und errichtete sogar eine besondere katholische Abteilung im Kultusministerium (1841).

1839 verbot Gregor den Sklavenhandel und kanonisierte feierlich den hl. Alfons von Liguori und vier andere Heilige.

Dem Missionswesen schenkte auch er besondere Aufmerksamkeit und

[13] Vgl. S. 385.

Vorhalle der Peterskirche mit der „Heiligen Pforte"

erwarb sich den Ehrentitel eines Missionspapstes. Die Orientmission konnte durch die Gewährung voller Religionsfreiheit für die Christen durch die Türkei (1839) und durch die Befreiung der Unierten von der schismatischen Jurisdiktion (1830—1837) neu aufatmen. Für die griechischen Katholiken der Walachei, Moldau und Siebenbürgens wurde eine orientalische Hierarchie begründet. Algier wurde 1838 zum Bischofssitz erhoben. Auch im übrigen Afrika, in Vorder- und Hinterindien, China, Korea und der Südsee wurden Bistümer und apostolische Vikariate errichtet. Besonders aber machte die Kirche in Amerika große Fortschritte. In der Propagandainstruktion vom 12. November 1845 wurde die Sendung von Bischöfen und die Heranziehung eines einheimischen Klerus, seine gute Ausbildung, die Gründung frommer Vereine und die Abhaltung von Synoden eingeschärft. Im ganzen gehen nicht weniger als 70 Bistümer oder Vikariate auf Gregor XVI. zurück.

Die kirchliche N o t und gewalttätige Unterdrückung der K a t h o l i k e n i n R u ß l a n d, namentlich der Unierten, die unter Zar Nikolaus I. geradezu verfolgt und zum Übertritt in die Reichskirche gezwungen wurden, machten dem Papste viel Sorge. 1842 übergab er die mit dem Kaiser gepflogenen Unterhandlungen in einer Denkschrift der Öffentlichkeit. Als im Dezember 1845 der Zar nach Rom kam, benutzte Gregor die Gelegenheit, ihm sehr gründlich die Meinung zu sagen. Stolz, hoch aufgerichtet und vornehm war der Kaiser zur Audienz gegangen. Bleich, gebückt, verstört, mit Schweißtropfen auf der Stirn kam er wieder. „Ich habe ihm alles gesagt, was der Heilige Geist mir eingab", bemerkte der Papst. Der Vorgang machte ungemeines Aufsehen. Der „Univers" ließ sich aus Rom schreiben: „Jedermann versichert, daß der Papst erhaben war, daß dieser edle Greis in der majestätischen Einfachheit seines Wesens vom Geiste Gottes beseelt schien. Wer weiß, ob ein so unpolitisches und unchristliches Verfolgungssystem sich nicht zerbrochen hat an jenem Eckstein, an dem seit achtzehn Jahrhunderten schon so viele mächtige Unredlichkeiten zerschellt sind. Die Hoffnungen sind allerdings nicht in Erfüllung gegangen. In der schmachvollen Behandlung der Katholiken blieb fast alles beim alten.

Für die **spanische Kirche**, die unter dem Drucke einer kirchenfeindlichen Regierung seufzte, forderte der Papst 1842 unter Ankündigung eines Jubiläums zum Gebete auf. Bald begann für sie eine bessere Zeit. Die Differenzen zwischen dem Heiligen Stuhle und der **portugiesischen** Regierung wurden 1841 ausgeglichen.

Für **Wissenschaft und Kunst** behielt Gregor seine alte Vorliebe. Er gründete das etruskische, das christliche und das ägyptische Museum und vergrößerte die vatikanische Bibliothek. Den Künstlern, wie Overbeck und Thorwaldsen, den Kunstfreunden und den Romantikern war es ganz recht, daß Rom sich der neuen Zeit verschloß und die Stadt des Altertums und Mittelalters blieb. Das Sprachgenie Giuseppe **Mezzofanti** und den gelehrten Polyhistor und Altertumsforscher Angelo **Mai** ernannte Gregor zu Kardinälen.

Waren die nächsten Jahre nach dem Abzuge der Österreicher und Franzosen

Das Mittelschiff der Peterskirche
unter der Kuppel der Riesenbaldachin Berninis über dem Grabe des hl. Petrus.
(Detailbild dieser Confessio auf Seite 1.)

Linkes Seitenschiff mit der Taufkapelle von St. Peter

(1838) verhältnismäßig ruhig verlaufen, so sind **die letzten drei Jahre Gregors** wieder mit **Aufständen und Kämpfen angefüllt**, da der Papst den Revolutionären nicht früh genug starb. Regierung und Volk

Durchblick durch das rechte Seitenschiff von St. Peter

kamen kaum mehr zu Atem. Die allgemeine Revolution, für die Mazzini und seine Genossen Pläne ausgearbeitet hatten, kam zwar nicht zustande, aber 1843 wurde es in den Legationen wieder unruhig; Freischaren und Banden, so unter Muratori und Ribotti, durchzogen im Kleinkriege das Land. Ruhestörungen und Mordtaten wurden immer häufiger. Die harte und vielfach ungerechte Justiz

Der Vatikan

Über der vierfachen dorischen Säulenhalle, mit der Bernini dem Petersplatz eine überwältigend wirkende Umrahmung gegeben hat, wird *der mehrstöckige vatikanische Palast* sichtbar. Seit der Rückkehr Gregors XI. aus Avignon ist hier die ständige Residenz der Päpste; der in obigem Bild dargestellte Bau ist im Jahre 1450 unter Papst Nikolaus V. begonnen worden und hat seine heutige Form und seine jetzige Einrichtung als Wohnbau des Papstes unter Sixtus V erhalten.

der ambulanten Kriegsgerichte erbitterte nur noch mehr, die Verurteilung galt für Auszeichnung, nicht für Schimpf. Im September nahm eine Schar von Aufständischen und Abenteurern Rimini und erpreßte 100000 Scudi. Vor den päpstlichen Truppen flohen sie größtenteils ins Ausland. Einige Führer veröffentlichten dann die „Protestà di Rimini", ein Manifest der Bevölkerung des Kirchenstaates an die Fürsten und Völker Europas, das ziemlich maßvoll gehalten ist und die schon länger geläufigen Beschwerden und Wünsche nach bürgerlicher Freiheit zusammenfaßt. In einigen Punkten geht es zu weit, aber die offiziöse Gegenschrift trifft es noch weniger, wenn sie die Anklagen und Forderungen als frevelhafte Gedanken unruhiger Köpfe zurückweist und die Einrichtungen als klug und weise zu verteidigen sucht. Unter den Verbannten und Flüchtigen im Auslande wurde es nun ganz unruhig, und bis ins nächste Jahr jagte eine Flugschrift die andere. Besonders beachtenswert ist Massimo d'Azeglios Schrift „Über die letzten Vorgänge in der Romagna". Er tadelt zwar den Putsch von Rimini, erhebt aber zugleich in lebhafter Darstellung bittere Klage über die Mißstände der Verwaltung und Justiz des Kirchenstaates. Ähnlich, aber in viel heftigerem Tone Capponi in einem Aufsatze in der Pariser Gazzetta italiana „Über den derzeitigen Zustand der Romagna". Der Kirchenstaat sei ohne Finanzen, ohne Kredit, mit einer stets wachsenden Schuldenlast, gänzlich unfähig zu Reformen, weil in einem so durch und durch verdorbenen Körper selbst die Heilmittel, die man anwenden wollte, sich in Gift verwandeln würden. An dem weltlichen Besitzstande und der Souveränität des Papstes lasse sich freilich nicht rütteln. Seine Rechtstitel seien legitimer und älter als die irgendeiner Regierung der Welt. Aber die Ausübung müsse sich dem Geiste der Zeit und den Forderungen des Volksgeistes anpassen. Die gebildete Laienwelt könne sich die Regierung und Verwaltung der Geistlichen nicht länger gefallen lassen. Seine Lösung heißt: Un Papa che regni senza governare.

Als Gregor XVI. am 1. Juni 1846 starb, wurde die Revolution, für die der Plan fertig und der Boden bereitet war, aufgeschoben.

★ ★ ★

In all diesen Jahren unterwühlte die revolutionäre Bewegung weiter den Boden Italiens. Hauptagitator war Guiseppe Mazzini aus Genua. 1831 richtete er, erst 23 Jahre alt und bis dahin unbekannt, an Karl Albert, der eben den

Königsthron von Sardinien bestiegen hatte, als „ein Gleicher an seinesgleichen" einen Brief, in dem er ihn aufforderte, sich an die Spitze der italienischen Bewegung zu stellen und zu wählen, ob er der erste Mann seiner Zeit oder der letzte der italienischen Tyrannen sein wolle. 1832 gründete er in Marseille den Bund des „jungen Italien (Giovane Italia)". „Freiheit, Gleichheit, Humanität, Einheit, Unabhängigkeit" schrieb er auf sein Banner. Die „eine unteilbare Republik" war das Ziel. Die reaktionären Regierungen Italiens und die päpstliche Herrschaft sollten gestürzt werden. „Nicht Reform, sondern Revolution." „Keine Freiheit ohne Republik, keine Republik ohne Freiheit" waren Mazzinis Lehren. Die Flüchtlinge (fuorusciti) aus den Aufständen von 1831 im Kirchenstaat und 1833 in Mittel- und Norditalien verstreuten sich über das ganze westliche Europa. Am zahlreichsten waren sie in Brüssel, Paris und London. Von dort aus verbreiteten sie ihre Ansichten in der Heimat und stifteten Verschwörungen und Aufstände an. Im Kirchenstaate zählte das junge Italien im Gros der Bevölkerung nur wenige Anhänger, mehr unter den Studenten.

Im Gegensatze zu der mazzinistischen, radikalen Richtung kam nachher eine Schule auf, die es versuchte, den Zwiespalt zwischen der am unbeschränkten Absolutismus festhaltenden päpstlichen Regierung und den Wünschen der Nation aus der Welt zu schaffen. Man kann die Bewegung als „italienische Romantik" bezeichnen. Sie heißt auch wohl Neoguelfismus. In ihren politischen Bestrebungen war ein starker Einschlag religiöser Ideen. Sie

Der Damasushof des Vatikans
wurde unter Leo X. in seiner heutigen Form angelegt; von ihm aus führt die Scala Regia (Königstreppe) zu den Audienzsälen und den Wohngemächern des Papstes.

Die Königstreppe
(Scala Regia) führt vom großen Portal im Damasushofe zu den Prunksälen des päpstlichen Palastes. Unter Papst Urban VIII. wurde der Bau dieser „Königstreppe" begonnen; Alexander VII. brachte die Anlage zum Abschluß.

wollte die Fürsten und Völker Italiens zu einem Bundesstaat oder Staatenbunde vereinigen, dem Lande den Katholizismus erhalten, das Papsttum von der Reaktion freimachen und zur Verständigung mit der modernen Bildung führen. Antonio Rosmini, Vincenzo Gioberti, Cesare Balbo waren die Führer. Neben und hinter ihnen standen Massimo d'Azeglio, Gino Capponi, Cesare Cantù u. a.

Rosmini, dessen eigentliches Lebenswerk die Erneuerung der italienischen Philosophie war, hat zwar seine politischen Schriften erst nach 1848 veröffentlicht, aber ausgearbeitet wurden sie schon früher und übten schon länger in seinen Kreisen Einfluß. In dem Buche über „die fünf Wunden der Kirche" hält er zwar an dem Primate des Papstes und sogar an seinem politischen Primate über ganz Italien fest, aber unter der Voraussetzung der Reform der Kirche, deren Verweltlichung er tadelt. In dem Versuch über eine Verfassung Italiens, der als Anhang beigegeben ist, schlägt Rosmini eine K o n f ö d e r a t i o n   d e r   i t a l i e n i s c h e n   S t a a t e n mit dem Papste an ihrer Spitze und zwei gesetzgebenden Kammern in jedem Staate vor. In Rom soll beständig ein Landesausschuß tagen, der die italienische Politik nach innen wie nach außen einheitlich gestalten soll. Für die Einzelstaaten ist Gleichheit der Konstitutionen, des bürgerlichen Handels, des Strafrechts und Prozeßverfahrens, der Münzen, Maße und Gewichte und gemeinsames Bürgerrecht für ganz Italien in Aussicht genommen. Das sehr bemerkenswerte Projekt ist im Sturm der Revolution versunken und fast vergessen worden. Sicher enthielt es die einzige Möglichkeit, wie der Kirchenstaat noch erhalten werden konnte; denn „Einheit Italiens", schreibt Rosmini, „diesen Schrei stoßen alle aus, und es gibt keinen Italiener, dem dabei das Herz nicht schlägt. Es hieße darum Worte in den Wind reden, wollte man den Nutzen oder die Notwendigkeit dieser Einheit beweisen. Wo alle übereinstimmen, gibt es keine Frage."

Ungeheures Aufsehen erregte G i o b e r t i s   S c h r i f t „Del primato morale e civile degli Italiani", die er, 1833 aus Piemont verbannt, 1843 in Brüssel erscheinen ließ. Mit lebhaftestem Vaterlandsgefühle preist er Italien als das vorzüglichste Land Europas, schon deshalb, weil es die Hauptstadt des Katholizismus habe. Für das vom Katholizismus durchdrungene Italien nimmt er den Prinzipat in den Wissenschaften, der Poesie, Literatur und Kunst in Anspruch. Wenn sich die „übernatürliche Nation" (nazione sovranaturale) ihrer nationalen und religiösen Einheit bewußt werde, könne sie ohne jede fremde Hilfe ihre alte Größe und Macht wiederherstellen. Die Erhebung könne aber nicht gelingen ohne das Papsttum, den Einigungspunkt Italiens, die „pietra angolare", die große Leuchte der Kultur. Die Staaten der Halbinsel sollen sich zu einer Liga, **einem Staatenbunde** vereinigen, der Papst Präsidium und Schiedsrichter, Doge und Gonfaloniere sein. Mit einer poetischen Ausmalung der Zukunft schließt das an genialen Gedanken reiche, aber auch phantastische und unhistorische Buch. Mit seinem eigenartigen Zauber eroberte es im Sturme ganz Italien. Auch auf den Kardinal Mastai-Ferretti von Imola soll es tiefen Eindruck gemacht und ihn ins nächste Konklave begleitet haben, aus dem er als Papst hervorging, um, wie man glauben konnte, die Hoffnungen Italiens zu erfüllen.

Nach dem Philosophen Rosmini und dem Schwärmer Gioberti nahm endlich auch ein praktischer Staatsmann das Wort, Cesare B a l b o in seinen „Speranze d'Italia" 1844. Er stellte sich, allzu kühne Träume abweisend, auf den Boden des Erreichbaren. Auf das Papsttum will auch er nicht verzichten. Es soll ein Staatenbund geschaffen werden, dessen Schwert Sardinien, dessen Herz Rom wäre. Er deckt die Schäden rücksichtslos auf und predigt seinem Volke eine Verbesserung der öffentlichen Sitten.

* *

Ein Bild vom damaligen Zustande des Kirchenstaates[14] hat der bekannte italienische Staatsmann Luigi Carlo F a r i n i, der 1848 Unterstaatssekretär Pius' IX. war, in seiner Geschichte des Kirchenstaates gezeichnet. Es ist düster genug.

Sala regia
(Saal der Könige), einer der repräsentativen Prunkräume des vatikanischen Palastes, erbaut 1573 unter Papst Paul III. durch Ant. da Sangalla d. J

[14] Vgl. S. 374 f, 384, 388, 390, 398.

Sala ducale
im Vatikanpalast, erbaut von Bernini.

Die einheimischen Truppen waren schlecht diszipliniert, schlecht bezahlt und unzuverlässig, die fremden Söldner zwar gut, aber eine schwere Last und beim Volke unbeliebt. Der Handel war dürftig, größere Industrie nicht vorhanden. Die Polizei verfuhr willkürlich und gegen die Liberalen vexatorisch. Räuberbanden bedrängten Stadt und Land. Alle staatlichen Bureaus waren in Unordnung. Das Volk mußte schwere und schlecht verteilte Steuern aufbringen, während der Wohlstand durch die schlechten Zivil- und ökonomischen Gesetze, die Verhinderung der Eisenbahnen und die Unbeweglichkeit der großen Vermögen nicht wachsen konnte. Es fehlte an Gesetzbüchern. Auch waren die Bürger vor dem Gesetze nicht gleich, sondern es gab Immunitäten und Privilegien in großer Zahl. Die Rechtspflege war verwickelt, langsam, kostspielig, unzuverlässig. Die Staatsschuld betrug 37—38 Millionen Scudi mit 5 Prozent Zinsen, das jährliche Defizit wenigstens eine Million. Unterricht und Erziehung waren in allen Teilen, auch in der Religion, ungenügend. Gegen die Fortschritte der Zivilisation war man feindselig oder gleichgültig. Die Presse und die ausländischen Bücher und Zeitschriften standen unter strenger Zensur. Die höheren Stellen waren überall dem Klerus vorbehalten. Tausende von Bürgern waren verwarnt (ammoniti) und damit von jeder Anstellung in Staat oder Gemeinde ausgeschlossen, viele andere verbannt und politisch verurteilt. Die Militärkommissionen waren in Permanenz. „Die Regierung war nicht stark durch die Liebe der Untertanen und durch die öffentliche Meinung. Von den Fremden erfuhr sie scharfen Tadel und Spott und war der Gegenstand schlimmer

Gerüchte. Man war von der Überzeugung durchdrungen, es bedürfe eines frischen Luftstromes und es seien baldige und durchgreifende Reformen notwendig. Die Diplomaten lebten in der Furcht vor Aufruhr und Revolution."

Was gegen diese Schilderung eingewendet wird, soll keineswegs verschwiegen werden. Hergenröther nennt Farini einen fanatischen Revolutionär, wirft seinem Buche parteiische Entstellung der Tatsachen, Einseitigkeit und Lügenhaftigkeit vor und bezeichnet die Historiographie, die sich auf Farini stützt, als erbärmlich.

Aber Farinis scharfe und drastische Darstellung wird durch gleichzeitige Memoiren und andere Quellen vielfach bestätigt, und ein dem Papsttum so wohlgesinnter Historiker wie Cesare C a n t ù kann in seiner „Geschichte der Italiener" (Kap. 189) keine wesentlich günstigere geben. Hier einige Sätze daraus:

„Von Konstitution, Budget und anderen wunderlichen Erfindungen, die der Theologie fremd sind und mit dem Reiche Gottes nichts zu tun haben, verstand der Papst nichts, so daß er alles den Ministern und den Umständen überließ, die es verschuldeten, daß die 1831 versprochenen Reformen gar kein oder bloß ein schlechtes Ergebnis hatten. Diese unvollständigen Zugeständnisse betrachtete die Regierung als erzwungen und suchte sie zu beseitigen. Die Justiz war nicht bloß bestechlich, sondern der Willkür der Oberen und vollständigen Urteilskassierungen ohne Ende ausgesetzt. Bei jedem Attentat auf die öffentliche

Der vatikanische Konsistoriensaal
ist deshalb von besonderer Bedeutung, weil in diesem Saale die „Konsistorien" genannten feierlichen Versammlungen der Kardinäle unter der Leitung des Papstes stattzufinden pflegen. Von diesem Saale aus ergehen die machtvollen „Allokutionen" der Päpste an die Völker des Erdkreises; hier werden die Kardinäle ernannt und mit dem Purpur bekleidet.

Das Arbeitszimmer des Papstes
ist inmitten der prunkvollen Säle des vatikanischen Palastes von denkbar schlichtester Einfachheit, während die *Prachträume* des vatikanischen Palastes *geschichtliche Denkmäler aus der Zeit der Renaissance* sind, deren wesentliche Bedeutung für die Kulturentwicklung unserer Tage man hier besonders überzeugend empfindet.

Ordnung wurden Militärkommissionen ernannt, bis sie durch die Konsulta ersetzt wurden, die aber ebenfalls Ausnahmebestimmungen hatte.

Die Stehlereien und die Käuflichkeit, die Rom immer entehrt haben, die Allmacht der Intriganten und die Willkür der Mächtigen und der Beamten des Papstes wuchsen über alles Maß   Die öffentlichen Arbeiten bezweckten mehr den Prunk als das Nützliche. Der Reisende seufzte über diese unvergleichlichen Ruinen und fragte, warum Pflanzungen und Kultur die Umgebung Roms nicht gesund und fruchtbar machten, warum keine Dampfer den Tiber hinaufführen und warum keine Eisenbahnen die Hauptstadt der Christenheit mit den beiden Meeren verbänden. Mit dem moralischen Zustande war es noch schlimmer. Außer der Polizei gab es da noch eine Bande, die unter der Maske der Ergebenheit gegen die Regierung die entgegengesetzten Meinungen maßlos bekämpfte, Verschwörungen erdichtete, um ihre Privatrache zu befriedigen, die Untertanen der Obrigkeit verdächtig und diese den Untertanen verhaßt machte.[16]

Der Papst wußte nichts davon, weil seine Günstlinge dafür sorgten, daß man ihm nicht von Geschäften sprach. So glaubte er, daß alles den besten Fortgang nähme."

Ein dem Papst und der Kirche ebenfalls keineswegs feindseliger Korrespondent der Augsburger Allgemeinen Zeitung schrieb 1846 beim Regierungswechsel: „Was man in Rom und im Kirchenstaate zu-

Vgl. S. 388.

nächst schwer empfindet, ist die übermäßige Ausbreitung der Geistlichkeit in allen Zweigen der Verwaltung, wodurch den mittleren Ständen die Möglichkeit abgeschnitten wird, für eine beträchtliche Anzahl ihrer jüngeren Glieder in den verschiedenen Zweigen des öffentlichen Dienstes sich Aussichten zu eröffnen und Unterkommen zu finden, und wodurch ein entschiedenes Patronat des Klerus sich befestigt, dem keiner sich ungestraft entziehen kann; die Konzentrierung der Kapitalien zunächst in die geistliche und tote Hand; die durch kanonische Gesetze bedingte Verhinderung der Geistlichkeit, ihre Überschüsse in gewöhnlicher Weise gegen Zins auszuleihen und die daraus fließende Notwendigkeit sowohl der Geistlichen als der Kapitalsuchenden, sich bei dem so hoch gesteigerten Bedürfnis von Anleihegeschäften der Mittelspersonen, der Unterhändler zu bedienen; das Erzwingen von Wucherzinsen, zu denen manche von diesen sich durch ihre Stellung ermächtigt finden; der infolge davon mehr und mehr um sich greifende und alle Verhältnisse durchfressende Ruin der Familien; die hiernach unausbleibliche Menge von Vergantungen der Unglücklichen, die, zur Verzweiflung über ihre und der Ihrigen Lage getrieben, in die geheimen Feldlager der politischen Malkontenten übergehen und in verwegenen Anfällen auf die öffentliche Ordnung den Staat erschüttern." Die Lage der Finanzen findet er verzweifelt, da sie, von dem früheren Ertrage aus den katholischen Staaten von vier Millionen auf eine herabgemindert, um so schwerer auf die Steuerkraft der einheimischen Untertanen drückten, großenteils auf die kostspielige fremde Soldateska verwendet und dadurch wichtigen gemeinnützigen Unternehmungen entzogen werden müßten, wie z. B. die Arbeiten zur Austrocknung der pontinischen Sümpfe „weit unter das Maß dessen herabgesunken sind, was erforderlich wäre, um die Ausbreitung ihrer verpestenden Atmosphäre zu hindern". Die Bevölkerung habe zu klagen über die „Willkür zum Teil unwissender oder bestechlicher Beamten", ganz besonders ferner über die nur zu oft völlig unbegründeten Verhaftungen und „die unkontrollierbare Zurückbehaltung im Gefängnisse, wie solche besonders in neueren Zeiten durch die Inquisition geschicht, die, beauftragt, gegen Blasphemie und Häresie einzuschreiten, ihre Befugnis bereits auf ungebührliche Äußerungen über den geistlichen Stand ausdehnt und Personen auf kürzere oder längere Zeit verschwinden macht". Nach alledem hält sich dieser Beobachter für berechtigt, von „einem unhaltbar gewordenen Zustande", von den „ihre Dienste versagenden Kräften einer alternden Staatsmaschine", von einem „über fast alle Anstalten sich verbreitenden Marasmus" zu reden.

Diese Zeugnisse von sachkundigen Politikern verschiedener Parteirichtung lassen die Schäden des damaligen Kirchenstaates hinreichend erkennen. Daß vieles davon auf Rechnung des Volkscharakters, territorialer und klimatischer Verhältnisse, der Revolution und des Druckes der auswärtigen Mächte, wodurch es der Regierung an genügenden Ruhepausen fehlte, zu setzen ist, hat Hergenröther in seinem Buche über den Kirchenstaat im einzelnen nachzuweisen gesucht. Doch dürfte er nach der anderen Seite zu weit gegangen sein und es mit der Verteidigung etwas übertrieben haben.

DAS PAPSTTUM AUF DER HÖHE SEINER KIRCHLICHEN MACHT UNTER PAPST PIUS IX.

Das Konklave war in zwei Parteien gespalten, die „Starren" (Gegner der neuen Ideen und Anhänger des Papstes, Lambruschinis und der Jesuiten) und die „Milden". Gewählt wurde als Kompromißkandidat nach nur zweitägiger Dauer und nur sechzehntägiger Sedisvakanz am 16. Juni Giovanni Maria Conte Mastai-Ferretti. Die sehr verbreitete Erzählung, Österreich habe gegen ihn die Exklusive vorbereitet, sein Beauftragter, der Erzbischof von Mailand, Kardinal Gaysruck, sei aber zu spät in Rom eingetroffen, ist falsch.

Geboren am 13. Mai 1792 in Sinigaglia, in seiner Jugend schwächlich und epileptisch, war Mastai 1819 Priester geworden, hatte als Auditor des päpstlichen Legaten eine Sendung nach Chile mitgemacht und mehrere Wohltätigkeitsanstalten

Papst Pius IX. (1846—1878) (Alqurr)

verstand es in seinem langen und segensreichen Pontifikat, das Papsttum wieder auf die Höhe seines kirchlichen Einflusses zu führen; selbst der Verlust des Kirchenstaates, den die revolutionären Parteien Italiens im Einvernehmen mit der Politik des piemontesischen Königshauses 1870 mit Waffengewalt eroberten, vermochte die kirchliche Stellung des Papsttums nicht wesentlich zu schwächen.

Pius IX. (1846—1878). Wahl und Regierungsanfänge

Pius IX.
Giovanni Maria Conte Mastai-Ferretti, Italiener aus Sinigaglia (Marche). 1846—1878

geleitet. 1827 von Leo XII. zum Erzbischof von Spoleto ernannt, hatte er sich durch seine freundliche, milde und wohltätige Haltung im Aufruhr 1831 auch bei den Liberalen Beliebtheit erworben und sogar in den Ruf gebracht, selbst ein Liberaler zu sein. Einer seiner Brüder hatte sich damals stark kompromittiert und war des Landes verwiesen worden. Gregor XVI. sagte, als ihm in jener Zeit der Erzbischof für die Kardinalswürde vorgeschlagen wurde: „Im Hause der Mastai sind selbst die Katzen liberal." Seit 1832 war Mastai Bischof von Imola, seit 1840 Kardinal.

Pius IX., wie er sich nannte, war durch manche V o r z ü g e ausgezeichnet: schöne, bezaubernde Erscheinung, fürstliches Auftreten, Witz, Phantasie und Schlagfertigkeit, Frömmigkeit und tadellose Sitten, menschenfreundliche und wohltätige Gesinnung, reinsten Willen und unbedingte Hingebung an seine Aufgabe. N i c h t g l ü c k l i c h für die politische Regierung in so schwerer Zeit waren dagegen sein nervöses, wechselndes, unbeständiges und unberechenbares Temperament, das von flüchtigem Enthusiasmus zu tiefster Niedergeschlagenheit übergehen konnte, und sein Mangel an festen und klaren politischen Prinzipien. Er fühlte sich als guter Italiener. Er war mit den Ideen Giobertis und

Der Thronsaal des vatikanischen Palastes
ist wohl den meisten Besuchern Roms bekannt; hier erteilt der Papst die feierlichen Audienzen.

Die Stanzen Raffaels im Vatikan: Stanza della Segnatura
Diese Säle wurden unter Papst Nikolaus V. erbaut; Papst Julius II. ließ sie durch Raffael mit wunderbaren Wandgemälden schmücken.

Balbos bekannt geworden, kannte die Not des Landes und wollte auf keinen Fall ein bloßer Fortsetzer des gregorianischen Papsttums sein.

Schon die ersten Handlungen zeigten den neuen Geist. Der Papst gab jeden Donnerstag öffentliche Audienzen, ließ die politischen Untersuchungen einstellen und nahm eine Amnestie für politische Vergehen in Aussicht. Als diese am 16. Juli, dem Monatstage seiner Wahl, erlassen wurde, erfolgte in Rom und Italien „ein Ausbruch der Volksbegeisterung, wie er seit Beginn der christlichen Zeitrechnung nicht erlebt worden". In den nächsten zwanzig Monaten war Pius IX. der populärste Mann der Halbinsel; des Rufes „Evviva Pio nono!" war kein Ende mehr. So wenig war das arme Volk von seinem Fürsten Worte der Teilnahme und Sympathie gewohnt. Aber diese Bejubelung wurde dem Papste zum Unheil; er ließ sich Zugeständnisse abschmeicheln, die das Volk nur immer begehrlicher machten, und wurde schon ängstlich, wenn die Huldigungen einmal aufhörten.

Weitere Schritte auf dem neuen Wege waren ein milderes Zensurgesetz (15. März 1847), die Schaffung eines Ministerrates (14. Juni), die Einführung der Bürgerwehr (30. Juli), die Wiederherstellung der Gemeindeverfassung der Stadt Rom (2. Oktober), die Eröffnung des Staatsrats (Consulta di stato, 14. Oktober, angekündigt schon am 19. April).

Der „Liberalismus" des Papstes und seine Unterstützung der nationalen Bestrebungen hatten inzwischen zu einem Konflikt mit Österreich geführt. In Wien wurde unter polizeilicher Aufsicht eine Broschüre verkauft über „Seine Scheinheiligkeit Pius IX." Für Metternich war Italien immer noch ein bloßer „geographischer Name", und er protestierte gegen die „neuen Theorien", d. h. die Einheitsideen. Zu ihrer Unterdrückung ging dann Österreich über, indem es im Juli 1847 die Besatzung von Ferrara, die es dort auf Grund der Wiener Verträge halten durfte, um 900 Mann verstärkte, nächtliche Streifwachen einrichtete und die Wachen besetzte. Der Erfolg war aber ein ganz unerwarteter. Der Papst protestierte, und die Bewegung, die die Österreicher bekämpfen wollten, erhielt einen neuen Anstoß. In Rom erzählte man sich, der Papst habe gesagt: „Hinaus mit den Barbaren!", und man sah in dem Proteste den ersten Versuch, die Schutzmacht des gregorianischen Systems, mit der die reaktionäre Partei immer noch in Verbindung stand, energisch abzuschütteln. Zwar wurde der Zwischenfall auf diplomatischem Wege beigelegt, aber Pius wurde nun, mehr als er selbst wünschte, zum Nationalhelden; ganz Italien nahm für ihn Partei, alles schrie nach dem Kampfe gegen Österreich. Selbst Mazzini stimmte vorübergehend in den allgemeinen Chorus mit ein und richtete an den Papst einen überschwenglich gehaltenen Brief, in dem er ihn aufforderte, sich an die Spitze der nationalen Bewegung zu stellen. Er fügte feierlich die Drohung hinzu, das italienische Volk würde sich sonst vom Kreuze losreißen und seinen eigenen Weg gehen. Der Papst wies ihn natürlich energisch zurück.

Die Einigung wollte Pius fördern, indem er einen Zollverein zwischen den italienischen Staaten zu begründen suchte. Sardinien und Toskana waren auch dafür zu haben, nur an dem Widerstande des Herzogs von Modena scheiterte das Unternehmen.

Die Stanzen Raffaels im Vatikan: der Konstantinssaal

Die Loggien Raffaels im Vatikan
nehmen den westlichen Flügel der den Damasushof umgebenden Loggien im II. Stockwerk ein und sind ein langer Galeriebau mit 13 Bogen. Jedes der 13 Kreuzgewölbe schmücken vier Szenen aus dem Alten und Neuen Testament.

Die Ereignisse jagten sich nun in rasender Eile. Schon Ende des Jahres 1847 zeigte es sich, daß ein Bruch zwischen dem Papste und dem Volke, in dem die nach der Amnestie massenhaft zugezogenen Mazzinisten und Revolutionäre immer mehr die Oberhand bekamen, unausbleiblich war. Unter der Maske von Huldigungen und Dankbezeugungen suchten die radikalen Demagogen den Papst zu ihrem gefügigen Werkzeuge zu machen. Am Abend des 1. Januar sollten dem Papste „34 Forderungen des Volkes", darunter Preßfreiheit, Entfernung der Jesuiten, Bau von Eisenbahnen, Bewaffnung der Bürgerwehr, italienischer Bund, Besetzung der Beamtenstellen mit Laien usw., überreicht werden. Als Pius nicht erscheinen wollte, raste das Volk. Schließlich versprach er, am andern Tage dem Volke sein Vertrauen zu zeigen. Er fuhr am nächsten Morgen unter Schreien und Lärmen des Volkes durch den Korso zum Quirinal. „Das triumphierende Volk bejubelte, bekränzte, beflaggte sein Opfer", so deutete Cesare Balbo diese „großartige Ovation". Wieder im Palaste, sank Pius ohnmächtig zusammen.

Selbst die stärkste Regierung hätte auch den Kirchenstaat vor den Einwirkungen der Ereignisse in den Nachbarländern nicht bewahren können: im Januar 1848 erhoben sich Sizilien und Neapel; der König mußte eine Verfassung erlassen, Karl Albert von Piemont gab am 8. Februar sein „Fundamentalstatut", am 17. folgte der Großherzog von Toskana; im lombardo-venetianischen Königreiche begann es sich zu regen. In Rom kam es am 8. Februar zu einem Volksauflaufe. „Keine geistlichen Minister mehr, rechtschaffene Laien! Sofortige Bewaffnung!" war das Geschrei. Der Papst willigte ein. Er erklärte, er wolle noch im Laufe der Woche Laien zu Ministern machen, unterhandle bereits mit Piemont und Toskana über den Abschluß eines italienischen Bundes und habe sich zur Reorganisation der Miliz piemontesische Offiziere ausgebeten. Drei Ministerien, das des Handels und Ackerbaues, der Industrie und der schönen Künste, wurden nun mit Laien besetzt. Viel Einfluß hatten sie nicht, und die Nachricht von der Pariser Februarrevolution, die in Rom mit Musik und Fackeln gefeiert wurde, drängte schon nach einem Monat zu größeren Zugeständnissen. Am 10. März wurde unter dem Präsidium des Kardinals Antonelli ein neues Ministerium aus sechs Laien und drei Geistlichen gebildet, und am 14. März endlich die Verfassung, das „Fundamentalstatut für die weltliche Regierung des Kirchenstaates", veröffentlicht. Es wurden zwei Kammern eingeführt. Die Mitglieder der ersten (alto consiglio) ernannte der Papst auf Lebenszeit, die der andern (consiglio dei deputati) wählte das Volk. Über beide Kammern aber wurde als oberster Senat das Kardinalskollegium gestellt, das über alle Gesetze erst gehört werden sollte. Kirchliche und gemischte Angelegenheiten wurden dem Parlamente überhaupt entzogen, und ebensowenig sollte es die auswärtige Politik in den Kreis seiner Kritik ziehen. Obwohl, wie aus der Stellung der Kardinäle und den eben erwähnten Einschränkungen zur Genüge hervorgeht,

Innenhof des Landhauses Pius' IV.
in den vatikanischen Gärten. Heute wirkt dieses Kabinettstück der Baukunst als erlesen schön angelegtes Museum. (Vergleiche hierzu auch das Bild auf Seite 28.)

Das „alte Belvedere"
war ursprünglich ein Gartenhaus des Papstes Innocenz VIII., das inmitten der vatikanischen Gärten gelegen und im Sinne der damaligen Zeit mit Statuen aller Art und kunstvollen Gartenanlagen reich geschmückt war.

diese „Verfassung" nicht sehr lebensfähig war, wurde sie doch mit Jubel aufgenommen, denn eine andere, stärkere Bewegung, die nationale Sache, regte das Volk viel mehr auf. In der österreichischen Lombardei brach die Revolution aus, Karl Albert von Piemont entschloß sich zum offenen Kampfe mit den Fremden, überschritt den Tessin und rief ganz Italien zur Teilnahme am heiligen Kriege auf. Rom hallte von einer Begeisterung wider, als wenn ein Kreuzzug gerüstet würde. Adelige und Bürger, Geistliche und Mönche stimmten in den Ruf ein: „Hinaus mit den Barbaren!" Die Truppen rückten unter dem Piemontesen Durando, die Freiwilligen unter Ferrari an die Nordgrenze des Kirchenstaates aus. Der päpstliche Segen, den sie mitnahmen, wurde in den Zeitungen dahin gedeutet, daß Pius dem Kaiser den Krieg erklärt habe. Er selbst erklärte aber nachher, er habe nur die Grenzen des Kirchenstaates verteidigt wissen wollen; denn als Haupt der Kirche sei er im Frieden mit aller Welt.

Die Entscheidung, vor der der Papst jetzt stand, war von der größten Wichtigkeit, und für die weltliche Herrschaft der Päpste ist sie ausschlaggebend geworden. Wie schwer es Pius IX. wurde, den Ausweg aus den Schwierigkeiten zu finden, zeigt seine merkwürdige Proklamation an die Völker Italiens vom 30. März, die beginnt mit den Worten: „Die Ereignisse, die die letzten zwei Monate sich in so rasender Eile folgen sahen, sind nicht Menschenwerk. Wehe dem, der die Stimme des Herrn nicht hören kann in dem Sturme, der jetzt durch die Lande braust, die Zeder und die Eiche zerbrechend!" Er mahnt zu Demut und Eintracht und besonders zur Achtung und Erhaltung der Religion. Massimo d'Azeglio bemerkte treffend, dies sei der Beginn des Kampfes zwischen dem Leiter der Kirche und dem italienischen Fürsten.

In den ersten Apriltagen schickte der Papst einen Prälaten an Karl Albert, um über den Abschluß eines italienischen Bundes zu verhandeln, und Durando bekam Befehl, „sich mit Karl Albert in Korrespondenz zu setzen und in Übereinstimmung mit ihm zu operieren". Durando sagte darauf seinen Truppen in einer Proklamation, der Heilige Vater habe ihre Schwerter gesegnet, die sich nun, mit denen Karl Alberts vereinigt, zur Ausrottung der Feinde Gottes und Italiens in Bewegung setzen müßten. Diese Proklamation wurde in der offiziellen päpstlichen Zeitung für ungültig erklärt. Der Papst selbst kam aber zu keinem Entschlusse, so sehr die Lage darauf drängte. Er gab es halb zu, daß Durando, nicht ohne Bedenken, am 21. April den Po überschritt und ins Österreichische einrückte. Das Ministerium war entschieden für den Krieg, und der frühere französische Botschafter Pellegrino Rossi, der schon mehrfach gute Ratschläge erteilt hatte, sah auch diesmal richtig: nähme der Papst nicht entschlossen die nationale Bewegung in die Hand, so würde sie sich gegen ihn und das Papsttum kehren. Am 6. April hatte Rossi schon an Guizot geschrieben: „Italien ist tief erschüttert. Die nationale Frage

Das heutige Belvedere und die vatikanischen Gärten

Die alte Anlage des mächtigen Belvederehofes aus der Renaissancezeit ist heute durch weitläufige Museumsbauten abgeteilt und gegenüber der ursprünglichen Anlage grundlegend verändert. Am Ende der Allee des Belvedere ist der Eingang zu den vatikanischen Museen, der größten antiken Sammlung der ganzen Welt. Aufbau und Neuordnung dieser Sammlungen sind hauptsächlich das Werk der Päpste des 18. und 19. Jahrhunderts.

Der Pinienhof des Belvedere

reißt alle übrigen mit sich. Die Bewegung ist allgemein und unwiderstehlich. Die italienischen Regierungen, die sich ihr nicht anschließen, werden zugrunde gehen. Dabei wäre es ein großer Irrtum, zu glauben, Italien sei kommunistisch und radikal gesinnt." Trotz alledem fiel schließlich die Entscheidung des Papstes ganz anders aus. Piemont war auf den Vorschlag, Bevollmächtigte nach Rom zu schicken, um über den Abschluß des italienischen Bundes zu verhandeln, nicht eingegangen und hatte so das Mißtrauen gegen seine Absichten geweckt, und die Nuntien in Wien und München sollen über die Gefahr eines deutschen Schismas, wenn sich der Papst gegen Österreich erkläre, berichtet haben. Auch die reaktionäre Partei in seiner Umgebung ängstigte ihn mit diesem Gespenste. Der Papst mag nun geglaubt haben, die universelle Bedeutung des Papsttums über nationale Befangenheit stellen zu sollen. In der Allokution vom 29. April, die einen Wendepunkt in seiner Geschichte bedeutet, erklärte Pius, es sei ihm unmöglich, gegen Österreich Krieg zu führen, da er kraft seines Amtes des obersten Apostolates alle Völker mit der gleichen väterlichen Liebe umfasse. Er werde auch niemals an die Spitze einer italienischen Konföderation treten. Die Wirkung war niederschmetternd. Die Popularität des Papstes war wie weggeblasen. „Wie man früher den Papst den größten Heroen des Altertums gleichgesetzt hatte, so verwies man ihn jetzt unter die schwärzesten Verräter." Die Minister, außer Antonelli, reichten noch am selben Tage ihre Entlassung ein. Die Aufregung des Volkes wurde auch durch eine mildere Auslegung, die der Papst in einer italienischen Proklamation (1. Mai) der Allokution zu geben versuchte, nicht beschwichtigt. Schon redeten die Radikalen von Absetzung des Papstes und Bildung einer provisorischen Regierung. Den Oberbefehl über seine Truppen trug Pius dem Könige Karl Albert an, der ihn übernahm. An den österreichischen Kaiser richtete er einen Brief, worin er ihm zuredete, seine italienischen Besitzungen freiwillig abzutreten. Natürlich holte er sich eine Abweisung. Aus allen Teilen des Landes bestürmt, sich dem Kriege anzuschließen, mußte er sich ein Ministerium Mamiani aufdrängen lassen, das den **Krieg „auch wider den Willen und ohne den Segen des Papstes"** betrieb. Dieser fragte schon damals bei der Regierung von Neapel an, ob er dort, wenn er Rom verlassen müsse, Zuflucht finden könne. Am 5. Juni wurden die Kammern eröffnet. Das Regierungsprogramm des Ministeriums versetzte den Papst „aus der politischen Welt heraus ganz in die hohe Sphäre seiner himmlischen Autorität", wogegen sich der Papst verwahrte; ebenso protestierte er gegen die „von den Kammern ausgesprochenen Worte des Krieges". Als die Nachricht von der entscheidenden Niederlage Karl Alberts bei Custozza (25. Juli) nach Rom kam, beschwor das Parlament in einer Adresse den Papst, die Bürgerwehr mobil zu machen, Freiwillige auszuheben, eine Fremdenlegion zu bilden und außerordentliche Geldmittel zu erheben. Der Papst erwiderte, er wolle alles tun, um seine Staaten zu schützen, aber dem Kriege gegen Österreich werde er sich nicht anschließen. Die Kammer dekretierte dann die erforderlichen kriegerischen Maßregeln, und der Papst genehmigte sie. An die Stelle des extrem demokratischen Ministeriums Mamiani trat dann das gemäßigtere Fabbris, aber es konnte der Bewegung ebenfalls nicht Herr werden.

Inzwischen hatte im Mai Gioberti den Papst für den **Anschluß an einen norditalienischen Staatenbund** zu gewinnen gesucht. Als er

Aus den vatikanischen Gärten
Hinter Peterskirche und Vatikan erstrecken sich weit ausgedehnt die vatikanischen Gärten, die heute mit zum exterritorialen päpstlichen Besitz gehören. Obenstehendes Bild vermittelt einen Blick vom Turme Leos XIII. aus über die ausgedehnte Anlage der päpstlichen Sternwarte.

Ein Turm aus den vatikanischen Gärten,
einer der noch erhaltenen Teile der mittelalterlichen Umwallung der
„Leostadt"

dann Unterrichtsminister im „oberitalienischen Königreiche" wurde, kam auf seine Empfehlung Rosmini als Spezialgesandter nach Rom, und es gelang ihm auch, den Papst für den Plan zu gewinnen. Die Sache scheiterte schließlich daran, daß nach der Niederlage Karl Alberts und dem Waffenstillstande in Piemont ein Ministerium ans Ruder kam, das nicht allgemein nationalem Interesse, sondern engherziger piemontesischer Eroberungssucht diente, auf den Konföderationsgedanken verzichtete und sich auf eine gegen Österreich gerichtete Offensivallianz beschränken wollte.

Als die staatliche Ordnung immer mehr in die Brüche ging, entschloß sich der Papst endlich, im September, Pellegrino Rossi, den schon mehrfach genannten klugen und erfahrenen Politiker, mit der Leitung der Geschäfte zu betrauen. Rossi war entschlossen, Ordnung und Gesetzlichkeit wieder herzustellen und das Statut vom 14. März[16] durchzuführen. Freilich war er den Mazzinisten und ihrem immer zahlreicher gewordenen Anhange als Reaktionär verhaßt und den reaktionären und sanfedistischen Kreisen als Anhänger der konstitutionellen Monarchie und der Reformen nicht genehm. Für die nationale Bewegung zeigte er jetzt wenig Verständnis mehr, indem er statt einer Bundesverfassung ein Bündnis der Fürsten vorschlug. Gegen Piemont war er mißtrauisch und suchte ihm die Erneuerung des Krieges gegen Österreich unmöglich zu machen. Seine besonnen liberale Politik sollte durch die Eröffnung der seit dem 26. August vertagten Kammern inauguriert werden. Als er am 15. November, obwohl gewarnt, mutig und ruhig den Kanzleipalast betrat, fiel er dem Dolche eines Verschworenen zum Opfer. Niemand fand sich, der für das gebrochene Recht eintrat. Der ruchlose Pöbel feierte den feigen Mord als Heldentat. Am 16. November kam die Revolte zum vollen Ausbruch. Die den Quirinal belagernde Menge verlangte ein demokratisches Ministerium, und als es nicht sofort gebildet wurde, griff sie die Schweizergarde an und feuerte in den Palast. In später Nachtstunde erkannte der Papst das aufgedrängte Ministerium an, um weiteres Blutvergießen zu vermeiden. Er erklärte aber vor dem versammelten diplomatischen Korps, daß er „der neuen Regierung vollkommen, selbst dem Namen nach, fremd bleiben wolle". Am 24. November brachte er endlich den schon länger gehegten Plan der Flucht aus Rom zur Ausführung. Mit Hilfe des französischen und des bayerischen Gesandten entkam er in Verkleidung nach Gaëta im Neapolitanischen. Da er die Rückkehr vorläufig ablehnte und

[16] Vgl. S. 411.

das Ministerium nicht anerkannte, so wählte man in Rom als ausübende Gewalt eine provisorische oberste Staatsgiunta mit drei Mitgliedern (11. Dezember) und bildete ein neues Ministerium, das von der Giunta, nicht vom Papste, seine Autorität herleitete. Am 29. Dezember wurden die Wahlen für eine gesetzgebende Versammlung (Konstituente) ausgeschrieben, die am 5. Februar eröffnet werden sollte. Die Teilnehmer an den Wahlen belegte Pius mit der Exkommunikation, worauf die Gemäßigten der Wahlurne fernblieben und die Radikalen erst recht den vollen Sieg erlangten. Am 9. Februar 1849 erklärte die Konstituente das Papsttum der weltlichen Herrschaft für verlustig und proklamierte die römische Republik. Nach der entscheidenden Niederlage der Piemontesen bei Novara wurde in Rom ein Triumvirat gewählt (29. März). Einer der Triumvirn war der alte Verschwörer Mazzini. Die 62 Tage der römischen Republik machten die Ewige Stadt zu einem Sammelplatz allen Gesindels und gehören zum Schlimmsten, was sie in den letzten Jahrhunderten getroffen hat.

Das junge Italien feierte einen kurzen Triumph und verhieß, Italien papstlos zu machen (spapare Italia). Von Mund zu Mund gingen damals die Verse Montis: „Entreiß dem Fischer aus dem heil'gen Lande — Das Königsszepter, heiß ihn wie zuvor — Sein Garn ausspannen auf dem nackten Sande."

Inzwischen hatte Pius die **Intervention der fremden Mächte** angerufen und dann im besonderen Frankreich, Österreich, Spanien und Neapel um militärische Hilfe gebeten. Am Tage nach der Wahl des römischen Triumvirats begannen in Gaëta die Konferenzen dieser Hilfsmächte. Am 25. April landete das französische Expeditionskorps Oudinot, etwa 10 000 Mann stark, in Civitavecchia. Eine friedliche Verhandlung mit den römischen Machthabern schlug fehl, und beim ersten Angriff vor der Porta San Pancrazio wurde Oudinot von Garibaldi mit starken Verlusten zurückgewiesen. Sein Korps wurde dann auf 20 000, später auf 30 000 Mann verstärkt. Den nördlichen Teil des Kirchenstaats besetzten die Österreicher, und am 4. Juni erschienen auch die Spanier in Ferracina. **R o m** wurde, nachdem es sich einen ganzen Monat verteidigt hatte, am 30. Juni nach heißem Kampfe **von den Franzosen eingenommen.** Die Wiederaufrichtung der päpstlichen Herrschaft verzögerte sich bis zum 14. Juli, weil die Franzosen vom Papste die Erhaltung der Verfassung zu erlangen suchten. Diese Bemühungen waren aber vergeblich. Am 17. Juli setzte Pius eine Regierungskommission ein. Er selbst kehrte erst am 12. April 1850 nach Rom zurück.

Es ist psychologisch wohl verständlich, daß **Pius** nach den schmerzlichen Erfahrungen des Jahres 1848 „**antikonstitutionell**" wurde. So nannte er sich am 9. Juni 1849 Rosmini gegenüber. Ähnlich erklärte Antonelli in der zwölften Konferenz der Gesandten in Gaëta, eine Repräsentativverfassung sei mit der Unabhängigkeit und Freiheit des Papstes unvereinbar.

Im Einverständnis mit Österreich und gegen das Drängen Frankreichs kehrte man also zur alten Ordnung der Dinge zurück. Die Konstitution wurde nicht erneuert, sondern durch Motuproprio vom 12. September 1849 statt des Parlaments ein Staatsrat und eine Finanzkonsulta in Aussicht gestellt und 1850 eingesetzt, dagegen selbständige Provinzial- und Gemeindeverwaltung zugesichert. Die Ministerien wurden 1850 wieder eingerichtet. Drei Minister waren Laien. Sonst wurden aber die höchsten Ämter wieder der Geistlichkeit vorbehalten, und manches, wie die Wahl der Gemeindevertretungen, blieb sogar auf dem Papier stehen.

Die in weltlichen Dingen fast selbständige Regierung des Kardinalstaatssekretärs Antonelli war wieder absolut und reaktionär.

Die Franzosen blieben in Rom bis 1870 mit der kurzen Unterbrechung vom Dezember 1866 bis Oktober 1867, die Österreicher in der Romagna bis 1859.

DAS ENDE DES KIRCHENSTAATES

Die italienischen Patrioten zogen aus der vom Papste und Antonelli erklärten Unvereinbarkeit der päpstlichen Herrschaft mit der nationalen Sache und mit dem konstitutionellen System ebenfalls ihre Folgerungen. Gioberti gab auch diesmal den Ton an. In seinem „Rinnovamento civile d'Italia" (1851) gibt er seine Idee eines vom Papste geleiteten Bundes auf. Gaëta habe den Beweis erbracht, daß das kirchliche Rom dem nationalen Leben völlig fremd gegenüberstehe, mit der bürgerlichen Ordnung nicht mehr vereinbar sei und bei der Neugestaltung Italiens außer Betracht bleiben müsse. Sie sei nur vom bürgerlichen Element und von Piemont zu erwarten. Den Untergang der weltlichen Herrschaft des Papstes sieht Gioberti als ein Glück für die Kirche selbst an und träumt in seiner phantastischen Weise von einem neuen Rom, das das geistige und weltliche Element friedlich in seinen Mauern vereinigen würde. Auch dies Buch fand in Italien ungeheuren Widerhall. Die Träume waren ausgeträumt, man ging zur Realpolitik über, und die Beseitigung des Kirchenstaats wurde ein Programmpunkt der Aktionspartei.

Daß es zu keiner Verständigung zwischen Piemont und Rom kam, sondern eine gewaltsame Lösung das Ende wurde, das hat hauptsächlich die kirchenfeindliche Politik Piemonts verschuldet, die den Papst verbitterte. Und es darf auch nicht übersehen werden, daß Piemont auch bedenkliche Mittel, wie die Verbindung mit Garibaldi und Mazzini, nicht scheute, um

Planskizze jener Teile des päpstlichen Palastes die als Höfe, Museen und Kapellen den Romreisenden vorwiegend zugänglich sind. Obenstehend die Teile, die sich um den Giardino della Pigna und den Cortile ottagono di Belvedere gruppieren; auf der nächsten Seite vom Damasushof aus die wichtigsten der Säle, die Stanzen Raffaels und die Sixtinische Kapelle.

sein Ziel zu erreichen, und im Kirchenstaate durch Geld und Aufreizung Revolten hervorzurufen suchte. Es hatte den starken Trieb zu wachsen und sein Gebiet zu vergrößern, und da rings die Liberalen, die Freimaurer, die Radikalen zum Einheitsstaat drängten, so nahm Piemont diese papstfeindlichen Elemente in seinen Dienst, um sich von ihnen die Tore der Ewigen Stadt öffnen zu lassen. Selbst Mazzini und seine Leute erklärten sich bereit, die Propaganda für die Republik zurückzustellen und zunächst die Einheit zu betreiben. Döllinger fällte 1861 über die Regierung das scharfe Urteil: „Sie vereinigt die schamlose Tyrannei eines Konvents, die freche Sophistik einer Advokatenwirtschaft und die schonungslose Brutalität des Säbelregiments." Auch Konstantin Bulle (1890) gibt offen zu, daß „viel Lug und Trug, viel Selbstsucht und unedle Berechnung mitwirkten, um Italien ins Leben zu rufen".

Damit ist aber noch lange nicht denen recht gegeben, die immer wieder behaupten, die Einigung Italiens sei a l l e i n das Werk der Freimaurer und Feinde des Christentums, und der Haß gegen Kirche und Papsttum sei die eigentliche Ursache, daß der Kirchenstaat verloren ging. Die Notwendigkeit oder der Nutzen der Einheit brauchte nach Rosminis treffendem Ausspruch[17] nicht erst bewiesen zu werden. Barthold Georg Niebuhr schrieb schon 1814: „Auf eine oder die andere Art wird doch dieses Land im Laufe eines oder einiger Menschenalter zu einem Reiche verbunden." Der Papst aber versagte sich der nationalen Bewegung. So mußte sie sich, wie Rossi prophezeit hatte, gegen ihn wenden.

Auch Antonellis starres „Non possumus", das er allen Versuchen einer friedlichen Lösung entgegensetzte, hat einen guten Teil der Schuld. Es ist bezeichnend, daß der Historiker Pietro Orsi von seinem nationalitalienischen Standpunkte aus bemerkt, die „eigensinnige Weigerung" der päpstlichen Regierung, sich zu Vergleichen herbeizulassen, sei der italienischen Sache wahrhaft nützlich gewesen, denn so habe die Einigung sich vollziehen können, ohne daß dem Papste andere Zugeständnisse als solche auf dem Gebiete des geistlichen Rechtes gemacht wurden.

Durch seinen Beitritt zum Bunde der Westmächte gegen Rußland und die Teilnahme am Krimkriege (1855,) fing P i e m o n t an, eine R o l l e i n d e r großen Politik zu spielen, und gewann sich mächtige Freunde. Auf dem Friedenskongresse in Paris (1856) schnitt sein Minister Cavour die italienische Frage an, ohne freilich eine „Linderung der Leiden Italiens" zu erreichen.

Der Ausgang

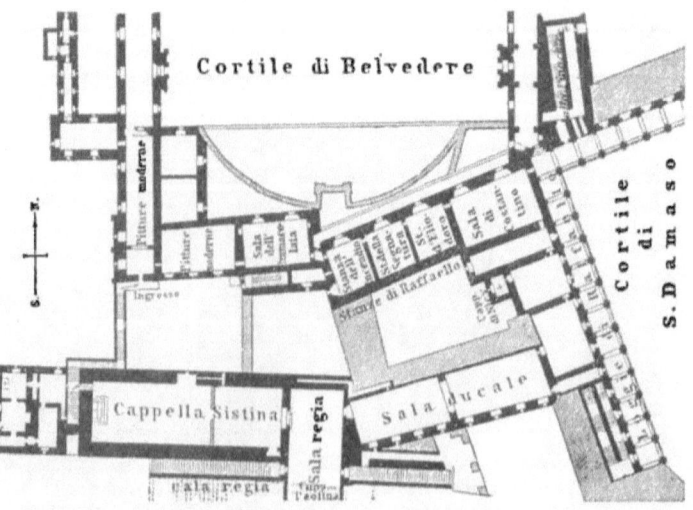

[17] Vgl. S. 400.

Museen des Vatikans: Museo Chiaramonti

der Befreiung und Einigung ist das von Cavour abgeschlossene **Bündnis von Plombières** (1858) zwischen Viktor Emmanuel und Napoleon III. Sardinien sollte ein norditalienisches Königreich mit 10—12 Millionen Einwohnern werden durch Erwerbung der österreichischen Lombardei, Venetiens, Parmas und Modenas. Für diese Erhebung zur Vormacht Italiens versprach Sardinien sein Stammland Savoyen und Nizza an Frankreich abzutreten. **Den Gedanken der staatlichen Einheit Italiens lehnte Napoleon ab.** Neben Sardinien sollte ein neues mittelitalienisches Königreich aus Toskana und dem größten Teile des Kirchenstaats gegründet werden und Neapel bestehen bleiben. Der Papst sollte, auf Rom und Umgebung beschränkt, Ehrenvorsitzender des italienischen Staatenbundes werden. Napoleon kam also auf die Ideen Giobertis und Rosminis[18] zurück. Der Krieg gegen Österreich (1859) wurde von den Verbündeten mit Glück geführt. Aber der Waffenstillstand von Villafranca (11. Juli) war für Cavour und seine Pläne ein schwerer Schlag: zwar fiel die Lombardei an Sardinien, aber Venetien blieb österreichisch. Napoleon hatte also seine Proklamation, Italien sollte frei sein von den Alpen bis zur Adria, nicht erfüllt.

Napoleons Politik ist seitdem ein Hin- und Herpendeln zwischen der Freundschaft mit Piemont und der Rücksicht auf den Papst, die er nehmen mußte, um es mit den französischen Klerikalen nicht zu verderben. Ohne Zweideutigkeit und Falschheit konnte es da nicht abgehen.

Schon während des Krieges hatte sich Mittelitalien, wo die Nationalen,

---
[18] Vgl. S. 400 f.

besonders der von Cavour im geheimen geleitete Nationalverein, lange vorgearbeitet hatten, erhoben. Die Herrscher von Toskana, Modena, Parma mußten ihre Länder verlassen. Auch in den päpstlichen Gebieten, der Romagna, den Marken und Umbrien brach nach dem Abzuge der Österreicher (am 13. Juni aus Bologna) die Revolution wieder aus. Die Unabhängigkeit Italiens wurde überall ausgerufen. Umbrien und die Marken konnte die päpstliche Regierung zur Ruhe bringen, wobei Perugia am 20. Juni 1859 von den Schweizern geplündert wurde. In der Romagna dagegen beschloß die „Nationalversammlung" am 6./7. September 1859 die Aufhebung der weltlichen Regierung und den Anschluß an Piemont.

Das ging weit über Napoleons Absichten hinaus. Cavour wollte ihn, so schön er von der Ehrlichkeit der piemontesischen Politik zu reden wußte, überlisten.

Viktor Emmanuel versprach einer romagnolischen Abordnung, ihre Sache vor den Großmächten zu verfechten, und „vertraute auf das edelmütige Protektorat des Kaisers der Franzosen, der gewiß das Werk zu Ende führen würde, an das er so mächtig Hand angelegt habe".

Aber Napoleon schob dem weitern Ausgreifen einen Riegel vor, indem er mit Österreich den Züricher Frieden (10. November) schloß. Österreich und Frankreich verpflichteten sich, eine Konföderation der italienischen Staaten zu fördern und bei der päpstlichen Regierung für die unvermeidlichen Reformen zu wirken. Piemont sagte dagegen nicht zu, der Konföderation beizutreten, sondern hatte andere Absichten. Cavour warf empört sein Amt von sich, forderte aber ins-

Museen des Vatikans: Sala Rotonda

Museen des Vatikans: Saal der Musen

geheim die Leiter der Bewegung in Mittelitalien auf, Waffen und Geld zu sammeln und treu auszuharren.

Wegen der Vorgänge in der Romagna brach Rom mit Piemont die diplomatischen Beziehungen ab, und der Papst sprach über die Kirchenräuber, ohne bestimmte Personen zu nennen, den Bann aus.

Die italienischen Wirren endgültig schlichten sollte ein e u r o p ä i s c h e r K o n g r e ß, zu dem Napoleon im November einlud. Wie die weltliche Herrschaft des Papstes bei dieser Ordnung wegkommen sollte, ist in der vom Kaiser inspirierten B r o s c h ü r e d e s S t a a t s r a t s Laguéronnière „Le pape et le congrès" beantwortet. Nachdem der Kaiser, so wird da auseinandergesetzt, dem italienischen Volke die Rechtstitel seiner Nationalität wiedergegeben habe, müsse er auch seine Sicherheit und Unabhängigkeit verbürgen. Die Lostrennung der Romagna sei eine vollendete Tatsache. Sie wolle nach Erklärung ihrer Nationalversammlung nicht päpstlich sein. Der Kongreß müsse also ihre Abtrennung verfügen. Freilich müsse das Oberhaupt von 200 Millionen Katholiken unabhängig von jeder politischen Macht sein, aber es könne nicht einen größeren Staat in modernen Formen regieren, denn seine Gesetze lägen in den Fesseln des Dogmas, seine Tätigkeit werde durch die Tradition gelähmt, sein Patriotismus durch den Glauben verdammt. Diese Widersprüche seien nur zu lösen durch ein patriarchalisches Regiment auf kleinem Gebiete. Je kleiner das Land, desto größer der Monarch. Also Rom und das Patrimonium Petri garantiere man dem Papste. Rom — ohne Nationalvertretung, ohne Heer, ohne Presse, ohne Justiz, der Beschaulichkeit, den Künsten, dem Gebete geweiht —

würde fortan die heilige Welthauptstadt, das Asyl des ewigen Friedens innerhalb der kämpfenden Menschheit sein.

Dem Papste riet Napoleon demgemäß, auf die abgefallenen Provinzen zu verzichten und für den Rest die Garantie Europas zu fordern. Pius IX. aber blieb standhaft und erklärte, er wolle in Verteidigung des Kirchenstaates, wenn es nötig sei, den Märtyrertod sterben.

Napoleon, ließ, als er sich davon überzeugt hatte, daß er ohne Gewalt sein föderalistisches Programm in Mittelitalien nicht durchführen konnte, den Kongreßplan fallen, um zunächst Savoyen und Nizza einzuheimsen. Dafür wollte er Mittelitalien, wenigstens zum Teil, Viktor Emmanuel überlassen. Cavour übernahm im Januar 1860 das Ministerium wieder. Im Februar kam das nächste von Napoleons wechselvollen Programmen: Sardinien sollte nur Parma und Modena einverleiben, Toskana unabhängig bleiben, in den Legationen Viktor Emmanuel als Vikar des Papstes herrschen. Cavour aber wagte einen kühnen Schachzug. Er ließ, ohne den Kaiser zu fragen, in allen Provinzen Mittelitaliens (einschl. der päpstlichen Romagna) die Volksabstimmung über die Frage, ob sie dem Königreiche Italien einverleibt werden wollten, vornehmen (März 1860). Sie fiel natürlich mit glänzender Mehrheit für die Annexion aus. Am 25. März trat Viktor Emmanuel die Regierung der neuen Landesteile an. Cavour hatte sich geschickt des Einverständnisses Englands versichert. Der Papst exkommunizierte wiederum alle an der Beraubung des Kirchenstaates Beteiligten.

Die Aktionspartei drängte unaufhaltsam weiter auf dem Wege zur Einheit.

Museen des Vatikans: Saal der Tiere

Museen des Vatikans: Saal der Statuen

Garibaldi eroberte Neapel und Sizilien, geriet aber unter den Einfluß der Radikalen und Mazzinisten und wollte nach Rom aufbrechen, die französischen Truppen vertreiben und der Priesterherrschaft ein Ende machen. Der Zusammenstoß mit den Franzosen hätte für Cavour allen Gewinn in Frage gestellt. Man mußte also Garibaldi in den Arm fallen und durch den Kirchenstaat gegen Neapel ziehen. Cavour benutzte die Gelegenheit, zugleich dem Papste **ein weiteres Stück des Kirchenstaates** abzunehmen. Napoleon soll dazu gesagt haben: „Frappez, mais frappez vite!"

Der Papst hatte inzwischen ein Heer von 20 000 Mann, Franzosen, Österreichern, Belgiern und Schweizern, geworben und den französischen General de Lamoricière, einen Orleanisten und Gegner Napoleons, an dessen Spitze gestellt. Am 7. September stellte Cavour an Antonelli das auf den Bruch berechnete Ultimatum, die fremden Söldner zu entlassen, da Sardinien ihnen nicht gestatten könne, daß sie die nationale Bewegung in Umbrien und den Marken unterdrückten. Antonelli wies es mit scharfem Proteste zurück. Die Piemontesen fielen in den Kirchenstaat ein. Wie es scheint, rechnete die päpstliche Regierung auf Österreich. Lamoricière sollte die Piemontesen aus der Romagna vertreiben und Österreich ihm zu Hilfe kommen. Aber **Lamoricière wurde bei Castelfidardo geschlagen** (18. September 1860). Am 11. Oktober beschloß die sardinische Kammer die Annexion der päpstlichen Provinzen (Umbriens und der Marken) und des Königreichs Neapel. Im Oktober und November fand die Volksabstimmung statt. In Umbrien und den Marken waren 230000 Stimmen für und nur etwa 1600 gegen den Anschluß. Der Papst war nun auf Rom und das Patrimonium Petri beschränkt.

Am 17. März 1861 wurde Viktor Emmanuel zum Könige von Italien ausgerufen. Cavour erlebte die Vollendung der Einheit nicht mehr. Er starb am 6. Juni 1861. „Bruder, Bruder, die freie Kirche im freien Staate (libera chiesa in libero stato)", das waren die letzten Worte, die er an Fra Giacomo richtete, der ihm das Sakrament spendete.

Mit der römischen Frage hatte er sich zuletzt lebhaft beschäftigt und Ende 1860 dem Papste gegen den Verzicht auf Rom Anerkennung seiner Souveränität, eine ansehnliche Zivilliste und weitgehende Freiheiten und Privilegien der Kirche, Freiheit des Dogmas, der Disziplin, der kanonischen Gesetzgebung, der kirchlichen Jurisdiktion, der bischöflichen Gewalt, des religiösen Unterrichts, der Erziehung des Klerus, der religiösen Genossenschaften, anbieten lassen. Sein Vertrauensmann war der Arzt Pantaleoni und dessen theologischer Berater der ausgetretene Jesuit Passaglia, Professor an der Sapienza, ein Gegner der weltlichen Herrschaft des Papstes. Aber der französische Botschafter behielt recht mit seiner Bemerkung, man könnte mit ebensoviel Aussicht auf Erfolg dem Papste vorschlagen, Protestant zu werden. Pius IX. rechnete auf die Einmischung der katholischen Mächte. Cavour mußte sich begnügen, am 27. März 1861 durch die Kammer konstatieren zu lassen, daß „die öffentliche Meinung der Nation die Vereinigung Roms als Hauptstadt mit Italien unter Bewahrung

Museen des Vatikans: Saal der Kandelaber

Museen des Vatikans: Braccio nuovo

der Würde und Unabhängigkeit des Papstes, der vollen Freiheit der Kirche und im Einverständnis mit Frankreich verlange". Auf Antonellis Betreiben wandten sich in der Tat Österreich und Spanien an Frankreich, um mit ihm gemeinsam die Verlegung der piemontesischen Residenz nach Rom zu hintertreiben (28. Mai 1861). Die Hauptstadt der katholischen Welt mit ihren kirchlichen Archiven gehöre den katholischen Nationen. Der Kaiser möge eine Konferenz der katholischen Mächte einberufen. Der französische Minister des Äußeren bestritt in seiner Antwort jene Ansicht über das Eigentum an Rom und wies darauf hin, daß auch nichtkatholische Mächte die Wiener Verträge unterzeichnet hätten. Er betonte das Prinzip der Nichtintervention, setzte aber doch bei, daß er keiner Kombination zustimmen werde, die mit der Achtung der französischen Regierung vor der Unabhängigkeit und Würde des Heiligen Stuhles unvereinbar sei. Auch der Versuch Cavours, die Zurückziehung der französischen Garnison aus Rom zu erlangen, mißlang. Der Kaiser wollte sich mit den französischen Katholiken nicht überwerfen.

Cavours Nachfolger R i c a s o l i machte im September 1861 einen neuen V e r s ö h n u n g s v e r s u c h. Er bot neben den Souveränitätsrechten und einer festen Dotation volle Freiheit der Kirche und den Verzicht des Königs auf sein Patronatsrecht und die Ernennung der Bischöfe an, so daß der Papst die italienische Kirche vollständig beherrscht hätte. Man verlor aber in Rom, wie das „Giornale di Roma" sich ausdrückte, „keine Zeit mit der Auseinandersetzung der Projekte, in denen der unersättliche Geist von Ehrgeiz und Habsucht von einer beispiellosen Unverschämtheit wie fast ins Lächerliche übergehenden Stupidität übertroffen wird".

Auch Napoleons Vermittlungsversuche scheiterten an dem „Non possumus" Antonellis. Der Kaiser lehnte übrigens das Begehren der Italiener nach Rom jetzt wie früher ab.

Der Papst sah mit Betrübnis, daß sogar 8943 Geistliche ihn baten, er möge sich mit den Bestrebungen der Nation versöhnen und auf die weltliche Herrschaft verzichten. Das war die Antwort auf eine Adresse der zu Pfingsten 1862 in Rom versammelten 300 Bischöfe, in der „anerkannt" wurde, „daß die weltliche Herrschaft des Heiligen Stuhles eine Notwendigkeit und durch den klaren Willen der Vorsehung eingesetzt" sei.

Gegen den Willen der Regierung versuchte im Sommer 1862 Garibaldi Rom zu nehmen. Er sammelte in Sizilien Freiwillige und landete mit 2000 Mann an der Küste von Kalabrien. Aber die Regierung, die „die Stunde noch nicht gekommen glaubte", machte Ernst mit ihrer Drohung, daß sie ihm mit den Waffen entgegentreten werde. Am 29. August mußte er im Aspromontegebirge nach kurzem Kampfe die Waffen strecken.

Das Turiner Kabinett hielt in einer Note vom 10. September 1862 an dem Verlangen nach Rom als Hauptstadt fest. Die Nation habe dem unbedachten Drängen Garibaldis nur deshalb widerstanden, weil sie auf die Erfüllung ihrer Sehnsucht durch den König rechne. Laguéronnière machte auch diesmal für Napoleon den Versuch, auf die öffentliche Meinung einzuwirken,

Museen des Vatikans: Saal der Heiligenleben

Museen des Vatikans: Saal der heiligen Päpste

und holte ohne Erfolg den Kongreßplan und die Idee des italienischen Bundesstaats wieder hervor. Auf das erneute Verlangen der italienischen Regierung, die Okkupationstruppen aus Rom zurückzuziehen, ging der Kaiser nicht ein, und die Einmischung Englands, das verlangte, „Rom solle den Römern" überlassen werden, führte ebenfalls zu nichts. Im Dezember 1862 wurde die Erörterung zwischen Turin und Paris über die römische Frage abgebrochen.

Erst 1864, als Napoleons europäische Lage isoliert und unbehaglich war, hielt die italienische Regierung die Gelegenheit für günstig, die Verhandlungen wieder aufzunehmen. Im tiefsten Geheimnis wurden sie geführt. Die Kurie erfuhr erst davon, als der Abschluß gesichert war. Die Septemberkonvention wurde am 15. September 1864 unterzeichnet. Sie bestimmte für die Zurückziehung der französischen Truppen aus Rom eine zweijährige Frist. Dagegen verpflichtete sich Italien, „das gegenwärtige Gebiet des Papstes nicht anzugreifen und, selbst mit Gewalt, jeden von außen darauf versuchten Angriff zu verhindern". Ferner verpflichtete sich Italien, gegen die Bildung einer päpstlichen Armee aus katholischen Freiwilligen keine Einwendungen zu machen und wegen Übernahme eines verhältnismäßigen Teils der Staatsschuld des Kirchenstaates in Verhandlungen zu treten. Ein gleichzeitiges Protokoll bestimmte, daß die Hauptstadt von Turin in eine andere Stadt verlegt würde. Damit war ein gewisser Verzicht auf Rom ausgesprochen. Auch Österreich erkannte den Vertrag und damit die Annexion von 1860 an. 1865 wurde die Hauptstadt nach Florenz verlegt.

Die Italiener selbst faßten die Konvention so auf, als ob sie bald nach Abzug der Franzosen in Rom einziehen könnten. Florenz sollte nur ein Nachtquartier sein auf dem Wege nach Rom. Man hoffte auf einen Aufstand in Rom. Viktor Emmanuel sollte dann auf seine Weise als Ordnungsstifter auftreten. Napoleon verkannte diese Gefahr nicht, rechnete aber darauf, daß der Papst in den zwei Jahren eine hinreichende Armee aufbringen würde. Er selbst gestattete später die Bildung der „römischen Legion" aus ehemaligen französischen Soldaten. Sie rückte im September 1866 in Rom ein, hatte aber viele zweifelhafte Elemente. Auch die päpstlichen Zuaven bekamen viel Zuzug, und aus Schweizern und Deutschen wurde ein Bataillon Karabinieri gebildet.

Der Vatikan und seine Freunde in Frankreich waren über die Konvention außer sich. Sie sahen darin den Anfang vom Ende der weltlichen Herrschaft des Papstes.

1866 gewann Italien durch sein Bündnis mit Preußen gegen Österreich Venetien. Nun fehlte ihm bloß noch Rom und das Patrimonium Petri, und die Hoffnung auch darauf belebte sich sehr, als im Dezember 1866 Rom von den Franzosen geräumt wurde. Das Geschrei „Roma capitale" war in aller Munde. Der Konflikt zwischen Deutschland und Frankreich machte der Aktionspartei Mut zu einem kühnen Wagnis. G a r i b a l d i durchzog unter den Augen der italienischen Regierung Nord- und Mittelitalien, hielt donnernde Reden gegen das Papsttum, forderte zur vollen Befreiung Italiens auf, erließ Manifeste, bildete Komitees zur Sammlung von Geld und Freiwilligen. Aber der Luxemburger Streit wurde zu früh für diese Pläne geschlichtet, und die feste Haltung Napoleons veranlaßte die Regierung, Garibaldi ernstlich nahe zu legen, er möchte sein

Museen des Vatikans: Sala del Credo

Museen des Vatikans: Saal der heiligen Jungfrau

Vorhaben vertagen. Im September 1867 ließ sie ihn, von Frankreich gedrängt, nach Caprera bringen und tat so, als ließe sie ihn durch Kriegsschiffe am Entkommen hindern. Die Freischaren fielen darauf ohne ihren Führer Ende September in den Kirchenstaat ein und hatten mit den päpstlichen Truppen kleinere Gefechte, in denen sie Schlappen erlitten. Auch die Bevölkerung stand den schlecht disziplinierten Freiwilligen feindlich gegenüber. Napoleon schwankte eine Zeitlang, und wäre die Sache rasch gegangen, so hätte er das fait accompli wahrscheinlich ebenso anerkannt wie früher.[19] Aber das blutige Gefecht bei Monte Libretti (12. Oktober) zwischen Garibaldianern und Päpstlichen verursachte in Frankreich große Aufregung, und der Ministerrat beschloß nun, einzuschreiten. Ein Ultimatum stellte den italienischen Minister Rattazzi vor die Entscheidung, entweder gegen die Garibaldianer einzuschreiten oder offen mit Frankreich zu brechen. Er zog es vor, seine Entlassung zu geben. Am 14. Oktober entkam Garibaldi auf einem Fischerkahne, erschien am 21. in Florenz und rief auf öffentlichem Platze das Volk „zum heiligen Kriege gegen den Vampyr von Italien" auf. Unbehelligt reiste er an die römische Grenze. Rom war in größter Gefahr. Die italienische Regierung hatte es sich beträchtliches Geld kosten lassen, um einen Aufruhr anzufachen und dann den Retter aus der Anarchie zu spielen. Am 22. Oktober wurden an mehreren Stellen der Stadt Versuche gemacht; es platzten Bomben, und päpstliche Zuaven wurden ermordet. Am 26. und 27. eroberte Garibaldi Monte Rotondo und ging nun auf Rom los. Nachdem Napoleon nochmals geschwankt

[19] Vgl. S. 424 f.

hatte, erschienen endlich die Franzosen. Am 3. November kam es zur Schlacht bei Mentana. Drei Stunden kämpften die Garibaldianer gegen die päpstlichen Truppen unter General Kanzler. Als diese der Übermacht nicht mehr standhalten konnten, wurden sie von der französischen Brigade Polhès verstärkt, und die neuen Chassepots taten nach dem französischen Berichte Wunder. Die Italiener hatten gegen 1000, die Päpstlichen nur 31 Tote. 1400 Garibaldianer wurden gefangen nach Rom geführt, die übrigen gingen über die Grenze. Garibaldi wurde von der italienischen Regierung verhaftet, aber unter dem Vorwande seiner erschütterten Gesundheit nach drei Wochen entlassen.

Die Franzosen blieben in Civitavecchia. Der Zustand von 1863 war also wiederhergestellt. Am 5. Dezember gab der Minister Roucher im Gesetzgebenden Körper in Paris unter tosendem Beifall die Erklärung ab: „Italien wird sich Roms nicht bemächtigen. Nein, niemals!" An demselben Tage sagte in Florenz der italienische Minister: „Rom ist für Italien ebenso nötig, wie Paris für Frankreich." Die italienischen Patrioten waren erbittert und wiederholten mit Ingrimm das Wort von den Wundern, die die Chassepots verrichtet hätten. Napoleon dachte wieder an eine europäische Konferenz, aber die Mächte hatten keine Neigung, sich an der kniffichen römischen Frage die Finger zu verbrennen. Bismarck meinte zu Benedetti, der beste Dienst, den Frankreich dem Papste erweisen könne, sei, in Civitavecchia zu bleiben und die Zeit ihren Einfluß üben zu lassen.

Da sich die Unterhandlungen zwischen Italien und Frankreich über einen modus vivendi mit Rom und über die Zurückziehung der französischen Truppen

Museen des Vatikans: Saal der freien Künste

Museen des Vatikans: Saal des griechischen Kreuzes

(1868) zerschlugen, so führte erst der Deutsch-Französische Krieg, der Frankreich an die Kette legte, das Ende des Kirchenstaates herbei. Die französischen Truppen mußten zur Verteidigung des eigenen Landes abberufen werden (10. August 1870). Aber noch Anfang August versicherten sich Frankreich und Italien, daß sie an der Septemberkonvention festhalten wollten. Doch der alte Ruf der Aktionspartei „A Roma, a Roma!" wurde nach den deutschen Siegen lauter und lauter. In der stürmischen Sitzung vom 20. August beauftragte das italienische Parlament mit einer Mehrheit von 62 Stimmen das Ministerium, die Lösung der römischen Frage „in Übereinstimmung mit den Wünschen der Nation in Angriff zu nehmen". In der Zirkularnote an die diplomatischen Vertretungen vom 29. August gab der Minister des Auswärtigen Visconti-Venosta eine Übersicht über die seit 1860 in dieser Sache gepflogenen Verhandlungen und faßte als Grundlagen der Lösung u. a. zusammen: Erhaltung der Würde, Unverletzlichkeit, Vorrechte und Souveränität des Papstes, Garantie für Freiheit seiner Beziehungen mit den Staaten, der Geistlichkeit und den fremden Völkern, diplomatische Immunität der päpstlichen Nuntien oder Legaten und der fremden Repräsentanten beim Heiligen Stuhle, Erhaltung aller geistlichen Institutionen, Ämter, Korporationen und ihrer Verwaltungen in Rom, Belassung der Leostadt mit voller Souveränität und Anweisung einer Dotation für den Papst und die Kardinäle.

Der Tag von S e d a n, der Italien zugleich von der Rücksicht auf Napoleon befreite, steigerte die Aufregung aufs höchste. Am 6. September wurde die O k k u p a t i o n R o m s vom Ministerrate beschlossen, und am 8. überschritten die Truppen bereits die Grenze. Mit einem eigenhändigen Schreiben des Königs an den Papst von demselben Tage wurde Graf Ponza di San Martino nach Rom gesandt. Das Vorrücken wird da mit möglichen Unruhen und Agitationen der „kosmopolitischen Revolutionspartei" begründet. Die Mission Ponzas scheiterte völlig. Antonelli erklärte, es handle sich um eine durch keine Gefahr einer Revolution gerechtfertigte Vergewaltigung; Rom sei ja vollkommen ruhig. Der Papst sagte dem Grafen: „Es ist euch in erster Reihe um die Verschlingung eines weiteren fetten Bissens zu tun" und antwortete dem Könige, sein Schreiben sei eines Sohnes, der sich des katholischen Glaubens rühme und auf seine königliche Loyalität poche, nicht würdig. In den nächsten Tagen überschwemmten die italienischen Truppen das ganze päpstliche Gebiet. Die fremden Mächte verhielten sich verschieden. Die französische Republik begrüßte das Vorgehen mit Sympathie. Österreich setzte auseinander, daß es nicht in der Lage sei, zu protestieren und das gute Verhältnis zu Italien zu brechen, daß es aber für die persönliche Sicherheit des Papstes und die für seine geistliche Aufgabe nötige Unabhängigkeit wirken würde. Preußen war für Italien. Am 20. September wurde Rom bombardiert. Der Papst hatte aber angeordnet, die Verteidigung solle nur „in einem Protest bestehen, der geeignet sei, die Gewalttat zu konstatieren". Sobald Bresche geschossen sei, solle kapituliert werden. Nach 2½ Stunden war man schon so weit. Die Stadt, mit Ausnahme des leoninischen Viertels, wurde übergeben, das Militär entwaffnet. Da der Pöbel den Vatikan bedrohte, so besetzte der italienische General auf Ersuchen des Papstes auch die leoninische

Museen des Vatikans: Sala Clementina

Stadt, behielt sich allerdings vor, die Truppen zurückzuziehen, sobald der Papst ihrer nicht mehr bedürfe. Denn einstweilen war das Schicksal dieses Stadtteils noch in der Schwebe. Italien hoffte immer noch auf einen Ausgleich. Aber Antonelli setzte allen Versuchen sein „Non possumus" entgegen. Der Papst wiederholte am 29. September seinen bereits am 20. dem diplomatischen Korps übergebenen Protest. Am 2. Oktober fand die Volksabstimmung über den Anschluß an das Königreich Italien statt. Es wurde fast überall mit „ja" gestimmt (eingeschriebene Wähler 167 548, abgegebene Stimmen 135 291, mit „ja" 133 681, mit „nein" 1507, ungültig 103). Dabei wurde auch über das Schicksal der Città Leonina entschieden — in einem Sinne, der die Lösung der römischen Frage im Interesse des Vatikans erschwert und sehr lange unmöglich gemacht hat. Ein schwarzverschleierter Greis aus Trastevere brachte die Stimmen zum Kapitol. Auf die Frage, ob diplomatische Rücksichten der Abgabe entgegenstünden, antwortete der Vorsitzende des Wahlausschusses: „Avanti i Romani del Trastevere!" Ein Dekret von demselben Tage sprach die Einverleibung des letzten Restes des Kirchenstaates aus. In einer Enzyklika vom 1. November exkommunizierte der Papst alle Urheber und Teilnehmer der Invasion. 1871 wurde die italienische Residenz nach Rom verlegt. Das Garantiegesetz vom 13. Mai 1871 erklärte die Person des Papstes für souverän und unverletzlich, setzte ihm als Rente eine steuerfreie Dotation von 3 225 000 Fr., sowie die Paläste des Vatikans und Laterans und die Villa von Castel-Gandolfo mit ihren Dependenzen aus und sicherte ihm freien Verkehr mit dem Episkopat und der katholischen Welt und freie Ausübung seines geistlichen Amtes. Vom Heiligen Stuhle wurde das Gesetz aber niemals angenommen. Pius IX. wollte den Bruch des historischen Rechtes nicht sanktionieren und das „Erbe seiner Vorgänger" nicht hingeben. Den Vatikan verließ er als freiwilliger Gefangener bis zu seinem Tode nicht mehr. Den Katholiken war schon am 29. Februar 1868 durch die Pönitentiarie verboten worden, an den politischen Wahlen des „usurpatorischen" Königreichs Italien teilzunehmen (non expedit). Der Papst äußerte sich darüber auch in der großen Audienz vom 1. Oktober 1874, wo er hervorhob, daß der verfassungsmäßige Eid auf das Fundamentalgesetz nicht geleistet werden dürfe, da er eine indirekte Bestätigung der Annexion des Kirchenstaates in sich schließe. Das „Non expedit" ist bis 1904 uneingeschränkt aufrechterhalten worden. Der Erfolg war, daß die Konservativen mattgesetzt wurden und die Radikalen noch mehr emporkamen. Freigegeben waren dagegen die administrativen Wahlen in den Städten und zum Provinzialrat, was der Papst am 27. September 1876 guthieß.

An feierlichen Protesten gegen die „Usurpation" hat es Pius IX. nicht fehlen lassen. Noch sein letzter Regierungsakt, am 17. Januar 1878, verwahrte sich dagegen, daß „gegenwärtig nach dem Tode des Königs sein ältester Sohn durch die Annahme des Titels ‚König von Italien' die bereits vollzogene Beraubung zu sanktionieren unternahm".

DIE KIRCHLICHE REGIERUNG PIUS' IX.

Die kirchliche Regierung Pius' IX. war nicht weniger ereignisreich als seine weltliche. Sein Pontifikat ist das längste, das die Kirchengeschichte kennt.

Das hervorstechendste Merkmal dieses Zeitalters ist der kirchliche Zentralismus, der den Papst auf die höchste Höhe seiner innerkirchlichen Macht erhoben hat. Die Entwicklung, die hier zur Reife kam, hat verschiedene Ursachen, die Ehrhard aufgezählt hat: die Säkularisation, die die Bischöfe ihrer politischen Macht beraubte und vom Papste abhängiger machte, die Restauration als Zusammenwirken der Staatsregierungen mit dem Papste, die Notwendigkeit, die kirchlichen Kräfte zu sammeln und unter die Führung der Autorität zu stellen, endlich auch die modernen Verkehrsmittel, die es Rom erleichterten, in die Angelegenheiten eines jeden Teiles der Kirche einzugreifen. Als literarische Vertreter der päpstlichen Universalgewalt waren hauptsächlich die Jesuiten tätig.

Prunksaal der Vatikanischen Bibliothek,
die um 1450 von Papst Nikolaus V. gegründet, von Sixtus IV. wesentlich erweitert und von Sixtus V. in den heutigen Räumen untergebracht wurde. Sie umfaßt ungefähr 400 000 Bände und etwa 40 000, zum größten Teil sehr kostbare Handschriften.

Die Vatikanische Bibliothek,
deren ungefähr 300 m lange Galerie auf das kostbarste ausgestattet ist.

Die wichtigsten Ereignisse sind die Ausbildung der Neuscholastik, der Syllabus und das vatikanische Konzil.

Die Neuscholastik verfolgt das Ziel, die moderne glaubensfeindliche und antimetaphysische Philosophie und ihren Einfluß auf das katholische Geistesleben zu bekämpfen und den durch die Aufklärung unterbrochenen Zusammenhang mit der kirchlichen Wissenschaft der älteren Zeit wiederherzustellen. Daß man auf die Scholastik, und besonders auf den „Fürsten der Scholastik", Thomas von Aquin, zurückgriff, lag nahe; denn sie hat auf dem Gebiet der spekulativen Theologie Unvergleichliches geleistet und die Aufgabe, den Offenbarungsglauben mit Vernunft und Erfahrung in harmonische Verbindung zu bringen, für ihre Zeit in glänzender Weise gelöst. Als ihr eigentliches Ziel faßte die Neuscholastik von Anfang an die Erneuerung der Theologie ins Auge. Ihre ersten namhaften Vertreter waren italienische Jesuiten: Perrone, Liberatore, Franzelin, Taparelli, Tongiorgio, Sanseverino. In Deutschland brachten sie Kleutgen, Clemens, Schaezler, Scheeben, Heinrich, Moufang zur Geltung; doch suchten ihnen gegenüber Kuhn und seine Anhänger auf anderem Wege, indem sie die Ergebnisse und Forderungen der modernen Philosophie berücksichtigten, eine gesunde Weiterentwicklung der Wissenschaft zu erreichen. Daß die Neuscholastik nicht darandenken konnte, alle Anschauungen der Scholastik einfach zu übernehmen, versteht sich von selbst. Die naturwissenschaftlichen und geschichtlichen Aufstellungen mußte sie zum Teil preisgeben. Dagegen erwartete sie von den metaphysischen und theologischen Lehren des hl. Thomas eine Wiedergeburt der Geister und glaubte weder, daß die wissenschaftlichen Irrtümer und Unkenntnisse des 13. Jahrhunderts seiner Philosophie wesentlich geschadet hätten, noch daß sein Lehrgebäude mit den Fortschritten der Wissenschaft unvereinbar sei. Nachdem Pius IX. den Güntherianismus (vertreten von Anton Günther in Wien), der wie der Hermesianismus[20] das Dogma der menschlichen Vernunft unterwarf und seines absoluten Charakters entkleidete, 1857 und 1860 verworfen hatte, und den an der katholischen Universität Löwen entstandenen Ontologismus, der gegen die erkenntnistheoretischen Schwierigkeiten der neueren Philosophie die Erkenntnis Gottes dadurch sicherzustellen suchte, daß er Gott, das notwendige Sein, in den Akt der Erkenntnis selbst einschloß, 1861 und 1866 dasselbe Schicksal getroffen hatte, gewann die Neuscholastik immer größere Ausbreitung. In Deutschland beherrschte sie besonders die bischöflichen Lehranstalten und Seminarien. Daß Pius IX. ebensowenig wie später Leo XIII. einem einseitigen Scholastizismus das Wort redete, zeigt sein Schreiben an den Erzbischof von München vom 21. Dezember 1863. Vielmehr soll auf dem Fundamente der Scholastik weitergebaut und ihr System durch die Ergebnisse der neueren Forschungen fortgebildet und vervollkommnet werden. Einzelne Neuscholastiker sind allerdings weiter gegangen und haben die Versuche, die katholische Philosophie und Theologie mit den Resultaten des modernen Denkens in Einklang zu bringen, als hoffnungslos und unstatthaft erklärt. Der eine oder andere hat auch die mittelalter-

[20] Vgl. S. 392.

Die Galerie der Karten im Vatikan
trägt ihren Namen von den auf ihren Wänden von Ant. Danti (1589) gemalten Landkarten von Italien.

lichen Ansprüche der Kirche auf die gesamte Leitung des geistigen und bürgerlichen Lebens wieder verfochten.

Der vielerörterte S y l l a b u s, ein Verzeichnis der hauptsächlichsten Irrtümer unserer Zeit, erschien zugleich mit der Enzyklika „Quanta cura" vom 8. Dezember 1864, aber von ihr gesondert und mit einem Briefe des Staatssekretärs Antonelli. Auch die Enzyklika verurteilt eine Reihe von falschen Lehren, die darauf abzielen, die Stellung und den Einfluß der katholischen Kirche ganz aus dem öffentlichen Leben auszuscheiden. Inhaltlich kehren sie im Syllabus wieder. In diesem sind 80 falsche Sätze zusammengestellt mit folgenden Überschriften: Pantheismus, Naturalismus, absoluter Rationalismus — moderierter Rationalismus — Indifferentismus, Latitudinarismus — Sozialismus, Kommunismus, geheime Gesellschaften, Bibelgesellschaften, klerikal-liberale Gesellschaften — Irrtümer über die Kirche und ihre Rechte — über die staatliche Gesellschaft sowohl an sich als in ihren Beziehungen zur Kirche — über die natürliche und christliche Ethik — über die christliche Ehe — über den Kirchenstaat — solche, die sich auf den heutigen Liberalismus beziehen. Sie sind früheren Enzykliken, Konsistorialansprachen und apostolischen Briefen des Papstes entnommen, und der Syllabus enthält nur die verurteilten Sätze selbst, keine Einleitung und keinen Schluß und vor allem kein spezielles Urteil über die einzelnen Sätze und keine Darlegung der positiven kirchlichen Lehre. Darin liegen große Schwierigkeiten. Der Syllabus rief, besonders in Frankreich, gewaltige Erregung hervor und wurde als eine schroffe Absage an den Liberalismus, den mo-

Aus der Alten Pinakothek des Vatikans

Ehemalige Papstresidenzen: Der Lateran im 16. Jahrhundert
Die erste Residenz der Päpste war der Lateran auf dem Monte Celio. Ursprünglich war der Lateranpalast im Besitz der römischen Familie Laterani, später im Besitz der kaiserlichen Familie, zuletzt die Wohnung der Kaiserin Fausta, der Gemahlin Konstantins des Großen. Nach der Sage wohnte Konstantin im Lateranpalast, als ihm ein Traumgesicht die große Basilika zeigte, die er dem „Gott der Christen" errichten solle. Tatsächlich räumte Kaiser Konstantin den Palast dem Papste Miltiades (311—314) zur Wohnung ein und schenkte ihn dann in aller Form dem Papst Silvester I. (314—335). Von da ab blieb der Lateran, zuerst im Wechsel mit dem Vatikan, bis zum Exil von Avignon vornehmlichste Residenz der Päpste.

Die nachstehenden Bilder zeigen den Lateranpalast in verschiedenen seiner wechselvollen Baustadien; vergleiche hierzu auch die Bilder auf Seite 31 und 173.

dernen Staat und die freiheitlichen Errungenschaften der letzten beiden Jahrhunderte angesehen. Dem gegenüber ist betont worden, daß weder inhaltlich noch formell eine neue Entscheidung des Papstes vorliegt. Die Sätze sind größenteils Zitate aus kirchenfeindlichen Schriftstellern mit gallikanischen und febronianischen Grundsätzen oder Äußerungen liberaler Staatsmänner. Man kann sie also nur richtig erklären, wenn man feststellt, was ihre Urheber damit gemeint haben, und in welchem Sinne sie der Papst (in dem zitierten Schriftstücke) verurteilt hat. Ferner muß jeder Satz im strikten Sinne erklärt, d. h. so viel wie möglich beschränkt und eingeengt werden. Auch wird bei der Verwerfung der Sätze nicht der konträre, sondern nur der kontradiktorische Gegensatz als wahr behauptet. Wendet man, wie es Heiner getan hat, diese Methode an, so ergibt sich durchweg, auch an Stellen, die man „berüchtigt" genannt hat, ein milderer Sinn, den man annehmen muß oder wenigstens darf.

Über die dogmatische Tragweite des Syllabus besteht unter den Theologen keine volle Einigkeit. Allgemein zugegeben ist, daß die in der Enzyklika verurteilten 16 Sätze kraft der päpstlichen Unfehlbarkeit verworfen sind. Einige behaupten dies auch vom ganzen Syllabus, indem sie darauf hinweisen, daß er mit der Enzyklika eng verbunden sei, daß ihn alle Bischöfe angenommen und daß sich die Päpste mehrfach auf ihn berufen hätten. Andere entscheiden sich dagegen, wenn sie auch den dogmatischen Charakter einzelner Stellen nicht bestreiten. Ehrhard bezeichnet die Bedeutung des Syllabus als wesentlich zeit-

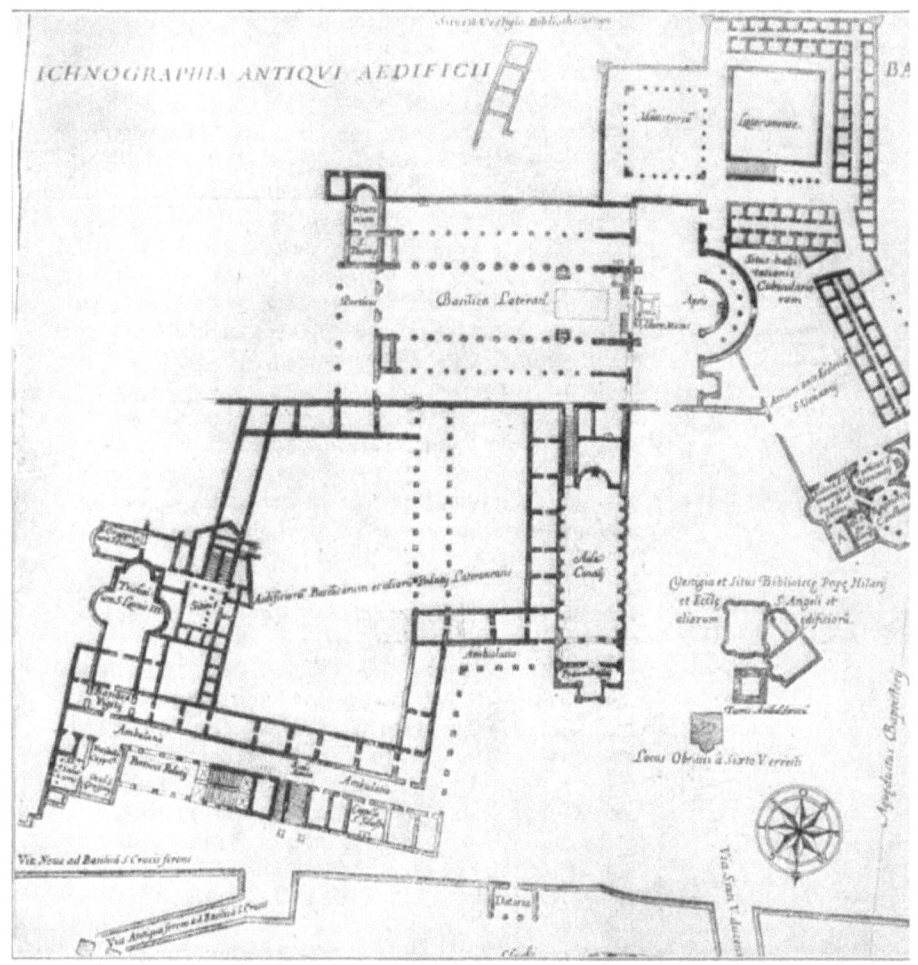

Dieser Plan des mittelalterlichen L
zeigt uns den großen Komplex dieser Palast- und Kirchenanlage nur in einer leider sehr spärlichen
die großen Konzilien ihre Versammlungen hielten, sowie alles das, was Leo III. außerdem in der Zeit
Wohngebäude des Papstes) geschaffen hat, ist, wie viele andere der mittelalterlich-großartigen Anlagen R
geschichte spurlos verschwunden.

geschichtlich. Es war ein Akt der Notwehr der kirchlichen Autorität gegen die maßlosen Angriffe des Liberalismus, um die Glieder der Kirche vor dem Einreißen verderblicher Lehren und Anschauungen zu schützen. Zu einer erschöpfenden Behandlung der Fragen war es 1864 wohl noch zu früh. Später hat Leo XIII. über eine Reihe einschlägiger Punkte ausführliche und positive Betrachtungen gegeben.

Kurz vor der Publikation der Enzyklika und des Syllabus kündigte Pius den Kardinälen im strengsten Geheimnisse an, daß er ein allgemeines Konzil zu berufen gedenke (6. Dez. 1864).

Schon vorher hatte er zweimal den Episkopat der katholischen Welt um sich versammelt. Einmal, als er am 8. Dezember 1854 die Lehre von der

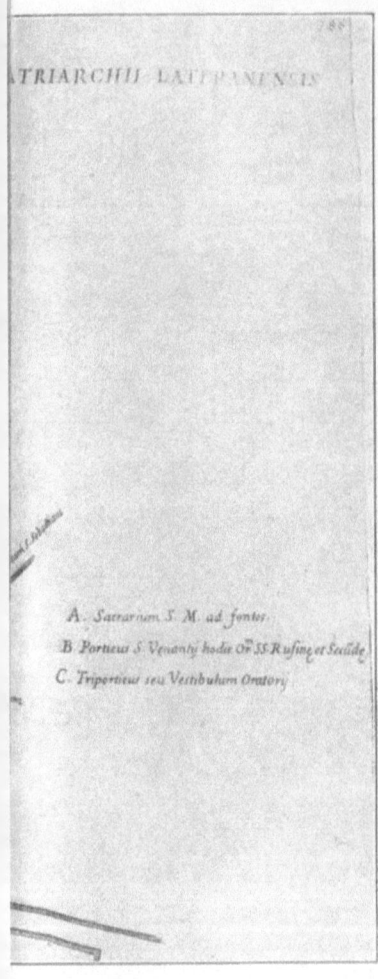

A. *Sacrarium S. M. ad fontes*
B. *Porticus S. Venantij hodie Or SS Rufini et Secude*
C. *Tripertitus seu Vestibulum Oratorij*

anggestreckte Bau der „Aula Concilii", wo
die Basilika und das „Patriarchum" (das
für unsere Kenntnisse in Kultur- und Kunst-

Unversehrtheit der Gottesmutter von der Erbsünde seit dem ersten Augenblick ihrer Empfängnis („Unbefleckte Empfängnis") als Dogma verkündigte. Schon 1849, von Gaëta aus, hatte der Papst Gutachten von den Bischöfen darüber eingefordert. 1854 waren gegen 200 Bischöfe aus allen Ländern versammelt, die im November Konferenzen abhielten. Doch behielt sich der Papst die Prüfung und Verkündigung des Dogmas selbst vor. Die Wichtigkeit des Vorganges sprach damals der Jesuit Schrader richtig aus: „Die selbständige Definition eines Dogmas schließt gleichzeitig, zwar nicht ausdrücklich und förmlich, aber nichtsdestoweniger unzweifelhaft und tatsächlich eine andere dogmatische Entscheidung in sich, nämlich die Entscheidung der Streitfrage, ob der Papst in Glaubenssachen auch für seine Person unfehlbar sei oder ob er diese Unfehlbarkeit nur an der Spitze eines Konzils anzusprechen habe." Die Opposition gegen das neue Dogma war verhältnismäßig gering.

Einer zweiten Einladung, zum Pfingstfeste 1862, folgten über 300 Bischöfe. Sie galt der **Heiligsprechung der 26 Märtyrer**, die 1597 in Nagasaki in Japan den Tod gefunden hatten. Der Papst „wünschte angelegentlich, neue Fürsprecher bei Gott zu erlangen in diesen höchst stürmischen und schwierigen Zeiten". Die Versammlung beschäftigte sich auch mit der Frage der weltlichen Herrschaft des Papstes.[21]

Als der Papst das drittemal, zur achtzehnten **Säkularfeier des Martyriums der Apostelfürsten** am 29. Juni 1867, einlud und sich noch mehr Bischöfe (über 500) einfanden, kündigte er das **allgemeine Konzil** an und erließ dann am 29. Juni 1868 die Einberufungsbulle. Am 8. Dezember 1869 wurde es eröffnet.

Der Beratungsgegenstand, durch den es das wichtigste Ereignis der ganzen modernen Geschichte der katholischen Kirche geworden ist, die päpstliche **Unfehlbarkeit**, stand ursprünglich keineswegs im Vordergrunde, wenn er auch in den Gutachten der Kardinäle und Bischöfe nicht fehlte. Welche Rolle er in den Absichten des Papstes spielte, wissen wir nicht sicher. Dagegen versetzte er die Öffentlichkeit in die größte Aufregung, seit ihn ein Artikel der „Civiltà cattolica" vom Februar 1869 neben der Definition des Syllabus und der Dogmatisierung der Lehre von der leiblichen Himmelfahrt Mariä als Programmpunkt bezeichnete. In Deutschland „zündeten überall" Döllingers Artikel in der „Allgemeinen Zeitung", es bildeten sich Abwehrvereine, und vierzehn Bischöfe bezeichneten in einem Schreiben an den Papst die „gegenwärtige Zeit für weniger günstig zur Definition". Der bayerische Ministerpräsident Fürst Chlodwig

[21] Vgl. S. 427.

Ehemalige Papstresidenzen: Der Lateran zur Zeit des Jubiläums 1575

zu Hohenlohe-Schillingsfürst suchte sogar eine diplomatische Aktion in Gang zu bringen. Auf dem Konzil wurde der Antrag, die **Unfehlbarkeit** zu definieren, schon am 25. Dezember 1869 gestellt und beherrschte es, seit ein weiterer Antrag im Januar die Unterschrift einer großen Anzahl (gegen 480 von etwa 740) der Mitglieder fand. Das Konzil spaltete sich in zwei Gruppen, eine Majorität dafür und eine Minorität dagegen, und beide entfalteten eine lebhafte Agitation. Von den deutschen Bischöfen waren dreiviertel (13) dagegen, von den österreichischen ebenfalls die Mehrzahl, von den französischen der dritte Teil. Dagegen gehörten die spanischen sämtlich, die italienischen größtenteils der Majorität an, für die der Papst ziemlich offen Partei nahm. Die Lehre selbst bekämpften nur wenige, vielmehr wurde die Minderheit dadurch zusammengehalten, daß sie die Zweckmäßigkeit der Definition bestritt. Der Artikel, „daß der römische Papst bei der Definition von Glaubens- und Sittenlehren nicht irren könne", wurde am 6. März 1870 in Form eines Zusatzes zum Schema „über die Kirche Christi" vorgelegt. Die Generaldebatte über die inzwischen umgearbeitete „Constitutio dogmatica de ecclesia Christi" begann am 14. Mai und füllte 14 Generalkongregationen (d. h. beratende und provisorisch abstimmende Versammlungen) mit 64 Reden, die teilweise ganze Abhandlungen waren. Zu den Hauptrednern gegen die Unfehlbarkeit gehörten Bischof Hefele von Rottenburg, Kardinal Schwarzenberg von Prag, Erzbischof Darboy von Paris. Die Majorität dagegen suchte die Lehre durch Schrift und Tradition zu erweisen und erklärte, daß ganze Länder die Definition herbeisehnten. Da eine Verständigung nicht zu erreichen war, wurde am 3. Juni der Antrag auf Schluß der Debatte angenommen. Die Spezialdebatte nahm 22 Generalkongregationen in Anspruch. Am 13. Juli wurde provisorisch abgestimmt. Von den 601 anwesenden Vätern — in Rom befanden sich 692; ein großer Teil fehlte wegen Krankheit — waren 451 dafür, 88 dagegen, 62 bedingt dafür (placet iuxta modum). Unter letzteren waren manche, denen die Fassung noch nicht weit genug ging. In letzter Stunde wurde von den Gegnern noch ein Versuch gemacht, die Fassung zu mildern. Am 15. Juli waren sechs Bischöfe der Minderheit beim Papste und brachten die beiden Wünsche vor, daß im dritten Kapitel die Worte von der „Fülle der Gewalt (plenitudo potestatis)" des Papstes gestrichen und im vierten Kapitel hinzugefügt würde, daß sich der Papst bei Betätigung der Unfehlbarkeit auf das Zeugnis der Kirche stütze (innixus testimonio ecclesiarum). Bischof Ketteler von Mainz warf sich vor dem Papste zu Boden und flehte ihn an, „der Vater der katholischen Welt möge der Kirche und dem Episkopat durch etwas Nachgiebigkeit Frieden und die verlorene Einigkeit wiedergeben". Diese

Die Fassade der Lateranbasilika in ihrer heutigen Gestalt
Die Basilika hat den Titel „aller Kirchen der Stadt und des Erdkreises Mutter und Haupt"; sie ist die erste abendländische Patriarchalkirche. Ihre heutige, im vorstehenden Bilde wiedergegebene Gestalt verdankt die imposante, mit 15 Kolossalstatuen gekrönte Fassade der Bautätigkeit Klemens' XII.

Bemühungen hatten nicht nur keinen Erfolg, sondern die Glaubensdeputation stellte sogar den Antrag, den Schlußworten: „Definitionen des Papstes dieser Art sind von selbst unabänderlich" den Zusatz zu geben: „nicht aber durch die Zustimmung der Kirche", und so wurde er am 16. Juli von der Generalkongregation angenommen. Die Minorität beschloß nun aus Gründen der Pietät gegen den Papst und um das Ansehen der Kirche nicht zu schädigen, der definitiven Abstimmung in der öffentlichen Sitzung vom 18. Juli fernzubleiben und abzureisen. Am 18. Juli stimmten demnach alle (535) bis auf zwei, Bischof Riccio von Cajazzo auf Sizilien und Bischof Fitzgerald von Little Rock in Nordamerika, dafür.

Die beiden wichtigsten Beschlüsse — über den Universalepiskopat und die Unfehlbarkeit — haben folgenden Wortlaut:

„Wer daher sagt, der römische Papst habe lediglich das Amt der Aufsicht oder Führung, nicht aber die volle und höchste Jurisdiktionsgewalt über die ganze Kirche, nicht nur in Sachen des Glaubens und der Sitten, sondern auch in Sachen, die die Disziplin und die Regierung der über die ganze Erde verbreiteten Kirche betreffen, oder er besitze nur den bedeutenderen Anteil, nicht aber die ganze Fülle dieser höchsten Gewalt (totam plenitudinem huius supremæ potestatis), oder diese Gewalt sei keine ordentliche und unmittelbare, sei es über alle und jegliche Kirchen oder über alle und jegliche Hirten und Gläubigen, der sei im Banne." (Ende des 3. Kapitels.) — „Indem wir daher an der vom Anbeginn des christlichen Glaubens überkommenen Überlieferung treu festhalten, lehren wir mit Zustimmung des heiligen Konzils zur Ehre Gottes, unseres Heilandes, zur Erhöhung der katholischen Religion und zum Heile der christlichen Völker und erklären es als einen von Gott geoffenbarten Glaubenssatz, daß der römische Papst, wenn er von seinem Lehrstuhl aus (ex cathedra) spricht, d. h. wenn er in Ausübung seines Amtes als Hirte und Lehrer aller Christen, kraft seiner höchsten apostolischen Gewalt, eine von der gesamten Kirche festzuhaltende, den Glauben oder die Sitten betreffende Lehre entscheidet, vermöge des göttlichen, ihm im hl. Petrus verheißenen Beistandes, jene Unfehlbarkeit besitzt, mit der der göttliche Erlöser seine Kirche bei der Entscheidung einer den Glauben oder die Sitten betreffenden Lehre ausgestattet wissen wollte, und daß daher solche Entscheidungen des römischen Papstes aus sich selbst, nicht aber erst durch die Zustimmung der Kirche unabänderlich sind (ideoque eiusmodi Romani pontificis definitiones ex sese, non autem e consensu ecclesiæ irreformabiles esse)." (Schluß des 4. Kapitels.)

Am 20. Oktober vertagte der Papst das noch am Anfange seiner Tätigkeit stehende[22] Konzil, da infolge der kirchenräuberischen Invasion der Stadt Zustände eingetreten seien, die die notwendige Freiheit, Sicherheit und Ruhe vermissen ließen. Die italienische Regierung protestierte freilich gegen diese Behauptung.

Durch die Beschlüsse vom 18. Juli 1870 ist eine Frage entschieden, die seit der Aufstellung der gallikanischen Sätze 1682[23] nicht mehr zur Ruhe gekommen war. „Der kirchliche Partikularismus hat den Todesstoß erhalten, und das Papsttum hat den Höhepunkt seiner innerkirchlichen Macht erreicht"[24]; seine absolute Monarchie in der Kirchenverfassung hat ihre Anerkennung gefunden. Die allgemeinen Konzilien haben dadurch an Bedeutung verloren. Noch das Konstanzer Konzil hatte beansprucht, die Repräsentation der Kirche zu sein, freilich ohne durchzudringen. Aber bis 1870 hatte doch immerhin die Anschauung gegolten, daß dem in Verbindung mit dem Papste tagenden Konzile dieser Wert zukomme.

Die Bischöfe der Minorität erklärten sämtlich ihre Zustimmung, von den deutschen als letzter Hefele am 10. April 1871. Dagegen führte in Deutschland die Opposition, die hauptsächlich von Döllinger betrieben wurde, zu einem Schisma von Theologen und Laien und (gegen Döllingers Abraten) zur B i l d u n g d e r a l t k a t h o l i s c h e n K i r c h e (1871), deren erster Bischof Professor Reinkens war. Eine kirchliche Macht hat sie freilich seither nicht werden können. Auch kirchenpolitische Kämpfe, wie der Konflikt mit Österreich und der Kulturkampf in Preußen, hatten, wenigstens zum Teil, ihren Grund in dem Verlaufe des vatikanischen Konzils.

Die o r g a n i s a t o r i s c h e T ä t i g k e i t des Papstes in seinem langen Pontifikate ist so umfangreich, daß sie hier nur summarisch betrachtet werden kann. Er errichtete in der alten und neuen Welt 29 Erzbistümer, 132 Bistümer, 3 apostolische Delegationen, 33 apostolische Vikariate und 15 apostolische Präfekturen. In E n g l a n d stellte er 1850 die H i e r a r c h i e wieder her durch Errichtung des Erzbistums Westminster mit zwölf Bistümern, und der Sturm, den er dadurch erregte, hatte keine besonderen Folgen. 1853 folgte Holland (Erzbistum Utrecht mit vier Bistümern). Auch das lateinische Patriarchat in Jerusalem wurde wieder eingerichtet (1847). Mit zahlreichen Regierungen schloß er K o n v e n t i o n e n ab, so 1847 mit Rußland, 1851 mit Toskana und Spanien, 1853 mit Costarica und Guatemala, 1855 mit Österreich, 1857 mit

---

[22] Auf die übrigen Beratungen kann hier, in der Papstgeschichte, nicht eingegangen werden.
[23] Vgl. S. 350. [24] Ehrhard.

Ehemalige Papstresidenzen: Die Engelsburg
hat ihren Namen vom Erzengel Michael erhalten, der nach der Sage im Jahre 590 dortselbst dem Papste Gregor dem Großen bei einer Festprozession erschien. Schon Bonifaz IV. hatte oben auf dem zerstörten Innenring der Burganlage eine Kapelle zu Ehren des Erzengels Michael erbaut. Die jetzt den Bau krönende Engelsstatue, von dem flämischen Bildhauer Verschaffelt, ist aus dem 18. Jahrhundert.
(Obiges Bild nach einem Stich von Cruyl aus dem Jahre 1665; vergleiche hiezu auch das Bild auf Seite 245.)

Portugal, Neapel, Württemberg, 1859 mit Spanien und Baden, 1860 mit Haiti, 1861 mit Honduras, 1862 mit Ecuador, Venezuela, Nicaragua und S. Salvador. Das K o n k o r d a t   m i t   K a i s e r   F r a n z   J o s e p h von Österreich (1855) ging in seinen Zugeständnissen an die Kirche sehr weit und beseitigte die letzten Reste des Josephinismus.[25] Aber es wurde auch von Anfang an bekämpft und in einzelnen Punkten durch einseitige Staatsgesetze (über Ehegerichtsbarkeit, Notzivilehe, Erziehung der Kinder aus Mischehen, Schulfrage 1868) außer Kraft gesetzt. Nach dem vatikanischen Konzil wurde es abgeschafft, weil der „Kompaziszent ein anderer geworden sei und sich eben in jenen Dingen, in Rücksicht auf welche ihm gegenüber Rechte erworben werden sollten, als alleiniger, unanfechtbarer Richter proklamiert habe". 1874 wurden alle nicht inneren Verhältnisse der Kirche dem Staate unterworfen.

Auch in D e u t s c h l a n d gelang es nicht ganz, das Staatskirchentum zu brechen. In der oberrheinischen Kirchenprovinz[26] kam es zu Konflikten zwischen den Bischöfen, die sich nach 1848 gegen die bisherige Beschränkung wehrten, und den Regierungen, bis die kirchlichen Angelegenheiten neu geregelt wurden. Für die katholische Bewegung in Deutschland waren die Kölner Wirren[27] (1837 bis 1841) ein kräftiger Anstoß gewesen. Eine neue Periode begann 1848 mit der Würzburger Bischofskonferenz, wo die Bischöfe erklärten, daß sie sich der Wiedergeburt des Vaterlandes nicht entziehen wollten, aber auch an den Rechten der Kirche festhalten würden. Ein reiches katholisches Leben erwachte und trat

[25] Vgl. S. 352. [26] Vgl. S. 382. — [27] Vgl. S. 393.

Ehemalige Papstresidenzen: Der „Quirinal" — Palazzo della Consulta
Im alten Rom war „Quirinal" der Name eines der sieben Hügel, auf denen die Stadt gegründet war. Die Erbauung des heutigen Quirinals ist Gregor XIII. zu danken, der 1574 den Grundstein legen ließ. Bis 1870 war der Quirinal Sommerresidenz der Päpste, öfters auch, so noch zur Wahl Pius' IX., Sitz der Konklave. Seit 1870 ist der Quirinal Residenz des Königs von Italien.

mit ungewohnter Kraft an die Öffentlichkeit. Von der Assoziationsfreiheit machten die Katholiken sofort weitesten Gebrauch. Es entstanden rührige katholische Vereine aller Art. Die Piusvereine erweiterten sich seit 1848 zu den großen „Generalversammlungen katholischer Vereine in Deutschland", denen die Bischöfe und Pius IX. ihren Segen erteilten. In Preußen entstand die Zentrumspartei (anfangs „Katholische Fraktion" genannt). Auch die Missionen der Jesuiten sind hier zu nennen. Freilich wurde mit der Zeit auch die Absonderung von den evangelischen Volksgenossen immer größer.

Das Konkordat mit S p a n i e n (1851) erkannte den Katholizismus als Staatsreligion an und ermöglichte es, daß sich die Kirche aus der gedrückten und schwierigen Lage, in die sie der kirchenfeindliche Liberalismus gebracht hatte, erhob. Aber neue Revolutionen stürzten das Land in bürgerliche und kirchliche Wirren, bis 1875 endlich Ordnung wurde. Durch die Verfassung von 1876 übernahm die Nation den Unterhalt des Kultus und seiner Diener. In P o r t u g a l hielt sich das Staatskirchentum ganz. Als Pius IX. 1860 die Bischöfe nach Rom einlud, verbot ihnen die Regierung die Reise, und sie fügten sich, worauf der Papst ihre Schwäche und ihre Saumseligkeit tadelte. In F r a n k r e i c h nahm die Kirche unter Napoleon einen großen Aufschwung. Die Zahl der Bistümer war 1867 auf 89 gewachsen; manche hatten hervorragende Bischöfe, das kirchliche Vereinswesen blühte, Provinzial- und Diözesansynoden wurden abgehalten. Den Gallikanern stand zur Freude des Papstes eine immer größere Anzahl „Ultramontaner" gegenüber.

In Rom errichtete Pius neue S e m i n a r i e n , wie das Seminarium Pium für befähigte theologische Zöglinge aus dem Kirchenstaate (1855), ein englisches Colle-

Ehemalige Papstresidenzen: Der Ehrenhof des Quirinal-Palastes

gium Pium (1852), ein polnisches Priesterseminar (1866), ein Kollegium nordamerikanischer Missionäre. Zahlreich sind seine **Heilig- und Seligsprechungen**. Für die Orden und ihre Reform errichtete er 1847 eine Kardinalskongregation, die viele Dekrete ergehen ließ. Über hundert neue religiöse Genossenschaften hat er approbiert. Die **archäologischen Forschungen und Entdeckungen** in den Katakomben förderte er mit reichen Mitteln.

Die **Beziehungen zu den auswärtigen Regierungen** wurden in den letzten Jahren immer schwieriger und mißlicher. Von Österreich war schon die Rede. Viel schwerer war der Konflikt in Preußen, der **Kulturkampf**. Er hing ebenfalls mit der Unfehlbarkeitserklärung zusammen. Die Regierung ging davon aus, daß sie nach so wesentlicher Änderung des Verhältnisses von Staat und Kirche genötigt sei, ihre Stellung zu den katholischen Angelegenheiten ausschließlich nach staatsrechtlichen Gesichtspunkten wahrzunehmen. Auch der Syllabus trug zur Beunruhigung und Erregung bei. Rasch folgten sich die Gesetze, die die Kirche dem Staate völlig unterwerfen und die Maßregeln, die den energischen Widerstand der Bischöfe und des Volkes brechen sollten. Von zwölf Bischöfen blieben nur vier (die von Kulm, Ermland, Hildesheim, Osnabrück) auf ihren Sitzen, sechs wurden abgesetzt und gingen außer Landes, zwei starben. Die Seminarien und Konvikte wurden geschlossen. Seit Mai 1873 war keine Pfarrpfründe gültig besetzt, so daß über tausend Pfarreien „gesperrt" waren. Die Orden und Kongregationen mit Ausnahme derer, die sich der Seelsorge widmeten, wurden aufgehoben. In Baden, Hessen und Sachsen herrschten dieselben Verhältnisse, und das Reich leistete ebenfalls mit mehreren Gesetzen Hilfe. Der Papst beklagte sich in der Allokution vom 23. Dezember 1872 über die „schonungslosen Verfolgungen" der Kirche „im neuen Deutschen Reiche, wo man nicht nur durch geheime Umtriebe, sondern auch mit offener Gewalt dahin arbeitet, sie von Grund auf zu zerstören", und warf den Urhebern vor, daß sie „der Unbill auch noch Verleumdung und Verhöhnung" beifügten. Darauf wurde der deutsche Geschäftsträger beim Vatikan abberufen und der diplomatische Verkehr abgebrochen. Ein Brief des Papstes an den Kaiser vom 7. August 1873 hatte nur den Erfolg, daß dieser in der Antwort vom 3. September 1873 den Standpunkt seiner Regierung vertrat und den Papst ersuchte, gegen die Agitation der Geistlichkeit einzuschreiten. Die preußischen Maigesetze erklärte der Papst in der Enzyklika vom 5. Februar 1875, „weil der göttlichen Einrichtung der Kirche widersprechend", als „nichtig in sich".

In der Schweiz wurden die Anhänger der Unfehlbarkeit bekämpft, und viele Kirchen, besonders in den Kantonen Bern und Genf, kamen in die Hände der Altkatholiken.

Auch in Bayern wurden diese von der Regierung begünstigt. Die Zugeständnisse, die der König 1852 auf Ersuchen der Bischöfe gemacht hatte, wurden 1873 wieder zurückgenommen und das Religionsedikt wieder zur Norm der Kirchenpolitik gemacht.

In ausgesprochen freundlichen Beziehungen zum Vatikan stand keine einzige europäische Regierung mehr.

Dagegen trugen die „Kulturkämpfe" wie der Verlust der weltlichen Herrschaft mit dazu bei, die **Anhänglichkeit und Liebe der Katholiken zum Papste** noch zu vermehren. Das „Kreuz vom Kreuze", wie Pius in der alten Weissagung heißt, war in den Augen der Gläubigen mit der Aureole des Martyriums umgeben. Kein Papst ist je populärer gewesen. Zum Teil hängt das allerdings auch mit der gehobenen kirchlichen Stellung des Papsttums zusammen.

Sein fünfzigjähriges Priesterjubiläum (1869), fünfundzwanzigjähriges Papstjubiläum (1871) und fünfzigjähriges Bischofsjubiläum (1877) wurden mit großartigen Feiern begangen.

Eine Teilansicht des Belvederehofes in der Vatikanstadt — die Pinien und Pfauen, die früher einen der Höfe der Engelsburg schmückten.

Pius IX. starb trotz seines hohen Alters ziemlich unerwartet am 7. Februar 1878. Er hatte zu seinen Lebzeiten gewünscht, daß er in der Kirche San Lorenzo bestattet werde. Als in der Nacht zum 13. Juli 1881 die Überführung des vorher in St. Peter provisorisch beigesetzten Sarkophages mit der Leiche des Papstes stattfand, da war der Leichenzug den schlimmsten Exzessen eines kirchenfeindlichen Pöbels ausgesetzt, der auf der Tiberbrücke vor der Engelsburg den Sarg in den Fluß werfen wollte. Unter Lebensgefahr schützten insbesondere die Kleriker des deutschen Campo Santo die Leiche des Papstes und erzwangen es nach mehrstündigem Zuge in ständiger Abwehr, daß San Lorenzo erreicht werden und Pius IX. seine letzte Ruhestätte finden konnte.

DAS PAPSTTUM ALS MORALISCHE WELTMACHT

DAS WERDEN UND WESEN JOACHIM PECCIS

Joachim Pecci wurde in den Siegestagen Napoleons, am 2. März 1810 in Carpineto, einem hoch aufgebauten, weit ins Land hinausschauenden Felsenneste in den alten Volskerbergen, den Monti Lepini, im südlichen Teile des Kirchenstaates zwischen Rom und Gaëta, geboren. Das Städtchen war weltentlegen und ein wenig verwahrlost.

Die Familie war ein alteingesessenes, mäßig begütertes, ortsansässiges Geschlecht. Dem Adel gehörte sie nicht an. Noch weniger war sie mit dem Grafen Pecci von Siena verwandt. Der Vater Lodovico war ein Ehrenmann von schlichter Art, ganz seiner Familie lebend, aber mit lebhaftem Interesse für die Zeitereignisse und den neuen Ideen der Franzosenherrschaft nicht ganz abhold. Wie er selbst wurden auch die Söhne früh Bücherfreunde

Papst Leo XIII. (1878—1903)
hat während seines fünfundzwanzigjährigen Pontifikates mit großem diplomatischem Geschick und profunder Gelehrsamkeit der Vereinigung des Katholizismus mit der modernen Kultur gedient. Den Problemen des modernen Staates und den Notwendigkeiten der sozialen Entwicklung unserer Zeit hat das glanzvolle Pontifikat dieses Papstes in gleich umfassender und die Geschicke der Welt mitbestimmender Weise Rechnung getragen.

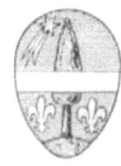

Leo XIII.
Joachim Graf Pecci, Italiener aus Carpineto Anagni. 1878—1903

und gewannen politisches Interesse. Die Mutter Anna, eine geborene Prosperi-Buzi aus Cori, die den Volkstribunen Cola di Rienzo zu ihren Vorfahren rechnete, eine fromme, kluge, wohltätige Frau, wurde von ihrem Gemahl die „Säule des Hauses" genannt. Sie kannte keine Standesunterschiede und betätigte bei jedermann Hilfsbereitschaft. Ihre sieben Kinder wuchsen in zärtlichster Liebe und trautem Familien- und Geschwisterleben auf.

Joachim Vinzenz Raphael Ludwig, in der Familie Nino (Vincenzo) genannt, — erst seit 1826 legte er sich den stolzeren Namen Joachim zu — war der vierte Sohn, ein anmutiger Knabe, der Liebling der Mutter. Mit zwei Jahren zog er schon des Onkels Pferd unter lautem Hottehü zur Tränke und tummelte sich bald mit seinen Kameraden als Kletterer und Vogelsteller in der wilden Einsamkeit seiner Berge. Die beiden ältesten Söhne sollten Landleute werden; die beiden nächsten, Joseph und Nino, wurden zu Größerem bestimmt und zehn- und achtjährig am 1. Oktober 1818 zur weiteren Ausbildung dem J e s u i t e n k o l l e g i u m in Viterbo übergeben. So sicherten ihnen die Eltern nicht nur die beste wissenschaftlich-humanistische Bildung, die damals im Kirchenstaat zu finden war, sondern auch den Verkehr mit den Söhnen des Adels, dem die meisten Zöglinge angehörten. Nino war ein fleißiger und glänzend begabter Schüler und zählte stets zu den besten seiner Klasse. Die lateinische Sprache eignete er sich so an, daß er sie in Prosa und Vers ganz beherrschte und zu seiner eigentlichen Muttersprache machte. Auch den Abschluß der Gymnasialfächer und die h ö h e r e n S t u d i e n machte er unter Leitung der Jesuiten im Collegio Romano in Rom von 1824 bis 1832, nachdem er 1824 Tonsur und Sutane genommen, aber auch die zärtliche Mutter verloren hatte. Für die jesuitische Abschließung von der Welt wurde er in Rom noch weniger als im Internat von Viterbo gewonnen, wo er sich seine Frische und Natürlichkeit bewahrte und offene und ungezwungene Briefe schrieb. Er wohnte bei seinem Onkel, gewann Verständnis für Kunstgenüsse, durchstreifte Rom nach allen Richtungen und wurde ein großer Politikus, der an den Papstwahlen von 1829 und 1830 und der Verwaltung lebhaftes Interesse zeigte. Dagegen trug die Pädagogik der Jesuiten mit dazu bei, den in ihm schlummernden Ehrgeiz zu wecken. Er arbeitete fleißig in Rhetorik, Philosophie und Theologie und errang sich mehrere Preise. Zu seinen Lehrern gehörte der berühmte Dogmatiker Perrone.[28] Für Thomas von Aquin wurde er schon damals Feuer und Flamme.

Ehrgeizig, selbstbewußt, gewandt und gemessen, mehr für das Tatsächliche als für Werte des Gemüts und der Phantasie veranlagt, ohne das Bedürfnis nach persönlicher Freundschaft, sehr höflich gegen Vorgesetzte, sehr devot gegen die Mächtigen, sonst steif und kalt, ging er immer eifriger und entschlossener auf das Ziel los, in der kirchenstaatlichen Verwaltung die höchsten Stufen zu erreichen. 1832 gelang es ihm, in die hohe Schule des päpstlichen Staatsdienstes, die A c c a d e m i a d e i n o b i l i e c c l e s i a s t i c i, Aufnahme zu finden. Da er nicht adlig war, erwirkte ihm der Bischof von Anagni für seine Person die Eintragung in den libro d'oro, das Patrizierbuch von Anagni. Zugleich begann er das Rechtsstudium an der Sapienza, das allerdings ganz theoretisch betrieben

[28] Vgl. S.

Ehemalige Papstresidenzen: Der erzbischöfliche Palast zu Viterbo (erbaut 1255) war lange Zeit hindurch Residenz der Päpste. Die herrliche Loggia (auf dem Bilde rechts) wurde 1267 von Papst Klemens IV. errichtet, erstmals 1325 durch Papst Johann XXII. und dann wieder 1904 im Auftrage der italienischen Regierung gründlich restauriert.

wurde. Von Einführung in Welt und Leben war nicht die Rede. Fremde Geistesarbeit wurde vorgelegt, wieder und wieder durchdacht und auswendig gelernt. Pecci wandte dem Rechte größeres Interesse zu als vorher der Theologie, und seine theologischen Ideen von der Kirche bekamen erst jetzt Hand und Fuß. 1837 schloß er seine Ausbildung mit der Promotion zum Doctor juris utriusque honoris causa und trat ins Leben — „Theologe durch gründlichen Unterricht, Politiker durch frühes Umsichschauen, Rechtskundiger durch ernstes, begeistertes Studium, Staatsmann und Jurist durch natürliche Anlage". Am 28. Juni 1837 wurde er Rat im Staatssekretariat des Innern. Damals brach, durch den Tod des Vaters (1836) und das Entsetzen über das Wüten der Cholera in Rom mit befördert, das religiöse Gefühl mächtig in ihm hervor. Bis dahin scheint er keine sehr innerliche und religiöse Natur, sondern mehr weltlich gerichtet gewesen zu sein, wenn wir auch aus dem Zurücktreten der religiösen Stimmungen in seinen Jugendbriefen nicht zu viel folgern dürfen; denn nicht jeder entschleiert in diesen Jahren ganz sein Seelenleben. Die heiße Glut, die jetzt in ihm aufstieg, war kein Strohfeuer, sondern hat seitdem sein ganzes Leben durchwärmt und durchleuchtet. Er machte bei den Jesuiten Exerzitien, und die „Anleitung zum geistlichen Leben" bewährte auch an ihm ihre mächtige Wirkung. Überglücklich, mit vollem Herzen, empfing er am 31. Dezember 1837 die Priesterweihe und las am 1. Januar seine erste Messe.

Sechs Wochen nach der Primiz, am 12. Februar, erhielt er, noch nicht achtundzwanzig Jahre alt, das Amt eines Delegaten (Statthalters)[29] in

[19] Vgl. S. 374.

Benevent, der Enklave im Neapolitanischen, auf die Rom nicht allzugroßes Gewicht legte. Aber das Amt stellte doch besondere Anforderungen. Das kleine Gebiet hatte noch ganz mittelalterliche Zustände. Der Adel regierte, und durch seine eingeschlossene, der römischen Aufsicht beinahe entzogene Lage war das Ländchen unter heimlicher Mitwirkung des Adels ein Unterschlupf für Schmuggler und Briganten. Wirtschaftlich war es ganz zurückgeblieben und verrottet. Die letzten Delegaten hatten es an sich fehlen lassen. Da griff nun der junge und durch einen Typhusanfall in seiner Gesundheit geschwächte Delegat kräftig durch, ganz anders, als man von dem eleganten und zarten Herrn erwartet hatte. Er brachte die Verwaltung wieder in Gang, organisierte die Polizeitruppen, machte dem Brigantentum ein Ende, dessen Zufluchtsstätten auf den Adelssitzen er furchtlos aufheben ließ, begann den Straßenbau und arbeitete an der Hebung des allgemeinen Wohlstandes. Soziale Bestrebungen lagen ihm überhaupt vom Elternhause her nahe. Aber schon im Sommer 1841 wurde er in dieselbe Stellung nach Perugia versetzt, nachdem er seinen Gönner, den Kardinal Sala, durch den Tod verloren hatte und seine Bemühungen, nach Rom berufen zu werden, gescheitert waren. Die alte Etruskerstadt, in luftiger Höhe über dem obern Tibertale gelegen, war, anders als Benevent, Sitz einer intelligenten und rührigen Bevölkerung. Als Doktrinär war Pecci in die Verwaltung eingetreten, und von dem Fortschritt der Kultur und Verwaltung erfuhr er nur durch Zufall. Und doch zeigte er sich in manchen Dingen als moderner Sozialpolitiker. Er war eben geborener Verwaltungsmann und Organisator. Er legte Kornhäuser für die schlimmen Jahre an, unterstützte die Errichtung einer Sparkasse, reformierte die städtischen und Gemeindeverwaltungen, verbesserte und beschleunigte die Rechtspflege, suchte die Pockenimpfung einzuführen. Er war unermüdlich tätig, aber indem er durch einen glänzenden Empfang den Papst und bald auch den Staatssekretär Lambruschini für sich gewann, glückte es ihm, bald eine höhere Stufe zu ersteigen. Politisch hatte er freilich den Geist der Zeit in Perugia nicht begriffen. Es waren jene erregten Jahre, wo die papstfeindliche Agitation Mazzinis und die neoguelfischen Ideen einer Wiedergeburt Italiens als Bundesstaat unter Führung des Papsttums[30] miteinander rangen. „Parzival aber stand in der Gralsburg und fragte nicht."

Anfang 1843 erhielt er seine Ernennung zum **Nuntius in Brüssel** und wurde zugleich **Titularerzbischof** von Damiette. Er selbst hatte das Gefühl, daß er einen heißen Boden betrat, so wenig er wissen konnte, welche Schwierigkeiten den jungen, ungeschulten Diplomaten in Belgien erwarteten. Erst ein Jahrzehnt vorher hatte sich durch eine demokratisch-klerikale Bewegung der Staat konstituiert, und Belgien wurde neben Frankreich der Hauptschauplatz der katholischen Bewegung, die eine Erneuerung der Kirche von innen heraus unter eifriger Teilnahme der Laien und eine politisch-soziale Umgestaltung unter Führung der Kirche anstrebte. Die Enzyklika Gregors XVI. von 1832, die Lamennais' Forderungen und die Trennung der Kirche vom Staate verdammte, brachte die Kirchenfeinde empor und verwirrte die Katholiken. Die Liberalen entrissen bei den Wahlen der katholischen Partei alle Städte, während diese nach und nach die Bauern organisierte. Wirtschaftlicher Haß gesellte sich zum religiösen. Der Ministerpräsident Nothomb bildete 1841 ein Koalitionsministerium aus Liberalen und einigen Katholiken und nötigte die katholische Kammermehrheit zu einer Kompromißpolitik. 1842 wurde ein Volksschulgesetz

[30] Vgl. S. 398 — 401.

Ehemalige Papstresidenzen: Das päpstliche Schloß in Tivoli wurde von Papst Pius II. 1460 inmitten eines antiken Amphitheaters angelegt.

durchgebracht, das die Bischöfe verwarfen, weil es den kirchlichen Charakter der Schule nicht wahrte. In diese Verhältnisse trat der neue Nuntius, der erst auf der Reise französisch lernte, ein. Er sah bewundernd die moderne Industrie in den blühenden Städten, beobachtete die politische Demokratie bei ihrem Werke, erbaute sich an der großen vlämischen Kunst, besuchte das Schlachtfeld von Waterloo, verkehrte freundlich mit dem Hofe und dem Adel, wurde von der Wärme des kirchlichen Lebens ergriffen und tat manches, was es förderte. So übernahm er die Leitung des Ordenswesens, sorgte für Errichtung von 60 Hilfspfarreien, nahm sich der jungen Universität Löwen gegen die Jesuiten an, erwirkte 1844 die Errichtung eines belgischen Kollegs in Rom zur Heranbildung von Geistlichen. Aber die Erwartung, daß er zwischen den kirchlich-politischen Gegensätzen vermitteln würde, erfüllte er nicht. Er ließ sich vom Strome der katholischen Bewegung treiben und beförderte den Bruch mit Nothombs Neutralitätspolitik. Das Mittelschulgesetz der Regierung kam zu Fall, Nothomb mußte zurücktreten, und die Liberalen hatten bei den Wahlen noch größere Erfolge. Das neue Ministerium forderte in Rom in schroffer Form die Abberufung des Nuntius. Statt eine andere Nuntiatur ersten Ranges zu erhalten, wurde Pecci zum Bischof von Perugia ernannt. Er selbst war peinlich überrascht und seine Familie vielleicht noch mehr. Der Papst und sein Staatssekretär trösteten ihn damit, daß ihn die Bewohner von Perugia selbst als Bischof gewünscht hätten, und daß er bald Kardinal werden würde.

Das halbe Jahr, das er noch bleiben konnte, benutzte er, um das Leben in Belgien, die hohe wirtschaftliche Kultur, den sozialen Fortschritt, den politischen Eifer der Demokratie, den Freiheitsdrang und die Macht des Katholizismus noch genauer kennen zu lernen. Er besuchte auch die Rheinlande, wo er die Gewandtheit, Tatkraft und das Organisationstalent des Kölner Erzbischofs

Geissel bewunderte. Dann ging er nach England, wo durch Newman und Wiseman eine starke katholische Bewegung begonnen hatte. Die Rückreise führte ihn auch über Paris.

Im Juli 1846 hielt er in P e r u g i a seinen Einzug. Wenige Wochen vorher hatte Pius IX., dem er fremd war, den Stuhl Petri bestiegen. Pecci teilte als Italiener die H o f f n u n g e n, die damals auf den neuen Papst gesetzt wurden. Er hatte in Brüssel mit Gioberti freundschaftlich verkehrt; auch auf ihn hatte der „Primato"[31] des berühmten Landsmannes seinen Zauber ausgeübt, auch er glaubte, daß sich das Vaterland erheben würde. Im Januar 1848 ließ er einen Trauergottesdienst für die in den palermitanischen Straßenkämpfen Gefallenen zu, und im Frühjahr segnete er die Fahnen der Peruginer, die mit den Freischärlern des Kirchenstaates in den Krieg gegen Österreich zogen. Im Juni nahm er Gioberti freundlich auf und dankte ihm dann „als sein ihm aufs innigste zugetaner Joachim Pecci voll herzlicher Achtung und Verehrung" für seinen Besuch.

Wir haben früher gesehen, wie die Träume der nationalen Einheit mit und unter dem Papsttume zerstört wurden.

Um so eifriger und erfolgreicher griff der Bischof seine g e i s t l i c h e A u f g a b e an, als nach der Revolution, die auch Perugia ergriffen hatte, 1849 Ruhe und Ordnung wiederkehrten. Es galt, den religiösen Sinn seiner Diözesanen zu erneuern, seinen mangelhaft gebildeten, den modernen Ideen nicht gewachsenen Klerus zu heben, die kirchlichen Institutionen nach belgischem und niederrheinischem Muster sozial fruchtbar zu machen. Das war das Ziel der u m b r i s c h e n S y n o d e, die unter seinem Vorsitze achtzehn Bischöfe in Spoleto vom 18. Oktober bis 29. November 1849 versammelte. Das Volk sollte zu Ernst und Würde im Gottesdienste, zu Christenlehr- und Predigtbesuch angehalten werden. Durch Presse, Literatur, Verteilung von guten Büchern, Lesekabinette und Vereinswesen müßten die Gebildeten festgehalten, der Klerus für die neue Tätigkeit sorgfältig ausgebildet werden. Für jeden Bischofssitz wurde eine „Akademie" für Apologetik und Polemik in Aussicht genommen, sowie Oratorien und Priestervereinigungen. Die geistliche Herrschaft über die Schule suchte man zu sichern und durch Jünglingskongregationen und Mädchenschulen unter Leitung von Nonnen die Pflege der Frömmigkeit zu nähren. Die Statuten, die dem Heiligen Stuhle unterbreitet wurden, ließ Pecci mit einem Abschnitte einleiten, in dem der Papst bereits ersucht wurde, einen S y l l a b u s der modernen Irrtümer über drei Grundfragen, die Einheit und Notwendigkeit des Glaubens, die rechtmäßigen Obrigkeiten und das Privateigentum, aufzustellen und den aufklärerischen Liberalismus, die radikale Demokratie und den Sozialismus zu bekämpfen.

Der Bischof ging nach der Rückkehr mit großem Eifer an die Ausführung dieser Beschlüsse. Aber die Ansprache, die er 1853, nach vierjähriger Arbeit, bei der Visitation hielt, konnte nicht über Erfolge berichten, sondern mußte die unbefriedigenden Ergebnisse schildern bei einem Volke, dessen Adel und Bürger sich der Kirche schon entzogen hatten, dessen untere Klassen noch gar nicht organisationsfähig waren und dessen verwahrloster Klerus versagte. So kam die Reorganisation der Diözese nur langsam vorwärts. Für die ö f f e n t l i c h e W o h l f a h r t entfaltete der Bischof, besonders in den Notjahren 1853 und 1854, eine „unglaubliche Tätigkeit", wie sich ein Augenzeuge ausdrückt. Daneben beschäftigten ihn B ü c h e r u n d S t u d i e n. Im Thomismus fand

Vgl. S. 400 f.

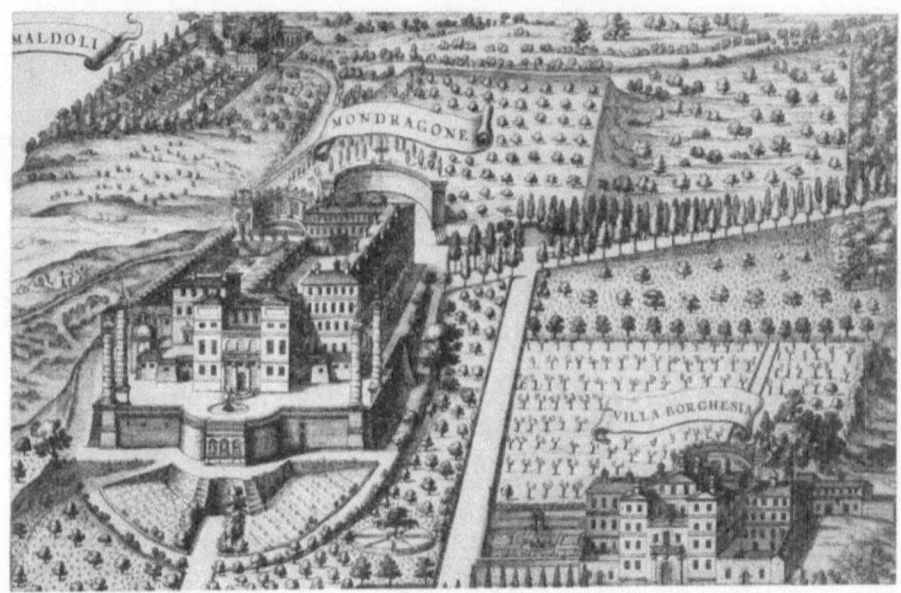
Ehemalige Papstresidenzen: Die Villen Mondragone und Borghese in Frascati sahen besonders die Päpste der Renaissance oft auf längere oder kürzere Zeit als ihre Gäste.

er nicht nur die richtige Grundlage für den philosophisch-theologischen Unterricht seines Klerus, sondern die Erfüllung seines ganzen Verlangens nach einer Philosophie, die die Einheit vom Leben, Denken und Glauben verbürgte. Er wurde für immer ein begeisterter Thomist.

Die Beziehungen zu Pius IX. wurden herzlicher, und 1853 bekam Pecci endlich die Kardinalswürde. 1854 war er in Rom. Für die Erklärung des Dogmas von der unbefleckten Empfängnis hatte er schon 1849 gewirkt. 1857 empfing er den Papst feierlich in Perugia.

Da kamen der Krieg und die Revolution von 1859. Perugia sagte sich am 14. Juni von der päpstlichen Herrschaft los. Der Delegat entfloh. Der Bischof machte einen kurzen Vermittlungsversuch und schloß sich dann bis zum 23. in seinem Palais ein. Inzwischen besetzte und plünderte ein päpstliches Schweizerregiment die Stadt.[32]

Als der Anschluß an Piemont bevorstand, erließ Pecci am 12. Februar 1860 den heißblütigen Hirtenbrief „von der weltlichen Macht des Heiligen Stuhles". Für politischen Fortschritt und Nationalstaat zeigt er hier kein Verständnis; den Bund, in dem er sie mit Liberalismus, Freimaurerei und Revolution fand, hielt er für unlösbar. Freilich will er die weltliche Gewalt der Päpste nicht als ein Dogma betrachtet wissen, aber ihr Raub muß traurige Folgen für die Religion haben; denn man will „dem Papste das königliche Szepter aus den Händen reißen, um ihn zu hindern, sich der Schlüssel zu bedienen". Der Kirchenstaat ist „eine unerläßliche Einrichtung der göttlichen Vorsicht, um die freie Ausübung der kirchlichen Autorität zu sichern".

Aber die Ereignisse gingen darüber hinweg. Am 14. September 1860 wurde Perugia erstürmt, am 9. November erklärte sich Umbrien für König Viktor

[32] Vgl. S. 421.

Emmanuel, seit dem 17. März 1861 war Pecci Bischof im Königreiche Italien.

Eine „Ära der Verfolgung" brach an. Der Klerus verlor seine Gerichtsbarkeit und seine Herrschaft über die Schule, während den Protestanten eigene Schulen gestattet wurden, um Proselyten zu machen. Die Orden wurden unterdrückt, die Kirchengüter unter Aufsicht gestellt, der Klerus auf dürftige Besoldungen gesetzt und zur Militärpflicht herangezogen; die Zivilehe wurde eingeführt, die Autorität der Bischöfe geflissentlich mißachtet usw.

Den neuen kirchenpolitischen Verhältnissen konnte der Bischof nur feindlich gegenüberstehen. Er sah da Gott und Belial im Kampfe und erließ zahlreiche Kundgebungen, Proteste, Instruktionen an den Klerus, belehrende Hirtenbriefe, entfaltete überhaupt eine Tätigkeit wie nie zuvor.

Praktisch aber bewährte er sich als Diplomat, und seine vertraulichen Briefe zeigen bei Festigkeit der Prinzipien Eleganz, Höflichkeit und Liebenswürdigkeit gegen die neuen Machthaber. Rattazzi charakterisiert ihn kurz so: „Ein Mann von großer Kraft, ein Regent von hohem Ernste unter den denkbar mildesten äußeren Formen, ein entschiedener und unbeugsamer Charakter." Während er öffentlich und demonstrativ den Staat etwas niedrig einschätzte, gegen seine Vormundschaft protestierte und die Zustände in der Kirche leicht etwas zu idealistisch zeichnete, tastete er in seinen drei Briefen an den König den Staat und sein Wesen mit keinem Worte an und gebot seinen Geistlichen, den Gesetzen zu gehorchen und sich „von den Grundsätzen der christlichen Liebe und Klugheit nicht zu entfernen". Das Totenamt für Cavour erlaubte er, als man ihm versicherte, daß der Minister die Sterbesakramente empfangen habe. Mit der Zeit gewährte die Regierung dem gewandten und doch gesinnungsfesten Bischofe mehr Spielraum und behandelte ihn mit Achtung. So konnte er in der Seelsorge segensreich weiterwirken.

Die katholische Bewegung studierte er an der Hand der Schriften von Veuillot, Montalembert, Dupanloup, Chateaubriand, Hettinger, und so begann er, an die Möglichkeit einer Versöhnung zwischen Katholizismus und moderner Kultur und Geistesbildung zu glauben. Auch den Staat ordnete er nicht mehr so der Kirche unter wie früher, sondern fing an, beiden gerecht zu werden, betonte ihren gemeinsamen Ursprung und ihren gemeinsamen Zweck.

In den letzten Jahren seines bischöflichen Wirkens wurde die Versöhnung des Papsttums mit der Zivilisation immer mehr sein Programm, und er behandelte das Problem in seinen Hirtenschreiben. Die Frage des Verhältnisses von Kultur und Kirche ist „die Frage, die wir groß und die Hauptfrage nennen; denn müßte sie zum Schaden der Kirche gelöst werden, so bliebe uns vielleicht keine Möglichkeit, dem Abfall ihrer Söhne Einhalt zu gebieten. Sie würden dazu schreiten, eine Institution verachtend, die sie zwänge, Barbaren und Ungebildete zu bleiben."

Bis 1876 behandelte er die Frage als Bildungsproblem, konnte sie aber so nicht lösen. In seinem schönen Hirtenbriefe „Kirche und Zivilisation" vom 6. Februar 1877 übertrug er sie als Praktiker, dem soziales Fühlen immer nahegelegen hatte, auf das wirtschaftliche Gebiet. Er fand die Ursache der allgemeinen sozialen Umwälzung in dem wirtschaftlichen Aufschwunge. Die Anklage, daß die Kirche Weltflucht predige und von der materiellen Kultur nichts wissen wolle, erklärt er für die denkbar gegenstandsloseste und unbewiesenste. Alle materielle Kultur beruht auf der Arbeit. Diese hat die Kirche immer geboten und gepflegt, geehrt und geheiligt. Sie ist auch für die moderne Ar-

Ehemalige Papstresidenzen: Das Schloß Julius' II. in Ostia ist die künstlerisch schönste aller zum ehemaligen Kirchenstaat gehörenden Festungen; sie wurde 1483—86 von dem Kardinal Giuliano della Rovere, dem späteren Papst Julius II., erbaut. Jetzt beherbergt sie das Museum der im antiken Ostia ausgegrabenen Altertümer

beit und den Fortschritt der Naturwissenschaften und bekämpft nur die übertriebene materialistische Auffassung und sucht die Härten zu mildern und zu lindern.

Es ist das Programm des werdenden Papstes, und die Welt nahm es unwillkürlich als eine Enzyklika auf.

Es drängte Pecci aus Perugia weg. Er ging nach dem Tode seines Gegners Antonelli nach Rom, und der Papst ernannte ihn am 21. September 1877 zum Kardinalkämmerer. Der Träger dieses Amtes hatte nach Erledigung des Heiligen Stuhles die ganze päpstliche Verwaltung und Politik auf sich zu nehmen, aber seine Aussichten, der Nachfolger zu werden, pflegten sich damit eher zu verschlechtern.

Diesmal kam es anders. Am 18. Februar 1878 betrat Pecci als letzter das Konklave, und schon im dritten Wahlgange, am 20. ging er mit 44 von 61 Stimmen als Papst daraus hervor. Es wird erzählt, daß die Wahl durch einen Preßfeldzug nach dem Plane des Kardinals Franchi und des Monsignore Galimberti vorbereitet war. Der geistreiche, lebensprühende, gewinnende und beliebte Franchi galt selbst schon einige Jahre für den aussichtsreichsten „Papabile", war aber von Peccis Anhänger Bartolini für diesen gewonnen worden. Zu einem ernsthaften Wettbewerbe im Konklave kam es nicht. Schon beim ersten Wahlgange erhielt Pecci 12, beim zweiten 26 Stimmen. Soviel ist sicher, daß er als „Gemäßigter" gewählt wurde, von dem man die Wiederherstellung des Friedens zwischen der Kirche und den Staaten erwartete.

Pecci hatte auf diesen Tag geharrt. Er wollte die Kirche den Weg führen, von dem allein er das Heil erwartete. Aber als jetzt die Wirklichkeit da war, wurde er aufs tiefste erschüttert. Die Tränen liefen ihm über die Wangen; eine Ohnmacht wandelte ihn an. Man fürchtete, der schwächliche, kränkelnde Greis würde die Krönung nicht erleben. Am 3. März, einen Tag nach seinem 69. Geburtstage, fand sie statt.

DAS PONTIFIKAT LEOS XIII.

Der neue Papst nannte sich **Leo XIII.**, weil er in Leo XII. sein Vorbild sah. Dieser hatte zuerst von den Päpsten des 19. Jahrhunderts erkannt, daß die Schwäche Roms in der Entfremdung von den Völkern bestand, und danach verlangt, das Papsttum an der „Wiederbelebung des katholischen Gedankens" teilnehmen zu lassen. Auch sein Trachten nach dem friedlichen Zusammenwirken zwischen Staat und Kirche und seine Arbeit an der Erneuerung der römischen Theologie kannte er aus Artauds Schilderung und wollte das Werk dieses Papstes umfassender und zielbewußter wieder aufnehmen.

Als sein Regierungsprogramm bezeichnete er in seiner ersten Enzyklika „Inscrutabili Dei consilio" vom 21. April 1878 die Verständigung von Kirche und Kultur. Die Kirche setzte er ins hellste Licht als Schirm und Hort der ewigen und unwandelbaren Grundsätze der

Die „Sapientia", die päpstliche Universität, 1303 von Papst Bonifaz VIII. errichtet, ist einer der stärksten Stützpunkte der wissenschaftlichen Bestrebungen Leos XIII. gewesen. Der kunstgeschichtlich bedeutende Bau, besonders der hier wiedergegebene Pfeilerhof, wurde nach einem Entwurf Michelangelos im Jahre 1650 erstellt.

Sitte und Gerechtigkeit, als Nährerin, Lehrerin und Mutter der Kultur. Sie trage die mächtigsten Heilmittel in ihrem Schoße gegen alle Übel, die auf dem menschlichen Geschlechte lasten. Alle Welt hörte gern auf diesen milden und freundlichen Ostergruß.

Als sein erster Staatssekretär Franchi schon im Sommer starb, wiederholte Leo in einem Schreiben an den Nachfolger Nina jenen Grundgedanken und bezeichnete es als seinen Plan, die wohltätige A k t i o n d e r K i r c h e und des Papsttums freigebig m i t t e n i n die heutige Gesellschaft zu tragen, und als seine vornehmste Sorge, die Vorurteile der Völker gegen die Kirche zu zerstreuen und die Anklagen wider sie wegzufegen.

In dem Vierteljahrhundert, das ihm noch beschieden war, hat dann der Papst in zahlreichen R u n d s c h r e i b e n sein Wort an die Völker gerichtet und ihnen über alle Fragen, die aus jenem Programm nur irgend abgeleitet werden können, seine Belehrungen erteilt. Mit bewundernswertem Geschick wandte er die alte Weisheit seines Thomas auf

Der Turm Leos XIII.
in den vatikanischen Gärten, ein Teil der mittelalterlichen Befestigungsanlage um die „Leostadt", ist heute der in wissenschaftlichen Kreisen höchstes Ansehen genießenden päpstlichen Sternwarte eingegliedert.

die brennenden Fragen der Gegenwart an, und die schöne, elegante, dabei aber würdige und kräftige Sprache macht es zum Genuß, ihm zu lauschen.

Er hat nicht nur ein viel umfassenderes Programm aufgestellt als Pius IX., dem er an Geisteskraft, Bildung und Weite des Blickes überlegen war, sondern hat auch die bloße Negation des Syllabus durch positive Darlegung der kirchlichen Lehren ergänzt.[33]

Seine bedeutendsten und wirksamsten Enzykliken sind d e n e t h i s c h e n u n d p o l i t i s c h e n P r o b l e m e n g e w i d m e t. Sie handeln über die Gefahren des Sozialismus (Quod apostolici muneris, vom 28. Dezember 1878), über den Ursprung der bürgerlichen Gewalt (Diuturnum illud, vom 29. Juni 1881), über die Freimaurerei (Humanum genus, vom 20. April 1884), über die christliche Staatsordnung (Immortale Dei, vom 1. November 1885), über die menschliche Freiheit (Libertas, praestantissimum, vom 20. Juni 1888), über die wichtigsten Pflichten christlicher Bürger (Sapientiae christianae, vom 10. Januar 1890), über die Arbeiterfrage (Rerum novarum, vom 15. Mai 1891) und über die christliche Demokratie (Graves de communi, vom 18. Januar 1901).

Auf das k i r c h l i c h e L e b e n beziehen sich die Rundschreiben über die Erneuerung der Wissenschaft (Aeterni patris, vom 4. August 1879), das Studium der Heiligen Schrift (Providentissimus Deus, vom 18. November 1893), den

[33] Vgl. S. 440.

Religionsunterricht (Militantis ecclesiæ, vom 1. August 1897), über den göttlichen Erlöser (Tametsi futura, vom 1. November 1900), den Heiligen Geist (Divinum illud, vom 9. Mai 1897) und das Altarssakrament (Miræ caritatis, vom 28. Mai 1902), über die Mission (Sancta Dei, vom 3. Dezember 1880) und die Missionare Cyrillus und Methodius (Grande munus, vom 30. September 1880), über die christliche Ehe (Arcanum illud, vom 10. Februar 1880) und das christliche Leben (Exeunte jam, vom 25. Dezember 1888), über die Einheit der Kirche (Satis cognitum, vom 29. Juni 1896) und die Vereinigung im Glauben (Præclara gratulationis, vom 20. Juni 1894).

Dazu kommen zahlreiche Schreiben über Fragen des Kultus und Gebetes, über die Marienverehrung, den Rosenkranz, das Herz Jesu, den hl. Joseph, den hl. Franziskus und den Dritten Orden usw., besonders aus den letzten Jahren, wo ihn seine Frömmigkeit ganz durchdrang.

Nur einiges wenige aus dem Inhalte kann hier noch herausgehoben werden.

Auch als Papst und als Greis hat Leo immer noch mit klarem Auge um sich geschaut, noch gelernt und sich innerlich weiter entwickelt. Das merkt man besonders an der Art, wie er sich mit dem **Problem des modernen Staates auseinandersetzte**. Sah er als Bischof und in seinen Anfängen als Papst die Kirche als rechtmäßige, höchste und allseitig vollkommene Gesellschaft (societas perfecta) an, bestimmte nach ihr Gesellschaft und Staat und wiederholte im Grunde die mittelalterlichen Anschauungen über ihr Verhältnis, so erkannte er allmählich, wie eng der moderne Staat mit der Struktur der Gesellschaft zusammenhängt, stellte die Gesellschaft voran und brachte zu ihr Staat und Kirche in Beziehung. Aufgabe des Staates ist, „alles das zu liefern und zu schützen, was dazu beitragen kann, die Bürger zu einem moralisch tüchtigen Leben vorzubereiten". Die Kirche muß also in der Kulturpflege mit dem Staate zusammenarbeiten. Dieser hat größere Bewegungsfreiheit, weil er nicht, wie die Kirche, an göttliche Prinzipien gebunden ist. „Die Kirche", sagt er in der Enzyklika „Libertas", „zieht mit mütterlicher Einsicht das schwere Gewicht der menschlichen Schwäche in Betracht und verkennt nicht die geistige Strömung der Gegenwart und unsere Zeitverhältnisse. Aus diesen Gründen erkennt sie zwar nur der Wahrheit und Sittlichkeit ein Anrecht zu, aber sie ist nicht dagegen, daß doch die Staatsgewalt so manches dulde, was weder wahr noch gerecht ist, entweder um Übles zu vermeiden oder um Gutes zu erreichen oder zu bewahren." „Viele halten dafür, daß die Kirche, der weltlichen Gewalt unterworfen, sich in alles das fügt und schmiegt, was die heutige Staatsklugheit in politischen Fragen verlangt. Diese Ansicht ist nicht verwerflich, wenn sie darunter eine gewisse Billigung verstehen, die mit der Wahrheit und Gerechtigkeit nicht in Widerspruch tritt, insofern nämlich die Kirche sich nachgiebig zeigt und nach Umständen im Hinblick auf irgendein großes Gut so manches gestattet, was ohne Verletzung ihrer heiligen Pflicht geschehen kann." Die **Trennung von Staat und Kirche**, die er früher als Bischof als antichristlich heftig bekämpft hatte, billigte er auch jetzt nicht, wenn er sie auch unter Verhältnissen wie in Amerika natürlich und erträglich fand. „Es ist sonnenklar, daß beide Gewalten, wenngleich in ihrer Aufgabe verschieden und nicht gleicher Würde, doch einträchtig zusammenwirken und wechselseitig sich Dienste leisten sollen." An einer bestimmten **Staatsform** hat die Kirche kein Interesse. Sie „findet die Herrschaft eines einzelnen oder vieler nicht unangemessen, wenn diese nur eine gerechte ist und für die allgemeine Wohlfahrt Sorge trägt. Wenn daher die

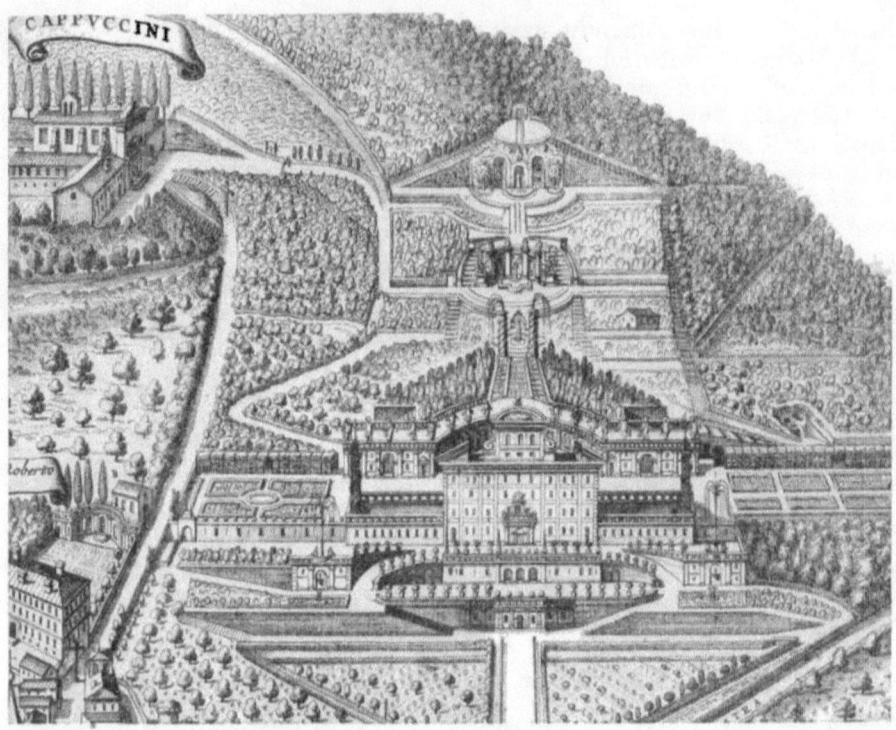

Ehemalige Papstresidenzen: Die Villa Aldobrandini in Frascati wurde 1603—1610 vom Kardinal Aldobrandini, einem Neffen des Papstes Klemens VIII., erbaut und später dem Papst zum Geschenk gemacht.

Gerechtigkeit nicht verletzt wird, ist es den Völkern unbenommen, jene Regierungsform bei sich einzuführen, die entweder ihrem Charakter oder den Sitten und Gewohnheiten von altersher am meisten entspricht". Die Katholiken sollen daher überall gute Patrioten sein und sich am Staatsleben eifrig beteiligen. (Italien, wie wir noch sehen werden, ausgenommen.) Seine Stellung zum P a r t e i w e s e n entwickelte sich im Zusammenhange mit seinen Ansichten von Staat und Kirche. Bis 1885 war er noch für ausschließlich katholische Parteien und forderte zu ihrer Bildung auf. Später faßte er die Parteien als etwas auf, was seiner Natur nach nicht kirchlich oder konfessionell sei, sondern rein dem staatlichen Leben angehöre. Die Katholiken sollten sich mit andern Elementen und „allen anständigen Menschen" zusammentun. Das deutsche Zentrum hielt er für das Muster einer solchen Partei, weil es in seinen Statuten den besonderen katholischen Charakter ablehnt und in politischen Dingen von der kirchlichen Autorität frei sein will. Er hat allerdings mehreremal selbst politische Verhaltungsmaßregeln erteilt. So hat er 1887 auf Bismarcks Bitten zugunsten der Septennatsvorlage (Bewilligung des Militäretats für sieben, statt für drei Jahre) auf das Zentrum einzuwirken gesucht, und 1892 den französischen Katholiken den Anschluß an die Republik befohlen. Der G e i s t l i c h e sollte sich möglichst vom Parteikampfe fernhalten. Darin ist ihm freilich der Klerus keineswegs überall gefolgt. Zu den Gebieten, auf denen Staat und Kirche gemeinsam arbeiten sollen, rechnete er jetzt auch die Schule, während er früher die freie, private, katholische Schule für das allein Wünschenswerte gehalten hatte.

Von den Lehrkundgebungen über die Kulturfragen der Zeit ist die größte die **Enzyklika über die Arbeiterfrage** (Rerum novarum) vom 15. Mai 1891. Er nahm darin für das Papsttum die Leitung bei der sozialen Erneuerung der Menschheit in Anspruch und bemühte sich, der „soziale Papst" und der „Arbeiterpapst" zu werden. Auch hier zeigt sich wieder, daß er sich nicht für immer auf starre Lehrsätze festlegte, sondern weiterlernte. Noch bis in die achtziger Jahre hinein hatte er der Kirche allein die Heilung aller sozialen Übel zugetraut. Jetzt betonte er, daß weder die Kirche mit ihrer Caritas noch der Staat mit seinen Gesetzen und seiner Aufsicht a l l e i n die soziale Frage lösen könnte; das könne nur die Gesellschaft selbst unter Leitung beider. Meisterlich vermied er alle Einseitigkeit und stellte ein umfassendes Programm auf. Vier Faktoren sind berufen, der mißlichen Lage der arbeitenden Klassen aufzuhelfen: Kirche, Regierungen, Arbeitgeber, Arbeitnehmer. Die Kirche versöhnt den Gegensatz zwischen Besitzenden und Arbeitenden, die sie beide für notwendig und voneinander abhängig ansieht, indem sie beiden ihre Pflichten einschärft. Die Arbeitenden lehrt sie treu ihre Pflicht zu erfüllen, keine Gewalttätigkeit zu verüben, sich von schlechten Menschen, die ihnen trügerische Hoffnungen machen, fernzuhalten. Den Arbeitgebern schärft sie ein, die Menschenwürde des Arbeiters zu achten, ihn nicht wie einen Sklaven zu behandeln, für sein geistiges Wohl und seine religiösen Bedürfnisse zu sorgen, seine Arbeitszeit vernünftig zu begrenzen, ihm Häuslichkeit und Familienleben möglich zu machen. Ausbeutung und Bedrückung Notleidender um eigenen Vorteils willen geht gegen göttliches und menschliches Gesetz. Die Kirche versöhnt auch die verschiedenen Klassen und sorgt, daß wahre brüderliche Liebe herrscht. Auch ihr Wohltun, ihre Anstalten zur Linderung der sozialen Not können durch keine staatlichen Einrichtungen ganz ersetzt werden. Wie der Staat die Arbeiter schützen kann, wird ebenfalls im einzelnen ausgeführt (Sonntagsruhe, Arbeitsdauer, Kinder- und Frauenarbeit, Minimallohn usw.). Die Arbeitgeber und Arbeitnehmer können besonders durch Vereine, private Veranstaltungen zur Hilfeleistung, Rechtsschutz zur Lösung beitragen. In die Verwaltung der religiösen Vereine, Genossenschaften und Orden soll der Staat nicht eingreifen. Eingehende Anweisungen gibt endlich der Papst für die Organisation der katholischen Arbeitervereine, denen er seine besondere Sorge zuwandte.

Als zeitgeschichtlich bedingte Kundgebung war die Enzyklika die abschließende Zusammenfassung von Erörterungen in geistig führenden katholischen Kreisen mit einer autoritativen Entscheidung der Frage, ob der Staat der sozialen Not gegenüber eine wesentliche Aufgabe zu erfüllen habe oder nicht. Sie entschied sich f ü r die staatliche Sozialpolitik und wurde dadurch epochemachend, besonders für Deutschland. Die Schule von Angers (Bischof Freppel, Ch. Perin) näherte sich stark dem Manchestertum, während die Lütticher Schule (Bischof Doutreloux, Graf de Mun, Graf de la Tour, der Jesuit Antoine) vom Staat positive Förderung des Gemeinwohls, Unterordnung der individuellen Interessen unter die Zwecke des Ganzen forderte. Auf dem Kongreß in Lüttich 1890 platzten die Meinungen aufeinander. Studienzirkel in Rom, Deutschland, Österreich, Freiburg in der Schweiz waren für das Eingreifen des Staates. Der Freiburger Studienzirkel bat 1888 in einer Denkschrift den Papst um ein Eingreifen mit seiner Autorität. Bei der Abfassung des Rundschreibens sind wohl der Kardinal

Castell Gandolfo
über dem steilen Westufer des Albanersees, blieb als päpstliche Sommerresidenz auch nach dem Garantiegesetze von 1871 exterritorial; im Lateranvertrag von 1929 wurde nicht nur der frühere päpstliche Palast, sondern auch die an ihn anschließende Villa Barberini „dem Heiligen Stuhle als volles Eigentum abgetreten" (vgl. hiezu die Planskizze auf S. 540).

Zigliara aus dem Dominikanerorden und der Jesuit Liberatore, der Verfasser eines berühmten Lehrbuches der Volkswirtschaft, zugezogen worden.

Mit sicherem Blick und der ihm eigenen Energie erfaßte der Papst alles, was der festen **Organisation der Katholiken** und dem Wiedereintritt der Kirche in das moderne Leben dienen konnte. Neben dem Schul- und Vereinswesen war es vor allem die Presse, der er in unserm Zeitalter der Öffentlichkeit seine Aufmerksamkeit widmete, und deren Macht und Aufgaben zu betonen er nicht müde wurde.

Die **Beziehungen zu den Staaten** hatte Pius IX. in der größten Verwirrung zurückgelassen. Dem diplomatischen Geschick Leos, der zwar in seinen Endzielen unbeugsam war, aber mit kluger Mäßigung auch entgegenkam und zugriff, wo er nur einen Teil verwirklichen konnte, und der jeden Erfolg auszunützen wußte, gelang es, in den ersten zehn Jahren seines Pontifikates ein anderes Verhältnis zu ihnen zu gewinnen. Seine Staatssekretäre waren Franchi (1878), Nina (1878—1880), Jacobini (1880—1887), Rampolla del Tindaro (geboren 1843 in Polizzi auf Sizilien, seit 1882 Titularerzbischof und Nuntius in Madrid, 1887 Kardinal) seit 1887.

In Deutschland übernahm er das Erbe des Kulturkampfes. Aber schon in dem Brief an Wilhelm I., in dem er seine Wahl anzeigte, sprach er aus, daß er von der Hochherzigkeit des Kaisers die Wiederherstellung der Ruhe und des Friedens der Gewissen seiner katholischen Untertanen erwarte, und schloß mit der warmen Wendung: „Wir bitten den Herrn, Ew. Majestät und Uns in den Banden der vollkommensten christlichen Liebe zu einigen." Der Kaiser hoffte dagegen in seinem Dankschreiben, daß der Papst den Klerus zur Anerkennung der Staatsgewalt anhalten werde, worauf der Papst erwiderte, daß er diesem Wunsche nur genügen könne, wenn verschiedene preußische Gesetzes- und Verfassungsbestimmungen geändert würden. Der nächste freundliche Anknüpfungsversuch nach den Attentaten Hödels und Nobilings wurde vom Kronprinzen damit beantwortet, daß „die Gesetze Preußens nicht nach den Satzungen der römisch-katholischen Kirche geändert werden könnten". Aber zur Herstellung eines modus vivendi „im Geiste der Liebe zum Frieden und der Versöhnlichkeit" erklärte er sich doch bereit. Die Verhandlungen Bismarcks mit dem Münchener Nuntius Masella 1878 und dem Wiener Nuntius Jacobini 1879 hatten keine positiven Ergebnisse. Dagegen kam man einen großen Schritt vorwärts, als Leo am 24. Februar 1880 den ernsten Willen zum Frieden dadurch bekundete, daß er die Anzeigepflicht der Geistlichen an die Staatsregierung zugestand. Am 17. März erkannte das Ministerium die „friedlichen Gesinnungen Seiner Heiligkeit" an. Das Gesetz vom 14. Juli 1880 schoß eine große Bresche in die Kulturkampfgesetze. 1882 wurde wieder ein preußischer Gesandter an der Kurie ernannt, und die Gesetze vom 31. Juli 1882 und 11. Juli 1883 führten weitere Erleichterungen herbei. Am 17. Dezember 1883 machte der Kronprinz dem Papste seine Aufwartung. 1885 bot ihm Bismarck das Schiedsrichteramt in der Karolinenfrage an und erhielt nach Erledigung der Sache von Leo, der sich in die Zeiten, wo der Papst oberster Richter des Völkerrechts war, zurückversetzt glaubte, mit einem anerkennenden Schreiben den Christusorden. Die vierte und fünfte Novelle von 1886 und 1887 erfüllten endlich die Wünsche des Papstes und räumten, wie Bismarck selbst sich ausdrückte, den größten Schutt der Maigesetzgebung hinweg. Der Staat war schließlich doch nach Kanossa gegangen. „Erledigt ist die große und langwierige Angelegenheit, der Wir Uns mit ganzer Seele gewidmet haben, und bei der unter Beiseitesetzung aller kleineren Rücksichten das Seelenheil Uns oberstes Gesetz war," konnte der Papst in der Kardinalsallokution vom 23. Mai 1887 verkünden.

Eine Art Dank an Bismarck war es, daß der Papst das Septennat zu unterstützen versuchte.[34]

Bei seinem goldenen Priesterjubiläum 1888 konnte Leo eine Mitra tragen, die ihm Wilhelm I. mit freundlichen Glückwünschen geschenkt hatte. „Auch nach Beilegung des Kulturkampfes zeigte der Papst," wie die „Norddeutsche Allgemeine Zeitung" hervorhob, „ein offenes Verständnis für die staatlichen Bedürfnisse Deutschlands", und die Beziehungen blieben immer freundschaftlich.

Auch den schweizerischen Kulturkampf konnte Leo in den Jahren 1884 und 1885 beendigen.

In Belgien begann er dagegen mit einem Mißerfolg. 1879 wurde dort ein liberales Unterrichtsgesetz angenommen, gegen das die Bischöfe Opposition machten. Dem Papste warf die Regierung vor, daß er ein Doppelspiel getrieben, d. h. teils zu Ruhe und Mäßigung ermahnt, teils insgeheim zum Widerstande aufgemuntert habe. Sie berief ihren Gesandten ab und schickte dem Nuntius seine Pässe. 1884 unterlagen aber die Liberalen, ein klerikales Ministerium kam ans Ruder, und die kirchenpolitische Gesetzgebung wurde gründlich geändert. Die diplomatischen Beziehungen mit dem Vatikan wurden wieder aufgenommen. Die leitenden katholischen Kreise schlossen sich eng an Rom an, und der Papst förderte die Unternehmungen des Ministeriums.

Für Frankreich, die „älteste Tochter der Kirche", hat Leo immer eine besondere Vorliebe gehabt. Trotz der antikirchlichen Stimmung und kirchenfeindlichen Gesetze im Anfang der achtziger Jahre bewahrte er seine Ruhe und mahnte die Bischöfe zur Mäßigung in ihrem Auftreten gegen den Staat, die Gläu-

[34] Vgl. S. 461.

Die Papstvilla in „Castell Gandolfo"
wurde im Jahre 1626 von Urban VIII. auf einem Besitztum seiner Familie errichtet, „damit er und seine Nachfolger nicht mehr als Gäste eines anderen, sondern auf eigenem Grund und Boden einen Sommeraufenthalt nehmen könnten".

bigen zur Einheit. Später wandte er sich noch mehr zu Frankreich hin und forderte die Katholiken, um ihrem unsinnigen reaktionären, legitimistischen, bonapartistischen oder neutralen Parteiwesen ein Ende zu machen, auf, sich rückhaltlos an die Republik anzuschließen (1892). Verchristlichung der Republik und Demokratie war sein Ziel. Die Katholiken sollten sich um so eifriger zusammentun, je kirchenfeindlicher die Gesetzgebung sei, um sie mit allen gesetzlichen und ehrbaren Mitteln zu bekämpfen. Dazu forderte er in der Enzyklika vom 16. Februar 1892 Bischöfe und Gläubige auf. Der Erfolg entsprach seinen Wünschen nicht. Die Mehrzahl der Republikaner blieb antiklerikal, und die kleine Gruppe der „Ralliierten", die den Absichten des Papstes entsprach, erlangte keine wesentliche parlamentarische Bedeutung. Auch mit der Anerkennung des Protektorats über die Katholiken im Orient und manchem andern erwies er der Republik Freundlichkeiten. Es gelang ihm zwar, den Bruch zwischen Frankreich und Rom noch hinauszuschieben, aber Freude hat er an seinem Schützling nicht gehabt. Er hat das brutale Vorgehen gegen die geistlichen Kongregationen nach dem Vereinsgesetze vom 1. Juli 1901 noch erleben müssen, und die Annäherung zwischen Frankreich und Italien gab seiner Politik den letzten Stoß.

Noch weniger erfreulich entwickelte sich das Verhältnis zu Italien, dem Staate, der den Vatikan umschließt. Schon in seinem ersten Rundschreiben erklärte Leo, daß er die weltliche Herrschaft wiederfordere „nicht aus Ehrgeiz und Herrschsucht, sondern aus Rücksicht auf sein Amt und die religiösen Bande des Eides und außerdem nicht bloß, weil sie dem Papste notwendig ist, um die volle Freiheit der geistlichen Gewalt zu schützen und zu bewahren, sondern auch, weil es außer allem Zweifel steht, daß, wenn es sich um die weltliche Gewalt des apostolischen Stuhles handelt, das öffentliche Wohl und Heil der gesamten menschlichen Gesellschaft zugleich mit in Frage kommt". Leo war also weit entfernt davon, wie der Italiener Labanca das gemeint hatte, mit dem „Ereignis von 1870 die weltliche Herrschaft der Päpste für immer in das Grab der Geschichte versinken" zu sehen. Er beklagte sich immer wieder, vor italienischen Pilgern, in

Allokutionen und einer Enzyklika an die italienischen Bischöfe, über seine Gefangenschaft im Vatikan und das Verhalten der italienischen Regierung und forderte auch zur Organisation in Vereinen und zur Agitation auf. An dem „Non expedit"[35] für die katholischen Wähler des Königreichs hielt er fest (Dekret des Heiligen Offiziums vom 30. Juli 1886, Schreiben an Kardinal Parocchi vom 14. Mai 1895 und Instruktion der Congr. negot. extraord. vom 27. Januar 1902), während sie in Provinz und Gemeinde für eine bessere Zukunft wirken sollten. Und doch, zwischen 1886 und 1890 glaubte er an die **Möglichkeit einer friedlichen Lösung**. Er rechnete auf Bismarck, das deutsche Zentrum und Österreich. In der Kardinalsallokution vom 23. Mai 1887 sprach er sein heißes Sehnen aus nach Frieden mit seinem Vaterlande. Er dachte sich die Lösung in einer Form, die die nationale Einheit und die Unabhängigkeit des Papsttums vereinigen sollte, und kam auf die Gedanken Giobertis und Rosminis[36] zurück. Die meisten Provinzen des alten Kirchenstaates wollte er, wie es scheint, abtreten, aber Rom und ein kleines Gebiet behalten und dem italienischen „Reiche" als Bundesfürst beitreten. Die Stellung hat er sich wohl ähnlich wie die Bayerns im Deutschen Reiche gedacht. Für den Kirchenstaat erwartete er eine gewisse Militärhoheit, weitreichende Unabhängigkeit im Innern und das Gesandtschaftsrecht. Seinen Halt hoffte er an einer künftigen katholischen Partei im italienischen Parlamente zu finden. Es kam zu Verhandlungen mit Crispi. Aber der papstfeindliche Liberalismus und Radikalismus bot alles auf, um die Einigung zu hintertreiben. Die herausfordernde Enthüllung des Giordano Bruno-Denkmals am Pfingstsonntage 1889 hängt damit zusammen. Da Bismarck sich zurückhielt, Kaiser Wilhelm bei seinem Besuche im Herbste 1888 seinen Sympathien für Italien Ausdruck gab, als ihn der Papst für seine Lage zu interessieren suchte, und die italienische Regierung den Kirchenfeinden nachgab, so wurden um 1890 die Aussichten zunichte. Dem Spektator (F. X. Kraus) zufolge hat Frankreich die Lösung der römischen Frage verhindert und dem Hl. Stuhl „keinen Zweifel darüber gelassen, daß eine Aussöhnung mit Italien den Bruch mit der ältesten Tochter der Kirche bedeute". 1887 hätte der Papst „wenigstens noch den Borgo mit Castel-Gandolfo und einem Streifen Landes bis zur See" haben können. „Die Gelegenheit, zuzugreifen, wurde versäumt; als er im Jahre 1894 durch eine letzte, bisher gänzlich vorenthaltene und äußerst geheim gehaltene Demarche wenigstens ein Minimum von Territorium mit effektiver Souveränität, und wäre es auch nur der vatikanische Garten gewesen, von Italien verlangte, da war die Stunde vorbei, wo auch diese Konzession gewährt werden konnte. Ein Flecken päpstlicher Souveränität auf italienischer Erde bedeutete Italien jetzt den Feind, d. Frankreich, im Lande."

Seit 1890 verbitterte sich das Verhältnis zwischen Quirinal und Vatikan immer mehr. Der Papst hörte nicht auf, sich immer wieder über die feindliche Regierung zu beschweren und die katholischen Vereine und Kongregationen in Italien zur Ausdauer im Kampfe zu ermahnen. Den Tod König Humberts ignorierte der Vatikan ebenso vollständig, wie die italienische Regierung bei den großen Jubelfesten von 1888, 1893 und 1903 kein Wort der Freude und Teilnahme fand. Die katholische Bewegung, die der Papst selbst gefördert hatte, drängte dagegen immer mehr zu dem nationalen Staat hin, und die Einheit der Verwaltung faßte immer festere Wurzeln. Um so weniger war noch eine politische Ordnung möglich, wie sie Leo gedacht hatte.

[35] Vgl. S. 434. — [36] Vgl. S. 399 ff.

Die Hoffassade der Villa di Papa Giulio
vor der Porta del Popolo, die sich Papst Julius III. 1553 als Sommeraufenthalt erbaute.
(Vgl. hierzu unser Bild auf S. 279.)

Der nähere **Anschluß an Frankreich nach 1890** stand wohl mit dem Mißerfolge der italienischen Politik in Zusammenhang. Wenigstens legte man es sich vielfach so zurecht, daß der Papst nun vom Zweibunde (Frankreich und Rußland) die Wiedererlangung der weltlichen Herrschaft erwartete, nachdem vom Dreibunde nichts mehr zu hoffen war. In die schärfste Form hat F. X. Kraus, der hier den politischen Katholizismus, wie er ihn bekämpfte, in der Blüte seiner Sünden zu sehen glaubte, diesen Gedanken gebracht. „In Frankreich war die Demokratie verkörpert. Man mußte sie an der Seine erhalten, um sie am Tiber möglich zu machen. Der Zerfall des italienischen Königtums schien, wenn die Republik in Paris erhalten blieb, nur eine Frage kurzer Zeit. Aus den Trümmern des Königreichs hoffte man eine Förderativrepublik erstehen zu sehen, an deren Spitze der Papst gelangt wäre. Die ausschweifendsten Träume des Primato degli Italiani, wie sie einst Gioberti gehegt, kehrten hier wieder: aber freilich gefälscht und in völlig antinationalem Sinne modelt. Die gregorianischen Ideen und der Guelfismus des Mittelalters feierten ihre Auferstehung: freilich ein Guelfismus, der den Tod der nationalen Ideen und die Zerstörung der Einheit Italiens zur Voraussetzung hatte." Gewiß hat hier Kraus viel zu viel gesucht und gefunden.

Der römische Fürst Baldassare Odescalchi ist ganz anderer Meinung. Er ist „fest überzeugt, daß es Leo XIII. ganz und gar ferngelegen hätte, aus diesem Grunde einen Krieg hervorzurufen (wie es Pius IX. vielleicht getan hätte), und daß er nie die Wiederherstellung seiner Macht durch fremde Vermittlung herbeisehnte". „Ich glaube zwar", fährt er fort, „daß er die Wiederherstellung des Kirchenstaates, wenn auch in einer minimalen Territorialausdehnung, lebhaft wünschte, doch hoffte er dieses Ziel mit friedlichen Mitteln zu erreichen durch Aufstellung

Der Palazzo della Cancelleria
wurde *1486—1495* aus den Quadern des Kolosseums erbaut; er ist eine der schönsten bis heute unversehrt gebliebenen Renaissancebauten. Dieser Palast genießt als Sitz päpstlicher Behörden seit dem Lateranvertrag vom 9. Februar 1929 wieder exterritoriale Rechte.

eines umfassenden politischen Programms, das durch geschickte diplomatische Verhandlungen verwirklicht werden sollte. Wie sehr er Italiens Freund war, bewies er durch seine Vermittlung in Abessinien, die die Befreiung der gefangenen italienischen Soldaten bezweckte... und er wird immer dafür gepriesen werden, daß er in einem Augenblicke des Unglücks für Italien ein patriotisches Mitleid an den Tag legte .. Bei seinem Leichenbegängnis waren in den Kirchen hohe italienische Staatsbeamte, Offiziere und Soldaten in Uniform im Verein mit den treuesten und ergebensten Anhängern des alten Regimes zu sehen. Ein erklärter Feind des eigenen Landes hätte gewiß nicht der Anlaß zu einem solchen Schauspiel werden können."

Auch S p a n i e n, wie Frankreich, gegenüber zeigte Leo, daß er bereit war, sich mit allen Regierungsformen zu vertragen. Dort wollten die Karlisten alle Kräfte des katholischen Einflusses für sich monopolisieren. Er trat ihnen aber entgegen und mahnte die Katholiken zur Einheit und zum Gehorsam gegen die legitime Obrigkeit.

Der König von E n g l a n d stattete im Vatikan seinen Besuch ab. Mit dem Wachstum der Kirche in England und der Stellung des Kardinals Manning, der sich besonders in der Arbeiterfrage sehr hervortat, konnte der Papst zufrieden sein.

Auch mit R u ß l a n d trat Leo in Verbindung und erreichte die Errichtung einer russischen Gesandtschaft beim Vatikan (1895).

Sogar mit J a p a n knüpfte er diplomatischen Verkehr an.

In Nordamerika war die Lage der Kirche gerade durch das Prinzip der Trennung vom Staate sehr günstig, und der Papst konnte sich 1886 über ihre Blüte zufrieden aussprechen. 1889 wurde die katholische Universität in Washington eröffnet, 1893 errichtete der Papst daselbst eine ständige Delegatur. In die innerkatholischen Streitfragen, z. B. um die Schule, griff er wiederholt ein. Den sogenannten Amerikanismus, das Streben, Disziplin und Lehre der Kirche in manchen Punkten der Neuzeit anzupassen, auf den strengen Dogmatismus zu verzichten, die äußere kirchliche Autorität und die den Protestanten anstößigen Lehren und Gebräuche weniger zu betonen und auf dem gemeinsamen Gebiete mit ihnen zusammen praktisch zu arbeiten, verurteilte er 1899, da er im Gegensatz zur Einheit der Kirche stehe.

Die südamerikanischen Bischöfe versammelte er 1899 zu einem Nationalkonzil in Rom. Mit Kolumbia schloß er ein Konkordat. In Brasilien erkannte er die Republik an und verbesserte dadurch zum Teil die Lage der Kirche.

Schweizer Garde an einem der Hauptportale des Vatikans

In der Pfingstenzyklika von 1897 (Divinum illud) bezeichnete Leo XIII. neben der Wiederherstellung des christlichen Lebens in der bürgerlichen Gesellschaft wie in der Familie, bei den Fürsten wie bei den Völkern als sein Hauptziel „die Wiedervereinigung aller derjenigen, die, sei es im Glauben oder im Gehorsam, von der Kirche getrennt sind". Als er der Kirche den Frieden mit den Staaten wieder verschafft hatte, konnte er sich diesen Unionsbestrebungen zuwenden.

Einen Erfolg hatte er aber schon 1879, indem die Armenier, die sich nach dem Vatikanum von der Kirche getrennt hatten, wieder Anschluß an Rom und den römisch-armenischen Patriarchen Hassun suchten. Der schismatische Patriarch kam nach Rom und erhielt Verzeihung. Hassun wurde als erster unierter Orientale seit dem fünfzehnten Jahrhundert Kardinal. 1883 errichtete der Papst in Rom ein eigenes armenisches Kolleg zur Ausbildung von Priestern und forderte 1888 auch die übrigen Armenier und Orientalen zur Union auf.

Ebenfalls 1879 hörte das Schisma der Chaldäer in Babylon auf.

Die Slaven suchte Leo durch die Enzyklika „Grande munus" über die Slavenapostel Cyrill und Methodius (1880) zu gewinnen. Sie hat aber nur den einen Zweck erfüllt, die unierten Slaven enger an die Kirche zu fesseln, nicht auch den andern, die noch getrennten zum Frieden mit dem apostolischen Stuhle zu bewegen.

1893 ließ er den eucharistischen Kongreß in Jerusalem zu einer ergreifenden Kundgebung für die Vereinigung mit den Orientalen gestalten.

Vatikanische Schweizergarde in ihren verschiedenen Uniformen

Zu einer zusammenfassenden **Einladung an alle Fürsten und Völker** gaben ihm dann die „glänzenden Kundgebungen und öffentlichen Glückwünsche", die ihm zu seinem goldenen Bischofsjubiläum 1893 von allen Seiten gespendet wurden, den Mut („Praeclara gratulationis", 20. Juni 1894). „Da uns das hohe und sorgengebeugte Alter mahnt, daß das Ende der Zeitlichkeit für uns unaufhaltsam herannaht, so haben wir geglaubt, das Beispiel unseres Erlösers und Lehrmeisters Jesus Christus nachahmen zu sollen, der kurz vor seiner Rückkehr in den Himmel in heißem Gebete vom ewigen Vater erflehte, daß seine Anhänger und Jünger eines Sinnes, eines Herzens seien Da aber dieses inbrünstige Gebet des Gottmenschen nicht bloß jene einschloß, die damals an Jesus Christus glaubten, sondern auch alle jene, die in Zukunft an ihn glauben würden, so gibt uns das einen passenden Anlaß, vertrauensvoll unsere Wünsche darzulegen und nach besten Kräften dahin zu wirken, daß alle Menschen zur Einheit des göttlichen Glaubens berufen werden." Die Liebe dränge ihn zuerst zu den Völkern, die das Evangelium nie besessen oder wieder verloren haben. Dann wendet er sich zu denen, die durch unglückliche Zeiten von der Einheit der Christenheit losgerissen worden sind, zuerst zu den Orientalen und Slaven, dann zu den Protestanten, die „in neuerer Zeit eine ganz ungewöhnliche Umwälzung aller Zustände und Verhältnisse von der römischen Kirche getrennt hat". Die Katholiken selbst ermahnt er, einig und der Kirche gehorsam zu sein. Schließlich malt er aus, was sich alles (z. B. der Völkerfriede, die Lösung der sozialen Frage usw.) erreichen ließe, welch wunderbarer Überfluß von allen Gütern der Welt gegeben würde, wenn die Reiche und Staaten zur Einheit des Glaubens zurückkehrten. „Gott, der reich ist an Erbarmungen und die Zeiten und die Stunden kennt, die er in seiner Macht festgestellt, wolle unsere Wünsche und Hoffnungen gnädig anschauen und in seiner unendlichen Güte verleihen, daß sich die Verheißung Christi bald erfülle: Es wird nur ein Schafstall und ein Hirt sein."

Als Ergänzung ließ der Papst 1896 eine Abhandlung über die Einheit der Kirche folgen („Satis cognitum", vom 29. Juni), in der er die Andersgläubigen belehrt, worin die Einheit bestehe, die Christus von seinen Jüngern erwartet, und daß es keine andere sei als die der katholischen Kirche.

Inzwischen hatte er auch die Protestanten Nordamerikas (6. Januar 1895), die Engländer (4. April 1895) und die Kopten (11. Juni 1895) zur Vereinigung aufgefordert, im Herbst 1894 Konferenzen mit den unierten Patriarchen des Orients abgehalten und eine eigene ständige Kardinalkommission für die Angelegenheiten des orientalischen Ritus errichtet. Eine Konstitution vom 30. November 1894 beruhigte die Orientalen über die Erhaltung und Bewahrung ihrer Riten. Außer dem schon genannten armenischen Kolleg gründete Leo in Philippopel und Adrianopel ein Institut für die Kopten, in Mossul Kollegien für die Syrer und Chaldäer, in Rom ein Kolleg für die Ruthenen, ein Kolleg für englische Konvertiten und noch mehrere andere. Die orientalische Propaganda unterstützte er mit reichen Geldmitteln.

Die Protestanten hörten, wie vorauszusehen war, nicht auf den Ruf des Papstes. Die Londoner „Morning Post" nahm aber den Brief „Amantissimae voluntatis" sympathisch auf: „Die Gestalt dieses Papstes, der an die Vereinigung der Christenheit denkt, um die soziale Ordnung gegen die Gesamtheit der Feinde zu verteidigen, muß dem englischen Volke sowie allen christlichen Völkern, ob katholisch oder nicht, staunenswert und edel erscheinen   Dieses Ideal, das vom Vatikan aus der Welt vorleuchtet, verleiht dem Papsttum eine Macht, wie sie ihm weder ein großes Königreich noch eine große Anzahl Untertanen geben könnten."

Päpstliche Nobelgardisten,
wie sie auch heute noch in der Antikamera des Papstes und in den Audienzsälen des Vatikans Ehrendienste verrichten.

472 Das Pontifikat Leos XIII. (1878—1903)

Leo V. V. XIII

Ars photographica

Expressa solis spiculo
  Nitens imago, quam bene
  Frontis secus, vim luminum
  Refers, et oris gratiam.

O mira ingeni,
  Novumque monstrum! Imaginem
  Naturae Apelles aemulus
  Non pulchriorem pingeret.

Handschrift des Papstes Leo XIII.,
ein Gedicht über die Kunst des Fotografierens.
(Aus dem Prachtwerk „Charitas", Kommissionsverlag Bruckmann, München.)

Die Hoffnungen der englischen Unionsfreunde unter Lord Halifax wurden übrigens zum Teil dadurch vernichtet, daß nach langer, gründlicher Prüfung die Ungültigkeit der anglikanischen Weihen entschieden wurde (1896).

Die Hierarchie erfuhr eine bedeutende Erweiterung. Schon Pius IX. hatte die Wiederherstellung der Hierarchie in Schottland vorbereitet. Es war Leos erster größerer Regierungsakt, daß er sie ausführte (1878). 1881 gründete er eine Kirchenprovinz in Bosnien und der Herzegowina, 1884 richtete er den erzbischöflichen Stuhl von Karthago wieder auf, 1886 reorganisierte er die kirchliche Einteilung Ostindiens, 1891 errichtete er eine Hierarchie in Japan, 1895 stellte er für die Kopten das Patriarchat Alexandria wieder her und gründete zwei weitere Diözesen für Oberägypten. Im ganzen vergrößerte er die Hierarchie um 248 Erzbistümer und Bistümer und 48 apostolische Vikariate und Präfekturen.

Die Propaganda zog wie niemals vorher die entlegensten Länder in den Kreis ihrer Missionstätigkeit. Zahlreiche neue Stationen entstanden, und viele Orden und Kongregationen waren an der Arbeit.

Für die Wissenschaft hatte der Papst lebhaftes Interesse und war ihr ein hochherziger Mäzen. Das zeigte schon die Aufnahme der gelehrten Priester Zigliara, Hergenröther und Newman in das Kardinalskollegium 1879. Durch die Öffnung der vatikanischen Archive 1883 leistete er der historischen Forschung einen unschätzbaren Dienst. Auch die Benutzung der Bibliothek erleichterte er, schuf eine große, gut geordnete Nachschlagebibliothek (Bibliotheca Leonina), erwarb 1891 die Handschriften der Bibliothek des Hauses Borghese (379 Handschriften, darunter Reste der Bibliothek von Avignon) für 210000 Lire, 1902 die Barberinische Bibliothek (nicht weniger als 10659 Handschriften und 31671 Drucke) für 500000 Lire und ließ Kataloge veröffentlichen. Tüchtige Gelehrte wie den Jesuiten Ehrle und den Dominikaner Denifle berief er an diese Institute. Mehrere große historische Werke hat er angeregt und unterstützt.

Am meisten lag ihm die Wiederherstellung der Philosophie und Theologie im Geiste des Thomas von Aquin am

Papst Leo XIII. in seinen letzten Lebenstagen
Nach einem Gemälde von Momme Nissen aus dem Jahre 1903

Herzen. Hatte er schon in seiner ersten Enzyklika auf den englischen Lehrer als die wahre Norm verwiesen, so verfaßte er bald nachher eine eigene Enzyklika („Aeterni Patris", vom 4. August 1879), um seine „goldene Weisheit zum Schutz und Schmuck der katholischen Lehre, zum Besten der Gesellschaft, zum Wachstum aller Wissenschaften wieder einzuführen und so viel wie möglich zu verbreiten". Die theologischen Kollegien und Seminarien werden in der Enzyklika angewiesen, seine Lehre und Methode bei den Studien zugrunde zu legen. Durch das Breve „Cum hoc sit" vom 4. August 1880 wurde der hl. Thomas zum Patron der christlichen Schulen ernannt. Zugleich gründete der Papst eine neue Akademie zur Erläuterung und Verteidigung des Thomismus in Rom und einen Lehrstuhl für thomistische Philosophie in Löwen. Eine monumentale, kritisch abschließende Ausgabe seiner Werke wurde befohlen. Der Spezialisierung wollte der Papst ein einigendes, festes System, dem Subjektivismus eine Autorität, der Verweltlichung die Annäherung an Gott und die Offenbarung entgegensetzen. So entsprach es seiner eigenen wissenschaftlichen Überzeugung. Wenn aber Seeberg[37] fragt: „Was anders heißt das, als daß die Entwicklung der Wissenschaft stille stehen soll, als daß das Mittelalter das letzte Wort haben soll in der Erkenntnis der Menschheit?", so kann auf die Worte der Enzyklika „Aeterni patris" verwiesen werden: „Was nun uns betrifft, so müssen wir in unsern Studien gerne und dankbar alles annehmen, was i r g e n d wer Weises gesagt oder Nützliches gefunden oder ersonnen haben mag   Und wenn wir bei den scholastischen Doktoren irgendeine eitle Spitzfindigkeit vorfinden oder eine schwach begründete These oder einen Widerspruch mit einer sicheren Errungenschaft des modernen Denkens, kurz etwas, das aus irgendeinem Grunde unannehmbar ist, so kann es gar nicht in Frage kommen, daß wir solches unsern Zeitgenossen nicht lehren dürfen." Von einer Dogmatisierung des Thomismus kann also keine Rede sein.[38]

Den biblischen Studien galt die Konstitution „Providentissimus Deus" von 1893, in der Leo die kirchlichen Gesichtspunkte darlegte, aber auch für die Kritik und den Fortschritt die Bahn frei ließ. 1902 wurde eine ständige Bibelkommission eingesetzt, um die exegetische Forschung nach kirchlichen Grundsätzen zu leiten.

Wesentliche Förderung ließ er ferner den archäologischen und naturwissenschaftlichen Studien zuteil werden. Die Accademia dei nuovi Lincei wurde 1886 reorganisiert, 1891 die vatikanische Sternwarte erneuert und erweitert.

[37] Deutsche Monatschrift 6 (1904), 32.
[38] Vgl. auch S. 437

Den neuen katholischen Universitäten in Washington und Freiburg i. Schw. und der in Löwen widmete der Papst sein Interesse und seine Unterstützung, damit die „studierende Jugend Stätten habe, an denen sie die lautere Milch der Weisheit trinken könnte, unbefleckt von allem Schmutz des Irrtums". Ebenso lobte und förderte er die katholischen gelehrten Gesellschaften und Gelehrtenkongresse.

Für Literatur und literarische Kritik gründete er eine Hochschule im Palazzo Altemps. Er selbst hatte eine große Zuneigung zu Dante und war einer der besten Kenner der Divina Commedia. Für das Dantedenkmal spendete er 1892 10 000 Lire. Das Interesse für schöngeistige Erzeugnisse hängt mit seiner eigenen dichterischen Begabung zusammen. Seine lateinischen Strophen und Epigramme zeigen großes Formtalent. Auch an den Werken der Kunst hatte er Freude und ließ z. B. die Prunkräume der Borgiasäle glänzend erneuern, das Chor der Lateranbasilika erweitern und die Galleria dei Candelabri des vatikanischen Museums in leuchtender Farbenpracht ausschmücken.

So hat der Papst das seinige getan, um den „Kulturprimat" der Kirche wiederherzustellen.

Von seinem Pontifikat überhaupt gilt, was Windthorst schon 1883 im preußischen Landtage sagen konnte: „Die moralische Autorität des Heiligen Stuhles ist in keiner Periode der Weltgeschichte größer gewesen." Leo XIII. hat nicht nur mit Weisheit und Tatkraft das Schiff der Kirche über die Klippen der Zeit hinweggesteuert, sondern hat das Papsttum nach dem Verluste der weltlichen Herrschaft zu imponierendem Ansehen und Einfluß emporgehoben und die Kirche trotz mancher Schranken seiner Bildung und Eigenart der modernen Kultur entgegengeführt. Was das bedeutet, wird einem klar, wenn man z. B. in einem Artikel Joh. Friedr. v. Schultes von 1876 liest: „Man mag von ultramontaner Seite sich gebärden, wie man wolle, Roms politische Macht ist auf immer vernichtet, seine kirchliche liegt im Todeszucken", und Pius IX. wird sterben „mit dem Bewußtsein, das römische Papsttum vernichtet zu haben". Zu den Staaten hatte Leo XIII. die freundlichsten Beziehungen, und die Völker der ganzen Welt schauten zu ihm mit Verehrung auf. „Durch ihn ist das Papsttum auf eine Höhe, zu einem moralischen Einfluß in der ganzen Welt erhoben, den es vor ihm vielleicht nie gehabt hat," schrieb de Waal.[39] Und ein italienischer Biograph[40] durfte, ohne Widerspruch zu finden, von Leo XIII. sagen, in ihm sei „aus einem Musterbischof, dessen ganzes Leben in der Fürsorge für seine Diözese aufzugehen schien, das Muster eines Papstes geworden. In unermüdlicher Arbeit hatte er sich in Kürze mit den Geschäften seines Amtes vertraut gemacht. Klar, voll tiefer Gedanken, mit Mut und Festigkeit, richtete er seine Stimme an Fürsten und Völker, an die Gelehrten und an die Arbeiter: alle setzte er in Bewunderung durch die Schärfe seines Geistes, der die schwierigsten und verschiedenartigsten Fragen beherrschte". Sein goldenes Priesterjubiläum 1888, sein goldenes Bischofsjubiläum 1893, das allgemeine Jubiläum zur Jahrhundertwende und sein silbernes Papstjubiläum 1903 waren gewaltige Kundgebungen dieser Liebe.

Etwas anderes ist es, ob man den Papst zu den großen Führern und Bahnbrechern der Geschichte rechnen kann. Das ist schwerlich der Fall. Neue Ideen hat er nicht gehabt, sondern nur die alten mit Klugheit und Energie auf Welt und Menschheit, die er trefflich kannte und zu behandeln wußte, angewendet

---

[39] de Waal, Ein Lebensbild Papst Pius' X. mit einem Rückblick auf die letzten Tage Leos XIII., München 1903. — [40] Luigi Daelli, Das Leben Pius' X., deutsch von Gottfr. Brunner, Regensburg 1908.

Das Grabmal Leos XIII.
in der Lateran-Basilika, eine Stiftung der unter Leo XIII. ernannten Kardinäle, entworfen und ausgeführt von dem römischen Bildhauer Tadolini.

und dem modernen Leben in gewisser Weise angepaßt. Trotzdem darf man ihn wohl, ohne Widerspruch zu finden, als die bedeutendste Persönlichkeit bezeichnen, die seit Benedikt XIV. (1740—58) auf dem Stuhle Petri gesessen hatte.

Leo XIII. starb am 20. Juli 1903 im Alter von fast 94 Jahren; sechsundzwanzig Jahre lang hatte er die Kirche Christi regiert.

DER PAPST ALS FÜHRER DER RELIGIÖSEN ERNEUERUNG

PIUS X. (1903–1914)

Im Konklave, das am Freitag, den 31. Juli, begann, scharte sich die größte Partei um den letzten Staatssekretär Leos XIII. Rampolla. Für ihn waren, da er für sehr franzosenfreundlich galt, zunächst die sieben französischen Kardinäle, ferner die fünf spanischen, der portugiesische, der belgische und zehn italienische, zusammen vierundzwanzig. Gegen ihn waren einige Italiener, die Österreicher, die Deutschen, der Holländer und der Amerikaner. Einen bestimmten Kandidaten hatten aber die Gegner Rampollas nicht. Einige wollten einen Kurialen gewählt wissen, weil er besser an die komplizierte Zentralverwaltung gewöhnt sei, andere meinten, es sei Zeit, die politischen Bestrebungen mehr zurücktreten zu lassen und einen „religiösen Papst" zu wählen. In dieser Gruppe soll früh schon, freilich nur als ganz unbestimmte Möglichkeit, der Name des Patriarchen von Venedig, Guiseppe Sarto, genannt worden sein. Übrigens ist aus dem dritten Bande der Denkwürdigkeiten des Fürsten Hohenlohe zu ersehen, daß man schon 1899 an ihn dachte.

Die erste Abstimmung am Sonnabend früh ergab für Rampolla 24, Gotti (in der Presse als Kandidat des Dreibundes bezeichnet) 17, Sarto 5, Serafino Vannutelli 4, Oreglia, Capecelatro, di Pietro je 2 Stimmen und für Agliardi, Ferrata, Richelmy, Portanova, Cassetta, Segna je 1. Am Sonnabend Abend waren für Rampolla 29, Gotti 16, Sarto 10, Richelmy 3, Capecelatro 2, S. Vannutelli und Segna je 1.

Am Sonntagmorgen (2. August), während die Kardinäle ihre Stimmzettel schrieben, erhob sich der Kardinalerzbischof von Krakau, Kniaz de Kozielsko Puzyna, um im Namen des Kaisers von Österreich gegen Rampolla die Exklusive auszusprechen. Der Kardinaldekan Oreglia antwortete, daß diese Mitteilung von dem Konklave in keiner Weise angenommen werden könnte. Auch Rampolla beklagte in energischen Worten diesen Angriff auf die Freiheit der Papstwahl und die Würde des Heiligen Kollegiums, fügte aber bei, daß ihm persönlich nichts angenehmer sei. Heute wissen wir, daß die italienische Regierung (Ministerpräsident Zanardelli) das Veto erwirkt hatte.

Es übte nicht die erwartete Wirkung. Die Kardinäle verurteilten es fast alle, und die Freiheit der Wahl hat es nicht beeinträchtigt. Bei der folgenden Abstimmung erhielt Rampolla 29, Sarto 21, Gotti 9 Stimmen, am Abend Rampolla 30, Sarto 24, Gotti 3. Die übrigen 3 und 5 waren zersplittert.

Nicht an dem Veto, sondern an der unerschütterlichen Haltung ihrer Gegner scheiterte die Kandidatur Rampollas. Seine Anhänger mußten nachgeben. Sartos Stern stieg immer mehr. Der einflußreiche Satolli arbeitete für ihn. Am Montag früh erhielt Sarto 27, Rampolla 24, Gotti 6, am Abend Sarto 35, Rampolla 16, Gotti 7, und am Dienstag Vormittag wurde Sarto mit 50 Stimmen gewählt. Von den übrigen 12 erhielt Rampolla 10, Gotti 2.

Am Mittag des 4. August spendete der Papst zum ersten Male in St. Peter den

Segen. Ein Nobelgardist hatte ihn gebeten, es nach dem Wunsche des Volkes auf der äußeren Loggia zu tun, und der Papst hatte es, ohne an die politische Bedeutung zu denken, gern zugesagt. Oreglia machte aber auf die „ernsten Folgen der Handlung" aufmerksam, und der Papst ließ sich ins Innere führen, tat nach dem Beispiele Leos XIII. und übernahm die Rolle des Gefangenen im Vatikan.

Joseph Melchior S a r t o war am 2. Juni 1835 als ältester Sohn einer armen, aber arbeitsamen Familie in Riese, einem heiteren Bauerndorfe in der fruchtbaren oberitalienischen Ebene, zwischen Vicenza und Treviso, geboren. Sein Vater Johann Baptist war Schneider und verwaltete nebenher die Gemeindedienerstelle und die Postverteilung. Joseph erhielt beim Pfarrer Lateinunterricht, besuchte dann von Riese aus mit seinem jüngeren Bruder Angelo die L a t e i n s c h u l e in dem 7 km entfernten C a s t e l f r a n c o, zu deren besten Schülern er zählte, und bezog 1850 das S e m i n a r z u P a d u a, wo er noch vier Jahre in den Gymnasialfächern und in Philosophie ausgebildet wurde und dann weitere vier Jahre Theologie studierte. Am 18. September 1858 wurde er im Dome von Castelfranco zum Priester geweiht. Dann war er neun Jahre K a p l a n in T o m b o l o, seit 1867 P f a r r e r und Erzpriester in S a l z a n o. In beiden Seelsorgeposten war er pflichteifrig, bescheiden, fromm, menschenfreundlich und mildtätig. 1875 wurde

Pius X. (1903—1914)
ist der Papst ernsthafter Erneuerung des innerkirchlichen Lebens und der kirchlichen Verfassung und Verwaltung gewesen
Nach einem Porträt von Mamme Nissen

Pius X.
Joseph Melchior Sarto, Sohn eines Schneiders aus Riese (Venetien). 1903—1914

Sarto Domherr und bischöflicher Kanzler in Treviso und stieg dann in der Verwaltung des Bistums weiter empor als Spiritual des geistlichen Seminars, Primicerius des Kapitels, Synodalexaminator, Mitglied des kirchlichen Gerichts und Generalvikar.

1884 ernannte ihn Leo XIII. zum Bischof von Mantua. Die Diözese war damals in keinem guten Zustande. Die Geistlichen waren schlecht gestellt und nachlässig in ihren Pflichten, das Volk zum Teil der Kirche entfremdet, die höheren Stände durch Freimaurertum und Liberalismus, die niederen durch den ferrianischen Sozialismus, der gerade in Mantua vielen Anhang hatte. „Vielleicht der größere Teil" ging nicht mehr zur Osterbeichte, Handwerker und Bauern entweihten den Sonntag durch knechtliche Arbeit, die Fastengebote waren fast außer Geltung, die Brautpaare begnügten sich mit der bürgerlichen Eheschließung, Fluchen und Gotteslästerung war in aller Munde.

Da bewährte sich Sarto als der rechte Mann. An erster Stelle galt es, den Klerus zu erneuern. Das fast verfallene Seminar erhob sich wieder. Für eine Hauptpflicht seines Hirtenamtes sah er, wie seine bischöflichen Berichte nach Rom von 1885, 1888 und 1891 zeigen, die Pflege der Predigt und die Belehrung der Gläubigen an. Zweimal visitierte er seine Pfarreien, wobei er in allen predigte, Beichte hörte, die Kommunion austeilte, firmte, Katechismusunterricht gab und jeden anhörte. 1888 hielt er eine Diözesansynode. Den Klerus leitete er durch strenge Verordnungen und Exerzitien zu seinen Aufgaben und zu priesterlichem Wandel an und verschaffte ihm wieder Achtung. Alle, die ihn kannten, auch Nichtkatholiken, rühmten an ihm unermüdliche und pflichttreue Erfüllung seines Amtes, Arbeitskraft und Organisationstalent, Liebenswürdigkeit und Jovialität. Das soziale Wirken führte ihn oft auf die Rednerbühne. Er war eifriger Förderer der „Opera dei Congressi".

Leo XIII. ernannte ihn am 12. Juni 1893 zum Kardinalpriester von S. Bernardo alle Terme di Diocleziano und präkonisierte ihn am 15. Juni zum Patriarchen von Venedig. Die Regierung versagte ihm zwar das Exequatur und sperrte ihm das Gehalt, weil sie das Ernennungsrecht beanspruchte, duldete ihn aber stillschweigend. Als König Umberto I. 1895 nach Venedig kam, begab sich Sarto zu ihm und legte ihm offen dar, welche mißlichen Folgen das Fehlen der staatlichen Bestätigung für beide Teile hatte. Der König war entzückt und wußte nachher den Patriarchen nicht genug zu loben. Das Exequatur wurde erteilt, als der Vatikan in der apostolischen Präfektur Erythräa statt eines Franzosen einen Italiener ernannte. Zwar zurückhaltend, aber doch versöhnlich und gewinnend trat der Patriarch auch später den Staatsbehörden und dem Königshause gegenüber.

In seiner kirchlichen Tätigkeit war er auch in Venedig der gute Hirt, der er in Mantua gewesen. Bildung, Disziplin und soziale Lage des Klerus hob er durch Konferenzen, Exerzitien, monatliche „Selbsteinkehr" und einen Priesterverein. Das Seminar ergänzte er durch eine juristisch-kanonistische Fakultät. Den Gottesdienst reinigte er von liturgischen Mißbräuchen und drang auf die Pflege des gregorianischen Kirchengesanges. Auch

Inneres der Sixtinischen Kapelle, in der seit 1878 die feierlichen Papstwahlen stattfinden
Die Sixtinische Kapelle wurde unter Papst Sixtus IV. von Giov. de Dalci (1473—81) erbaut; sie verdankt ihren Ruhm dem großartigen Freskenschmuck, mit dem sich die größten Künstler der Renaissance hier verewigt haben. Die Deckengewölbe und an der Altarwand zählen zu den größten Kunstwerken aller Zeiten. Bedauerlicherweise stören die Chorschranken im Bilde sehr den gewaltigen Gesamteindruck.

hier nahm er zwei Visitationen vor und hielt 1898 eine Diözesansynode ab.

Politisch war er, da das „Non expedit"[41] seine Gläubigen von der staatlichen Vertretung ausschloß, bemüht, im Gemeindeleben den kirchlichen Einfluß wiederzugewinnen. Er brachte zwischen seinen Anhängern und den gemäßigt Liberalen eine Verbindung zustande, und diese konservative Partei erlangte und behielt im Stadtrate die Oberhand. So konnte er seine Ziele, den religiösen Schulunterricht und die öffentliche Armenpflege, erreichen. Die Liberalen und Sozialisten nannten ihn dafür den „ränkevollen Bauer" im Gegensatze zu seinem frommen Vorgänger. Für alles, was das katholische Leben förderte, besonders Religionsunterricht, Predigt, Presse, Vereinswesen war er unermüdlich besorgt. Soziale und karitative Organisationen, wie die „casse rurali", die sich unter seiner Mitwirkung über ganz Italien ausbreiteten, und die „Opera dei Congressi" erfreuten sich dauernd seiner tatkräftigen Hilfe. Seine eigene Liebe zu den Armen und seine Wohltätigkeit waren grenzenlos. Trotz seiner 23 000 Lire Gehalt und seiner erstaunlich bescheidenen Lebensführung war in seiner Kasse immer Ebbe, weil er alles weggab. Er soll bei den Juden geborgt und einmal einige Tage seinen Bischofsring versetzt haben. „Als Papst würde er den Vatikan verschenken, wenn er könnte", hat Maëstro Perosi gesagt.

Aus dem Wirken des Bischofs und Patriarchen Sarto ergibt sich das Programm und die Richtung des Papstes Pius X.

In der Inthronisationsenzyklika vom 4. Oktober 1903 (E supremi apostolatus cathedra) bezeichnete er als leitendes Ziel seines Waltens, „alles in Christo zu erneuern (instaurare omnia in Christo), auf daß Christus alles in allen sei". „Es wird nicht an Leuten fehlen, die, das Göttliche mit dem Maßstabe des Menschlichen messend, die Absichten Unseres Inneren zu ergründen und im Sinne weltlicher Bestrebungen und Parteiziele zu deuten suchen. Solche eitlen Hoffnungen möchten Wir von vornherein mit der allerbestimmtesten Versicherung abschneiden, daß Wir nichts sein wollen und mit Gottes Hilfe vor der menschlichen Gesellschaft nichts sein werden als der Diener Gottes, in dessen Namen wir walten." Der Weg zu Christus, sagt der Papst weiter, führt durch die Kirche. In diese Heilsanstalt muß die menschliche Gesellschaft, die von der Lehre Christi abgeirrt ist, zurückgerufen werden. Ihre Lehren über die Heiligkeit der Ehe, die Erziehung und Unterweisung der Kinder, über den Besitz und Gebrauch der Güter, über die Pflichten gegen die Obrigkeit müssen wieder größere Geltung erlangen. Zwischen den verschiedenen Ständen ist nach christlicher Sitte und Satzung ein Ausgleich herzustellen. Das erste Mittel zur Bewältigung dieser Aufgaben ist die Bildung und Erziehung eines Klerus, der „Christus in sich selbst gestaltet haben muß, wenn er ihn in anderen gestalten soll". Ein anderes ist der Religionsunterricht; denn „zahlreiche hassen Christus und schrecken vor Evangelium und Kirche zurück mehr aus Unwissenheit als aus Bosheit". Die erhoffte Frucht eifriger Lehrtätigkeit zur Reife zu bringen, ist nichts so mächtig wie die Liebe. „Wenn man auf die Irrtümer zu hart schilt und die Fehler zu heftig tadelt, so schadet diese Strenge und Härte oft mehr, als sie nützt. Wie ist der Herr so mild, so langmütig, so erbarmungsreich." Als Helfer des Klerus sind die katholischen Vereine willkommen, aber mit schönen Reden und Erörterungen allein ist es nicht getan, die Zeit verlangt Taten.

[41] Vgl. S. 434 und 466.

Inneres der Sixtinischen Kapelle,
hergerichtet für ein Konklave; an den Seitenwänden befinden sich die Throne der Kardinäle. Ist einer der Kardinäle zum Papst erwählt, dann werden die Baldachine über allen Thronsesseln heruntergeklappt, nur der über dem Sitze des neugewählten Papstes bleibt geöffnet.

Am Schlusse ist auch die r ö m i s c h e F r a g e gestreift, aber unverkennbar ohne Zorn und Eifer, so daß man fast gar nicht merkt, daß es politisch gemeint ist: „In allen wird die Überzeugung erwachen, daß die Kirche als Gründung Christi volle und ganze Freiheit genießen muß und keiner andern Herrschaft unterworfen sein darf, daß Unser Kampf für diese Freiheit nicht nur die Verteidigung der heiligsten Rechte der Religion bedeutet, sondern auch für das gemeine Wohl und die Sicherheit der Völker ein Schutz ist."

Die Hauptsorge und Tätigkeit des Papstes ist d e n R e f o r m e n d e s i n n e r k i r c h l i c h e n L e b e n s u n d d e r k i r c h l i c h e n V e r f a s s u n g u n d V e r w a l t u n g zugewandt gewesen. Die Seelsorge war ja von jeher sein eigentliches Wirkungsfeld, in ihr war er von Stufe zu Stufe emporgestiegen, mit ihren Bedürfnissen war er aufs beste bekannt. Unter Leo XIII. sind zwar auch einige Ansätze zur Verbesserung der kirchlichen Zustände gemacht worden, aber seine eigentlichen Verdienste liegen doch auf anderem Gebiete. Der ehrliche und freimütige Franzose Justin Fèvre sagt: „Leo XIII. war der Papst der Könige, der Kaiser, der Höfe, der Kanzleien, der Bischöfe, Pius X. ist der Papst der Theologie und des kanonischen Rechts, der Papst der Kleinen, der Armen und der Pfarrer."

Der Papst begann mit der Reform der K i r c h e n m u s i k, die, besonders in Italien, der Würde des Gotteshauses wenig entsprach. Das Motuproprio „Inter sollicitudines" vom 22. November 1903 stellt, von den obersten liturgischen und musik-ästhetischen Grundsätzen ausgehend, ein „Grundbuch der Kirchenmusik"

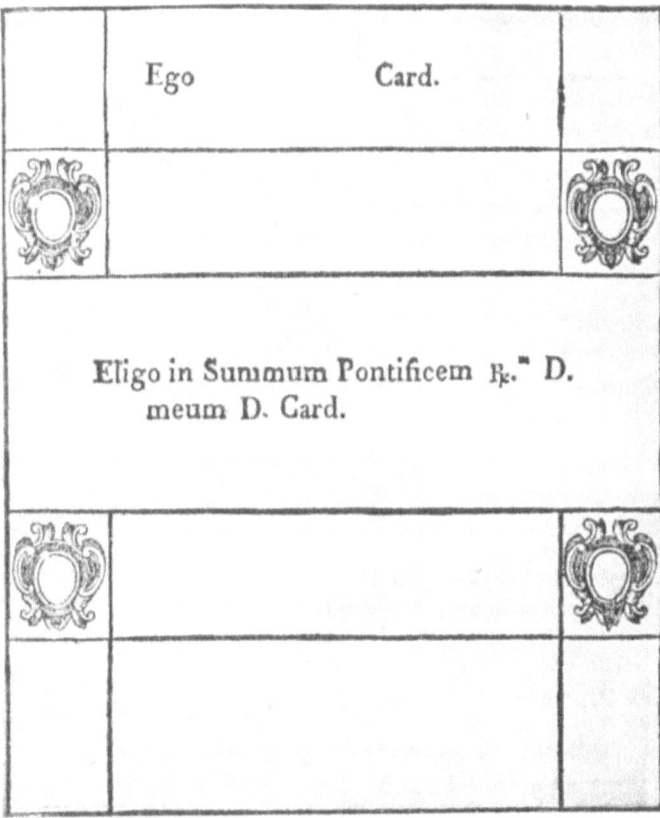

Stimmzettel
wie solche bei der Wahl eines Papstes üblich sind. Der bei der Wahl des Papstes verwendete Stimmzettel ist seit langer Zeit der gleiche geblieben. Er ist in drei Felder eingeteilt. Das obere ist für den Namen des Abstimmenden bestimmt: Ego Card. . . . Dieser Teil wird zur Hälfte umgebogen und mit Siegellack geschlossen; so ist der Name des Wählers verdeckt. Auf der Rückseite steht das lateinische Wort Nomen. Im mittleren Felde stehen die gedruckten Worte: Eligo in Summum Pontificem R. Dominum Dominum meum Card. . . . (Ich wähle zum Papst den Hochwürdigsten Herrn, meinen Herrn Kardinal...) woneben der Name des Gewählten gesetzt wird. Zur Kontrolle wird im unteren Felde ein beliebiges Motto (meist der Heiligen Schrift entnommen) oder ein anderes Erkennungszeichen angebracht. Auch dieses untere Feld wird zur Hälfte umgebogen und versiegelt, so daß auf der Rückseite, wie die Abbildung auf der nächsten Seite zeigt, das lateinische Wort Signa (Kennzeichen) zum Vorschein kommt. Auf dem Zettel ist also bloß der Name des Gewählten ersichtlich. Das Feld mit dem Namen des Wählers wird erst bei der Kontrolle aufgemacht. Die Kontrolle findet aber nur nach dem Wahlgang, aus dem ein Papst hervorgegangen ist, statt. Es soll festgestellt werden, daß der Gewählte nicht für sich selber gestimmt hat; in diesem Fall würde die Wahl für ungültig erklärt werden. Die absolute Stimmenmehrheit genügt zur Papstwahl nicht: der Gewählte muß zwei Drittel aller Stimmen auf sich vereinigen! Ein jeder Wahlakt wird von einem engeren Ausschuß, dem sogenannten „antiscrutinio", vorbereitet. Alle Nichtkardinäle müssen dann die Sixtinische Kapelle verlassen, und jetzt erfolgt nach Schließung der Türe die Abgabe der Stimmzettel. Die Kardinäle verlassen in der Reihenfolge ihres Amtsalters ihre baldachingeschmückten Ehrensessel und begeben sich an den Altar, auf dem ein Kelch zur Aufnahme der Stimmzettel bereitsteht. Die Kardinäle treten einzeln zum Altare, knien zuerst zu einem kurzen Gebet nieder, und indem sie dann den Stimmzettel in den Kelch legen, sprechen sie die Eidesformel: „Ich rufe Christum den Herrn zum Zeugen an, daß ich den wähle, von dem ich vor Gott glaube, daß er gewählt werden soll." Diese Zeremonie unter den Augen des göttlichen Richters, der im Bilde Michelangelos an der gegenüberliegenden Wand der Kapelle herabschaut, ist von tief ergreifendem Ernste.

mit umfassenden und ins einzelnste gehenden Vorschriften auf. Der eigentliche Gesang der römischen Kirche ist der alte traditionell-gregorianische Gesang, der daher bei den gottesdienstlichen Handlungen in weitem Umfang wieder seinen Platz erhalten muß. Auch die klassische Polyphonmusik, wie sie Palestrina ihrer höchsten Vollendung zugeführt hat, soll reichlich verwendet werden. Bei den modernen kirchenmusikalischen Kompositionen ist zu prüfen, ob sie nicht Profanes, keine Anklänge an Motive von Theaterstücken enthalten und in ihren äußeren Formen nicht dem Gang von profanen Stücken nachgebildet sind. Die Musik ist nur ein Teil der Liturgie und ihre bescheidene Magd. Die Liturgie darf nicht als sekundär und gleichsam im Dienste der Musik stehend erscheinen. Die Beobachtung des Dekrets ist am 8. Januar 1904 von der

Ritenkongregation allen katholischen Kirchen des Erdkreises auferlegt worden. Die Liebhaber der früheren profanen und theatralischen Weisen klagten freilich über den Greuel der Verwüstung in den römischen Kirchen und nannten den Papst einen zweiten Savonarola. Eine neue Ausgabe der liturgischen Bücher mit den gregorianischen Weisen wurde durch das Motuproprio vom 25. April 1904 angeordnet und die Redaktion der gesanglichen Teile den französischen Benediktinern von Solesmes übertragen. Auch gründete der Papst eine Hochschule für Kirchenmusik.

Sein Amt als Bischof von Rom wollte der Papst mit einer K i r c h e n v i s i t a t i o n beginnen. Seit dem ersten Viertel des vorigen Jahrhunderts hatte dort keine stattgefunden. Am liebsten hätte er sie selbst vorgenommen, aber die „Gefangenschaft im Vatikan" hinderte ihn natürlich daran, und er mußte seinen Generalvikar Kardinal Respighi und eine Reihe hervorragender Prälaten damit betrauen.

Kardinal Rampolla,
der langjährige Staatssekretär Leos XIII., gegen dessen Wahl zum Papste der Kaiser von Österreich im Konklave feierlichen Einspruch erheben ließ.

Bald erweiterte er sein Programm und ordnete eine apostolische Visitation s ä m t l i c h e r D i ö z e s e n I t a l i e n s an. In der Instruktion vom 3. März 1904 gab er den Visitatoren bis aufs kleinste an, worauf sie ihr Augenmerk zu richten hätten. Die Visitation vollzog sich zwar formlos und im stillen, ohne jede Feierlichkeit, aber sie wurde nicht als Formalität, sondern mit Ernst und Strenge vorgenommen und hatte mehrere Absetzungen im Gefolge.

Teils zusammen mit dieser Visitation, teils unabhängig von ihr, nahm Pius X. nun auch die dringend notwendige Umformung der D i ö z e s a n s e m i n a r e und ihres U n t e r r i c h t s vor. Da Italien viel zu viele (etwa 300) Seminarien hat, so ist ein großer Teil nicht nur schwach besucht, sondern noch mangelhafter mit Lehrkräften ausgestattet. Fielen doch

Der nebenstehende Stimmzettel in geschlossenem Zustand

1879 durchschnittlich nicht einmal drei Professoren der Theologie auf jedes Seminar. 52 hatten nur einen Professor, 76 nur zwei. Daher sind jetzt mehrere Seminarien in ein interdiözesanes oder Regionalseminar verschmolzen worden. Die S t u d i e n o r d n u n g der Seminarien wurde am 10. Mai 1907 einheitlicher gestaltet und verbessert. Die noch bessere und auch vom Papste gewünschte Neuordnung und Verminderung der italienischen Diözesen, die dadurch einen größeren Umfang bekommen würden, scheiterte dagegen an den Schwierigkeiten.

Als Ergänzung wurde am 18. Januar 1908 eine ausführliche S e m i n a r o r d n u n g für die italienischen Bistümer erlassen mit einer Lebens- und Hausordnung für die Seminaristen. Es ist sicher, daß der Papst mehr als bloß äußerlichen Anteil daran hatte. Seine tiefe Religiosität und sein zugleich liebevoller und strenger Geist sprachen daraus, und er hat hier ohne Zweifel seine Erfahrungen in Treviso, Mantua und Venedig fruchtbar gemacht.

Die von Leo XIII. gegründete Kommission für den Vorschlag geeigneter B i s c h o f s k a n d i d a t e n vereinigte Pius am 7. Dezember 1903 mit der Kongregation des heiligen Offiziums, der er selbst präsidierte, um ihre Wichtigkeit noch mehr zu betonen und sie unter eigene Kontrolle zu nehmen.

Eine Lieblingsidee aus früherer Zeit, die er schon 1888 in einem Bericht ausgesprochen hatte, verwirklichte er mit dem E i n h e i t s k a t e c h i s m u s für die Kirchenprovinz Rom, der am 14. Juni 1905 für obligatorisch erklärt wurde.

Ein sehr wichtiges Unternehmen, das allein genügt, um den Namen des Papstes zu verewigen, ist die V e r e i n h e i t l i c h u n g, V e r e i n f a c h u n g u n d K o d i f i k a t i o n des K i r c h e n r e c h t s und die Schaffung eines Codex juris canonici. Am 19. März 1904 kündigte er durch das Motuproprio „Arduum sane" diesen Plan an, indem er freimütig aussprach, daß die jetzige Verfassung des Kirchenrechtes nicht die Anforderungen erfüllt, die an ein praktisches Gesetzbuch gestellt werden müssen; „denn die Masse der Sammlungen bereitet eine nicht geringe Schwierigkeit. Im Laufe der Jahrhunderte sind sehr zahlreiche Gesetze erflossen, die in vielen Sammlungen aufgehäuft sind; nicht wenige Gesetze, die einstens für ihre Zeit passend waren, sind aufgehoben oder veraltet; endlich finden sich auch manche, die wegen der veränderten Zeitumstände nur schwer ausführbar oder dem allgemeinen Nutzen der Seelen weniger förderlich sind." Nach dem Erlaß des Dekretalienbuches Klemens' V. im Jahre 1314, also nach einer Zeitspanne von 600 Jahren, wurde endlich wieder ein authentisches, allgemeines und einheitliches Gesetzbuch für die katholische Kirche des römischen Ritus in Angriff genommen, nachdem frühere Kodifizierungsversuche nicht zum Ziel gelangt waren. Eine Kommission von Kardinälen und „Konsultores", Vertretern der theologischen und kanonistischen Wissenschaft, bereitete die Ausgabe vor. Sekretär, später Vorsitzender war der Kardinal Pietro Gasparri, der einen großen Teil der Arbeit leistete.

Als ihm die Mitglieder der Kodifikationskommission das erste Mal vorgestellt wurden, sagte der Papst, er verlange nicht, daß er selber noch die Herausgabe des neuen Codex juris erlebe. Nicht schnelle, sondern gute Arbeit wünsche er. Einige wichtige V o r a r b e i t e n traten aber schon in den nächsten Jahren in Kraft: das Dekret „Ne temere" über die Form der V e r l ö b n i s s e u n d E h e s c h l i e ß u n g e n vom 2. August 1907 und die Konstitution „Sapienti consilio" vom 29. Juni 1908 über die N e u o r g a n i s a t i o n d e r r ö m i s c h e n K u r i e.

Die R e f o r m d e r r ö m i s c h e n K u r i e war schon längst ein dringendes Bedürfnis. Die früheren Päpste haben es aber bei einzelnen Verbesserungen ge-

Erinnerungsmünze an den Eucharistischen Kongreß in Venedig, der im August 1897 unter dem Patriarchen von Venedig, Kardinal Sarto, dem nachmaligen Papste Pius X., stattfand.

lassen. Erst Pius X. hat seit der Begründung der Kardinalskongregationen durch Sixtus V. (1587) die erste Gesamtrevision vorgenommen. „Die Kurie glich einem altehrwürdigen Baume, den manche morsche Äste und Zweige entstellen, die Entwicklung der frischen behindernd". Die Kompetenzgrenzen waren verwischt, manche Kongregationen mit Geschäften überlastet, die Beamtenstellen anderer reine Sinekuren. Die neue Kurialverfassung vermindert die Zahl der Kongregationen, umschreibt die Geschäfte und verteilt sie möglichst gleichmäßig, trennt Justiz und Verwaltung, schafft, um dem Protektionsunwesen zu steuern, ein wirkliches Beamtenrecht und verbessert das Taxenwesen durch Einschränkung der übermäßig hohen Gebühren und Ermäßigung für Arme.

Eine zeitgemäße Ergänzung zu der Kurialreform war die Schaffung eines eigenen Amtsblattes, der „Acta apostolicæ sedis", das seit 1. Januar 1909 die päpstlichen Konstitutionen und die Erlasse der römischen Kurialbehörden veröffentlicht.

Zu den Vorarbeiten der Kodifikation des Kirchenrechts können auch die neuen Gesetze über die P a p s t w a h l gerechnet werden. Es sind zwei Konstitutionen. Die eine, „Commissum nobis" vom 20. Januar 1904, richtete sich gegen das Veto der Exklusive. Keine weltliche Macht soll sich in die Papstwahl einmischen. Unter Androhung der Exkommunikation wurde allen Kardinälen und sonstigen Konklaveteilnehmern strengstens verboten, den Auftrag zu einem Veto anzunehmen und dem Kollegium oder einem einzelnen Kardinal zur Kenntnis zu bringen. Die andere, „Vacante sede apostolica" vom 25. Dezember 1904, faßte die bestehenden Vorschriften über die Vakanz des Heiligen Stuhles und die Papstwahl, wie sie in Erlassen Pius' IV., Gregors XV., Klemens' VII., Pius' IX. enthalten sind, zusammen und fügte einige geeignete neue Bestimmungen hinzu.

Vorarbeiten für die Neukodifikation waren weiter die Dekrete der Konsistorialkongregation vom 3. Dezember 1909 über die Berichte der Bischöfe über ihre Diözesen und die visitatio liminum und vom 20. August 1910 über die administrative Entfernung des Pfarrers aus seinem Amte, die neue Prozeßordnung der Rota, die der Papst am 2. August 1910 bestätigt hat, und das Motuproprio „Supremi disciplinæ" vom 2. Juli 1911 über die Verminderung der Feiertage.

Tiefgreifende Veränderungen nahm der Papst durch sein Motuproprio vom Jahre 1910 und die Bulle „Divino afflatu" am B r e v i e r vor. Die Zahl der gebotenen Feiertage wurde beschränkt, die langen Sonntags- und Ferialoffizien wurden verkürzt und die Psalmen so auf die einzelnen Tage verteilt, daß alle 150 im Laufe der Woche an die Reihe kommen. Die von Leo XIII. eingeführten Votivoffizien wurden für die Gesamtkirche abgeschafft, die Sonntagsoffizien des Meßbuches und Brevieres wieder in ihre das Kirchenjahr beherrschende Stellung eingesetzt. Heiligenfeste dürfen an Sonntagen nur „kommemoriert" werden, außer Hauptfeste der Mutter Gottes, die Feste der Apostel, der Kirchen- und Ordenspatrone. Eine weittragende, eine neue christozentrische Orientierung des kirchlichen Gebetslebens bedeutende Reform.

Wie Leo XIII., so hat auch sein Nachfolger mehrfach seine Stimme erhoben, um über das in unseren Tagen so heiß umstrittene B i b e l s t u d i u m Belehrungen, Mahnungen, Warnungen und Ermunterungen zu erteilen. Das apostolische Schreiben „Quoniam in re biblica" vom 27. März 1906 betont die Wichtigkeit des Bibelstudiums für die Theologie der Gegenwart und gibt dann in achtzehn Artikeln eine sehr eingehende Anweisung über den Betrieb des Schriftstudiums an den Seminarien und Universitäten. Der Papst fordert darin nicht nur ein Mehr dem Umfange nach, sondern auch eine gründlichere Behandlung dieser Disziplin mit Berücksichtigung der modernen philologischen und historischen Forschung. Schon vorher, am 23. Februar 1904, hatte er der Bibelkommission, um tüchtige Lehrer zu gewinnen, das Promotionsrecht verliehen und in einem Schreiben an den Bischof Le Camus vom 11. Januar 1906 vor den Exzessen der Kritik gewarnt, aber auch — zum erstenmal — den fortschrittsfeindlichen Ultrakonservatismus mißbilligt. „In derselben Weise, wie man die Verwegenheit derjenigen verurteilen muß, die sich verleiten lassen, auf kritische Prozesse von einer ausschweifenden Freiheit zu rekurrieren, geziemt es sich auch, die Stellung derjenigen zu mißbilligen, die auf keine Weise wagen, mit der bis vor kurzem herrschenden Schriftexegese zu brechen, auch wenn unter Wahrung der Unversehrtheit des Glaubens der weise Fortschritt der Studien sie einlädt, es herzhaft zu tun." Für positive Arbeit auf dem Gebiete der Bibelforschung hat endlich Pius X. am 7. Mai 1909 das päpstliche Bibelinstitut gegründet. Seine Richtung soll sich auf einer mittleren Linie zwischen konservativen und gesunden fortschrittlichen Gedanken bewegen. Zum Rektor wurde der Innsbrucker Professor P. Leopold Fonck berufen.

D i e D i s z i p l i n u n d d i e S t a n d e s p f l i c h t e n d e s K l e r u s hatten schon dem Bischofe und Patriarchen besonders am Herzen gelegen. Auch als Papst hat er seine geistlichen Söhne wiederholt angeregt und ermahnt. Dem römischen Klerus legte er am 27. Dezember 1904 die Pflicht auf, wenigstens alle drei Jahre Exerzitien zu machen. In dem strengen Rundschreiben an die italienischen Bischöfe vom 28. Juli 1906 schärfte er den Geistlichen den kanonischen Gehorsam gegen ihren Diözesanbischof ein. Am fünften Jahrestage seiner Wahl, dem 4. August 1908, erließ er das Pastoralschreiben „Hærent animo", ein Gegenstück zu seiner ersten Enzyklika, an alle katholischen Priester. Er zeigt darin im einzelnen, welche Mittel die für ein ersprießliches Wirken unerläßliche Verinnerlichung des priesterlichen Lebens zu fördern und zu gewährleisten imstande sind. Leitgedanke ist, daß mit Beharrlichkeit und Tatkraft Christus in denen gebildet werden müsse, die ordnungsmäßig dazu bestimmt sind, Christum in den anderen zu gestalten. Die Priester sollen nach einem frommen und heiligen Wandel streben, Gebet und Betrachtung pflegen, fromme Lesung betreiben, häufig ihr Gewissen erforschen, Exerzitien und monatliche Übungen machen und sich zu Vereinen zusammenschließen, die den Mitgliedern Unterstützungen gewähren, feindliche Angriffe abwehren, die Studien und seelsorglichen Aufgaben fördern.

Die Stiftungsmedaille des päpstlichen Bibelinstituts in Rom
Das päpstliche Bibelinstitut in Rom ist im Jahre 1910 eröffnet worden, nachdem Papst Pius X. mit apostolischem Schreiben vom 7. Mai 1909 den Aufgabenkreis dieser wichtigen neuen Lehranstalt klar umschrieben hatte; dieses internationale Studienhaus solle künftigen Professoren der biblischen Disziplinen eine den gesteigerten Bedürfnissen der modernen Zeit entsprechende Ausbildung sichern. Neben den vielseitigen Gebieten der gesamten Bibelwissenschaft im engeren Sinne sollen alle Gebiete der praktischen Exegese, der Archäologie, Geschichte, Geographie und Philologie in diesem päpstlichen Institute, das unmittelbar dem apostolischen Stuhle untersteht und nach seinen Vorschriften und Bestimmungen geleitet wird, gelehrt werden.

Auch der religiöse Unterricht ist eine Hirtensorge, die den Papst von jeher beschäftigt hat. Seinen Wert und seine Bedeutung hatte er in seiner ersten Enzyklika betont und dann weiter umschrieben in der Enzyklika „Acerbo nimis" vom 15. April 1905. Als die erste Pflicht des Hirtenamtes bestimmte er das Lehren und stellt als einheitliche Norm sechs Regeln auf über die Unterweisung der Jugend, die Vorbereitung zu den Sakramenten, die Errichtung einer „Kongregation der christlichen Lehre" in jeder Pfarrei, die Gründung von eigenen Religionsschulen in größeren Städten und den „großen Unterricht" für die Erwachsenen. Die Enzyklika hatte zunächst italienische Verhältnisse im Auge.

Von den pastoralen Erlassen ist endlich noch das Dekret der Konzilskongregation vom 20. Dezember 1905 über den öfteren und täglichen Empfang der heiligen Kommunion zu nennen. Der Papst sieht darin ein wirksames Mittel zur Förderung des religiös-sittlichen Lebens und der christlichen Vollkommenheit und ließ deshalb entgegen jansenistischer Verschärfung die älteren Bestimmungen der Kirche wieder in Kraft setzen. Eine Ergänzung dazu war das Dekret der Sakramentskongregation vom 8. August 1910 über das Alter, in dem die Kinder zur ersten heiligen Kommunion zuzulassen sind. Dies wurde, ebenfalls in Übereinstimmung mit der älteren Lehre und Praxis, auf „ungefähr das siebente Jahr, unter Umständen später oder früher", festgesetzt, wobei die Unterschiede in der Entwicklung der Kinder in den einzelnen Ländern zu berücksichtigen wären.

Neben der Pflege des religiösen Lebens sah Pius X. die Abwehr der Gefahren, die der Reinheit des Glaubens drohten, als seine Hauptaufgabe an. Seine Kundgebungen gegen den Modernismus sind die bedeutungsvollsten seines Pontifikats und sind besonders lebhaft, ja erregt erörtert worden. Am 17. April 1907 forderte der Papst in einer Allokution mit bemerkenswerter Schärfe zur Bekämpfung des „neo-reformismus religiosus" auf, der nicht mehr bloß eine einzelne Häresie, sondern der gedrängte Abriß und das Gift aller Häresien sei, und ermahnte am 6. Mai die bischöflichen Protektoren der katholischen Universität in Paris zu festem Anschluß an die Scholastik und am 7. Mai den Generaloberen der Dominikaner, der dünkelhaften Kritik der Moderne an der Hand der thomistischen Lehre entgegenzutreten. Am 3. Juli wurde das Dekret „Lamentabili" der Inquisition mit dem neuen Syllabus von 65 religiösen Irrtümern beschlossen. Am 28. August erging eine Anweisung der Inquisition, die von solchen Irrtümern angesteckten Geistlichen, die irgendwie oder irgendwo als Lehrer oder Jugenderzieher angestellt seien, aus ihren Ämtern zu entfernen. Vom 8. September ist die Enzyklika „Pascendi" über den Modernismus datiert. Das Motuproprio vom 18. November wiederholte und bekräftigte den Syllabus und die Enzyklika, fügte die Strafandrohung der Exkommunikation hinzu und ermahnte die Bischöfe dringend zur Wachsamkeit und zur Ausführung der Abwehrmaßregeln.

Die ersten acht Sätze des S y l l a b u s enthalten eine Reihe von Angriffen auf das kirchliche Lehramt und dessen verpflichtende Kraft. Die Sätze 9—19 sind Aufstellungen der biblischen Exegese, die den göttlichen Ursprung der Schrift leugnen, 20—26 Konsequenzen daraus, die den Begriff der Offenbarung umzudeuten suchen, 27—38 Negationen der wichtigsten Dogmen, der Gottheit Christi, seines übernatürlichen Wissens, seines messianischen Bewußtseins, des Sühnecharakters seines Leidens und Sterbens, seiner leiblichen Auferstehung. Die Sätze 39—51 leugnen die göttliche Einsetzung und Wirksamkeit der Heilsmittel, besonders der Sakramente, und 52—63 bestreiten die Gründung der Kirche und des Papsttums durch Christus und bekämpfen die Einrichtung und Tätigkeit der Kirche. Die letzten beiden Sätze endlich verlangen, daß die Kirche „die Begriffe der christlichen Lehre von Gott, Schöpfung, Offenbarung, Person des fleischgewordenen Wortes, Erlösung reformiere" und daß der Katholizismus, um mit der wahren Wissenschaft vereinigt werden zu können, in eine Art undogmatischen Christentums umgestaltet werde. Diese Aufstellungen sind größtenteils den 1903 auf den Index gesetzten Schriften Loisys und anderer französischer Autoren entnommen.

Die E n z y k l i k a „Pascendi" ist größtenteils ein Kommentar zum Syllabus, geht aber sachlich über ihn hinaus, indem sie „sich in höchst ausführlicher Art gegen den Modernismus wendet und diesen wissenschaftlich zu analysieren, theoretisch zu widerlegen und gesetzgeberisch zu überwinden sucht". Sie zerfällt in einen theoretischen Teil, der das modernistische System darlegt und kritisiert, und in Abwehrmaßregeln.

Als die philosophischen Grundpfeiler der Irrlehren werden bezeichnet der Agnostizismus, der den Verstand auf die äußeren Erscheinungen einengt und behauptet, der Mensch könne durch seine Vernunft vom Übernatürlichen nichts erkennen, und die vitale Immanenz, nach der die Religion lediglich als Innenleben, das von Gefühlen und inneren Bedürfnissen des Menschen geleitet wird, erscheint. Das Innewerden des Bedürfnisses nach dem Göttlichen nennt der Modernist Glauben und Anfang der Religion. Der Verstand tritt erst nachträglich hinzu, durchleuchtet die Gefühlslinien und dringt allmählich zu schärferen Sätzen vor, die, vom kirchlichen Lehramte festgelegt, Dogmen heißen. Diese sind also natürlich entstanden und veränderlich. DieEvolution ist überhaupt die Krönung der modernistischen Lehre: Glaube, Dogma, Sakramente, Kultus, Kirche, alles entwickelt sich. Glaube und Wissen werden völlig getrennt. Phänomene gehören nur so weit ins Gebiet des Glaubens, als er sie über die Wirklichkeit hinaus verklärt und durch ungeschichtliche Zusätze entstellt, z. B. das Leben Jesu. Daher die Unterscheidung zwischen dem Christus der Geschichte und dem Christus des Glaubens. Die Wunder und die Auferstehung Christi werden von der Wissenschaft geleugnet, vom Glauben aber bejaht, da der Glaubende das Leben Jesu aufs neue durch den Glauben und in dem Glauben erlebt sieht.

Das päpstliche Bibelinstitut an der Piazza Pilotta in Rom

Der modernistische Glaube, die modernistische Theologie, Geschichtsauffassung, Kritik, Apologetik und Reform werden in der Enzyklika im einzelnen gekennzeichnet und in einem „Rückblick" kritisiert.

Im letzten Teile werden scharfe und mit Beunruhigung aufgenommene Maßregeln angeordnet: Absetzung aller irgendwie verdächtigen Professoren und Lehrer an kirchlichen Anstalten, Zurückweisung verdächtiger Kandidaten von den Weihen, das Verbot, daß Zöglinge kirchlicher Lehranstalten Vorlesungen über Fächer, die dort vertreten sind, an staatlichen Anstalten hören, weiterer Ausbau der kirchlichen Bücherzensur und des Bücherverbots, Errichtung einer ständigen Überwachungsbehörde (consilium vigilantiæ) in jeder Diözese, deren Aufgabe es sein soll, überall den Anzeichen und Spuren des Modernismus nachzuforschen und die Aufmerksamkeit auch auf „Neuerungssucht im Ausdruck" auszudehnen, Beschränkung der Priesterkongresse und periodische, eidlich erhärtete Berichte der Bischöfe an den apostolischen Stuhl.

In Italien ist gegen den Modernismus energisch vorgegangen worden. Auch sein letztes Organ, der Rinnovamento, verstummte, und der römische Theologieprofessor Mannucci glaubte 1909 schon sagen zu können, daß man von theologischem Modernismus nicht mehr rede. Die Häupter der Bewegung, Murri und Minocchi, haben sich von der Kirche losgesagt, und eine Reihe von Priestern und Ordensleuten ist ihnen gefolgt.

Dann aber wurde, wie die „Civiltà cattolica" zu berichten wußte, wieder eine ganze Flut von modernistischen Broschüren verbreitet, und der „Corriere della Sera" erzählte, es bestehe eine modernistische Geheimorganisation, die Seminarien führten eine geheime Korrespondenz zu modernistischen Zwecken, und in einigen würden Blätter mit Handdruck hergestellt. Gegen diese Propaganda waren die radikalen Maßregeln gerichtet, die der Papst in dem Motuproprio „Sacrorum antistitum" vom 1. September 1910 anordnete. Die disziplinären Vorschriften aus der Enzyklika „Pascendi" werden wörtlich wiederholt und unter Gewissensstrafe bekräftigt und eingeschärft. Für die Seminaralumnen und Priesterkandidaten werden dann noch einige neue Bestimmungen beigefügt. Die Bischöfe und Seminarleiter sollen ihre Studien und ihre Vorbereitung streng überwachen. Damit sie „ihre Zeit nicht mit anderen Beschäftigungen verlieren und vom Hauptstudium abgezogen werden", verbietet der Papst, daß „Zeitungen und Zeitschriften, und seien sie auch noch so gut, überhaupt von ihnen gelesen werden". Die Professoren der geistlichen Bildungsanstalten haben ihre Vorlesungen oder die Thesen dafür dem Bischofe vorzulegen. Ihre Lehrweise ist streng zu überwachen. Weicht sie von der gesunden Doktrin ab, so sind sie sofort zu entfernen. Auch müssen sie dem Bischofe einen im Wortlaut vorgeschriebenen, gegen die modernistischen Irrtümer gerichteten Eid ablegen. Denselben Eid hat auch der gesamte Seelsorgeklerus mit höheren Weihen zu leisten.

Auch die Borromäus-Enzyklika („Editae saepe", vom 26. Mai 1910), die zum Teil ebenfalls die Modernisten (als falsche Reformatoren) behandelt, hat viel Aufsehen gemacht, nicht so sehr wegen ihres Gesamtinhaltes und ihrer Absicht als wegen einer einzelnen Stelle, durch die sich die Protestanten beleidigt fühlten. In entstellter und verschärfter Übersetzung rasch bekannt geworden, entfachte sie einen Entrüstungssturm und führte zu parlamentarischen Interpellationen, Kundgebungen der protestantischen Kirchenbehörden und diplomatischen Aktionen. Der Papst ist dann den um den konfessionellen Frieden besorgten deutschen Regierungen weit entgegengekommen, indem er die deutschen Bischöfe anwies, die amtliche Publikation zu unterlassen. Die Enzyklika ist dem Andenken des hl. Karl Borromäus gewidmet, der als unermüdlicher Vorkämpfer und Berater der wahren Reform allen, die an der Erneuerung der Welt in Christus aufrichtig mitarbeiten, besonders tröstlich und lehrreich sei. Indem der Papst den Unterschied zwischen wahren und falschen Reformatoren zeigt, weist er besonders hin auf die Sorge für die Reinerhaltung des Glaubens, auf die Wichtigkeit der christlichen Unterweisung zumal gegenüber der sogenannten neutralen Laienschule, auf die gewissenhafte Verwaltung des Predigtamtes, auf die katholische Aktion, die alle Werke christlicher Barmherzigkeit umfaßt.

Gegen die Politik zeigte der Papst anfangs eine Abneigung, die fast etwas demonstrativ wirkte. Aber sie konnte ihm so wenig wie einem anderen Papste erspart bleiben, und als er nach langem Zögern zu seinem Staatssekretär den verhältnismäßig jugendlichen Msgr. Raffaele Merry del Val (geb. 1865 in London als Sohn eines spanischen Diplomaten von altem Adel) ernannte, erklärte

Die Vorhalle zum Museum des päpstlichen Bibelinstitutes

er in der Allokution vom 9. November 1903, jeder billig Denkende müsse einsehen, daß der Papst von seinem Lehramte, das über Glauben und Sitten entscheidet, das Gebiet der Politik nicht ausschließen dürfe.

Die nächste und schwierigste Aufgabe stellte die Lage der Kirche in F r a n k r e i c h. Leo XIII. hinterließ sie in beklagenswertem Zustande. Bei der brutalen Behandlung der Orden blieb es nicht, sondern noch zu Lebzeiten des Papstes wurde die Trennung von Staat und Kirche in Aussicht genommen. Trotzdem hatte sich der greise Papst in seiner Langmut zu keinem offiziellen Einspruch gegen die kirchenfeindliche Politik seines früheren Schoßkindes entschließen können. Sein Nachfolger nahm zu ihr zum ersten Male Stellung in der Allokution vom 18. März 1904 und beklagte sich bitter über die Maßregeln gegen die religiösen Genossenschaften und über die neue Gesetzesvorlage gegen jedweden Unterricht der religiösen Institute. Nachdem es wegen des Besuches des Präsidenten Loubet beim Könige von Italien zum Streit und zum Abbruch der diplomatischen Beziehungen gekommen war, wurde am 9. Dezember 1905 die T r e n n u n g v o n S t a a t u n d K i r c h e Gesetz. Der Papst hatte schon in der Allokution vom 27. März 1905 die Vorlage als ein Unglück für Frankreich bezeichnet, nahm dann feierlich in der Enzyklika „Vehementer nos" vom 11. Februar 1906 Stellung, verwarf das Gesetz und verbot am 10. August 1906 durch die Enzyklika „Gravissimo officii" die Bildung von Kultusgemeinschaften, wie sie das Gesetz vorschreibt. Ebenso wurden die „zugleich gesetzlichen und kanonischen" Kirchenverwaltungsvereine, wie sie ein Teil der französischen Bischöfe angeregt hatte, verworfen, so lange nicht die unveränderlichen Rechte des Papstes und der Bischöfe und ihre Gewalt über die Kirchengüter und Gotteshäuser gesichert sei. Die Bischöfe sollen auf der Grundlage des gemeinen Rechts, das jedem Bürger die freie Betätigung seiner Religion garantiert, die Ausübung des Gottesdienstes organisieren.

Als dann der Kultusminister Briand die gottesdienstlichen Versammlungen (réunions cultuelles) unter das Versammlungsgesetz von 1881 stellte und mit einer einmaligen Anmeldung für das Jahr zufrieden sein wollte, verbot der Papst auch die Anmeldung und befahl, die Messen ohne sie fortzusetzen. Die Regierung antwortete darauf mit dem zweiten Trennungsgesetze vom 2. Januar 1907. Danach dürfen die Gemeinden sofort über die bischöflichen Palais, Pfarrhäuser und Seminarien verfügen. Allen Kultusdienern in Bezirken ohne Kultusverein werden die im Trennungsgesetze noch gewährten Pensionen und Zuschüsse entzogen. Die Güter werden sofort den kommunalen und Wohltätigkeitsanstalten überwiesen. Der unentgeltliche Nießbrauch der Kirchen kann Kultusvereinen, Vereinen nach dem Vereinsgesetze von 1901 und auch einzelnen Kultusdienern durch Vertrag überwiesen werden. Der Papst protestierte in einer dritten Enzyklika vom 6. Januar 1907 gegen diese Verschärfung des Trennungsgesetzes und Beraubung und Plünderung der Kirche.

Die Verhandlungen zwischen den Bischöfen und der Regierung über die Nutznießungsverträge zerschlugen sich. Dagegen kam die Regierung in dem Gesetze vom 28. März 1907 der Kirche ein wenig entgegen und verzichtete auf die Anmeldung. Was der Klerus gerettet hat, ist also die Benutzung der Kirchen, aber ohne jede rechtliche Eigenschaft. Nach einem Schreiben Briands vom Dezember 1908 ist es sogar den Gemeinderäten überlassen, ob sie für die „großen Reparaturen" der Kirche aufkommen wollen oder nicht. So sind tatsächlich Tausende von Kirchen in Frankreich der Zerstörung preisgegeben. Wenn die Verwaltung antiklerikal ist, hat sie es also in der Hand, das Gebäude seiner Bestimmung zu entziehen. Die Kirchengüter dagegen sind verloren. Ihren Raub vollendete das Überweisungsgesetz vom 13. April 1908. Die „Priestervereine auf Gegenseitigkeit (Sociétés mutuelles)", denen die kirchlichen Pensionskassen und die Meßstiftungen überwiesen werden sollten, verwarf der Papst in einem Schreiben an die vier französischen Kardinäle vom 17. Mai 1908.

Die Haltung des Papstes ist sehr verschieden beurteilt worden. Er selbst hat in der Enzyklika vom 6. Januar 1907 gesagt: „Wir konnten nicht anders handeln, ohne Unser Gewissen unter die Füße zu treten, ohne den Eid zu brechen, den Wir beim Besteigen des Stuhles Petri geleistet haben, und ohne die katholische Hierarchie, die der Kirche von unserem Herrn Jesus Christus gegebene Grundlage, zu vergewaltigen. Wir erwarten darum ohne Furcht das Verdikt der Geschichte. Sie wird sagen, daß Wir, die Augen unwandelbar auf die höheren Rechte Gottes gerichtet, die Wir zu verteidigen haben, weder die weltliche Macht demütigen noch eine besondere Regierungsform bekämpfen, sondern das unantastbare Werk unseres Herrn und Meisters schützen wollten. Sie wird sagen, daß Wir für die Kirche, von der die Kirche Frankreichs die älteste Tochter und ein integrierender Bestandteil ist, die Rücksicht auf ihre Hierarchie, die Unverletzbarkeit ihrer Güter und die Freiheit begehrt haben; daß, wenn man auf Unsere Bitte gehört hätte, der religiöse Friede in Frankreich nicht gestört worden wäre, und daß am Tage, wo man diese Bitte hören wird, auch der so wünschenswerte Friede zurückkehren wird."

Auch in Portugal führte die neue Republik in durchaus kirchenfeindlichem Geiste die Trennung von Staat und Kirche durch, und in Spanien, wo der Ministerpräsident Canalejas mit der Unterdrückung der Klöster und Ordenshäuser begann, drohte dieselbe Gefahr. Unzweifelhaft besser wurden die Beziehungen zu Italien. Es bestand einstweilen ein modus vivendi ziemlich friedlicher Nachbarschaft, der sich ohne Verhandlungen und Vereinbarungen herausbildete. Die weltliche Herrschaft des Papstes stehe bei Pius X. nicht sehr in Gunst, hieß es im Anfange seiner Regierung. Auch in manchen Einzelheiten der kirchlichen Verwaltung wollte man finden, daß sich der Papst „sehr

Papst Pius X.
nach einer Aufnahme von F de Federicis, päpstl. Hofphotographen in Rom.

lebhaft als Italiener fühlte und den italienischen nationalen Interessen nach Kräften zu dienen bestrebt war". Einen neuen Anlaß zur Erörterung der „römischen Frage" gab aber die unwürdige und geschmacklose Festrede des römischen Bürgermeisters Nathan bei der Feier des 20. September 1910. Der Papst antwortete mit einem Schreiben an den Kardinalvikar und forderte die Gläubigen auf, „heiße Gebete an den Allmächtigen zu richten, daß er sich seiner göttlichen Braut, der Kirche, annehme, die in so unwürdiger Weise verhöhnt wird durch immer giftigere Verleumdungen und immer heftigere Angriffe, die in unbestrafter Vermessenheit von ihren Feinden gegen sie gerichtet werden".

Für das politische Leben Italiens wichtig ist die Einschränkung des Non expedit durch die Pfingstenzyklika an die italienischen Bischöfe „Il fermo proposito" 1905 (11. Juni). „Gewichtige Gründe", heißt es da, „halten uns davon ab, von jener Norm abzuweichen, die uns von unseren Vorgängern Pius IX. und Leo XIII. überkommen ist, wonach in Italien im allgemeinen die Teilnahme an den Wahlen zum Parlament verboten ist. Jedoch aus anderen, ebenso schwerwiegenden Gründen, wenn es sich um das höchste Wohl der Gesellschaft handelt, die auf alle Fälle gerettet werden muß, kann es zugelassen werden, daß in einzelnen Fällen von dem Gesetz dispensiert werde, namentlich wenn ihr erkennt, daß das Heil der Seelen und die höchsten Interessen eurer Kirchen dabei auf dem Spiele stehen und ihr um Dispensation einkommt." Nicht wenige Katholiken und Geistliche wählten übrigens schon im November 1904 mit dem stillen Einverständnisse des Vatikans. Damals wurde auch die Bildung einer katholischen Partei in Italien erörtert. Aber der Standpunkt des Vatikans wurde so formuliert: „Das Fernbleiben von den Wahlen wird als allgemeine Regel festgestellt. Die Klugheit der Bischöfe kann in einzelnen Fällen eine Ausnahme gestatten, indem man die Wahlbeteiligung dort erlaubt, wo die Wahl eines Antiklerikalen ernstlich droht. Eigentliche katholische Kandidaturen werden jedoch nicht zugelassen. Die Formel heißt: ‚katholische Abgeordnete — ja; abgeordnete Katholiken — nein'. Indessen, die Bildung von Blocks in vielen Orten wird diese Ausnahme jetzt häufiger eintreten lassen als in der Vergangenheit." Der Grund war die Absicht, die katholische Bewegung fest in der Hand zu behalten und der Leitung der Bischöfe unterzuordnen.

1909 wurden 24 katholische Abgeordnete gewählt. 1913 lag die Leitung in den Händen des Verbandspräsidenten der Katholikenvereine, Grafen Gentiloni, der mit einzelnen konservativen und liberalen Kandidaten taktische Wahlabkommen abschloß und „weit mehr als der absoluten Mehrheit des Hauses, 328 Abgeordneten von 508, die Grundbedingungen der katholischen Wahlleitung als mündlichen oder geschriebenen Pakt aufzwingen konnte, um den einzelnen Kandidaten zum Siege zu verhelfen". Die Zahl der rein katholischen Abgeordneten betrug 34. Sehr bezeichnend war es, daß der katholische Abgeordnete Cameroni am 31. März 1909 in öffentlicher Kammersitzung die Anerkennung des modernen italienischen Staates aussprach und Rom als Hauptstadt anerkannte, und daß der Kardinal Capecelatro in einer Broschüre „in alle Winde proklamierte", daß die italienischen Katholiken „in bezug auf das Vaterland, wie es heute konstituiert ist, alle Pflichten als gute Katholiken, Staatsbürger und Söhne Italiens erfüllen."

Die katholische s o z i a l e A k t i o n i n I t a l i e n, in der sich ein Gegensatz zwischen den Alten und den Jungen, die nach größerer Beteiligung am öffentlichen Leben drängten, ausgebildet hatte, suchte Pius X. in dem Motuproprio vom 18. Dezember 1903 neu zu orientieren und stellte aus den Enzykliken Leos XIII. „Quod apostolici muneris", „Rerum novarum", „Graves de communi" und einer Instruktion der Kongregation der außerordentlichen kirchlichen Angelegenheiten vom 27. Januar 1902 neunzehn Leitsätze als eine Art sozial-politisches Programm zusammen. Die christlichen Demokraten in Italien sollen „sich der Teilnahme an irgendeiner politischen Aktion, die unter den gegenwärtigen Umständen aus höheren Gründen jedem Katholiken untersagt ist, enthalten. Bei der Durchführung ihres Programms hat die christliche Demokratie die strengste Verpflichtung, dies auch in Abhängigkeit von der kirchlichen Autorität zu tun, in voller Unterwerfung und im Gehorsam gegen die Bischöfe und ihre Vertreter. Die katholischen Journalisten und Autoren sollen in allem, was die religiösen Interessen und die Aktion der Kirche in der Gesellschaft betrifft, ihren Verstand und Willen den Bischöfen und dem Papste unterstellen". Der

Gegensatz zwischen den konservativen und demokratischen Elementen führte aber doch zu einer Krisis im Generalkomitee der „Opera dei congressi", und durch ein Rundschreiben des Kardinalstaatssekretärs wurden nun (Juli 1904) alle Gruppen mit Ausnahme der zweiten (Azione popolare cristiana o democratico-cristiana) aufgelöst. Geistliche sollen nur mit Genehmigung des Bischofs zugelassen werden. Auszuschließen sind solche Geistliche und Laien, die wegen ihrer minder korrekten Ansichten über die christlich-soziale Tätigkeit, als Anhänger und Verbreiter unheilvoller Neuheiten, als wenig eifrig in der Verteidigung der Absichten und Rechte des Heiligen Stuhles oder als wenig aufrichtig in der Befolgung der päpstlichen Weisungen bekannt sind. Gegen die „autonome Bewegung" unter dem Geistlichen Romolo Murri, die eine eigene, selbständige, statutengemäß nicht konfessionelle Partei erstrebte, richtete der Papst am 1. März 1905 eine energische Verurteilung. Murris Meinung, die Kompetenz des Papstes und der Bischöfe erstrecke sich nicht auf die bürgerlich-praktische Sphäre, weist er entschieden zurück. An dem festen Willen, die katholische Aktion der kirchlichen Autorität unterzuordnen, hielt er auch in der Pfingstenzyklika von 1905 „Il fermo proposito" fest. Auf ihrer Grundlage ist dann durch den Delegiertenkongreß der 4200 katholischen Vereinigungen in Florenz im Februar 1906 die „Unione cattolica popolare italiana" nach dem Muster des deutschen „Volksvereins" begründet worden. Das Statut besagt, daß die Unione bestimmt ist, die gesellschaftliche Ordnung und die christliche Kultur nach den Lehren der Kirche und auf der Grundlage der Enzyklika über die Arbeiterfrage und die katholische Aktion zu verteidigen und bei ihren Mitgliedern zu verwirklichen und das

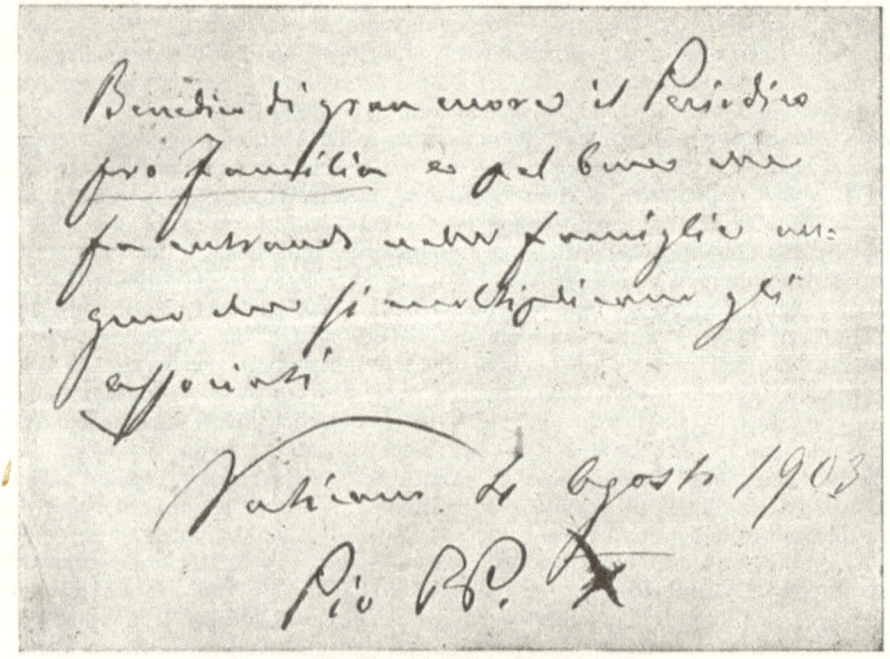

Die Handschrift Pius' X
nach einem Schreiben, das der Papst im August 1903 an die in Bergamo erscheinende Zeitschrift „Pro Familia" richtete.

soziale, bürgerliche, moralische und religiöse Gewissen des italienischen Volkes zu erziehen. Sie „schließt in einem Bunde die verschiedenen Bezirkskomitees für die Wahlen (Unione elettorale) und die verschiedenen Einrichtungen und Verbände sozialökonomischen Charakters, zumal die verschiedenen blühenden Standesverbände, zusammen (Unione economica sociale)".

Gegen die von den Murristen gegründete „Lega democratica nazionale" richtete sich die scharfe Enzyklika vom 28. Juli 1906 an die italienischen Bischöfe. Der Beitritt wird allen Priestern unter Strafe der Suspendierung und den angehenden Klerikern unter Strafe des Ausschlusses von den Weihen verboten. Auf die Erziehung und die Erzieher des Klerus sollen die Bischöfe peinlichst achten und gegen alle gefährlichen Neuerungen rücksichtslos einschreiten. Den Seminaristen ist sogar die Lektüre der politischen Tageszeitungen untersagt. Murri selbst wurde im März 1909, nachdem er zwei Jahre „pertinaciter" in der Suspension verharrt hatte, mit der großen Exkommunikation belegt.

In ähnlicher Weise wie in die italienische hat der Papst dann auch in die f r a n z ö s i s c h e „c h r i s t l i c h - d e m o k r a t i s c h e A k t i o n" eingegriffen durch das Schreiben an den französischen Episkopat über den „Sillon" (2. August 1910). Der „Sillon", gegründet im Jahre 1900 von Marc Sangnier, ist eine Organisation der heranwachsenden katholischen Generation, um sie zu sozialer Tätigkeit im Geiste des Christentums und in demokratischen Formen zu erziehen. Seine Aufgabe sah er, den Weisungen Leos XIII. folgend, in der Versöhnung der republikanischen mit der christlichen Idee. Der Papst sprach zwar in väterlichem Tone und mit warmer Anerkennung von der wackeren Jugend und ihren begeisterten Führern, beklagte aber, daß sie nicht genügend historisch, philosophisch und theologisch gebildet an die schwierigen sozialen Probleme herangetreten seien und sich nicht hinreichend gegen die liberalen und protestantischen Beeinflussungen auf dem Gebiete der Doktrin und des Gehorsams gewappnet hätten. Sehr bemerkenswert ist der Satz: „Wenn ihre Doktrinen auch völlig frei von Irrtümern wären, würde es doch schon eine sehr schwere Verfehlung gegen die katholische Disziplin sein, daß sie sich hartnäckig der Leitung jener entziehen, die vom Himmel die Mission empfingen, die Einzelindividuen und die Gesellschaften auf dem schmalen Wege der Wahrheit und des Guten zu leiten." Der Katholizismus des „Sillon", der „früher zu so schönen Hoffnungen berechtigte, bildet nichts weiter mehr als einen armseligen Zufluß zu der großen Bewegung der organisierten Apostasie aller Länder zur Aufrichtung einer universellen Kirche, die weder Dogma noch Hierarchie haben wird, weder Regeln für den Geist noch Zügel für die Leidenschaften, und die unter dem Vorwande der Freiheit und Menschenwürde, wenn sie zu triumphieren vermöchte, in der Welt die legale Herrschaft der Gewalt und List und die Unterdrückung der Schwachen und jener, die leiden und arbeiten, herbeiführen würde". Aus diesen und anderen Gründen löste der Papst den Gesamtverband auf und unterstellte die kleinen Vereine in Diözesanverbänden und mit dem Namen „Katholischer Sillon" den Bischöfen. Der Sillon hat sich sofort unterworfen.

In D e u t s c h l a n d griff der Papst in demselben Sinne in die Frage der Arbeiterorganisationen ein. Er gab den rein katholischen Organisationen den Vorzug und wandte den Gefahren, die sich aus dem Zusammenarbeiten in interkonfessionellen Vereinigungen ergeben können, seine Sorge zu. Seit dem Erlaß der Enzyklika „Singulari quadam" vom 24. November 1912 wogte der Streit zwischen der „B e r l i n e r" und der „K ö l n e r" R i c h t u n g hin und her.

Schließlich erklärte Pius X. am 27. Mai 1914 im öffentlichen Konsistorium noch einmal, „daß die gemischten Vereinigungen, die Bündnisse mit den Nichtkatholiken zum Zwecke der materiellen Wohlfahrt, unter gewissen, genau bestimmten Bedingungen erlaubt sind, daß der Papst aber jene Vereinigungen von Gläubigen vorzieht, die unter Beiseiteschiebung jeder menschlichen Rücksicht die Ohren geschlossen halten gegen jede Lockung oder Drohung". Den badischen Zen-

Pius X. in den letzten Jahren seines heiligmäßigen Lebens
Schon 1920 wurde von Papst Benedikt XV. der Heiligsprechungsprozeß Pius' X. eingeleitet, so daß in absehbarer Zeit mit seiner Erhebung auf die Altäre zu rechnen ist.

trumsführer Wacker traf das Verdikt der Indexkongregation wegen seiner Schrift „Zentrum und kirchliche Autorität" (Rede auf der Essener Tagung vom 15. Februar), worin die politische Unabhängigkeit des Zentrums stark betont wurde.

Den Weltkrieg hatte Pius X. längst kommen sehen. „La guerra che viene" war ein oft wiederkehrender Ausdruck in seinen Gesprächen. Als der Krieg dann wirklich ausbrach, erschütterte ihn dies aufs tiefste. In einem apostolischen Schreiben vom 2. August 1914 an alle Katholiken des Erdkreises gab er seinem Kummer Ausdruck und lenkte die Herzen zu Christus, dem Friedensfürsten und mächtigsten Vermittler zwischen Gott und den Menschen. „Ich würde gern mein Leben hingeben, wenn ich damit den Frieden Europas erkaufen könnte," sagte er zum Grafen Macchi. Das niederdrückende Gefühl, daß er das Sterben von Millionen nicht verhüten konnte, hat seinen eigenen Tod beschleunigt.

Am 20. August 1914 starb er nach kurzer Erkrankung an Lungenentzündung. Der Arzt Marchiafava erklärte: „Ich habe noch niemand so verklärt aus der Welt scheiden sehen." In seinem Testament aber hieß es: „Arm bin ich geboren,

Das Grabmal Pius' X.,
so wie dieser große Papst es sterbend gewünscht hatte, „ganz einfach und schmucklos", in den Grotten von St. Peter in Rom.

arm habe ich gelebt, arm will ich sterben." Er wünschte nicht einbalsamiert zu werden und wollte kein prunkvolles Grabmal. In den Grotten von St. Peter, an schmuckloser Stätte, wurde er beigesetzt.

So war Pius X. sich und seinem Programm treu geblieben bis in den Tod. Manche Unruhe, Schwierigkeit und Verwicklung hatte dieser tapfere Soldat Christi, der nicht links und nicht rechts sah und von diplomatischen Rücksichten und Feinheiten nichts wußte, hervorgerufen. Aber einen persönlichen Feind hatte er nicht. In der Anerkennung seiner christlichen und priesterlichen Tugenden, seiner unermüdlichen Tätigkeit und Pflichterfüllung war alle Welt einig. Seine Güte, Liebenswürdigkeit, Wohltätigkeit und Schlichtheit hatten ihm die Herzen aller gewonnen, die ihm näher getreten waren.

Der Heiligsprechungsprozeß ist eingeleitet.

Daß mit seiner Erhebung auf den päpstlichen Stuhl ein neuer Abschnitt der Kirchengeschichte begonnen habe, ist eine jener Übertreibungen, mit denen manche so eilig sind. Aber für das innerkirchliche Leben ist sein Pontifikat ohne Zweifel besonders bedeutsam gewesen, und mit dem neuen kirchlichen Gesetzbuche bleibt der Name Pius X. untrennbar verbunden.

DIE ZEIT DES GROSSEN KRIEGES

BENEDIKT XV. (1914—1922)

Das Konklave wurde am Abend des 1. September eröffnet. Als „Papabili" nannte man die Kardinäle de Lai und Merry del Val für die „Rechte", Maffi und Ferrata für die „Linke" und Pompili und Serafini für die „Mitte". Wäre Rampolla, der am 17. Dezember 1913, nachdem er sich in den letzten Jahren ganz innerkirchlichen Aufgaben und wissenschaftlichen Studien gewidmet hatte, gestorben war, noch am Leben gewesen, so hätte er diesmal sicher die meisten Stimmen auf sich vereinigt.

Über die Vorgänge im Konklave wissen wir nichts Näheres. Da aber mehrmals ergebnislos abgestimmt worden ist und der Gewählte nicht unter den „Papabili" gewesen war, so darf man ihn als Kompromißkandidaten ansehen. Aber gewählt worden ist er ohne Zweifel als Schüler Rampollas. Die schwierige Zeitlage verlangte einen Papst, der mit diplomatischer Schulung und Sicherheit das Kirchenregiment ruhig und reibungslos durch die Fährlich-

Benedikt XV (1914—1922)
hat sich während der ganzen Dauer des Weltkrieges mit unendlichen Mühen um die Wiederherstellung des Friedens gesorgt und alle moralischen und politischen Kräfte des Papsttums in den Dienst der leidenden Menschheit gestellt.

keiten hindurchsteuerte und vielleicht zum Vermittler zwischen den kämpfenden Völkern werden konnte.

Am 4. September um halb 12 Uhr konnte der Kardinal della Volpe in der Peterskirche verkünden: „Wir haben wieder einen Papst, Seine Eminenz, den hochwürdigsten Herrn Kardinal J a k o b d e l l a C h i e s a, der den Namen Benedikt XV. angenommen hat." Der erste Papstsegen ist auch diesmal im Innern der Peterskirche gespendet worden.

Benedikt XV.
Giacomo, Markgraf della Chiesa. 1914— 1922

Der neue Papst hatte erst wenige Monate vorher, im letzten Konsistorium Pius' X. am 25. Mai 1914, den Purpur des Kardinalats empfangen. Aber er betrat den Vatikan nicht als Fremder und nicht zum ersten Male. Geboren am 21. November 1854 in Genua aus dem in dem benachbarten Pegli ansässigen, im 13. Jahrhundert aus Savona eingewanderten markgräflichen Geschlecht, dem u. a. Bernhardin della Chiesa entstammte, mütterlicherseits der Adelsfamilie Migliorati angehörend, aus der auch Innocenz VII. (1404—1406) hervorgegangen war, hatte er in Genua bis 1875 Rechtswissenschaft, dann in Rom im Capranicakolleg Theologie studiert, war am 21. Dezember 1878 zum Priester geweiht, 1879 zum Doktor der Theologie promoviert worden und dann in die adelige Priesterakademie eingetreten, der er vier Jahre angehörte. Sofort nach seinem Austritt aus dieser ernannte ihn Leo XIII. zum überzähligen Kammerherrn und Sekretär der Nuntiatur in Madrid. Nuntius war damals Rampolla, der spätere Kardinalstaatssekretär, der sofort erkannte, daß della Chiesa ein ebenso ausgezeichneter Diplomat wie eine hervorragende Arbeitskraft war. Als Rampolla 1887 Staatssekretär wurde, ernannte er della Chiesa zum Minutanten (Bearbeiter der Briefe und Berichte für die Generalkongregation) und persönlichen Kabinettschef. 1901 wurde della Chiesa U n t e r s t a a t s s e k r e t ä r und blieb als solcher Rampollas (und damit Leos XIII.) rechte Hand. Zuletzt war er auch Vermittler zwischen Papst und Staatssekretär. Der neue Papst Pius X. bestätigte ihn als solchen auch unter dem neuen Staatssekretär Merry del Val. Doch sprach man allgemein von einer Kaltstellung, da er nicht Rampollas Nachfolger wurde und die zum Bruch führende Haltung gegenüber Frankreich nicht billigte, und er betrachtete auch seine Ernennung zum E r z b i s c h o f v o n B o l o g n a am 16. Dezember 1907 in demselben Sinne.

Aus della Chiesas bischöflicher Tätigkeit ist die V i s i t a t i o n der für Italien ziemlich großen Diözese hervorzuheben. Der Erzbischof verwendete volle vier Jahre darauf, alle 392 Pfarreien zu besuchen. Die Dechanten berichteten von dem neuen Eifer der Pfarrer, der Vermehrung der Kommunionen, dem Verschwinden von Ärgernissen, der Beilegung von Streitigkeiten. Jährliche Versammlungen der Dechanten gaben Gelegenheit zur Erörterung mannigfaltiger Fragen und reiche Anregung. Der Vorbildung des Klerus, dem Religionsunterricht, dem kirchlichen Vereinswesen widmete della Chiesa besondere Aufmerksamkeit.

Die Beförderung zum K a r d i n a l ließ lange auf sich warten. Man erzählte sich, an höchster Stelle sei ein zu starkes Übergewicht der Ideen Rampollas im Kardinalskollegium befürchtet worden, wenn diesem sein zweites Ich als Kardinal an die Seite gegeben werde. Erst nach Rampollas Tod erhielt della Chiesa den roten Hut.

Zum Staatssekretär ernannte Benedikt XV. den Kardinal Domenico Ferrata, auch einen Rampollianer, früheren Nuntius in Paris, so daß das Witzwort entstand, die „rampolli di Rampolla" (Erben Rampollas) hätten „dennoch" vom Vatikan Besitz ergriffen. Aber Ferrata starb schon am 10. Oktober 1914 und erhielt in Pietro Gasparri (geboren 1852 in Ussita bei Norcia im Herzen Italiens, 17 Jahre Professor des Kirchenrechts am Pariser Institut catholique, später Nuntius in Südamerika, dann Vorsitzender des Konsultorenrates zur Abfassung des neuen kirchlichen Gesetzbuches, seit 1907 Kardinal und Camerlengo) einen Nachfolger.

Zu den ersten bemerkenswerten Äußerungen des neuen Papstes gehörte die (am 7. September), daß „nunmehr hoffentlich der unselige Streit zwischen der Berliner und Kölner Richtung beendet sein möge", und daß er „nichts mehr von Integralismus und Episkopalismus sprechen hören wolle; die Vereinigung aller Katholiken, der Friede im eigenen Lager, das sei es, was er wolle und ver-

Das „*Museum Petrinum*" wurde in den Jahren 1920-22 von Papst Benedikt XV eingerichtet; es sind hier hauptsächlich die früher weniger zugänglich gewesenen Kunstschätze aus den Grotten unter der Peterskirche zur Aufstellung gekommen.

lange". Schon diese Bemerkungen waren bezeichnend dafür, daß der neue Papst in die Bahn Leos XIII. zurücklenkte, dem er seinem Herkommen, seiner Bildung und Laufbahn nach mehr glich als seinem Vorgänger. War Pius X. eine rücksichtslose Reformnatur gewesen, so war seinem Nachfolger wieder die diplomatische Neigung und Fähigkeit und die vorsichtige und behutsame Handlungsweise eigen. Auffallend klein und schmächtig, etwas verwachsen, konnte er doch leicht und ausdauernd arbeiten. Gewinnend und sicher auftretend, verfügte er auch über eine glänzende Rednergabe. Seinem aristokratischen, feinen, beherrschten, sanft lächelnden Gesicht entsprach eine unerschütterliche Objektivität.

Für die Verhältnisse, in die er hineingestellt wurde, war allerdings die Objektivität gerade der richtige Charakterzug. Der Papst mußte es als seine Pflicht ansehen, so eindringlich wie möglich die allen Völkern gemeinsamen christlichen Ideale, die christlichen Gebote der Liebe, des F r i e d e n s, der V e r s t ä n d i g u n g und V e r s ö h n u n g einzuschärfen, den Geist Christi unter den Menschen zu erwecken, wachzuhalten und selbst auszuüben, die ersten Friedensschritte herbeizuführen. Dabei durfte er nicht für eine Seite Partei nehmen, damit man nicht etwa wieder mutatis mutandis den Schlachtruf hörte, den seinerzeit im Mittelalter die Engländer ausstießen: „Wenn der Papst französisch ist, dann ist Jesus Christus englisch. Der römische „Messagero", das Organ der italienischen Freimaurer und des französischen Botschafters Barrère, aber auch eine angeblich von einem hochgestellten Prälaten verfaßte Denkschrift, die in Frankreich, Belgien und England verbreitet wurde, haben dem Papst P a r t e i l i c h k e i t zugunsten der Mittelmächte, der Evangelische Bund in Deutschland in der Broschüre „Papst, Kurie und Weltkrieg" solche zugunsten der Entente vorgeworfen.

Deren Diplomaten, Journalisten, offene und heimliche Sendlinge, aber auch Kardinäle und Bischöfe gingen im Vatikan ein und aus, um ihn zu beeinflussen. Der Papst selbst setzte den Angriffen unerschütterliche Ruhe entgegen: „Menschenurteil bekümmert Uns nicht. Die Wahrheit wird sich eines Tages durchringen."

Schon am 8. September, zwei Tage nach seiner Krönung, richtete der Papst seine **erste Kundgebung** „an die Gläubigen des ganzen Erdkreises". „Jesus Christus, der gute Hirte, an dessen Statt Wir die Kirche leiten, heißt Uns, alle, Lämmer und Schafe, mit derselben Vaterliebe zu umfangen. Da Wir also nach seinem Beispiel bereit sein müssen, für ihr Heil Unser Leben hinzugeben, so sind Wir fest entschlossen, nichts zu verabsäumen, was zur schleunigsten Beseitigung der schrecklichen Kriegsgreuel beitragen kann ... Die Lenker der Völker aber bitten und beschwören Wir inständig, sie mögen ihre Streitsachen dem Wohle der Menschheit zum Opfer bringen; sie mögen bedenken, daß das Menschenlos schon Pein und Leid genug in sich schließt, als daß es noch elender und trauriger gestaltet werden sollte. Mögen sie es bei den schon angehäuften Trümmern, bei dem bereits vergossenen Blut bewenden lassen; mögen sie baldigst die Hand zum Frieden reichen!"

In seinem ersten **Rundschreiben** an die Bischöfe vom 1. November 1914 (Ad beatissimi) bezeichnete er als Grundübel die Verwirrung der Geister, die Verwilderung der Sitten, den Mangel an Liebe, die Mißachtung der Autorität, den ungerechten Klassenkampf, die Begierlichkeit allein nach irdischen Gütern, das maßlose Drängen nach Freiheit, die Mißachtung der Gesetze usw. „Wir müssen daher vereint alles aufbieten, dieses Übel auszurotten, nämlich den Krieg und seine Folgen, und zwar dadurch, daß wir den Grundsätzen des Christentums aufs neue Geltung verschaffen, wenn es uns ernst damit ist, das Gemeinwohl zu fördern und Ordnung und Frieden zu schaffen."

Zu Weihnachten und in der Allokution vom 22. Januar 1915 rief der Papst von neuem der Welt zu: Zurück zum Frieden durch die Liebe! Für den 7. Februar und 21. März 1915 ordnete er feierliche Bittandachten für das katholische Europa und die übrige Welt an und verfaßte das Friedensgebet: „In der Angst und Not eines Krieges ...", das seitdem in allen Kirchen gebetet wurde. Er betonte in der Allokution die Notwendigkeit seiner Zurückhaltung, fügte aber doch drei Mahnungen bei: an alle Parteien die Mahnung zur unverbrüchlichen Wahrung der Gerechtigkeit, an die in fremdes Gebiet eingedrungenen Heere die Mahnung zur Schonung, an die Bevölkerung der besetzten Gebiete die Mahnung zur Besonnenheit.

Am 25. Mai, als sich „der Brand auch auf unser geliebtes Italien ausgedehnt hat, und es mit der Tränenflut und allen Greueln, die von jedem Kriege, auch vom siegreichen, unzertrennlich sind, bedroht", beklagte der Papst in einem Schreiben an den Kardinaldekan Vannutelli von neuem die traurige Zeitlage und die Vergeblichkeit seiner Bemühungen.

Den ersten Jahrestag des Kriegsausbruches benutzte er zu einer (vom 28. Juli datierten) apostolischen **Mahnung an die kriegsführenden Völker** und ihre Herrscher. „Heute ... entringt sich Unserem Herzen noch inbrünstiger das Sehnen nach baldiger Beendigung des Krieges und ertönt aus dem Vaterherzen noch lauter der Ruf nach Frieden. Möge dieser Ruf das furchtbare Getöse der Waffen übertönen und zu den sich zerfleischenden Völkern und ihren Führern dringen und beide milderen und freundlicheren Gesinnungen zugänglich machen ... Man sage sich los auf beiden Seiten von der Vernichtungswut; man bedenke, daß die Nationen nicht sterben, daß sie vielmehr, auch

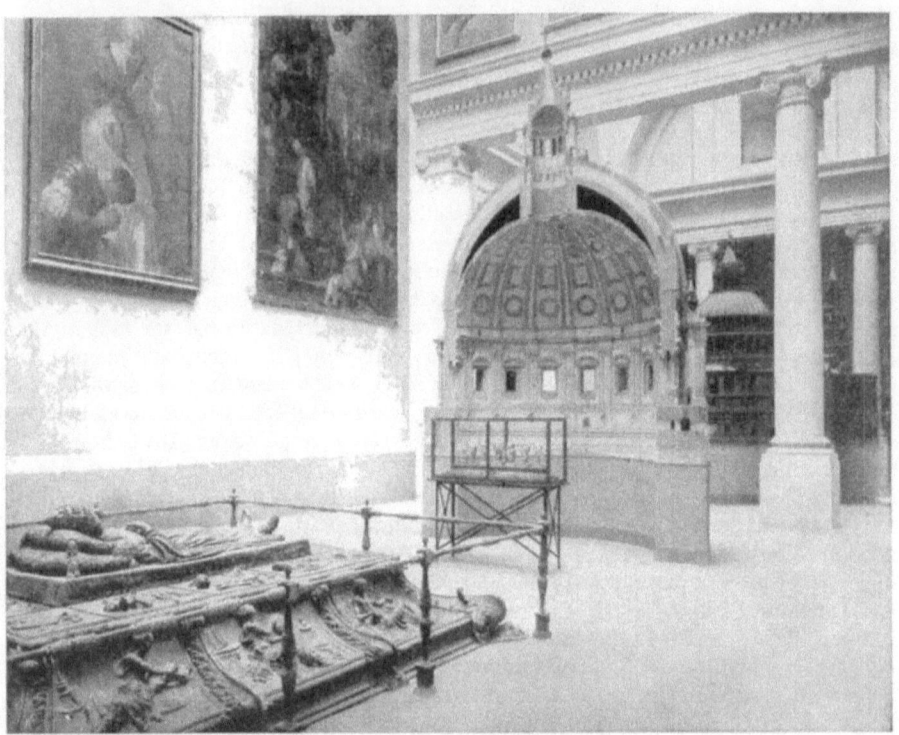

*Ein Saal im Museum Petrinum",
in der Mitte das Grabmal des Papstes Sixtus IV., ein Meisterwerk des Antonio Palaiuolo.*

gebeugt und zertreten, knirschend das ihnen aufgezwungene Joch tragen, ihre Befreiung erstreben und als trauriges Erbe den Geist des Hasses und der Rache von Geschlecht zu Geschlecht weitergeben werden. Warum also nicht jetzt schon mit unbefangener Gewissenhaftigkeit die Rechtstitel und die begründeten Wünsche der Völker prüfen? Warum nicht schon jetzt mit wohlwollender Gesinnung unmittelbar oder mittelbar einen Meinungsaustausch anbahnen, um mit möglichster Berücksichtigung jener Rechtstitel und Wünsche den schrecklichen Kampf zu beenden, wie dies früher in ähnlichen Weltlagen geschehen ist? Gesegnet sei, wer als der erste den Ölzweig des Friedens reicht und dem Feinde durch das Angebot billiger Friedensbedingungen die Hand zur Versöhnung bietet! Das Gleichgewicht der Mächte und die gedeihliche und gesicherte Ruhe der Völker beruht weit mehr auf dem gegenseitigen Wohlwollen und auf der Achtung der Rechte und der Ehre des Nächsten als auf der militärischen Macht und der Unüberwindlichkeit der Festungsgürtel.

Aber am 6. Dezember 1915 konnte der Papst in seiner Ansprache an das Geheime Konsistorium der Kardinäle nur klagen: „Trotz der gewaltigen Ruinen, die sich im Laufe dieser sechzehn Monate bereits angehäuft haben, obgleich das Sehnen nach Frieden in den Herzen wächst und so viele Familien klagend nach Frieden rufen, obgleich Wir keine Gelegenheit unbenutzt ließen, die die Beschleunigung des Friedens und die Beilegung der Zwistigkeiten versprach, so rast doch der grausige Krieg zu Wasser und zu Lande weiter.

In der folgenden Fastenzeit, am 4. März 1916, nahm der Papst in einem Schreiben an seinen Stellvertreter in der Verwaltung der Diözese Rom, Kardinal Pompili, von neuem das Wort: „... Es steht dem Vater, dessen Söhne in wildem Streite liegen, nicht frei, mit den Ermahnungen aufzuhören, selbst wenn sie seine Bitten und Tränen mißachten Wir dürfen es daher nicht unterlassen, Unsere Stimme noch einmal gegen den Krieg zu erheben, der Uns wie ein Selbstmord des gesitteten Europa erscheint, dürfen es nicht unterlassen, soweit es die Umstände erlauben, auf jegliches Mittel hinzuweisen, von dem Wir Uns die Erreichung des ersehnten Zieles versprechen können." Aufs neue werden Gebet und Buße, besonders am Karfreitag, empfohlen und vor allem die Frauen, Mütter und Familien der Krieger dazu aufgefordert.

Und so hat der Papst auch weiterhin unablässig, in dem Konsistorium vom 4. März 1916, in einem Schreiben an den Kardinalstaatssekretär Gasparri, in Hunderten von Briefen und Sendschreiben an Bischöfe, Vereine und Gesellschaften und an Privatpersonen die Menschheit gebeten und beschworen, zu Bußübungen, Sündenbekenntnis, Fasten, öffentlichen Gebeten für den Frieden und die Liebe aufgefordert.

Auf das Friedensangebot der Mittelmächte vom 12. Dezember 1916, das dem Papste mit der Bitte um Unterstützung übermittelt wurde, schwieg der Vatikan. Das fiel damals sehr auf. Aber in einem Berichte der Staatssekretarie an Kardinal v. Hartmann vom 7. März 1917 finden wir die Aufklärung, daß England verlauten ließ, jedweder Schritt des Heiligen Vaters in jenem Augenblicke würde von England und Frankreich ganz übel aufgenommen, so daß er nicht nur unnütz gewesen wäre, sondern auch jede weitere Handlung des Papstes zugunsten des Friedens gefährdet hätte. In dem Gratulationsschreiben zum Kaisersgeburtstage 1917 ermunterte der Papst zu neuen Schritten und Angabe allgemeiner Grundlagen für eine Verständigung.

Nach langer, sorgsamer Vorbereitung glaubte der Papst im Sommer 1917 so weit gelangt zu sein, daß er eine F r i e d e n s v e r m i t t l u n g versuchen könnte. Das Ende 1916 fehlende Gleichgewicht der Kräfte schien hergestellt. In Frankreich herrschte wegen des Zusammenbruchs der Frühjahrsoffensive und wegen der russischen Revolution tiefste Depression. In England fürchtete man auch den Fortschritt des Sozialismus, den Sonderfrieden zwischen Rußland und den Mittelmächten und den Wettbewerb Amerikas. Die Wirkungen des Ubootkrieges waren größer, als man vermutet hatte. Die amerikanische Hilfe stand noch in weitem Felde. Anderseits glaubte Österreich am Ende seiner Kräfte zu sein. Nachdem es vergeblich durch den Prinzen Sixtus mit den Gegnern Fühlung genommen hatte, bemühte es sich um die Vermittlung des Papstes. Der bekannte Schriftsteller und Politiker Viktor Naumann richtete mit Billigung Czernins und Hertlings an den Münchener Nuntius eine Denkschrift, in der angeregt wurde, der Papst möge durch eine Note an die Mächte und eine Enzyklika den Frieden vermitteln. Auch Spanien hat vielleicht auf den Vatikan eingewirkt. Die Hoffnung des Papstes scheint dahin gegangen zu sein, eine Verständigung über Belgien, an dem einflußreiche englische Politiker überwiegendes Interesse zeigten, und damit einen klärenden und beruhigenden Meinungsaustausch zwischen Deutschland und England herbeizuführen als Voraussetzung für den Beginn von Friedensverhandlungen. Daß Benedikt XV. ganz anders als Wilson ein annehmbarer Vermittler war, braucht kaum dargelegt zu werden. Er war nicht Partei, auch nicht in Theorien verrannt, nicht von Wählern abhängig und frei von persönlicher Eitelkeit.

Am 26. Juni erschien der vor kurzem neu ernannte Münchener Nuntius Pacelli in Berlin beim Reichskanzler. Es kam zu einem Meinungsaustausch über die Friedensbedingungen. Bethmann-Hollweg erklärte, daß Deutschland zur vollen Wiederherstellung Belgiens bereit sei, und wollte sogar den Franzosen an der elsaß-lothringischen Grenze gewisse Berichtigungen zugestehen. Die Überreichung eines päpstlichen Handschreibens an den Kaiser im Großen Hauptquartier verstärkte die Hoffnungen. In der Unterredung Pacellis mit dem Kaiser selbst am 29. Juni war

Der Kopf Sixtus' IV., ein Ausschnitt aus dem Grabmal dieses großen Papstes, das heute im Mittelpunkte des Museum Petrinum steht.

dieser der Meinung, die katholische Kirche sei vermöge ihrer internationalen Stellung die berufenste Instanz, den Friedensgedanken zu propagieren. Der Wunsch des deutschen Volkes nach Frieden werde von allen maßgebenden Stellen geteilt. Am 24. Juli war der Nuntius nochmals in Berlin, um als Vorläufer der offiziellen Friedensaktion den päpstlichen Verhandlungsvorschlag zu unterbreiten. Dieser betraf Freiheit der Meere, Rüstungsbeschränkungen, Internationales Schiedsgericht, Belgien, Regelung ökonomischer Gegensätze, Grenzfragen zwischen Österreich und Italien, Frankreich und Deutschland, ferner Polen, Serbien usw.

Auch mit der Gegenseite ist durch die Kurie offenbar Fühlung genommen worden, und es scheint, daß England gewisse Erwartungen erweckt hat; denn die deutsche Oberste Heeresleitung erfuhr Anfang August aus einem der neutralen Länder von einem bevorstehenden englischen Friedensfühler.

Vom Grabmal
Sixtus' IV.
die reiche Ornamentik einer
Seitenwand d. Sarkophags.

Der Papst ließ nun seine offizielle Friedensnote an die Staatsoberhäupter der kriegführenden Völker, die vom 1. August datiert ist, hinausgehen, damit sie noch rechtzeitig zu der Beratung der Ententevertreter in London käme und der Eindruck des beginnenden vierten Kriegsjahres seine Wirkung täte. Die Note ist ein diplomatisches Meisterstück. Sie schlägt folgendes vor:

„An die Stelle der materiellen Gewalt der Waffen tritt die moralische Macht des Rechtes; infolgedessen soll eine gerechte Verständigung und gegenseitige Abrüstung nach zu vereinbarenden Regeln und Bürgschaften erfolgen, und zwar nach Maßgabe dessen, was zur Aufrechterhaltung der öffentlichen Ordnung in den einzelnen Staaten notwendig und ausreichend ist; dann käme an Stelle der Armeen die Errichtung eines Schiedsgerichts mit seiner erhabenen, friedenstiftenden Tätigkeit nach zu vereinbarenden Normen und festzulegenden Sicherungen gegenüber dem Staate, der sich weigern sollte, die internationalen Fragen dem Schiedsgerichte zu unterwerfen oder seine Entscheidungen anzunehmen."

„Wenn einmal so die Oberhoheit des Rechtes aufgerichtet ist, möge man jedes Hindernis für die Verkehrswege der Völker wegräumen, indem man gleichfalls nach festzulegenden Grundsätzen die wahre Freiheit und Gemeinsamkeit der Meere sichert, was einerseits zahlreiche Konfliktsstoffe ausräumen, anderseits neue Quellen des Gedeihens und des Fortschritts erschließen würde."

„Was die gutzumachenden Kriegsschäden und die Kriegskosten angeht, so sehen Wir keinen anderen Weg, die Frage zu lösen, als die allgemeine Aufstellung des Grundsatzes eines vollen und wechselseitigen Verzichtes, der übrigens in den von der Abrüstung zu erwartenden unermeßlichen Vorteilen seine Rechtfertigung fände, um so mehr, als man die Fortsetzung eines solchen Gemetzels bloß aus wirtschaftlichen Gründen nicht verstehen könnte. Wenn für gewisse Fälle diesem Grundsatze besondere Gründe entgegenstehen, möge man sie mit Gerechtigkeit und Billigkeit abwägen."

„Aber diese friedlichen Abmachungen mit den daraus fließenden unermeßlichen Vorteilen sind nicht möglich ohne die gegenseitige Rückgabe der jetzt besetzten Gebiete. Daraus ergäbe sich für Deutschland die vollständige Räumung Belgiens unter Sicherung seiner vollen politischen, militärischen und wirtschaftlichen Unabhängigkeit gleichviel welcher Macht gegenüber, desgleichen die Räumung des französischen Gebietes; für die anderen kriegführenden Parteien gleichermaßen die Rückgabe der deutschen Kolonien."

„Was die territorialen Fragen angeht, wie sie z. B. zwischen Italien und Österreich, zwischen Deutschland

Das Grabmal des Papstes Gregor V. (996—999) ist eines der vielen wertvollen und interessanten Papstdenkmäler, die seit Jahrhunderten in den Grotten von St. Peter standen, jetzt aber im Museum Petrinum allgemein zugänglich gemacht sind.

und Frankreich erörtert werden, darf man der Hoffnung Raum geben, daß die streitenden Parteien in Anbetracht der unermeßlichen Vorteile eines dauerhaften Friedens mit Abrüstung diese Fragen in versöhnlichem Geiste prüfen wollen, indem sie nach Maßgabe des Gerechten und des Möglichen den Bestrebungen der Völker Rechnung tragen und gelegentlich einmal Sonderinteressen dem Gesamtwohle der menschlichen Gesellschaft anpassen."

„Der gleiche Geist der Billigkeit und Gerechtigkeit wird die Prüfung der anderen territorialen und politischen Fragen leiten müssen; namentlich erinnern wir dabei an Armenien, die Balkanstaaten und die Gebiete, die Teile des alten Königreichs Polen darstellen, dem im besonderen seine edle geschichtliche Vergangenheit und seine namentlich während dieses Krieges erduldeten Leiden gerechtermaßen die Sympathien der Völker wecken müssen."

Wieder, wie im Winter vorher, war die Erwartung der Völker groß. Aber der vermeintliche Friedenswille der kriegführenden Mächte erwies sich als nicht oder nicht mehr stark genug. Denn inzwischen hatten die Feinde Deutschlands und Österreichs innere Schwäche kennen gelernt. Frankreich hatte seine „Defaitisten" niedergekämpft. Amerika hatte die ersten Truppen gelandet. Die Russen hatten den Krieg wieder aufgenommen, und ihr Mißerfolg blieb unbeachtet. Die Franzosen lasen aus der Note heraus, daß ihnen Elsaß-Lothringen ganz oder größtenteils durch eine Abstimmung entgehen solle. Von London aus wies Balfour am 21. August den Gesandten beim päpstlichen Stuhl, Grafen Salis, an, bei passender Gelegenheit eine vorläufige Antwort zu geben. Die englische Regierung habe die Verbündeten noch nicht um ihre Meinung befragt und könne deshalb nicht sagen, „ob es irgendeinen Zweck habe, auf die päpstliche Note eine Antwort zu geben". „Unserer Ansicht nach besteht keine Wahrscheinlichkeit dafür, diesem Ziele näher zu kommen, so lange sich die Mittelmächte und ihre Verbündeten nicht in amtlicher Form über ihre Kriegsziele und darüber geäußert haben, zu welchen Wiederherstellungen und Entschädigungen sie bereit sind, durch welche Mittel in Zukunft die Welt vor der Wiederholung der Greuel, unter denen sie jetzt leidet, bewahrt werden könne. Selbst hinsichtlich Belgiens — und in diesem Punkte haben die Mittelmächte anerkannt, im Unrecht zu sein — ist uns niemals eine bestimmte Erklärung über ihre Absicht bekannt geworden, die volle Unabhängigkeit wieder herzustellen und die Schäden wieder gutzumachen, die es hat erdulden müssen" usw.

Graf Salis aber entledigte sich schon in den nächsten Tagen seiner Instruktion. Freilich fügte er auch hinzu, daß der belgische Streitpunkt nur einer unter vielen zwischen den kriegführenden Mächten sei, wenn auch von besonderer Bedeutung für England.

Aber der Kardinalstaatssekretär war für den Augenblick hoffnungsvoll. Er glaubte sogar, daß Deutschland für die Rückgabe Belgiens Bürgschaften fordern könne; denn am 30. August schrieb Nuntius Pacelli an den deutschen Reichskanzler, er sei beauftragt, die Aufmerksamkeit „in besonderer Weise auf den Punkt hinzulenken, der sich auf Belgien bezieht, und zu erreichen 1. eine b e s t i m m t e Erklärung über die Absichten der kaiserlichen Regierung bezüglich der vollen Unabhängigkeit Belgiens und der Entschädigung für den in Belgien durch den Krieg verursachten Schaden; 2. eine gleichfalls bestimmte Angabe über die Garantien für politische, ökonomische und militärische Unabhängigkeit, die Deutschland verlangt. Sei diese Erklärung befriedigend, so meine der Staatssekretär, sei ein bedeutsamer Schritt zu weiterer Verständigung gemacht. Der Gesandte von Großbritannien habe seine königliche Regierung bereits verständigt, daß der Heilige Stuhl auf die im angegebenen Telegramm enthaltenen Mitteilungen antworten wird, sobald er seinerseits die Antwort der kaiserlichen Regierung erhalten habe." Pacelli erklärte sich selbst fest überzeugt, daß der Reichskanzler „sich unsterbliche Verdienste erwerben wird um das Vaterland und um die ganze Menschheit, wenn mit einer versöhnlichen Antwort der gute Fortgang der Friedensunterhandlungen erleichtert werde".

Die sehnsüchtig erwartete Antwort Berlins ließ sehr lange auf sich warten. Inzwischen war Salis von Balfour „zurückgepfiffen" worden. Am 27. August ließ die französische Regierung in London mitteilen, daß sie sich nicht auf den Weg ziehen lassen könne, auf den der Vatikan sie ziehen zu wollen scheine. Dem Grafen Salis seien Instruktionen zu geben, um alle Versuche des Kardinalstaatssekretärs hinsichtlich einer halboffiziellen Vermittlung zwischen den Kriegführenden zu verhüten. Frankreich hielt es für unerträglich, daß der Papst Elsaß-Lothringen nicht auf dieselbe Stufe stelle wie Belgien. Der Ministerpräsident Ribot rückte am 5. September und erst recht sein Nachfolger Painlevé am 18. September die „Desannexion" Elsaß-Lothringens nicht nur neben Belgien, sondern an die erste Stelle.

In Berlin wußte man davon nichts, so daß man dem Schreiben Pacellis sehr große Tragweite beimaß und der Staatssekretär Kühlmann am 9. September dem Sozialdemokraten Scheidemann bestimmt versicherte, in drei oder vier

Wochen würden Verhandlungen mit England über die belgische Frage im Gange sein. Um Indiskretionen auszuschließen, wählten Kühlmann und der Reichskanzler den Umweg über den spanischen Gesandten in Brüssel. Es sollte die Ernsthaftigkeit der englischen Verhandlungsbereitschaft festgestellt werden. Man ließ England wissen, daß man ihm gern eine Mitteilung über den Frieden machen würde. Aber der Wink aus England kam nicht.

Am 10. September stellte der zu diesem Zwecke eingesetzte Siebenerausschuß des Reichstages die Antwort auf die Papstnote fest, am 11. wurde in

Das Grabmal des Papstes Benedikt XII. (1334—1342) ein Meisterwerk von Paola da Siena, früher in den Grotten des Vatikan, jetzt im „Museum Petrinum"

einem Kronrat in Schloß Bellevue über Belgien ein Beschluß gefaßt, den Michaelis als Ermächtigung zum Verzicht auf Belgien ansah. Am 22. September wurde im Vatikan die vom 19. datierte Antwort auf die Friedensnote übergeben, die durch ihre allgemein gehaltenen Wendungen (wie sehr es ihr, der kaiserlichen Regierung, am Herzen liegt, im Einklang mit den Wünschen Seiner Heiligkeit und der Friedenskundgebung des Reichstages vom 19. Juli d. J. brauchbare Grundlagen für einen gerechten und dauerhaften Frieden zu finden) enttäuschte. Der Kardinalstaatssekretär erklärte, daß die ungenügende Antwort über Belgien alle Hoffnung zunichte mache. In der Antwort vom 24. September auf die Frage Pacellis vom 30. August wurde wegen der Wiederherstellung Belgiens ein bedingtes Ja (nach der Erfüllung bestimmter Voraussetzungen) ausgesprochen. Aber zur Kenntnis der Entente kam das Schreiben nicht. Frankreich erhielt am 25. September von England ein förmliches amtliches Versprechen über Elsaß-Lothringen.

Auch verlangte Painlevé am 18. September in der französischen Kammer Wiedergutmachung. Das bedeutete das Scheitern der Friedensmöglichkeit. Nicht allein durch die Ungeschicklichkeit der Berliner Regierung (die nicht bestritten werden soll) oder einzig durch die Voreingenommenheit des Reichskanzlers Michaelis gegen eine päpstliche Friedensvermittlung, sondern auch durch die Unnachgiebigkeit der Entente war es verursacht.[42]

War den Friedensbemühungen des Papstes kein Erfolg beschieden, so gewann seine Liebestätigkeit um so größere Bedeutung. Sie ist weltweit, unermüdlich, unterschiedslos gewesen. Zwar der Versuch, für das Weihnachtsfest 1914 eine Kampfpause durchzusetzen, scheiterte am Widerstande Rußlands. Dagegen wurde der Vorschlag vom 31. Dezember 1914, die zum Militärdienst untauglich gewordenen Kriegsgefangenen auszutauschen, von den kriegführenden Mächten angenommen, und unablässig rollten bald die Züge mit Schwerverwundeten durch die Schweiz und andere neutrale Länder in die Heimat.

Ebenso gelang es nach langen Verhandlungen, die Unterbringung und Heilung kranker (besonders tuberkulöser) und verwundeter, aber noch nicht dienstunfähiger Kriegsgefangenen in der Schweiz, in Holland und in Dänemark zu erreichen. Am 26. Januar 1916 konnte mit der Durchführung begonnen werden, und am 21. November 1917 befanden sich 8594 Deutsche, 12 376 Franzosen, 964 Engländer, 1822 Belgier in der Schweiz.

Noch im Juni 1918 wurde ein deutsch-italienisches Abkommen über den Gefangenenaustausch abgeschlossen, wobei das Wolffbureau die Verdienste des Papstes, der, unermüdlich in seinen Bemühungen um die Linderung des Loses der Gefangenen, aufs neue zu einem Werke edler Menschlichkeit beigetragen habe, besonders betonte.

Nach endlosen, zwei volle Jahre dauernden Verhandlungen konnte im Mai 1918 auch mit der Internierung von Familienvätern mit mindestens drei Kindern, wenn sie sich über achtzehn Monate in der Gefangenschaft befanden, begonnen werden.

Im Dezember 1914 erließ die Kongregation für außerordentliche kirchliche Angelegenheiten auf Verfügung des Papstes ein Dekret zur Förderung des leiblichen und geistigen Wohles der Gefangenen. Dieser Anregung verdanken das Paderborner, das Freiburger (i. Schw.) und das Wiener Kriegshilfswerk ihre Entstehung. Die Paderborner Gefangenenhilfe unter Bischof Schulte (jetzt Kardinal und Erzbischof von Köln) hat für den Nachweis von Vermißten, die von anderen amtlichen Stellen nicht gefunden werden konnten, Großartiges geleistet und von 800 000 Vermißten rund 200 000 wiedergefunden. An Lesestoff hat sie 15 Millionen Schriften, darunter 3 Millionen Bücher, bis nach Wladiwostock, Melbourne, den Falklandinseln und Kanada verschickt. Auch im Vatikan selbst war ein Kriegsgefangenenamt tätig.

Für die Zivilbevölkerung verwandte sich der Papst erfolgreich um Austausch, Rückbeförderung und nachsichtige Behandlung, stellte Geldspenden zur Verfügung, veranlaßte Sammlungen in der katholischen Welt, bemühte sich um die Begnadigung Verurteilter. Die Rücksendung der deportierten Belgier war allein ihm zu verdanken. Wiederholt wies er auf das schreckliche Geschick der unglücklichen Armenier hin und erhob für sie und die Bewohner Syriens und des Libanons

---

[42] Neuerdings hat freilich Fr. Ritter v. Lama in seinem Buche „Die Friedensvermittlung Papst Benedikts XV. und ihre Vereitlung durch den deutschen Reichskanzler Michaelis", Verlag Kösel-Pustet / München, 1932, VI und 310 Seiten, unendlich viel dokumentarisches Material beigeschafft, das die Tatsachen in einem für Michaelis wesentlich ungünstigeren Lichte erscheinen läßt.

wiederholt Vorstellungen beim Sultan selbst und seinen Verbündeten. Mit Geldmitteln sprang er ein, wo und wie er konnte. Belgien, Nordfrankreich, Polen, Litauen, Serbien, Montenegro, Syrien, die Ukraine, Armenien Luxemburg, Ostpreußen erhielten größere Beträge. Für Polen und Litauen wurde eine Weltkollekte ausgeschrieben. Die Polenspende ergab in den Jahren 1915—1917 annähernd 4 Millionen Franken (davon 1 303 000 aus Deutschland ohne Posen), die Sammlung für Litauen 1918 mehrere 100000 Franken.

Als der Krieg zu Ende ging, brachte der Papst allen Katholiken in Erinnerung, daß sie die Pflicht

Papstdenkmäler Paul III. (1534—1549)
Die ergreifend schöne Statue Pauls III., von Gugl. della Porta, flankiert von den Gestalten der Klugheit und der Gerechtigkeit, gehört zu den prächtigsten Denkmälern innerhalb der Basilika von St. Peter.

hätten, den göttlichen Beistand und die Erleuchtung von oben für den bevorstehenden Friedenskongreß, an den man damals noch glauben mußte, herabzuflehen.

Die Liebestätigkeit fand auch jetzt noch Gelegenheit genug zur Betätigung. Denn die Entente setzte noch neun Monate die unrechtmäßige Blockade und Aushungerung Deutschlands fort und verurteilte damit viele Tausende von Kranken und Kindern zum elenden Tode. Die Erzbischöfe von Köln und München sahen sich genötigt, den Papst um Einsetzung seines Einflusses und Ansehens zu bitten. Nach Zeitungsmeldungen hat sich der Papst in der Tat an alle Ententeregierungen gewendet. Wilson sagte auch die übliche „ernste Erwägung" zu. Noch im Dezember nahm sich der Papst auch der in Sibirien zurückgehaltenen deutschösterreichischen Gefangenen an und verwandte sich, wie er am 10. März 1919 dem Kardinal v. Hartmann schrieb, in vier Monaten sechsmal für die deutschen Gefangenen — freilich vergebens. Am 20. November 1919 ordnete der Papst eine in allen katholischen Kirchen am 28. Dezember 1919 abzuhaltende Sammlung für die notleidenden Kinder, besonders in Mitteleuropa an. Bis zum 20. Dezember 1920 kamen 16 747 604 Lire ein, von denen Deutschland 4 100 689, Österreich 3 654 317 erhielten. Am 28. Dezember 1920 wurde diese Sammlung wiederholt. Die letzte Liste schloß mit 6 786 746 Lire. Kardinal Schulte in Köln erhielt im Frühjahr 1921 1 Million, Kardinal Faulhaber in München eine halbe Million überwiesen, und noch kurz vor seinem Tode spendete der Papst neuerdings 1 700 000 Mark für die Kinderfürsorge in Deutschland. Th. Freiherr v. Cramer-Klett berichtete (Voss. Ztg. 1932, Nr. 144/45 vom 25. März): „Während eines etwa achtwöchigen Aufenthaltes, den ich 1921 in Rom hatte, gingen durch meine Hände allein etwa drei Millionen Mark für die Jugendfürsorge Münchens. Für das interkonfessionelle Studentenhaus in München schenkte er mir öfters ganze Eisenbahnwaggons von Öl, Südfrüchten, Makkaroni und Reis. Kein Bischof aus den kriegserschöpften Ländern verließ Benedikt, ohne ein wohlgefülltes Kuvert mit nach Hause zu nehmen."

Wiederholt wandte sich, wie der Kardinalstaatssekretär Gasparri dem Kardinal v. Hartmann versichert hat, der Papst an Wilson und „beschwor ihn, er möge an das Waffenstillstandsangebot und die Friedensverhandlungen mit Wohlwollen herantreten, damit ein für alle gerechter Friede zustande komme".

Als dann der beispiellose Vertragsentwurf das Licht der Öffentlichkeit erblickte, da hat es die der Kurie nahestehende „Civiltà cattolica" an entschiedener Verurteilung nicht fehlen lassen und die 440 „Friedensartikel" als Kriegsartikel, als ein Zeugnis des Hasses und der Unfähigkeit zugleich gebrandmarkt. Der Papst selbst hat später in wiederholten Kundgebungen keinen Zweifel darüber gelassen, daß dieser sogenannte Friede von Versailles seinen Anforderungen an einen wahren Frieden nicht im entferntesten entsprach.

Im Geheimen Konsistorium vom 16. Dezember 1919 beklagte er den unsäglichen Völkerhaß. Mit Recht machte er dafür den übertriebenen Nationalismus verantwortlich, dem die Katholiken vieler Länder, bis in den hohen Klerus hinein, gehuldigt hätten. Die Kardinäle ermahnte er eindringlich, auf die Verwirklichung eines christlichen Dauerfriedens, eines Friedens der Völkerversöhnung, unter dem Prinzip der Gleichheit für Sieger und Besiegte hinzuwirken. In der Weihnachtsansprache vom 24. Dezember rief er der Welt zu: „Friedenstaten sind die Maßnahmen, welche die besiegten Völker zwar zu einer billigen Buße, nicht aber zur Vernichtung verurteilen!" Wie er von Anfang an darauf hingewiesen hatte, daß nur religiöse Erneuerung und Vertiefung der in Zwietracht einander gegenüberstehenden Völker Rettung vom Chaos bringen könne, daß die vertiefte Erneuerung der Christusliebe, die Liebe zur Eucharistie allein einen Ausweg aus dem Labyrinth der Not und des Hasses öffnen könne, so betonte er in der Enzyklika vom 23. Mai 1920 diesen Standpunkt abermals und entwickelte von ihm aus auf der Grundlage des göttlichen Rechtes und der christlichen Liebe die christliche Gemeinschaftsidee aller Völker.

Gegen die Auslieferung des Kaisers haben die vatikanischen Blätter als juristisch widersinnig schärfstens Stellung genommen und wesentlich dazu beigetragen, daß darauf verzichtet wurde.

Trotz dieser durch die Zeitverhältnisse gebotenen Einmischungen in die Politik ist die landläufige Charakteristik Benedikts XV. als „p o l i t i s c h e r P a p s t" nicht nur oberflächlich, sondern völlig verfehlt. Im Gegensatz zu

Wilson hat er sich nicht an die Politiker und Wirtschaftler, sondern an die Seelen gewendet, nicht auf die irdische Welt, sondern auf die ewigen Ziele der Menschenseele hingewiesen. Dem bloß politischen Pazifismus und äußerlichen Friedensbemühungen stellte er das Wort entgegen: „Wer nicht liebt, der bleibt im Tode!" Aus der Frage der Politik machte er eine Frage des Gewissens und der Nachfolge Christi.

Das **innerkirchliche Wirken** des Papstes hat allerdings bei der Unruhe der Zeit in der breiten Öffentlichkeit wenig Beachtung gefunden.

Zwei **Reformerlasse**

Papstdenkmäler: XIII.
eine Marmorstatue Olivieris in Aracoeli zu Rom.

seines Vorgängers, die die suburbikarischen Bistümer und die Beglaubigung aller Ablaßprivilegien betrafen, hat er zurückgenommen und den über die Amtsenthebung der Pfarrer im Verwaltungswege abgeschwächt. Den Kardinalbischöfen ist die aktive Leitung ihrer Sprengel zurückgegeben worden.

Andere Maßnahmen, wie die Pflege der thomistischen Studien, der Erlaß über die Predigt und die Erlasse über die Umgestaltung der römischen Kurie, sind dagegen ganz im Geiste seines Vorgängers gehalten (Schaffung einer neuen Kongregation für Seminarien und Universitäten, Aufhebung der Indexkongregation, Übertragung der Bücherzensur an das Offizium, Überweisung des Ablaßwesens an die Pönitentiarie, Organisation einer neuen Kongregation für die orientalische Kirche, Veränderung der Kompetenz und Verfassung des obersten päpstlichen Kassationshofes).

Das seit 1904 bearbeitete **neue kirchliche Gesetzbuch** (Codex juris canonici) konnte, nachdem gegen Ende der Regierung Pius' X. der ausgearbeitete Text den Bischöfen zur Begutachtung vorgelegt worden war und die Antworten vorlagen, am Pfingstfeste (17. Mai 1917) vom Papste approbiert und promulgiert werden, um ein Jahr darauf in Kraft zu treten. Das Ziel der Kodifikation, die Systematisierung, die Reform und die moderne Gesetzesformung, ist in denkbar vollkommener Weise erreicht. Der Papst unterließ nicht, hervorzuheben, daß er hier nur ernte, was andere gesät, und daß sein Vorgänger der einzige Urheber sei und seinen Namen damit in der Geschichte des Kirchenrechtes unsterblich gemacht habe. Er selbst aber schätzte sich glücklich, „das unsterbliche Werk" der Kirche zu übergeben und damit „eine Erwartung der Welt zu erfüllen".

Von dogmatischem Interesse war die Enzyklika zur 15. Zentenarfeier des hl. Hieronymus („Spiritus paraclitus" vom 15. September 1920).

Besondere Aufmerksamkeit wandte der Papst dem O r i e n t zu, was sich auch darin zeigte, daß er in der 1917 gegründeten neuen Kongregation für die orientalische Kirche selbst den Vorsitz übernahm. Um die Wiedervereinigung mit der Kirche zu fördern, erhob er den hl. Ephrem zum Kirchenlehrer, gründete 1917 in Rom ein orientalisches Institut zum Studium aller die orientalische Kirche betreffenden Fragen, besonders der Unionsbestrebungen, erwies den Armeniern, Syrern, Russen und Balkanbewohnern nach Möglichkeit Gutes, unterhielt in Konstantinopel ein Haus für vertriebene und flüchtige armenische Kinder usw.

Auch der Neuordnung und Wiederaufrichtung des M i s s i o n s w e s e n s widmete der Papst besonderen Eifer. Die Enzyklika Maximum illud von 30. November 1919 gab dem Missionar Richtlinien und dem katholischen Volke unvergeßliche Mahnungen zur Förderung des Missionswesens. Der Wiederaufbau der durch den Krieg schwer geschädigten Heidenmission wurde dadurch eingeleitet. Den nationalistischen Tendenzen in der Missionsarbeit trat der Papst entgegen. Er konnte noch 28 apostolische Vikariate und 8 Präfekturen neu errichten.

Für die S t u d i e n hatte er offenen Sinn und offene Hand. 1915 gründete er eine Kardinalskongregation für Seminarien und Universitäten. In Rom wurde ein Kolleg für die Schweizer und eins für die Ruthenen gegründet, das der Maroniten wiederhergestellt. Warschau bekam eine theologische Fakultät, Lublin und Mailand erhielten katholische Universitäten. Eifrig unterstützt wurde der Wiederaufbau der Löwener Bibliothek. Zum Dantejubiläum erschien eine besondere Enzyklika. Auf die Wichtigkeit des Bibelstudiums kam er Jahr für Jahr in Ansprachen an die Fastenprediger der Stadt Rom zurück und sprach darüber ausführlich in den Enzykliken über den hl. Hieronymus und den hl. Ephrem, zum Teil auch in dem Schreiben zum Jubiläum des hl. Dominikus. Dem Predigtamte widmete er die große Enzyklika vom 15. Juni 1917, der die Congregatio consistorialis eine genaue Instruktion anschloß. Das Motuproprio seines Vorgängers über die Kirchenmusik bestätigte er, sprach über die Wiederherstellung des alten Chorals seine Befriedigung aus und gab zur Einweihung des Denkmals für Palestrina einen namhaften Beitrag.

Die i n t e r n a t i o n a l e S t e l l u n g des Papsttums hat sich unter Benedikt XV. wesentlich gehoben. Seit den ersten Kriegsmonaten unterhielten Holland und England aus eigenem Antriebe Gesandte bei der Kurie. Die Errichtung der holländischen Gesandtschaft begründete der Ministerpräsident van der Linden mit den Worten: „Es gibt kein bedeutsameres politisches Zentrum, das im Interesse des Friedens Einfluß ausüben kann, als gerade den Vatikan. Der Papst gehört zu den Großmächten. Um der kranken Menschheit so bald wie möglich den Frieden zu schenken, kann der Einfluß des Papstes von großer Bedeutung sein." Auch die neuen Staaten Finnland, Polen, Tschechoslowakei, Südslawien, Lettland suchten diplomatischen Anschluß an den Vatikan. China wurde nur durch Frankreich an seiner Absicht gehindert, Japan dagegen hat seinen Gesandten am Vatikan, und mit dem Mikado hat der Papst schmeichelhafte Worte gewechselt. Die preußische Gesandtschaft beim Vatikan wurde in eine Botschaft des Deutschen Reiches verwandelt und anderseits 1920 in Berlin eine Nuntiatur errichtet, 1921 das Bistum Meißen erneuert.

Papstdenkmäler: Urban VIII.
Marmorbüste, von Andr. Sacchi für den römischen Palazzo Barberini geschaffen.

Frankreich hat, sobald die Orientpolitik wieder aktueller wurde, am stärksten das Bedürfnis gefühlt, die im Jahre 1904 abgebrochenen diplomatischen Beziehungen zum Papste wieder aufzunehmen, zumal da die französischen Katholiken nicht nur durch und durch national waren, sondern sogar den französischen Chauvinismus stark beförderten. So kehrte man zu dem Wort Gambettas zurück, daß Antiklerikalismus kein Exportartikel sei. Im Mai 1921 wurde nach Paris der Nuntius Cerretti und von Paris nach Rom der Botschafter Jonnart entsandt.

In der Behandlung Frankreichs durch den Vatikan wurde die Tradition Rampollas wieder wach. Im Orient (Syrien und Palästina) wurde es unterstützt, in China wich der Vatikan vor ihm zurück. Unter ungeheurem Zudrang aus Frankreich und großartigen Feiern wurden im Mai 1920 Luise von Marillac, die Gründerin des Vincentinerinnenordens, selig-, Maria Alacoque und die Jungfrau von Orleans heiliggesprochen.

Das Grabmal des Papstes Benedikt XV.
in der Gruft von St. Peter in Rom. Dieses Grabmal (die Bronzefigur des Papstes von Giulio Barbieri) ist eine Stiftung der Stadt Bologna, deren Bischof Benedikt XV. gewesen war. Zur Seite dieses vorletzten der Päpste ruht Pius VI., der „Apostolische Pilger" der Revolutionsjahre, ihm gegenüber Pius X., der „Papst der religiösen Erneuerung".

In dem Verhältnis zu seiner eigenen Nation wich der Papst von Rampolla, der ein entschiedener Gegner Neuitaliens gewesen war, völlig ab und schlug neue Bahnen ein. Er stand zu ihr nicht bloß versöhnlich, sondern freundlich, und wußte, daß die Lösung der römischen Frage nahe war. Durch den Weltkrieg wurde diese wirklich akut. Es zeigte sich, daß das Garantiegesetz in seinen wichtigsten Bestimmungen unzureichend ist. Die italienische Regierung verbürgte zwar freien Verkehr der päpstlichen Korrespondenz, aber der deutsche und der österreichische Botschafter beim Vatikan mußten nach der

Das Denkmal Benedikts XV in der Peterskirche, stellt diesen frommen Papst dar, wie er betend ganz in sich gesammelt, geschlossen und vertieft ist, als ob seine arme Seele auf diesem Altare des Weltalls das einzige Sühneopfer wäre.

Marmoraltar des römischen Bildhauers Canonica.

italienischen Kriegserklärung abreisen, und sogar geistliche Würdenträger wie der Abtprimas des Benediktinerordens, der Jesuitengeneral, der Generaldefinitor des Franziskanerordens usw. verließen Rom. Benedikt XV. wiederholte in seinem Rundschreiben vom 1. November 1914 den Protest seiner Vorgänger und beklagte sich in dem Konsistorium vom 6. Dezember 1915 über seine „durchaus unsichere, von fremdem Gutdünken abhängige und des apostolischen Stuhles unwürdige Lage".

Lebhafte Erörterungen in der Presse und in Broschüren setzten ein. Allerlei Projekte wurden entwickelt. Die meisten Anhänger fand die sogenannte kleine Territorialfrage: Zuweisung eines „Winkels freier Erde", und wären es nur wenige Quadratkilometer, als souveränes Territorium an den Papst. Man dachte an einen Landstreifen auf dem rechten Tiberufer entweder einschließlich der Leostadt oder im Anschluß an den Vatikan bis zum nahen Meeresgestade etwa mit Fiumicino oder Anzio oder Civitavecchia als Hafen. Als Mindestforderung stellte es der Jesuit Ehrle in einem vielbeachteten Aufsatz der „Stimmen der Zeit" hin, daß wenigstens der Vatikan mit einer unbedeutenden Abrundung dem Papste als souveräner Besitz zurückgestellt werde. Für eine solche Lösung waren auch offizielle kirchliche Kreise. Der Papst und sein Staatssekretär betonten aber wiederholt, daß sie die römische Frage weder durch Waffengewalt noch durch Internationalisierung des Garantiegesetzes gelöst sehen wollten, sondern einen gerechten Ausgleich von der Einsicht und Gerechtigkeit des italienischen Volkes erhofften. Seit Beendigung des Krieges hat die Annäherung zugenommen, zumal da die im Januar 1919 von dem sizilianischen Priester Don Luigi Sturzo in dem Augenblick, als der Bolschewismus Italien zu überschwemmen drohte, neugegründete und vom Papste mit wohlwollender Duldung begleitete katholische Partei der „Popolari" (Partito popolare italiano) im politischen Leben eine Macht geworden ist und die öffentliche Meinung stark beeinflußt. Auch hat der Krieg das Siegel unter die Tatsache gesetzt, daß auch das kirchentreue Italien mit dem neuitalienischen Staate organisch und unlösbar verwachsen ist. Im Frühjahr und Sommer 1921 wurde die römische Frage auch in der liberalen Presse, die bis dahin so tat, als wenn sie für immer gelöst sei, aufgegriffen und ihre Erledigung empfohlen. Denn nach Wiederherstellung der Beziehungen zwischen Frankreich und dem Vatikan fühlte sich Italien isoliert und unbehaglich. Auch das Parlament stellte sich auf diesen Standpunkt, so daß die verfrühte Ankündigung auftauchte, bis zum Herbst würde alles in Ordnung sein. Das hat sich nicht erfüllt. Im Herbst 1921 ließ die italienische Regierung das in den Sommermonaten erschienene Material veröffentlichen. Von päpstlicher Seite nahm Graf Dalla Torre im Osservatore Romano vom 2. September Stellung: „Es genügt nicht eine Freiheit und Unabhängigkeit de facto, die aus freier Verfügung der herrschenden Zivilmacht gewährleistet wird, sondern es wird eine rechtlich geregelte Stellung gefordert, die de jure zugestanden wird, was unter den gegenwärtigen Umständen wohl nicht ohne eine territoriale Grundlage möglich zu sein scheint."

An besonderen kirchlichen Ereignissen ist das siebeneinhalbjährige Pontifikat Benedikts XV. arm, und auch Reformen oder Einrichtungen von Bedeutung kann es nicht aufweisen. Aber als der Papst am 22. Januar 1922 von der Weltplage, der Grippe, dahingerafft wurde, da konnte einmütig als Ergebnis festgestellt werden, daß es gut und segensreich gewesen ist, daß Benedikt XV. sich als ein Friedensfreund und einer der größten Wohltäter der Menschheit bewährt und daß er die sittliche Macht und das geistige Ansehen des Papsttums wesentlich gesteigert hatte. „Wir wollen Gott Unser Leben hingeben für den Frieden der Welt" waren seine letzten Worte gewesen. Sein Grab befindet sich in der Krypta von St. Peter, sein Grabdenkmal in der zweiten linken Seitenkapelle der Basilika.

DIE WIEDERHERSTELLUNG UNEINGESCHRÄNKTER SOUVERÄNITÄT

PIUS XI.

Die „Times" umschrieb diesmal das übliche Papstraten mit den Worten: „Von den Kardinälen sind die einen gegen die Absichten eines engeren Verhältnisses zu Italien, die während des Pontifikats Benedikts XV. vorwogen, und möchten zu der Vereinsamung zurückkehren, die unter Pius X. obwaltete. An der Spitze dieser Gruppe steht Kardinal Merry del Val, der Staatssekretär Pius' X., und einer der von dieser Gruppe Begünstigten dürfte der Kardinal Lafontaine, Patriarch von Venedig, sein. Eine zweite Gruppe möchte die römische Frage endgültig lösen, und die italienische Regierung unterläßt natürlich nichts, um durch die Parlamentarier von der Volkspartei ihren Einfluß zugunsten dieser Gruppe wirken zu lassen. Die Führung hat hier der Staatssekretär Gasparri mit dem Kardinal Maffei, der bei der vorigen Wahl beinahe gesiegt hätte und jetzt jedenfalls eine gute Anzahl Stimmen erhalten dürfte. Für eine ausgedehntere politische Tätigkeit tritt eine aus mehreren ausländischen Kardinälen bestehende Partei ein. Diese Kardinäle indes haben wohl kaum bestimmte

Pius XI.
Der Name dieses heute noch regierenden Papstes wird für immer eine der glanzvollsten Perioden päpstlicher Geschichte umschreiben. Es gibt kein Gebiet des kirchlichen und religiösen Lebens, auf dem Pius XI. nicht wegweisend und richtunggebend tätig wäre. Die von ihm am 11. Februar 1929 mit der italienischen Regierung abgeschlossenen Verträge haben die souveräne Stellung des Papsttumes auch wieder äußerlich sichtbar gemacht; die überragende Mission des apostolischen Stuhles im Lehramt und in der Leitung der Kirche Christi ist wohl von keinem Papste eindringlicher deklariert worden als von diesem gelehrten und frommen Papste des 20. Jahrhunderts.

A Piazza di S. Pietro / Petersplatz
B Cortile dell'Olmo / Ulmenhof
C Triangolo del Porticato / Dreiecks-Säulenhalle
D Cortile del S. Uffizio (Cortile di Sisto V.) / Amtshof
E Cortile di S. Damaso / St. Damasushof
F Cortile del Triangolo / Dreieckshof
G Cortile del Maresciallo / Marschallhof
H Cortile dei Pappagalli / Papageienhof
I Cortile della Torre Borgia / Hof des Borgia-Turmes
K Entrata di S. Pietro / Eingang zu St. Peter
L Cortile della Sentinella / Hof der Wachen
M Piazza del Forno / Bäckerhof
N Cortile del Belvedere / Belvederehof
O Cortile della Biblioteca / Bibliothekshof
P Cortile della Pigna / Pinienhof
Q Cortile delle Corazze / Hof der Kürasse
R Piazzale della Zecca / Münzplatz
S Piazzale del Governatorato / Regierungsplatz
T Piazzale della Stazione / Bahnhofplatz
U Piazza S. Marta / St. Marthaplatz
V Piazza dei Protomartiri Romani / Platz der ersten römischen Märtyrer
Z Largo della Sagrestia / Sakristeiplatz

a Largo S. Stefano / St. Stephansplatz
b Piazza S. Egidio / St. Egidiusplatz
c Largo Braschi / Braschiplatz

1 Via S. Anna / St. Annastraße
2 Via del Pellegrino / Pilgerstraße
3 Via del Belvedere / Belvederestraße
4 Via della Tipografia / Druckereistraße
5 Via della posta / Poststraße
6 Via Pio X. / Pius X.-Straße
7 Salita ai giardini / Aufgang zu den Gärten
8 Stradone dei giardini / Gartenstraße
9 Salita della Zecca / Münzhöhe
10 Via del Governatorato / Regierungsstraße
11 Via delle Fondamenta / Mauerstraße
12 Via del Perugino / Peruginostraße
13 Via del Mosaico / Mosaikstraße
14 Viale del Seminario Etiopico / Straße des Äthiopischen Seminars
15 Viale dell'Osservatorio / Sternwartstraße
16 Viale Guglielmo Marconi / Wilhelm Marconi-Straße
17 Viale della Zitella / Zitellastraße
18 Passaggio Pier Luigi da Palestrina / Palestrina-Durchgang
19 Colonnati di Bernini / Kolonnaden des Bernini
20 Sagrestia di S. Pietro / Sakristei von St. Peter
21 S. Pietro / St. Peter
22 Cappella Sistina / Sixtinische Kapelle
23 Vaticano / Vatikan
24 Scala pia / Heilige Stiege
25 Torre Nicolo V. / Turm Nikolaus' V.
26 Biblioteca e torre Gregoriana / Bibliothek mit dem Gregorianischen Turm
27 Museo Chiaramonti / Chiaramonti-Museum
28 Galleria Lapidaria / Inschriften-Sammlung
29 Palazzo Belvedere / Belvedere-Palast
30 Pinacoteca nuova / Neue Pinakothek
31 Casino Pio IV. / Kasino Pius' IV.
32 Osservatorio / Sternwarte
33 Grotta di Lourdes / Lourdesgrotte (abgetragen)
34/35 Stazione Radio / Funkstation
36 Collegio Etiopico / Äthiopisches Kolleg
37 Ferrovia / Bahnanlagen
38 Stazione / Bahnhof
39 Porta della Ferrovia / Tor der Bahnlinie
40 Palazzo del Governatorato / Regierungspalast

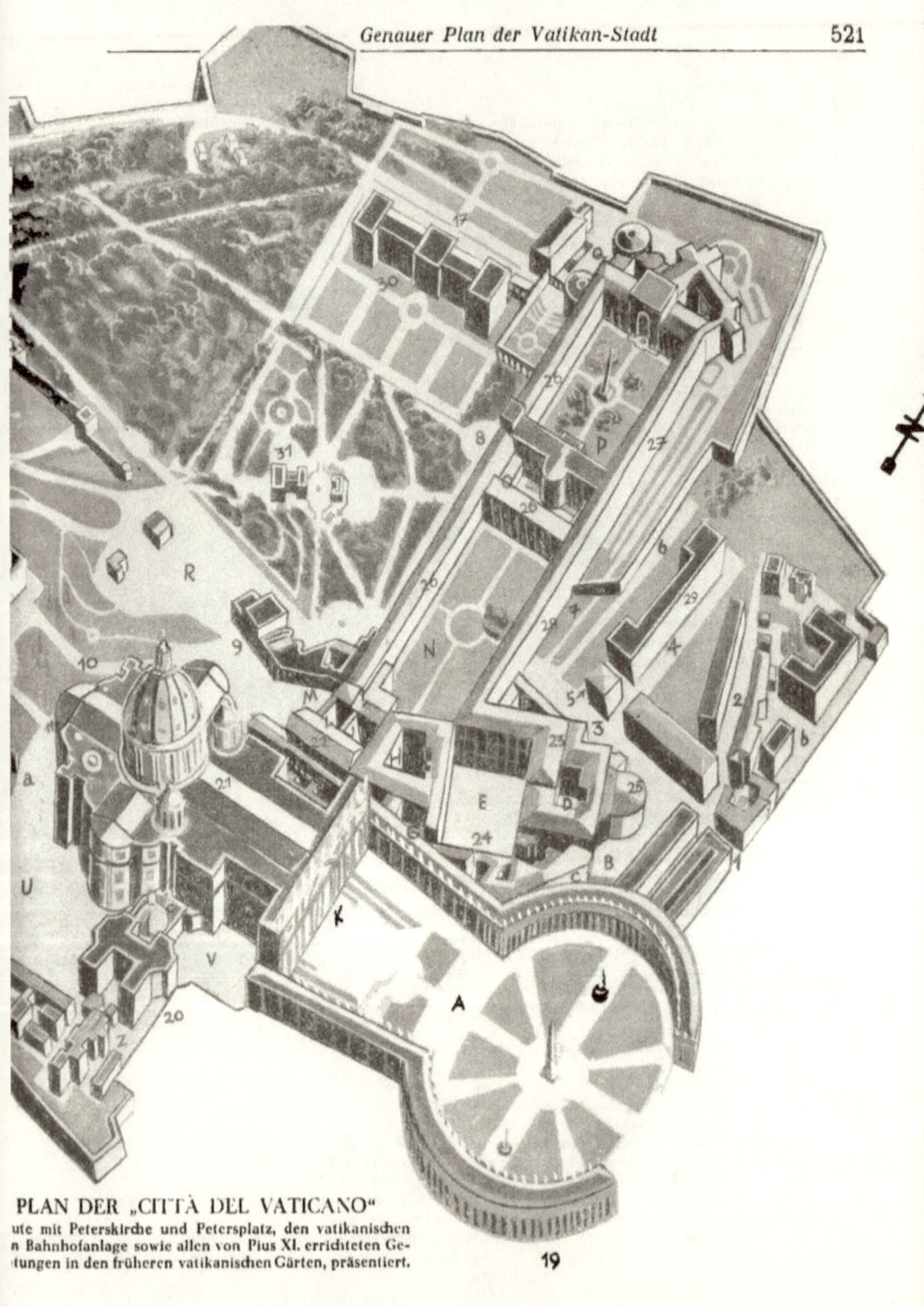

PLAN DER „CITTÀ DEL VATICANO"
ute mit Peterskirche und Petersplatz, den vatikanischen
n Bahnhofanlage sowie allen von Pius XI. errichteten Ge-
tungen in den früheren vatikanischen Gärten, präsentiert.

Absichten und werden wohl mehr für eine gegebene Persönlichkeit als für ein System stimmen. So wird denn das Konklave zu beschließen haben, ob die katholische Kirche mehr wesentlich italienisch sein soll, was am Ende zu ernsten Schwierigkeiten mit anderen Ländern führen könnte, weil dann Italien zur größten katholischen Macht in der Welt würde und der Heilige Stuhl imstande wäre, die italienische Politik zu beeinflussen.

Pius XI.
Achille Ratti. Sohn eines Fabrikanten in Desio bei Monza.

Es kann auch sein, daß die Kirche streng nach der alten Disziplin ohne politische Absichten gelenkt würde, und manche möchten so weit gehen, das Werk Benedikts XV. zu vernichten, das der Kirche eine größere Macht verschafft hat, als sie seit Jahrhunderten besessen hatte."

Aber bei Beginn des Konklaves am 2. Februar nannte man in italienischen und französischen Zeitungen den Erzbischof von Mailand, Kardinal Ratti, als aussichtsreichsten Kandidaten, und dieser wurde in der Tat nach sechs Wahlgängen am 6. Februar gewählt. Die alte Regel: Chi va papa al conclave, esce cardinale (Wer als Papst ins Konklave geht, verläßt es als Kardinal) traf also diesmal nicht zu. Mit der Wahl Benedikts XV. dagegen stimmte diese darin überein, daß der Erwählte erst bei der letzten Kardinalsernennung Purpurträger geworden war.

A c h i l l e R a t t i ist am 31. Mai 1857 in Desio, nördlich von Monza, in der Diözese Mailand, als vierter Sohn des angesehenen Leiters einer Seidenspinnerei, Francesco Ratti, und seiner Gemahlin Teresa Galli geboren. Nachdem er in der Heimatdiözese, in San Pietro, Monza und Mailand, das Gymnasium und das Priesterseminar besucht hatte, wurde er 1879 nach Rom geschickt, wo er, im lombardischen Kolleg wohnend, in der Gregoriana die philosophischen, theologischen und kirchenrechtlichen Studien fortsetzte. Am 20. Dezember 1879 zum Priester geweiht, wurde er 1882 Doktor des Kirchenrechts, der Philosophie und der Theologie.

Im Sommer 1882 nach Mailand zurückgekehrt, wurde er für drei Monate P f a r r v e r w e s e r der Pfarrei Barni im Assinatal. Dann erhielt er den L e h r s t u h l für geistliche Beredsamkeit am Seminar in M a i l a n d und hielt auch einige theologische Vorlesungen. Zugleich war er Kaplan der „Damen des Abendmahlssaales" (Cenacolo), einer französischen Ordensgenossenschaft, die sich den geistlichen Bedürfnissen der weiblichen Bevölkerung widmet, und schloß sich der Priestervereinigung der Oblaten vom hl. Karl an, die dem Erzbischof für die außer dem gewöhnlichen Pfarrdienst wünschenswerten Werke priesterlichen Seeleneifers zur Verfügung steht.

Seine lebhaften und vielseitigen wissenschaftlichen Interessen bewogen ihn 1888, sich neben der Seelsorgearbeit, die auch der männlichen Jugend, den Gefangenen und den Studenten zugutekam, um eines der D o k t o r a t e d e r A m b r o s i a n i s c h e n B i b l i o t h e k i n M a i l a n d zu bewerben. Diese Bibliothek, gegründet von Kardinal Federigo Borromeo im Jahre 1609, gehört mit ihren 25000 Handschriften, 2000 Inkunabeln, 250000 späteren Druckbänden, einer Pinakothek, in der Raffael, Tizian, Botticelli und Leonardo da Vinci vertreten sind, und einem Museum zu den weltberühmten wissenschaftlichen Anstalten. Ihr Stifter hat nicht nur für Bücher, sondern auch für Forscher gesorgt, indem er mit der Bibliothek ein „Doktorenkollegium" verband, das an der Hebung der literarischen Schätze regen Anteil nehmen soll. In dies Kollegium trat also

Ratti ein. Präfekt der Bibliothek war damals der als Orientalist und Paläograph bekannte und um die biblische und patristische Forschung verdiente Antonio Ceriani.

Hier erwarb sich Ratti ein ausgedehntes enzyklopädisches Wissen, wie es die bibliothekarische Tätigkeit an einer so reichen Handschriftenbibliothek erfordert. Er richtete auch eine Werkstätte zur Ausbesserung schadhafter Handschriften ein und sorgte für die bessere Verwertung der Kunstschätze.

Als Ceriani 1907 starb, wurde Ratti sein Nachfolger als **Präfekt der Ambrosiana**. Im ersten Jahre konnte er die zahlreichen Trottihandschriften einverleiben und 1909/10 ungefähr 2000 islamisch- und christlich-arabische Handschriften erwerben. Auch vollendete er die Neuordnung der Bibliotheksräume und der Kunstsammlung.

Pius   Geburtstag (31. Mai 1932)

In den fünfundzwanzig Jahren, die er an der Ambrosiana tätig war, hat mancher Besucher der Bibliothek und mancher ausländische Forscher, wie die Deutschen Kardinal Faulhaber, Heinrich Schrörs, Albert Ehrhard, Martin Grabmann, Philipp Dengel, sein umfassendes Wissen und seine stete Hilfsbereitschaft kennengelernt.

Ratti besaß auch gute Sprachkenntnisse. Er spricht italienisch, lateinisch, französisch, englisch, polnisch und deutsch. Deutsch versteht er so gut, daß er sich der deutschen Seelsorge zur Verfügung stellen und in deutscher Sprache predigen und Beichte hören konnte. In den neunziger Jahren predigte er der deutschen Gemeinde regelmäßig in St. Raphael, manchmal auch in St. Joseph.

Seine Erholung suchte er in Reisen (auch nach Deutschland) und im Berg-

Zur Ratifizierung der Lateran-Verträge
Von links nach rechts sitzend: Kardinal Gasparri und Ministerpräsident Mussolini.
Stehend von links nach rechts: Msgr. Ottaviani, Sig. Rocco, Sig. Giunta, Msgr. Borgongini-Duca, Sig. Pacelli, Msgr. Pizzardo, Sig. Mosconi, Capit. Mameli.

sport und unternahm mit Ausdauer und Kühnheit eine Reihe schwieriger Hochtouren. Über die berühmte Ersteigung der Dufourspitze und der Zumsteinspitze des Monte Rosa 1889 berichtete er im Jahrbuche (Bolletino) 1890 des italienischen Alpenklubs (Club Alpino Italiano).

Seine **wissenschaftlichen Arbeiten** liegen auf kirchengeschichtlichem, literarischem, paläographischem und kunstgeschichtlichem Gebiete. Sein Hauptwerk sind die Bände 2—4 der Acta ecclesiæ Mediolanensis, drei mächtige Quartbände, die sich vorwiegend um das Wirken des hl. Karl Borromäus, des Erneuerers der oberitalienischen Kirche, bewegen. Aus dem Nachlaß Cerianis gab er im Jahre 1913 zusammen mit Magistretti das Missale duplex Ambrosianum mit historischem Kommentar heraus. Eine Ausgabe des päpstlichen Kanzleibuches des frühen Mittelalters (Liber diurnus Romanorum pontificum) nach der Mailänder Handschrift des 9. Jahrhunderts bereitete er mit größter Sorgfalt vor, konnte sie aber wegen anderer Berufsarbeiten nicht zu Ende führen. Die Ambrosiana hat dann 1921 eine photographische Wiedergabe ihrer Handschrift mit seinen Vorarbeiten veröffentlicht und dem Prälaten Ratti am Tage seines Einzuges als Kardinal und Erzbischof von Mailand überreicht. 1906 gab Ratti zusammen mit Ceriani eine Faksimileausgabe der ambrosianischen Handschrift der Ilias heraus.

Zahlreiche Aufsätze aus dem Gebiete der Geschichte und Literaturgeschichte, über Handschriften und Urkunden, Quellenpublikationen aus der Mailänder und italienischen Geschichte, Rezensionen usw. veröffentlichte er in den Rendiconti dell'Istituto Lombardo di Scienze e Lettere, dem Giornale storico della letteratura italiana, dem Archivio storico Lombardo und in der Zeitschrift San Carlo Borromeo e il terzo centenario della sua canonizzazione. In der Festschrift für Chatelain (1910) behandelte er die Handschriften französischer Herkunft in der Ambrosiana.

Aber auch als **Kunstforscher** betätigte er sich. Er hatte wesentlichen Anteil an der Neuordnung des vom Kardinal Borromeo der Ambrosiana überkommenen Bilderbesitzes, die 1905/06 von Luigi Cavenaghi, Luca Beltrami und Antonio Grandi besorgt wurde, und hat den 1907 anonym erschienenen

Der Abschluß der Lateran-Verträge am 11. Februar 1928

Im Papstsaale des Lateran-Palastes wurde vom damaligen Kardinal-Staatssekretär Gasparri und dem Chef der italienischen Regierung, Mussolini, der Vertrag zwischen dem Vatikan und dem Königreich Italien unterzeichnet, der dem Papste seine völlige Souveränität und der „Vatikan-Stadt" alle im Jahre 1870 geraubten exterritorialen Rechte wiedergab.

Das obenstehende Bild zeigt den Moment der Unterzeichnung der Verträge. Von links nach rechts: Msgr. Giuseppe Pizzardo, Msgr. Borgongini-Duca Franzesco, Kardinalstaatssekretär Pietro Gasparri (sitzend), Mussolini, Minister Rocco, Unterstaatssekretär Giunta, Sign. Pacelli.

Führer verfaßt. Er ordnete ferner die Kupferstichsammlung und die Ausstellung der Cimelien Leonardo da Vincis, erweiterte die Sammlung durch Einbeziehung der nur für moderne Kunst und mailändische Stiche bestimmten Sala della Rosa und des Waffensaales und eröffnete das Settalamuseum für kunstgewerbliche, archäologische und naturwissenschaftliche Gegenstände.

Mit den ihm anvertrauten Schätzen beschäftigte er sich in Aufsätzen der „Rassegna d'arte". 1903 veröffentlichte er ein wichtiges Dokument über den Goldaltar in S. Ambrogio und wies nach, daß die drei dort fehlenden Tafeln Ende des 17. Jahrhunderts erneuert wurden. 1907 machte er ein frühes Täfelchen mit einem Bildnis Petrarcas bekannt, 1910 wies er nach, daß ein von Breughel und Rubens für den Kardinal Borromeo gemaltes Bild (Madonna im Blumenkranz) mit einem Gemälde im Prado in Madrid identisch ist. 1912 behandelte er den Zusammenhang der schönen heiligen Familie von Luini mit Leonardos Londoner Karton und zog (Nuova Antologia S. 133 ff.) die Tätigkeit des Miniators Fra Antonio da Monza als Stecher in begründeten Zweifel. Diese Aufsätze zeichnen sich sowohl durch vollkommene Beherrschung des Stoffes und sachliche Quellenkritik als auch durch lebhafte und schöne Darstellung aus.

Eifrig förderte er die 1904 gegründete „Raccolta Vinciana"; schon in der ersten Liste der Beigetretenen findet sich sein Name. In den Veröffentlichungen

Der erste Nuntius des Vatikans am italienischen Hof, Msgr. Borgongini-Duca, begibt sich zum Empfang beim König.

brachte er 1907 einen Beitrag zum Codice Atlantico und erörterte die Frage, ob Leonardo als Erfinder des Uhrenpendels anzusehen sei.

1910 wurde Ratti zum Stellvertreter des Präfekten der **Vatikanischen Bibliothek** in Rom, P. Franz Ehrle S. J., mit dem Recht der Nachfolge ernannt, so daß in den Jahren 1911 bis 1914 seine Tätigkeit zwischen Mailand und Rom geteilt war.

Nach Ehrles Rücktritt war er von 1914 bis 1918 **Präfekt der Vaticana**. Der Papst hatte ihn zugleich zum Kanonikus von St. Peter und überzähligen apostolischen Protonotar ernannt.

Als Nachfolger Ehrles setzte er die Katalogisierung der urbinatischen und vatikanischen Handschriften fort, ließ die Nummern 26—31 der Studi e testi veröffentlichen, ließ auch die Druckwerke weiter katalogisieren und schenkte wie sein Vorgänger der Werkstätte für Wiederherstellung alter Handschriften besondere Aufmerksamkeit. Ferner suchte er die Bibliotheca Chigiana der Vatikana zu sichern.

Auch seine eigene wissenschaftliche Tätigkeit führte er fort. Als Mitglied der Pontificia Accademia Romana di Archeologia hielt er Vorträge über ein mit den Katakomben von S. Sebastiano sich befassendes altes Pilgeritinerar der Vaticana und über den Hamburger Gelehrten Lukas Holstenius, der im 17. Jahrhundert Präfekt der Vaticana gewesen war. Auch die Ausgabe des Liber diurnus nahm er wieder vor.

Die in der Bibliothek herrschende Ruhe während der Kriegszeit machte es ihm möglich, an anderen Stellen der großen kirchlichen Zentrale Aushilfe zu leisten, wobei seine Fähigkeiten ins richtige Licht traten, so daß ihm im April 1918 die schwierige Sendung als **päpstlicher Visitator nach Polen** übertragen wurde. Es war in erster Linie eine innerkirchliche Aufgabe. Erst als der neue Polenstaat nach dem Zusammenbruch der Mittelmächte diplomatische Beziehungen zum Heiligen Stuhl anknüpfte, wurde Ratti am 6. Juni 1919 zum Nuntius ernannt und am 28. Oktober 1919 in Warschau zum Titularerzbischof von Lepanto konsekriert. Es gelang ihm, die kirchlichen Interessen bei der Abfassung der Grundakte des neuen Staates zu wahren und der katholischen Kirche volle Freiheit und Selbstverwaltung zu sichern. Aber die Mission wurde auch auf alle „ehedem das russische Reich bildenden Gebiete" ausgedehnt und der Nuntius so in die Rivalitäten der neuen Staaten und Nationen und der Bekenntnisse hineingezogen.

Noch dornenvoller war die Sendung als **päpstlicher Beauftragter bei den interalliierten Kommissionen der Abstimmungsgebiete** in der deutschen Ostmark und in Oberschlesien. Gerade weil er wirklich neutral war, konnte er in diesem Hexenkessel keinen Erfolg haben.

Der erste Besuch des italienischen Königspaares Vatikan
Das Königspaar mit Gefolge und päpstlichen Würdenträgern nach dem Besuche beim Hl. Vater.

Am 13. Juni 1921 wurde der Nuntius Ratti zum **Kardinal** erhoben und zugleich zum **Erzbischof** seiner Heimatdiözese **Mailand** ernannt. Diese ist eine der größten und schwierigsten in Italien. Er nahm sich besonders des **Lehramtes** und des **religiösen Jugendunterrichtes** an. Im Dezember 1921 konnte er die katholische Universität in Mailand eröffnen.

Schon nach wenigen Monaten aber führte die ungewöhnliche Laufbahn weiter zur höchsten Würde der katholischen Kirche.

Der neue Papst wählte den Namen Pius. Er soll gesagt haben: „Ich bin geboren unter einem Pius, ich bin unter Pius nach Rom gekommen, und Pius ist ein Name des Friedens; deshalb will ich ihn tragen." Auch an Pius IV. (1559—1565), einen geborenen Mailänder und Verwandten der Borromäer, mag er gedacht haben.

Liebenswürdige Schlichtheit, Selbstbeherrschung, geistige Bedeutung, Sachlichkeit, Gründlichkeit, Zielsicherheit, Vorsicht des Urteils, besonnene Ruhe und bei aller Liebenswürdigkeit und Güte eine gewisse, bei Italienern seltene Zurückhaltung sind die Eigenschaften des Papstes. „Ordnung und Ruhe ist sein Wesen" — so hat es sein Jugendfreund und Landsmann, Kardinal Lualdi von Palermo, bezeichnet. Die „Times" schrieb: „Seine Lebensart ist einfach, sein Benehmen taktvoll, sein Anblick ernst, aber Vertrauen einflößend. Man fühlt in seiner Gegenwart, daß man vor einer überlegenen Persönlichkeit steht."

Das Pontifikat begann mit dem nach der Proklamation am 6. Februar und nach der Krönung am 12. Februar 1922 vom Balkon der Peterskirche „urbi et orbi" erteilten Papstsegen. In dieser Form war der Segen seit 1870 nicht mehr üblich gewesen; sie kündigte gewissermaßen die Lösung der römischen Frage an.

In seiner ersten Enzyklika „Ubi arcano" (vom 21. Dezember 1922) legte der Papst sein Programm dar: Fortführung der Gedanken, Pläne und Ziele Benedikts XV. mit dem Losungswort **Pax Christi in regno**

Die Erwiderung des Königsbesuches
Kardinalstaatssekretär Gasparri erwidert in Begleitung des Apostolischen Nuntius den Königsbesuch im Quirinal.

Christi, der Friede Christi im Reiche Christi. Den Inhalt dieser schönen Formel führt er auf seine beiden Vorgänger Pius X. und Benedikt XV. zurück und bezieht sich auch in seinen späteren Kundgebungen immer wieder auf diese von ihm hochverehrten Päpste.

Als höchstes Ziel gilt ihm die Einigung der Menschheit, die Frieden und Gemeinschaft sucht, unter dem Königsszepter Christi.

Das Jubeljahr 1925, das die Gläubigen aus aller Welt (darunter 45 000 Deutsche) nach Rom zog, um sich durch Besuch der Hauptkirchen und Empfang der Sakramente zu entsühnen und ihr religiöses Leben zu erneuern, schloß er deshalb mit der Einsetzung eines neuen hohen Festes, des Festes zu Ehren des Königtums Christi, das am letzten Sonntage vor Allerheiligen gefeiert wird, durch die Enzyklika „Quas primas" vom 11. Dezember 1925. Am Tage dieses Festes soll die Weltweihe des Menschengeschlechts an das heiligste Herz Jesu vollzogen werden. Die später ausgearbeitete Liturgie knüpft an biblische Gedanken (Kol. 1, 12—20 und Ev. Joh. 18, 32—37) an. Das Herz-Jesu-Fest wurde durch die Enzyklika „Miserentissimus redemptor" vom 8. Mai 1928 zu einem Doppelfest mit Oktav erhoben. Ganze Vereine, Städte und Länder lassen sich seitdem dem Herzen Jesu weihen.

In der Enzyklika „Infinita Dei misericordia" vom 29. März 1924, in der er das Heilige Jahr ankündigte, erbat der Papst das Gebet der Gläubigen für drei große Angelegenheiten, die ihm am Herzen lägen: die Wiederherstellung des Friedens unter den Völkern, d. h. weniger einen in Urkunden und Verträgen niedergelegten als einen in den Herzen verbrieften Frieden, sodann die Bekehrung der Nichtkatholiken und die Regelung der Verhältnisse des Heiligen Landes in einem den Rechten der katholischen Kirche entsprechenden Sinne.

Den katholischen Gedanken fördert Pius XI. mit aller Kraft und gibt ihm in seinen Rundschreiben, Reden und Ansprachen immer neue Antriebe.

Aber er weiß, daß sich seine Ziele nicht verwirklichen lassen, wenn nicht neben den Geistlichen auch die Laien zur Mitwirkung herangezogen werden. Deshalb rief er die große Organisation der katholischen Aktion ins Leben. Sie soll die Gesellschaft aus dem christlichen Geist heraus wiederherstellen und wieder aufbauen, indem sie bestrebt ist, alle Äußerungen des öffentlichen Lebens mit den Lehren der Religion und der Moral zu durchdringen. Die Laien sollen am hierarchischen Apostolat teilnehmen, also das allgemeine

Priestertum, wie es die Kirche versteht, verwirklichen. Die Priester müssen in dieser Mitarbeit einen notwendigen Bestandteil ihres Amtes, die Gläubigen eine Pflicht des Lebens sehen. Ordnung, Zusammenfassung, Zielstrebigkeit aller Kräfte heißt die Losung.

Der italienische Staatschef Mussolini bei Pius XI.
Am Jahrestag des Lateranfriedens und Vorabend des zehnjährigen Krönungstages Sr. Heiligkeit erschien Mussolini in feierlicher Audienz bei Papst Pius XI.

„Nach der langen Nacht vergeblichen Netzauswerfens wird", wie Kardinal Faulhaber sagt, „die Kirche mit der katholischen Bewegung auch in der neuen Zeit wieder wunderbare Frische erleben."

Zunächst wurde die italienische katholische Volkspartei (Partito popolare)[43] aufgelöst und am 2. Oktober 1923 die Azione cattolica Italiana gegründet, unter das Patronat des hl. Franziskus gestellt und seitdem in zahlreichen Ansprachen und Rundschreiben als Musterbeispiel der Laienorganisation unter geistlicher Führung empfohlen. Sie hat sich einerseits neutral zu verhalten gegen alle politischen Bindungen, anderseits soll sie allen Formen des „Laizismus" oder eines in religiöse Formen sublimierten Nationalismus entschieden ablehnend gegenüberstehen.

Einen gewissen Abschluß dieser Lehren und Anweisungen bildet das Schreiben an den Kardinal Adolf Bertram, Erzbischof von Breslau, vom 13. November 1928.[44] Der Zug zur Einheit, zur großen Christusgemeinde wird hier noch einmal hervorgehoben. „Es wird die katholische Aktion eine allgemeine und gemeinsame Aktion der Katholiken sein, ohne jedweden Unterschied des Alters, des Geschlechts, der sozialen Stellung, der Bildung, nationaler oder politischer Strömungen, sofern sie nicht der Lehre des Evangeliums und dem christlichen Sittengesetz widersprechen und seitens ihrer Anhänger keinen Verzicht auf diese Lehre oder dieses Gesetz verlangen; kurz eine Aktion, die den ganzen Menschen im privaten und öffentlichen Leben umfaßt, indem sie ihm die beste religiöse und bürgerliche Bildung verschafft, d. h. eine gediegene Frömmigkeit, eine entsprechende Kenntnis der religiösen Wahrheiten, ein unbedingt makelloses Leben, Dinge, die das notwendige Fundament für jegliche Teilnahme am Apostolat der Kirche bilden."

Ein „Gegenstand von ewiger Zeitgemäßheit" und doch niemals notwendiger und aktueller als heute ist die Belehrung über die christliche Ehe. Im An-

---

Vgl. S. 518 — Kardinal Bertram, Im Geiste und Dienste der katholischen Aktion, Kösel-Pustet, München 1929.

Die Paladine des Papstes Pius XI.
Die drei großen Diplomaten des Vatikans Kardinalstaatssekretär Pacelli (links), sein Vorgänger Kardinal Gasparri (Mitte) und Unterstaatssekretär Pizzardo (rechts).

schluß an die Enzyklika Leos XIII. „Arcanum divinae sapientiae" vom 10. Februar 1880 widmete ihr Pius XI. die Enzyklika „Casti connubii" vom 31. Dezember 1930. Nachkommenschaft, Treue, Sakrament sind nach dem hl. Augustinus Güter, um derentwillen die Ehe selbst gut ist. Das Kernstück der Enzyklika aber befaßt sich mit den modernen Irrlehren und Wahngebilden, mit dem Mißbrauch der Ehe. „Jeder Gebrauch der Ehe, bei dessen Vollzug der Akt durch die Willkür des Menschen seiner natürlichen Kraft zur Weckung neuen Lebens beraubt wird, verstößt gegen das Gesetz Gottes und der Natur, und die solches tun, beflecken ihr Gewissen mit schwerer Schuld." Den sog. medizinischen, sozialen und eugenischen Indikationen wird das Gebot Gottes und die Stimme der Natur entgegengehalten. Gegenüber der Ehescheidung und den neuen Ehearten (Zeitehe, Kameradschaftsehe) werden die festen Normen der Kirche erneut eingeschärft. Weiter geht die Enzyklika auf die Stellung der Frau ein und unterscheidet eine dreifache Emanzipation, eine soziale, wirtschaftliche und physiologische. Die falsche Freiheit und unnatürliche Gleichstellung mit dem Mann wird sich zum eigenen Verderben der Frau auswirken. Gleiche Rechte und gleiche Pflichten beider Gatten bestehen dagegen hinsichtlich der Persönlichkeitsrechte und der Menschenwürde und in dem, was dem Vertrag entspringt und der Ehe eigentümlich ist. Des näheren werden die Gefahren der Mischehe, der Segen der Unauflöslichkeit der Ehe und der Fluch der Ehescheidung dargelegt. Der letzte Teil gibt eine Darstellung der Heilmittel und zeichnet den Weg der „Rückkehr zu den Gedanken Gottes". Neben den Priestern werden die in der katholischen Aktion zusammengeschlossenen Laien aufgerufen, „der Sklaverei der Leidenschaft die Freiheit der Kinder Gottes" entgegenzuhalten. Gewarnt wird vor der falschen „Autonomie" der Vernunft und hingewiesen auf die Kirche als Führerin in allen Angelegenheiten des Glaubens und der Sitte. Was die wirtschaftlichen Voraussetzungen angeht, so verlangt der Papst in der bürgerlichen Gesellschaft die Regelung der sozialen und wirtschaftlichen Verhältnisse in einer Weise, „die es allen Familienvätern ermöglicht, das Notwendige zu verdienen und zu erwerben, um sich, Frau und Kinder standesgemäß und den heimatlichen Verhältnissen entsprechend zu ernähren.

Enzykliken über die christliche Ehe und über die christliche Erziehung

Kardinal Eugenio Pacelli,
geb. am 2. *Mai 1876, wurde nach höchst ehrenvollen Betrauungen im Dienste der Kurie im Jahre 1917 zum Titularerzbischof von Sardes und gleichzeitig zum apostolischen Nuntius in München, 1920 zum Nuntius beim deutschen Reiche in Berlin ernannt. Nachdem unter Pacellis Führung 1924 das Konkordat mit Bayern, 1929 jenes mit Preußen abgeschlossen war, wurde er 1929 als Kurienkardinal nach Rom berufen. Nach Abschluß der Lateranverträge legte der schon 78 jährige Kardinal Gasparri die verantwortungsvolle Bürde des päpstlichen Staatssekretariates nieder, worauf Papst Pius XI. den Kardinal Pacelli mit diesem wichtigsten Amte der Kirchenregierung betraute.*

Dem Arbeiter den Lohn zu verweigern oder unbillig herabzudrücken, ist schweres Unrecht und wird von der Heiligen Schrift unter die schlimmsten Sünden gerechnet. Es ist auch nicht recht, die Löhne so niedrig anzusetzen, daß sie in den jeweiligen Verhältnissen für den Unterhalt seiner Familie nicht genügen. In einem letzten Kapitel werden die Pflichten der öffentlichen Autorität der Familie gegenüber eingehend beleuchtet und die für das Staatswohl Verantwortlichen daran gemahnt, daß der Staat aus dem Quell der Ehe und Familie entspringt.

Gegenüber der Unzahl von Erörterungen über Erziehungsfragen will die große Enzyklika über die **christliche Erziehung** vom 31. Dezember 1929 „Rappresentanti in terra" (die erste in italienischer Sprache mit amtlichen Übersetzungen in die übrigen Hauptsprachen; lateinische Anfangsworte: Divini illius magistri) zwar nicht die unerschöpfliche Fülle von Theorie und Praxis in der Erziehung, jedoch die obersten Grundsätze zusammenfassend behandeln und zeigen, daß der in den pädagogischen Reformbestrebungen sich zeigende Vervollkommnungsdrang der Menschheit seine Befriedigung erst in Gott finde. Die einzelnen zur Erziehung berufenen und verpflichteten Faktoren, Kirche, Familie und Staat, werden zueinander in Beziehung gesetzt und zu harmonischem Zusammenarbeiten angeleitet. Gegenstand der Erziehung ist der ganze Mensch. Falsch ist der pädagogische „Naturalismus", der die übernatürliche christliche Bildung beim Jugendunterricht ausschließt, und die Erziehungsmethode, die dem Kinde bei dem Erziehungswerke den ausschließlichen Primat der Initiative zuweist oder eine von jedem höheren natürlichen und göttlichen Gesetz unabhängige Tätigkeit auszubilden sucht. Alle Polemik der Neuerer gegen den Sittenkodex überhaupt, gegen „Heteronomie" oder „Passivität" der christlichen Erziehungsmethoden, auch die experimental-psychologische Erforschung und Bewertung der Erziehungstatsachen übernatürlicher Ordnung werden abgelehnt. Aufklärung auf sexuellem Gebiet ist nur denen gestattet, denen Gott mit der Erziehungsaufgabe auch die Standesgabe verliehen hat. Zu verneinen ist die Koedukation. Die Ergänzung der Geschlechter, nicht ihre Nivellierung oder gar eine Gleichheit in der Heranbildung entspricht den Absichten des Schöpfers. Der Besuch der weltlichen und Simultanschulen ist verboten, außer wo mit Rücksicht auf besondere Verhältnisse eine bischöfliche

Kardinal Franz Ehrle S. J.,
geb. 17. Okt. 1845 zu Isny (Allgäu), seit 1929 Bibliothekar und Archivar der heiligen römischen Kirche, ist seit dem kürzlich erfolgten Tode des Kardinals Frühwirth der einzige in Rom residierende Kardinal deutscher Abstammung.

Erlaubnis erteilt ist. Förderung und Schutz der katholischen Schule ist die besondere Aufgabe der katholischen Aktion. Katholische Schulvereine verdienen besonderes Lob. Auf Latein und Philosophie, gute Literatur und erzieherisch wirkende Schaustellungen und Filme wird besonders hingewiesen.

Der Empfehlung einer liturgischen Bildung und des gregorianischen Kirchengesanges galt die Konstitution vom 20. November 1928, der Empfehlung der Exerzitienfrömmigkeit und vor allem der Methode des hl. Ignatius von Loyola die Enzyklika „Mens nostra" vom 20. Dezember 1929.

Zum 40. Jahrestage der Enzyklika „Rerum novarum" Leos XIII., am 15. Mai 1931, erließ Pius XI. das Rundschreiben „Quadragesimo anno" „über die gesellschaftliche Ordnung, ihre Wiederherstellung und ihre Vervollkommnung nach der Richtschnur des Evangeliums" und setzte darin das Bestreben seines großen Vorgängers fort, den Völkern Wege zur Ordnung des Rechtes und des Friedens zu weisen. Im ersten Teile der Enzyklika werden die Segnungen dargelegt, die sich aus der Enzyklika „Rerum novarum" ergeben haben. Ihr nicht bloß lehrhafter, sondern auch aktivistischer Charakter wird sichtbar. Sie hat die Grundlage und den Anstoß zur Ausbildung einer Gesellschafts- und Wirtschaftslehre nach katholischen Grundsätzen gegeben; sie hat die religiös-sittliche und sozial-wirtschaftliche Durchbildung der katholischen Arbeiterschaft veranlaßt, so daß diese befähigt wurde, sich im Ringen der wirtschaftlichen Mächte zielbewußt zu behaupten und auch ihre Führer selbst hervorbringen konnte. Der das öffentliche Leben beherrschende Liberalismus ist Schritt für Schritt zurückgedrängt und ihm der Raum für eine aus neuem Geist geborene Sozialpolitik unter dem Leitgedanken der christlichen Gerechtigkeit abgerungen worden. Daß der Arbeiterschaft das Koalitionsrecht zum Zwecke der organisierten Selbsthilfe errungen wurde, ist nicht zuletzt dem Arbeiterpapste zu verdanken. Im zweiten Teil wird auf die sozialwirtschaftlichen Probleme der Gegenwart eingegangen. Gegenüber der Ansicht, daß sich die wirtschaftlichen und sozialen Angelegenheiten der Zuständigkeit der Kirche entziehen, wird betont, daß die Kirche durchaus zuständig sei, nicht hinsichtlich der diesseitigen Zielsetzung und der technischen Ausgestaltung des Wirtschaftssystems und der Sozialordnung, wohl aber, soweit die Fragen des sozialen Lebens das

Sittengesetz und die Heilsbotschaft berühren. Auf dies Gebiet des Sittengesetzes greift die Frage des Eigentums über. Der Charakter des Eigentums ist ein doppelter: individual und sozial. Dem radikalen Individualismus wie dem Kollektivismus ist entgegenzutreten. Auf Grund dieses Eigentumsbegriffes muß das Verhältnis zwischen Kapital und Arbeit gerecht ausgeglichen werden. In der Verteilung des Ertrages bestanden bisher starke Mißverhältnisse. Die Masse der besitzlosen Lohnarbeiter neben den Riesenvermögen einzelner ist Beweis genug. Das Ziel der christlichen Sozialreform muß die Entproletarisierung der Proletarier sein. Die Verschiedenheit der Lebensverhältnisse ist vom Schöpfer gewollt und kann niemals ganz verschwinden, aber dauernde Besitzlosigkeit und Lohnabhängigkeit für den größeren Teil der Menschheit kann nicht der Regelzustand sein. Auch der Lohnarbeiter hat Anspruch

Kardinal Dr. Michael Faulhaber
geb. 5. März 1869 in Klosterheidenfeld (Franken), 1903 — 1911 Professor für biblische Theologie in Straßburg, wurde 1911 zum Bischof von Speyer gewählt, 1917 zum Erzbischof von München-Freising, im gleichen Jahre von Papst Benedikt XV ins Kardinalskollegium berufen. Kardinal Faulhaber zählt zu den markantesten Führergestalten Deutschlands; eine Anzahl wertvoller apolog. Werke zeugt von seiner engen Verbundenheit mit Zeit u. Wissenschaft.

auf Wohlstand, d. h. auf Eigentum. In der jetzigen Wirtschaftsordnung ist das nur durch gerechte und angemessene Löhne zu erreichen. Aus der Auseinandersetzung der Klassen müssen wir uns zur einträchtigen Zusammenarbeit der Stände emporarbeiten. Die Arbeit darf nicht auf die Stufe einer beliebigen Ware gestellt werden, es ist in ihr vielmehr immer die Menschenwürde des Arbeiters zu achten. Die Verschiedenheit der Berufsstände, die Vielfältigkeit der Güter und Dienstleistungen fügen sich zusammen zum Gemeinwohl. Die menschliche Gesellschaft wird um so aufrichtiger geeint, um so vollkommener gegliedert sein, je treuer alle und jeder einzelne der Erfüllung ihres Berufes obliegen, der Berufung gehorchen, die ihnen geworden ist. Im dritten Teil werden Kapitalismus und Sozialismus als Abirrungen von der rechten Ordnung, die zu vermeiden und zu überwinden sind, nebeneinandergestellt. Das System der Kapitalwirtschaft ist an sich nicht verwerflich, wohl aber seine Mißbildungen und Krankheiten. Die zügellose Konkurrenzfreiheit ist jetzt durch Zusammenballungen wirtschaftlicher Macht abgelöst worden, die zum Mißbrauch verführen und zu einer rücksichtslosen Herrschaft, zu einer wirklichen Weltmacht weniger Menschen auszuarten drohen. Das heilende

Kardinal Dr. Adolf Bertram,
geb. 14. März 1859 in Hildesheim, 1906 Bischof dortselbst, seit 1914 Fürstbischof von Breslau, wurde 1916 von Papst Benedikt XV. zum Kardinal kreiert, aber erst im Dezember 1919 als solcher publiziert. Seit der Erhebung Breslaus zum Erzbistum, 13. Aug. 1930, Fürsterzbischof und Metropolit der Breslauer Kirchenprovinz. Kardinal Bertram wurde 1929 von Papst Pius XI. mit feierlichem Handschreiben als Führer der „Kathol. Aktion" in Deutschland bestellt.

Gegenmittel ist jedoch nicht der Sozialismus; in Wahrheit ist dies Heilmittel schädlicher als das zu heilende Übel. Der Sozialismus hat sich in zwei Richtungen gespalten. Die eine Richtung führt die sozialistischen Grundsätze bis zu den äußersten Folgerungen durch. Sie hat den Namen Kommunismus angenommen. Ihre völlige Unvereinbarkeit mit der Lehre der Kirche steht außer jeder Erörterung. Die andere Richtung, die weiter den Namen Sozialismus führt, hat vielfach starke Abstriche an ihren Programmen vorgenommen und ist in einer Reihe von Punkten mehr oder weniger den katholischen Sozialprinzipien so nahe gekommen, daß viele sich fragen, ob denn außer der Namensverschiedenheit zwischen beiden noch etwas streitig sei. Aber „auch nach dieser weitgehenden Abschwächung, und obwohl viele seiner Forderungen durchaus der Gerechtigkeit entsprechen und auch von der Kirche vertreten werden, legt der Sozialismus (solange er wirklicher Sozialismus bleibt) eine Gesellschaftsauffassung zugrunde, die so völlig der wahren Auffassung von der menschlichen Gesellschaft, wie wir sie aus der Frohbotschaft kennen, entgegengesetzt ist, daß jede grundsätzliche Einigung mit ihm immer und unter allen Umständen ausgeschlossen ist; man kann nicht gleichzeitig guter Katholik und wirklicher Sozialist sein". Die Katholiken, die sich durch trügerische Hoffnungen ins sozialistische Lager haben locken lassen, werden ermahnt, zurückzukehren und sich der

Kardinal Karl Joseph Schulte,
geb. 14. September 1871 zu Haus Valbert in Westfalen, 1909 Bischof von Paderborn, 1920 Erzbischof von Köln, am 8 März 1921 von Papst Benedikt XV. zum Kardinal erwählt und gleichzeitig publiziert.

Sozialismus. Weltkrisen. Jubiläen

Kardinal Dr. Theodor Innitzer, geb. 25. Dezember 1875 zu Weipert (böhm. Erzgebirge), seit 1908 Professor für neutestamentliche Exegese an der Universität Wien, ab Herbst 1929 als Minister für soziale Verwaltung in der Regierung Schober, seit September 1932 Erzbischof von Wien, ins Heilige Kollegium der Kardinäle berufen von Papst Pius XI. im Geh. Konsistorium vom 13. März 1933.

Schar derer einzureihen, die der Wiederherstellung der Gerechtigkeit in der menschlichen Gesellschaft im Sinne Leos XIII. ihre Kräfte weihen. Die weltanschauliche Wurzel der verkehrten Sozialauffassung ist die ausschließliche Richtung auf das Diesseits, seine Güter und Werte. Nur die Besinnung auf den wahren Sinn des Lebens, die sittliche Erneuerung, die Wiederherstellung der Gerechtigkeit in Wirtschaft und Gesellschaft kann aus der Krise der Gegenwart herausführen, nicht der Sieg des Sozialismus oder die unbedingte Behauptung der Mächte des Kapitalismus. Würde eine den christlichen Grundsätzen stracks zuwiderlaufende Gestaltung der Dinge, wie viele sie erstreben, sich durchsetzen, so bedeutete das einen furchtbaren Zusammenbruch. Für sich selbst hat die Kirche nichts zu fürchten, denn sie weiß sich unüberwindlich kraft untrüglicher Verheißungen, aber sie fürchtet für so viele, die verloren gehen würden. Darum muß ein jeder an seinem Platz und in seinem Wirkungskreis mitarbeiten zum allgemeinen Wohl, in voller Eintracht und Einordnung, nichts anderes suchend als die Sache Gottes und das Königtum Jesu Christi.

Von den Weltkrisen der Finanznot, der Arbeitslosigkeit und des Rüstungswettlaufs handelt die Enzyklika „Nova impendet" vom 2. Oktober 1931. Auch in der Enzyklika „Caritate Christi" vom 3. Mai 1932 werden die Nöte unserer Zeit mit beredten Worten geschildert. Die weit verbreiteten Übel sind noch in furchtbarem Wachstum begriffen. Die Umsturzparteien entrollen die Banner der Gottlosigkeit und des Hasses gegen jede Religion. Sie suchen dabei nicht ohne Erfolg den Kampf gegen Gott zu verbinden mit dem Ringen um das tägliche Brot. Dem Elend der Welt setzt der Papst entgegen das Gebet, die Buße und das göttliche Herz Jesu. Das Fest des heiligsten Herzens soll für die ganze Kirche ein Tag der Sühne und des Bitteifers sein.

Als Kirchenhistoriker auf dem Stuhle Petri hat der Papst in eindrucksvollen Kundgebungen auf die Jubiläen von Kirchenlehrern und bedeutenden Heiligen hingewiesen, wie den 300. Todestag des hl. Franz von Sales (8. Dezember 1922), den 600. Jahrestag der Heiligsprechung des Thomas von Aquin (29. Juni 1923), den 300. Todestag des hl. Märtyrerbischofs Josaphat von Plock (12. November 1923), den 700. Todestag des hl. Franz von Assisi (29. April 1926), den 200. Jahrestag der Heiligsprechung des hl. Aloysius von Gonzaga (13. Juni 1926), den 200. Jahrestag der Heiligsprechung des Joh. Nepomuk (16. Mai 1929), den 1000. Todestag des hl. Wenzel (28. September 1929), den 1500. Todestag des hl. Augustinus (22. April

Münzen des Vatikanstaates, geprägt 1929, 5 und 10 Cent.

1930), das 900. Gedächtnis des Todestages des hl. Emmerich mit Heiligem Jahr für Ungarn (5. November 1930), das Gedächtnis des 700. Todestages und der Heiligsprechung des hl. Antonius von Padua (1. März 1931), die Fünfzehnhundertjahrfeier des Konzils von Ephesus (25. Dezember 1931).

Das 1600. Gedächtnis des Konzils von Nicäa wurde am 15. November 1925 unter Beteiligung aller orientalisch-unierten Riten feierlich begangen.

Selig gesprochen wurden u. a. die Karmeliterin Theresia vom Kinde Jesu, der Kardinal Robert Bellarmin aus dem Jesuitenorden, Bernadette Soubirous aus Lourdes, Hubert Fournet, Gründer der Kongregation der Kreuztöchter vom hl. Andreas, Don Bosco, Gründer der Gesellschaft der Salesianer; heiliggesprochen Theresia vom Kinde Jesu, der erste deutsche Jesuit Petrus Canisius, der Oratorianer Johann Eudes, der Pfarrer Johann Baptist Maria Vianney von Ars, Bellarmin, der deutsche Dominikaner Albert d. Gr. (16. November 1931).

Zu Kirchenlehrern ernannte der Papst den hl. Petrus Canisius, den hl. Johann vom Kreuze aus dem Karmeliterorden, den hl. Robert Bellarmin und den hl. Albert d. Gr.

Zu Ehren des hl. Albert wurde vom 8. bis 10. April 1932 in der Basilika s. Maria sopra Minerva ein feierliches Triduum gehalten.

Das Jahr 1933, in dem nach dem Tode Christi neunzehn Jahrhunderte verflossen sind, wurde durch die Weihnachtsbotschaft 1932 und durch die Bulle „Quod nuper" vom 6. Januar 1933 als **Heiliges Jahr** angeordnet.

Das besondere Interesse des Papstes gilt der Mission. Wie Gregor XVI. hat auch er sich bereits den Ehrentitel eines Missionspapstes erworben. Bei der dreihundertjährigen Gedenkfeier der Gründung der Kongregation für Glaubensverbreitung

Italien anerkennt und bestätigt aufs neue den durch Art. 1 der Verfassung des Königreiches vom 4. März 1848 geheiligten Grundsatz, wonach die katholische, apostolische und römische Religion die einzige Staatsreligion ist. (§ 1)

Italien erkennt die Souveränität des Heiligen Stuhles auf internationalem Gebiet als eine gemäß seiner Überlieferung und den Erfordernissen seiner Aufgabe in der Welt zu seinem Wesen gehörenden Eigenschaft an. (§ 2)

Italien erkennt das volle Eigentum sowie die ausschließliche, unumschränkte souveräne Gewalt und Jurisdiktion des Heiligen Stuhles über den Vatikan an, wie er gegenwärtig besteht, mit allem seinem Zubehör und seinen Dotationen. Hierdurch wird zu den besonderen Zwecken und unter den im vorliegenden Vertrag genannten Bedingungen die Vatikanstadt geschaffen. (§ 3)

Die ausschließliche Souveränität und Jurisdiktion des Heiligen Stuhles über die Vatikanstadt, die Italien anerkennt, bedingt, daß daselbst keine Einmischung der italienischen Regierung stattfinden kann, und daß es in ihr keine andere Autorität gibt als die des Heiligen Stuhles. (§ 4)

Italien betrachtet die Person des Papstes als heilig und unverletzlich. (§ 8)

Gemäß den Bestimmungen des internationalen Rechts unterstehen der Souve-

„Der vorliegende Vertrag wird innerhalb König von Italien zur Ratifizierung vor Kraft." (§ 27.)   *Rom, am 11. Februa*

Pietro Card. Gasparri

Vorstehend die wichtigsten Abschnitte des Lateran-Vertrages im Wortlaute; als wesentlicher Bestandteil zu diesem Vertrage gelten

ränität des Heiligen Stuhles alle Personen, die ihren ständigen Wohnsitz in der Vatikanstadt haben. (§ 9)

Italien erkennt das aktive und passive Gesandtschaftsrecht des Heiligen Stuhles nach den allgemeinen Regeln des internationalen Rechtes an. . . . Die Hohen Vertragsparteien verpflichten sich zur Herstellung normaler diplomatischer Beziehungen untereinander durch Beglaubigung eines italienischen Botschafters beim Heiligen Stuhle und eines päpstlichen Nuntius bei Italien. (§ 12)

Sämtliche Kardinäle genießen in Italien die den Prinzen von Geblüt zustehenden Ehren. Die in Rom auch außerhalb der Vatikanstadt residierenden Kardinäle sind mit allen Wirkungen vatikanische Staatsangehörige. (§ 21)

Der Heilige Stuhl ist der Überzeugung, daß ihm durch die heute unterzeichneten Abmachungen in angemessenem Umfange alles zugesichert wird, was er benötigt, um mit der nötigen Freiheit und Unabhängigkeit das Hirtenamt über das Bistum Rom und über die katholische Kirche in Italien und in der ganzen Welt auszuüben. Er erklärt endgültig und unwiderruflich die „Römische Frage" für beigelegt und somit für erledigt, und erkennt das Königreich Italien unter der Dynastie des Hauses Savoyen mit Rom als Hauptstadt des Italienischen Staates an. Italien seinerseits erkennt den Staat der Vatikanstadt unter der Souveränität des Papstes an. (§ 26)

einer Unterzeichnung dem Papst und dem Austausch der Ratifikationsurkunden in

Benito Mussolini

das am gleichen Tage abgeschlossene „Finanzabkommen" und das Konkordat zwischen dem Heiligen Stuhle und Italien.

Münzen des Vatikanstaates, geprägt 1929, 20 und 50 Cent.

(Propaganda), am Pfingsttage 1922, erließ er einen Missionsruf an den ganzen katholischen Erdkreis. Im Juni 1922 wurde ein großer Missionskongreß in Rom abgehalten. Besonders liegt dem Papste die Zentralisierung der gesamten Missionsarbeit und die Heranbildung eines einheimischen Klerus in den Missionsländern am Herzen. Das päpstliche Werk vom hl. Petrus zur Förderung dieses Klerus hat eine Jahreseinnahme von über 8 Millionen Lire. Das Jubeljahr 1925 zeigte die große Missionsausstellung im Vatikan; sie wurde dann als dauerndes Missions- und völkerkundliches Museum im Lateran untergebracht. Am 28. Februar 1926 erließ Pius XI. die große Missionsenzyklika „Rerum ecclesiae", in der er alle Bischöfe zur Mitarbeit auffordert, den Missionsbischöfen die Schaffung eines einheimischen Klerus und die Errichtung von Eingeborenenseminarien für mehrere Bezirke ans Herz legt; auch neue Orden und Kongregationen, besonders beschauliche, seien zu errichten. Besonders wichtig seien auch die Schulen. Am 28. Oktober 1926 wurden sechs eingeborene chinesische Bischöfe in der Peterskirche feierlich geweiht, nachdem der Delegat Constantini und das erste chinesische Plenarkonzil von Schanghai im Jahre 1924 trotz der Kriegswirren der Kirche Chinas Einheit und Zielsicherheit gegeben hatten. In vierzig Jahren soll für 10000 einheimische Priester mit der entsprechenden Zahl von Bischöfen gesorgt werden. Auch in Japan wurde 1924 eine Nationalsynode abgehalten und 1927 der Japaner Januarius Hayasaka in Rom zum Bischof von Nagasaki geweiht. Bis 1932 wurden 151 neue Missionssprengel errichtet, davon 10 in Indien, 64 in China und Korea, 11 in Japan und auf den Philippinen, 31 in Afrika. Über 4000 neue Missionare zogen hinaus. Die Zahl der Neuchristen wuchs um sechs Millionen. Die Entwicklung der einheimischen Seminarien

Äußere Zeichen der wiedergewonnenen päpstlichen Souveränität
Briefmarken des Vatikanstaates, wie sie seit 1929 international in Geltung und Gebrauch stehen.

schreitet unaufhaltsam fort (in China 79 kleine Seminarien mit 4600 Zöglingen, 14 große mit 1000 Studenten, in Indien 16 große Seminarien mit 1000 Studierenden usw.). Das päpstliche Werk der Glaubensverbreitung, das unter den Missionswerken an erster Stelle steht, sammelte und verteilte im Jahre 1922 an die Missionen 23 Millionen, im Jahre 1927 46 Millionen Lire. Der Klerus aller Länder schloß sich zu der Unio cleri pro missionibus zusammen.

Eine Herzensangelegenheit ist für den Papst ferner die Union mit den Kirchen des Ostens. Schon in dem Rundschreiben zum Gedächtnis des Märtyrerbischofs Josaphat von Plock (12. November 1923) richtete er an die von der Einheit der Kirche Getrennten die Mahnung zur Rückkehr und gab die Mittel zur Förderung und Unterstützung der Einheit an. Im August 1924 wurde der Abtprimas der Benediktiner beauftragt, durch Gründung einer besonderen Kongregation (Patres unionis in Amay an der Maas) die Unionsarbeit zu fördern. Die Jesuiten errichteten ein Noviziat für Orientale in Albertyn in Polen. Das Orientalische Institut[45] wurde durch eine russisch-slawische Abteilung erweitert und das Institut als Russenkolleg der Gregoriana einverleibt. In dem Rundschreiben „Rerum orientalium" vom 8. September 1928 warf der Papst einen Rückblick auf das bereits Geleistete und forderte zur weiteren Förderung der orientalischen Studien auf. 1929 wurde die Kodifikation des orientalischen Kirchenrechts in Angriff genommen; die Leitung der Kodifikationskommission hat Kardinal Gasparri übernommen. 1930—1932 sind bereits mehrere Quellensammlungen veröffentlicht worden. Auch von dem kommenden Gesetzbuch wird die

Exterritoriale Zone der Basilika und des Palastes im Lateran
„Italien erkennt das volle Eigentum des Heiligen Stuhles an den Patriarchalbasiliken Sankt Johannes im Lateran, Santa Maria Maggiore und Sankt Paul mit ihren Nebengebäuden an." (§ 13 des Lateranvertrages; vgl. hierzu auch die Bilder und Texte auf den Seiten 31, 173, 200, 439—443).

[45] Vgl S. 514.

Münzen des Vatikanstaates, seit 1929 in Geltung

„Italien wird", so heißt es in Art. 6 des Lateranvertrages, „für telegraphische, telephonische, radiotelegraphische, radiotelephonische und Postverbindung der Vatikanstadt auch unmittelbar mit den anderen Staaten sorgen. Schließlich wird es für die Verbindung der anderen öffentlichen Verkehrsmittel sorgen". Das Münzrecht gilt als eines der markantesten öffentlichen Deklarationen uneingeschränkter Souveränität.

Förderung der Wiedervereinigung erhofft. Unionsbesprechungen, die mit anglokatholischen Mitgliedern der englischen Staatskirche durch den verstorbenen Kardinal Mercier in Mecheln geführt wurden, hatten keinen Erfolg.

In der Enzyklika „Mortalium animos" vom 6. Januar 1928 wurden alle Unionsbestrebungen, die sich nicht in Rom als ihrem Brennpunkte zusammenfinden, als Panchristianismus oder Allerweltschristentum verworfen.

Die von seinen beiden Vorgängern begonnene **Wahl- und Kurienreform** brachte Pius XI. zum Abschluß, indem er in seinem ersten Motuproprio vom 1. März 1922 die Eröffnung des Konklaves auf den 15. oder 18. Tag nach dem Tode eines Papstes festsetzte, um den überseeischen Kardinälen die Teilnahme zu ermöglichen.

Selbst aus dem Gelehrtentum hervorgegangen, fördert der Papst, wo er nur kann, **Kunst und Wissenschaft und die Institute und Kollegien** der kirchlichen Zentralverwaltung. Die Propaganda wurde ausgestaltet, ferner je ein lombardisches, russisches, tschechoslowakisches, äthiopisches, ruthenisches, brasilianisches, kroatisches, rumänisches und skandinavisches Studienhaus errichtet. Das Missions- und völkerkundliche Museum unter dem hervorragenden Gelehrten P. Wilhelm Schmidt S. V. D. (1925) und das orientalisch-russische Seminar sind schon erwähnt. 1925 und 1926 wurden auch die päpstliche Kommission für christliche Altertumskunde und das Institut für christliche Archäologie (unter Prof. Kirsch) gegründet und ihnen 1929 die Aufsicht über die Katakomben übertragen. Die gregorianische Universität wurde neu dotiert und straffer organisiert.

Mit der Hochschule für Kirchenmusik[46] be-

[46] Vgl. S. 483.

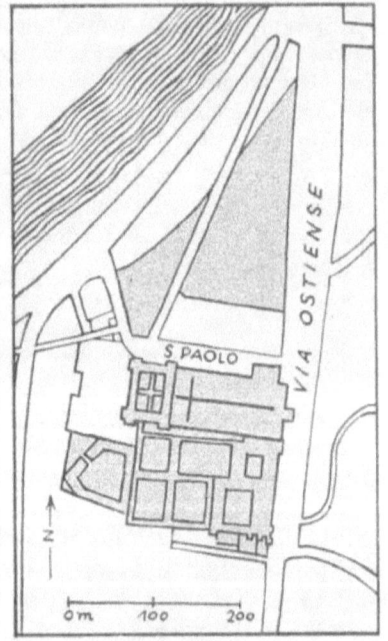

Die exterritoriale Zone der Basilika und des Klosters von St. Paul vor den Mauern Roms

„Der italienische Staat überträgt dem Heiligen Stuhle die freie Leitung und Verwaltung der genannten Basilika von St. Paul und des dazugehörigen Klosters und zahlt dem Heiligen Stuhle auch die Kapitalien aus, die den im Haushalt des Ministeriums für öffentlichen Unterricht alljährlich für die genannte Basilika ausgesetzten Summen entsprechen." (§ 13 des Lateranvertrages; Vgl. dazu auch Bild und Text auf Seite 25).

Münze Pius' XI.
10 Lire in Silber, seit 1929 im Verkehr.

schäftigte sich schon das Motuproprio vom 22. Dezember 1922; als ihr Zweck wird die Kenntnis des gregorianischen Gesanges, der kirchenmusikalischen Komposition nach dem Vorbilde der Polyphonie des 16. Jahrhunderts und des Orgelspiels bezeichnet.

Die Förderung und Neugründung katholischer Universitäten (wie der Herz-Jesu-Universität in Mailand[47] und des Philosophischen Instituts in Salzburg, eröffnet 1928 als Vorstufe einer katholischen Universität) läßt sich Pius XI. besonders angelegen sein.

Eine apostolische Konstitution vom 14. Mai 1931 gilt der Reform des kirchlichen Hochschulwesens auf der ganzen Welt; sie ist durch eine internationale Kommission von Hochschulrektoren in dreijähriger Arbeit vollendet worden. Für die akademischen Lehrer und Studenten sind Mindestforderungen aufgestellt.

Die vatikanische Bibliothek, das frühere Arbeitsfeld des Papstes, hat unter ihm besonders große Fortschritte gemacht. Wertvollen Zuwachs brachten 1922 die von de Rossi im Anfang des 19. Jahrhunderts gesammelte Bibliothek aus Wien-Lainz (1195 Handschriften, 2139 Inkunabeln, 5782 spätere Drucke), 1923, als Geschenk des italienischen Staates, die Bibliothek Chigi, die letzte der berühmten römischen Familienbibliotheken (3000 Handschriften, 300 Inkunabeln, 30 000 spätere Drucke, ferner viele Dokumente, besonders zur Geschichte Alexanders VII.), 1926 die wertvolle Familienbibliothek Ferraioli (1200 Handschriften, 40000 Drucke, seltene Autographen), ferner 2400 Handschriften aus dem Museum der Propaganda, 124 armenische Handschriften, 8000 griechische Bände des Erzbischofs von Athen. Die dringend notwendige alphabetische Gesamtkatalogisierung wird seit 1929 mit Hilfe der amerikanischen Carnegiestiftung, die dafür drei Bibliothekare zur Verfügung stellte, durchgeführt. Auch die Handschriftenkatalogisierung wurde eifrig gefördert. Zu den Handschriftenreproduktionen kam 1930 die neue Reihe der Codices liturgici. 1928 konnte der Papst ein auf seine Veranlassung ausgebautes dreigeschossiges Magazin für 250 000 Bände feierlich eröffnen.

Am 27. Oktober 1932 wurde die von Luca Beltrami in den vatikanischen Gärten im Stile der lombardischen Renaissance erbaute vatikanische Pinakothek (Gemäldegalerie) feierlich eröffnet. Ihre 15 mit erlesenem Kunstgefühl ausgestatteten Säle (davon nur zwei mit profaner

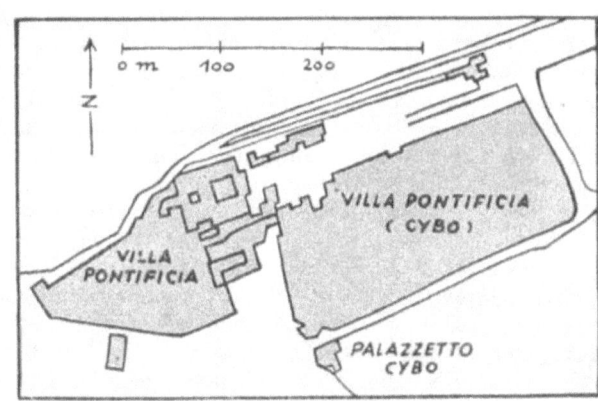

Der päpstliche Grundbesitz in Castel Gandolfo
„*Italien erkennt das volle Eigentum des Heiligen Stuhles an dem päpstlichen Palast zu Castel Gandolfo mit allen Dotationen, allem Zubehör und allen Dependenzen an, wie sie sich heute schon im Besitz des Heiligen Stuhles befinden. Ebenso verpflichtet es sich, ihm die Villa Barberini in Castel Gandolfo mit allen Dotationen, allem Zubehör und allen Dependenzen als volles Eigentum abzutreten.*"
(§ 14 des Lateranvertrages; vgl. hierzu auch die Bilder auf S. 463 u. 465.)

[47] Vgl. S 514.

Die Hauptfassade der von Pius XI. erbauten neuen Pinakothek,
wie sie sich von den Anlagen der Vatikanischen Gärten aus präsentiert.
Das 110 Meter lange und bis zu 30 Meter breite, alle Erfordernisse neuzeitlichen Ausstellungswesens berücksichtigende Gebäude wird ein ständiges Zeugnis für die großzügige Fürsorge Pius' XI. für Kunst und Künstler sein. Die wertvollen Gemäldesammlungen des Vatikans sind nun wohlgeordnet aller Welt zugänglich gemacht.

Kunst, besonders wertvollen Porträts), bergen eine Fülle von hervorragenden Kunstwerken: Frühperiode und Byzantiner, Giotto und seine Schüler, Beato Angelico, Melozzo da Forli, Francesco del Cossa, Polittici, Perugino, Raffael (Himmelfahrt Christi, Madonna di Foligno, Krönung der Mutter Gottes), Leonardo da Vinci, Tizian, Barocco und Muziano, Domenichino, Caravaggio, Maratta.

Besonders inhaltsvoll war in diesen zehn Jahren, nach dem Weltkrieg und den Revolutionen und den großen Machtverschiebungen im Staatensystem, das Kapitel Beziehungen zu den Staaten. Sind doch zwölf Konkordate und sonstige Staatsverträge abgeschlossen und die Gesandtschaften bei der Kurie von 28 auf 37 vermehrt worden.

Als Kardinalstaatssekretär übernahm Pius XI. von seinem Vorgänger den hochverdienten Kardinal Pietro Gasparri, einen äußerlich schlichten, aber hervorragenden, glänzenden Diplomaten und Kirchenrechtler. Am 14. Februar 1930 trat dieser, achtundsiebzigjährig, zurück, um sein Lebenswerk, den Kommentar zum Codex juris canonici, zu vollenden. Sein Nachfolger wurde Kardinal Eugen Pacelli, vorher Nuntius für Deutschland in Berlin.

Die Liebestätigkeit Benedikts XV. zur Linderung der Nöte in Deutschland, Österreich, Rußland und bis in den fernen Osten ohne Rücksicht auf Nation und Konfession setzte Pius XI. fort.

Das bedeutsamste Ereignis war die Lösung der römischen Frage und der Friede mit Italien. Am 11. Februar 1929 wurden im

Der Haupteingang zur neuen Pinakothek in der Vatikanstadt

Lateran von Gasparri und Mussolini drei Verträge unterzeichnet, nachdem seit dem 6. August 1926 Verhandlungen geführt worden waren. Durch den ersten erhielt der Papst, wie es schon während des Weltkrieges vorgeschlagen worden war[48], ein kleines Territorium (44 Hektar), die Vatikanstadt (Città del Vaticano), mit voller Souveränität, dazu einen größeren Immunitätsbereich mit Exterritorialität oder fiskalischer Immunität für eine Anzahl von Kirchen, Palästen, Ämtern und Instituten sowie die Villa Castel Gandolfo. Man begnügte sich also mit einer bloß „nationalen" Lösung, einem Abkommen mit Italien; auf internationale Garantien wurde verzichtet. Die Bedingung, die der Papst gestellt hatte, war aber der gleichzeitige Abschluß des Konkordats mit Italien, das in seinen Bestimmungen über den Katholizismus als Staatsreligion, den strafrechtlichen Schutz der Kirche, die Ehe der gläubigen Katholiken, die christlichen Schulen und die Anerkennung der religiösen Genossenschaften als juristische Personen die kirchenfeindliche Gesetzgebung aufhob und ihr für die Zukunft eine Schranke setzte. Nach sechzigjährigem Ausfall wurde in allen Volks- und Mittelschulen der Religionsunterricht wieder eingeführt. Mit Recht konnte deshalb Pius XI. am 12. Februar freudig erklären, durch das Konkordat, das den ersten Vertrag erkläre, rechtfertige und empfehle, Gott an Italien und Italien an Gott zurückgegeben zu haben. Der Finanzvertrag endlich überwies dem Papste eine Milliarde Lire in Staatspapieren und 750 Millionen Papierlire; bei fünfprozentiger Verzinsung bedeutet das eine Jahresrente von 87½ Millionen Papierlire.

Aber bald darauf kam es schon zu heftigen Auseinandersetzungen wegen der Jugenderziehung, die der Faschismus für den Staat allein beansprucht, und der kirchlichen Vereinigungen. In dem Rundschreiben über die katholische Aktion vom 4. Juli 1931 verwarf der Papst die Staatsvergottung des Faschismus. Am 2. September kam es zu einer Einigung. Danach soll die katholische Aktion eine rein kirchliche Angelegenheit sein, die den Bischöfen unterstellt ist, die auch die Leiter ernennen. Die Jugendverbände innerhalb der katholischen Aktion beschränken sich künftig auf rein religiös-erzieherische Aufgaben und auf die gemeinsame Erholung. Die im Januar 1932 ausgegebenen neuen Satzungen der katholischen Aktion sind diesem Abkommen angepaßt. Am 11. Februar 1932 machte Mussolini einen feierlichen Staatsbesuch im Vatikan.

[48] Vgl. S. 517.

*Die Bahnhofsanlagen der Vatikanstadt,
von der Kuppel der Peterskirche aus gesehen.*

Die Bahnanlagen des Staates der Vatikanstadt stellen den Anschluß an das italienische Staatsbahnnetz und damit an den internationalen Verkehr her. Das Bahnhofsgebäude (in der Mitte des Bildes) reiht sich in seiner glücklichen Vermischung von klassischen und modernen Motiven würdig den anderen Monumentalbauten an, die im Laufe des Pontifikates Pius' XI. in der Vatikanstadt entstanden sind.

Aber die Möglichkeit neuer scharfer Konflikte und die Gefahr einer schweren Belastung für Rom und die italienische Kirche ist keineswegs endgültig behoben. Denn der Faschismus vertritt den Primat des Staates über die Wirtschaft und Gesellschaft, erhöht ihn also zum Absoluten. Der Staat ist das Ganze, aber nicht nur der Staat, sondern auch die ihn vertretende Parteibewegung. Er und sie bestimmen ausschließlich die sozialen Verhältnisse. Das verträgt sich nicht mit der Sozialethik der Kirche, die vor allem das Monopol des Staates auf Schule und Volkserziehung nicht anerkennen kann.

Auch das Verhältnis zu F r a n k r e i c h besserte sich wesentlich. In der Enzyklika „Maximam gravissimamque" vom 18. Januar 1924 wurden die Trennungsgesetze[49] als nicht mehr zu ändernde Tatsache hingenommen, die Diözesanvereinigungen als erlaubt erklärt. Zu schweren Erschütterungen der katholischen Kirche in Frankreich führte die nationalistische Gruppe Action française unter dem Atheisten Charles Maurras, die einen Teil des Klerus, der Laien und der Jugend für sich gewonnen hatte. Es kam sogar zum Rücktritt des Rektors des französischen Kollegs in Rom und des französischen Kurienkardinals Billot. Durch päpstliches Schreiben an den Erzbischof von Bordeaux, Kardinal Andrieu, vom 5. September 1926, wurde die Action française verurteilt. Eine Reihe missionierender Kongregationen und Ordenshäuser wurde Ende

[49] Vgl. S. 491 f.

Die Handschrift des Papstes Pius XI.
Der Glückwunsch des Papstes für die Zeitschrift „L' Illustrazione Vaticana", die von der Apostolischen Druckerei in der Vatikanstadt, seit zwei Jahren auch in deutscher Sprache, herausgegeben wird.

März 1929 von der französischen Regierung wieder zugelassen und ihnen der frühere Besitz zurückgegeben. So konnte sogar der Gedanke eines Konkordats mit Frankreich aufkommen. Aber der religiöse Indifferentismus ist so groß, daß nur ein Viertel aller Katholiken seine religiösen Pflichten erfüllt und von den übrigen ein Achtel jede Verbindung mit der Kirche verloren hat. Der Priestermangel ist groß. Es wäre Missionsarbeit im eigentlichen Sinne des Wortes nötig.

Eine große Enttäuschung bereitete das bis dahin als Hochburg des Katholizismus geltende **Spanien** unter der neuen republikanischen Regierung (seit April 1931). „Entweihung der Familie und der Schule, eine wahre Verwüstung", so mußte der Papst ihre Maßnahmen bezeichnen. Kirchen, Klöster und bischöfliche Paläste wurden, wohl unter der Regie einer antikirchlichen oder syndikalistischen Zentrale, in Brand gesteckt. Am 13. Oktober 1931 wurden die kirchenfeindlichen Artikel der Verfassung angenommen. Die Kirchengemeinschaften werden künftig einem besonderen Gesetz unterstellt. Staat und Gemeinden können religiösen Vereinigungen keine Subventionen mehr gewähren. Ordensschulen sind verboten. Alle Orden, die neben den kanonischen Gelübden noch ein Gehorsamsgelübde gegenüber dem Papste ablegen, sind aufzulösen. Das traf die Jesuiten, die viele höhere Schulen, Akademien und technische Lehranstalten unterhielten. Sie mußten größtenteils Spanien verlassen, und ihr Besitz wurde eingezogen.

Besonders schwer war der Konflikt mit **Mexiko**, dessen Präsident Calles unter dem Vorgeben, nur die Bestimmungen der Verfassung von 1917 durchzuführen, während den Katholiken vorgeworfen wurde, die Regierung stürzen zu wollen, seit 1925 eine systematische Kirchenverfolgung (Vertreibung der Priester und Ordensleute, Schließung der Kirchen, Schulen und Klöster) durch-

Pius XI. am Arbeitstisch in seiner Privatbibliothek

führte. Drei vom Papst entsandte Delegaten wurden ausgewiesen. Das Verlangen der Registrierung aller Priester und einer behördlichen Erlaubnis für die Seelsorge wurde mit einer interdiktähnlichen Suspendierung aller Amtshandlungen durch den Klerus beantwortet. Bischöfe und Priester wurden gemartert und ermordet, sechs Bischöfe ausgewiesen. In der Enzyklika „Iniquis afflictisque" vom 18. November 1926 und in mehreren Ansprachen nahm der Papst gegen diese „diokletianische Christenverfolgung" und die „Verschwörung des Stillschweigens" in der Weltpresse Stellung. Durch Vermittlung angesehener Katholiken und des nordamerikanischen Gesandten wurde schließlich am 21. Juni 1929 ein Modus vivendi unterzeichnet. Aber ein Dekret vom 21. Dezember 1931 beschimpfte die Kirche als eine „Handelsorganisation, die sich durch Aussaugung des Volkes bereichere". Die Zahl der Geistlichen wurde erneut beschränkt: für 50 000 Einwohner sollen eine Kirche und ein Priester genügen. Viele Kirchen sind geschlossen, viele Priester müssen sich jeder Seelsorgstätigkeit enthalten. Die katholischen Schulen werden möglichst unterdrückt, nur laizistische Schulen zugelassen.

Ohne Erfolg blieb das Bemühen, zu R u ß l a n d in Beziehung zu kommen, vielmehr wurde die Sowjetunion mit ihrer Kirchenverfolgung und Gottlosenpropaganda immer mehr der bitterste Feind der Kirche. Auf der Konferenz von Genua im Mai 1922 ließ der Papst den Mächten, die mit Rußland verhan-

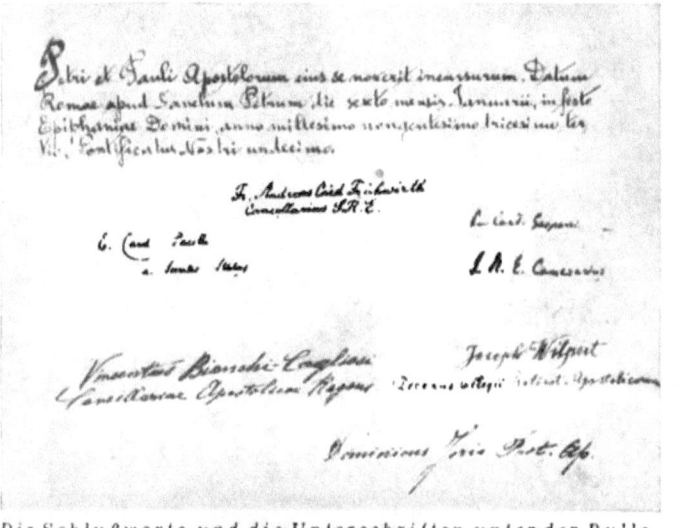

Die Schlußworte und die Unterschriften unter der Bulle, mit der Papst Pius XI. am Sonntag den 15. Januar 1933 aus Anlaß des neunzehnhundertsten Jahrestages der Erlösung des Menschengeschlechtes durch Christi Tod am Kreuze ein außerordentliches Heiliges Jahr und ein allgemeines Großes Jubiläum verkünden ließ.

delten, nahelegen, sie möchten von den Vertretern des Sowjetstaates Gewissens- und Religionsfreiheit ausbedingen. Auch bot sich der Papst als Treuhänder für die durch die Schließung von Kirchen freigewordenen Bilder und Gefäße an. Durch eine Papstspende für die Hungersnot kamen große Summen nach Rußland. Der Versuch, die Neuorganisation der katholischen Kirche in Rußland durchzuführen, mißlang. Der päpstliche Abgesandte, Bischof d'Herbigny, Leiter des orientalisch-russischen Kollegs, wurde ausgewiesen. Durch das apostolische Schreiben vom 9. Februar 1930 forderte der Papst zum Weltprotest und zu Sühnemessen gegen die Verhöhnung des Weihnachtsfestes und die Religionsverfolgung auf. Aber für eine spätere Zukunft darf Rußland doch vielleicht als ein Land großer katholischer Hoffnungen angesehen werden.

Mit den durch den Krieg neuerstandenen und einigen anderen Staaten wurden Konkordate abgeschlossen. An den Verträgen mit Lettland (30. Mai 1922), Polen (10. Februar 1924) und Litauen (27. September 1927) war der Papst als Nuntius schon bei den Vorverhandlungen beteiligt gewesen. In Deutschland wurden mit Bayern (22. März 1924), Preußen (14. Juni 1929) und Baden (12. Oktober 1932) Konkordate abgeschlossen. Durch das Konkordat mit Preußen wurden die Bistümer Aachen und Berlin errichtet, Breslau und Paderborn zu Erzbistümern erhoben.

In Irland wurde 1929 eine Nuntiatur errichtet.

Schwierig waren die Beziehungen zu Jugoslawien und Rumänien; Rumänien ratifizierte das schon 1927 abgeschlossene Konkordat erst 1929. Mit der Tschechoslowakei kam es durch die Husfeier 1925 zum Konflikt, doch wurde am 2. Februar 1928 ein Modus vivendi vereinbart. Auch mit Litauen kam es 1931 wegen des katholischen Vereinswesens und der katholischen Aktion zu Differenzen.

Die Feier seines zehnjährigen Regierungsjubiläums stellte der Papst ganz unter den Gedanken der Erflehung des Weltfriedens und gab dem auch durch eine eigene Radiobotschaft Ausdruck.

* * *

Zusammenfassend kann der Historiker, ohne dem abschließenden Urteil einer späteren Nachwelt vorzugreifen, nach diesen ersten zehn Jahren bereits

Verhältnis zu anderen Staaten. Konkordate. Beurteilung 547

feststellen, daß das Pontifikat Pius' XI. einen Höhepunkt der neueren Papstgeschichte bedeutet. Die größte moralische Macht der Welt wird dargestellt von einer universalen, geistesmächtigen, mannhaften, temperamentvollen Führerpersönlichkeit, die als Lehrer der Kirche, ja der Menschheit in einer wild bewegten Zeit zu allen Fragen des religiösen, geistigen, kulturellen und gesellschaftlichen Lebens Stellung nimmt und Weisung und Richtschnur gibt.

Seit Pius XI. herrscht im Colosseum das Kreuz

Auf Seite 7 unseres Buches steht in Wort und Bild das gewaltigste Baudenkmal der christusfeindlichen Cäsarenzeit: das **Colosseum in Rom**, dessen Arena mit dem Blute der Märtyrer buchstäblich getränkt wurde. Wir glauben, den Triumph des Christentums über heidnische Barbarei und Verfolgungswut weltlicher Machthaber nicht sinnfälliger deklarieren zu können als mit obigem Bilde, das in mitten dieser **gleichen Arena** jetzt das an dieser Stätte besonders eindrucksvolle **Kreuz** zeigt.
In den Abendstunden des Sonntags, am 24. Oktober 1926, wurde unter Assistenz staatlicher Organe dieses 8 Meter hohe Kreuz von der Kirche Santa Croce aus in feierlicher Prozession auf den Schultern von 30 Männern ins Colosseum gebracht. Die mächtigen Gesimse der Galerien, Bögen und Stiegen des Riesenbaues flankieren nun das Kreuz Christi, das den Heiden ein Ärgernis war, uns aber das göttl. Zeichen der Erlösung ist.
Und immer wieder scharen sich nun ungezählte fromme Wallfahrer um dieses Kreuz im Colosseum, jubelnd sich erinnernd, daß aus dem Blute der Märtyrer der weltbeherrschende Bau der Kirche sproß, und daß die Geschichte des Papsttumes auf jedem ihrer tausendfältigen Blätter das Wort des Heilandes neu bezeugt: „Die Pforten der Hölle werden sie nicht überwältigen."

35*

VERZEICHNIS DER PÄPSTE[1]

1.	Petrus.	† 67 († 64?)	35.	Julius I.	337—352
2.	Linus	67 (64)—79?	36.	Liberius	352—366
3.	Anakletus	79—90?		Felix II.	355—365
4.	Klemens I.	90—99?	37.	Damasus I.	366—384
5.	Evaristus	99—107?		Ursinus	366—367
6.	Alexander I.	107—116?	38.	Siricius	384—399
7.	Sixtus (Xystus) I.	116—125?	39.	Anastasius I..	399—401
8.	Telesphorus	125—136?	40.	Innocenz I.	402—417
9.	Hyginus.	136—140?	41.	Zosimus	417—418
10.	Pius I.	140—154?	42.	Bonifaz I.	418—422
11.	Anicetus.	154—165		Eulalius	418—419
12.	Soter	166—174	43.	Cölestin I.	422—432
13.	Eleutherus.	174—189	44.	Sixtus III..	432—440
14.	Viktor I.	189—198	45.	Leo I..	440—461
15.	Zephyrinus	198—217	46.	Hilarus	461—468
16.	Kalistus I.	217—222	47.	Simplicius	468—483
	Hippolytus	217—235	48.	Felix II. (III.)	483—492
17.	Urban I.	222—230	49.	Gelasius I..	492—496
18.	Pontianus	230—235	50.	Anastasius II.	496—498
19.	Anterus	235—236	51.	Symmachus	498—514
20.	Fabianus	236—250		Laurentius.	498—505
21.	Kornelius	251—253	52.	Hormisdas.	514—523
	Novatian	251—258?	53.	Johannes I.	523—526
22.	Lucius I.	253—254	54.	Felix III. (IV.)	526—530
23.	Stephan I..	254—257	55.	Bonifaz II.	530—532
24.	Sixtus (Xystus) II.	257—258		Dioskurus	530
25.	Dionysius	259—268	56.	Johannes II..	533—535
26.	Felix I.	269—274	57.	Agapet I.	535—536
27.	Eutychianus	275—283	58.	Silverius.	536—537
28.	Kajus.	283—296	59.	Vigilius	537—555
29.	Marcellinus	296—304	60.	Pelagius I..	556—561
30.	Marcellus	307—309	61.	Johannes III.	561—574
31.	Eusebius	310	62.	Benedikt I.	575—579
32.	Miltiades	311—314	63.	Pelagius II.	579—590
33.	Silvester I.	314—335	64.	Gregor I.	590—604
34.	Markus	336	65.	Sabinianus.	604—606

Die Namen der Gegenpäpste sind ohne Ordnungszahl eingereiht und etwas eingerückt.

Verzeichnis der Päpste

66.	Bonifaz III.	607	104.	Benedikt III.	855—858
67.	Bonifaz IV.	608—615		Anastasius.	855
68.	Deusdedit	615—618	105.	Nikolaus I.	858—867
69.	Bonifaz V..	619—625	106.	Hadrian II.	867—872
70.	Honorius I.	625—638	107.	Johannes VIII.	872—882
71.	Severinus	640	108.	Marinus I..	882—884
72.	Johannes IV.	640—642	109.	Hadrian III..	884—885
73.	Theodor I..	642—649	110.	Stephan V.	885—891
74.	Martin I.	649—653	111.	Formosus	891—896
75.	Eugen I.	654—657	112.	Bonifaz VI.	896
76.	Vitalian	657—672	113.	Stephan VI.	896—897
77.	Adeodatus	672—676	114.	Romanus	897
78.	Donus.	676—678	115.	Theodor II.	897
79.	Agatho	678—681	116.	Johannes IX.	898—900
80.	Leo II.	682—683	117.	Benedikt IV.	900—903
81.	Benedikt II.	684—685	118.	Leo V.	903
82.	Johannes V.	685—686	119.	Christophorus	903—904
83.	Konon	686—687	120.	Sergius III.	904—911
	Theodor	687	121.	Anastasius III.	911—913
	Paschalis	687—692	122.	Lando.	913—914
84.	Sergius	687—701	123.	Johannes X..	914—928
85.	Johannes VI.	701—705	124.	Leo VI.	928
86.	Johannes VII.	705—707	125.	Stephan VII.	929—931
87.	Sisinnius.	708	126.	Johannes XI.	931—935
88.	Konstantin	708—715	127.	Leo VII.	936—939
89.	Gregor II.	715—731	128.	Stephan VIII.	939—942
90.	Gregor III.	731—741	129.	Marinus II.	942—946
91.	Zacharias	741—752	130.	Agapet II..	946—955
	Stephan (II.)	752	131.	Johannes XII.	955—964
92.	Stephan II.	752—757	132.	Leo VIII.	963—965
93.	Paul I.	757—767	133.	Benedikt V.	964
	Konstantin II.	767—768	134.	Johannes XIII.	965—972
	Philipp	768	135.	Benedikt VI.	973—974
94.	Stephan III.	768—772		BonifazVII.(Franko)	974
95.	Hadrian I..	772—795	136.	Benedikt VII.	974—983
96.	Leo III..	795—816	137.	Johannes XIV.	983—984
97.	Stephan IV.	816—817	138.	Bonifaz VII.	984—985
98.	Paschalis I.	817—824	139.	Johannes XV.	985—996
99.	Eugen II.	824—827	140.	Gregor V.	996—999
100.	Valentin.	827		Johannes XVI..	997—998
101.	Gregor IV.	827—844	141.	Silvester II.	999—1003
	Johannes	844	142.	Johannes XVII.	1003
102.	Sergius II..	844—847	143.	Johannes XVIII..	1003—1009
103.	Leo IV.	847—855	144.	Sergius IV.	1009—1012

145.	Benedikt VIII..	1012—1024
	Gregor	1012
146.	Johannes XIX.	1024—1032
147.	Benedikt IX.	1032—1044
148.	Silvester III.	1045
149.	Gregor VI.	1045—1046
150.	Klemens II.	1046—1047
151.	Damasus II.	1048
152.	Leo IX..	1049—1054
153.	Viktor II.	1055—1057
154.	Stephan IX.	1057—1058
155.	Benedikt X.	1058—1059
156.	Nikolaus II.	1058—1061
157.	Alexander II.	1061—1073
	Honorius II..	1061—1072
158.	Gregor VII.	1073—1085
	Klemens III.	1084—1100
159.	Viktor III.	1086—1087
160.	Urban II.	1088—1099
161.	Paschalis II..	1099—1118
	Theodorich	1100—1102
	Albert.	1102
	Silvester IV.	1105—1111
162.	Gelasius II.	1118—1119
	Gregor VIII..	1118—1121
163.	Kalixt II.	1119—1124
164.	Honorius II.	1124—1130
	Cölestin II.	1124
165.	Innocenz II.	1130—1143
	Anaklet II.	1130—1138
	Viktor IV..	1138
166.	Cölestin II.	1143—1144
167.	Lucius II.	1144—1145
168.	Eugen III.	1145—1153
169.	Anastasius IV.	1153—1154
170.	Hadrian IV.	1154—1159
171.	Alexander III.	1159—1181
	Viktor IV..	1159—1164
	Paschalis III.	1164—1168
	Kalixt III.	1168—1179
	Innocenz III.	1179—1180
172.	Lucius III.	1181—1185
173.	Urban III.	1185—1187
174.	Gregor VIII..	1187
175.	Klemens III.	1187—1191
176.	Cölestin III.	1191—1198
177.	Innocenz III.	1198—1216
178.	Honorius III.	1216—1227
179.	Gregor IX.	1227—1241
180.	Cölestin IV.	1241
181.	Innocenz IV.	1243—1254
182.	Alexander IV.	1254—1261
183.	Urban IV..	1261—1264
184.	Klemens IV..	1265—1268
185.	Gregor X.	1271—1276
186.	Innocenz V.	1276
187.	Hadrian V.	1276
188.	Johannes XXI.	1276—1277
189.	Nikolaus III.	1277—1280
190.	Martin IV.	1281—1285
191.	Honorius IV.	1285—1287
192.	Nikolaus IV..	1288—1292
193.	Cölestin V.	1294
194.	Bonifaz VIII.	1294—1303
195.	Benedikt XI.	1303—1304
196.	Klemens V.	1305—1314
197.	Johannes XXII.	1316—1334
	Nikolaus V.	1328—1330
198.	Benedikt XII.	1334—1342
199.	Klemens VI..	1342—1352
200.	Innocenz VI.	1352—1362
201.	Urban V.	1362—1370
202.	Gregor XI.	1370—1378
203.	Urban VI..	1378—1389
	Klemens VII.	1378—1394
204.	Bonifaz IX.	1389—1404
	Benedikt XIII.	1394—1424
205.	Innocenz VII.	1404—1406
206.	Gregor XII.	1404—1415
	Alexander V.	1409—1410
	Johannes XXIII.	1410—1415
207.	Martin V.	1417—1431
	Klemens VIII.	1424—1429
	Benedikt XIV.	1424
208.	Eugen IV..	1431—1447
	Felix V..	1439—1449
209.	Nikolaus V.	1447—1455
210.	Kalixt III.	1455—1458

Verzeichnis der Päpste

211. Pius II.	1458—1464	236. Urban VIII.	1623—1644
212. Paul II..	1464—1471	237. Innocenz X.	1644—1655
213. Sixtus IV..	1471—1484	238. Alexander VII..	1655—1667
214. Innocenz VIII..	1484—1492	239. Klemens IX..	1667—1669
215. Alexander VI.	1492—1503	240. Klemens X..	1670—1676
216. Pius III.	1503	241. Innocenz XI.	1676—1689
217. Julius II.	1503—1513	242. Alexander VIII.	1689—1691
218. Leo X.	1513—1521	243. Innocenz XII.	1691—1700
219. Hadrian VI.	1522—1523	244. Klemens XI..	1700—1721
220. Klemens VII.	1523—1534	245. Innocenz XIII.	1721—1724
221. Paul III.	1534—1549	246. Benedikt XIII.	1724—1730
222. Julius III..	1550—1555	247. Klemens XII.	1730—1740
223. Marcellus II..	1555	248. Benedikt XIV..	1740—1758
224. Paul IV.	1555—1559	249. Klemens XIII..	1758—1769
225. Pius IV..	1559—1565	250. Klemens XIV.	1769—1774
226. Pius V.	1566—1572	251. Pius VI.	1775—1799
227. Gregor XIII.	1572—1585	252. Pius VII.	1800—1823
228. Sixtus V.	1585—1590	253. Leo XII.	1823—1829
229. Urban VII.	1590	254. Pius VIII..	1829—1830
230. Gregor XIV..	1590—1591	255. Gregor XVI..	1831—1846
231. Innocenz IX.	1591	256. Pius IX.	1846—1878
232. Klemens VIII.	1592—1605	257. Leo XIII.	1878—1903
233. Leo XI..	1605	258. Pius X.	1903—1914
234. Paul V.	1605—1621	259. Benedikt XV.	1914—1922
235. Gregor XV.	1621—1623	260. Pius XI.	1922—1939

www.ingramcontent.com/pod-product-compliance
Lightning Source LLC
Chambersburg PA
CBHW031939290426
44108CB00011B/613